电工技术基础（电工学Ⅰ）

（第2版）

主　编　　王　英
副主编　　徐英雷　曹保江

微课　精品课程教材　课件

西南交通大学出版社
·成　都·

内容简介

本教材分两篇论述，第一篇电路分析，其主要内容有：线性电路的基本元件、基本定律(即 KCL、KVL)、基本的分析方法；正弦交流电路的基本计算分析方法、基本的功率因数和谐振的概念；三相对称正弦交流电路的基础分析与计算；一阶电路的时域分析。第二篇电机与控制，其主要内容有：磁路、变压器、电动机、继电-接触器控制电路分析与设计。各章前有学习指导，后有相应的章节小结、选择题和习题，书后附有部分习题答案。

本教材适用面广，可作为高等工科院校各本科生专业“电工技术基础”课程的教材（或“电工学 I”课程的教材），也可作为职业大学、成人教育大学、电视大学和网络教育等各专业的教材或辅助教材，还可供相关专业的工程技术人员学习和参考。

图书在版编目（CIP）数据

电工技术基础. 电工学. I / 王英主编. —2 版
.—成都：西南交通大学出版社，2021.8
ISBN 978-7-5643-8218-6

Ⅰ. ①电… Ⅱ. ①王… Ⅲ. ①电工技术－高等学校－教材②电工学－高等学校－教材 Ⅳ. ①TM

中国版本图书馆 CIP 数据核字（2021）第 165103 号

Diangong Jishu Jichu (Diangongxue I)(Di er Ban)

电工技术基础（电工学 I）（第 2 版）

主编 王 英

责任编辑	李芳芳
封面设计	何东琳设计工作室
出版发行	西南交通大学出版社 (四川省成都市金牛区二环路北一段 111 号 西南交通大学创新大厦 21 楼)
发行部电话	028-87600564 87600533
邮政编码	610031
网 址	http: //www.xnjdcbs.com
印 刷	成都蓉军广告印务有限责任公司
成品尺寸	185 mm×260 mm
印 张	23.75
字 数	585 千字
版 次	2012 年 6 月第 1 版 2021 年 8 月第 2 版
印 次	2021 年 8 月第 3 次
书 号	ISBN 978-7-5643-8218-6
定 价	55.00 元

课件咨询电话：028-81435775

第二版前言

随着高等教育的不断改革及培养目标的拓展，我校建立了“精品课程”和“品牌专业”教育体系。本教材是为高等工科学校各专业及网络精品课程“电工技术基础”编写的教材；其作者在主编的“十一五”“十二五”国家级规划教材《电工技术基础（电工学Ⅰ）》基础上，针对网络教学、职业教育等各工科专业的特殊性和学习特点编写了该电工技术基础教材，为后续课程的学习奠定基础。

本教材分为“电路分析”和“电机与控制”两个篇章论述：第一篇电路分析有五个章节：基本元件和定律、线性电路的分析和定理、正弦交流稳态电路分析、三相正弦交流电路的分析和一阶电路的时域分析，重点对线性电路理论的基本概念、基本元件、基本定律、基本定理、基本分析方法等做了深入浅出的阐述；第二篇电机与控制有四个章节：磁路、变压器、电动机、继电-接触器控制电路设计与分析，重点讲解了变压器和异步电机的结构、工作原理和基本控制器件、基本控制电路分析与设计。在电工技术基础课程的授课中，可根据具体的授课学时（即 51 ~ 68 学时）和专业要求，对教材中的内容做适当的调整和选择。

本教材的编写体系由四个模块组成：学习指导、理论知识及例题、章节小结和课后作业。其内容以注重电工技术基础知识为主线，其例题以注重掌握与提高理论知识为目的，其习题以注重综合能力培养为目标，其文笔以通俗易懂为根本，整部教材利于学生阅读和自学，利于教师教学和指导，利于工程技术人员知识的学习与掌握。

本教材的配套学习指导教材为《电工技术学习指导及习题精解（电工学 I）》（西南交通大学出版社，主编王英）。

本教材可作为高等工科院校本科教育、网络教育、成人教育、职业教育等各工科专业的“电工技术基础”课程教材，也可作为工程技术人员的学习和参考资料。

本教材由西南交通大学王英主编，徐英雷、曹保江副主编，陈曾川、何圣仲、李冀昆、曾欣荣、陈竹等参编。在本教材编写过程中，参考了众多优秀教材，很多“电工学”的前辈和同行也给予了大量的支持，在此编者表示衷心的感谢。

由于编者水平有限，书中难免存在不妥之处，恳请广大读者批评指正。

编者　王英
2021 年 7 月

第一版前言

当前是中国高等教育发展的最快时期，中国要从教育大国发展为教育强国，网络教育承担着人才培养强国重任。我校十年来网络教育发展历程，正步入创建网络化“精品课程”和“品牌专业”。本教材是为创建网络精品课程“电工技术基础”而编写，为创建各专业“品牌专业”而奠定基础。

本教材是为高等工科学校各专业而编写的《电工技术基础（电工学Ⅰ)》教材，其作者在主编了“十一五”国家级规划教材《电工技术基础（电工学Ⅰ)》基础上，再次针对网络教学的特殊性和学生学习的特点，结合作者十年来对网络教学的体会及改革建设成果而编著。

本教材分为“电路基础”和“电机与控制”二个篇章论述。第一篇电路基础中有五个章节：基本元件和定律、线性电路的分析和定理、正弦交流稳态电路分析、三相正弦交流电路的分析和一阶电路的时域分析。重点对线性电路理论的基本概念、基本元件、基本定律、基本定理、基本分析方法等作了深入浅出的阐述。第二篇电机与控制中有四个章节：磁路、变压器、电动机、继电器。主要讲解了变压器和异步电机的结构、工作原理、基本控制方法。在电工技术基础课程的授课中，可根据具体的授课学时和专业要求，对教材中的内容做适当的调整和选择。

本教材根据“电工技术基础”网络课程的特点，在编写的体系上，明确各章由四个模块组成：学习指导、理论知识、小结、课后作业。

（1）学习指导　主要介绍学习目标、学习时间分配及方法、学习重点及难点，指导学生如何掌握学习进度及方法；

（2）理论知识　在注重基本知识的同时，通过例题的形式拓展教学内容，由浅入深，并在每个章节中，增加了“常见问题讨论”“特别提示”，用易错的问题强化各知识点的掌握；

（3）小结　每章后的小结中给出了本章重点，有助自学；

（4）课后作业　针对电路基础部分中的基本概念和基本知识点的学习，增加了选择题题型，循序渐进；对于电机与控制部分中的知识难点的学习，通过选择题题型，力求做到点面结合，培养学生独立思考的能力。

在教材的编写中，其内容以注重电工技术基础知识为主线，其例题以注重掌握与提高理论知识为目的，其习题以注重综合能力培养为目标，其文笔以通俗易懂为根本，整部教材利于学生阅读和自学，利于教师教学和指导，利于工程技术人员知识的学习与掌握。

“电工技术基础”是各工科专业的技术基础课程。本教材可作为高等工科院校大学本科、网络教育、成人教育、职业大学等各工科专业的“电工技术”（或“电工技术基础”）课程的教材，可以是工程技术人员的学习和参考资料。本教材可供51～68学时教学使用。

本教材由西南交通大学王英、徐英雷主编，陈曾川、刘淑萍、何圣仲、曾欣荣、李冀昆等参与编写。其中，王英主编和统编本教材，徐英雷主编第二篇。王英编写第一篇电路基础中的第 1、2、4、5 章，陈曾川编写第 3 章，徐英雷编写第二篇电机与控制中的第 6、7、8、9 章，刘淑萍、曾欣荣参编了第一篇电路基础的各章节习题，何圣仲、李冀昆参编了第二篇电机与控制内容及习题。在教材编写过程中，参考了众多优秀教材，很多“电工学”的前辈和同行也给予了大量的支持，在此编者表示衷心的感谢。

由于编者水平有限，书中难免存在不妥之处，恳请广大读者批评指正。

编者　王英

2012 年 5 月

目　录

第一篇　电路分析

第一篇　电路分析

本篇主要学习线性电路的基本概念、基本元件（即电阻 R、电压源和电流源等）、基本定律（即 KCL、KVL）、基本电路结构（即串联、并联、星形连接和三角形连接等）、基本定理（即叠加原理和戴维南定理等）和基本分析方法（即电源模型等效变换法、支路电流法、节点电压法、相量分析法和三要素法等）等知识；重点讨论直流电路、正弦稳态交流电路、对称三相交流电路和一阶电路等电路理论。

第一章　基本元件和定律

【学习指导】本章为电路分析的基础篇，主要讨论电路的基本概念、基本电阻和电源元件、基本定律、基本的电路连接结构和变化规律。

1. 学习目标

（1）了解电路的基本概念；

（2）掌握电路基本元件的伏安特性、KCL、KVL 定律；

（3）掌握电阻元件串并联等效电路计算方法；

（4）掌握理想电压源、理想电流源的基本电路分析方法；

（5）了解电位的基本概念。

2. 学习建议

（1）学习时间：8～12 小时。

第一节建议学习时间：1.5 小时；

第二节建议学习时间：3 小时；

第三节建议学习时间：2 小时；

第四节建议学习时间：2 小时；

第五节建议学习时间：1.5 小时；

第六节建议学习时间：0.5 小时。

（2）学习方法。

A. 学习本章新内容前，先复习电阻、电压、电流基本概念，复习串联、并联基本电路结构。

B. 点播学习网络课程第一章的内容，完成相关内容的“选择题”“习题”。

C. 参加在线导学直播学习。

D. 阅读参考资料：

① 王英主编，西南交通大学出版社《电工技术基础（电工学Ⅰ）》（第 2 版）第一章；

② 王英主编，西南交通大学出版社《电工技术学习指导及习题精解》。

E. 第一节、第二节学习完成后，提交第 1 次作业；第三节学习完成后，提交第 2 次作业；第四节学习完成后，提交第 3 次作业；第五节、第六节学习完成后，提交第 4 次作业，并进行本章学习小结。

3. 学习重点和难点

A. 重点掌握电路的基本概念（如：电路图、电压、电流及参考方向）。

B. 重点掌握电路的基本元件（如：电阻 R、电压源、电流源等）的伏安特性。

C. 重点掌握电路的基本定律，即基尔霍夫定律（如：KCL、KVL）。

D. 重点掌握电路元件的基本连接，即串联、并联电路分析方法。

E. 难点是：基本概念的建立，基本元件伏安特性的理解，基本定律的应用，基本连接电路分析方法的掌握。

第一节　电路的基本概念

一、线性电路的概述

（一）线性电路

电路是由电气设备、电路器件等通过各种方式相互连接并提供电流通过途径的系统。电路的结构和所能完成的任务是多种多样的，日常用的有手机、电脑等，工业中有电力系统、电子系统、电气控制系统等。

所谓线性电路是指由线性元件组成的电路。线性电路具有两个基本特性：叠加性和齐次性，其含义用电路图 1.1、图 1.2 简单说明，并设图 1.1、图 1.2 中电池和白炽灯均为线性元件。

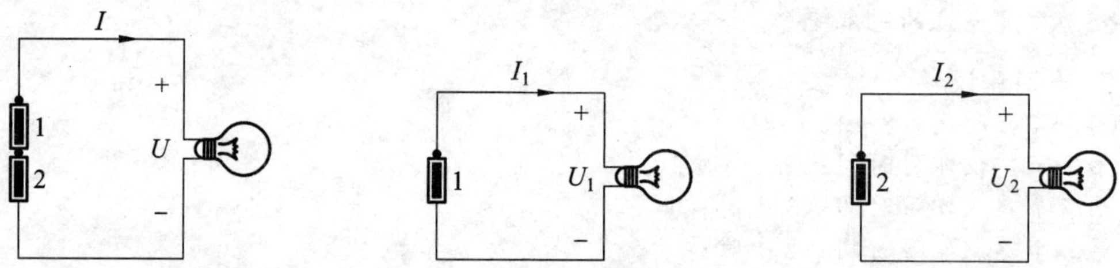

（a）线性电路　　（b）电池 1 连接电路　　（c）电池 2 连接电路

图 1.1　线性电路的叠加性

叠加性：如图 1.1（a）所示电路中，白炽灯两端电压为 U，通过的电流为 I。当移去图 1.1（a）中电池 2 时，电路如图 1.1（b）所示，白炽灯两端电压和通过的电流为 U_1、I_1；当移去图 1.1（a）中电池 1 时，电路如图 1.1（c）所示，白炽灯两端电压和通过的电流为 U_2、I_2；则图 1.1（a）、（b）、（c）中的电压、电流关系为

$$U = U_1 + U_2$$

$$I = I_1 + I_2$$

即线性电路中含有若干个理想电源同时作用时，其电路中的电压、电流等于各个理想电源单独作用时产生的电压、电流的叠加，称线性电路的**叠加性**。

齐次性：在如图 1.2 所示线性电路中，图 1.2（a）中白炽灯端电压和通过电流为 U_1 和 I_1。若图 1.2（b）中电压 $U_2 = 5U_1$，则电流 $I_2 = 5I_1$。这就是线性电路的**齐次性**。

（a）电源电压为 U_1 电路　　（b）电源电压 $U_2 = 5U_1$ 电路

图 1.2　线性电路的齐次性

严格地讲，在实际中线性电路是不存在的。但是大量的实际电路通过“理想化”和“抽象化”处理，在一定条件下，可以视为线性电路进行分析。本篇作为电路理论的入门教材，只讨论研究**线性电路**。

（二）电路的作用

1. 实现电能的传输、转换及分配

例如：电力系统示意图如图 1.3 所示，电路的主要作用是将发电机提供的电能传输和分配到各用电设备。

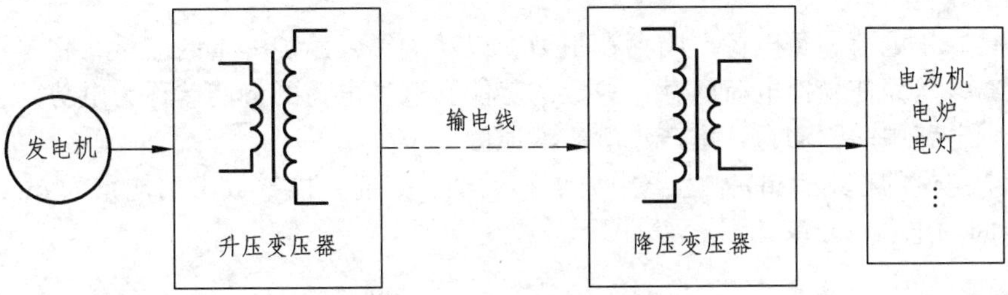

图 1.3 电力系统示意图

发电机又称为电源，是提供电能的设备，其功能是把热能、水能或核能等其他形式的能量转换成电能。

变压器和输电线的功能是实现电能的分配和传输。

电动机、电炉、电灯等用电设备统称为负载，其功能是把电能转换成为机械能、热能和光能等。

2. 实现信号的传递和处理

信号传递和处理的实例很多，如手机、计算机、电视机等，它们把载有语言、文字、音乐、图像信息的电磁波接收后转换为相应的电信号，通过电子电路对信号进行传递和处理，还原为原始信息（如声音、图像等）输出到扬声器、显示器等。

二、电路模型

实际电路是由电子元件、电气器件和设备及导线等构成，这些实际部件在电路工作过程中往往同时产生几种物理效应，而在电路理论中的各个元件则仅描述了一种物理特征。

例如，一个白炽灯[见图 1.4（a）]通电后除了发光发热（即电阻特性）外，在灯丝两端之间具有电压，故两端之间具有电场效应（即电容特性）；当灯丝中通过电流时，则又有磁场产生，即灯丝又具有电感性。可见白炽灯工作过程中同时存在三种物理效应，即电阻性、电容性和电感性。但是，在三种物理效应中，其电阻特性最为突出，而电容性和电感性较小，常常忽略不计。因此，可把实际的白炽灯**理想化**为只具有电阻特性的**集中参数**元件 R，并在电路图中用**抽象化**的电路**图形符号**表示，如图 1.4（b）所示。

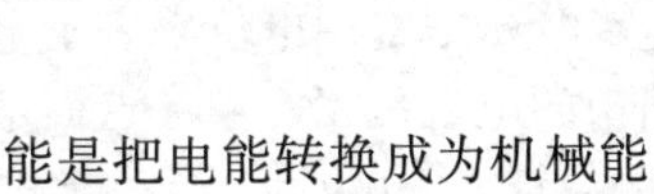

（a）白炽灯　（b）电阻元件的电路符号

图 1.4 白炽灯与其电路模型

电路理论往往不是直接研究实际的电路，而是研究电路的模型（又简称电路图）。即电路图是由“抽象化”和“理想化”电路元件（简称元件）构成的。

本教材讨论的元件都满足集中参数条件，因此，电路图的大小和几何形状不影响电路的伏安特性。

三、电路的基本变量

在电路分析中，电压和电流称为电路的基本变量。通过已知的电压和电流变量可计算出电路图中的其他物理量，例如：直流电路的功率为 $P=UI$ 。

（一）电　压

为了克服正电荷和负电荷之间存在引力，以功的形式施加一定的能量，将异性电荷拉开一定的距离，从而使异性电荷间存在一定的势能，这种电荷的势能差称为电势差，又称为电压。电压是电路中的驱动力，是产生电流的原因。

设一个定量的正电荷 dq 从电路中 a 点移动到 b 点时，能够放出的能量为 dw，则电路中 a、b 两点间的电压 u 定义为

$$u=\frac{\mathrm{d}w}{\mathrm{d}q} \tag{1.1}$$

式中，u 的单位为伏特（V）；w 的单位为焦耳（J）；q 的单位为库仑（C）。

在电路分析中常用电位来表示电压，即任意两点间的电位之差称为**电压**。

电路中的电位是相对参考点而定义的电压，如图 1.5 所示。图中 o 点设为电路的参考点（即为零电位点 $u_o=0\text{ V}$），a 点相对参考点 o 的电位为 $u_a=18\text{ V}$，b 点相对参考点 o 的电位为 $u_b=9\text{ V}$，则图 1.5 中 a、b 两点间的电压为 u_{ab}，即 u_{ab} 为 a、b 两点间的电位之差：

$$u_{ab}=u_a-u_b=(18-9)\text{ V}=9\text{ V}$$

在实际电路中，参考点通常选为大地、设备机壳或某一个公共连接点。在电路分析中，可以任意选择电路中的某一点为参考点，即设参考点的电位为零。因此，电路中各点的电位值与所选定的参考点有关，但任意两点间的电压则与参考点的选择无关。

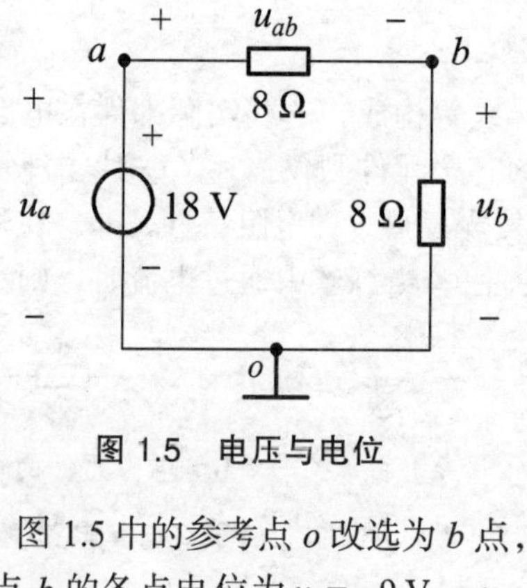

图 1.5　电压与电位

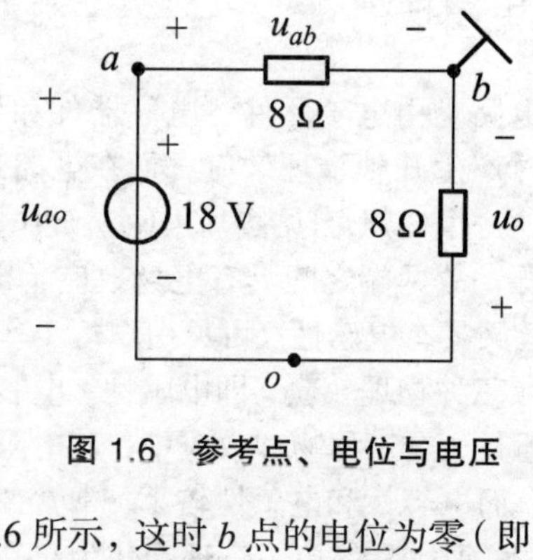

图 1.6　参考点、电位与电压

例如：图 1.5 中的参考点 o 改选为 b 点，如图 1.6 所示，这时 b 点的电位为零（即 $u_b=0\text{ V}$），相对参考点 b 的各点电位为 $u_o=-9\text{ V}$、$u_a=9\text{ V}$，可见，在图 1.6 中，因参考点由 o 点改设为 b 点，电路中 a 点、b 点、o 点电位值发生改变，而 a、b 两点间的电压 u_{ab}：

$$u_{ab}=u_a-u_b=u_a=9\text{ V}$$

因此，选择的参考点不同，同一点的电位则不同，但任意两点间的电压是固定不变的，即电压与参考点的选择无关，不会因参考点的不同而发生变化。

注意：

（1）电压是一个有方向的电量。

在电路分析中，电压的方向定义为：由高电位端（即用“+”符号表示）指向低电位端（即用“－”符号表示），如图 1.7（a）所示；电压的方向还可以用“下标”“箭头”两种方法表示，如图 1.7（b）、（c）所示。

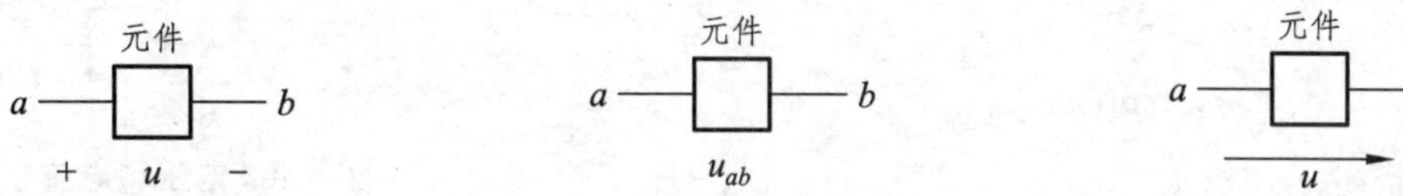

（a）用“+、−”表示　　（b）用“下标”表示　　（c）用“箭头”表示

图 1.7　电压方向的表示方式

（2）“电位”单位与“电压”单位相同，即单位为伏特（V），“电位”是指电路中某一点相对参考点间的电压；“电压”是指电路中任意两点间的电位差。

（二）电　流

电流的物理意义是电荷质点的定向运动。单位时间内通过导体横截面积的电量定义为电流强度 i（简称电流），即

$$i=\frac{\mathrm{d}q}{\mathrm{d}t} \tag{1.2}$$

式中，i 的单位为安培（A）；q 的单位为库仑（C）；t 的单位为时间秒（s）。

在工程上规定正电荷移动的方向为电流方向。

注意：

（1）电流是有方向的电量，有两种方法表示其方向，即“箭头”和“下标”表示法，如图 1.8 所示。

（a）用“箭头”表示　　（b）用“下标”表示

图 1.8　电流方向的表示方式

（2）电流的单位为安培（A）。

（三）功率和能量

在电路分析时，经常分析电路中的能量及功率的分布和转移。因此，功率和能量是电路中的两个重要的物理量。功率定义为单位时间内所转换的电能，用 p 表示。功率 p 与能量 w 的关系如下所示

$$p(t) = \frac{\mathrm{d}w}{\mathrm{d}t} \tag{1.3}$$

$$w(t) = \int_{-\infty}^{t} p(\tau)\mathrm{d}\tau$$

式中，功率 p 的单位为瓦特（W），能量 w 的单位为焦耳（J）。

在元件功率分析中，设元件上的电压与电流的参考方向如图 1.9 所示，即电流从电压的正极流到负极。

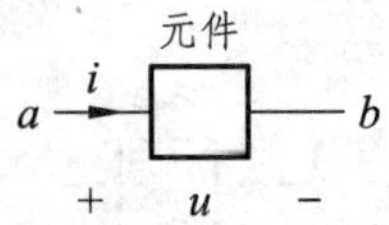

图 1.9　电压和电流表示功率

元件所吸收的能量为

$$\mathrm{d}w = u(t)\mathrm{d}q$$

则该元件吸收的功率为

$$p(t) = \frac{\mathrm{d}w}{\mathrm{d}t} = u(t)\frac{\mathrm{d}q}{\mathrm{d}t} = u(t)i(t) \tag{1.4}$$

上式是通过元件的端电压和流过电流的乘积来定义功率。

注意：

（1）图 1.9 中电流方向是由电压的“+”流到“－”。

（2）当 $p(t) = u(t)i(t) > 0$ 时，说明元件吸收（输入、消耗）功率；当 $p(t) = u(t)i(t) < 0$ 时，说明元件提供（输出）功率。

本教材对各变量讨论时均采用国际单位制的基本单位，如表 1.1 所示。

表 1.1　国际常用词冠

词　冠	符　号		因　子
	中　文	国　际	
giga	吉	G	10^{9}
mega	兆	M	10^{6}
kilo	千	k	10^{3}
milli	毫	m	10^{-3}
micro	微	μ	10^{-6}
nano	纳	n	10^{-9}
pico	皮	p	10^{-12}

四、参考方向

在复杂的电路分析中，电压和电流都是根据设定的参考方向进行讨论，即任意假设电压、电流的正方向称为**参考方向**。参考方向概念的引入，解决了复杂电路中实际电压、电流方向难以确定的问题，同时又不影响电路分析的结果。

在参考方向条件下，电路分析计算的结果存在两种情况：

（1）计算结果为“+”，说明参考方向与实际方向相同；

（2）计算结果为“−”，说明参考方向与实际方向相反。

由于电压、电流的参考方向都是任意假设的，因此，参考电流从参考电压的正极（高电位）流到负极（低电位）称为**关联参考方向**，如图 1.10（a）所示。在关联参考方向条件下，如果功率 $p=ui>0$，则说明元件吸收功率（称为负载）；功率 $p<0$，则说明元件提供功率（称为电源）。

（a）关联参考方向　　　　（b）非关联参考方向

图 1.10　电压、电流的参考方向

图 1.11（b）中，参考电流从参考电压的负极流到正极称为**非关联参考方向**。在非关联参考方向条件下，如果用 $p=-ui$ 计算功率，计算出的功率性质的判断与关联参考方向的相同，即 $p>0$ 的元件吸收功率，$p<0$ 的元件提供功率。

注意：

（1）元件上的电压、电流参考方向是否关联与元件的属性（电源或负载）无关。

（2）非关联参考方向条件下，也可以用 $p=ui$ 计算功率，只是此时功率 $p>0$ 的元件为提供功率，$p<0$ 的元件为吸收功率。

（3）电源在电路中是提供能源还是消耗能量，由电源外接电路的结构、元件性质及参数决定。

例 1.1　已知图 1.11 所示电路中 $U_1=5\text{ V}$，$U_2=-5\text{ V}$，$U_3=U_4=10\text{ V}$，$I_1=1\text{ A}$，$I_2=-1\text{ A}$，$I_3=-2\text{ A}$，$I_4=-1\text{ A}$。（1）试说明电路中各元件上的电压、电流参考方向是否关联。（2）计算各元件吸收的功率，并判断元件的性质（电源或负载），验证功率是否平衡。

分析： 当电流方向是由电压的正极流向负极时，为关联参考方向，否则为非关联参考方向；吸收功率为负载，提供功率为电源。

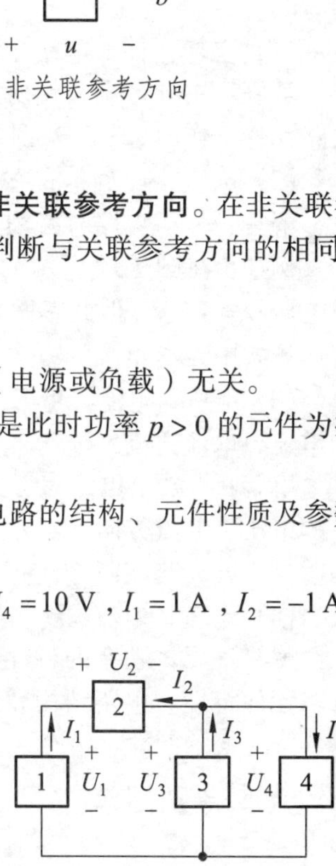

图 1.11　例 1.1 图

解　（1）试说明电压、电流参考方向是否关联。

元件 1、2、3 的电流参考方向是从参考电压的负极流向正极，故其电压、电流参考方向为非关联参考方向；元件 4 的电流参考方向是从参考电压的正极流向负极，故其电压、电流参考方向为关联参考方向。

（2）计算各元件吸收的功率，并判断元件的性质，验证功率平衡。

根据电路中电压、电流的参考方向，各元件的功率为：

元件 1　　$P_1=-U_1I_1=[-(5\times1)]\text{ W}=-5\text{ W}$　　（提供功率）

元件 2　　$P_2=-U_2I_2=[-(-5)\times(-1)]\text{ W}=-5\text{ W}$　　（提供功率）

元件 3　　$P_3=-U_3I_3=[-(10\times(-2)]\text{ W}=20\text{ W}$　　（吸收功率）

元件 4　　$P_4=U_4I_4=[(10\times(-1)]\text{ W}=-10\text{ W}$　　（提供功率）

由于各元件功率的分析计算是设定在关联参考方向条件下，因此，元件 3 功率大于零为吸收功率，即元件 3 是负载；元件 1、2、4 的功率小于零，说明在电路中提供功率，即元件 1、2、4 是电源。

验证功率平衡

$$\sum P = P_1 + P_2 + P_3 + P_4 = [(-5)+(-5)+20+(-10)]\ \mathrm{W} = 0\ \mathrm{W}$$

结论：电能的守恒是指“电源提供的功率等于电路消耗的功率”，常称为功率平衡。在电路分析计算中，可利用功率平衡的概念，检验计算结果的正误。

五、常见问题讨论

（1）实际元件与电路元件有何区别？

解答：主要区别在于所反映的物理效应上，实际元件工作时常常具有多种物理特性，而电路元件工作时只具有一种物理特性。

（2）电压、电流是有方向的电量，分析电路时是否要关注其电量的方向？

解答：分析电路时必须关注电压、电流的方向。

例如：在图 1.12 所示的电压源串联电路中，如果不关注电压源的正负方向，则可能得出端电压 $U = 4.5\ \mathrm{V}$，但此答案显然是错的。正确的解答为：$U = 1.5\ \mathrm{V}$，即运算式中含有电量的方向因素。

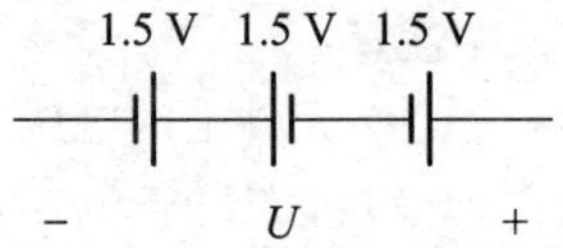

图 1.12　电压源串联电路

（3）电压、电流参考方向的不同设定，是否会改变实际电路中的电压、电流方向？

解答：电压、电流参考方向可以任意设定，不会改变实际电路中的电压、电流方向。当计算结果为“+”，说明参考方向与实际方向相同；计算结果为“−”，说明参考方向与实际方向相反。

（4）电压、电流参考方向的不同设定，是否会改变元件功率的特性？

解答：元件功率的特性与电路中电压、电流参考方向的设定无关。即元件功率特性是由电路元件特性、电路结构和电气参数所决定的。

六、特别提示

任意设定的电压方向、电流方向称为参考方向；参考方向与实际方向可能相同（计算结果为“+”值），也可能不相同（计算结果为“−”值）。

第二节　电阻、电源元件

电路元件　电路元件是电路图中最基本的组成单元。每一种元件都有**唯一**对应的物理特性和电路符号，在分析电路元件时，重点关注电路元件的线性元件的数学模型和伏安特性。

电路元件分类　按电路元件特性可分为**有源**元件和**无源**元件两种。

（1）对于只是用来表征电能消耗，以及电场、磁场能量的储存和转换的元件称为**无源元件**，这类元件的特点是本身并不能产生电能，例如耗能元件电阻 R、储能元件电感 L 和电容 C。

（2）有源元件主要有理想电压源、理想电流源和受控电源元件。

一、电阻 *R*

在电路理论中，电阻元件是一种反映消耗电能转换成其他形式能量物理特征的电路模型。

线性电阻元件（简称电阻）的电路符号、电压 u 和电流 i 的参考方向、伏安特性曲线（u-i）等，如图 1.13 所示。从图 1.13（c）中可以看出线性电阻的伏安特性曲线在 u-i 平面上是过原点的直线，即电阻 R 值为常数。

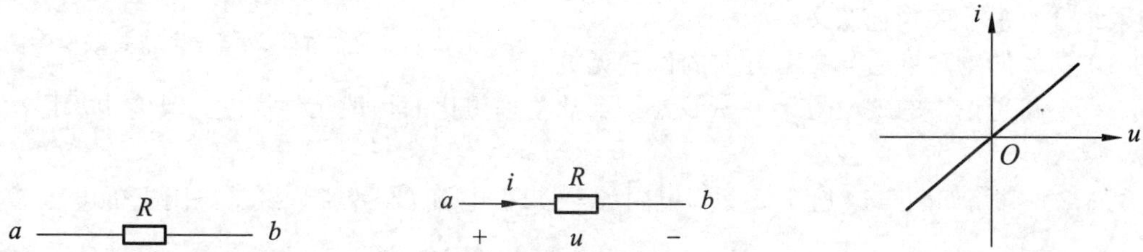

（a）电阻的电路符号图　（b）关联参考方向图　（c）伏安特性曲线图

图 1.13　线性电阻元件

（一）定　义

在电阻元件两端电压与电流为关联参考方向时，电阻元件的欧姆定律为

$$u = R\,i \tag{1.5}$$

式中，R 为线性**电阻**，单位为欧姆（Ω）。

令 $G = \dfrac{1}{R}$，则

$$i = G\,u$$

式中，G 为电阻元件的**电导**，单位为西门子（S）。R 和 G 都是电阻元件的参数。

（二）讨　论

1. 数学模型 $u = R\,i$ 的讨论

数学模型 $u = R\,i$ 表明：电阻元件上某时刻的端电压 u 由该时刻的电流 i 确定，而与过去的电流值大小无关，即电阻 R 为“无记忆”的元件。

2. 电阻元件的开路特性

当电阻值 R 为无穷大（即 $R = \infty$）时，称电阻 R 为**开路**。

3. 电阻元件的短路特性

当电阻值 R 为零（即 $R = \dfrac{u}{i} = 0\,\Omega$），称电阻 R 为**短路**。

4. 功　率

在电压 u 和电流 i 的实际方向为关联参考方向时，电阻元件吸收的功率为

$$p = u\,i = R\,i^2 = \frac{u^2}{R} > 0$$

即电阻 R 是耗能元件。

在直流电路的稳态分析中，其电压、电流和功率的变量用大写字母（U、I、P）表示。在关联参考方向条件下功率为

$$P = UI \tag{1.6}$$

（三）注　意

（1）电阻元件上的电压 u 与电流 i 为非关联参考方向时，如图 1.14 所示，欧姆定律方程式中应加一个负号，即 $u = -Ri$ 。

（2）电路图中的电压 u、电流 i 参考方向与数学分析计算的结果结合起来才有物理意义。

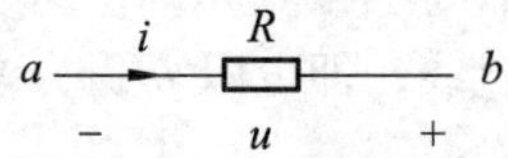

图 1.14　u 与 i 为非关联参考方向

（3）功率的物理性质与参考方向的设置无关。

（4）电路理论中的“电阻元件 R”是一个抽象理想化的物理元件模型，具有更深层次的内涵。

例 1.2　电路如图 1.14 所示，已知电阻 $R = 6\,\Omega$，电流 $I = -2\,\text{A}$，试求电阻上的电压 U 和功率 P。

分析：电流 I 由电压 U 的“－”极流到“+”极，即参考方向为非关联参考方向；则欧姆定律数学模型为 $U = -IR$，其吸收功率的数学模型为 $P = -UI$ 。

解　$U = -IR = -(-2)\,\text{A} \times 6\,\Omega = 12\,\text{V}$

$P = -UI = -12\,\text{V} \times (-2)\,\text{A} = 24\,\text{W}$（吸收功率）

结论：在应用欧姆定律分析电阻元件上的电气参数（即：电阻值、电压值、电流值）时，首先应关注电压与电流参考方向是“关联”还是“非关联”，“关联”则有 $U = IR$，“非关联”则为 $U = -IR$ 。

二、独立电源

独立电源是指在电路中能独立提供能量的元件（电压源或电流源）。实际的独立电源有电池、发电机、信号源等。

在电路分析中，实际电源抽象理想化为只表征一种物理特征的独立电源元件，所以又称为理想电源元件。

本教材中如不做特殊说明，电压源、电流源指的是理想电压源（或独立电压源）、理想电流源（或独立电流源）。

（一）电压源

电压源表征了一个二端有源元件所提供的电压与流过的电流无关的物理特征。

直流电压源 U_S 和交流电压源 u_S 的电路符号如图 1.15 所示。直流电压源的伏安特性曲线如图 1.16 所示。

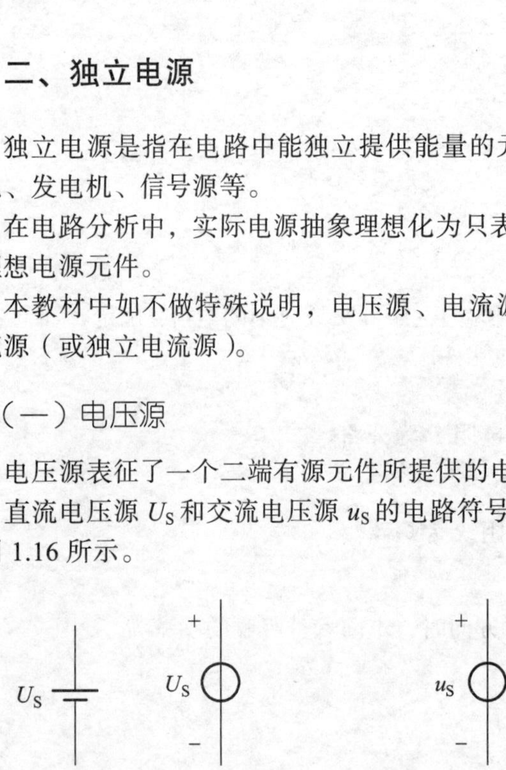

（a）直流电压源 U_S 电路符号　（b）交流电压源 u_S 电路符号

图 1.15　电压源电路符号图

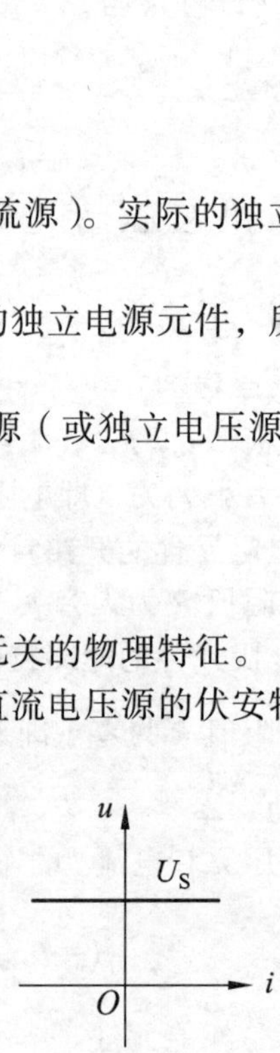

图 1.16　直流电压源 U_S 伏安特性曲线

1. 电压源的性质

无论流过电压源的电流值大小、方向如何，其电压源的端电压总是保持为规定的函数值 U_S 或 $u_S(t)$，其流过电压源的电流由外接电路决定。所以电压源又称为独立电压源。

2. 注 意

（1）电压源在实际应用中不允许直接短路。

因为实际电压源的内电阻很小，当发生短路时，短路电流和输出的功率非常之大，会导致实际电压源损坏。即注意理想元件与实际元件的区别。

（2）在电路分析中，电压源电压为零，相当于短路。

例 1.3 电路如图 1.17 所示，直流电压源 $U_S = 10\ \text{V}$，R 为可变电阻，试求可变电阻 R 分别为 $5\ \Omega$ 和 $10\ \Omega$ 时的电流和电压源、电阻的功率。

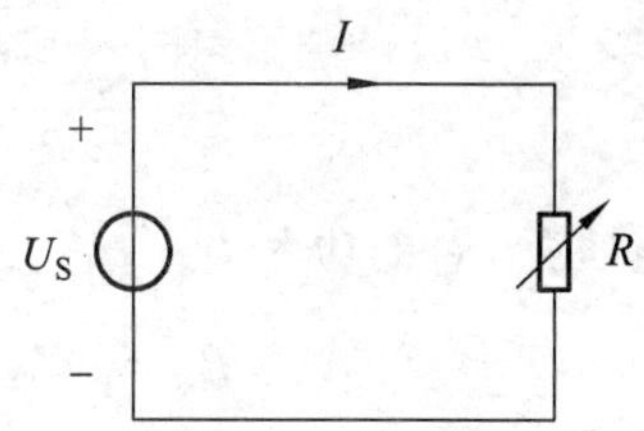

图 1.17 例 1.3 图

分析：（1）因电压源上的电压值 U_S 与电流 I 无关，所以，直接通过电压源是无法计算电流 I；可以通过可变电阻 R 计算电流 I，即欧姆定律 $U = RI$；（2）可变电阻 R 上电压与电流为关联参考方向，$P = UI$；电压源 U_S 上电压与电流为非关联参考方向，$P = -UI$。

解 （1）$R = 5\ \Omega$ 时。

$$I = \frac{U_S}{R} = \frac{10\ \text{V}}{5\ \Omega} = 2\ \text{A}$$

电压源 U_S 的功率

$$P_{U_S} = -U_S I = (-10 \times 2)\ \text{W} = -20\ \text{W}\ \text{（提供功率）}$$

可变电阻 R 的功率

$$P_R = U_S \times I = (10 \times 2)\ \text{W} = 20\ \text{W}\ \text{（消耗功率）}$$

（2）$R = 10\ \Omega$ 时。

$$I = \frac{U_S}{R} = \frac{10\ \text{V}}{10\ \Omega} = 1\ \text{A}$$

电压源 U_S 的功率

$$P_{U_S} = -U_S I = (-10 \times 1)\ \text{W} = -10\ \text{W}\ \text{（提供功率）}$$

可变电阻 R 的功率

$$P_R = U_S \times I = (10 \times 1)\ \text{W} = 10\ \text{W}\ \text{（消耗功率）}$$

结论：流过电压源中电流的大小取决于外接电路。例如：图 1.17 中外接电阻 $R = 5\ \Omega$ 时，电流为 2 A；外接电阻值改变为 $R = 10\ \Omega$ 时，电流为 1 A，而电压源 U_S 输出的电压值 10 V 不随电流的变化而改变，或者说，电压源本身并没有对其流过的电流作任何约束，即电压源中的电流大小、方向随外接电路的变化而发生改变。

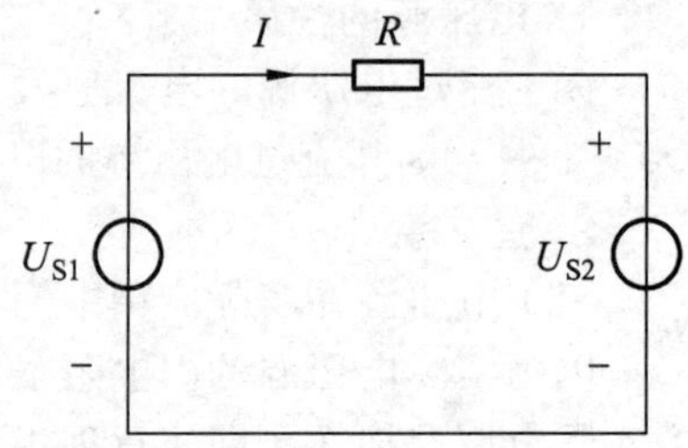

图 1.18　例 1.4 图

例 1.4　电路如图 1.18 所示，已知电阻 $R=10\,\Omega$，电压源 $U_{S1}=10\text{ V}$，$U_{S2}=20\text{ V}$，试求电流 I 和电压源 U_{S1} 的功率。

分析：（1）因电阻 R 与电压源构成串联闭合回路，则所有元件中的电流 I 相同，即 $U=RI$ 计算电流 I；（2）根据电压、电流的参考方向及功率计算结果，判断元件是吸收功率还是提供功率。

解　电流 *I*

$$I=\frac{U_{S1}-U_{S2}}{R}=\frac{10-20}{10}\text{ A}=-1\text{ A}$$

电压源 U_{S1} 的功率

$$P_{U_{S1}}=-U_{S1}I=[-10\times(-1)]\text{ W}=10\text{ W}\text{（吸收功率）}$$

结论：（1）在分析电路时，一定要注意电压、电流的参考方向关系，这是写其数学模型式前首先要确定的。

（2）电压源 U_{S1} 为吸收功率，说明电压源 U_{S1} 在电路中起负载作用；而电压源 U_{S2} 提供功率，起电源作用。可见电压源在电路中有可能提供功率，也有可能消耗功率。

（二）电流源

电流源表征了一个二端有源元件提供的电流与其端电压完全无关的物理特征。

直流电流源 I_S 和交流电流源 i_S 的电路符号如图 1.19 所示。直流电流源的伏安特性曲线如图 1.20 所示。

（a）直流电流源 I_S　　（b）交流电流源 i_S

图 1.19　电流源的电路符号图

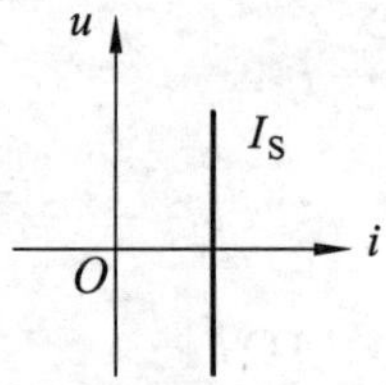

图 1.20　直流电流源 I_S 伏安特性曲线

1. 电流源的性质

无论电流源两端电压值大小、方向如何，其电流源的电流值总保持规定的 I_S 或 $i_S(t)$，其电流源的端电压由外接电路决定。所以电流源又称为独立电流源。

2. 注　意

（1）实际应用中的电流源不允许开路。

因为实际电流源的内电阻很大，当开路时，其两端的电压和输出的功率非常之大，将会导致实际电流源损坏，所以，在不使用实际电流源时，可以用一根导线将实际电流源短路。

（2）在电路分析计算中，理想电流源的电流值为零时，相当于断路。

例 1.5　电路如图 1.21 所示，直流电流源 $I_S=2\text{ A}$，R 为可变电阻，试求可变电阻 R 分别为 5 Ω 和 10 Ω 时电压 U。

分析：由于电流源输出的电流值 I_S 与其端电压 U 无关，所以，可根据欧姆定律计算其电压 U。

解 （1）当 $R=5\,\Omega$ 时：

$$U=I_S R=(2\times5)\ \text{V}=10\ \text{V}$$

（2）当 $R=10\,\Omega$ 时：

$$U=I_S R=(2\times10)\ \text{V}=20\ \text{V}$$

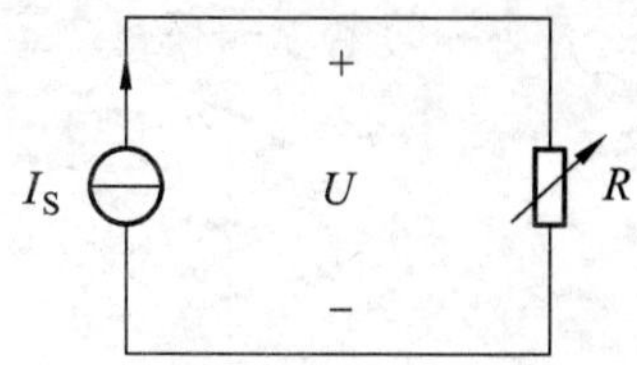

图 1.21 例 1.5 图

结论：电流源两端电压的大小取决于外电路，例如，当 $R=5\,\Omega$ 时，电流源值为 2 A，电流源端电压 $U=10\ \text{V}$；当 $R=10\,\Omega$ 时，电流源值仍为 2 A，电流源端电压为 $U=20\ \text{V}$，可见，电流源输出的电流值始终不变。

例 1.6 电路如图 1.22 所示，已知电流源 $I_S=2$ A，试求电流源 I_S 两端的电压 U 和功率。

分析：电压源与电流源直接构成串联回路，认识这点很重要。即电压源中的电流由电流源提供；电流源的端电压由电压源决定。

（a）例 1.6 图（a）　　（b）例 1.6 图（b）

图 1.22 例 1.6 图

解 （1）图 1.22（a）：

电流源 I_S 两端的电压

$$U=3\ \text{V}$$

电流源 I_S 的功率

$$P=-UI_S=(-3\times2)\ \text{W}=-6\ \text{W}$$

上式表明电流源 I_S 提供 6 W 功率。

（2）图 1.22（b）：

电流源 I_S 两端的电压

$$U=-5\ \text{V}$$

电流源 I_S 的功率

$$P=-UI_S=[-(-5)\times2]\ \text{W}=10\ \text{W}$$

上式表明电流源 I_S 在电路中起负载作用，电流源 I_S 消耗的功率为 10 W。

结论：（1）电流源两端电压的方向可以随外电路的变化而改变，而电流源输出的电流值大小和方向始终不变。

（2）电流源在电路中有可能提供功率，也有可能消耗功率。

（3）电压、电流的参考方向的设置不改变电路元件的功率特性。

（三）实际电源的电路模型

实际的电源因存在一定的内部电阻，其等效电路模型如图 1.23（a)、(b）所示。

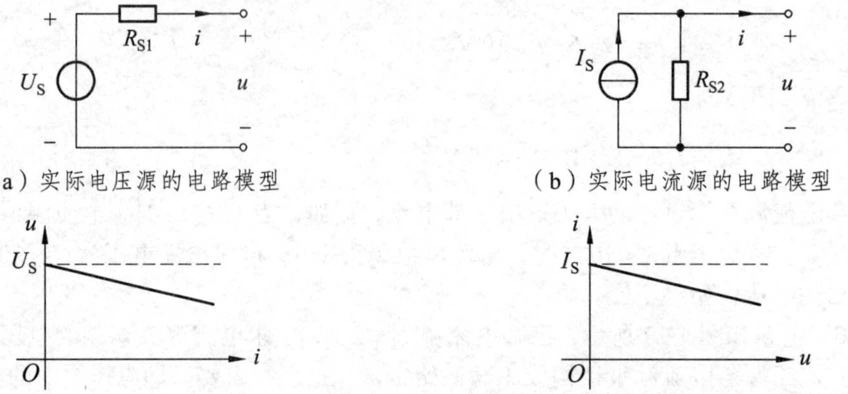

（a）实际电压源的电路模型　（b）实际电流源的电路模型

（c）实际电压源的外特性曲线　（d）实际电流源的外特性曲线

图 1.23　实际电源的电路模型和外特性曲线

当实际电源接有外电路时，电源内部电阻会产生一定的内耗，其外特性如图 1.23（c)、(d）所示。可见，实际电源与外电路连接后，其值会有一定的变化，其变化的大小与实际电源的内电阻有关。

对于实际电压源，内电阻越小其特性越接近理想电压源，性能越好；对于实际电流源，内电阻越大其特性越接近理想电流源，性能也越好。

理想电源最主要的特点就是电源输出的值与外接电路无关。

三、受控电源简介

受控电源又称为非独立电源，它不同于独立电源，独立电源所提供的电量是独立量，而且是一种二端元件；受控电源所提供的电量是受电路中某部分电压或电流控制，是一个非独立量，一旦控制量变化，受控电源的电量也会发生相应的变化。因此，受控电源可看成是一种四端元件。本教材只讨论线性受控电源（简称受控源），即受控电源的电量与控制量成比例关系。

受控电源是实际电子器件中存在的两处信号之间的一种耦合关系模型，是分析电子电路的重要元件模型。在电路分析中，用受控源来反映电路中某处的电压或电流能控制另一处的电压或电流这一物理现象；或表示一处的电路变量与另一处电路变量之间的一种耦合关系。与独立电源类似，根据输出电量的不同，受控源可分为电压源和电流源。

受控电压源输出的电压受另一处电路的电压或电流控制，因此，有 2 种受控电压源电路模型，分别为电压控制电压源（VCVS）和电流控制电压源（CCVS)，如图 1.24（a)、(c）所示。

受控电流源输出的电流受另一处支路的电压或电流控制，也有 2 种受控电流源电路模型，分别为电压控制电流源（VCCS）和电流控制电流源（CCCS)，如图 1.24（b)、(d）所示。

由于受控源的电量值是非独立的，其值大小取决于控制量，因此，在分析电路时受控源可以作为电源处理，但必须注意其控制量在分析过程中要始终保留。

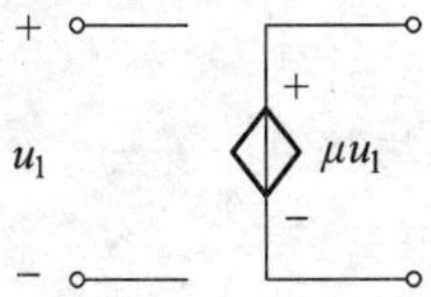

（a）电压控制电压源-VCVS

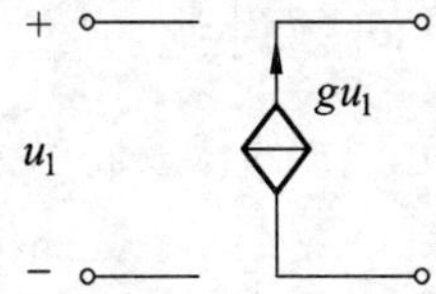

（b）电压控制电流源-VCCS

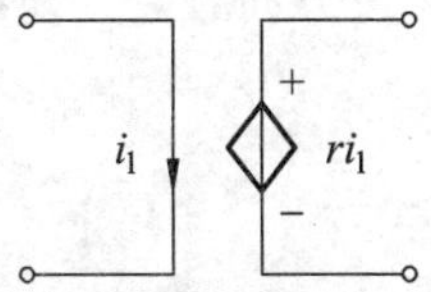

（c）电流控制电压源-CCVS

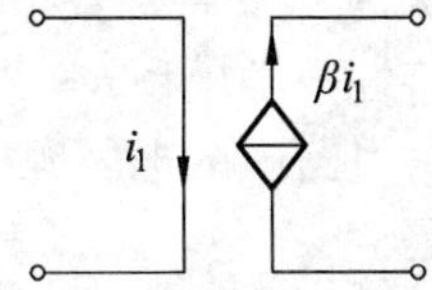

（d）电流控制电流源-CCCS

图 1.24　4 种受控源

四、开路、短路特性

“开路”与“短路”是电路元件的一种特殊伏安特性。

（一）开　路

“开路”是指电路中两点间的**电流恒为零**的物理特征，如图 1.25 所示。

（1）当电阻 R 的阻值为无穷大（即 $R=\infty$）时，如图 1.25（a）所示，根据欧姆定律有 $i_R=\dfrac{u}{R}=0$，即流过电阻 R 的电流 i_R 为零，电阻 R 相当于开路，在电路图中可用“开路”等效替代电阻 R，如图 1.25（c）所示。

（2）当电流源的电流值恒为零（即 $i=0$）时，如图 1.25（b）所示，电流源相当于开路，在电路图中可用“开路”等效替代电流源，如图 1.25（c）所示。

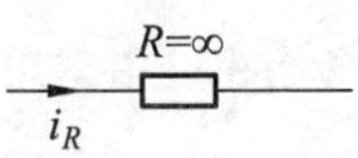

（a）电阻值为无穷大

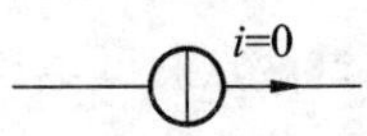

（b）电流源值为零

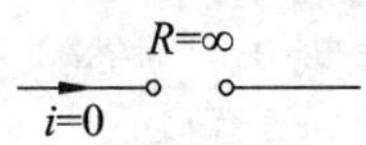

（c）$R=\infty$ 和 $i=0$ 的等效电路

图 1.25　开路特性的等效电路图

（二）短　路

“短路”是指电路中两点间**电压恒为零**的物理特征，如图 1.26 所示。

（1）当电阻 R 的阻值为零（即 $R=0$）时，如图 1.26（a）所示，其端电压 u_{R} 恒为零，则电阻 R 相当于短路，在电路图中可用“短路线”等效替代电阻 R，如图 1.26（c）所示。

（2）当电压源的电压值恒为零（即 $u=0$）时，如图 1.26（b）所示，电压源相当于短路，在电路图中可用“短路线”等效替代电压源，如图 1.26（c）所示。

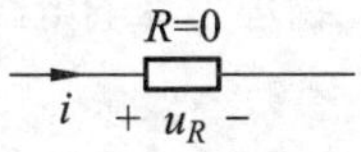

（a）电阻值为零

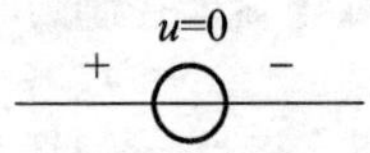

（b）电压源值为零

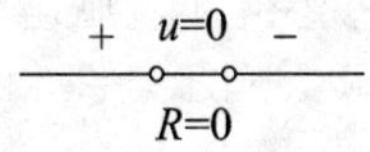

（c）$R=0$ 和 $u=0$ 的等效电路

图 1.26　短路特性的等效电路图

五、常见问题讨论

（1）电阻元件 R 的伏安特性表达式为 $u=Ri$，试问 $u=Ri$ 与其电压 u、电流 i 的参考方向有关吗？

解答：有关。

电阻元件 R 的伏安特性数学模型与其电压 u、电流 i 的参考方向有关，即在关联参考方向条件下伏安特性数学模型 $u=Ri$ 才成立。

（2）本教材电路中的电压源、电流源指的是实际电源吗？

解答：不是。

本教材电路中的电压源、电流源指的是理想电源（又称独立电源）。

（3）电路中理想电压源、理想电流源有内阻吗？

解答：理想电源没有内阻存在。

理想电压源表征的是电压值由电压源决定，与其流过的电流值大小、方向无关的物理特性；理想电流源表征的是电流值大小、方向由电流源决定，与其电流源两端电压大小、方向无关的物理特性。

（4）理想电压源的电压值大小、方向会随外接电路的性质变化而发生改变吗？

解答：不会改变。

理想电压源的电压值大小、方向由电压源决定，流过电压源的电流大小、方向则是由外接电路所决定，电压源的电压值与其流过的电流无关。

（5）理想电流源的电流值大小、方向会随外接电路的性质变化而发生改变吗？

解答：不会改变。

理想电流源的电流值大小、方向由电流源决定，而电流源两端的电压大小、方向则是由外接电路所决定，电流源的电流值与其端电压无关。

（6）电路中如果某个元件两端电压值为零，则该元件可用“开路”等效替代吗？

解答：不能。

当电路中任意两点发生短路时，则这两点间的电压为零。所以，该元件可用“短路”等效替代。

（7）理想的开关元件可以看成特殊的电阻元件，当它断开时，其电阻值为多少？

解答：无穷大。

当电阻值为无穷大时，电阻电路中的电流为零，即电阻元件等效为开路。

六、特别提示

① 电阻元件反映消耗电能转换成其他形式能量物理特征的电路模型；

② 电压源反映一定的电压与其流过的电流大小、方向无关物理特征的电路模型；

③ 电流源反映一定的电流与其端电压大小、方向无关物理特征的电路模型；

④ 受控电源反映电路中某处的电压或电流能控制另一处的电压或电流物理特征的电路模型。

第三节　基尔霍夫定律

在电路分析中，电压和电流受到两类约束，即一类是对电路元件的电压和电流约束，另一类是对电路的电压和电流约束。

电路元件的约束 是指对元件自身特性的约束。例如，如图 1.27 所示线性电阻的约束是欧姆定律 $u = R\,i$。

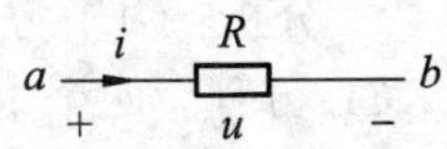

图 1.27 电阻

电路的约束 是指对电路的回路电压、支路电流的约束。即对支路电流的约束有基尔霍夫电流定律，对回路电压的约束有基尔霍夫电压定律。

基尔霍夫定律与元件的性质无关，任何电路（线性电路和非线性电路）均满足基尔霍夫定律。

一、支路、结点和回路

在讨论基尔霍夫定律之前，必须先明确电路中的几个基本概念。下面以图 1.28 所示电路为例，讨论支路、结点和回路的基本概念。

1. 支 路

在电路中没有分支的一段电路称为**支路**，支路中的电流称为支路电流。

支路的特点：同一支路中只会流过同一电流。例如，图 1.28 支路 BD 中，电阻 R_3 和电压源 U_{S3} 在同一支路上，即 R_3 与电压源 U_{S3} 流过同一电流 I_3。

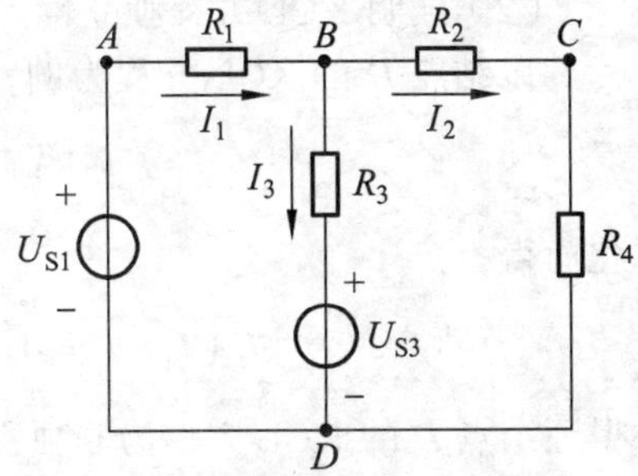

图 1.28 讨论基本概念电路图

2. 结 点

电路中 3 条或 3 条以上支路的汇集点称为**结点**。例如，图 1.28 中有 2 个结点，即结点 B 和结点 D。

注意：汇集点之间如果直接用导线连接，视为一个结点。

3. 回 路

电路中由支路构成的闭合路径称为**回路**。如果回路中不包含其他支路，则称这样的回路为**网孔**。例如，图 1.28 中有 3 个回路，即 $ABDA$、$BCDB$、$ABCDA$；3 个回路中有 2 个是网孔，即 $ABDA$、$BCDB$。

二、基尔霍夫定律

基尔霍夫定律是分析计算电路的基本定律，它分为基尔霍夫电流定律和基尔霍夫电压定律。

（一）基尔霍夫电流定律

1. 定律（简称 KCL）

KCL：在集中参数电路中，任何时刻，对任一结点，所有支路电流的代数和恒等于零。

基尔霍夫电流定律体现了电流的连续性。即在电路中，任意选择一个电路结点，则有

$$\sum i = 0 \tag{1.7}$$

例 1.7 电路如图 1.29 所示，试列出所有结点电流方程，并分析其独立性。

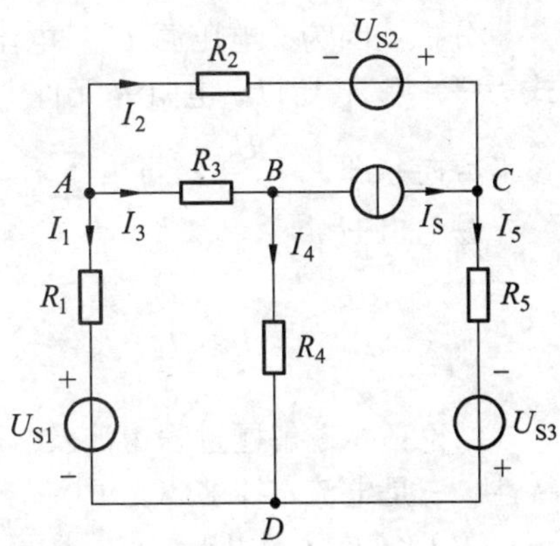

图 1.29 例 1.7 图

分析：（1）方程的独立性。图 1.29 所示电路中有 A、B、C、D 四个结点，可列出四个 KCL 方程。四个 KCL 方程中任选取三个 KCL 方程为独立方程，余下的一个 KCL 方程为非独立方程。（2）列 KCL 方程。定律中描述的是电流的“代数和”，所以在列 KCL 方程前，首先要设定流入结点的电流为“+”，则流出结点的电流为“–”。根据电路图中所设的各支路电流参考方向列 KCL 方程。

解 （1）列独立的 KCL 方程

结点 A　　$-I_1-I_2-I_3=0$

结点 B　　$I_3-I_4-I_S=0$

结点 C　　$I_S+I_2-I_5=0$

结点 D　　$I_1+I_4+I_5=0$

（2）**证明** KCL 方程独立性

以结点 D 的 KCL 方程为例，证明非独立性，即将结点 A、B、C 的 KCL 方程相加，得

$$(-I_1-I_2-I_3)+(I_3-I_4-I_S)+(I_S+I_2-I_5)=0$$

化简得

$$I_1+I_4+I_5=0$$

得证结点 D 的 KCL 方程为非独立方程。

结论：（1）在 n 个 KCL 方程中，任意一个方程均可用其余（$n-1$）个方程的线性组合来表示，称 n 个 KCL 方程中存在一个非独立方程。（2）对于一个含有 n 个结点的电路，可列出 $(n-1)$ 个独立 KCL 方程。

2. KCL 的拓展与应用

（1）图 1.29 中结点 B 的 KCL 方程还可以写成

$$I_3=I_4+I_S$$

上式表明 KCL 也可以表述为：流出结点的支路电流等于流入该结点的支路电流，即

$$\sum i_{出}=\sum i_{入} \tag{1.8}$$

例 1.8　电路如图 1.30 所示，已知电压源 $U_S=15\ \text{V}$，电流源 $I_S=2\ \text{A}$，电阻 $R=5\ \Omega$，试求电压源中的电流 I_U。

分析：因为，电压源 U_S、电流源 I_S 和电阻 R 之间的连接方式为“并联”，所以，电阻 R 元件上的端电压 U_S 与电流 I_R 为关联参考方向，即 $I_R=\dfrac{U_S}{R}$；再由 $\sum i_{出}=\sum i_{入}$ 解得电流 I_U。

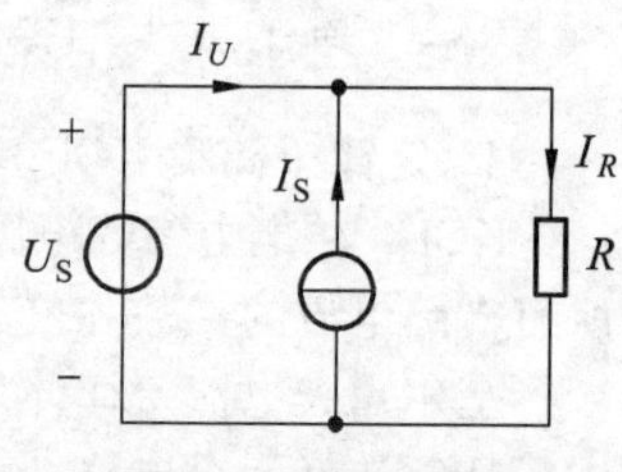

图 1.30　例 1.8 图

解　根据 KCL 得

$$I_U=I_R-I_S=\frac{U_S}{R}-I_S=\frac{15\ \text{V}}{5\ \Omega}-2\ \text{A}=1\ \text{A}$$

结论：本题解题过程中涉及 3 个知识点：一是各元件之间的连接方式；二是元件的伏安特性；三是电流定律 KCL。即综合应用元件的伏安特性、连接方式和 KCL 分析电路。

（2）KCL 除了用于结点，还可以推广到封闭面。即任何时刻，流入封闭面的各支路电流

的代数和恒等于零；或者说，流出封闭面的电流等于流入该封闭面的电流，又称为广义节点的 KCL。

例 1.9 电路如图 1.31 所示，已知电路中电流 $I_1 = 10\text{ A}$，$I_2 = 4\text{ A}$。试求电路中电流 I_3。

分析：注意电路中各元件的电量参数都是未知量，所以直接应用元件的伏安特性是求解不出电流 I_3 的。此时可在电路图 1.31 中作一个封闭面（如图 1.31 中虚线所示的封闭面），即电流 I_2 流入封闭面，I_1、I_3 为流出封闭面。根据广义结点的 KCL，设流入封闭面电流为“+”，则流出为“－”。

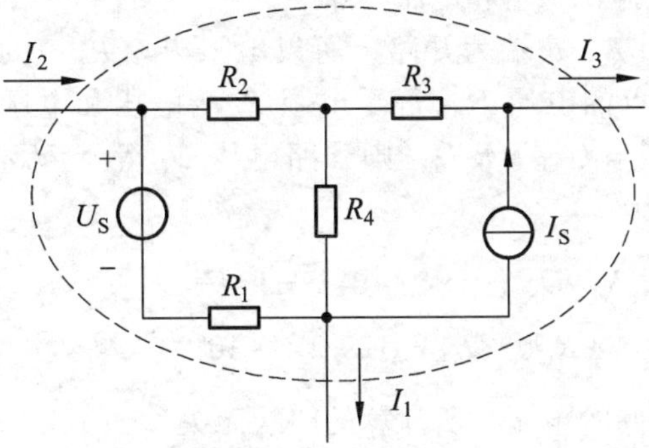

图 1.31 例 1.9 图

解 根据 KCL，得

$$-I_1 + I_2 - I_3 = 0$$

$$I_3 = I_2 - I_1 = (4 - 10)\text{ A} = -6\text{ A}$$

结论：在利用广义结点列 KCL 方程时，注意“封闭面”的概念。同理，也可直接按“流出封闭面的电流等于流入该封闭面的电流”列写 KCL 方程，如可直接写出：$I_2 = I_1 + I_3$。

（二）基尔霍夫电压定律

1. 定律（简称 KVL）

KVL：在集中参数电路中，任何时刻，沿着任一回路，所有电压的代数和恒等于零。

基尔霍夫电压定律体现了电压的单值性。即在电路中，任意地选择一个回路，沿着一个绕行方向写出其回路的电压方程为

$$\sum u = 0 \tag{1.9}$$

例 1.10 试列出如图 1.32 所示电路回路 1、2、3 的 KVL 方程。

分析：图 1.32 所示回路的电压降绕行方向均以顺时针方向，则可沿着这个设定的顺时针绕行方向列 KVL 方程。

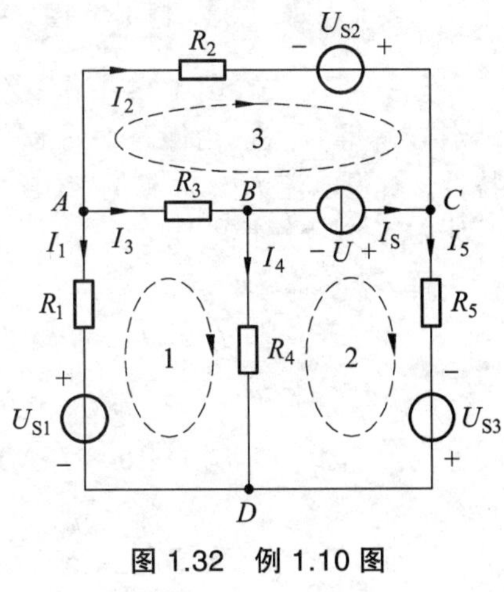

图 1.32 例 1.10 图

解 列 KVL 方程：

回路 1 $\quad -U_{S1} - R_1 I_1 + R_3 I_3 + R_4 I_4 = 0$

回路 2 $\quad -U + R_5 I_5 - U_{S3} - R_4 I_4 = 0$

回路 3　　　　$R_2I_2-U_{S2}+U-R_3I_3=0$

结论：在写 KVL 方程时，当元件上端电压参考方向与所设的回路绕行方向一致时，KVL 方程中取正号，否则取负号。

2. 注　意

在写 KVL 方程时，回路绕行方向和电压参考方向都可以任意假设，但是一旦确定，在整个分析过程中就不能更改。

例 1.11　电路如图 1.33 所示，已知电阻 $R_1=R_2=R_3=R_4=2\,\Omega$，电压源 $U_{S1}=U_{S2}=10\text{ V}$，电流源 $I_S=1\text{ A}$，试求开路电压 U_O 和电压 U_{AB}。

分析：（1）由于电路 E、F 端为开路，所以电阻 R_2、R_4 中的电流为零，流过电阻 R_1、R_3 的电流为 I_S，A、B 两点的电压 U_{AB} 等于电阻 R_1 端电压和电压源 U_{S1} 代数和。（2）由于电流源 I_S 的端电压为 $U_{AC}=U_{AB}+R_3I_S$，则开路电压 U_O 等于 U_{AC} 与电压源 U_{S2} 代数和。

解　根据 KVL 方程有

$$U_{AB}=I_SR_1+U_{S1}=(1\times2+10)\text{ V}=12\text{ V}$$

$$U_O=U_{AB}+R_3I_S+U_{S2}=(12+2\times1+10)\text{ V}=24\text{ V}$$

结论：（1）任意两点间的电压与所计算的路线无关。

（2）由开路电压和其他支路电压组成的回路（又称为虚拟回路），仍然可以应用 KVL 进行分析。即 KVL 不仅适用于闭合回路，也可应用于虚拟回路。

例 1.12　电路如图 1.34 所示，试求电路中电流 I_1、I_2 和电压 U。

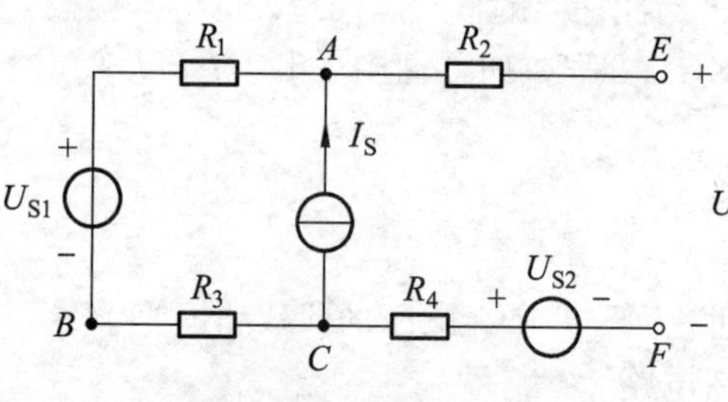

图 1.33　例 1.11 图

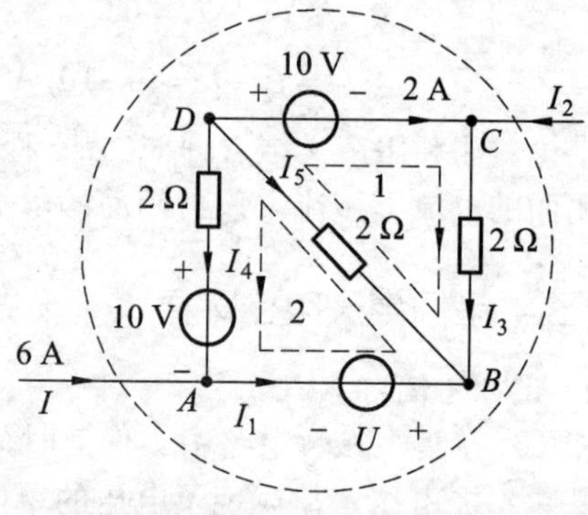

图 1.34　例 1.12 图

分析：① 先在图 1.34 中作一个封闭面（虚线圆）构成广义结点，由 KCL 解得 I_2；② 由结点 C 解得 I_3；③ 由回路 1 列 KVL 方程解得电压 $U_{DB}=U_{DC}+U_{CB}$；④ 根据电阻元件的伏安特性，解得电流 I_5；⑤ 根据 KCL，由结点 D 解得电流 I_4，由结点 B 解得电流 I_1；⑥ 由回路 2 列 KVL 方程解得电压 U。

解

$$I_2=-I=-6\text{ A}$$

$$I_3=I_2+2\text{A}=(-6+2)\text{A}=-4\text{ A}$$

$$U_{DB}=10+2I_3=[10+2\times(-4)]\text{ V}=2\text{ V}$$

$$I_5=\frac{U_{DB}}{2}=\frac{2}{2}\text{A}=1\text{ A}$$

$$I_4 = -I_5 - 2\text{ A} = (-1-2)\text{ A} = -3\text{ A}$$

$$I_1 = -(I_3 + I_5) = [-(-4+1)]\text{ A} = 3\text{ A}$$

$$U = -U_{DB} + 2I_4 + 10\text{ V} = [-2 + 2\times(-3) + 10]\text{ V} = 2\text{ V}$$

结论：电路中各个支路（或元件）电压、电流受到两类约束，即元件特性和基尔霍夫定律的约束。

三、常见问题讨论

（1）KCL 是针对电路中的回路电流展开讨论的吗？

解答：不是。

KCL 是针对电路中的结点电流展开讨论的。

（2）KVL 是针对电路中的回路电流展开讨论的吗？

解答：不是。

KVL 是针对电路中的回路电压展开讨论的。

（3）列 KCL 方程时应注意什么？

解答：注意各支路电流的参考方向。

如果设流入结点电流为“正”，则流出结点电流为“负”，列结点上连接的所有支路电流代数和为零的 KCL 方程。

（4）一个结点上可列出的 KCL 方程有几个？

解答：一个。

每个结点对应的 KCL 方程是唯一的。

（5）列 KVL 方程时应注意什么？

解答：注意各支路电压参考方向与回路绕行方向的关系。

当支路电压的参考方向与回路绕行方向一致时，KVL 方程中取正号，否则取负号。

（6）一个回路中可列出的 KVL 方程有几个？

解答：一个。

每个回路对应的 KVL 方程是唯一的。

（7）如果电路中有 n 个结点，则可列出多少个 KCL 独立方程？

解答：可列出 $(n-1)$ 个独立的 KCL 方程。

对于一个含有 n 个结点的电路，可列出 $(n-1)$ 个独立 KCL 方程。

（8）如果电路出现开路，则由开路与其他支路所构成的“回路”能应用 KVL 进行分析计算吗？

解答：可以。

由开路电压和其他支路电压组成的回路，仍然可以应用 KVL 进行分析，即用“开路电压”表示“开路支路”的电压特性。

四、特别提示

列 KCL、KVL 方程时注意电流、电压的参考方向。

第四节　等效概念与电阻电路

一、等效概念

如图 1.35(a)所示电路中，电阻 R_1、R_2 为并联电路结构，其电路总电阻值为 $R_0=\dfrac{R_1R_2}{R_1+R_2}$，电路上可用图 1.35（b）等效替代图 1.35（a）。即将一个复杂的电路[见图 1.35（a）]简化为一个简单的电路[见图 1.35（b）]，这一种电路的简化过程称为等效运算（又称为**等效变换**）。在电路等效变换图中常用符号“⇒”表示电路图之间的等效变换关系，如图 1.35 所示。

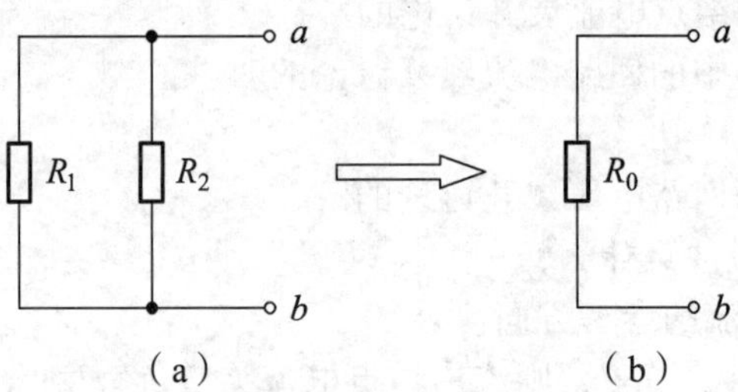

图 1.35　电阻并联电路

在电路分析中，常常把电路中的某一部分简化（又称为“等效”）成一个较为简单的电路（称为“**等效电路**”）。例如图 1.36（a）所示电路中的 3 个串联电压源，可以用一个电压源 U_S（即 $U_S=U_{S1}+U_{S2}-U_{S3}$）等效替代[见图 1.36（b）]，且图 1.36（b）中电阻 R 上的电压 U'、电流 I' 仍保持不变，即 $U'=U$，$I'=I$。我们常称图 1.36（b）是图 1.36（a）的等效电路，即对电路中电阻 R 上电压、电流是等效的。

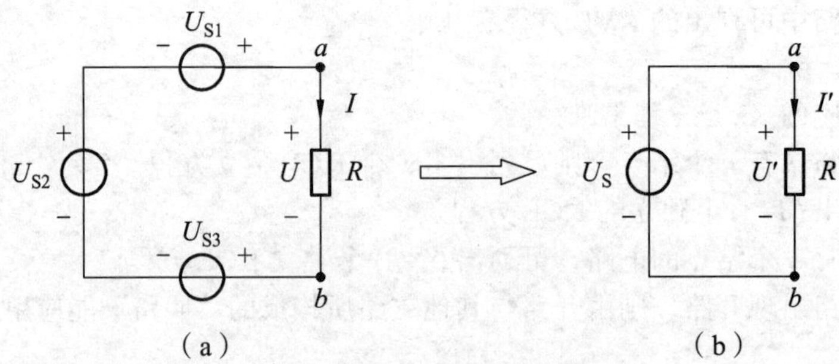

图 1.36　图（b）为图（a）的等效电路

注意，“等效”指的是被替代的电路端口电压和电流等效，即“对外等效”。

二、电阻的串联、并联电路

（一）电阻的串联

若有 n 个电阻按顺序相连，其电路中每个电阻所流过的电流为同一个电流，则称这 n 个电阻的连接方式为串联连接，如图 1.37（a）所示。

可根据 KVL 写出图 1.37（a）端电压 U

$$U = U_1 + U_2 + U_3 + \cdots + U_n$$

由于图 1.37（a）中，流过所有电阻中的电流都为 I，则根据欧姆定律，电阻 R_k 上的电压 $U_k = R_k I$，所以上式可写成

$$\begin{aligned} U &= R_1 I + R_2 I + R_3 I + \cdots + R_n I \\ &= (R_1 + R_2 + R_3 + \cdots + R_n) I = R_{eq} I \end{aligned}$$

式中，R_{eq} 称为图 1.37（a）串联电阻电路的等效电阻，即

$$R_{eq} = R_1 + R_2 + R_3 + \cdots + R_n = \sum_{k=1}^{n} R_k \tag{1.10}$$

式（1.10）称为串联电阻电路的等效电阻 R_{eq} 计算式。

图 1.37（a）中各电阻 R_k 上的电压 U_k 为

$$U_k = R_k I = \frac{R_k}{R_{eq}} U,\quad k = 1, 2, 3, \cdots, n \tag{1.11}$$

式（1.11）称为串联电阻电路的电压分配公式，或称分压公式。表明串联的每个电阻 R_k 上的电压 U_k 与其电阻值 R_k 成正比，即串联电阻值 R_k 越大，其端电压 U_k 就越高。

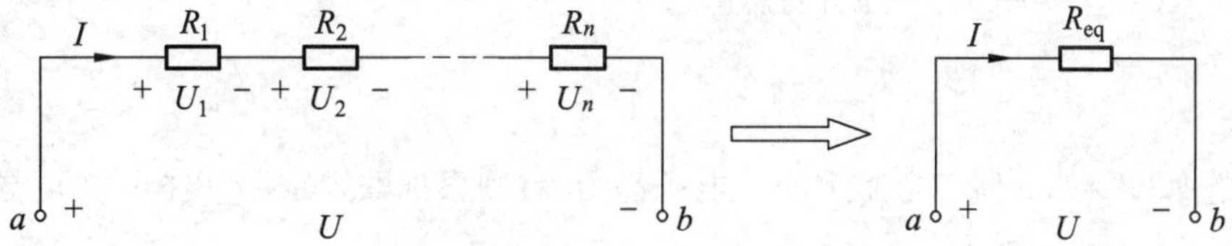

（a）n 个电阻串联电路　　（b）等效电阻 R_{eq} 电路

图 1.37　串联电阻电路的等效关系

图 1.37（b）所示电路与图 1.37（a）所示电路的端口电压 U 和电流 I 相同，即对 a、b 端外接电路是等效的。

例 1.13　电路如图 1.38（a）所示，已知电阻 $R_1 = 3\,\Omega$，$R_2 = 7\,\Omega$，$R_3 = 8\,\Omega$，试求电路 a、b 端的总电阻 R。

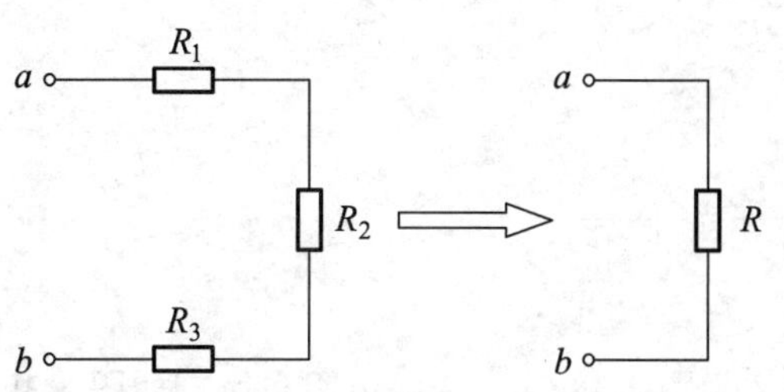

（a）　（b）

图 1.38　例 1.13 图

分析：图 1.38（a）所示电路由 3 个电阻串联构成，根据式（1.10）可计算图 1.38（b）等效电阻值 $R = R_1 + R_2 + R_3$。

解

$$R = R_1 + R_2 + R_3 = (3+7+8)\,\Omega = 18\,\Omega$$

结论：n 个电阻串联的电路，对外电路可用一个阻值为 $R_{eq} = \sum_{k=1}^{n} R_k$ 的电阻 R_{eq} 等效替代。

（二）电阻的并联

若有 n 个电阻连接在两个公共的结点之间，其每个电阻的电压为同一个电压，则称这 n 个电阻的连接方式为并联，如图 1.39（a）所示。

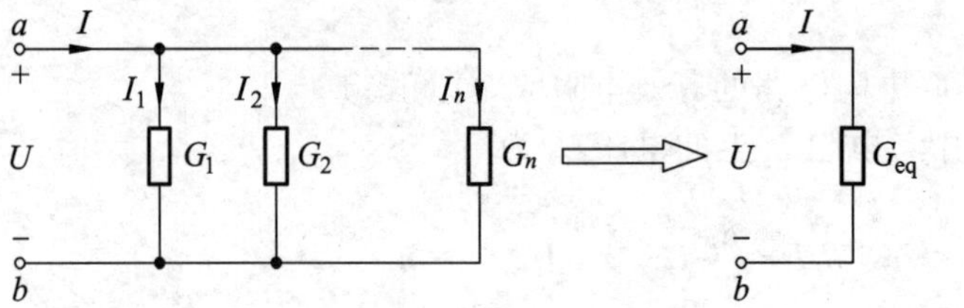

（a）n 个电阻并联电路　　　　（b）等效电阻电路

图 1.39　并联电阻电路的等效

可根据 KCL 求得图 1.39（a）的总电流 I

$$I = I_1 + I_2 + I_3 + \cdots + I_n$$

由于图 1.39(a)中，所有电阻上的端电压都为 U，则根据欧姆定律，电阻 R_k（电导 $G_k = \dfrac{1}{R_k}$）上的电流 $I_k = G_k U$，所以上式可写成

$$\begin{aligned} I &= G_1U + G_2U + G_3U + \cdots + G_nU \\ &= (G_1 + G_2 + G_3 + \cdots + G_n)U \\ &= G_{eq}U \end{aligned}$$

式中，G_{eq} 称为并联电阻电路的等效电导，单位为西门子（S），其计算式为

$$G_{eq} = G_1 + G_2 + G_3 + \cdots + G_n = \sum_{k=1}^{n} G_k \tag{1.12}$$

并联后的等效电阻 R_{eq} 为

$$R_{eq} = \frac{1}{G_{eq}} = \frac{1}{\sum_{k=1}^{n} \frac{1}{R_k}}$$

可以用电导 G_{eq} 等效替代图 1.39（a）并联电阻电路，如图 1.39（b）所示，且图 1.39（a）所示电路与图 1.39（b）所示电路的端电压 U 和电流 I 保持不变。

图 1.39（a）中各支路的电流为

$$I_k = G_k U = \frac{G_k}{G_{eq}} I, \quad k = 1,2,3,\cdots,n \tag{1.13}$$

式（1.13）称为并联电阻电路电流分配公式，或称为分流公式，说明各个并联电阻中的支路电流与其各自的电导值成正比。

例 1.14 电路如图 1.40（a）所示，已知电阻 $R_1 = 3\,\Omega$，$R_2 = 6\,\Omega$，$R_3 = 2\,\Omega$，试求等效电路图 1.40（b）中的电阻 R_0。

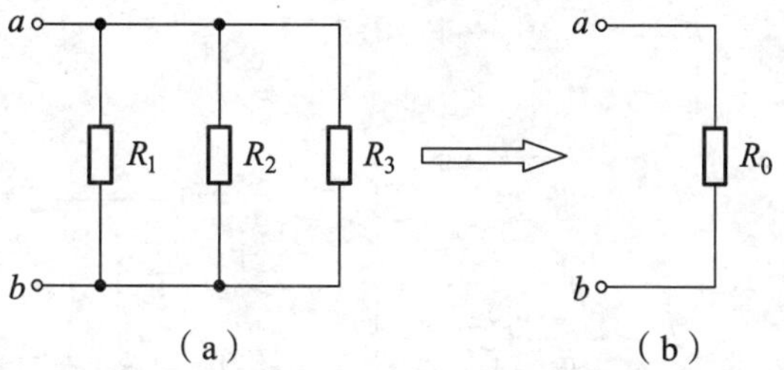

图 1.40 例 1.14 图

分析：图 1.40（a）所示电路是由 3 个电阻并联构成，根据式（1.12）可计算等效电导值 $G = G_1 + G_2 + G_3$，并得等效电路图 1.40（b）。

解

$$R_0 = \frac{1}{\frac{1}{R_1} + \frac{1}{R_2} + \frac{1}{R_3}} = \frac{1}{\frac{1}{3} + \frac{1}{6} + \frac{1}{2}}\,\Omega = 1\,\Omega$$

结论：n 个电阻并联的电路，对外电路可用一个电导值为 $G_{eq} = \sum_{k=1}^{n} G_k$ 电导等效替代，注意，等效电阻 $R_0 = \frac{1}{G_{eq}}$。

（三）电阻电路的等效变换

在电阻电路中，常常既有电阻串联又有电阻并联，称这种电阻电路为电阻的串、并联电路，简称混联。分析时可根据前面讨论的电阻串、并联分析方法进行简化电路，即称为等效变换。

例 1.15 电路如图 1.41 所示，试求 a、b 两端的等效电阻 R。

分析：本题通过串、并联等效变换方式解得，如图 1.42 所示。① 2 个 8 Ω电阻并联等效电阻为 4 Ω，如图 1.42（a）所示；② 等效 4 Ω 电阻与 2 Ω 电阻串联得 6 Ω 电阻，再与原图中的 6 Ω 电阻并联得 3 Ω 电阻，如图 1.42（b）所示；③ 2 个 4 Ω 电阻为并联得 2 Ω 电阻，如图 1.42（c）所示；④ 3 Ω电阻与 2 Ω 电阻串联得 5 Ω电阻，再与原图中的 5 Ω 电阻并联得 2.5 Ω电阻，如图 1.42（d）所示。

解 解题过程如图 1.42 所示，解得 $R = 2.5\,\Omega$。

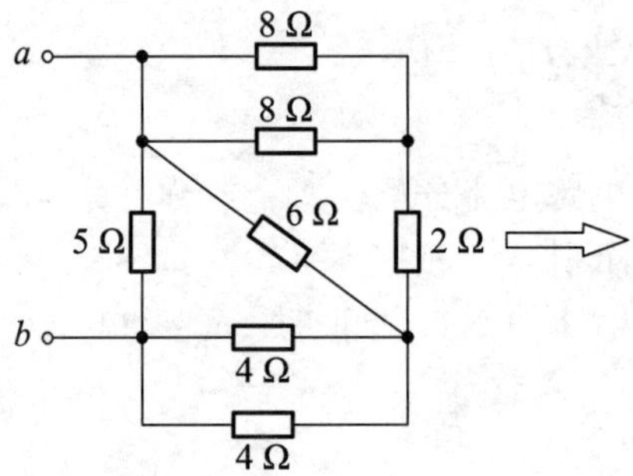

图 1.41　例 1.15 图

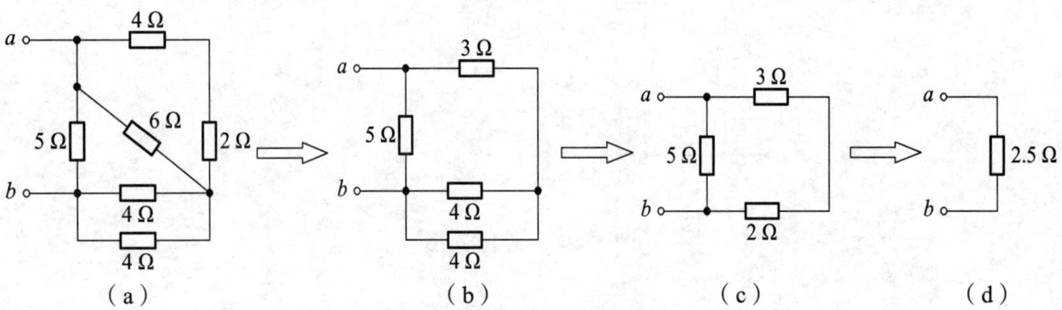

图 1.42　解例 1.15

结论：电阻的串、并联方式是电路分析中的最基本的连接结构。有时可直接通过画等效电路图的方法完成电路的分析计算。因此，通过等效电路图进行分析电路是常用的一种方法，也是求解各电量的有效“工具”。

例 1.16　电路如图 1.43（a）所示，已知电阻 $R_1 = R_2 = R_3 = 6\,\Omega$，电压 $U_S = 12\,\text{V}$，试求电流 I_1、I_2、I_3、I 和图 1.43（b）等效电阻 R_0。

分析：图 1.43（a）所示电路为电阻并联电路，根据已知电阻 $R_1 = R_2 = R_3$，得电流 $I_1 = I_2 = I_3$，等效电阻为 $R_0 = \dfrac{R_1}{3}$。

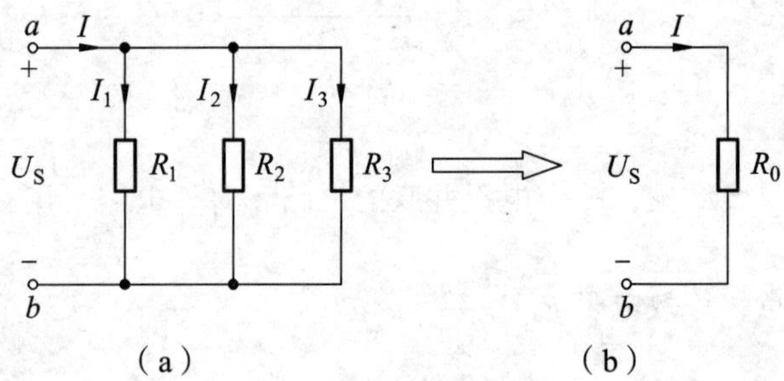

图 1.43　例 1.16 图

解　由欧姆定律得

$$I_1 = I_2 = I_3 = \frac{U_S}{R_1} = \frac{12}{6}\,\text{A} = 2\,\text{A}$$

由 KCL 得

$$I = I_1 + I_2 + I_3 = 6\,\text{A}$$

等效电阻 R_0 为

$$R_0 = \frac{R_1}{3} = 2\,\Omega$$

结论：当有 n 个大小相等的电阻 R_k 并联时，其等效电阻为 $R_0 = \dfrac{R_k}{n}$，并且各并联支路电流的大小相等。

例 1.17 电路如图 1.44（a）所示，已知电阻 $R_1 = R_2 = R_3 = 6\ \Omega$，电流 $I_S = 2\ \text{A}$，试求电压 U_1、U_2、U_3、U 和图 1.44（b）等效电阻 R_0。

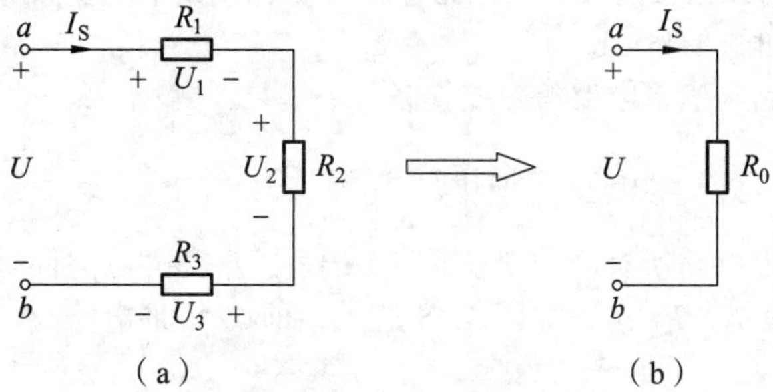

图 1.44 例 1.17 图

分析：图 1.44（a）所示电路为电阻串联电路，根据已知电阻 $R_1 = R_2 = R_3$，得电压 $U_1 = U_2 = U_3$，等效电阻 $R_0 = 3R_1$。

解 由欧姆定律得

$$U_1 = U_2 = U_3 = R_1 I_S = (6 \times 2)\text{V} = 12\ \text{V}$$

由 KVL 得

$$U = U_1 + U_2 + U_3 = 36\ \text{V}$$

等效电阻 R_0 为

$$R_0 = 3R_1 = 18\ \Omega$$

结论：当有 n 个大小相等的电阻 R_k 串联时，其等效电阻值为：$R_0 = nR_k$，各串联电阻上的端电压大小相等。

三、电阻的 Y 形连接、△形连接

电阻除了串、并联连接外，还有两种三端电路，即 Y 形（或称 T 形）连接和△形（或称 π 形）连接也是电路中常见的一种基本电路结构，如图 1.45 所示。

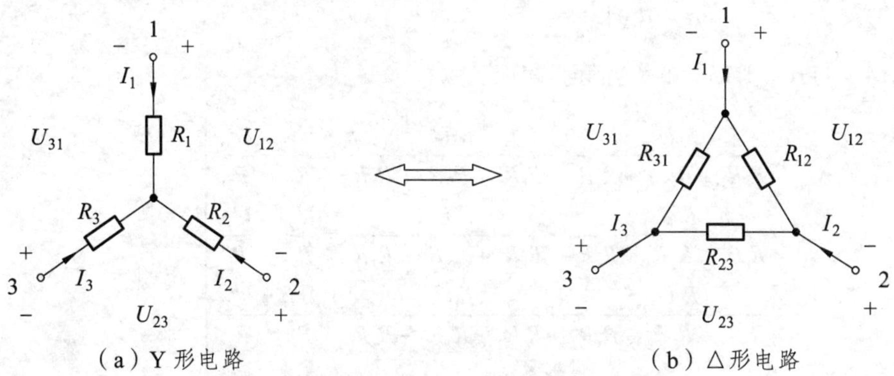

图 1.45 电阻电路的 Y 形和△形的等效变换

Y 形连接 又称为**星形**连接。其电路连接特点：三条电阻支路都有一端接在一个公共结点上，另一端则分别接到 3 个端子（或结点）上，如图 1.45（a）所示。

△形连接 又称为**三角形**连接。其电路连接特点：三条电阻支路分别接在 3 个结点之间构成一个单孔回路，如图 1.45（b）所示。

下面讨论 Y 形电路与△形电路等效变换条件。

（一）Y 形电路等效变换成△形电路

设 Y 形电路与△形电路所对应的端子（即 1 端、2 端、3 端）之间，具有相同的电压 U_{12}、U_{23}、U_{31} 和相同的电流 I_1、I_2、I_3，如图 1.45 所示，即设 Y 形电路与△形电路对外电路来讲是相互等效的。

对于电路图 1.45（a），由 KCL 和 KVL，可列出端电压与电流方程：

$$\left.\begin{array}{l} I_1+I_2+I_3=0 \\ R_1I_1-R_2I_2=U_{12} \\ R_2I_2-R_3I_3=U_{23} \end{array}\right\}$$

解上述联立方程组，得电流表达式为

$$\left.\begin{array}{l} I_1=\dfrac{R_3U_{12}}{R_1R_2+R_2R_3+R_3R_1}-\dfrac{R_2U_{31}}{R_1R_2+R_2R_3+R_3R_1} \\ I_2=\dfrac{R_1U_{23}}{R_1R_2+R_2R_3+R_3R_1}-\dfrac{R_3U_{12}}{R_1R_2+R_2R_3+R_3R_1} \\ I_3=\dfrac{R_2U_{31}}{R_1R_2+R_2R_3+R_3R_1}-\dfrac{R_1U_{23}}{R_1R_2+R_2R_3+R_3R_1} \end{array}\right\} \tag{1.14}$$

对于电路图 1.45（b），由 KCL 可列出端电流方程组

$$\left.\begin{array}{l} I_1=\dfrac{U_{12}}{R_{12}}-\dfrac{U_{31}}{R_{31}} \\ I_2=\dfrac{U_{23}}{R_{23}}-\dfrac{U_{12}}{R_{12}} \\ I_3=\dfrac{U_{31}}{R_{31}}-\dfrac{U_{23}}{R_{23}} \end{array}\right\} \tag{1.15}$$

由式（1.14）与式（1.15）电流相等，得

$$\left.\begin{array}{l} \dfrac{R_3U_{12}}{R_1R_2+R_2R_3+R_3R_1}-\dfrac{R_2U_{31}}{R_1R_2+R_2R_3+R_3R_1}=\dfrac{U_{12}}{R_{12}}-\dfrac{U_{31}}{R_{31}} \\ \dfrac{R_1U_{23}}{R_1R_2+R_2R_3+R_3R_1}-\dfrac{R_3U_{12}}{R_1R_2+R_2R_3+R_3R_1}=\dfrac{U_{23}}{R_{23}}-\dfrac{U_{12}}{R_{12}} \\ \dfrac{R_2U_{31}}{R_1R_2+R_2R_3+R_3R_1}-\dfrac{R_1U_{23}}{R_1R_2+R_2R_3+R_3R_1}=\dfrac{U_{31}}{R_{31}}-\dfrac{U_{23}}{R_{23}} \end{array}\right\}$$

等式左右的电压 U_{12}、U_{23} 和 U_{31} 前面的系数对应相等，得

$$\left.\begin{aligned}\frac{R_3U_{12}}{R_1R_2+R_2R_3+R_3R_1}&=\frac{U_{12}}{R_{12}}\\\frac{R_1U_{23}}{R_1R_2+R_2R_3+R_3R_1}&=\frac{U_{23}}{R_{23}}\\\frac{R_2U_{31}}{R_1R_2+R_2R_3+R_3R_1}&=\frac{U_{31}}{R_{31}}\end{aligned}\right\}$$

整理上式，得将 Y 形电路等效变换成△形电路的参数计算式

$$\left.\begin{aligned}R_{12}&=\frac{R_1R_2+R_2R_3+R_3R_1}{R_3}=R_1+R_2+\frac{R_1R_2}{R_3}\\R_{23}&=\frac{R_1R_2+R_2R_3+R_3R_1}{R_1}=R_2+R_3+\frac{R_2R_3}{R_1}\\R_{31}&=\frac{R_1R_2+R_2R_3+R_3R_1}{R_2}=R_1+R_3+\frac{R_3R_1}{R_2}\end{aligned}\right\}\tag{1.16}$$

（二）△形电路等效变换成 Y 形电路

将式（1.16）的三式相加得

$$R_{12}+R_{23}+R_{31}=\frac{R_1R_2+R_2R_3+R_3R_1}{R_3}+\frac{R_1R_2+R_2R_3+R_3R_1}{R_1}+\frac{R_1R_2+R_2R_3+R_3R_1}{R_2}$$

即

$$R_{12}+R_{23}+R_{31}=\frac{(R_1R_2+R_2R_3+R_3R_1)^2}{R_1R_2R_3}\tag{1.17}$$

式（1.16）可写成

$$\left.\begin{aligned}R_1R_2+R_2R_3+R_3R_1&=R_3R_{12}\\R_1R_2+R_2R_3+R_3R_1&=R_1R_{23}\\R_1R_2+R_2R_3+R_3R_1&=R_2R_{31}\end{aligned}\right\}$$

将上式分别代入式（1.17）得

$$\left.\begin{aligned}R_{12}+R_{23}+R_{31}&=\frac{R_3R_{12}\times R_1R_{23}}{R_1R_2R_3}\\R_{12}+R_{23}+R_{31}&=\frac{R_1R_{23}\times R_2R_{31}}{R_1R_2R_3}\\R_{12}+R_{23}+R_{31}&=\frac{R_2R_{31}\times R_3R_{12}}{R_1R_2R_3}\end{aligned}\right\}$$

整理得△形电路等效变换成 Y 形电路的参数计算式

$$
\left.\begin{aligned}
R_1 &= \frac{R_{31}R_{12}}{R_{12}+R_{23}+R_{31}} \\
R_2 &= \frac{R_{23}R_{12}}{R_{12}+R_{23}+R_{31}} \\
R_3 &= \frac{R_{31}R_{23}}{R_{12}+R_{23}+R_{31}}
\end{aligned}\right\} \tag{1.18}
$$

（三）对称 Y-△电路等效变换

当图 1.45（a）中各电阻值相等（即 $R_1 = R_2 = R_3 = R_Y$）时，由式（1.16）得 Y 形电路等效变换成△形电路的参数，即

$$R_{12} = R_{23} = R_{31} = 3R_Y \tag{1.19}$$

当图 1.45（b）中各电阻值相等（即 $R_{12} = R_{23} = R_{31} = R_\Delta$）时，由式（1.18）得△形电路等效变换成 Y 形电路的参数，即

$$R_1 = R_2 = R_3 = \frac{1}{3}R_\triangle \tag{1.20}$$

在电路分析中，常常利用 Y-△变换，将某些非串、并联电阻电路变换成串、并联电阻电路来计算。

例 1.18 电路如图 1.46 所示，试求 a、b 端的等效电阻 R。

分析 图 1.46 中，3 个 12 Ω 电阻构成对称性△形连接电路，可转换成 Y 形连接电路，即 $R_Y = \frac{1}{3}R_\triangle$。

解 解题过程如图 1.47 所示，解得 $R = 4\ \Omega$。

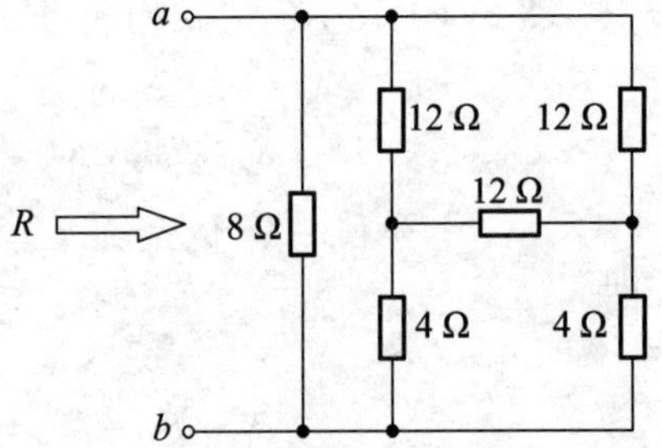

图 1.46 例 1.18 图

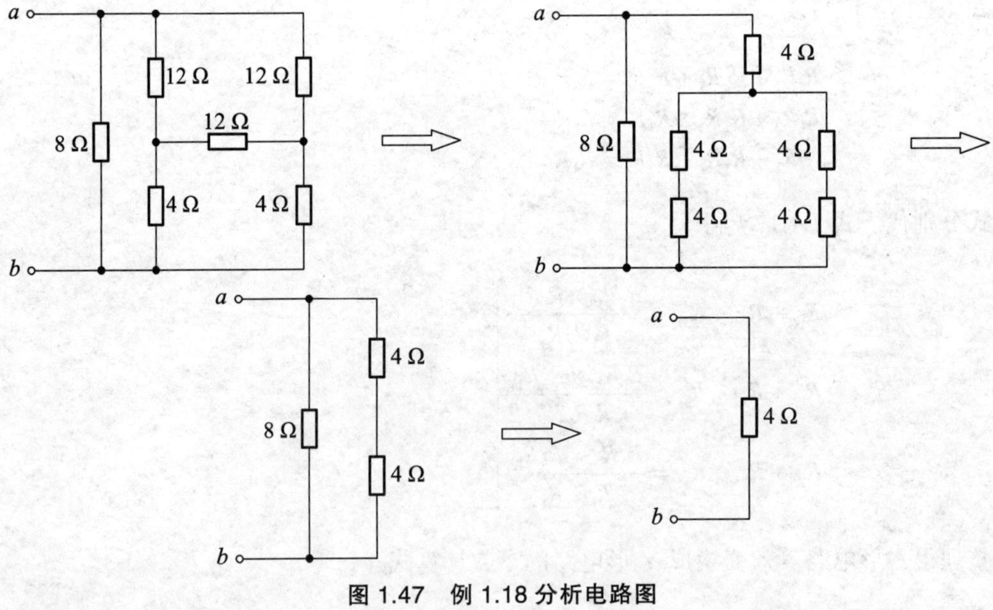

图 1.47 例 1.18 分析电路图

结论：电路中电阻存在 Y、△连接，所以不能用简单的电阻串并联等效来化简。求解中注意利用电路的对称性进行 Y-△变换。

四、常见问题讨论

（1）在电路分析中，常常把电路中的某一部分简化成一个较为简单的电路，其简化后的电路端电压、端电流会发生变化吗？

解答：不会。

“等效变换”的前提是电路的端口电压和端口电流等效，即保证电路在简化后，其电路的端口电压和端口电流不变。

（2）“等效”是否指电路中的电压、电流均保持不变？

解答：不是。

“等效”指的是电路的端口电压和端口电流等效，即两个等效电路对外电路的作用是等效的。

（3）串联电路中，各元件上的端电压一定相等吗？

解答：不一定相等。

串联电路中，流过各元件的电流相同；串联电路具有分压功能。

（4）并联电路中，各元件上的端电压一定相等吗？

解答：相等。

并联电路中，各元件上的端电压大小相等；并联电路具有分流功能。

五、特别提示

“等效”指的是对外电路等效，对电路内部是不等效的。

第五节　电源电路

本节主要讨论理想（独立）电源的串联、并联等基本连接电路的分析计算。

一、电压源电路

电压源的连接一般以串联连接为主。由于我们讨论的电压源是理想电压源，因此必须在一定的条件下，才允许理想电压源并联。

（一）电压源串联电路

电压源串联电路如图 1.48（a）所示，其等效电路如图 1.48（b）所示，根据 KVL 得

$$U_S = U_1 + U_2 + U_3$$

例 1.19　电路如图 1.49（a）所示，已知电压源 $U_{S1} = 5\ \text{V}$，$U_{S2} = 10\ \text{V}$，$U_{S3} = 6\ \text{V}$，试求图 1.49（b）等效电压源值 U_S。

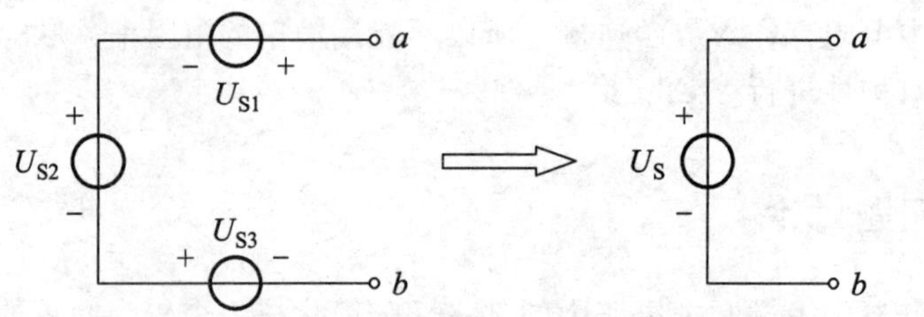

（a）电压源串联电路　　（b）等效电压源电路

图 1.48　电压源串联电路与等效电路

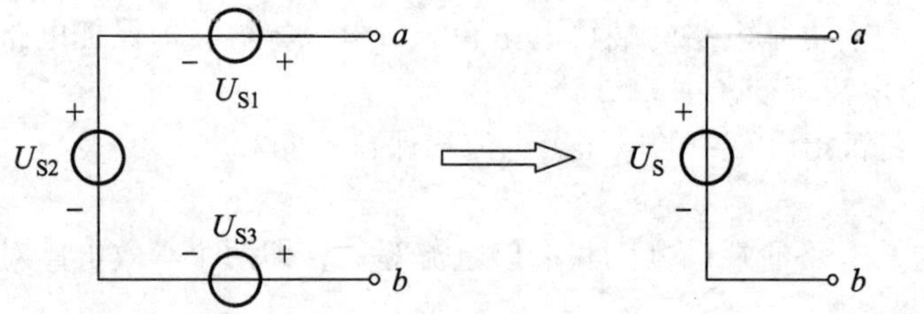

（a）　　（b）

图 1.49　例 1.19 图

分析：图 1.49（a）为电压源串联电路，其端口等效电压值可运用式 $U_S=\sum_{k=1}^{n}U_k$ 分析计算。注意电压源 U_{S1}、U_{S2} 的电压方向与等效电压源 U_S 的方向一致，电压源 U_{S3} 的电压方向与等效电压源 U_S 的方向相反。

解　电压源 U_S 值为

$$U_S=U_{S1}+U_{S2}-U_{S3}=(5+10-6)\ \text{V}=9\ \text{V}$$

结论：多个电压源的串联可以用一个电压源进行等效替代，注意“等效”是对 a、b 端口外接电路等效。

可见，当有 n 个电压源串联电路时[见图 1.50（a）]，其图 1.50（b）等效电压源 U_S 为

$$U_S=U_1+U_2+\cdots+U_n=\sum_{k=1}^{n}U_k \tag{1.21}$$

注意：当电压源串联电路中，第 k 个电压源 U_k 的参考方向与等效电压源 U_S 的参考方向一致时，式（1.21）中 U_k 的前面取“+”号，否则，取“-”号。

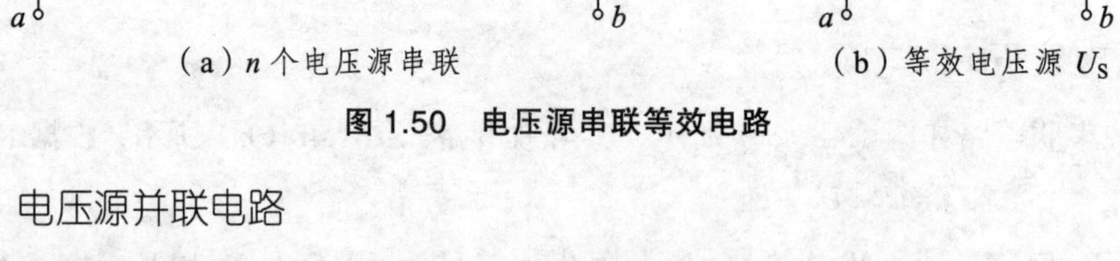

（a）n 个电压源串联　　（b）等效电压源 U_S

图 1.50　电压源串联等效电路

（二）电压源并联电路

电压源并联是有条件的，即电压源只有在满足电压值相等、连接极性一致的条件下才允许并联，否则违背 KVL。

例如，有两个 10 V 电压源并联，如图 1.51（a）所示，对 a、b 端外接电路可以等效为一个 10 V 电压源，如图 1.51（b）所示。

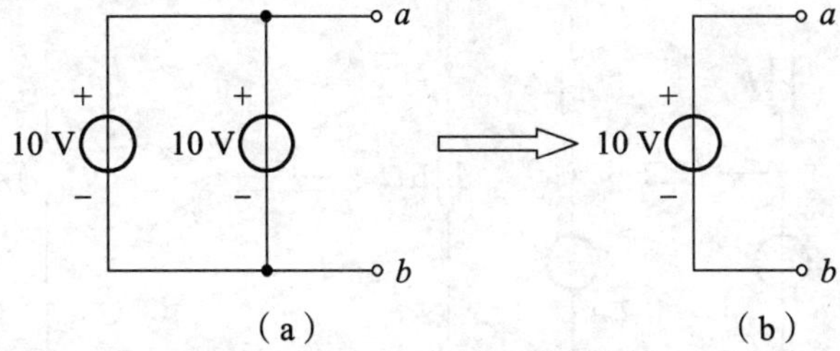

图 1.51　电压源并联电路

例 1.20　电路如图 1.52 所示，已知电压源 $U_S = 10\,\text{V}$，电流源 $I_S = 5\,\text{A}$，电阻 $R_1 = 4\,\Omega$，$R_2 = 5\,\Omega$，$R_3 = 10\,\Omega$。试求：（1）图 1.52（a）电路中电流 I、I_1、I_2；（2）图 1.52（b）电路中电流 I、I_3。

图 1.52　例 1.20 图

分析：① 图 1.52（a）中电压源 U_S、电阻 R_1 和 R_2 之间为并联连接，即电阻 R_1 和 R_2 上的端电压为 U_S，并且电压 U_S 与电流 I_1、I_2 为关联参考方向；② 图 1.52（b）中电压源 U_S、电流源 I_S 和电阻 R_3 之间为并联连接，即根据欧姆定律得 $I_3 = \dfrac{U_S}{R_3}$，再根据 KCL 解得电流 I。

解　（1）图 1.52（a）

$$I_1 = \frac{U_S}{R_1} = \frac{10}{4}\,\text{A} = 2.5\,\text{A}$$

$$I_2 = \frac{U_S}{R_2} = \frac{10}{5}\,\text{A} = 2\,\text{A}$$

由 KCL 有

$$I = I_1 + I_2 = (2.5 + 2)\,\text{A} = 4.5\,\text{A}$$

（2）图 1.52（b）

$$I_3 = \frac{U_S}{R_3} = \frac{10}{10}\,\text{A} = 1\,\text{A}$$

由 KCL 有

$$I = I_3 - I_S = (1 - 5)\,\text{A} = -4\,\text{A}$$

结论：并联电路元件上的端电压相等。

例 1.21 电路如图 1.53（a）所示，试求电流 I。

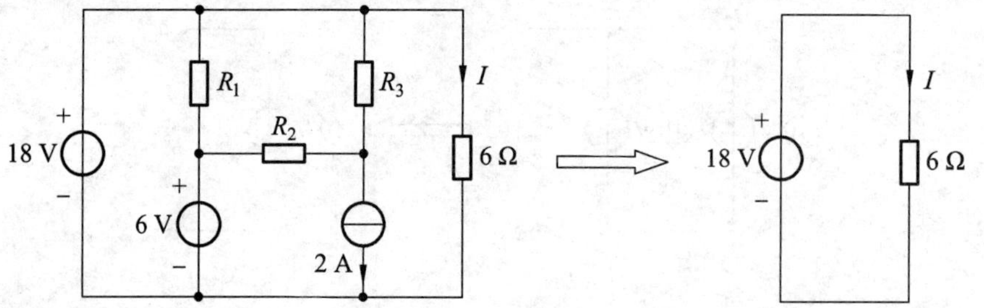

（a）（b）

图 1.53 例 1.21 图

分析：电路图 1.53（a）中 18 V 电压源与 6 Ω 电阻并联，即 6 Ω 电阻上的端电压为 18 V，如图 1.53（b）所示。

解

$$I = \frac{18}{6}\text{ A} = 3\text{ A}$$

结论：相并联的各支路具有相同的电压，并且各并联支路电流大小、方向互不影响。

由此可见，电压源 U_S 与任何二端网络 N 或任何元件（如果是电压源元件，应不违背 KVL）并联[如图 1.54（a）所示]，对外接电路等效为电压源 U_S[如图 1.54（b）所示]。

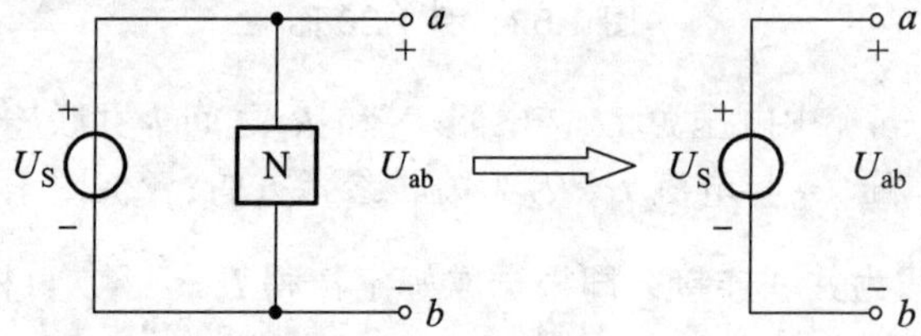

（a）（b）

图 1.54 电压源的并联等效电路

（三）电压源短路特性

当电压源 U_S 恒等于零时，如图 1.55（a）所示，可用“短路线”等效替代，如图 1.55（b）所示。

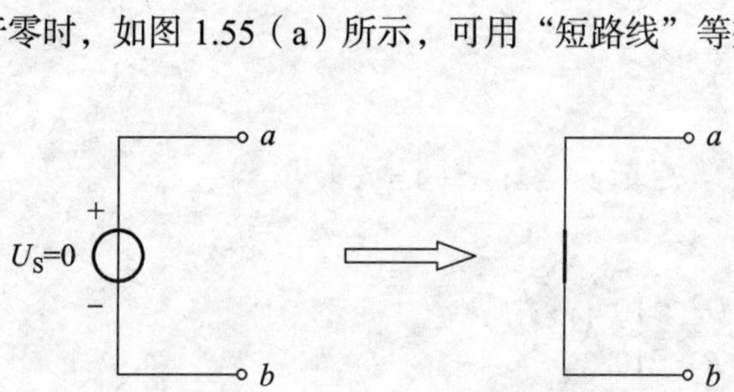

（a）（b）

图 1.55 电压源 U_S = 0 等效为“短路”电路

例 1.22 电路如图 1.56 所示，试求 a、b 端的等效电路。

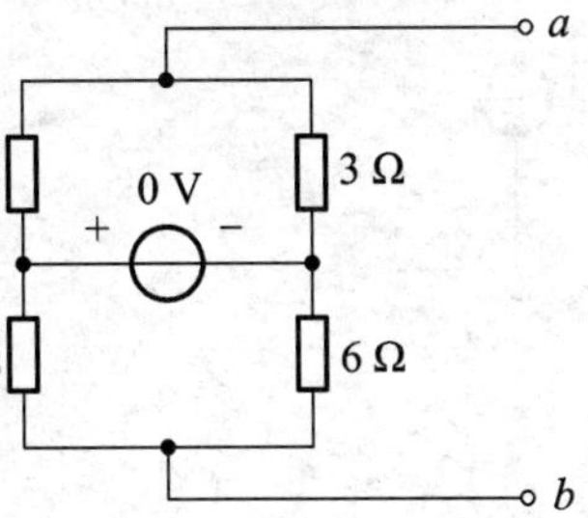

图 1.56 例 1.22 图

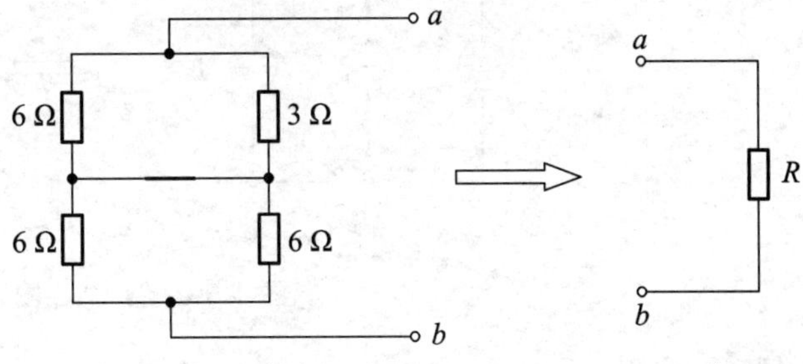

（a） （b）

图 1.57 例 1.22 题等效电路

分析：注意图 1.56 电路中电压源的电压值为零伏，电压值为零伏的电压源可用短路线等效替代，如图 1.57（a）所示，则图 1.57（b）等效电阻 $R = (3//6+6//6)\ \Omega$。

解

$$R=\left(\frac{6\times 3}{6+3}+\frac{6\times 6}{6+6}\right)\Omega=5\ \Omega$$

结论：电压源值为零或电路中两点间的电压值为零，可用“短路线”等效替代。

二、电流源电路

电流源的连接一般以并联连接为主。由于我们讨论的电流源是理想电流源，因此必须在一定的条件下，才允许理想电流源串联。

（一）电流源并联电路

电流源并联电路如图 1.58（a）所示，其等效电路如图 1.58（b）所示，电流源 I_S 值可根据 KCL 得

$$I_S=I_1+I_2+I_3$$

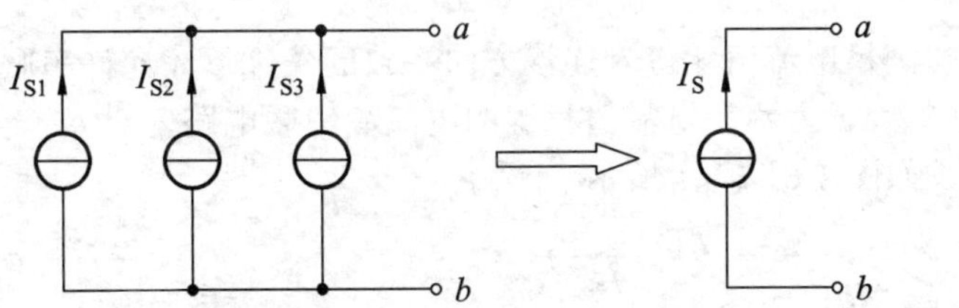

（a）电流源并联电路 （b）等效电流源电路

图 1.58 电流源的并联与等效电路

例 1.23 电路如图 1.59（a）所示，试求如图 1.61（b）所示电路中的等效电流源电流 I_S。

分析：图 1.59（a）为电流源并联电路。列方程时注意 10 A 电流源的方向与等效电流源 I_S 方向相同；3 A 电流源和 8 A 电流源方向与等效电流源 I_S 方向相反。

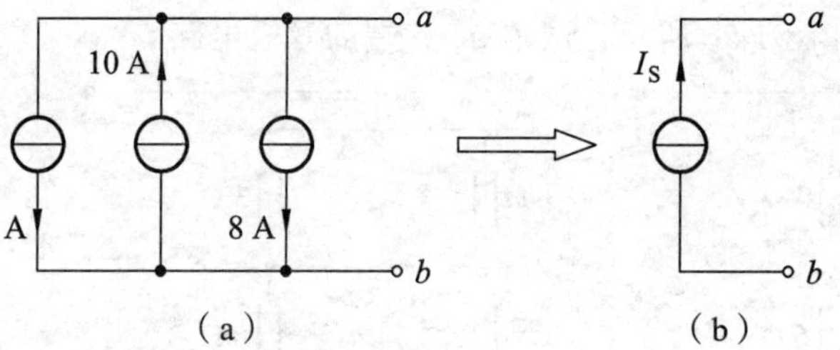

图 1.59　例 1.23 图

解

$$I_S = (10-3-8)\text{ A} = -1\text{ A}$$

结论：多个电流源的并联可以用一个电流源进行等效替代，这里的“等效”是对外电路等效。

可见，图 1.60（a）为 n 个电流源的并联电路，其等效电路如图 1.60（b）所示，等效电流源 I_S 为

$$I_S = I_{S1} + I_{S2} + \cdots + I_{Sn} = \sum_{k=1}^{n} I_{Sk} \tag{1.22}$$

注意：当图 1.60（a）中 I_{Sk} 的参考方向与等效电流源 I_S 的参考方向一致时，式（1.22）中的 I_{Sk} 取“+”号，否则取“-”号。

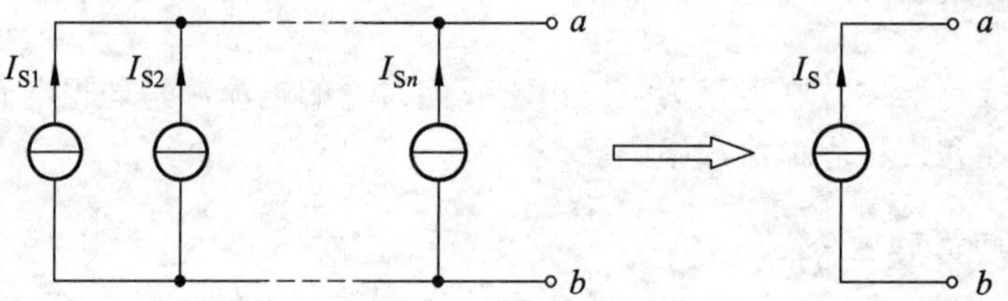

（a）n 个电流源并联　　（b）等效电流源

图 1.60　电流源并联等效电路

（二）电流源串联电路

电流源只有在满足电流值相等、连接方向一致的条件下才允许串联，否则违背 KCL。

例如，图 1.61（a）为两个电流值相等的电流源串联电路，对 a、b 端外接电路可以等效为一个电流源 I_S，如图 1.61（b）所示。

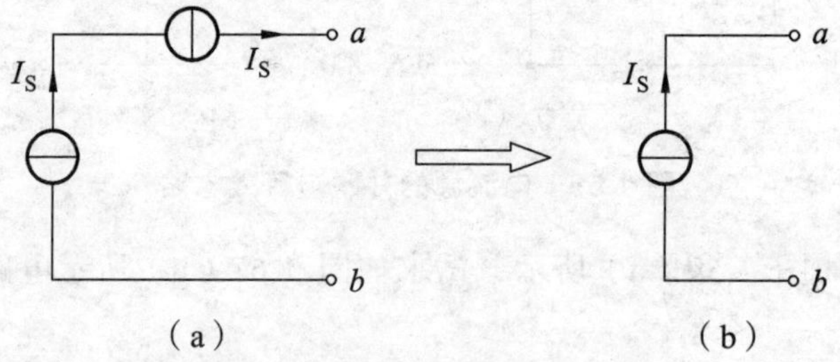

图 1.61　等值电流源串联等效电路

例 1.24 电路如图 1.62 所示，已知电流源 $I_S = 2\ \text{A}$，电压源 $U_S = 8\ \text{V}$，电阻 $R = 2\ \Omega$，$R_1 = 10\ \Omega$，试分别求电压 U 及 U_1。

分析：① 图 1.62（a）中电流源与电阻构成串联回路，流过电阻中的电流为 2 A；② 图 1.62（b）中电流源、电压源与电阻构成串联回路，即流过电压源 U_S 和电阻 R 中的电流为 2 A。

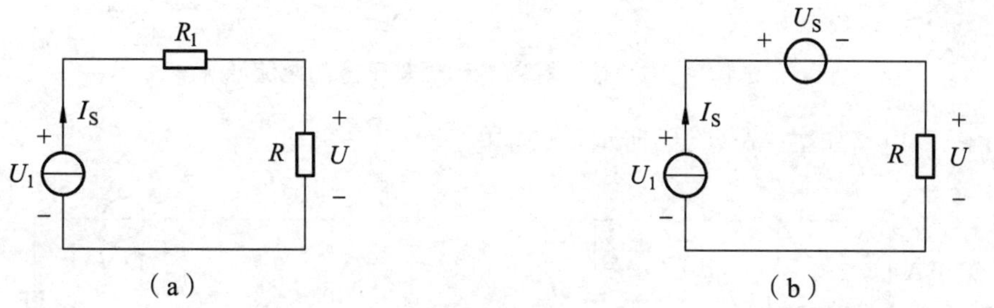

图 1.62 例 1.24 图

解 （1）图 1.62（a）

$$U = I_S R = (2 \times 2)\ \text{V} = 4\ \text{V}$$

由 KVL 得

$$U_1 = (R + R_1) \cdot I_S = [(10 + 2) \times 2]\ \text{V} = 24\ \text{V}$$

（2）图 1.62（b）

$$U = I_S R = (2 \times 2)\ \text{V} = 4\ \text{V}$$

由 KVL 得

$$U_1 = U + U_S = (4 + 8)\ \text{V} = 12\ \text{V}$$

结论：流过串联电路中各元件的电流相等，并且电流源的值决定与其串联支路的电流大小。

当图 1.63（a）中电流源 I_S 与任何二端网络 N 或任何元件（如果是理想电流源元件，应不违背 KCL）串联时，对外接电路可用图 1.63（b）等效替代。

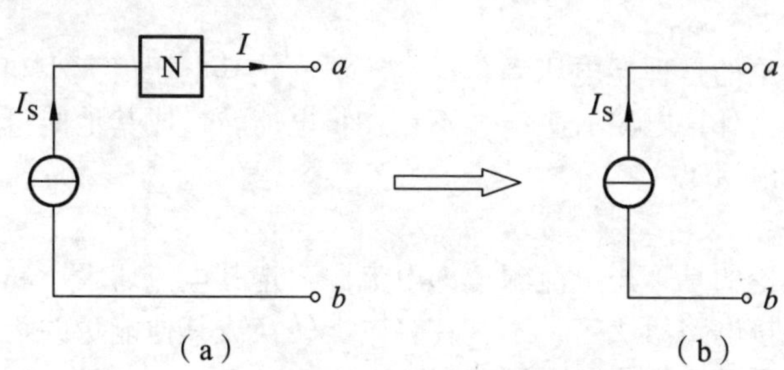

图 1.63 二端网络 N 与电流源的串联等效电路

（三）电流源开路特性

当电流源值等于零时，如图 1.64（a）所示，可用“开路”等效替代，如图 1.64（b）所示。

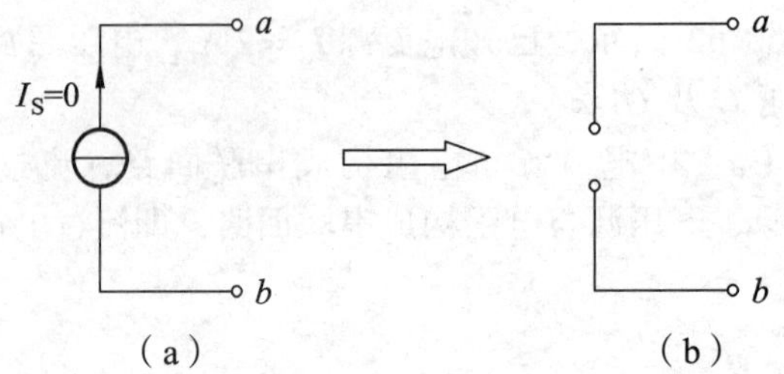

图 1.64 "开路"等效替代恒等于零的电流源 I_S

例 1.25 电路如图 1.65（a）所示，试求电压 U。

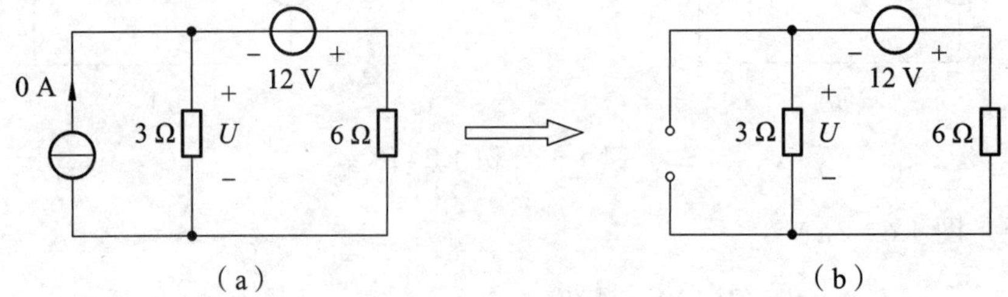

图 1.65 例 1.25 图

分析：注意图 1.65（a）中电流源值为零，电流源值为零可用"开路"等效替代,如图 1.65（b）所示。

解

$$U = \left(-\frac{12}{3+6}\times 3\right)\text{V} = -4\text{ V}$$

结论：电流源值为零或支路电流为零的电路，可用"开路"等效替代。另，非关联参考方向下欧姆定律式为$U=-RI$。

三、常见问题讨论

（1）电压源有内电阻吗?

解答：没有。

因电路分析中讨论的是理想电压源，即电压源决定其电压值大小和方向，而通过电压源的电流值大小、方向由外接电路所决定，不存在将电能转换成其他能量的物理特性。

（2）电流源有内电阻吗?

解答：没有。

因电路分析中讨论的是理想电流源，即电流源决定其电流值大小和方向，而电流源两端电压大小、方向由外接电路所决定，不存在将电能转换成其他能量的物理特性。

（3）两个电压源可以连接成并联电路吗?

解答：不一定。

只有当两个电压源的电压值相等、连接极性一致时才可以并联，否则违背 KVL。

（4）两个电流源可以连接成串联电路吗?

解答：不一定。

只有当两个电流源的电流值相等、连接方向一致时才可以串联，否则违背 KCL。

（5）有 3 个电压源 U_{S1}、U_{S2}、U_{S3} 串联，其等效电压源是否一定为 $U_S = U_{S1} + U_{S2} + U_{S3}$？

解答：不一定。

只有电压源 U_{S1}、U_{S2}、U_{S3} 的参考方向与等效电压源 U_S 的电压方向一致时，等效电压源 $U_S = U_{S1} + U_{S2} + U_{S3}$ 才成立。

（6）有 3 个电流源 I_{S1}、I_{S2}、I_{S3} 并联，其等效电流源是否一定为 $I_S = I_{S1} + I_{S2} + I_{S3}$？

解答：不一定。

只有电流源 I_{S1}、I_{S2}、I_{S3} 的电流方向与等效电流源 I_S 电流方向一致时，等效电流源 $I_S = I_{S1} + I_{S2} + I_{S3}$ 才成立。

（7）电压值为零时可用“开路”等效替代。

解答：错。

电路中，当支路的两端电压值为零时，等效为“短路”。

（8）电流值为零时可用“短路”等效替代。

解答：错。

电路中，当支路电流为零时，等效为“开路”。

四、特别提示

电压源串联具有相同的电流，电流源并联具有相同的电压；电压源为零等效于“短路”，电流源为零等效于“开路”。

第六节　电　位

一、电位的概念

电位是电路中相对某个参考点而定义的电压。

在分析电路时，可任选某一点为参考点（其参考点电位值为零），其他各点相对参考点的电压称为各点的电位。如图 1.66 所示，图中的“接地”符号表示参考点。

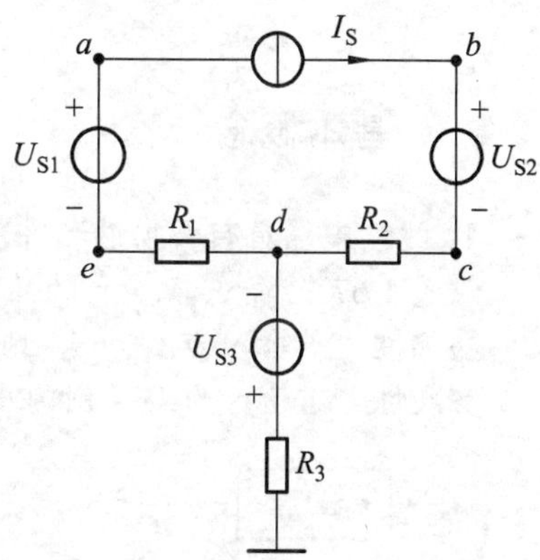

图 1.66　例 1.26 图

例 1.26　电路如图 1.66 所示，已知电流源 $I_S = 1\ \text{A}$，电压源 $U_{S1} = 10\ \text{V}$，$U_{S2} = 6\ \text{V}$，$U_{S3} = 15\ \text{V}$，电阻 $R_1 = R_2 = R_3 = 2\ \Omega$，试求电路中 a、b、c、d、e 各点的电位值和电压 U_{ab}。

分析：首先关注电路的连接结构。电流源 I_S、电压源 U_{S1}、U_{S2} 和电阻 R_1、R_2 构成串联回路，即电压源 U_{S1}、U_{S2} 和电阻 R_1、R_2 中通过的电流为 I_S；电压源 U_{S3} 和电阻 R_3 串联，其串联电路中电流为零，即电阻 R_3 两端的电压为 0 V。

解　a、b、c、d、e 各点的电位：

$$V_d = -U_{S3} = -15\ \text{V}$$

$$V_c = V_d + R_2 I_S = (-15 + 2\times 1)\ \text{V} = -13\ \text{V}$$
$$V_b = V_c + U_{S2} = (-13 + 6)\ \text{V} = -7\ \text{V}$$
$$V_e = V_d - R_1 I_S = (-15 - 2\times 1)\ \text{V} = -17\ \text{V}$$
$$V_a = V_e + U_{S1} = (-17 + 10)\ \text{V} = -7\ \text{V}$$

a、b 两点间的电压：

$$U_{ab} = V_a - V_b = [(-7) - (-7)]\ \text{V} = 0\ \text{V}$$

结论：电位表示的是电路中任意一点与参考点之间的电压。

二、常见问题讨论

（1）电路中任意两点间电位差称为电位，对吗?

解答：错。

电路中任意两点间电位差称为电压。电位是相对电路参考点的电压。

（2）电位的参考方向可以任意假设吗?

解答：不可以。

电位的参考方向定义为：参考点为“负极”，电路中另一点为“正极”。如图 1.66 中电位 V_a 的参考方向为电路 a 点为“正极”，接地点（参考点）为“负极”。

三、特别提示

电位是电路中相对某个参考点而定义的电压，其参考点定义为电压负极，即零电位点。

小　结

一、基本概念

1. 线性电路具有叠加性和齐次性

设图 1.67 中的 x、x_1、x_2 为输入信号，其分别对应的输出为 y、y_1、y_2。

叠加性　若输入为 x_1、x_2，则输出为 y_1+y_2 如图 1.67（b）所示；

齐次性　若输入为 kx，则输出为 ky，如图 1.67（c）所示。

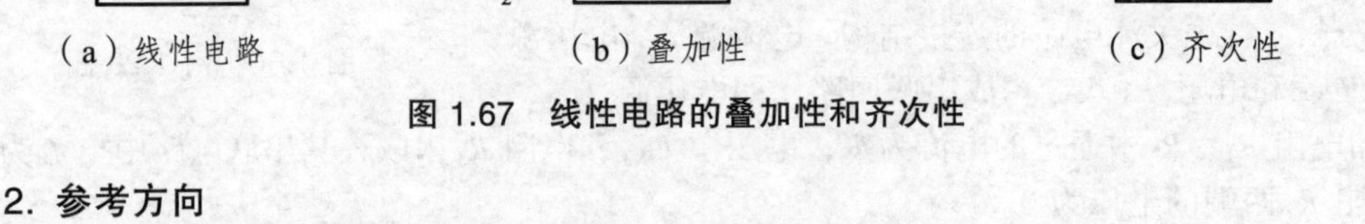

图 1.67　线性电路的叠加性和齐次性

2. 参考方向

在线性电路中，任意假设的电压、电流方向称为参考方向。

当电流方向由电压的正极流到负极时，称电压与电流的方向关系为关联参考方向。

当电流方向由电压的负极流到正极时，称电压与电流的方向关系为非关联参考方向。

3. 等效变换

当电路中的某一部分用其等效电路替代时，未被替代部分的电压与电流均保持不变，即“对外等效，对内不等效”。

二、电路元件特性

元件伏安特性是对元件本身的约束。

设：下列各元件上的电压与电流参考方向为关联参考方向。

- 线性元件
  - 耗能元件：电阻R：$u = Ri$
  - 独立电源
    - 电压源u_S：提供的电压u_S与流过的电流无关
    - 电流源i_S：提供的电流i_S与端电压无关
  - 受控源
    - 受控电压源u_S
      - 电压u_1控制电压源u_S(VCVS)：$u_S = \mu u_1$
      - 电流i_1控制电压源u_S(CCVS)：$u_S = ri_1$
    - 受控电流源i_S
      - 电压u_1控制电流源i_S(VCVS)：$i_S = gu_1$
      - 电流i_1控制电流源i_S(CCVS)：$i_S = \beta i_1$

三、基尔霍夫定律

基尔霍夫定律是对电路结点电流和回路电压的约束，与电路中的元件性质无关。

对电路结点有 KCL：$\sum i = 0$。

对电路回路有 KVL：$\sum u = 0$。

四、基本计算

1. 电阻电路

（1）电阻串联：n 个电阻 R 串联可等效成一个电阻 R_{eq} 为

$$R_{eq} = R_1 + R_2 + R_3 + \cdots + R_n = \sum_{k=1}^{n} R_k$$

（2）电阻并联：n 个电阻 R 并联可等效成一个电导 G_{eq} 为

$$G_{eq} = G_1 + G_2 + G_3 + \cdots + G_n = \sum_{k=1}^{n} G_k$$

（3）电阻 Y-△变换：当 Y 形连接的 3 个电阻都等于 R_Y，△形连接的 3 个电阻都等于 $R_\triangle$ 时，Y-△变换为

$$R_Y = \frac{1}{3} R_\triangle$$

2. 电源电路

（1）电压源串联：n 个电压源串联可等效成一个电压源 u_S 为

$$u_S = \sum_{k=1}^{n} u_k$$

注意：u_k的参考方向与u_S的参考方向一致时，u_k为正，否则为负。

（2）电流源并联：n个电流源并联可等效成一个电流源i_S为

$$i_S = \sum_{k=1}^{n} i_k$$

注意：i_k的参考方向与i_S的参考方向一致时，i_k为正，否则为负。

选择题

1. 电路如图1.68所示，流过电阻的电流I为（　　）。

（a）2 A　（b）−2 A　（c）0 A　（d）4 A

2. 电路如图1.69所示，已知$R_1 = 3\,\Omega$，$R_2 = 5\,\Omega$，$R_3 = 8\,\Omega$，则电路的等效电阻R为（　　）。

（a）4 Ω　（b）6 Ω　（c）16 Ω　（d）20 Ω

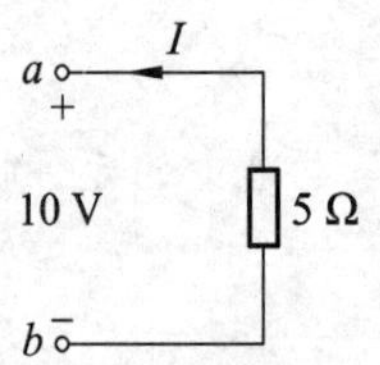

图1.68　选择题1图

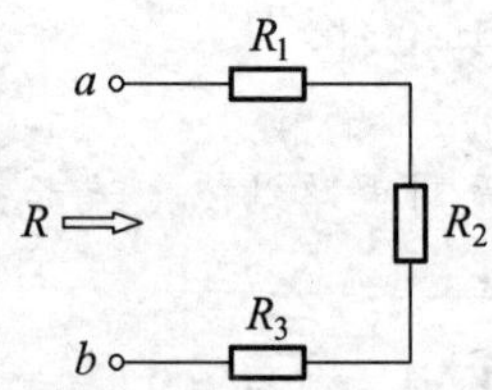

图1.69　选择题2图

3. 电路如图1.70所示，已知$R_1 = 3\,\Omega$，$R_2 = 5\,\Omega$，$R_3 = 8\,\Omega$，$U_S = 30$ V，则电阻R_3上的端电压U_3为（　　）。

（a）8 V　（b）−8 V　（c）15 V　（d）−15 V

4. 电路如图1.71所示，则电路的等效电阻R为（　　）。

（a）2 Ω　（b）4 Ω　（c）8 Ω　（d）16 Ω

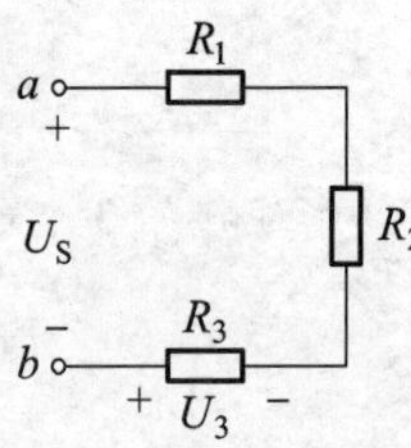

图1.70　选择题3图

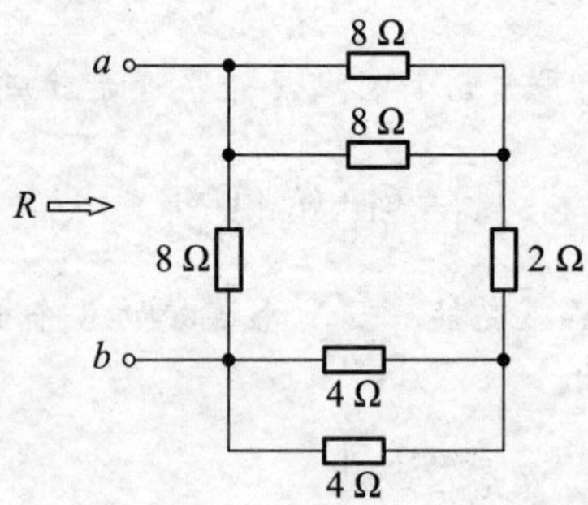

图1.71　选择题4图

5. 电路如图1.72所示，已知电路端口电压$U_S = 24$ V，则电路中电流I为（　　）A。

（a）2　（b）3　（c）4　（d）6

6. 电路如图 1.73 所示，电路中电流 I 的大小随电阻值 R 的减小而（　　）。

（a）增大　　（b）减小　　（c）不变　　（d）不可确定

7. 电路如图 1.73 所示，电路中电压 U_S 的大小随电阻值 R 的增大而（　　）。

（a）增大　　（b）减小　　（c）不变　　（d）不可确定

8. 电路如图 1.73 所示，电路中电压源 U_S 提供的功率大小随电阻值 R 的增大而（　　）。

（a）增大　　（b）减小　　（c）不变　　（d）不可确定

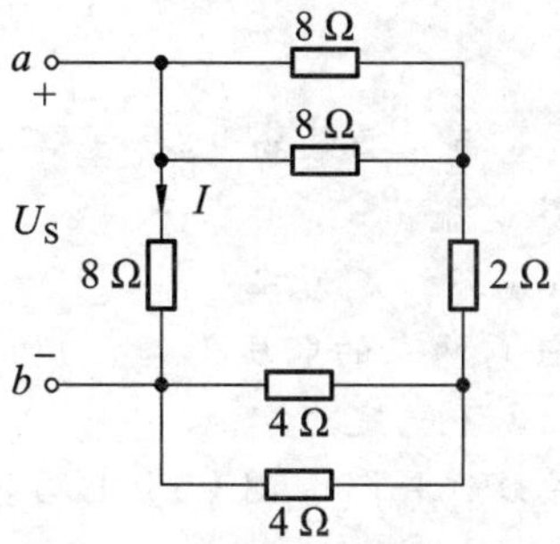

图 1.72　选择题 5 图

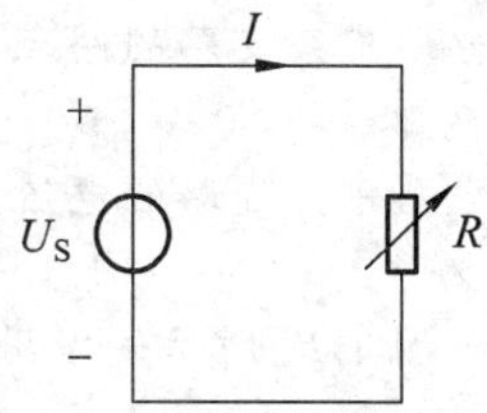

图 1.73　选择题 6、7、8 图

9. 电路如图 1.74 所示，电路中电压 U 的大小随电阻 R 增大而（　　）。

（a）增大　　（b）减小　　（c）不变　　（d）不可确定

10. 电路如图 1.74 所示，电路中电流 I_S 的大小随电阻 R 减小而（　　）。

（a）增大　　（b）减小　　（c）不变　　（d）不可确定

11. 电路如图 1.74 所示，电路中电流源 I_S 提供的功率大小随电阻 R 减小而（　　）。

（a）增大　　（b）减小　　（c）不变　　（d）不可确定

12. 电路如图 1.75 所示，若二端网络端 N_1 的端口电压 $U<0\,V$，电流 $I>0\,A$，则说明二端网络 N_1 为（　　）。

（a）有源网络　　（b）无源网络　　（c）任意网络

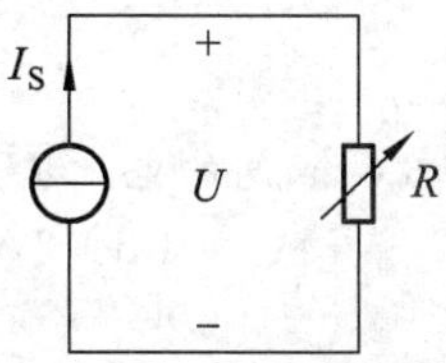

图 1.74　选择题 9、10、11 图

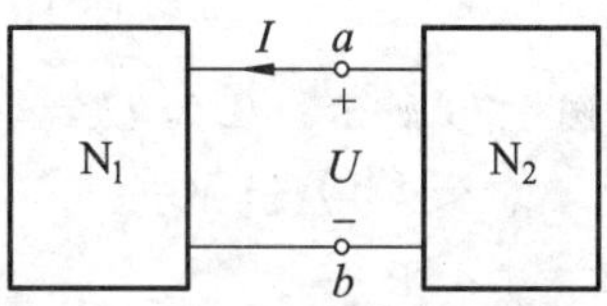

图 1.75　选择题 12 图

13. 电路如图 1.76 所示，当电阻 R_1 变大时，电流 I 将（　　）。

（a）变大　　（b）变小　　（c）不变　　（d）不确定

14. 电路如图 1.76 所示，当电阻 R_1 变大时，电压源 U_S 输出的功率（　　）。

（a）变大　　（b）变小　　（c）不变　　（d）不确定

15. 电路如图 1.77 所示，当电阻 R_1 变小时，电压 U 将（　　）。

（a）变大　　（b）变小　　（c）不变　　（d）不确定

16. 电路如图 1.77 所示，当电阻 R_1 变小时，电流源 I_S 输出的功率（　　）。

（a）变大　　（b）变小　　（c）不变　　（d）不确定

17. 当理想电压源为零时，对外电路可以等效为（　　）。

（a）开路　　（b）短路　　（c）电流为零的电路

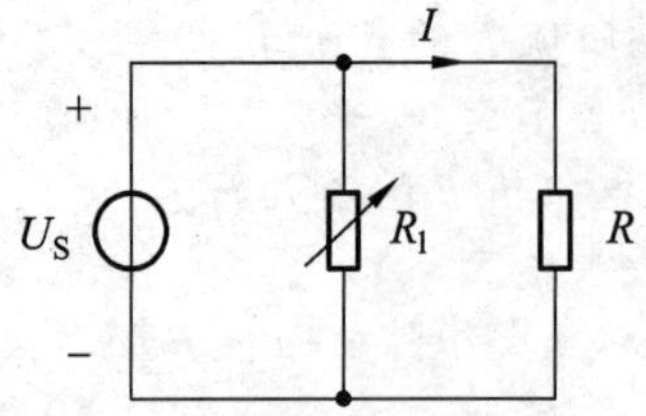

图 1.76　选择题 13、14 图

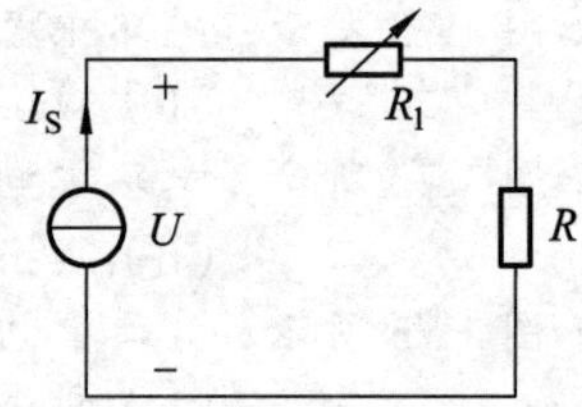

图 1.77　选择题 15、16 图

18. 当理想电流源为零时，对外电路可以等效为（　　）。

（a）开路　　（b）短路　　（c）电压为零的电路

19. 如果电路中某支路的两点电压为零，则该支路电流（　　）。

（a）一定为零　　（b）一定不为零　　（c）不一定为零

20. 如果电路中某支路的电流为零，则该支路中任意两点的电压（　　）。

（a）一定为零　　（b）一定不为零　　（c）不一定为零

21. 电路如图 1.78 所示，当用图 1.78（b）电路等效代替图 1.78（a）电路时，等效电压源 U_S 为（　　）。

（a）$U_S = U_{S1} + U_{S2} + U_{S3}$　　（b）$U_S = -U_{S1} - U_{S2} - U_{S3}$

（c）$U_S = -U_{S1} - U_{S2} + U_{S3}$　　（d）$U_S = U_{S1} + U_{S2} - U_{S3}$

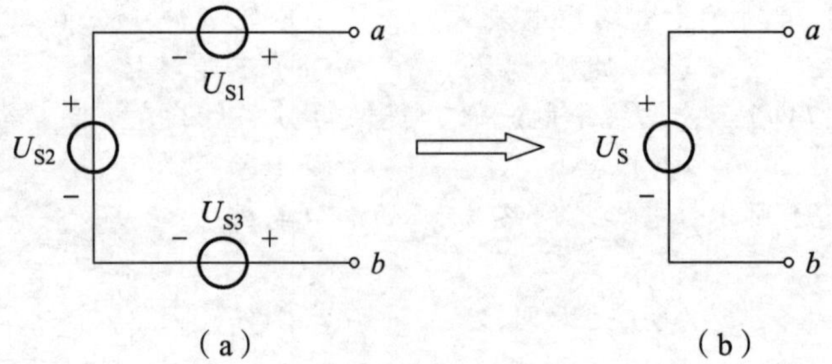

图 1.78　选择题 21 图

22. 电路如图 1.79 所示，已知 $U_S = 4$ V，$I_S = 4$ A。A、B 两点间的电压 U_{AB} 为（　　）。

（a）1 V　　（b）−1 V　　（c）−2 V　　（d）2 V

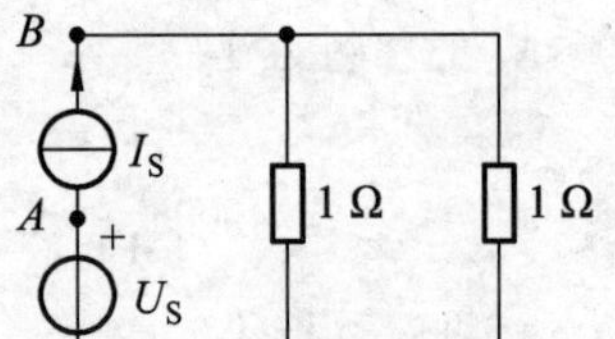

图 1.79　选择题 22 图

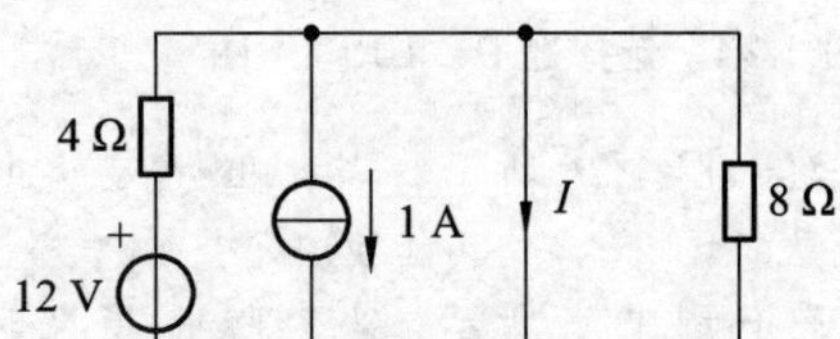

图 1.80　选择题 23 图

23. 电路如图 1.80 所示，电流 I 为（　　）。

（a）0 A　　（b）2 A　　（c）1 A　　（d）−2 A

24. 电路如图 1.81 所示，电流 I 为（　　）。

（a）25 A　　（b）−25 A　　（c）23 A　　（d）−23 A

25. 电路如图 1.82 所示，电流 I 为（　　）。

（a）9 A　　（b）−9 A　　（c）5 A　　（d）−4 A

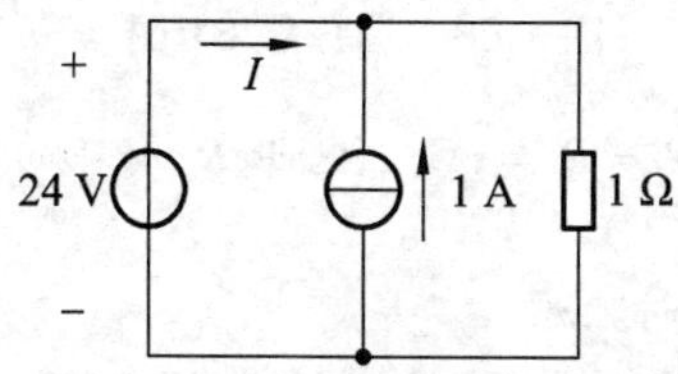

图 1.81　选择题 24 图

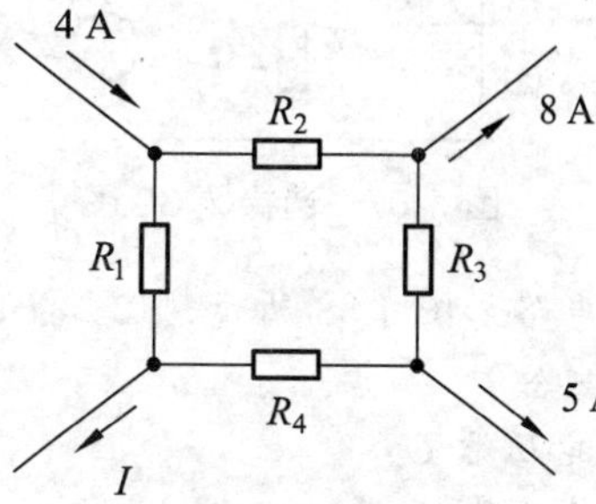

图 1.82　选择题 25 图

26. 电路如图 1.83 所示，电流 I 为（　　）。

（a）−2 A　　（b）12 A　　（c）−12 A　　（d）2 A

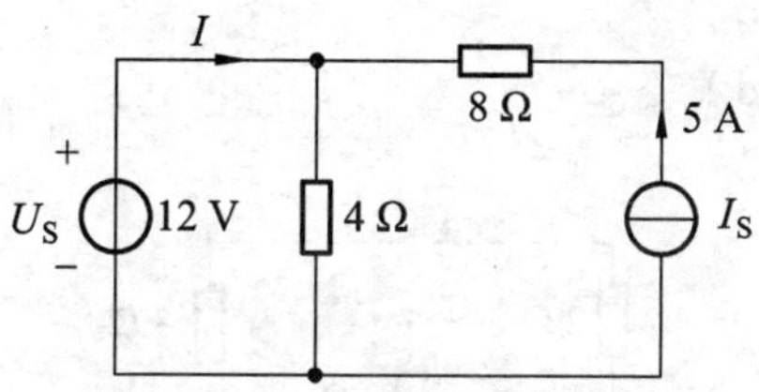

图 1.83　选择题 26 图

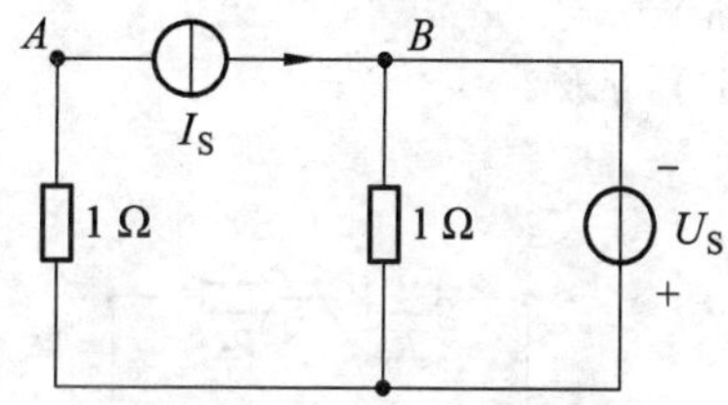

图 1.84　选择题 27 图

27. 电路如图 1.84 所示，已知 $U_S = 2$ V，$I_S = 1$ A。A、B 两点间的电压 U_{AB} 为（　　）。

（a）−1 V　　（b）0　　（c）1 V　　（d）2 V

28. 电路如图 1.85 所示，已知 $U_s = 5$V，$I_s = 2$A，则供出电功率的是（　　）。

（a）电压源　　（b）电流源

（c）电压源和电流源　　（d）电压源或电流源

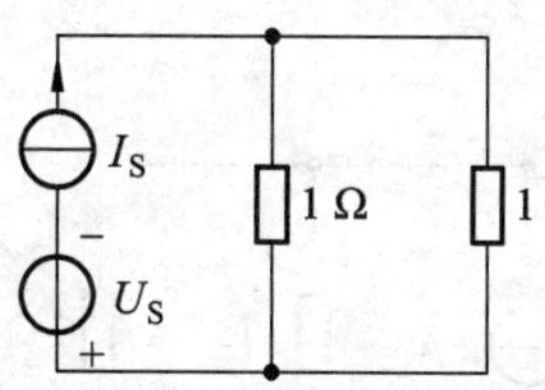

图 1.85　选择题 28 图

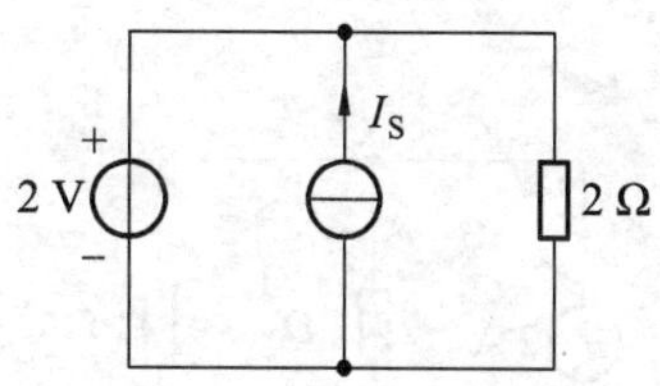

图 1.86　选择题 29 图

29. 电路如图 1.86 所示，若电流源的电流 $I_S > 1$ A，则电路的功率情况为（　　）。

（a）电阻吸收功率，电流源与电压源供出功率

（b）电阻与电流源吸收功率，电压源供出功率

（c）电阻与电压源吸收功率，电流源供出功率

（d）电阻上的功率为零，电压源吸收功率，电流源供出功率

30. 电路如图 1.87 所示，电流源 I_S 提供的功率为（　　）。

（a）−12 W　　（b）12 W　　（c）−20 W　　（d）20 W

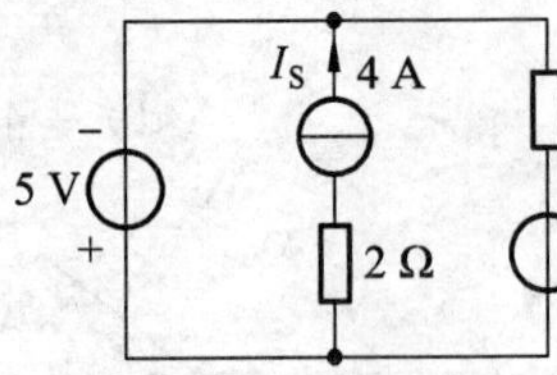

图 1.87　选择题 30 图

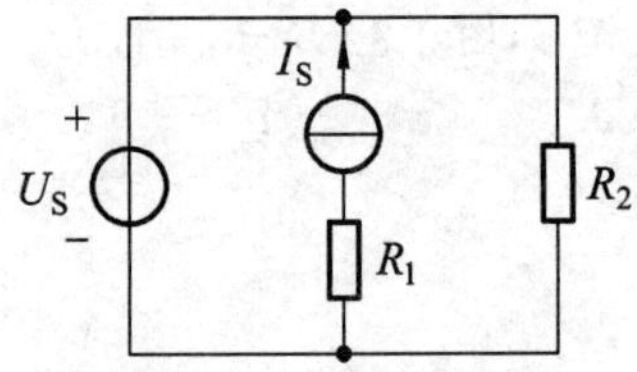

图 1.88　选择题 31 图

31. 电路如图 1.88 所示，已知 $U_S = 2$ V，$I_S = 2$ A，$R_1 = R_2 = 1\,\Omega$。电阻 R_1 消耗的功率由（　　）供给。

（a）电压源 U_S　　（b）电流源 I_S

（c）电压源 U_S 和电流源 I_S　　（d）电压源 U_S 或电流源 I_S

32. 电路如图 1.89 所示，当电压源 U_S 值为零时，电路中的电压 U_{AB} 将（　　）。

（a）变大　　（b）变小

（c）为零　　（d）不变

33. 电路如图 1.89 所示，当电流源 I_S 值为零时，电路中的电压 U_{AB} 将（　　）。

（a）变大　　（b）变小

（c）为零　　（d）不变

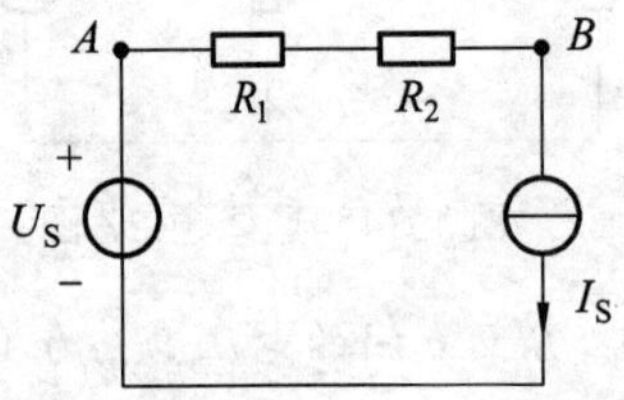

图 1.89　选择题 32、33 图

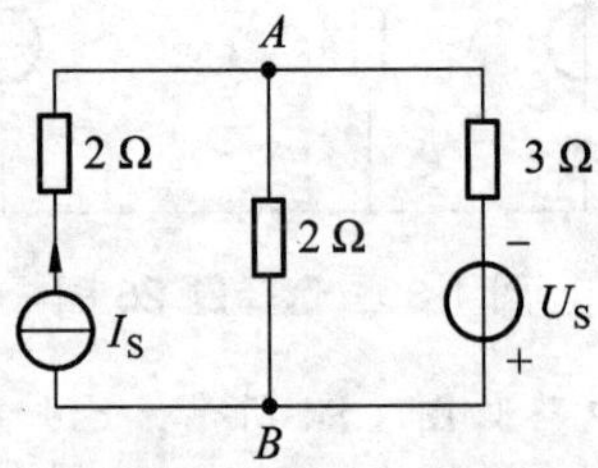

图 1.90　选择题 34 图

34. 电路如图 1.90 所示，当电流源 $I_S = 5$ A，电压 $U_{AB} = 4$ V。试问当电流源 $I_S = 0$ A 时，电路中的电压 U_{AB} 为（　　）。

（a）−2 V　　（b）2 V

（c）6 V　　（d）8 V

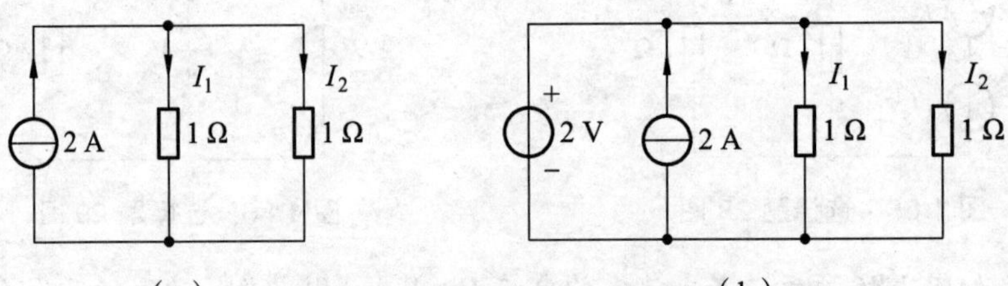

图 1.91　选择题 35 图

35. 电路如图 1.91 所示，把图 1.91（a）所示的电路更改为图 1.91（b）所示的电路，则电流 I_1 和 I_2 将（　　）。

（a）不变　　（b）增大

（c）减小　　（d）不能确定

习　题

1.1　图 1.92 所示电路中的方框代表电源或负载。

（1）说明各方框上的电压与电流参考方向是否关联。

（2）确定哪些是电源，哪些是负载，并讨论其功率平衡。

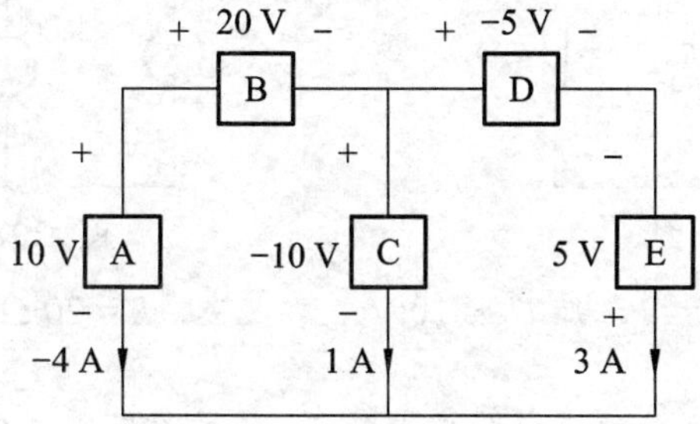

图 1.92　习题 1.1 图

1.2　各元件的电压和电流参考方向如图 1.93 所示，试写出各元件电压 u 和电流 i 的约束方程，并说明 u 与 i 参考方向是否关联。

1.3　电路如图 1.94 所示，已知各元件的发出功率分别为：元件 1 为 $P_1=100\ \text{W}$，元件 2 为 $P_2=-50\ \text{W}$，元件 3 为 $P_3=150\ \text{W}$，电路中电流 $I=5\ \text{A}$，试求电压 U_1、U_2、U_3 和 U_S。

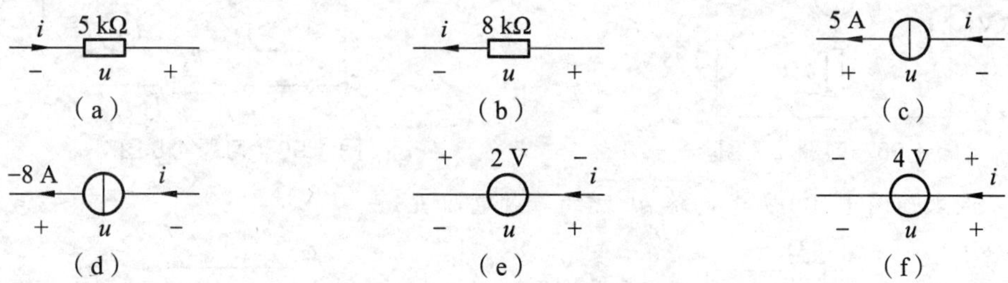

图 1.93　习题 1.2 图

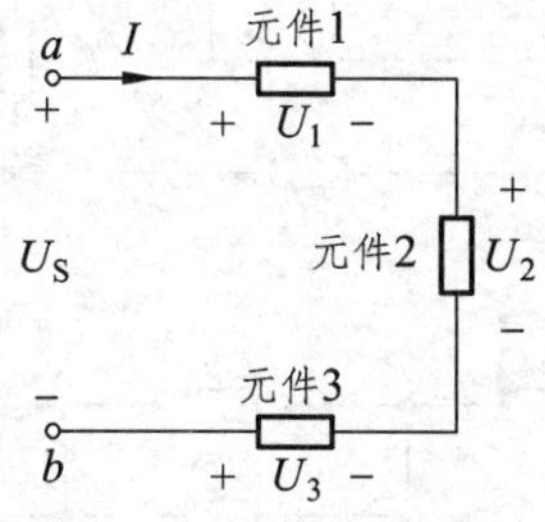

图 1.94　习题 1.3 图

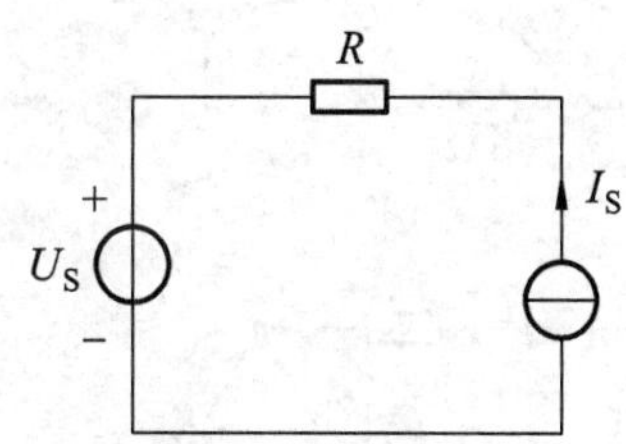

图 1.95　习题 1.4 图

1.4　电路如图 1.95 所示，其中 $U_S=2\ \text{V}$，$I_S=1\ \text{A}$，$R=1\ \Omega$。

（1）试求电流源 I_S 和电压源 U_S 提供的功率。

（2）如果要使电流源 I_S 的功率为零，电路中接入何种元件？试画出电路图，并分析各元件的功率。

（3）如果要使电压源的功率为零，则电路中应接入何种元件？试画出电路图，并分析各元件的功率。

1.5　电路如图 1.96 所示，已知：$U_S = 20\ \text{V}$，$R_1 = 4\ \Omega$，$R_2 = 15\ \Omega$，$R_3 = 8\ \Omega$，$R_4 = 10\ \Omega$，$R_5 = 4\ \Omega$，$R_6 = 12\ \Omega$。试求电路的开路电压 U 和电流 I。

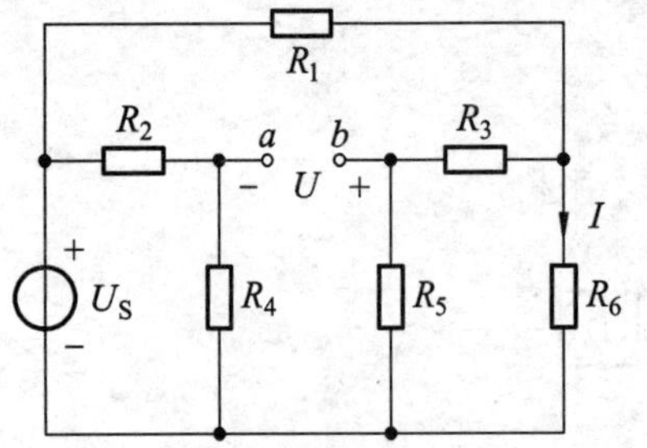

图 1.96　习题 1.5 图

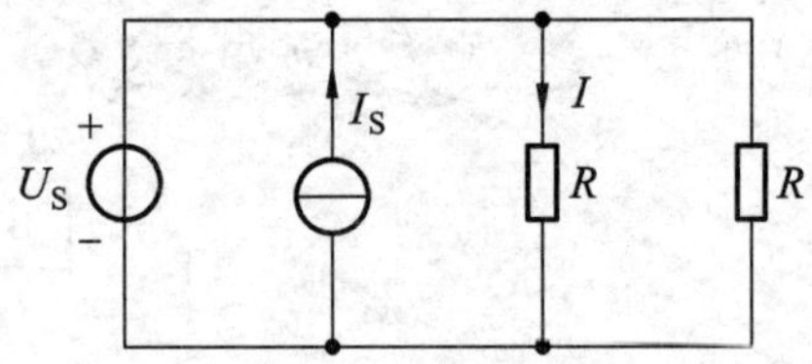

图 1.97　习题 1.6 图

1.6　电路如图 1.97 所示，已知 $U_S = 10\ \text{V}$，$I_S = 2\ \text{A}$，$R = 20\ \Omega$，试求电流 I，并讨论电路的功率平衡关系。

1.7　电路如图 1.98 所示，试求电路中电流 I，并讨论哪些元件提供功率。

1.8　电路如图 1.99 所示，已知：$I_{S1} = 2\ \text{A}$，$I_{S2} = 1\ \text{A}$，$I_{S3} = 3\ \text{A}$。用基尔霍夫电流定律求电流 I_1，I_2 和 I_3。

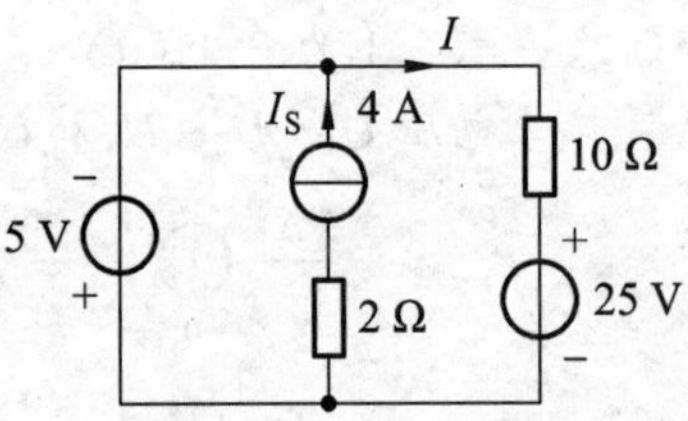

图 1.98　习题 1.7 图

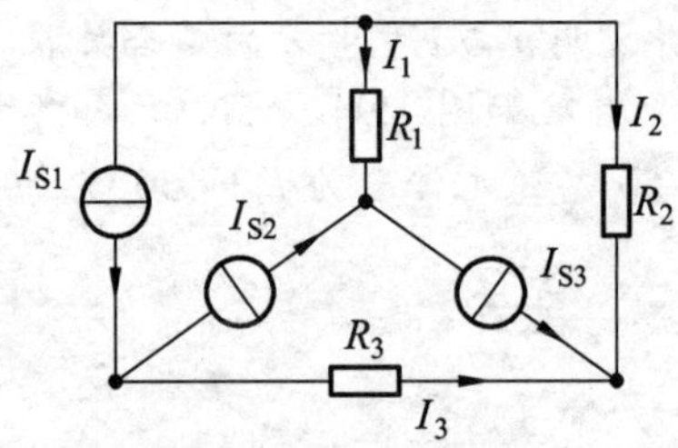

图 1.99　习题 1.8 图

1.9　试求如图 1.100 所示电路 ab 端的等效电阻 R_{ab}。

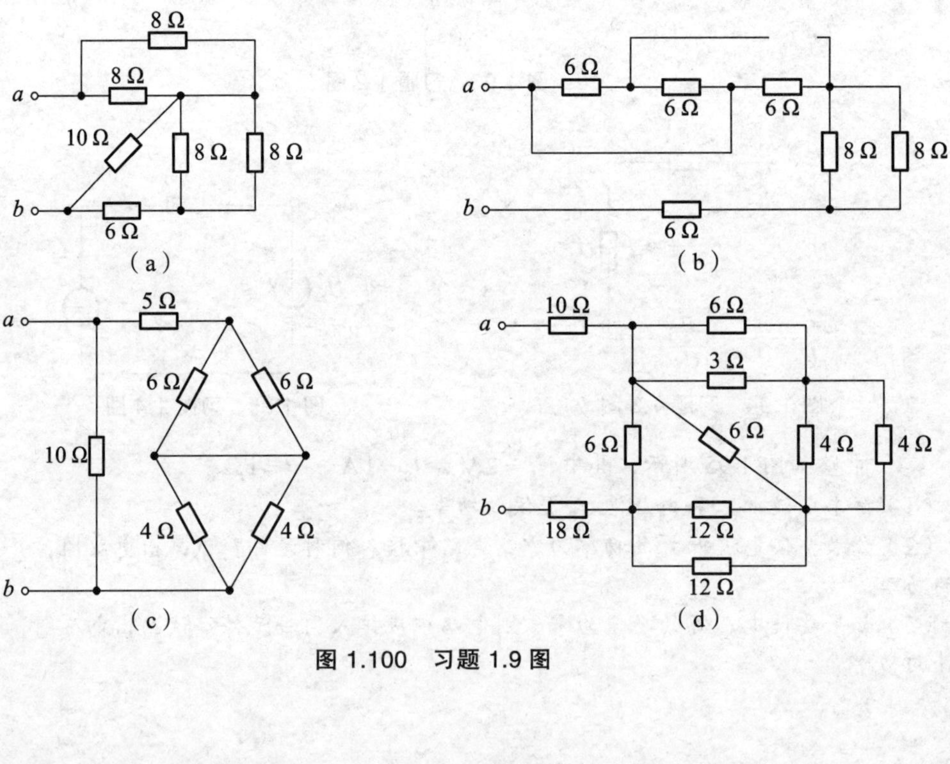

图 1.100　习题 1.9 图

1.10　试求如图 1.101 所示电路 ab 端的等效电阻 R_{ab}。

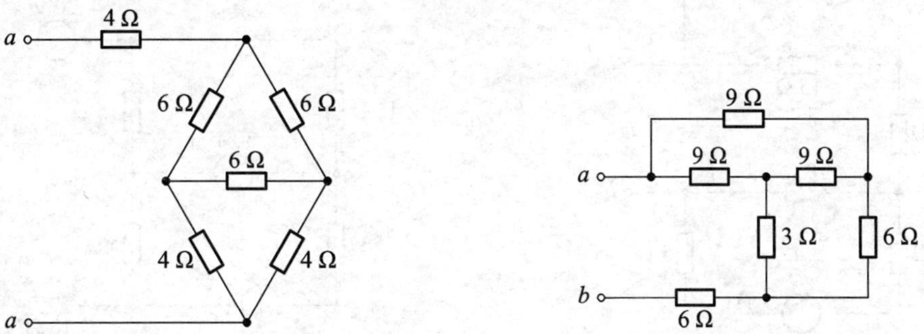

（a）　　　　（b）

图 1.101　习题 1.10 图

1.11　应用 Y-△等效变换法，求如图 1.102 所示电路中的电压 U 和电流 I。

1.12　应用 Y-△等效变换法，求如图 1.103 所示电路中的电压 U 和电流 I。

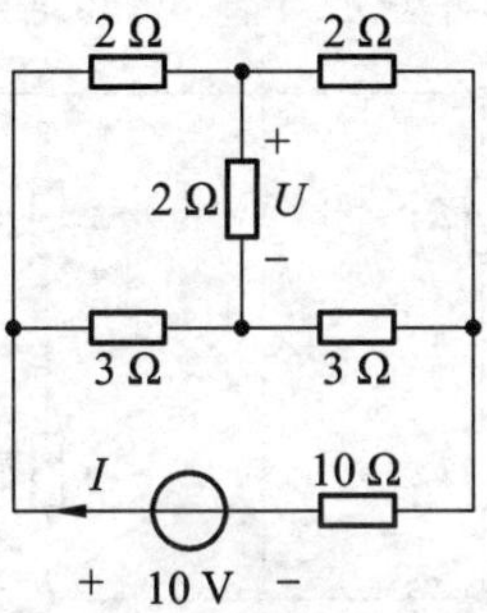

图 1.102　习题 1.11 图

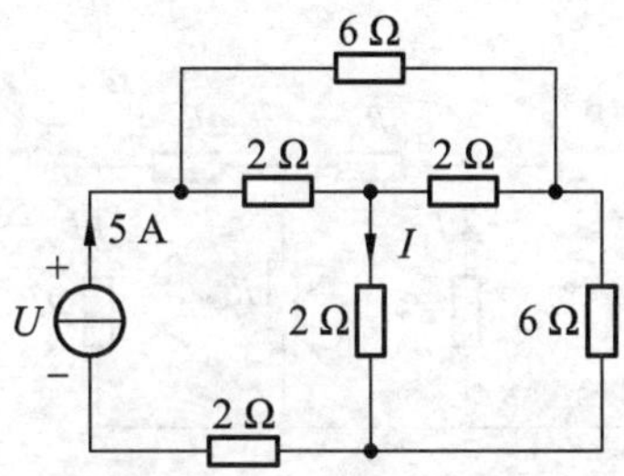

图 1.103　习题 1.12 图

1.13　试计算如图 1.104 所示电路中的开路电压 U。

1.14　试计算如图 1.105 所示电路中的开路电压 U。

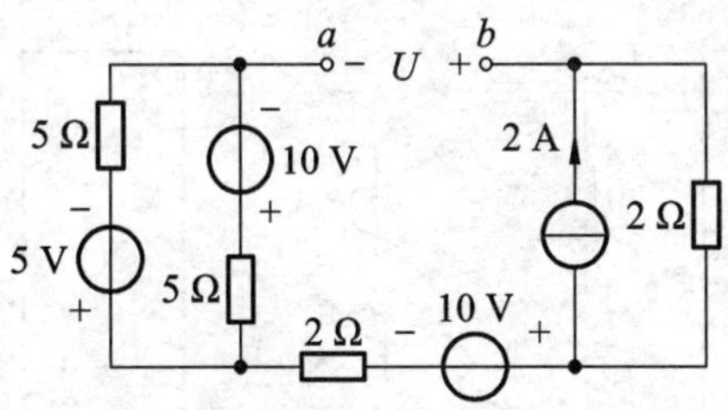

图 1.104　习题 1.13 图

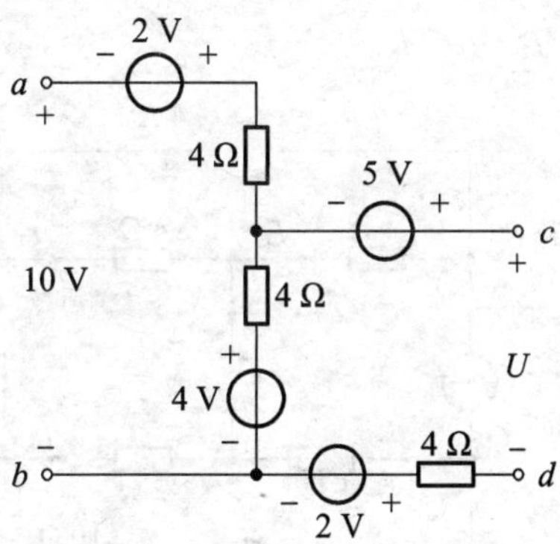

图 1.105　习题 1.14 图

1.15　试计算如图 1.106 所示电路中的电流 I 和开路电压 U。

1.16　试计算如图 1.107 所示电路中的开路电压 U。

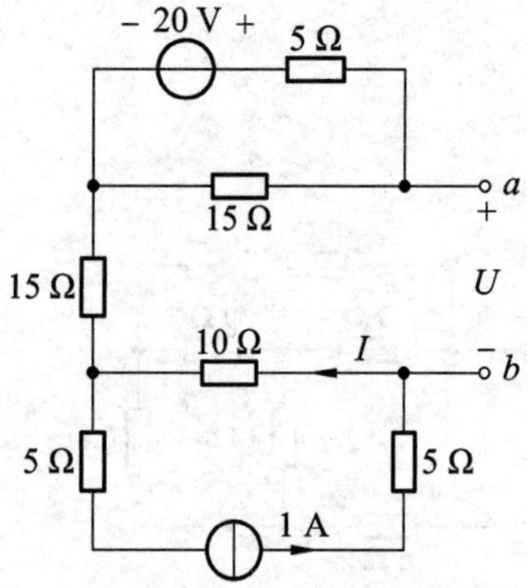

图 1.106　习题 1.15 图

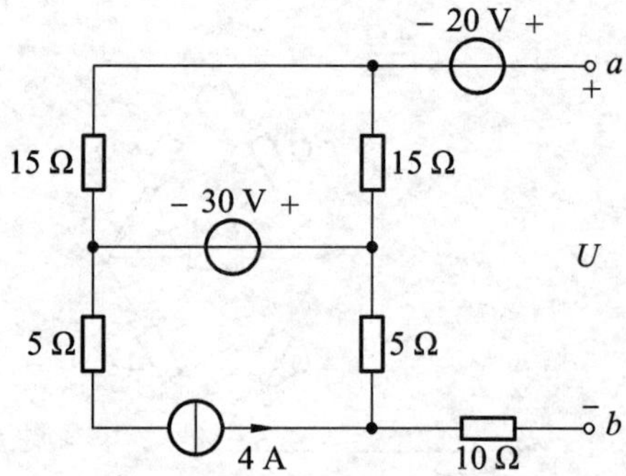

图 1.107　习题 1.16 图

1.17　电路如图 1.108 所示，已知 $R_1 = 7\ \Omega$，$R_2 = 3\ \Omega$，$R_3 = R_4 = 4\ \Omega$，$R_5 = R_6 = 2\ \Omega$，$I_S = 8\ \text{A}$，$U_S = 5\ \text{V}$。试求电流 I_1、I_2和电压 U。

1.18　电路如图 1.109 所示，已知 $U_S = 24\ \text{V}$，$R_1 = 3\ \Omega$，$R_2 = 6\ \Omega$，$R_3 = 1\ \Omega$，$R_4 = 2\ \Omega$，$R_5 = 7\ \Omega$，$R_6 = R_7 = 4\ \Omega$，$R_8 = R_9 = 2\ \Omega$，$R_{10} = 2\ \Omega$。试求电路中电位 V_A、V_B和电压 U_{AB}。

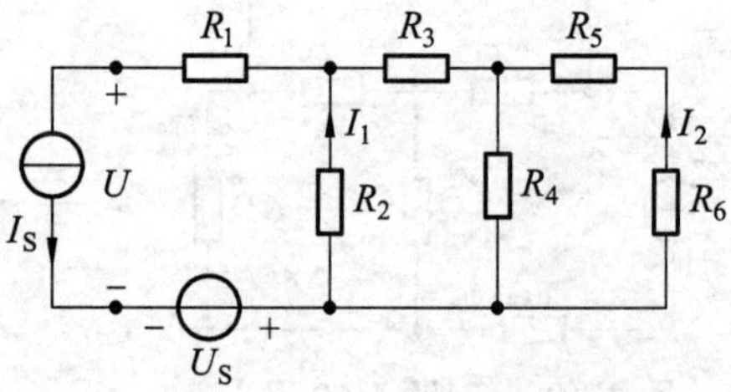

图 1.108　习题 1.17 图

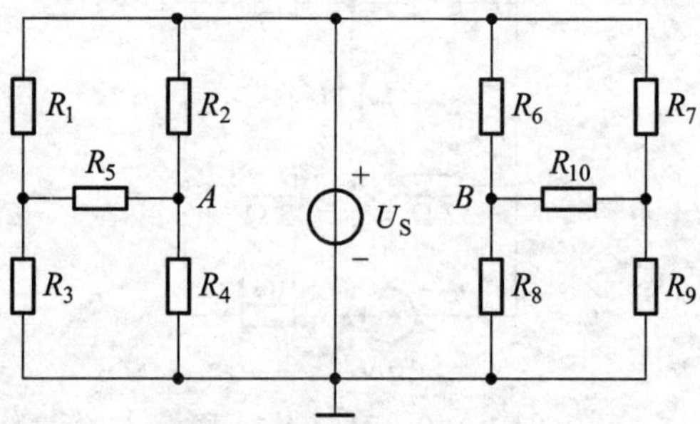

图 1.109　习题 1.18 图

1.19　试求如图 1.110 所示电路中的电流 I_1、I_2、I_3、I_4、I_5和电压 U。

1.20　电路如图 1.111 所示，已知 $I_{S1} = 8\ \text{A}$、$I_{S2} = 4\ \text{A}$，$I_1 = 3\ \text{A}$，$I_4 = -11\ \text{A}$。试求电流 I_2、I_3、I_5、I_6。

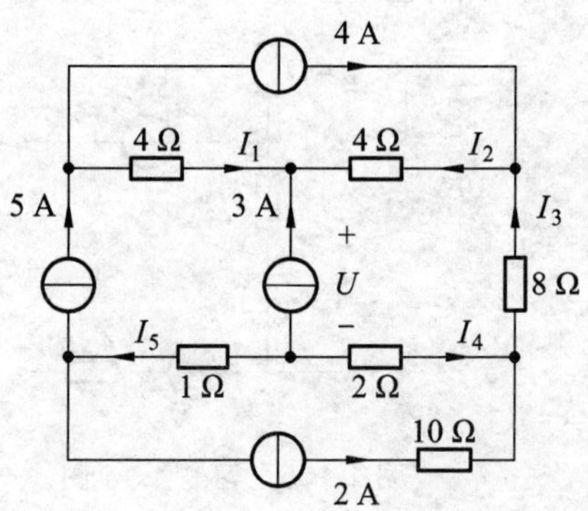

图 1.110　习题 1.19 图

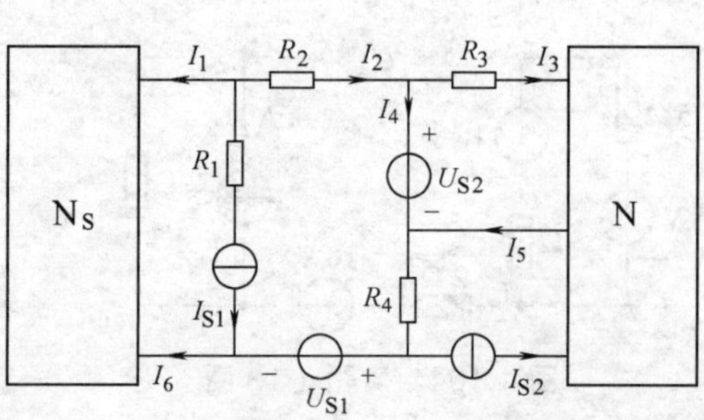

图 1.111　习题 1.20 图

1.21 电路如图 1.112 所示，已知 $I_{S1} = 2\ \text{A}$，$I_{S2} = 3\ \text{A}$，$R_1 = 10\ \Omega$，$R_2 = 10\ \Omega$，$R_3 = 5\ \Omega$。试求电流 I_4和 I_5。

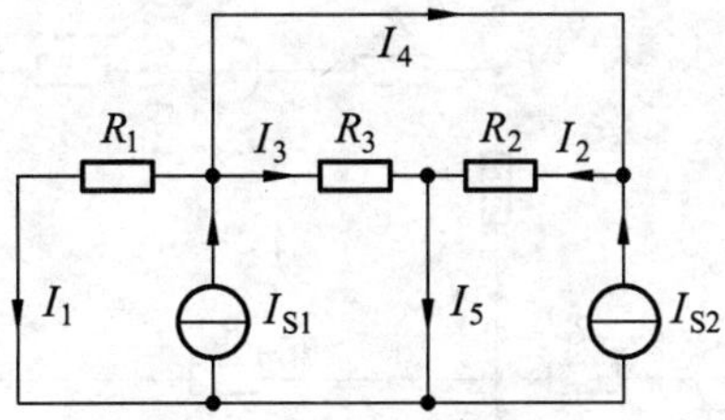

图 1.112　习题 1.21 图

1.22　电路如图 1.113 所示，试求当开关 S 断开和闭合时的 B 点电位 V_B。

1.23　电路如图 1.114 所示，试求电压 U_{AB}。

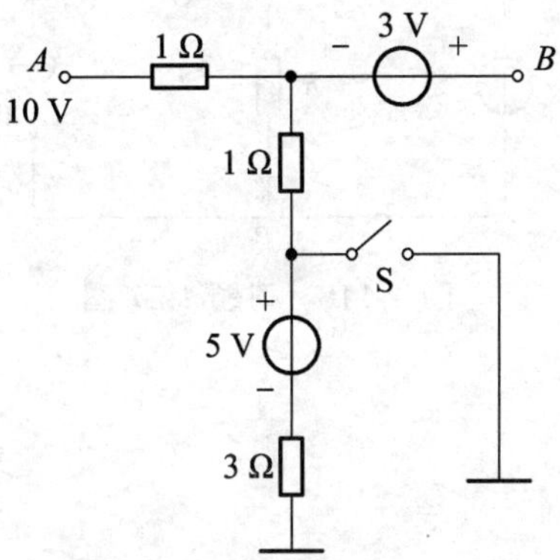

图 1.113　习题 1.22 图

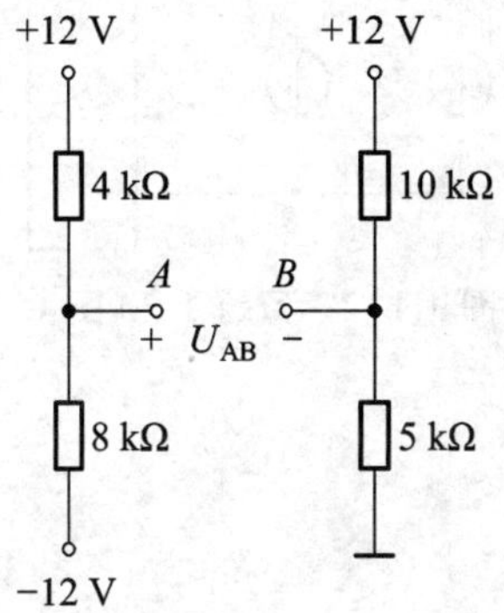

图 1.114　习题 1.23 图

1.24　电路如图 1.115 所示，已知 $U_{S1}=-40\text{ V}$，$U_{S2}=10\text{ V}$，$U_{S3}=18\text{ V}$，$I_S=2\text{ A}$，$R_1=5\,\Omega$，$R_2=10\,\Omega$，$R_3=15\,\Omega$，$R_4=2\,\Omega$，$R_5=R_6=8\,\Omega$。试求电路中电位 V_A、V_B、V_C 和电压 U_{AB}、电流 I_1、I_2。

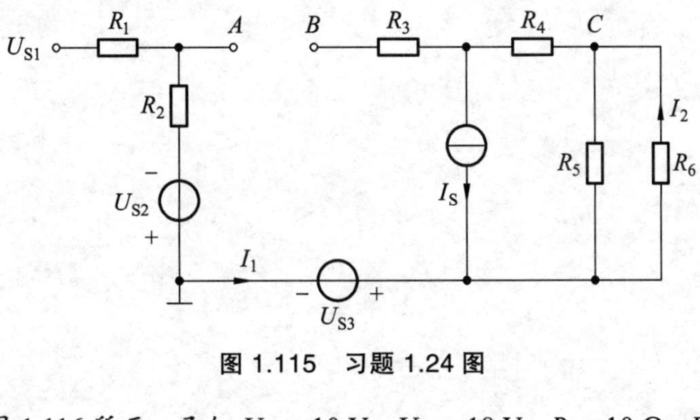

图 1.115　习题 1.24 图

1.25 电路如图 1.116 所示，已知 $U_{S1}=10\text{ V}$，$U_{S2}=18\text{ V}$，$R_1=10\,\Omega$，$R_2=4\,\Omega$，$R_3=1\,\Omega$，$R_4=2\,\Omega$，$R_5=1\,\Omega$，$R_6=6\,\Omega$。当以 F 点为参考点时，B 点的电位 $V_B=2\text{ V}$。试求电压源 U_S 及其功率 P。

1.26　电路如图 1.117 所示，N 为二端网络，已知 $E_1=20\text{ V}$，$E_2=10\text{ V}$，$R_2=4\,\Omega$，$I_2=2\text{ A}$。若流入二端网络的电流 $I=3\text{ A}$，试求电阻 R_1 及输入二端网络 N 的功率。

1.27　电路如图 1.118 所示，已知 $U=5\text{ V}$，$R_1=6\,\Omega$，$R_2=10\,\Omega$，$R_3=5\,\Omega$。试求电流 I、I_1 和电压源 U_S、U_{AB}。

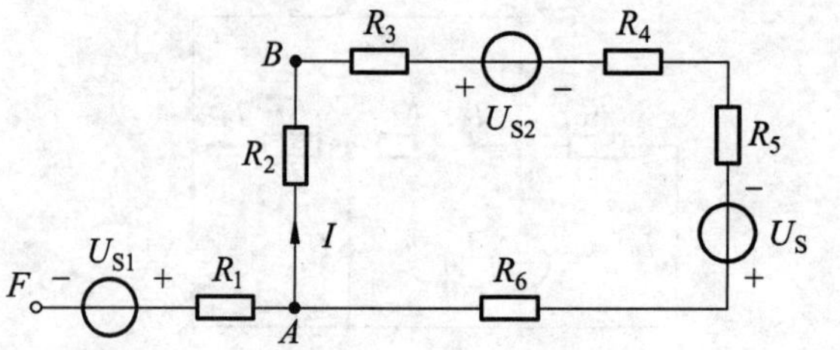

图 1.116　习题 1.25 图

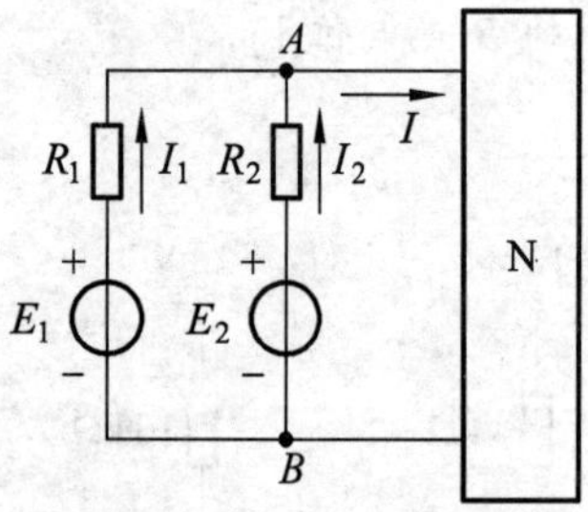

图 1.117　习题 1.26 图

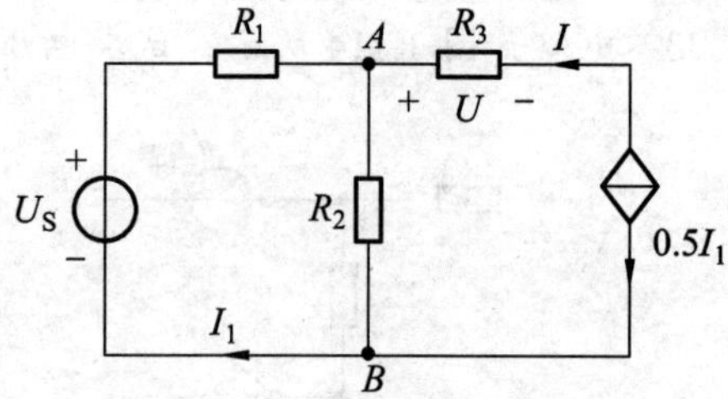

图 1.118　习题 1.27 图

第二章　线性电路的分析和定理

【学习指导】本章以线性电阻元件、直流电压源和直流电流源组成的线性电路为对象，以欧姆定律和基尔霍夫定律为依据，讨论电源模型等效变换法、支路电流法、节点电压法、叠加定理、戴维南定理及诺顿定理和最大功率传输定理等。

1. 学习目标

（1）了解支路电流法、节点电压法；

（2）掌握电源模型等效变换法；

（3）掌握叠加定理、戴维南定理；

（4）了解诺顿定理；

（5）了解最大功率传输的概念。

2. 学习建议

（1）学习时间：5～8 小时。

第一节建议学习时间：1 小时；

第二节建议学习时间：0.5 小时；

第三节建议学习时间：1 小时；

第四节建议学习时间：1.5 小时；

第五节建议学习时间：2 小时；

第六节建议学习时间：0.5 小时。

（2）学习方法：

A. 学习前复习第一章内容。

B. 点播学习网络课程第二章的内容，完成相关内容的“选择题”“习题”。

C. 参加在线导学直播学习。

D. 阅读参考资料：

① 王英主编，西南交通大学出版社，《电工技术基础（电工学Ⅰ）》（第 2 版）第二章；

② 王英主编，西南交通大学出版社《电工技术学习指导及习题精解》第二章 E. 第一节学习完成后，提交第 1 次作业；第二节、第三节学习完成后，提交第 2 次作业；第四节学习完成后，提交第 3 次作业；第五节学习完成后，提交第 4 次作业，并进行本章学习小结。

3. 学习重点与难点

A. 重点掌握电源模型等效变换法；

B. 重点掌握叠加定理；

C. 重点掌握戴维南定理；

D. 难点是：分析计算电路中，综合应用基本的分析方法，特别是元件的基本特性、电路的基尔霍夫定律的应用；解题方法的掌握。

第一节　电源模型的等效变换法

当电路的连接结构是由基本的电源模型（见图 2.1）构成时，我们可用电源模型的等效变换法进行分析求解电路。

一、电源模型的基本概念

电源模型电路是实际电压源和实际电流源的等效电路，其基本结构如图 2.1 所示。图 2.1（a）简称为电压源模型，图 2.1（b）简称为电流源模型，统称为电源模型。

（a）电压源模型　　（b）电流源模型

图 2.1　电源模型

二、电源模型等效变换的基本概念

“电源模型的等效变换”是指：在分析电路时，可用电压源模型[见图 2.1（a）]替代电流源模型[见图 2.1（b）]电路；或用电流源模型[见图 2.1（b）]替代电压源模型[见图 2.1（a）]电路。应用电源模型的等效变换达到分析求解电路中电量的目的。

电源模型的等效变换条件为：$R_{Su}=R_{Si}$，$U_S=R_{Si}I_S$ 或 $I_S=\dfrac{U_S}{R_{Su}}$。

下面论述电源模型等效互换条件的推导过程。

等效变换是指“对外接电路等效”，而“对内部电路是不等效的”。根据这一概念，我们在图 2.1 的 a、b 端口连接一个相同的负载电阻 R_L，并设定电压源模型图 2.1（a）与电流源模型图 2.1（b）可以等效变换，即如图 2.2（a）、（b）所示的负载电阻 R_L 上的电压 U 和电流 I 是相等的。

（a）电压源模型外接负载电阻 R_L　　（b）电流源模型外接负载电阻 R_L

图 2.2　电源模型的等效互换分析图

由图 2.2（a）列 KVL 方程

$$U=U_S-IR_{S1} \tag{2.1}$$

由图 2.2（b）列 KCL 方程

$$I = I_S - \frac{U}{R_{S2}}$$

得

$$U = I_S R_{S2} - IR_{S2} \tag{2.2}$$

式（2.1）等于式（2.2），得

$$U_S - IR_{S1} = I_S R_{S2} - IR_{S2}$$

因设定图 2.1（a）、（b）是等效的，则上式成立，得图 2.1 等效变换必须满足条件为

$$\begin{cases} R_{S1} = R_{S2} = R \\ U_S = RI_S \end{cases} \tag{2.3}$$

结论：图 2.3 中电源模型参数满足 $U_S = RI_S$ 时，图 2.3（a）、（b）可以等效变换。

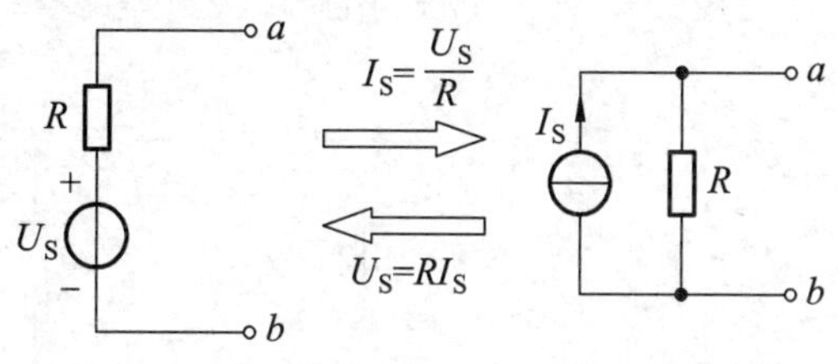

图 2.3　电源模型的等效变换

注意：

（1）电源模型在等效变换时，必须保持连接端口的电压极性相同。

例如：当电源模型处于开路状态时，图 2.3（a）电路的 a 端为电压正极性，则图 2.3（b）电路中的电流源 I_S 的箭头必须指向 a 端，使电流源模型中电阻 R 上的端电压在 a 端为正极性。

（2）电源模型的等效变换指的是对 a、b 端外接的电路等效，而对两种电源模型内部结构及参数则并不等效。

例如：两个电源模型同是开路时，电压源模型的内部电流为零，而电流源模型内部电流就不为零。即开路时电压源模型没有能量消耗，而电流源模型存在能量消耗。

（3）当电压源模型中的内电阻 $R = 0$ 时，其模型为理想电压源，如图 2.4 所示；当电流源模型中的内电阻 $R = \infty$ 时，其模型为理想电流源，如图 2.5 所示。理想电压源与理想电流源之间是不能相互转换。

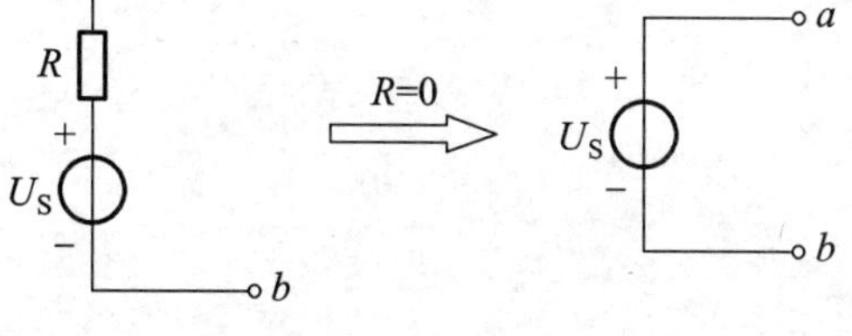

图 2.4　电压源模型中内电阻 $R = 0$ 时的等效电路

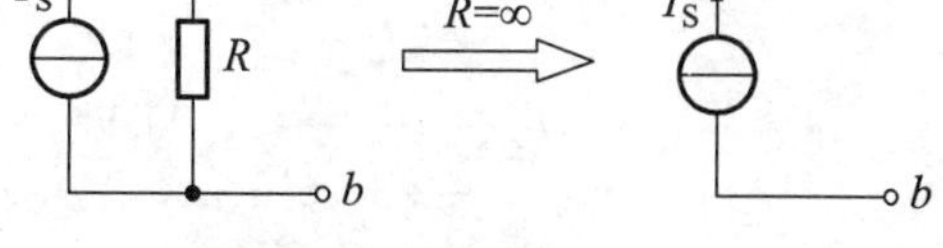

图 2.5　电流源模型的内电阻 $R = \infty$ 时的等效电路

三、电源模型等效变换实例

电源模型等效变换又常简称为等效变换法。

例 2.1 试用等效变换法，求如图 2.6 所示电路中的电流 I。

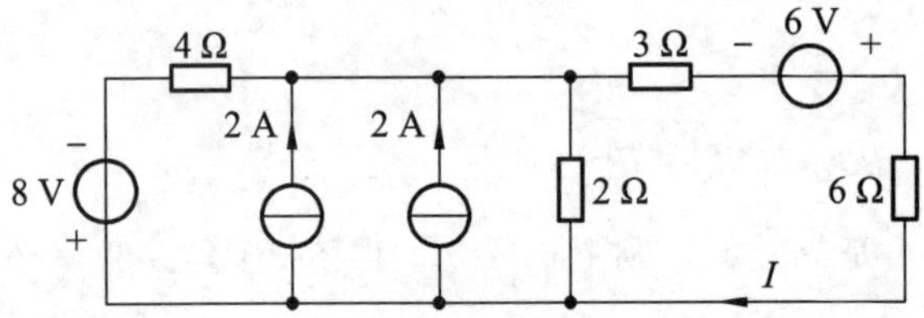

图 2.6 例 2.1 图

分析：首先分析电路元件间连接方式及电路结构。两个并联电流源可等效为一个 4 A 电流源，如图 2.7 所示；图 2.6 电路中，4 Ω 电阻与 8 V 电压源串联构成电压源模型，电压源模型可转变为电流源模型。通过电路串联、并联和电源模型等效变换求解电流 I。

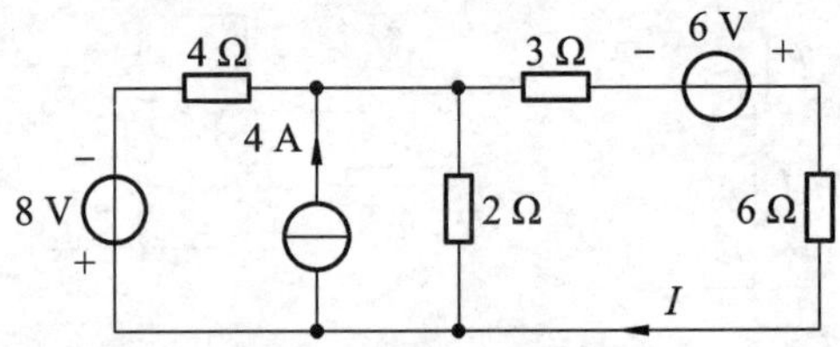

图 2.7 等效变换法

解 电源等效变换如图 2.8 所示。

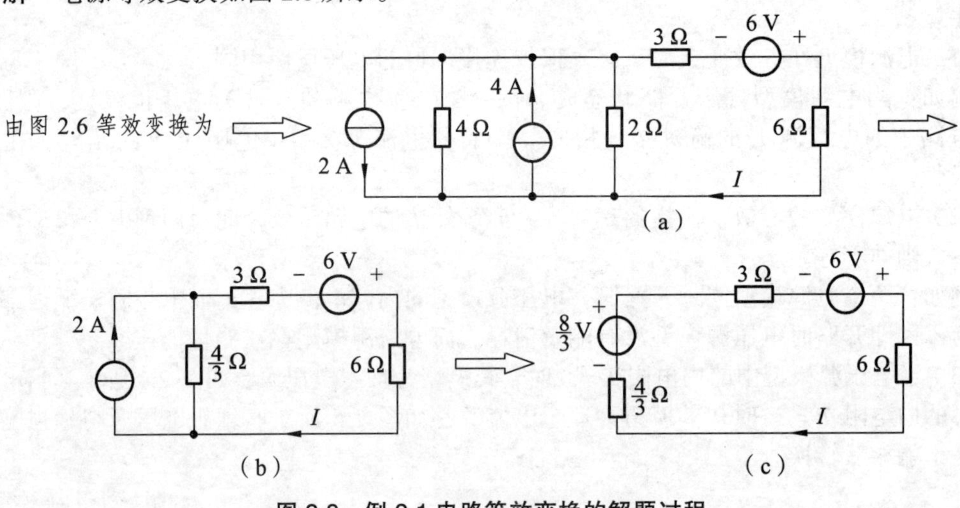

图 2.8 例 2.1 电路等效变换的解题过程

由图 2.8（c）解得

$$I=\frac{\frac{8}{3}+6}{\frac{4}{3}+3+6}\,\text{A}\approx 0.84\ \text{A}$$

结论：（1）等效变换法是通过图解方式进行电源模型的变换，从而达到解题的目的；

（2）电源模型等效变换时，注意将包含有待求参数的支路或部分电路保留。例如图 2.6 所示电路中 3 Ω 电阻与 6 V 电压源串联也构成了电压源模型，但是此电压源模型同时含有待求电流 I 电量，所以在等效变换法时 3 Ω 电阻与 6 V 电压源串联的电压源模型不作变换。

例 2.2 试用等效变换法，求如图 2.9 所示电路中的电流 I。

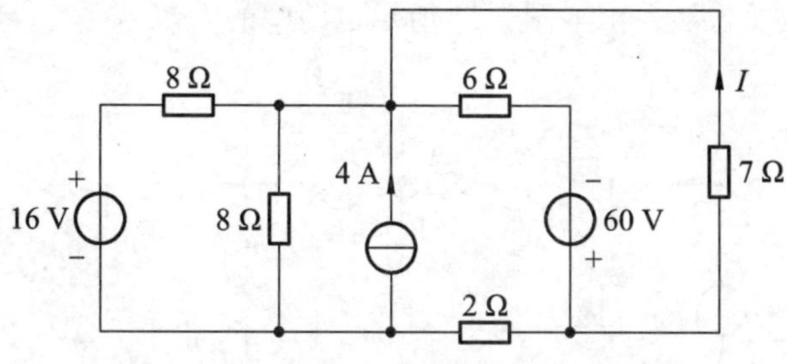

图 2.9 例 2.2 图

分析：①因 16 V 电压源与 8 Ω 电阻构成的串联支路与外电路并联，所以先将其等效变换为电流源模型，如图 2.10（a）所示。②图 2.10（a）两个并联 8 Ω 电阻等效为一个 4 Ω 电阻，两个并联电流源等效为一个 6 A 电流源，并构成电流源模型，其模型与外接 2 Ω 电阻串联，即将电流源模型等效变换为电压源模型，如图 2.10（b）所示。③图 2.10（b）所示为两个电压源模型并联，同时都等效变换为电流源模型，并进行电流源并联和电阻并联运算得图 2.10（c）。

解 电源模型等效变换如图 2.10 所示。

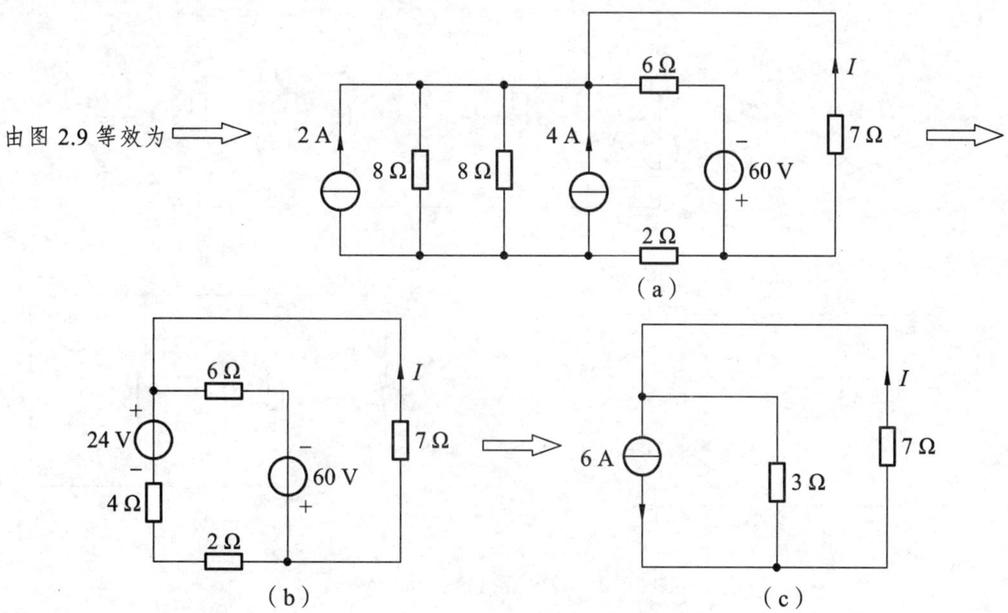

图 2.10 等效变换法求解电路

由图 2.10（c）解得

$$I = \frac{3\ \Omega}{3\ \Omega + 7\ \Omega} \times 6\ \text{A} = 1.8\ \text{A}$$

结论：电源模型等效变换法应用的一般原则为：如果电源模型与外电路（或另一个电源

模型）连接关系为并联，则将电压源模型等效变换成电流源模型；如果电源模型与外电路（或另一个电源模型）连接关系为串联，则将电流源模型等效变换成电压源模型。

可见，根据电路的结构特点和连接关系，合理利用电源模型的等效变换，可以将复杂电路化简为简单的电路进行分析。

例 2.3 试用等效变换法，求如图 2.11 所示电路中的电流 I。

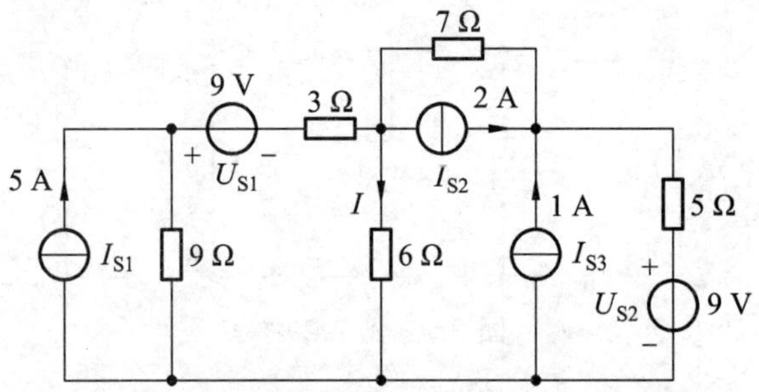

图 2.11 例 2.3 图

分析：① 将图 2.11 中两个电流源模型等效变换为电压源模型；将 U_{S2} 电压源串联 5 Ω 电阻的电压源模型，等效变换为电流源模型，如图 2.12（a）所示。② 将图 2.12（a）中 I_{S3}、I'_S 并联 5 Ω 电阻组成的电流源模型等效变换为 U''_S 电压源串联 5 Ω 电阻的电压源模型，如图 2.12（b）所示。

解 电源等效变换如图 2.12 所示。

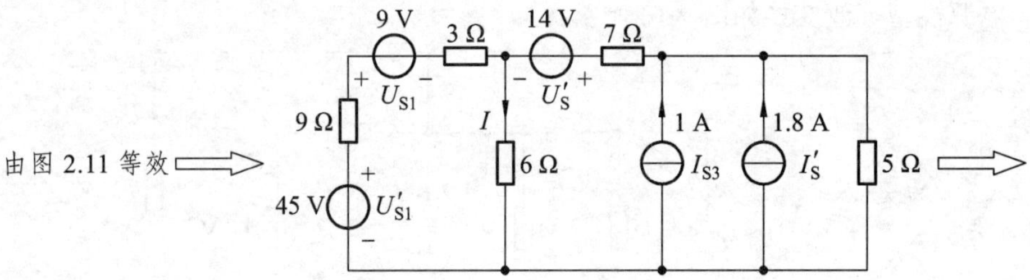

（a）

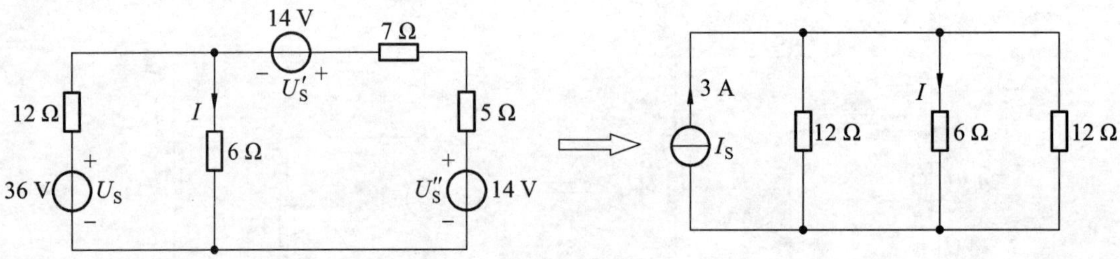

（b）（c）

图 2.12 等效变换法分析电路

由图 2.12（c）解得

$$I = (12\,\Omega // 12\,\Omega // 6\,\Omega) I_S \times \frac{1}{6\,\Omega} = 1.5\text{ A}$$

结论：运用电源模型等效变换法时，往往要结合串、并联电路的分析进行，即综合运用电源模型等效变换法、电阻和电源串并联电路的等效运算法。

四、常见问题讨论

（1）电源模型在等效变换时，电压源的方向与电流源的方向无关。

解答：错。

当电压源模型转变为电流源模型时，电压源的方向决定电流源模型中电流源的方向；当电流源模型转变为电压源模型时，电流源的方向决定电压源模型中电压源的方向。

（2）电源模型的等效变换指的是两种电源模型内部结构及参数等效。

解答：错。

电源模型的等效变换是对外电路等效，其两种电源模型内部结构及参数是不等效的。即电压源模型是由电阻串联电压源组成，电流源模型是由电阻并联电流源组成。

（3）理想电压源与理想电流源之间有等效变换。

解答：错。

理想电压源与理想电流源之间是不能进行等效变换。因为理想电压源与理想电流源的物理特征及伏安特性是完全不同的。

（4）在应用“等效变换法”解题时，只要有电源模型，就可直接应用电源模型等效变换法分析求解电路。

解答：用电源模型等效变换没错，但结果不一定正确。例如图 2.7 电路中，将 4 A 电流源并联 2 Ω电阻的电流源模型转变为电压源模型，则达不到解题的目的；同理，将 3 Ω电阻串联 6 V 电压源转变为电流源模型也是无解题意义的。

（5）当电压源模型并联电流源模型时，如何等效变换分析电路？

解答：当电压源模型并联电流源模型时，将电压源模型转变为电流源模型，如图 2.13 电路所示。

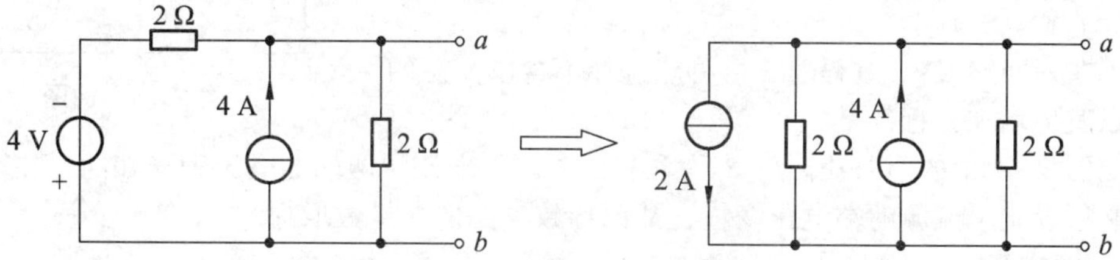

图 2.13　电源模型等效变换

（6）当电压源模型串联电流源模型时，如何等效变换分析电路？

解答：当电压源模型串联电流源模型时，将电流源模型转变为电压源模型，如图 2.14 电路所示。

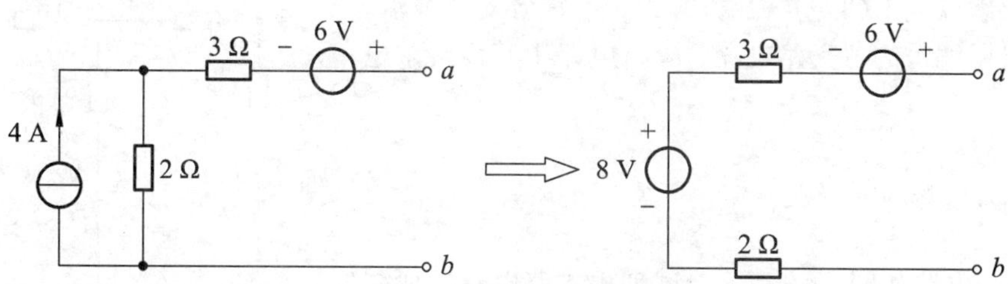

图 2.14　电源模型等效变换

五、特别提示

等效变换法是不断地通过“电压源模型”与“电流源模型”等效变换作图分析电路。

第二节　支路电流法

一、支路电流法基本概念

所谓“支路”指的是电路中一条没有分支的电路，或电路中一条串联的电路称为电路的支路。“支路”中的电流称为“支路电流”。

支路电流法是以支路电流为求解变量，根据基尔霍夫定律，对电路列出独立 KCL、KVL 代数方程组，直接解出各支路电流的方法。

1. 注　意

（1）当电路具有 b 条未知电流支路和 n 个节点时，则可列出（$n-1$）个独立 KCL 方程，（$b-n+1$）个独立 KVL 方程。

例如：在图 2.15 中有 4 个支路电流变量 I_1、I_2、I_3、I_4 和 4 个结点。解此电路时，可列 3 个结点 KCL 方程和 1 个回路 KVL 方程，即 4 个变量 4 个方程。

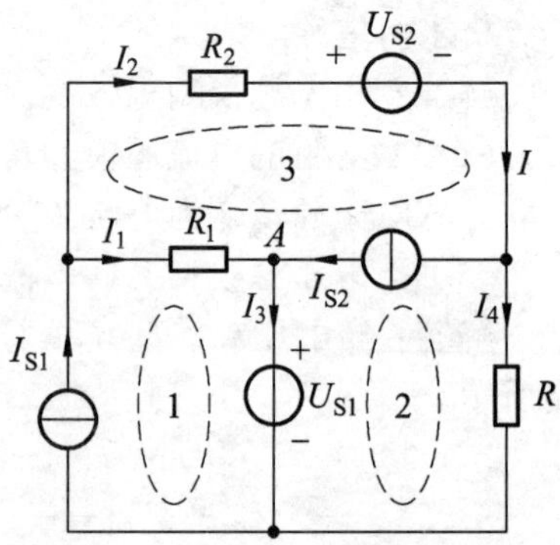

图 2.15　例图

（2）KCL 方程的独立性。

例如图 2.15 所示电路有 4 个结点，如果列了 4 个 KCL 方程，则这 4 个方程为非独立方程。因为，4 个方程中任意一个方程可由其他 3 个方程推导得到，即为无效的 KCL 方程（称为非独立方程）。

（3）在列回路 KVL 方程时，尽可能选择不含电流源的回路，以避免增加方程数量。

例如图 2.15 中的回路 1、2、3 均含有电流源，电流源两端的电压为未知的，在写 KVL 方程时必须设定电流源的端电压变量，从而导致电路的变量数增加。

2. 解题步骤

（1）在电路图中标出各未知支路电流的参考方向和变量（设电路有 k 个支路电流变量，节点数为 n）。

（2）列（$n-1$）个 KCL 结点电流方程。

（3）列（$k-n$）个 KVL 回路电压方程。

（4）求解联立 KCL、KVL 方程组，解得各支路电流。

（5）根据解得的各支路电流，分析电路中其他待求电量参数。

二、例　题

例 2.4　电路如图 2.16 所示，试列出支路电流法所需的方程。

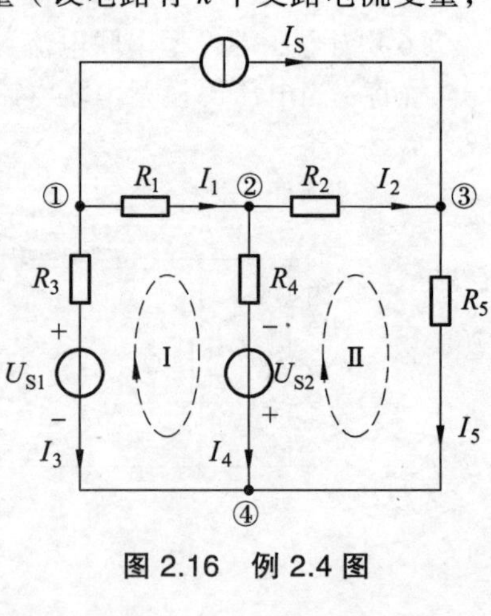

图 2.16　例 2.4 图

分析：图 2.16 所示电路中有 5 个支路电流变量 I_1、I_2、I_3、I_4、I_5；有 4 个结点。所以可列 3 个结点的 KCL 方程、2 个回路的 KVL 方程。

解

列 KCL 方程：

结点① $I_1+I_2+I_S=0$

结点② $I_1-I_2-I_4=0$

结点③ $I_S+I_2-I_5=0$

列 KVL 方程：

回路Ⅰ $R_1I_1+R_4I_4-U_{S2}-U_{S1}-R_3I_3=0$

回路Ⅱ $R_2I_2+R_5I_5+U_{S2}-R_4I_4=0$

结论：支路电流法的变量为各支路电流；列 KVL 方程时尽量不选择含有电流源的回路。

例 2.5 试用支路电流法，求如图 2.17 所示电路中的电压 U 。

分析：图 2.17 所示电路中变量为 I_1、I_2、U；结点有 2 个，可列一个 KCL 方程；列 2 个回路 KVL 方程。

解 对结点 a 列 KCL 方程，有

$$I_1+I_2=2\text{ A}$$

列 KVL 方程：

回路Ⅰ $U-3\ \Omega\times 2\text{ A}-16\text{ V}-8I_1=0$

回路Ⅱ $16\text{ V}+8I_1-2I_2=0$

联立方程组求解，得

$$\begin{cases}I_1=-1.2\text{ A}\\ I_2=3.2\text{ A}\\ U=12.4\text{ V}\end{cases}$$

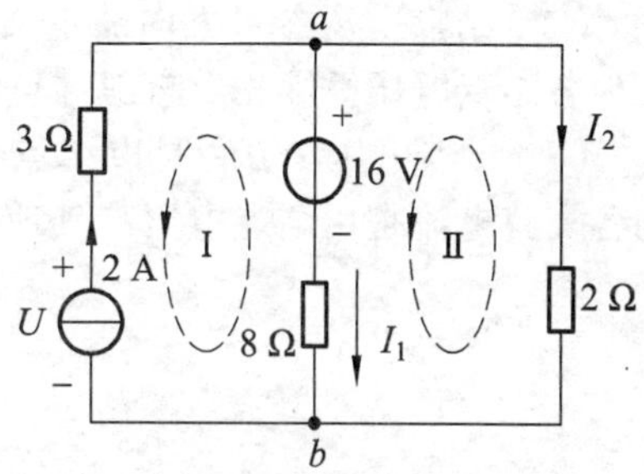

图 2.17 例 2.5 图

结论：如果电流源两端的电压为指定待求参数时，则可直接选择含有电流源的回路列 KVL 方程。

通过支路电流法的解题过程可以发现，支路数越多，以支路电流为未知量的数量就越多，所需独立方程数也越多，求解过程也越复杂。所以对于支路数比较多而结点数比较少的电路，在分析时更适合采用下面介绍的结点电压法。

三、常见问题讨论

（1）电路中的待求量就是支路电流法的变量吗？

解答：不一定是。

支路电流法的变量为各支路电流，而电路的待求量且可以是电压、功率等其他电量，这些待求量可通过解得的支路电流分析求解。

（2）电路如果有 n 个结点，则可列 n 个独立的 KCL 电流方程。

解答：错。

因 n 个 KCL 方程中的任意一个方程都可通过其他（$n-1$）个 KCL 方程推导出来，为非独立方程；列（$n-1$）个结点电流 KCL 方程为独立方程。

四、特别提示

支路电流法的变量为“支路电流”，解题的方程为结点 KCL 电流方程和回路 KVL 电压方程。

第三节 结点电压法

一、结点电压法基本概念

所谓“结点”指的是电路中由几条支路汇集的点。例如图 2.18 中有 4 个结点。

结点电压法是以结点电压为求解变量，根据基尔霍夫定律，对电路中各个未知结点电压列结点的 KCL 电流方程组，联立求解出各结点电压电量的方法。

1. 注 意

（1）结点电压是相对参考结点而言的。即：在电路中任意选择某一结点为参考结点（零电位点），其他结点与参考结点之间的电压称为结点电压或结点电位。

（2）结点电压参考方向的定义：参考结点为零电位点（即参考结点处为“负”极性），其他各结点电压极性相对参考结点而言为“正”极性。

（3）结点电压法方程是以结点电压为变量，但所列的方程式是 KCL 结点电流方程，式中的各支路电流是用结点电压与其他参数组合转换来表示。

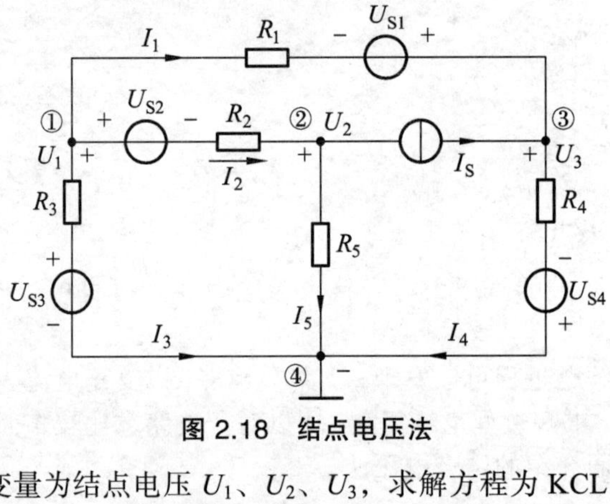

图 2.18 结点电压法

例如：图 2.18 中变量为结点电压 U_1、U_2、U_3，求解方程为 KCL 方程，即

$$
\begin{aligned}
&\text{结点①} \quad \frac{U_1-U_3+U_{S1}}{R_1}+\frac{U_1-U_2-U_{S2}}{R_2}+\frac{U_1-U_{S3}}{R_3}=0 \\
&\text{结点②} \quad \frac{U_2-U_1+U_{S2}}{R_2}+\frac{U_2}{R_5}+I_S=0 \\
&\text{结点③} \quad \frac{U_3-U_1-U_{S1}}{R_1}-I_S+\frac{U_3+U_{S4}}{R_4}=0
\end{aligned}
\qquad (2.4)
$$

3 个变量 3 个方程，可联立求解得结点电压 U_1、U_2、U_3。

2. 解题步骤

（1）任意选择一个结点为参考结点，并同时标注其他各结点电压变量；

（2）根据 KCL 列各结点电流方程；

（3）联立求解各结点电压；

（4）用解得的各结点电压，分析求解电路中其他待求电量参数。

3. 结点电压法一般表达式

将式（2.4）进行整理得

$$\begin{aligned}
&\text{结点①}\quad \left(\frac{1}{R_3}+\frac{1}{R_2}+\frac{1}{R_1}\right)U_1-\frac{1}{R_2}U_2-\frac{1}{R_1}U_3=-\frac{1}{R_1}U_{S1}+\frac{1}{R_2}U_{S2}+\frac{1}{R_3}U_{S3}\\
&\text{结点②}\quad \left(\frac{1}{R_2}+\frac{1}{R_5}\right)U_2-\frac{1}{R_2}U_1=-I_S-\frac{1}{R_2}U_{S2}\\
&\text{结点③}\quad \left(\frac{1}{R_1}+\frac{1}{R_4}\right)U_3-\frac{1}{R_1}U_1=\frac{1}{R_1}U_{S1}+I_S-\frac{1}{R_4}U_{S4}
\end{aligned}\tag{2.5}$$

方程组（2.5）存在一定的规律，总结为结点电压法的一般表达式（2.6），即

$$\left.\begin{aligned}
&G_{11}U_1+G_{12}U_2\cdots\cdots+G_{1n}U_n=\sum_{\text{结点1}}GU_S+\sum_{\text{结点1}}I_S\\
&G_{21}U_1+G_{22}U_2\cdots\cdots+G_{2n}U_n=\sum_{\text{结点2}}GU_S+\sum_{\text{结点2}}I_S\\
&\cdots\cdots\cdots\cdots\\
&G_{n1}U_1+G_{n2}U_2\cdots\cdots+G_{nn}U_n=\sum_{\text{结点}n}GU_S+\sum_{\text{结点}n}I_S
\end{aligned}\right\}\tag{2.6}$$

以结点①的方程为例，对式（2.6）进行注释，其中

$\frac{1}{R_3}+\frac{1}{R_2}+\frac{1}{R_1}=G_{11}$——称结点①的自电导 G_{11}，它等于连接在结点①上的各支路电导之和，并且自电导取正。

$-\frac{1}{R_2}=G_{12}$——是主结点①与相邻结点②之间的互电导 G_{12}，它等于连接在结点①、②之间各支路电导之和，并且互电导取负。

同理，$-\frac{1}{R_1}=G_{13}$——是结点①、③之间的互电导 G_{13}。

$-\frac{1}{R_1}U_{S1}+\frac{1}{R_2}U_{S2}+\frac{1}{R_3}U_{S3}=I_{11}$——是结点①上各支路中的**电激流**之和（电激流是指含有电源的支路直接用短路线连接后在支路中产生的电流，如图 2.19 所示。并且电激流流入结点为

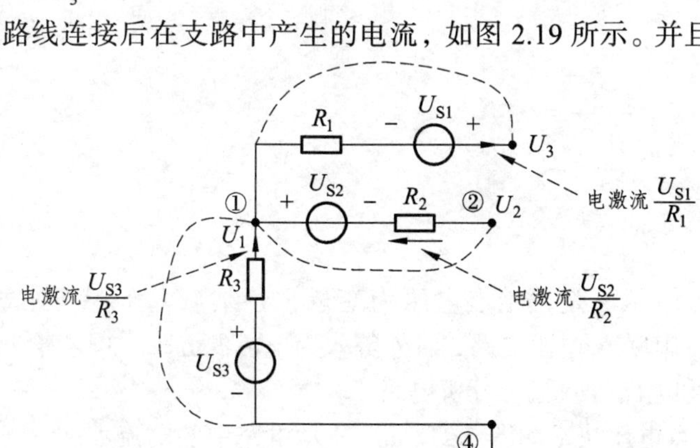

图 2.19　电激流分析电路

正，流出结点为负。如 $\frac{1}{R_2}U_{S2}$、$\frac{1}{R_3}U_{S3}$ 流入结点①，取正；$\frac{U_{S2}}{R_1}$ 流出结点①，取负）。

由此总结出写结点电压法方程的一般规律，即：方程式左边为结点电压乘以自电导加上相邻结点（相邻结点电压不包含参考点）的电压乘以互电导；方程式右边为结点的电激流之和（流入该结点的电激流取正，流出取负）。

所以方程组（2.5）可简写为一般表达式

$$\left.\begin{aligned} G_{11}U_1+G_{12}U_2+G_{13}U_3=I_{11} \\ G_{21}U_1+G_{22}U_2+G_{23}U_3=I_{22} \\ G_{31}U_1+G_{32}U_2+G_{33}U_3=I_{33} \end{aligned}\right\} \tag{2.7}$$

当电路中不含受控源时，方程组（2.7）中 $G_{12}=G_{21}$，$G_{13}=G_{31}$，$G_{23}=G_{32}$。

二、例 题

例 2.6 在图 2.20 所示电路中，已知电压源 $U_S = 36\ \text{V}$，电流源 $I_{S1} = 5\ \text{A}$，$I_{S2} = 2\ \text{A}$，电阻 $R_1 = 6\ \Omega$，$R_2 = 12\ \Omega$，$R_3 = 8\ \Omega$。试用结点电压法计算电压 U_A 和电流 I_1、I_2。

分析：① 在图 2.20 中只有一个结点变量 U_A，有四条支路，其中有两条支路电流为已知 I_{S1}、I_{S2}。② 另两条支路电流为 $I_1=\frac{U_A-U_S}{R_1}$、$I_2=\frac{U_A}{R_2}$。

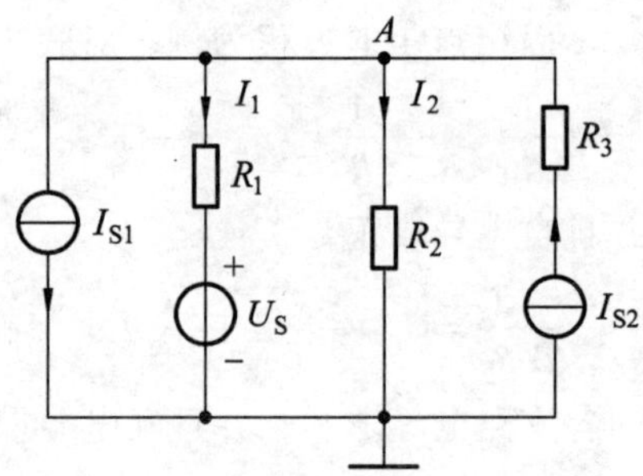

图 2.20 例 2.6 图

解 列结点 A 的 KCL 方程

$$I_{S1}+\frac{U_A-U_S}{R_1}+\frac{U_A}{R_2}-I_{S2}=0$$

解得

$$U_A=\frac{\frac{U_S}{R_1}-I_{S1}+I_{S2}}{\frac{1}{R_1}+\frac{1}{R_2}}=12\ \text{V}$$

则电流 I_1、I_2 为

$$I_1=\frac{U_A-U_S}{R_1}=-4\ \text{A}$$

$$I_2=\frac{U_A}{R_2}=1\ \text{A}$$

结论：（1）结点电压法是以结点电压为变量，各结点电压相互独立，彼此没有约束关系；（2）电流源 I_{S2} 串联 R_3 电阻支路，对外等效为电流源 I_{S2}；（3）综合运用元件伏安特性、电路的 KVL、KCL 和电路等效概念分析电路。

例 2.7 试用结点电压法求如图 2.21（a）所示电路中的电流 I。

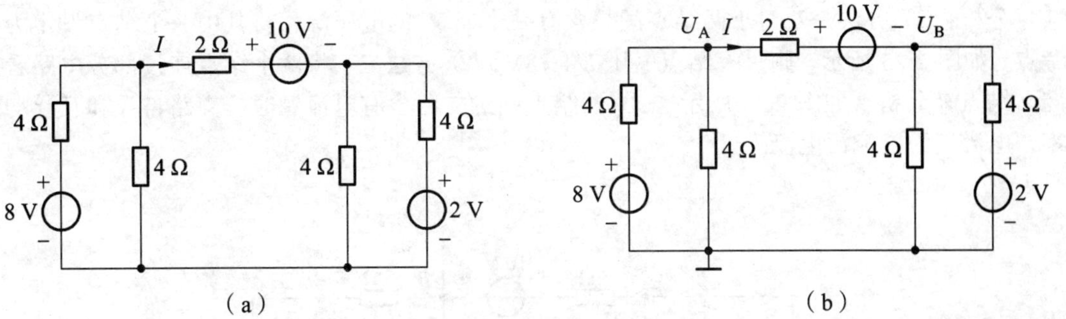

图 2.21　例 2.7 图

分析：图 2.21（a）中有 3 个节点，用式（2.6）解题步骤：① 在图中设参考点和结点电压 U_A、U_B，如图 2.21（b）所示；② 用式（2.6）列方程式（2.8）、式（2.9）；③ 解联立方程及待求电流 I。

解

图 2.21（b）中 A 结点的 KCL 方程为

$$\left(\frac{1}{4}+\frac{1}{4}+\frac{1}{2}\right)U_A-\frac{1}{2}U_B=\left(\frac{8}{4}+\frac{10}{2}\right)\text{A} \tag{2.8}$$

图 2.21（b）中 B 结点的 KCL 方程为

$$\left(\frac{1}{4}+\frac{1}{4}+\frac{1}{2}\right)U_B-\frac{1}{2}U_A=\left(-\frac{10}{2}+\frac{2}{4}\right)\text{A} \tag{2.9}$$

解联立式（2.8）和式（2.9），得

$$\begin{cases}U_A\approx 6.33\text{ V}\\U_B\approx -1.33\text{ V}\end{cases}$$

则电流为

$$I=\frac{U_{AB}-10\text{ V}}{2\,\Omega}\approx -1.17\text{ A}$$

结论：用式（2.6）解题时，需要注意以下两点：

（1）对于含有恒流源的支路，无论是自电导，还是互电导，均为零；

（2）两个结点之间只含有电压源，因电压源的电流是由外电路决定的，其所在支路的电激流不能按照上述规律写出。另外，此电压源支路在自电导和互电导中均不出现。

例 2.8　试用节点电压法求解图 2.22 所示电路中的电流 I 及电压 U。

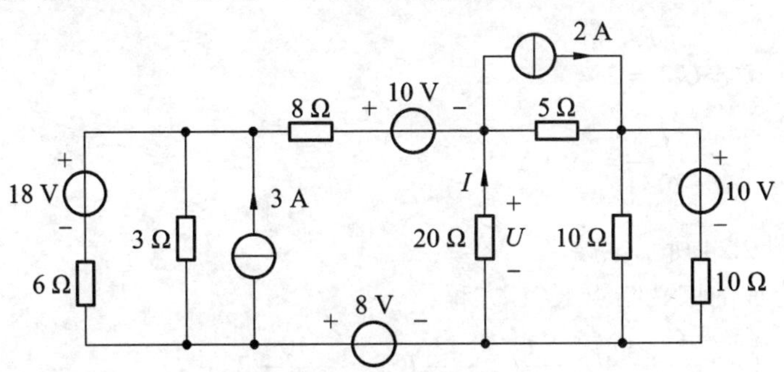

图 2.22　例 2.8 图

分析：① 方法一：对于两结点间只含有一个 8 V 的电压源，将其中一个结点设定为参考点，如图 2.23 所示，则另一结点电压 $U_D = 8V$；② 方法二：将两个结点连接部分电路看作广义结点来分析，如图 2.24 所示。③ 两结点间的支路含有电流源时，支路自导和互导均为零，电激流为电流源电流。

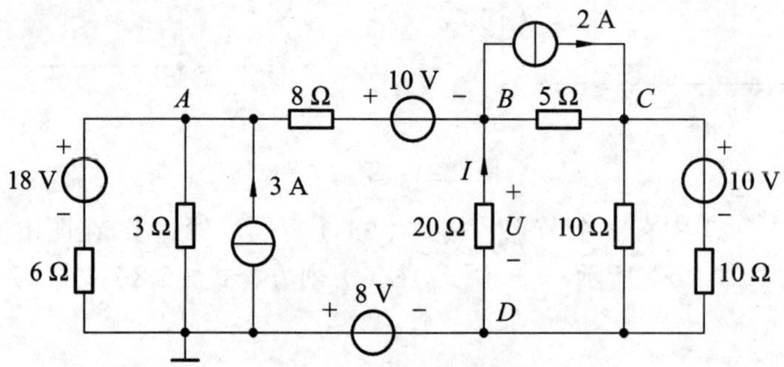

图 2.23　例 2.8 求解电路

解

方法一：解图 2.23 所示电路。

$$U_D = -8\text{ V}$$

列 KCL 方程：

结点 A　$$\left(\frac{1}{6}+\frac{1}{3}+\frac{1}{8}\right)U_A-\frac{1}{8}U_B=\frac{18}{6}\text{ A}+3\text{ A}+\frac{10}{8}\text{ A}$$

结点 B　$$\left(\frac{1}{8}+\frac{1}{20}+\frac{1}{5}\right)U_B-\frac{1}{8}U_A-\frac{1}{5}U_C=-\frac{10}{8}\text{ A}-2\text{ A}$$

结点 C　$$\left(\frac{1}{5}+\frac{1}{10}+\frac{1}{10}\right)U_C-\frac{1}{5}U_B-\left(\frac{1}{10}+\frac{1}{10}\right)U_D=2\text{ A}+\frac{10}{10}\text{ A}$$

解联立方程组求解得

$$\begin{cases} U_A = 10.4\text{ V} \\ U_B = -6\text{ V} \\ U_C = 0.5\text{ V} \\ U_D = -8\text{ V} \end{cases}$$

则

$$U = U_{BD} = 2\text{ V}$$

$$I = -\frac{U}{20\,\Omega} = -0.1\text{ A}$$

方法二：解图 2.24 所示电路。

列结点 A、D 组合成的广义结点 KCL 方程：

结点 B　$$\left(\frac{1}{8}+\frac{1}{20}+\frac{1}{5}\right)U_B-\frac{1}{5}U_C-\frac{1}{20}U_D=\left(-\frac{10}{8}-2\right)\text{A}$$

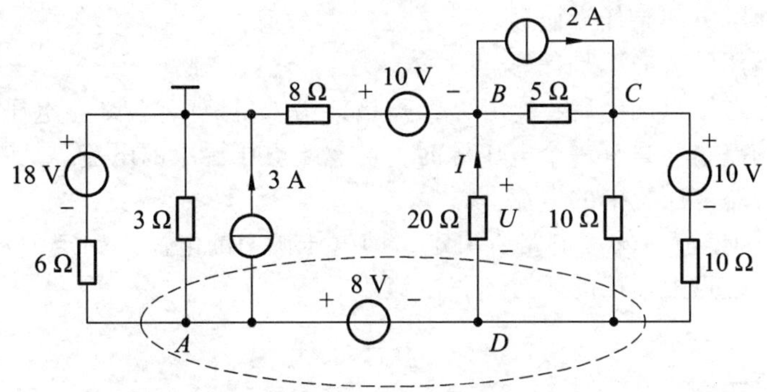

图 2.24　例 2.8 求解电路

结点 C　　$\left(\frac{1}{5}+\frac{1}{10}+\frac{1}{10}\right)U_C-\frac{1}{5}U_B-\left(\frac{1}{10}+\frac{1}{10}\right)U_D=\left(2+\frac{10}{10}\right)\text{A}$

广义结点

$$\left(\frac{1}{3}+\frac{1}{6}\right)U_A+\left(\frac{1}{20}+\frac{1}{10}+\frac{1}{10}\right)U_D-\frac{1}{20}U_B-\left(\frac{1}{10}+\frac{1}{10}\right)U_C=\left(-3-\frac{18}{6}-\frac{10}{10}\right)\text{A}$$

辅助方程

$$U_A-U_D=8\ \text{V}$$

联立求解得

$$\begin{cases}U_A=-10.4\ \text{V}\\U_B=-16.4\ \text{V}\\U_C=-9.9\ \text{V}\\U_D=-11.9\ \text{V}\end{cases}$$

则

$$U=U_C-U_D=2\ \text{V}$$

$$I=-\frac{U}{20\Omega}=-\frac{2}{20}\text{A}=-0.1\ \text{A}$$

结论：列广义结点的 KCL 方程规律是，① 等式左端：广义结点中节点电压（如结点 A、D）乘以各自与外结点间的自导取正，与广义结点相邻（如结点 B、C）的各结点电压乘以各自与广义结点的互导取负；② 等式右端：广义结点中的结点（如节点 A、D）与其余结点（如参考点、结点 B、结点 C）间的**电激流**之和。

三、常见问题讨论

（1）电路中各支路电流为结点电压法的变量。

解答：错。

结点电压法是以结点电压为变量，列各结点的 KCL 电流方程。

（2）结点电压的方向是任意假设的。

解答：结点电压的方向不是任意假设的。

当电路中的参考结点确定后，则参考结点极性为"负极"，各结点电压为"正极"。

（3）当两个结点之间只有一个电压源时，可忽略电压源中的电流。

解答：不能忽略电压源中的电流。

① 电压源中的电流由外接电路所决定，即电压源中的电流不一定为零；② 结点 KCL 电流方程，包含了结点上连接的所有支路电流。

四、特别提示

结点电压法解题的变量为"结点电压"，解题方程为结点的 KCL 电流方程。

第四节　叠加定理

一、叠加定理基本概念

叠加定理反映了线性电路的基本特性。根据线性电路的特性（即叠加性、齐次性），可将一个含有 n 个理想电源的复杂电路等效为 n 个简单电路的叠加，即将复杂电路的分析转变为简单电路的分析求解。

1. 叠加定理

叠加定理：在有多个独立电源同时作用的线性电路中，任一支路中的响应电流（或电压）等于电路中各个独立电源单独作用时在该支路产生的电流（或电压）的叠加。

在分析电路时，应注意以下几点：

（1）叠加定理只适用于线性电路，不适用于非线性电路。

（2）"独立电源单独作用"的含义是将其他"不作用"的独立电源置为零值。

置独立电压源为零时用"短路线"等效替代；置独立电流源为零时用"开路"等效替代，电路中其他元件和电路结构均保持不变。

例如，图 2.25（b）是图 2.25（a）中的电压源 U_S 单独作用的电路图，电流源 $I_S=0$，用开路等效代替；图 2.25（c）是图 2.25（a）中的电流源 I_S 单独作用的电路图，电压源 $U_S=0$，用短路等效代替。

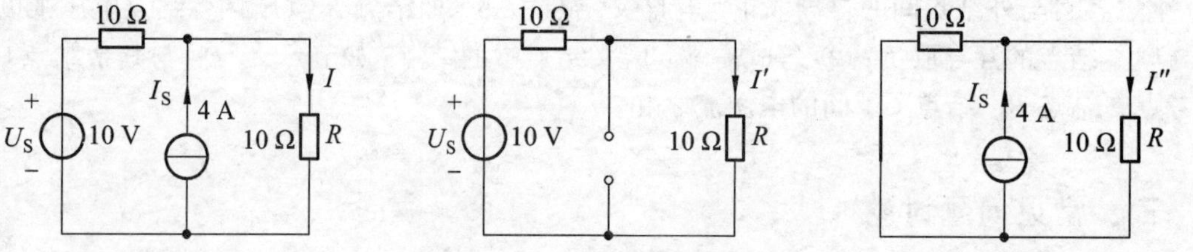

（a）求解电路　　（b）电压源单独作用电路图　　（c）电流源单独作用电路图

图 2.25　叠加定理分析电路图

（3）叠加定理只对线性电路的电流和电压变量成立。功率计算不能使用叠加定理，因为功率不是电压或电流的一次函数。

例如，图 2.25（a）电路中通过电阻的电流 I 可用叠加定理分析计算。

直接分析图 2.25（a）电路电流 I 为

$$I=\left(\frac{10\ \text{V}}{10\ \Omega}+4\ \text{A}\right)\cdot\frac{1}{2}=2.5\ \text{A}$$

用叠加定理分析叠加图 2.30（b）得

$$I'=\frac{U_{\text{S}}}{20\ \Omega}=0.5\ \text{A}$$

叠加图 2.25（c）得

$$I''=2\ \text{A}$$

则叠加得

$$I=I'+I''=2.5\ \text{A}$$

叠加定理分析结果与图 2.25（a）直接求解结果相等，但功率就不同了。

直接计算图 2.25（a）电阻 R 消耗的功率为

$$P=RI^2=62.5\ \text{W} \tag{2.10}$$

叠加定理计算电阻 R 消耗的功率，图 2.25（b）功率为

$$P'=RI'^2=(10\times0.5^2)\ \text{W}=2.5\ \text{W}$$

图 2.25（c）功率为

$$P''=RI''^2=(10\times2^2)\ \text{W}=40\ \text{W}$$

功率叠加为

$$P=P'+P''=42.5\ \text{W} \tag{2.11}$$

可见式（2.10）与式（2.11）功率不相等，即功率不能用叠加定理分析计算。

（4）对含有受控源的电路，受控源不能单独作用于电路，也不能置为零值。受控源应保留在各叠加电路中。

2. 解题步骤

（1）画出各个独立电源单独作用时的叠加电路图。

（2）计算各叠加电路图中待求变量。

（3）叠加。

叠加定理例题

二、例　题

例 2.9　试用叠加定理求解图 2.26 所示电路中的电流 I。

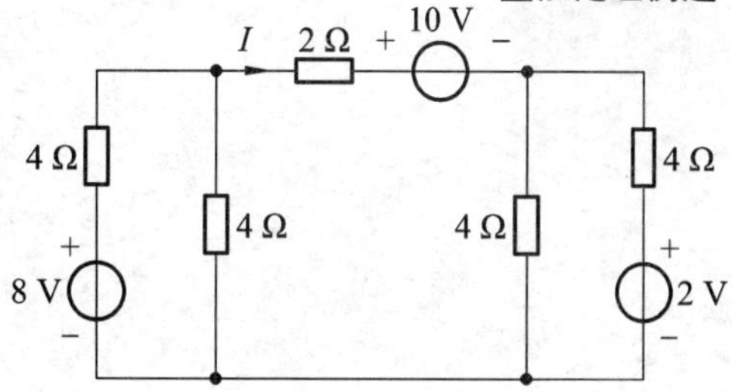

图 2.26　例 2.9 图

分析：图 2.26 所示电路共有 3 个独立电压源，

可先计算每个独立电压源单独作用时的电流，然后叠加。注意：不作用的独立电压源“置零”用“短路”等效替换。

解 （1）画叠加电路图。

画出各个独立电源单独作用时的叠加电路图，如图 2.27 所示。

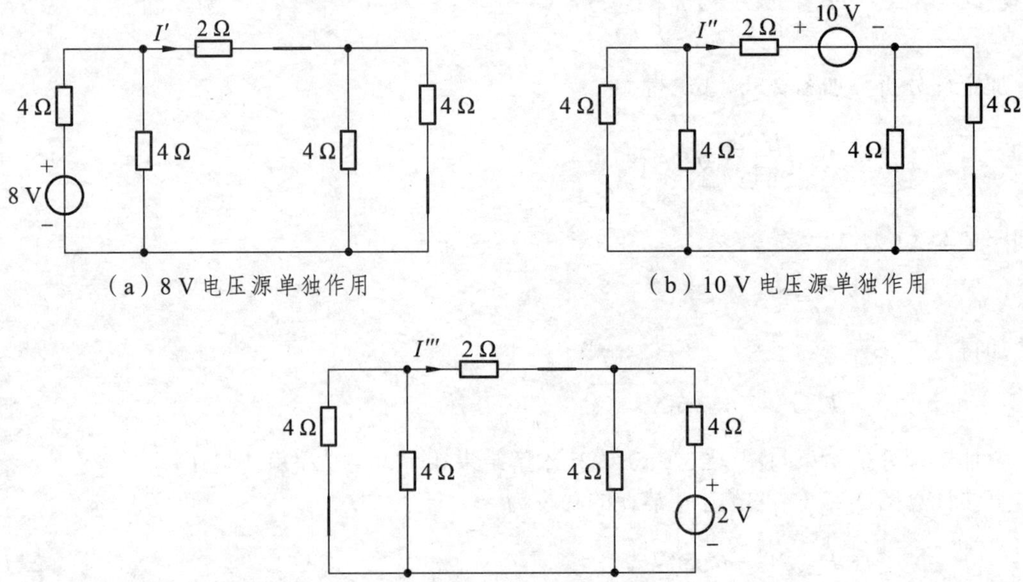

（a）8 V 电压源单独作用

（b）10 V 电压源单独作用

（c）2 V 电压源单独作用

图 2.27 例 2.9 叠加图

（2）计算各叠加电路图。

用等效变换法解图 2.27（a）得图 2.28，解得

$$I' = \left[\frac{4}{2+2+2}\right]\text{A} \approx 0.67\ \text{A}$$

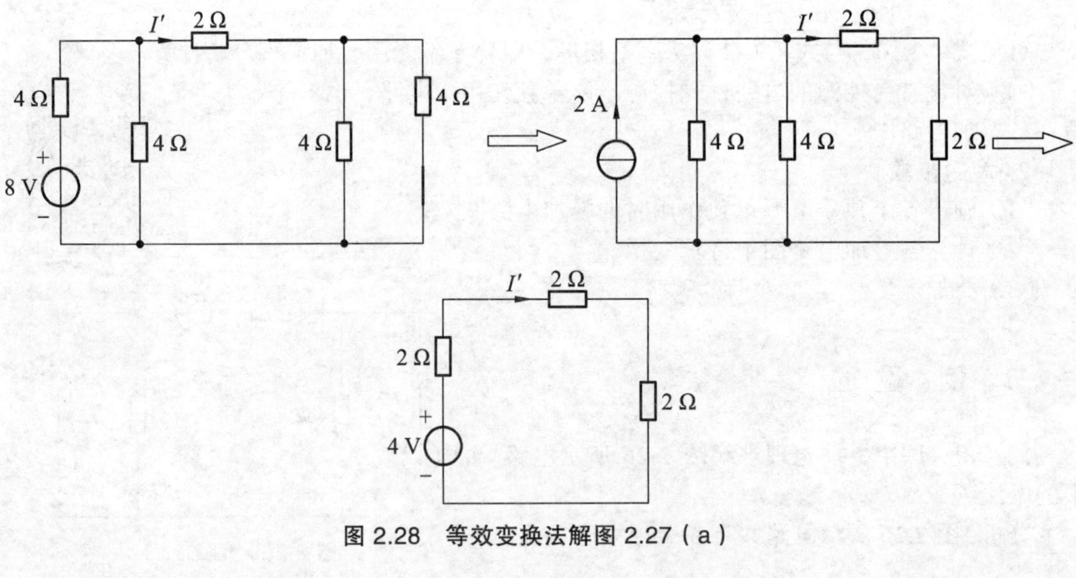

图 2.28 等效变换法解图 2.27（a）

解图 2.27（b）得

$$I''=-\frac{10}{2+4/\!/4+4/\!/4}\text{ A}\approx -1.67\text{ A}$$

用等效变换法解图 2.27（c）得图 2.29，解得

$$I'''=\left[-\frac{2\times 0.5}{2+2+2}\right]\text{A}\approx -0.167\text{ A}$$

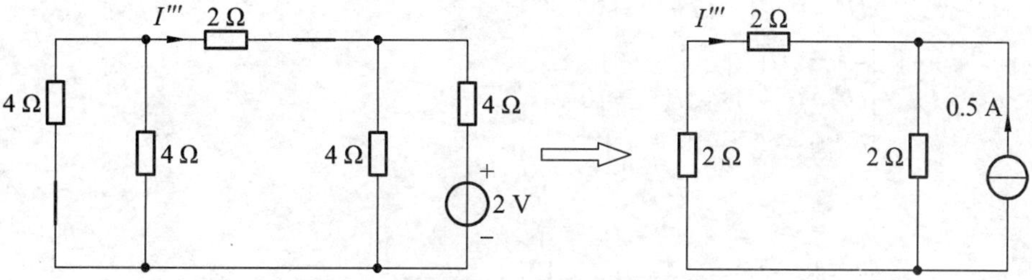

图 2.29　等效变换法求解图 2.27（c）

（3）叠加。

$$I=I'+I''+I'''\approx -1.167\text{ A}$$

结论：叠加时注意各叠加分量的参考方向与原电路中待求量参考方向是否一致，如不一致，则叠加时在分量前加负号。例如，本题中叠加分量 I'、I'' 和 I''' 的参考方向与原电路中待求量 I 参考方向相同，叠加时各分量 I'、I'' 和 I''' 前为正。

例 2.10　电路如图 2.30 所示，试用叠加定理求电压 U_1、U_2、U_3、U_4。

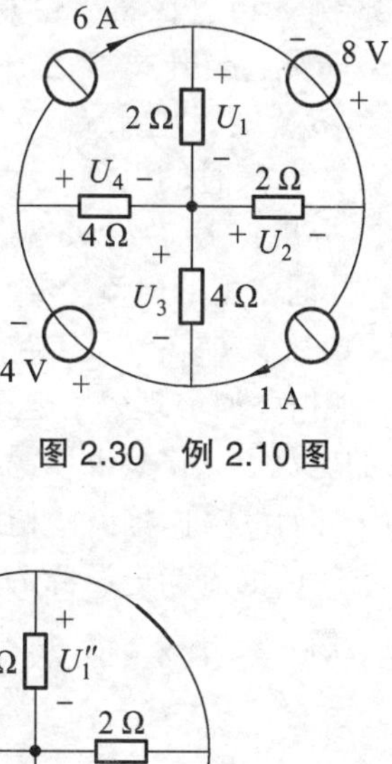

图 2.30　例 2.10 图

分析：① 图 2.30 电路中有 2 个电压源和 2 个电流源，可以分别作 2 个电流源作用和 2 个电压源作用的叠加电路图，如图 2.31 所示。② 由于图 2.31（a）电路中电流源用"开路"等效替代，2 个电压源分别构成两个独立回路。③ 由于图 2.31（b）电路中电压源用"短路"等效替代，得 $U_1''=-U_2''$，$U_3''=-U_4''$。

解　（1）画叠加图，如图 2.31 所示。

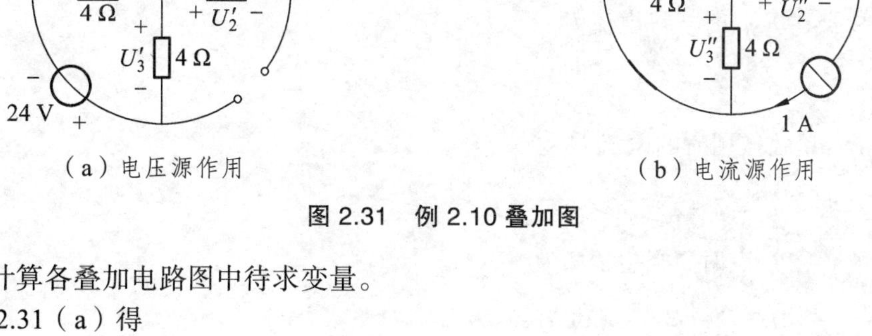

（a）电压源作用　　（b）电流源作用

图 2.31　例 2.10 叠加图

（2）计算各叠加电路图中待求变量。

解图 2.31（a）得

$$\begin{cases} U_1' = U_2' = -\dfrac{8\ \text{V}}{(2+2)\ \Omega} \times 2\ \Omega = -4\ \text{V} \\ U_3' = U_4' = -\dfrac{24\ \text{V}}{(4+4)\ \Omega} \times 4\ \Omega = -12\ \text{V} \end{cases}$$

解图 2.31（b）得

$$\begin{cases} U_1'' = (6-1)\times(2/\!/2) = 5\ \text{V} \\ U_2'' = -U_1'' = -5\ \text{V} \\ U_3'' = (6-1)\times(4/\!/4) = 10\ \text{V} \\ U_4'' = -U_3'' = -10\ \text{V} \end{cases}$$

（3）叠加。

$$U_1 = U_1' + U_1'' = (-4+5)\ \text{V} = 1\ \text{V}$$
$$U_2 = U_2' + U_2'' = (-4-5)\ \text{V} = -9\ \text{V}$$
$$U_3 = U_3' + U_3'' = (-12+10)\ \text{V} = -2\ \text{V}$$
$$U_4 = U_4' + U_4'' = (-12-10)\ \text{V} = -22\ \text{V}$$

结论：用叠加定理解题时，可根据电路的结构进行电源分组叠加。合理的分组将使解题过程更加简单。

例 2.11 在图 2.32 所示电路中，已知：电压源 $U_{S3} = U_{S4}$，当开关 S 合在 A 点时，电流 $I = 2$ A；S 合在 B 点时，电流 $I = -2$ A。试用叠加定理求开关 S 合在 C 点时的电流 I。

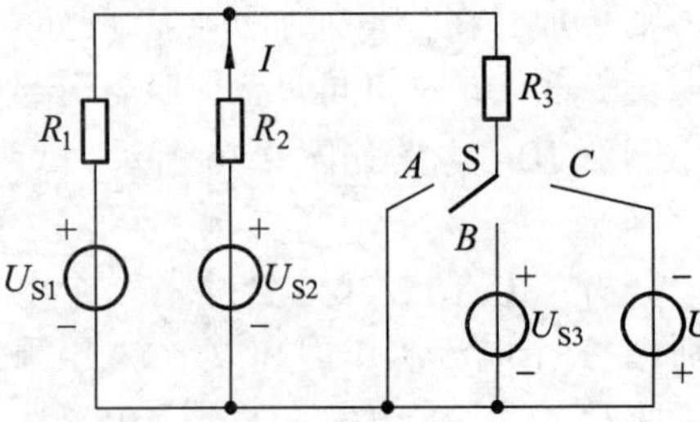

图 2.32 例 2.11 图

分析：① 当开关 S 合在 A 点时，电压源 U_{S1}、U_{S2} 共同作用的电流 $I' = 2$ A；② 当开关 S 合在 B 点时，电压源 U_{S1}、U_{S2}、U_{S3} 共同作用的电流 $I'' = -2$ A；③ 根据叠加定理，用电压源 U_{S1}、U_{S2}、U_{S3} 共同作用的电流 I'' 减去电压源 U_{S1}、U_{S2} 共同作用的电流 I'，得到电压源 U_{S3} 单独作用的电流，即 $I''' = I'' - I'$；④ 因 $U_{S3} = U_{S4}$，但电压源 U_{S4} 与 U_{S3} 的电路连接极性相反，因此，电压源 U_{S4} 单独作用电流为 $-I'''$；⑤ 解得开关 S 闭合在 C 点时的电流为电压源 U_{S1}、U_{S2} 、U_{S4} 共同作用的电流 $I = I' + (-I''')$。

解 当开关 S 合在 A 点时，得电流 I'：

$$I' = 2\ \text{A}$$

当开关 S 合在 B 点时，得电流 I''：

$$I'' = -2\ \text{A}$$

电压源 U_{S3} 单独作用时的电流 I'''：

$$I''' = I'' - I' = -2 - 2 = -4\ \text{A}$$

当开关 S 合在 C 点时，得电流 I 为

$$I = I' + (-I''') = (2+4)\ \text{A} = 6\ \text{A}$$

结论：在线性电路中，当已知电源单独作用下各支路电流 I_k 或电压 U_k 时，如保持电源大小不变，而改变其电源的方向，则可得改变电源方向后各支路电流或电压为 $-I_k$、$-U_k$。

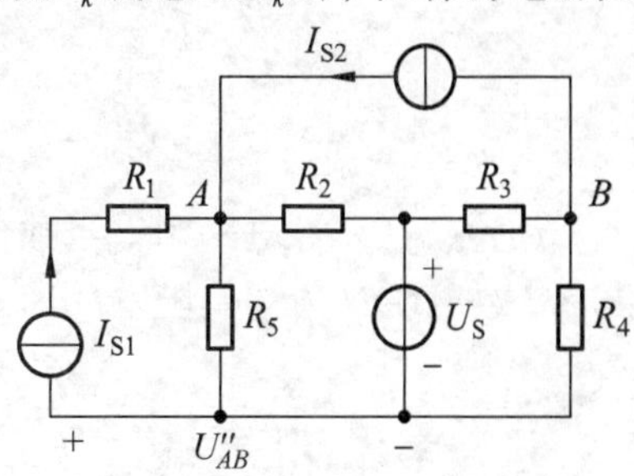

图 2.33 例 2.12 图

例 2.12 在图 2.33 所示电路中，已知电流源 $I_{S1}=3\text{ A}$，$I_{S2}=0.15\text{ A}$，电阻 $R_2=R_4=5\,\Omega$，$R_1=R_3=R_5=10\,\Omega$。试用叠加定理求：（1）当电压源 $U_S=9\text{ V}$ 时，电压 U_{AB} 是多少？（2）当电压源 $U_S=-9\text{ V}$ 时，电压 U_{AB} 又是多少？

分析：① 作电路的叠加图，如图 2.34 所示。② 分别计算电压 U'_{AB}、U''_{AB}、U'''_{AB}。③叠加。

解 作叠加图，如图 2.34 所示。

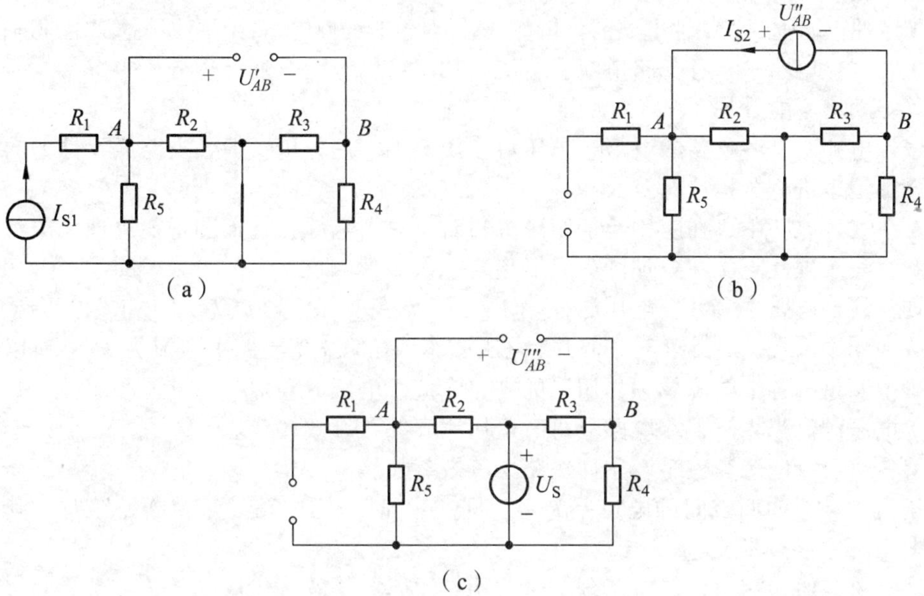

图 2.34 例 2.12 题的叠加图

解图 2.34（a）电路，即

$$U'_{AB}=(R_2 // R_5)I_{S1}=\left(\frac{5\times10}{5+10}\times3\right)\text{V}=10\text{ V}$$

解图 2.34（b）电路，即

$$U''_{AB}=[(R_2 // R_5)+(R_3 // R_4)]\times I_{S2}=\left(\frac{5\times10}{5+10}+\frac{10\times5}{10+5}\right)\Omega\times0.15\text{ A}=1\text{ V}$$

解图 2.34（c）电路，即

$$U'''_{AB}=\frac{R_3}{R_3+R_4}\times U_S-\frac{R_2}{R_2+R_5}\times U_S=\left(\frac{10}{10+5}-\frac{5}{5+10}\right)\times U_S=\frac{1}{3}U_S$$

当 $U_S=9\text{ V}$ 时

$$U'''_{AB}=3\text{V}$$
$$U_{AB}=U'_{AB}+U''_{AB}+U'''_{AB}=(10+1+3)\text{ V}=14\text{ V}$$

当 $U_S = -9$ V 时

$$U'''_{AB} = -3\text{ V}$$
$$U_{AB} = U'_{AB} + U''_{AB} + U'''_{AB} = (10+1-3)\text{ V} = 8\text{ V}$$

结论：在线性电路中，当独作用的电压源极性（电流源流向）反向时，其求得的某支路电流 I 或电压 U 方向也随着反向。

三、常见问题讨论

（1）叠加定理对分析的电路没有限制条件。

解答：错。

叠加定理仅能应用于线性电路的分析与计算。对于非线性电路，则不应用叠加定理进行分析。

（2）在线性电路中，各支路电流、电压、功率可以应用叠加定理分析求解。

解答：功率不能叠加。

在线性电路中，各支路的电流、电压可应用叠加定理分析，但各支路或元件上的功率不能应用叠加定理进行分析计算。

（3）在线性电路中，在应用叠加定理分析时，每个电源在叠加图中能出现几次？

解答：每个独立电源在叠加图中只能出现一次。

例如，线性电路中有一个电压源 U_S 作用在第 k 条支路上电流为 I_k。如果电压源 U_S 分别在两个叠加图中出现，则相当于一个 $2U_S$ 电压源作用在第 k 条支路上电流为 $2I_k$。所以叠加定理中明确说明是“各个电源单独作用”的支路电流、电压的叠加。

（4）电压源值为零时，在电路分析时可用“开路”等效替代。

解答：错。电压源为零时，用“短路”等效替代。

电压为零，说明两点间的电位差为零，即“短路”。当电路处于“断路”时，其电流为零，但电压不一定为零。

（5）电流源值为零时，在电路分析时可用“短路”等效替代。

解答：错。电流源为零时，用“开路”等效替代。

支路电流为零，说明该支路中没有电流，即支路“开路”。而当支路处于“短路”时，其“短路”时两点间的电压为零，但电流不一定为零。

四、特别提示

画叠加图时，注意待求电量的参考方向，尽可能的与源电路中待求电量参考方向一致。

第五节　戴维南定理与诺顿定理

在分析电路时，常常关注电路中某条支路的电量大小（或某部分电路的电量大小）。

例如，图 2.35（a）中电流 I 为本电路的求解电量，其分析方法可用前面所学的“等效变换法”“支路电流法”“节点电压法”和“叠加定理”。每种解题方法都从不同的角度来讨论分析其电量，而戴维南定理和诺顿定理则将电路划分为两部分组成：一部分电路是含有待求量的电路，常称为“外电路”；另一部分电路是可简化变换的电路，常用“**网络** N_S”表示。如图 2.35（b）所示，则图 2.35（a）可视为由“网络 N_S”和“外电路”组成。

在戴维南定理讨论中常用到以下一些术语：

（1）二端网络 N：对外具有两个端钮的网络称为“二端网络”，也可称为“单口网络”或“一端口网络”。图 2.35（c）电路称为二端网络。

（2）有源二端网络 N_S：含有理想电源的二端网络称为“有源二端网络”，常用 N_S 表示。图 2.35（c）电路中含有电压源和电流源，所以图 2.35（c）称为有源二端网络。

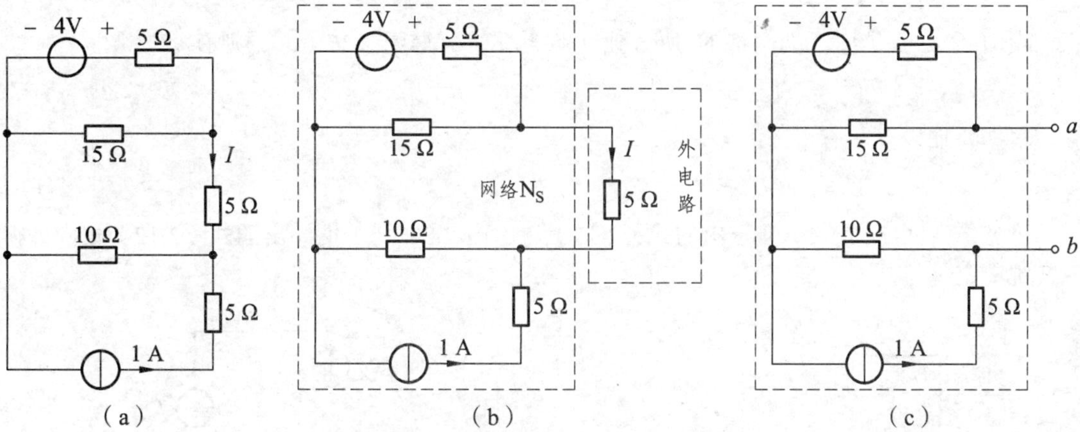

图 2.35 “有源网络 N_S”与“外电路”

（3）无源二端网络 N_0：如果二端网络中不含有理想电源，则这种电路称为无源二端网络，常用 N_0 表示。

一、戴维南定理

1. 定　理

戴维南定理　任何一个线性有源二端网络 N_S[如图 2.36（a）所示]，对外电路来说，总可以用一个电压源和电阻串联组合等效代替[如图 2.36（b）所示]，该电压源等于二端网络 N_S 的开路电压[如图 2.36（c）所示]，电阻等于二端网络 N_S 中全部独立电源置零后的无源二端网络 N_0 端口处的输入电阻[如图 2.36（d）所示]。

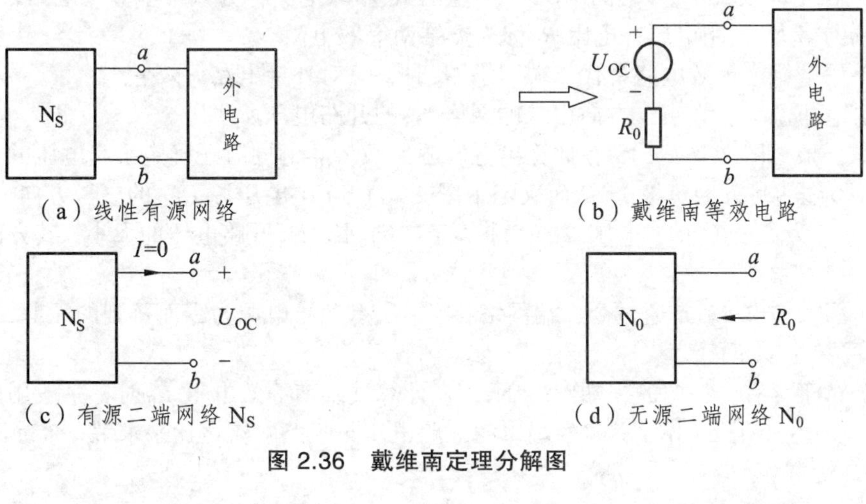

图 2.36　戴维南定理分解图

下面通过证明图 2.37（a）与图 2.37（b）对于外接电流源 I_S 上的电压 U 是等效的，从而证明戴维南定理。

根据图 2.37（b）所示电路，有

$$U = U_{OC} + R_0 I_S \tag{2.12}$$

当图 2.37（a）中电流源 I_S 为零时，得图 2.37（c），相当于线性有源二端网络 N_S 端口开路，得到开路电压 U_{OC}，有

$$U' = U_{OC}$$

当图 2.37（a）中二端网络 N_S 所含独立源为零时，得图 2.37（d），则有

$$U'' = R_0 I_S$$

根据叠加定理，有

$$U = U' + U'' = U_{OC} + R_0 I_S \tag{2.13}$$

可见，由图 2.37（a）推导出的式（2.13）与由图 2.37（b）推导出的式（2.12）相同，得证戴维南定理。

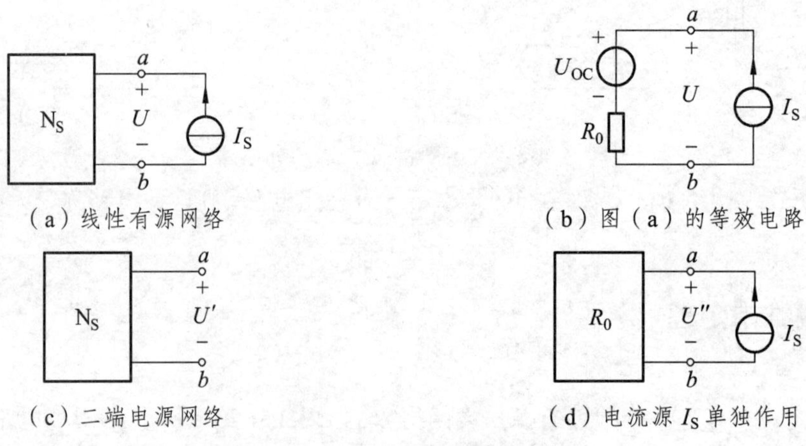

图 2.37　证明戴维南定理

2. 戴维南定理应用注意事项

（1）在图 2.36（b）中，电压源 U_{OC} 与电阻 R_0 串联电路称为戴维南等效电路，其电压 U_{OC} 称为二端网络 N_S 开路电压；电阻 R_0 称为戴维南等效电阻。

（2）用戴维南等效电路替代二端网络 N_S 时，只对外接电路等效。

（3）电压源 U_{OC} 大小、方向由二端网络 N_S 的开路电压所决定。

例如，根据图 2.36（c），在计算出电压源参数 U_{OC} 的同时还确定了其电压的正、负极性（图示：a 为正极，b 为负极），从而决定了图 2.36（b）中电压源 U_{OC} 的参考方向（注意仍是：a 为正极，b 为负极）。即：电压源的大小等于二端网络 N_S 开路电压的大小，其方向与开路电压方向保持一致。

（4）图 2.36（d）是通过令二端网络 N_S 中所有独立电源为零而得到的无源二端网络 N_0（注意：受控电源不能置零）。

（5）对于含有受控源的二端网络 N_S，在计算戴维南等效电阻 R_0 时，一般用以下两种求解方法：方法一，用二端网络 N_S 的端口的开路电压与短路电流之比来求解（称为开-短路法）；

方法二，可在对应的无源二端网络 N_0 端口外加电源，用端口电压与端口电流之比来求解（称为外加电源法）。

方法一：开-短路法。

（1）由图 2.38（a）计算开路电压 U_{OC}；

（2）由图 2.38（b）计算短路电流 I_{SC}；

（3）计算戴维南等效电阻 R_0 为

$$R_0 = \frac{U_{OC}}{I_{SC}}$$

（a）开路电压 U_{OC}　　（b）短路电流 I_{SC}

图 2.38　用开-短路法计算等效电阻 R_0

方法二：外加电源法。

外加电源法可分外加电压源法和外加电流源法。

（1）图 2.39（a）为外加电压源 U_S；

（2）图 2.39（b）为外电流源 I_S；

（3）计算戴维南等效电阻 R_0 为

$$R_0 = \frac{U_S}{I_S}$$

（a）外加电压源法　　（b）外加电流源法

图 2.39　用外加电源法计算等效电阻 R_0

3. 解题步骤

（1）画求开路电压电路图，并求开路电压。

将“外电路”从待求解网络中移去，形成二端网络 N_S 电路图，计算二端网络 N_S 开路电压（注意：计算开路电压的方法不限）。

在电路分析中，“外电路”一般是指含有待求量的支路（或元件，或部分电路）。

（2）画求戴维南等效电阻电路图，并求等效电阻。

令二端网络 N_S 中所有独立电源为零（电压源为零用短路等效替换，电流源为零用开路等效替换），形成无源二端网络 N_0 电路图，计算戴维南等效电阻 R_0。

（3）画戴维南等效电路图，解待求电量。

由开路电压和等效电阻 R_0 得戴维南等效电路图，并与移去的“外电路”连接，分析计算电路中的待求量。

戴维南定理例题

4. 例　题

例 2.13　试用戴维南定理求如图 2.40（a）所示电路中的电流 I。

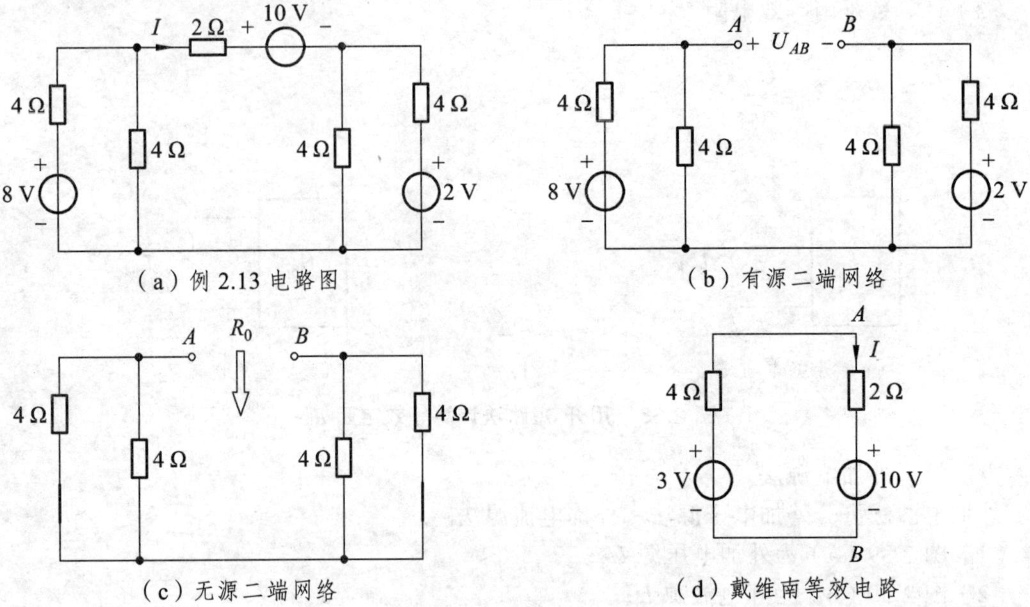

（a）例 2.13 电路图

（b）有源二端网络

（c）无源二端网络

（d）戴维南等效电路

图 2.40　例 2.13 图

分析：① 首先，根据待求量电流 I 确定“外电路”为 2 Ω电阻串联 10 V 电压源支路，即将“外电路”从图 2.40（a）中移去形成有源二端网络，计算如图 2.40（b）所示电路的开路电压 U_{AB}；② 令图 2.40（b）中所有电压源为零，即用“短路线”等效替代后形成无源网络，如图 2.40（c）所示，计算等效电阻 R_0；③ 将移去的支路与戴维南等效电路连接，如图 2.40（d）所示，解电流 I。

解　（1）求图 2.40（b）开路电压 U_{AB}。

$$U_{AB}=\left(\frac{4}{4+4}\times 8-\frac{4}{4+4}\times 2\right)\text{V}=3\text{ V}$$

（2）求图 2.40（c）等效电阻 R_0。

$$R_0=(4//4+4//4)\,\Omega=4\,\Omega$$

（3）求图 2.40（d）电流 I。

$$I=\frac{3-10}{4+2}\text{ A}\approx -1.167\text{ A}$$

结论：用戴维南定理分析电路时，注意：① 一般分为三步完成，即求开路电压、求等效电阻、戴维南等效电路计算待求量。② 正确画出解题三步中的三个电路图，即求开路电压的电路图、求等效电阻的电路图、戴维南等效电路计算待求量的电路图。③ 戴维南定理仅提供了分析求解电路的逻辑推理方式和解题步骤，三个电路图中各变量参数的计算方法，则与前面的各章节知识点有关。

例 2.14　试用戴维南定理求如图 2.41（a）所示电路中的电流 I。

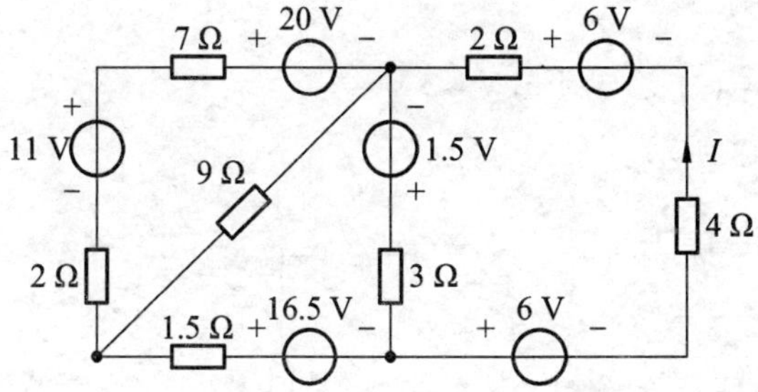

（a）例 2.14 电路图

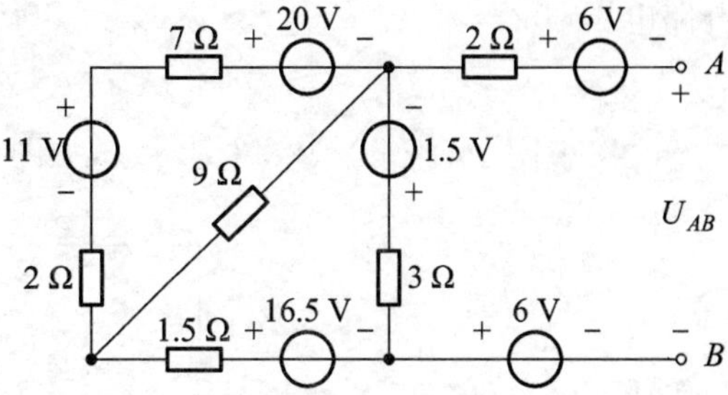

（b）有源二端网络

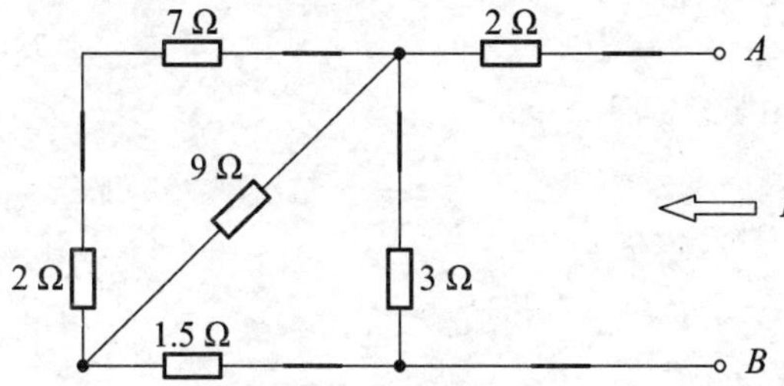

（c）无源二端网络

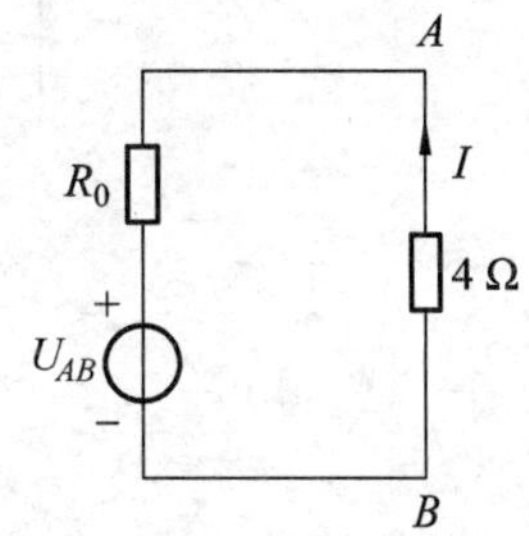

（d）戴维南等效电路

图 2.41　例 2.14 图

分析：首先画出求开路电压、求戴维南等效电阻和戴维南等效电路等三个电路图，再分别计算其电量。其三个电路图画法为：① 选择 4 Ω电阻为“外电路”，得到计算开路电压电路图 2.41（b）。② 设图 2.41（b）电路中所有电压源为零，得到计算戴维南等效电阻 R_0 的图 2.41（c）。③ 根据图 2.41（b）中开路电压的参考方向，确定戴维南等效电路中电压源 U_{AB} 的方向，如图 2.41（d）所示。

解　（1）解图 2.41（b）开路电压 U_{AB}

如图 2.42 所示，解

$$I'=\frac{(16.5-4.5+1.5)\ \text{V}}{(4.5+1.5+3)\ \Omega}=1.5\ \text{A}$$

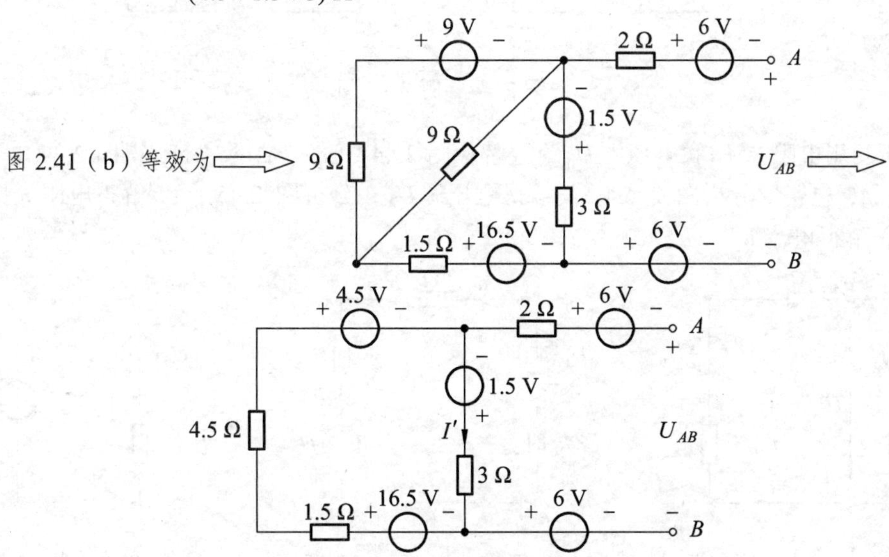

图 2.42　求开路电压 U_{AB}

开路电压

$$U_{AB} = -6\text{ V} - 1.5\text{ V} + 3I' + 6\text{ V} = (-1.5 + 3\times 1.5)\text{ V} = 3\text{ V}$$

（2）解图 2.41（c）等效电阻 R_0，如图 2.43 所示。

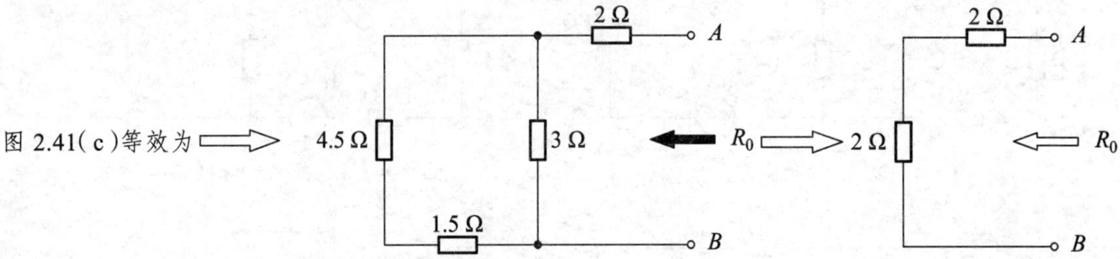

图 2.43　等效电阻分析图

$$R_0 = 2\ \Omega + 2\ \Omega = 4\ \Omega$$

（3）解图 2.41（d）电流 I。

$$I = -\frac{U_{AB}}{R_0 + 4} = \left(-\frac{3}{4+4}\right)\text{A} = -0.375\text{ A}$$

结论：戴维南定理提供了分析电路的方法，而具体电量的分析则是根据元件特性、KCL、KVL 和电路的基本分析方法。所以元件的串并联分析、电路的分析方法（如等效变换法、支路电流法、结点电压法、叠加定理等）是应用戴维南定理讨论电路的基础知识。

例 2.15　两个相同的线性有源二端网络 N，连接如图 2.44（a）时，电压 $U_1 = 10$ V，若连接如图 2.44（b）时，电流 $I_1 = 2$ A。试求连接如图 2.44（c）时的电流 I。

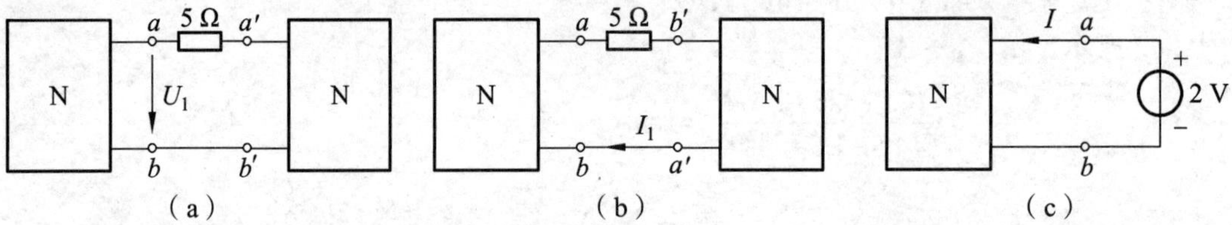

图 2.44　例 2.15 图

分析：用电阻 R_0 串联电压源 U_0 等效替代图 2.44 中的二端网络 N，得图 2.44 电路等效转变为图 2.45 电路。分析图 245（a）解得电压源 U_0；分析图 2.45（b）解得电阻 R_0；分析图 2.45（c）解得电流 I 。

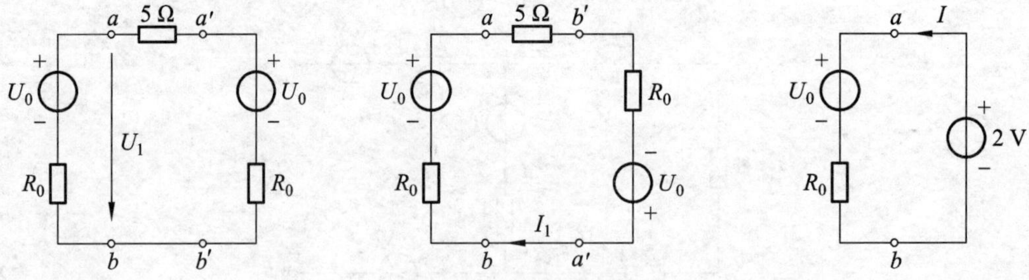

图 2.45　例 2.15 等效电路图

解 解图 2.45（a）得

$$U_0 = U_1 = 10\ \text{V}$$

解图 2.45（b）得

$$2U_0 = I_1(2R_0 + 5)$$

$$R_0 = \left(\frac{2U_0}{I_1} - 5\ \Omega\right)\times\frac{1}{2} = \left(\frac{2\times10}{2} - 5\right)\Omega\times\frac{1}{2} = 2.5\ \Omega$$

解图 2.45（c）得

$$I = \frac{2 - U_0}{R_0} = \frac{2-10}{2.5}\ \text{A} = -3.2\ \text{A}$$

结论：通过两个相同的未知线性二端网络 N 不同的连接与测量，可以得到线性二端网络 N 的等效电路，从而解答出线性二端网络 N 与外电路连接的相关电量。这是一种利用戴维南定理和测量手段，对一个未知线性二端网络 N 对外电路等效分析的方法。

例 2.16 电路如图 2.46 所示，已知电阻 $R_1 = 4\ \Omega$，$R_2 = 6\ \Omega$，$R_3 = 12\ \Omega$，$R = 16\ \Omega$。试用戴维南定理求电流 I。

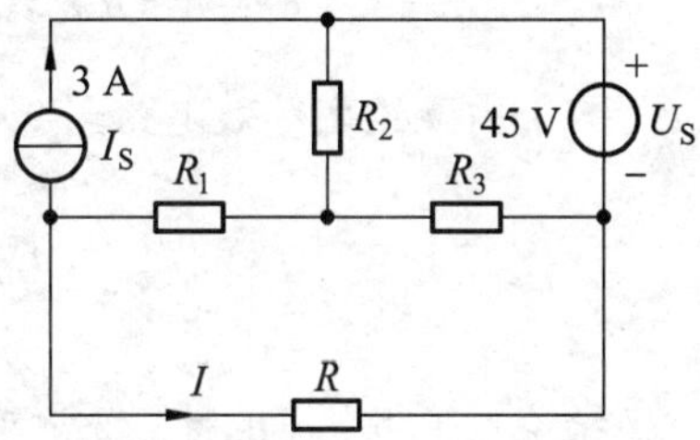

图 2.46 例 2.16 图

分析：① 画求开路电压的电路图，并用叠加定理计算开路电压 U_0，如图 2.47 所示。其中，电压源 U_S 为零，用“短路线”等效替代；电流源 I_S 为零，用“开路”等效替代。②画求等效电阻 R_0 的电路图，如图 2.48（a）所示。③ 画如图 2.48（b）所示戴维南等效电路图，求电流 I。

解 （1）求开路电压 U_0。

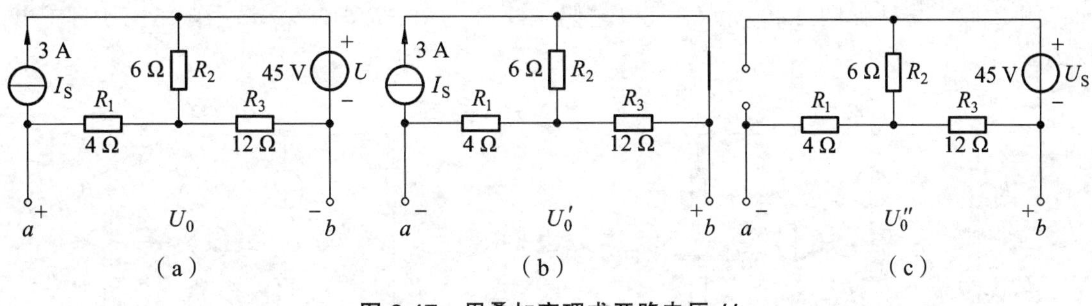

图 2.47 用叠加定理求开路电压 U_0

解如图 2.47（b）所示电路

$$U_0' = (R_2 /\!/ R_3 + R_1)I_S = \left[\left(\frac{6\times12}{6+12} + 4\right)\times3\right]\text{V} = 24\ \text{V}$$

解如图 2.47（c）所示电路

$$U_0'' = \frac{-U_S}{R_2 + R_3}\times R_3 = \left(\frac{-45}{6+12}\times12\right)\text{V} = -30\ \text{V}$$

叠加得

$$U_0 = -U_0' - U_0'' = (-24+30)\text{V} = 6\text{ V}$$

（2）求等效电阻 R_0。

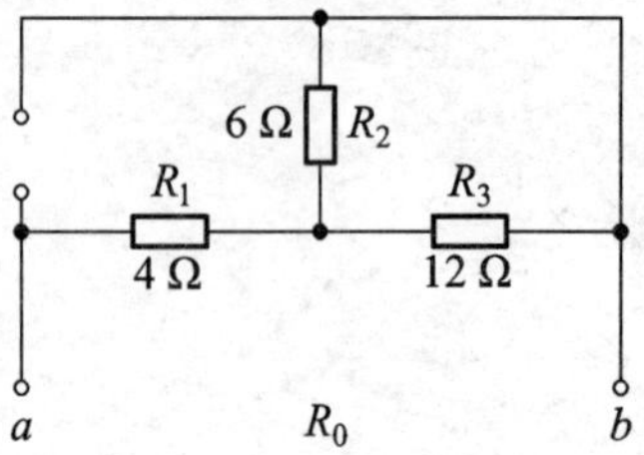

（a）

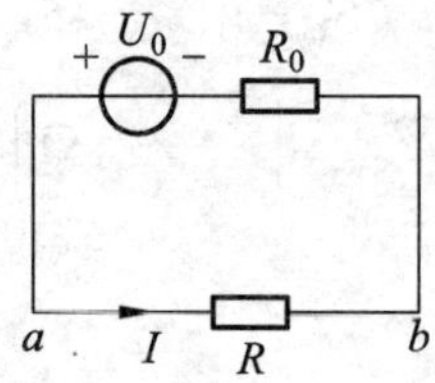

（b）

图 2.48 等效电阻和戴维南等效电路

由图 2.48（a）所示解得等效电阻 R_0 为

$$R_0 = R_1 + R_2 // R_3 = 8\ \Omega$$

（3）由戴维南等效电路图 2.48（b）求电流 I。

$$I = \frac{U_0}{R_0 + R} = 0.25\text{ A}$$

结论：开路电压的计算，常常要运用其他的电路分析方法，如叠加定理的应用。所以“戴维南定理”仅提供了一个解题的逻辑推理的方法，其开路电压、等效电阻等的分析计算，仍涉及前面所学的基本定律、基本定理、基本分析方法等知识。

例 2.17 电路如图 2.49 所示，已知电阻 $R_1 = R_2 = R_3 = R_4 = 2\ \Omega$。试用戴维南定理求电流 I_4。

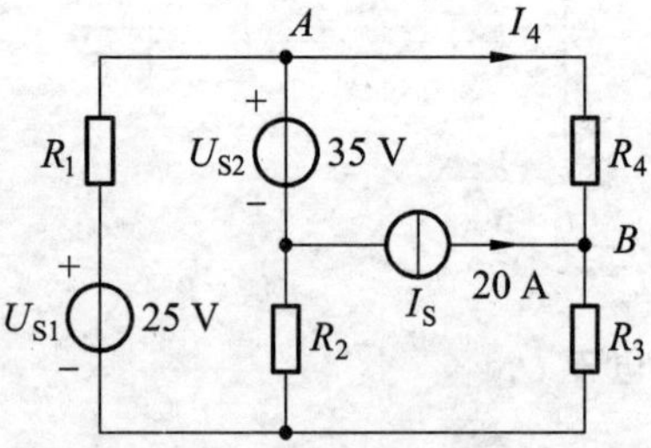

图 2.49 例 2.17 图

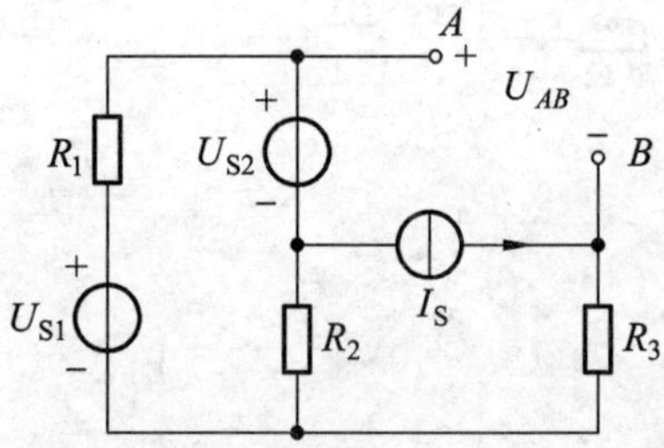

图 2.50 计算开路电压 U_{AB} 电路图

分析：① 画求开路电压的电路图，并分别用两种方法计算开路电压 U_{AB}，如图 2.50、图 2.51、图 2.52 所示。② 令电压源 U_{S} 为零，用“短路线”等效替代；令电流源 I_{S} 为零，用“开路”等效替代，画求等效电阻 R_0 的电路图，如图 2.53（a）所示。③ 画如图 2.53（b）所示戴维南等效电路图，求电流 I_4。

解 （1）求开路电压 U_{AB}。

方法一：叠加法，叠加电路如图 2.51 所示。

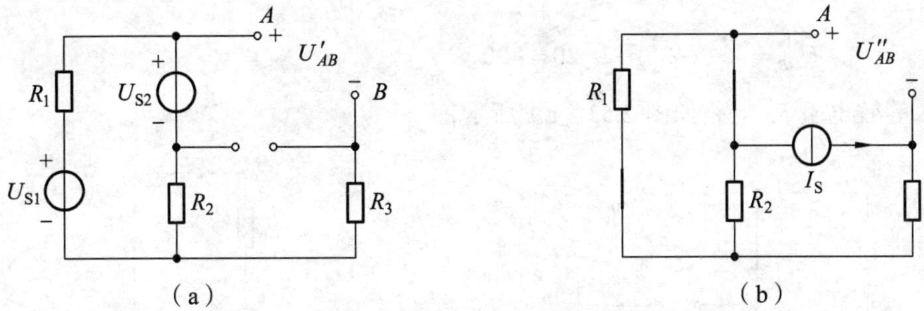

图 2.51　叠加法求开路电压 U_{AB}

由图解得

$$U'_{AB}=U_{S1}+\frac{U_{S2}-U_{S1}}{R_1+R_2}\times R_1=25\text{ V}+\left(\frac{35-25}{2+2}\times 2\right)\text{V}=30\text{ V}$$

$$U''_{AB}=-(R_1//R_2+R_3)I_S=-\left(\frac{2\times 2}{2+2}+2\right)\Omega\times 20\text{ A}=-60\text{ A}$$

叠加得

$$U_{AB}=U'_{AB}+U''_{AB}=-30\text{ V}$$

方法二：等效变换法，变换电路如图 2.52 所示。

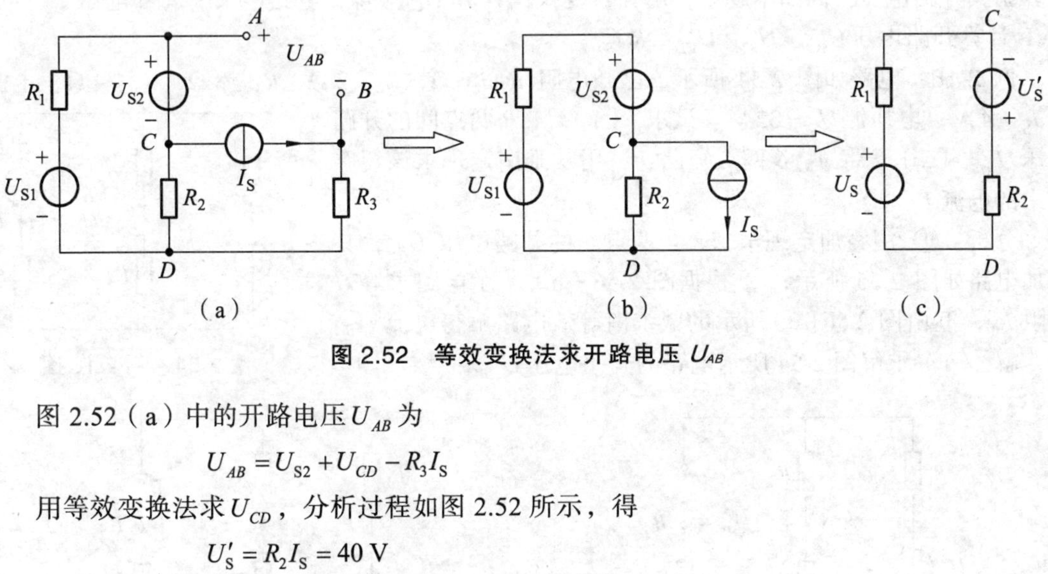

图 2.52　等效变换法求开路电压 U_{AB}

图 2.52（a）中的开路电压 U_{AB} 为

$$U_{AB}=U_{S2}+U_{CD}-R_3I_S$$

用等效变换法求 U_{CD}，分析过程如图 2.52 所示，得

$$U'_S=R_2I_S=40\text{ V}$$

$$U_S=U_{S1}-U_{S2}=-10\text{ V}$$

$$U_{CD}=\frac{U_S+U'_S}{R_1+R_2}\times R_2-U'_S$$

$$=\frac{-10+40}{2+2}\text{A}\times 2\,\Omega-40\text{ V}=-25\text{ V}$$

解得 U_{AB} 为

$$U_{AB} = 35 + (-25) - 2 \times 20 = -30\ \text{V}$$

（2）求等效电阻 R_0[电路如图 2.53（a）所示]。

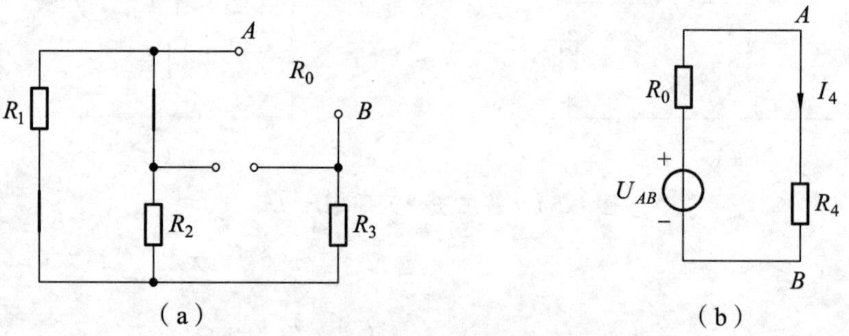

图 2.53　等效电阻和戴维南等效电路

$$R_0 = R_1 // R_2 + R_3 = (2//2)\ \Omega + 2\ \Omega = 3\ \Omega$$

（3）由戴维南等效电路图 2.53（b）求电流 I_4。

$$I_4 = \frac{U_{AB}}{R_0 + R_4} = \frac{-30\ \text{V}}{(3+2)\ \Omega} = -6\ \text{A}$$

结论：计算开路电压时，常常可以应用等效变换法计算电路中某一局部电压，再由 KVL 计算出其开路电压。例如本题中，用等效变换法计算 U_{CD}（即：电路中某一局部电压），再由 KVL 计算开路电压 $U_{AB} = U_{S2} + U_{CD} - R_3 I_S$。

例 2.18　电路如图 2.54 所示，已知电阻 $R_1 = 6\ \Omega$，$R_2 = 2\ \Omega$，$R_3 = 8\ \Omega$，$R_4 = 4\ \Omega$，电流源 $I_S = 4\ \text{A}$，电压源 $U_S = 32\ \text{V}$。试求：（1）A、B 两点间的开路电压 U_{AB}。（2）若将 A、B 两点短路，试用戴维南定理求该短路线中的电流 I_{AB}。

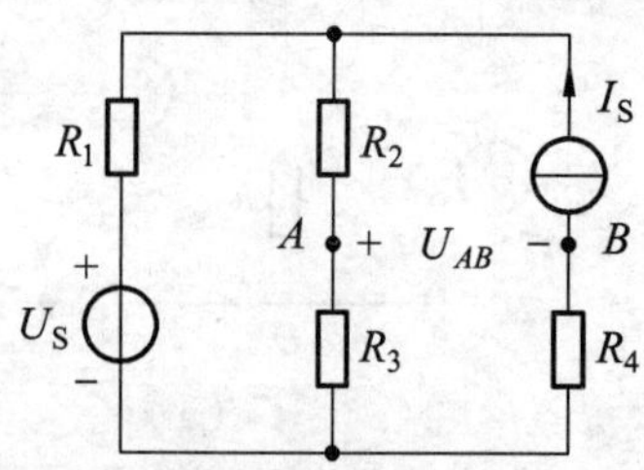

图 2.54　例 2.18 图

分析：① 用叠加定理求 A、B 两点间的开路电压 U_{AB}，其叠加电路如图 2.55 所示；② 根据图 2.56（b）所示电路求等效电阻 R_0；③ 由图 2.56（c）所示的戴维南等效电路解得电流 I_{AB}。

解　（1）求解图 2.54 所示电路的开路电压 U_{AB}。

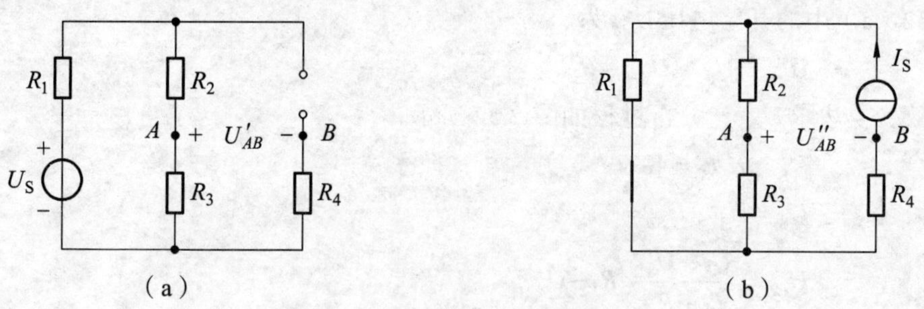

图 2.55　叠加定理分析开路电压

由图 2.55（a）所示电路解得

$$U'_{AB} = \frac{U_S}{R_1 + R_2 + R_3} \times R_3 = \frac{32\ \text{V}}{(6+2+8)\ \Omega} \times 8 = 16\ \text{V}$$

由图 2.55（b）所示电路解得

$$U''_{AB} = \frac{[R_1 // (R_2 + R_3)] I_S}{R_2 + R_3} \times R_3 + R_4 I_S$$
$$= \frac{[6 // (2+8)] \times 4}{2+8}\ \text{V} \times 8\ \Omega + 4\ \Omega \times 4\ \text{A} = 28\ \text{V}$$

叠加得

$$U_{AB} = U'_{AB} + U''_{AB} = 44\ \text{V}$$

（2）用戴维南定理求 A、B 两点的短路电流 I_{AB}。

解图 2.56（a）所示电路中电阻 R_0

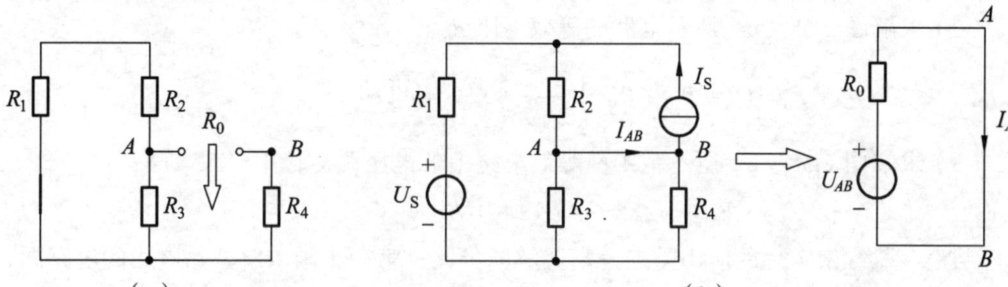

图 2.56 等效电阻和戴维南等效电路

$$R_0 = (R_1 + R_2) // R_3 + R_4$$
$$= \left(\frac{(6+2) \times 8}{6+2+8} + 4\right)\Omega = 8\ \Omega$$

用如图 2.56（b）所示的戴维南等效电路，求 A、B 两点的短路电流 I_{AB} 为

$$I_{AB} = \frac{U_{AB}}{R_0} = \frac{44\ \text{V}}{8\ \Omega} = 5.5\ \text{A}$$

结论：本题拓展了戴维南定理的应用，即对于电路中不含有元器件的支路[例如：图 2.56（b）中 A、B 两点间为短路]，也可以用戴维南定理进行分析计算。

例 2.19 电路如图 2.57 所示，已知电压源 $U_{S1} = 18\ \text{V}$，$U_{S2} = 12\ \text{V}$，电流 $I = 4\ \text{A}$，电阻 $R_1 = R_2 = 2\ \Omega$，$R_3 = 3\ \Omega$。试用戴维南定理求电压源 U_S。

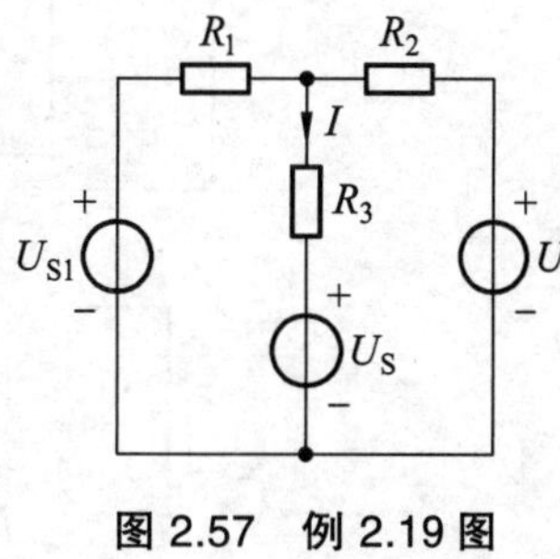

图 2.57 例 2.19 图

分析：①因电压源 U_S 含有待求量，则电压源 U_S 为外电路；则求开路电压 U_{AB} 的电路如图 2.58 所示。② 令所有电压源值为零，如图 2.58（b）所示，求等效电阻 R_0。③ 由图 2.58（c）所示的戴维南等效电路解得电压源 U_S。

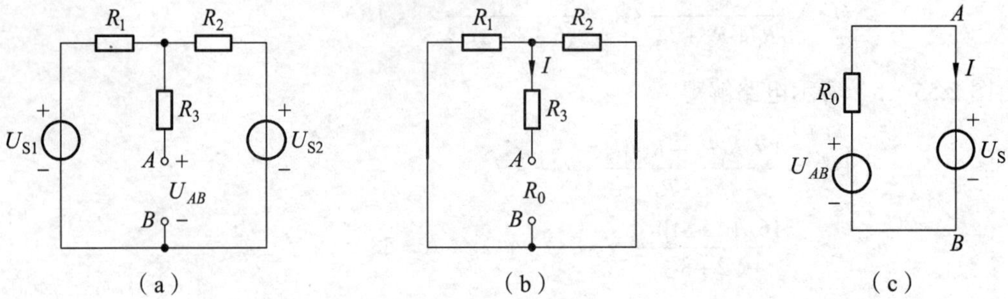

图 2.58 开路电压、等效电阻和戴维南等效电路

解 （1）求解图 2.58（a）所示电路的开路电压 U_{AB}。

$$U_{AB}=\frac{U_{S1}-U_{S2}}{R_1+R_2}\times R_2+U_{S2}=\left(\frac{18-12}{2+2}\times 2+12\right)\text{V}=15\text{ V}$$

（2）求解图 2.58（b）所示电路的等效电阻 R_0。

$$R_0=(R_1 // R_2)+R_3=\left(\frac{2\times 2}{2+2}+3\right)\Omega=4\ \Omega$$

（3）求解图 2.58（c）所示戴维南等效电路中的电压源 U_S。由 KVL 得

$$U_S=-R_0 I+U_{AB}=(-4\times 4+15)\text{ V}=-1\text{ V}$$

结论：戴维南定理的应用重点是掌握解题步骤，第一步画求解开路电压的电路图，并解之；第二步画求解等效电阻的电路图，并解之；第三步画戴维南等效电路，并求解待求电量。

二、诺顿定理

1. 定　理

诺顿定理：任何一个线性有源二端网络 N_S[见图 2.59（a）]，对外电路来说，总可以用一个电流源和电阻并联组合等效代替[见图 2.59（b）]，该电流源等于原二端网络 N_S 端口处的短路电流[见图 2.59（c）]，电阻等于该网络 N_S 中全部独立电源置零后端口处的输入电阻[见图 2.59（d）]。

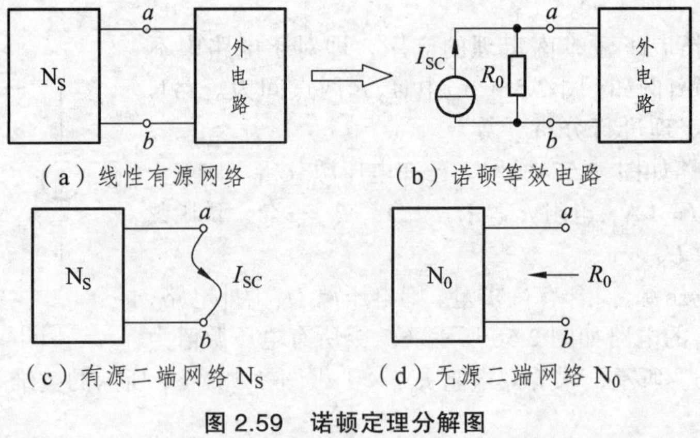

图 2.59 诺顿定理分解图

下面通过证明图 2.60（a）与图 2.60（b）对于外接电压源 U_S 上的电流 I 是等效的，从而证明诺顿定理。

根据图 2.60（b）所示电路，有

$$I = I_{SC} - \frac{U_S}{R_0} \tag{2.14}$$

设图 2.60（a）中电压源 U_S 为零，如图 2.60（c）所示，分析计算得短路电流 I_{SC}，有

$$I' = I_{SC}$$

设图 2.60（a）中二端网络 N_S 的所有独立电源为零，如图 2.60（d）所示，则电压源 U_S 单独作用为

$$I'' = -\frac{U_S}{R_0}$$

根据叠加定理，有

$$I = I' + I'' = I_{SC} - \frac{U_S}{R_0} \tag{2.15}$$

可见，由图 2.60（a）分析所得式（2.15）与由图 2.60（b）所列式（2.14）相同，得证诺顿定理。

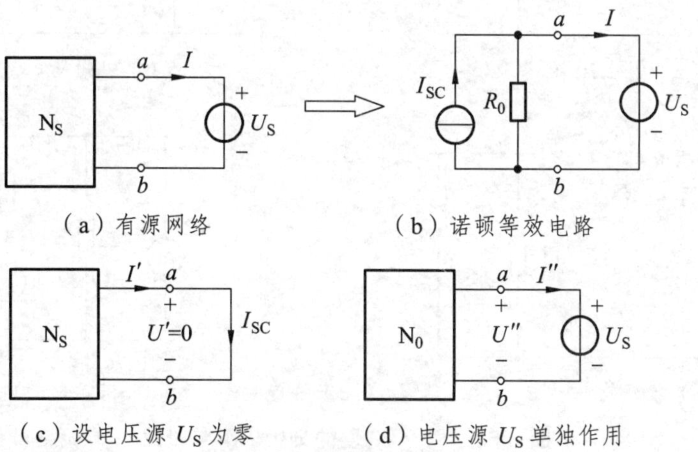

图 2.60　证明诺顿定理

2. 诺顿定理应用注意事项

在应用诺顿定理分析电路时，需注意以下几点：

（1）由电流源与电阻并联的电路称为诺顿等效电路。其电流 I_{SC} 称为短路电流；电阻 R_0 称为诺顿等效电阻。

（2）用诺顿等效电路替代有源二端网络 N_S 时，只对外电路等效（即外电路的电压、电流保持不变）。

（3）诺顿等效电路中电流源大小、方向由二端网络 N_S 的短路电流所决定。即：电流源 I_{SC} 的大小等于二端网络 N_S 的短路电流，其电流方向与二端网络 N_S 的短路电流方向相反。

例如，图 2.59（c）短路电流方向由 a 流向 b；图 2.59（d）电流源的方向则是由 b 指向 a。

（4）等效电阻 R_0 的计算与戴维南定理中的等效电阻分析方法相同。

在 $R_0 \neq 0$ 和 $R_0 \neq \infty$ 的条件下，诺顿定理与戴维南定理之间可以进行电源模型等效变换，如图 2.61 所示。

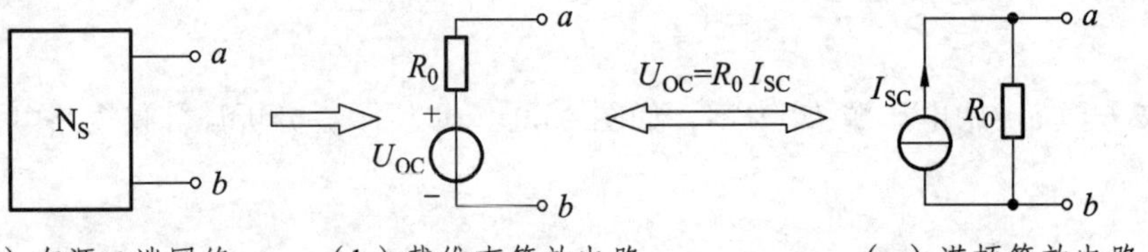

（a）有源二端网络　　（b）戴维南等效电路　　（c）诺顿等效电路

图 2.61　戴维南定理与诺顿定理之间的等效关系

3. 例　题

例 2.20　试用诺顿定理求如图 2.62（a）所示电路中的电流 I。

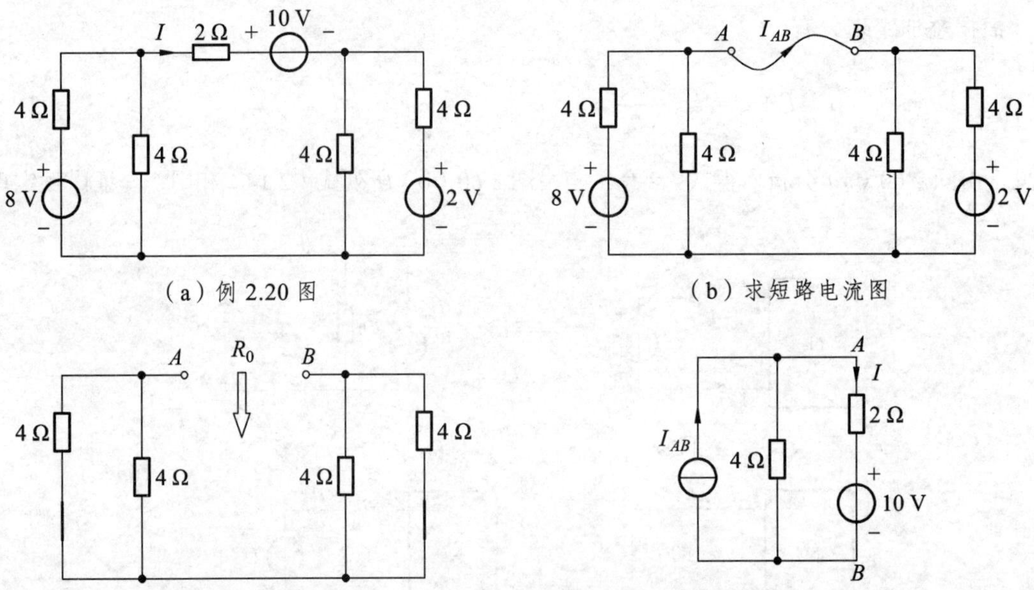

（a）例 2.20 图　　（b）求短路电流图

（c）求等效电阻图　　（d）诺顿等效电路

图 2.62　例 2.20 题的分析求解电路图

分析：① 首先将 2 Ω电阻与 10 V 电压源串联支路从图 2.62（a）中移去，并将端口 A、B 短路，如图 2.62（b）所示，设短路电流为 I_{AB}；② 令图 2.62（b）中所有电压源为零，即用“短路”等效替代，如图 2.62（c）所示，计算等效电阻 R_0；③ 画诺顿等效电路，如图 2.62（d）所示（即将移去的支路与诺顿等效电路连接），解得待求电流 I。

解　（1）求图 2.62（b）短路电流 I_{AB}：

用等效变换法解图 2.62（b），如图 2.63 所示电路。

解得
$$I_{AB} = \frac{4-1}{2+2}\text{ A} = \frac{3}{4}\text{ A}$$

图 2.62（b）等效为

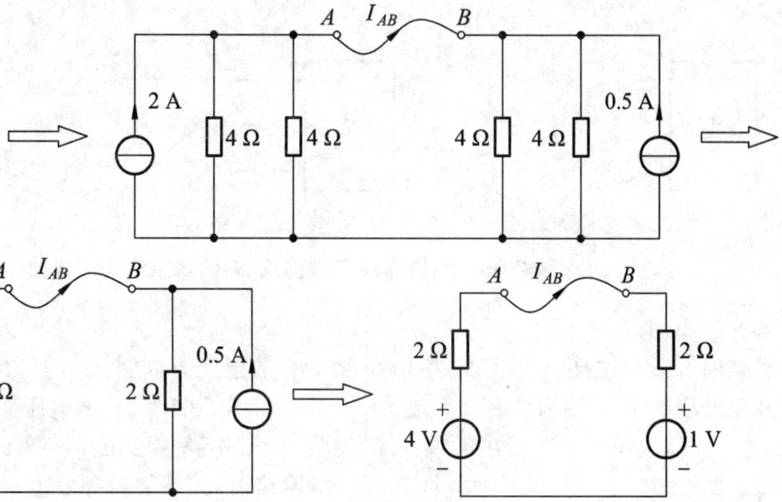

图 2.63　等效变换法求电流 I_{AB}

（2）求图 2.62（c）等效电阻 R_0：

$$R_0=(4//4+4//4)\,\Omega=4\,\Omega$$

（3）求图 2.62（d）电流 I，如图 2.64 所示。

解得

$$I=\frac{4I_{AB}-10}{4+2}\text{ A}=\frac{4\times\frac{3}{4}-10}{6}\text{ A}\approx-1.167\text{ A}$$

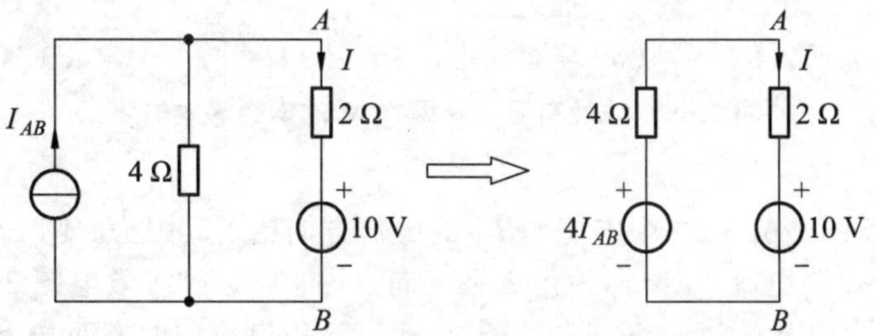

图 2.64　诺顿等效电路求电流 I

结论：用诺顿定理分析电路时，注意：① 一般分为三步完成，即求短路电流、求等效电阻、用诺顿等效电路计算待求量。② 正确画出解题三步中的三个电路图，即求短路电流的电路图、求等效电阻的电路图、用诺顿等效电路计算待求量的电路图。③ 诺顿定理仅提供了分析求解电路的逻辑推理方式和解题步骤，三个电路图中各变量参数的计算方法，则与前面的各章节知识点有关。

三、常见问题讨论

（1）图 2.65（a）表示线性有源二端网络 N_S，图 2.65（b）为网络 N_S 的等效无源网络，试问图 2.65（a）、（b）的戴维南等效电路图 2.65（c）对吗？

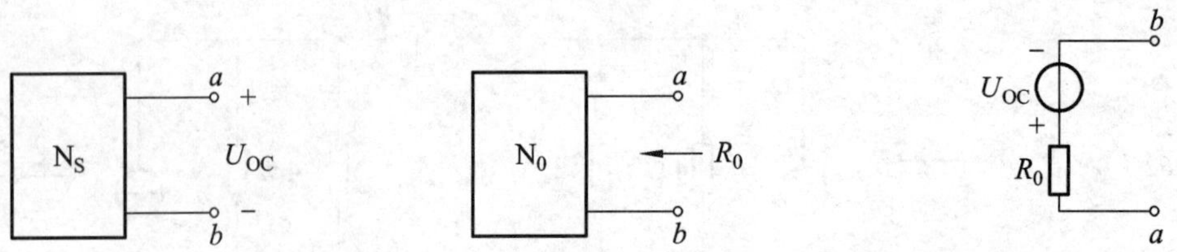

（a）有源二端网络 N_S　　（b）等效电阻网络 N_0　　（c）戴维南等效电路

图 2.65　线性有源二端网络 N_S 的戴维南等效电路

解答：不对。

戴维南等效电路图 2.65（c）中电压源 U_{OC} 的电压方向错了。因为，图 2.65（a）中所设定的开路电压方向 a 端为“+”，b 端为“－”；而图 2.65（c）中电压源 U_{OC} 的“－”极接在 a 端，电压源 U_{OC} 的“+”接在 b 端，即戴维南等效电路图 2.65（c）中电压源的方向接错了。

（2）图 2.66（a）表示的为线性有源二端网络 N_S，其诺顿等效电路如图 2.66（c）所示，试问诺顿等效电路对吗？

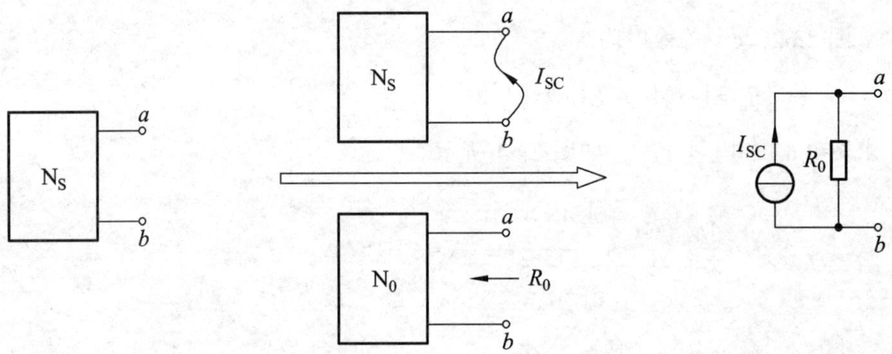

（a）线性有源二端网络 N_S　　（b）诺顿等效电路参数分析图　　（c）诺顿等效电路

图 2.66　线性有源二端网络 N_S 的诺顿等效电路

解答：不对。

诺顿等效电路图 2.66（c）中电流源 I_{SC} 的电流方向错了。因为，图 2.66（b）中所设定的二端网络 N_S 的短路电流 I_{SC} 方向为由 b 端流向 a 端，则诺顿等效电图 2.66（c）中电流源 I_{SC} 的正确方向应为由 a 端流向 b 端，而图 2.66（c）中电流源的方向为 b 端流向 a 端，即诺顿等效电路图 2.66（c）中电流源的方向接错了。

（3）在应用戴维南定理分析线性电路时，是否必须画出求解过程中的电路图？

解答：是。

在应用戴维南定理分析线性电路时，必须画出求开路电压的电路图，并标定其开路电压方向及变量；必须画出求戴维南等效电阻 R_0 的电路图；必须画出求解戴维南等效电路，注意电压源的方向与开路电压方向的关系。

（4）在应用诺顿定理分析线性电路时，是否必须画出求解过程中的电路图？

解答：是。

在应用诺顿定理分析线性电路时，必须画出求短路电流的电路图，并标定其短路电流方向及变量；必须画出求解诺顿等效电阻 R_0 的电路图；必须画出求解诺顿等效电路，注意电流源的方向与短路电流方向的关系。

四、特别提示

在应用戴维南定理和诺顿定理分析线性电路时，解题的电路图、电量及方向一定要画，戴维南等效电压源的方向是参考其开路电压方向而确定的，诺顿等效电流源的方向是参考其短路电流方向而确定的。

第六节　最大功率传输定理

电子电路分析中，常常关注负载上是否能获得最大功率。因此，在讨论有关电子电路获得最大功率问题时，将电子电路分解为两个电路模块，即：给负载提供功率的线性电路模块 N_S 和负载电路模块 R_L。其中，线性模块 N_S 总可以用戴维南等效电路来替代（如图 2.67 所示）。这样，电子电路获得最大功率的问题转化为电路理论中最大功率传输定理。

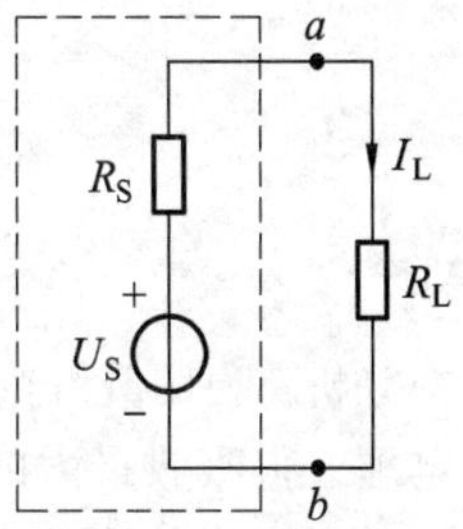

图 2.67　电压源模型与负载 R_L

一、最大功率

最大功率传输定理　设有一个电压源模型与一个电阻负载相接，当负载电阻等于电压源模型的内电阻时，则负载能从电压源模型中获得最大功率。

例如，在图 2.67 所示电路中，当 $R_L = R_S$ 时，负载 R_L 上获得最大功率为 P_{Lmax}，有

$$I_L = \frac{U_S}{R_S + R_L} = \frac{U_S}{2R_L}$$

$$P_{Lmax} = R_L I_L^2 = \frac{U_S^2}{4R_L}$$

当负载获得最大功率时，又称为负载与电源相匹配。

下面证明负载 R_L 上获得最大功率条件：$R_L = R_S$。

由图 2.67 得负载 R_L 中的电流 I_L 为

$$I_L = \frac{U_S}{R_S + R_L}$$

则负载 R_L 上获得的功率 P_L 为

$$P_L = R_L I_L^2 = \frac{R_L U_S^2}{(R_S + R_L)^2}$$

求上式的最大功率，则有 $\frac{dP_L}{dR_L} = 0$，即

$$\frac{dP_L}{dR_L} = \frac{d}{dR_L}\left[\frac{R_L U_S^2}{(R_S + R_L)^2}\right] = \frac{(R_S + R_L)^2 - 2R_L(R_S + R_L)}{(R_S + R_L)^4} \cdot U_S^2 = 0$$

$$(R_S + R_L)^2 - 2R_L(R_S + R_L) = 0$$

$$(R_S + R_L) - 2R_L = 0$$

得证 R_L 上获得最大功率的条件为

$$R_S = R_L$$

例 2.21 在图 2.68 所示电路中，当可变电阻 R_L 等于多大时它能从电路中吸收最大的功率，并求此最大功率。

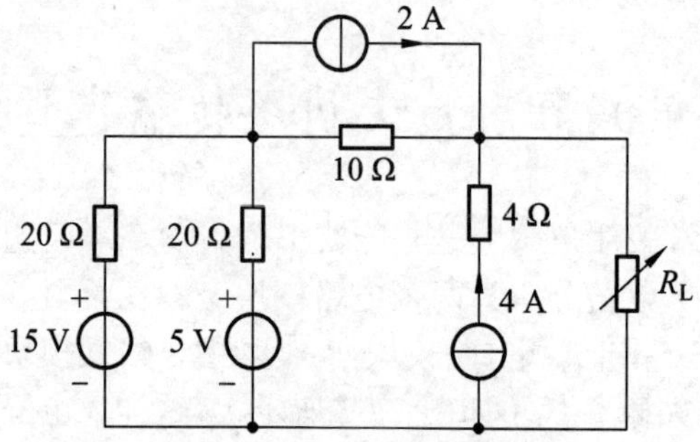

图 2.68　例 2.21 电路图

分析：利用戴维南定理将电阻 R_L 之外的电路用戴维南等效电路替代，再根据最大功率传输定理，得吸收最大的功率的电阻 R_L 值及最大功率。

解 （1）计算戴维南等效电路。

求图 2.69 开路电压 U_{AB}：

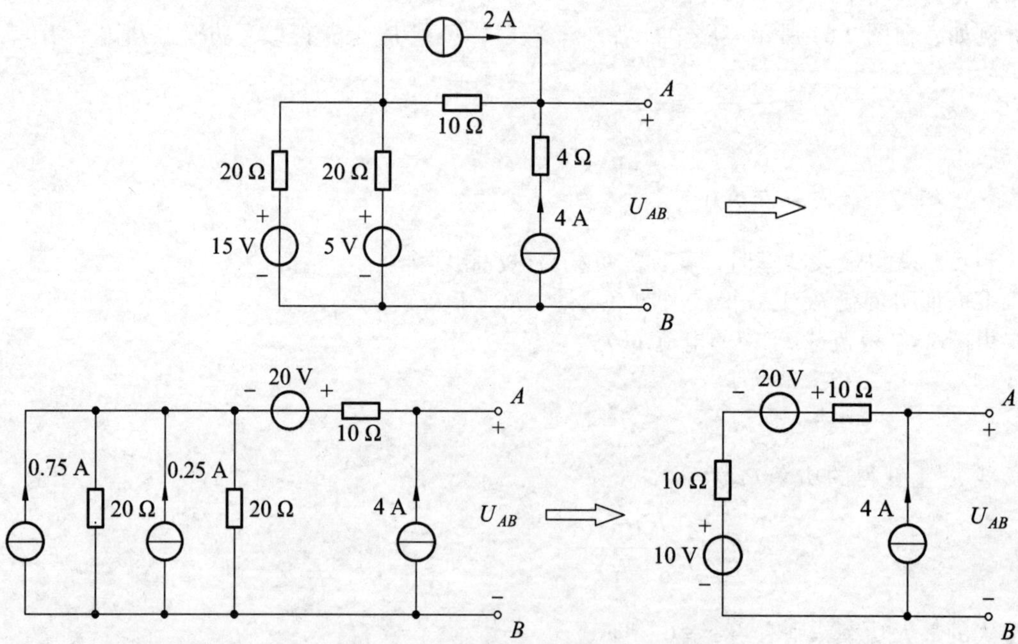

图 2.69　等效变换法求开路电压 U_{AB} 电路图

解得
$$U_{AB} = (10\times4+20+10\times4+10)\ \text{V} = 110\ \text{V}$$

求图 2.70 等效电阻 R_0：

$$R_0 = (10+20//20)\ \Omega = 20\ \Omega$$

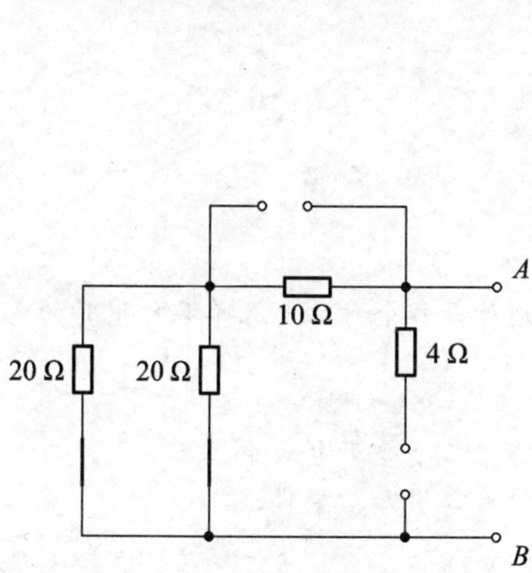

图 2.70　求戴维南等效电阻电路图

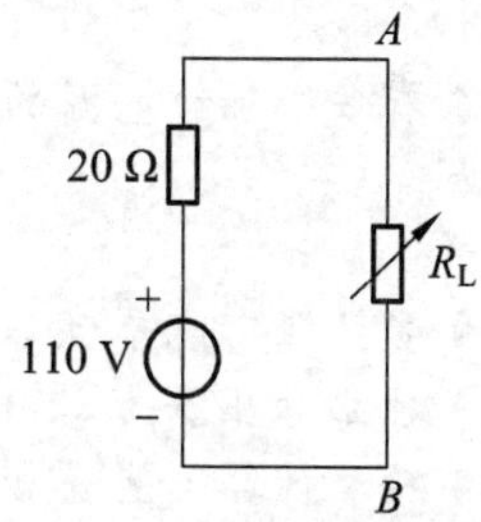

图 2.71　戴维南等效电路

根据图 2.71 得获得最大功率的负载

$$R_L = R_0 = 20\ \Omega$$

求 R_L 上获得的最大功率 P_{max} 为

$$P_{max} = \left[\left(\frac{110}{20+20}\right)^2 \times 20\right]\text{W} = 151.25\ \text{W}$$

结论：戴维南定理不仅能分析电路中某支路电流或电压，还可应用于最大功率的电路分析中。

二、特别提示

获得最大功率的条件为图 2.67 电路中：$R_S = R_L$，即 R_L 电阻上可获得最大功率。

小　结

一、等效变换法

用如图 2.72 所示的两个电源模型等效变换进行电路分析计算的方法，称为电源模型等效变换法（简称等效变换法）。

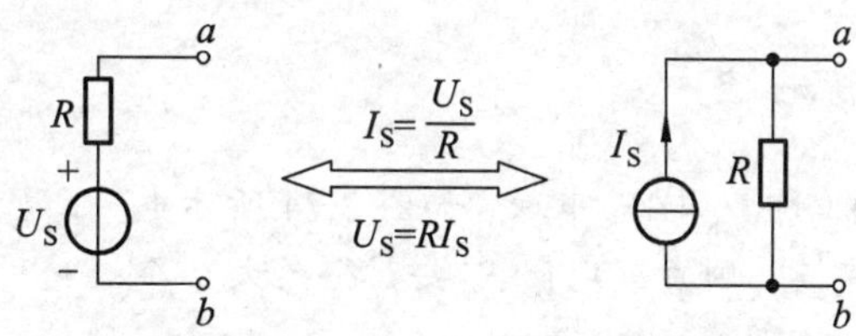

（a）电压源模型　　（b）电流源模型

图 2.72　电源模型的等效变换

二、支路电流法、结点电压法

支路电流法是以支路电流为变量，由 KCL、KVL 建立独立方程组，解得各支路电流的方法。结点电压法是以结点电压为变量，由 KCL 建立独立方程组，解得各结点电压的方法。

三、叠加定理

在含有多个独立电源的线性有源网络中，分别计算各个独立电源单独作用时的电压、电流后叠加。

注意：

（1）受控源不能单独作为电路的激励，应保留在各个叠加电路中；

（2）独立电压源为零用短路替代，独立电流源为零用开路替代；

（3）功率计算不能叠加。

四、戴维南定理

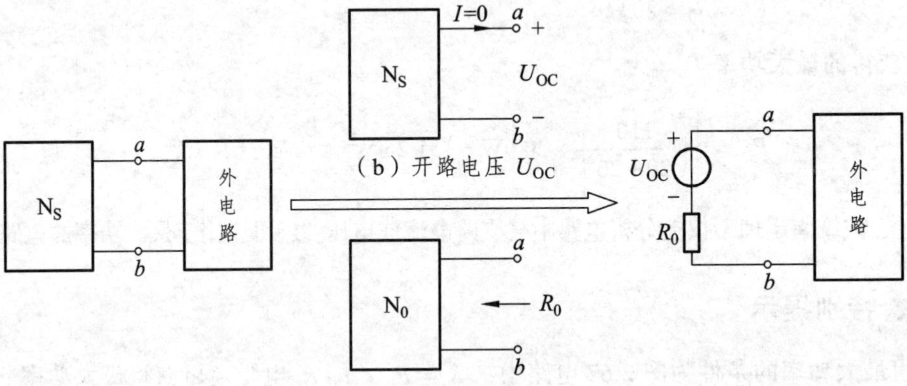

（a）有源网络　（b）开路电压 U_{OC}　（c）等效电阻 R_0　（d）戴维南等效电路

图 2.73　戴维南定理

注意：

（1）在戴维南定理分析计算过程中，注意先画出相对应的 3 个电路图，如图 2.73（b）、（c）、（d）所示；

（2）如果有源二端网络 N_S 中含有受控源，计算等效电阻 R_0 时，不能直接用电阻的串并联法，应采用外加电源法或开短路法。

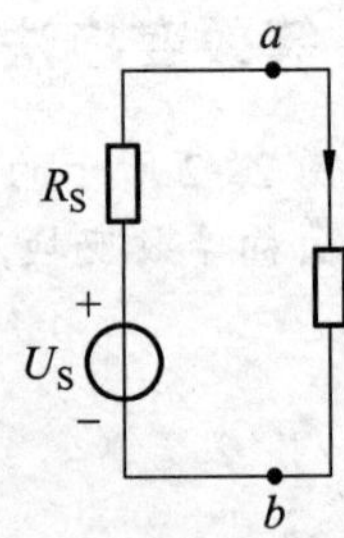

图 2.74　电压源模型与负载 R_L

五、最大功率传输定理

设有一个电压源模型（即 U_S 与 R_S 串联，如图 2.74 所示电路）与一个电阻负载 R_L 相接，则负载电阻 R_L 要获得最大功率的条件为 $R_L = R_S$。

选 择 题

1. 理想电流源和理想电压源之间（　　）等效变换关系。

（a）有　（b）没有　（c）在一定条件下有　（d）不一定没有

2. 电路如图 2.75 所示，对负载电阻 R 而言，虚线框中的电路可用一个等效电源代替，该等效电源是（　　）。

（a）理想电压源　　（b）理想电流源

（c）理想电压源与理想电流源均可　　（d）不能确定

3. 如图 2.76 所示电路，对 A、B 端外接电路可以用（　　）等效替代。

（a）2 V 的理想电压源　　（b）2 V 的理想电压源串联 2 A 的理想电流源

（c）2 A 的理想电流源　　（d）原电路

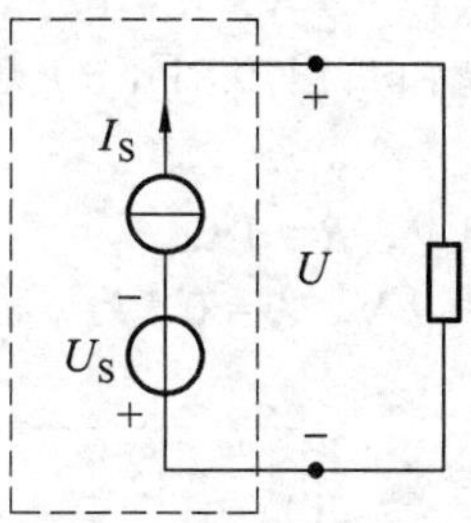

图 2.75　选择题 2 图

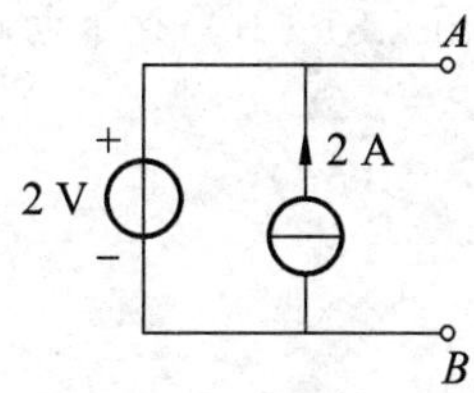

图 2.76　选择题 3 图

4. 把图 2.77（a）所示的电路用图 2.77（b）所示的电路等效替代，则等效图 2.77（b）电路中电流源 I_S 和电阻 R 的参数为（　　）。

（a）$I_S = 1$ A，$R = 6\ \Omega$　　（b）$I_S = 1$ A，$R = 3\ \Omega$

（c）$I_S = 10$ A，$R = 6\ \Omega$　　（d）$I_S = 10$ A，$R = 3\ \Omega$

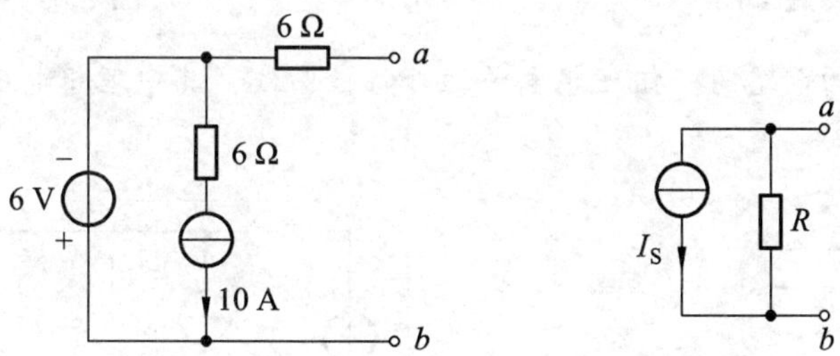

（a）　　（b）

图 2.77　选择题 4 图

5. 用图 2.78（b）所示的电压源模型电路等效替代图 2.78（a）所示的电流源模型电路，其等效电压源模型电路中的参数为（　　）。

（a）$U_S = -16$ V，$R = 1\ \Omega$　　（b）$U_S = 16$ V，$R = 1\ \Omega$

（c）$U_S = -16$ V，$R = 2\ \Omega$　　（d）$U_S = 1\ 6$V，$R = 2\ \Omega$

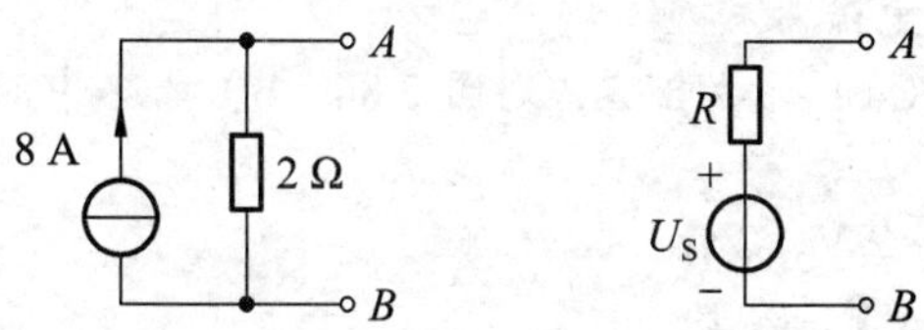

（a）　　（b）

图 2.78　选择题 5 图

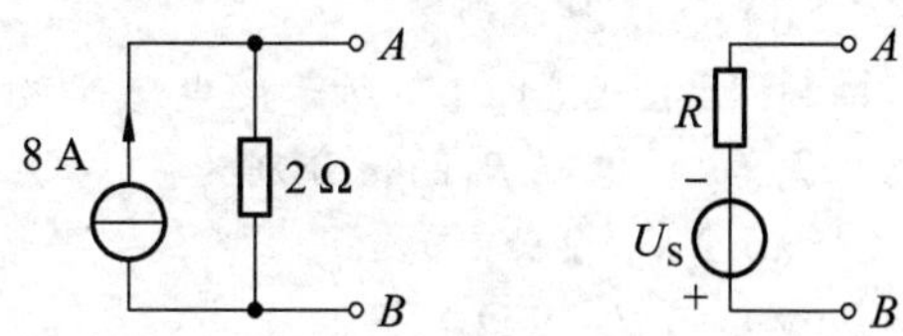

（a）　　（b）

图 2.79　选择题 6 图

6. 用图 2.79（b）所示的电压源模型电路等效替代图 2.79（a）所示的电流源模型电路，其等效电压源模型电路中的参数为（　　）。

（a）$U_S=-16$ V，$R=1\ \Omega$　　（b）$U_S=16$ V，$R=1\ \Omega$

（c）$U_S=-16$ V，$R=2\ \Omega$　　（d）$U_S=16$ V，$R=2\ \Omega$

7. 已知图 2.80 所示电路中的$U_S=4$ V。试用图 2.80（b）所示的电流源模型等效代替图 2.80（a）所示的电压源模型，则等效电流源模型的参数为（　　）。

（a）$I_S=2$ A，$R=2\ \Omega$　　（b）$I_S=-2$ A，$R=2\ \Omega$

（c）$I_S=4$ A，$R=1\ \Omega$　　（d）$I_S=-4$ A，$R=1\ \Omega$

8. 电路如图 2.81 所示，已知电流源 $I_S=2$ A，试问用图 2.81（b）所示的电路等效替代图 2.81a）电路时，图 2.81（b）所示电路的参数为（　　）。

（a）$U_S=1$ V，$R=2\ \Omega$　　（b）$U_S=2$ V，$R=1\ \Omega$

（c）$U_S=2$ V，$R=0.5\ \Omega$　　（d）$U_S=-2$ V，$R=0.5\ \Omega$

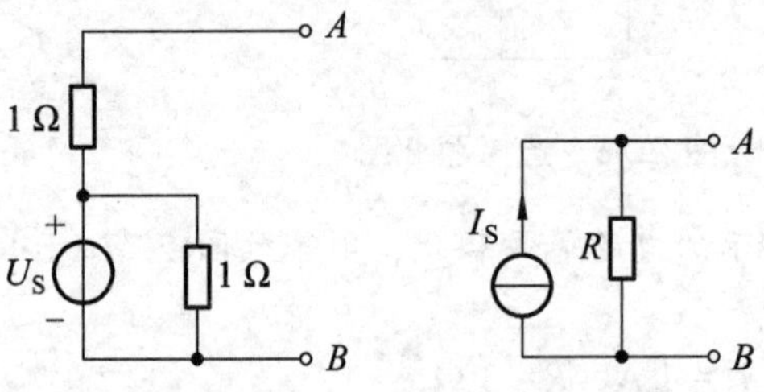

图 2.80　选择题 7 图

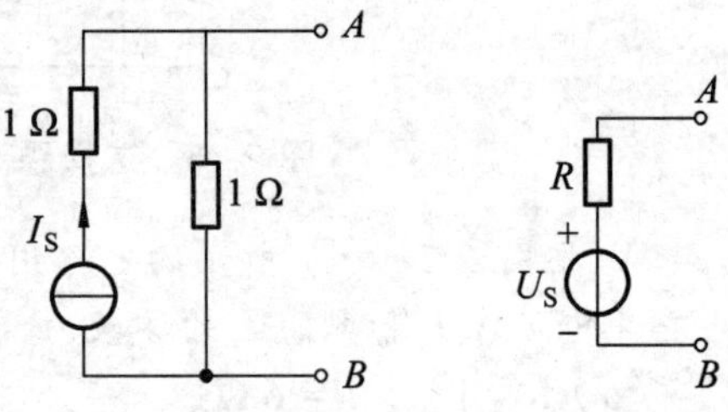

图 2.81　选择题 8 图

9. 如图 2.82 所示的电路为一组理想电源的外特性曲线，其中理想电压源的外特性曲线是（　　）。

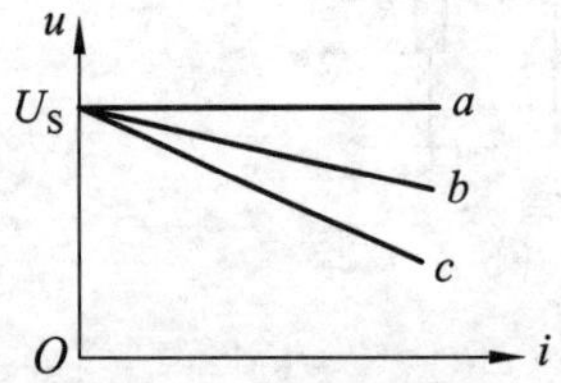

图 2.82　选择题 9 图

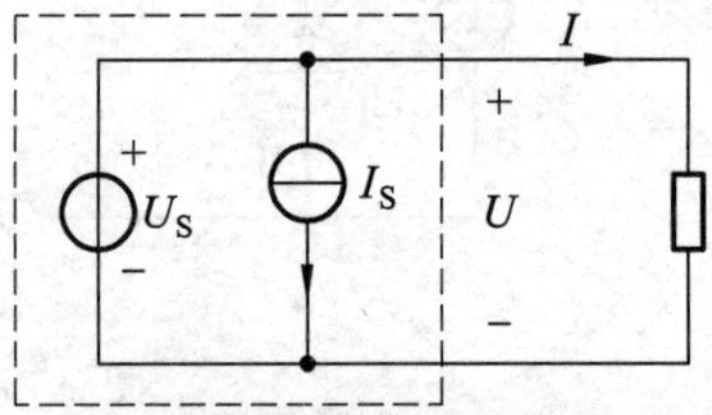

图 2.83　选择题 10 图

10. 如图 2.83 所示电路中，对负载电阻 R_L 而言，虚线框中的电路可以用一个（　　）等效代替。

（a）理想电压源　　（b）理想电流源

（c）电压源模型　　（d）电流源模型

11. 用图 2.84（b）所示的电路等效替代图 2.84（a）所示电路，则图 2.84（b）电路中的电压源 U_S 和电阻 R_0 的值分别为（　　）。

（a）2 V，2 Ω　　（b）−2 V，2 Ω

（c）−4 V，9 Ω　　（d）4 V，9 Ω

12. 在图 2.85（a）所示电路中，虚线框中电路为电压源模型电路，则该电压源模型的外特性曲线是图 2.85（b）所示的（　　）曲线。

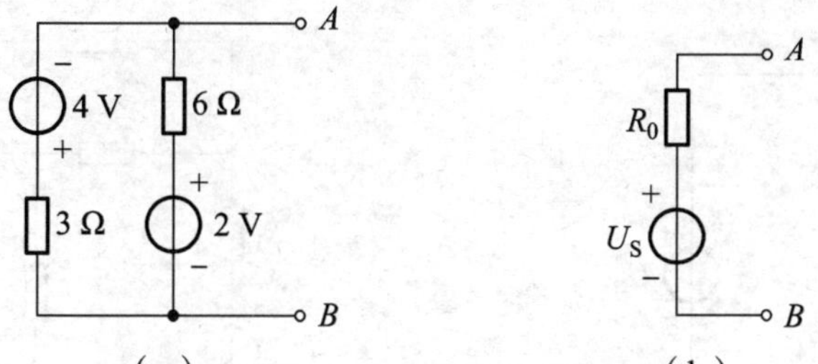

（a）　　　　（b）

图 2.84　选择题 11 图

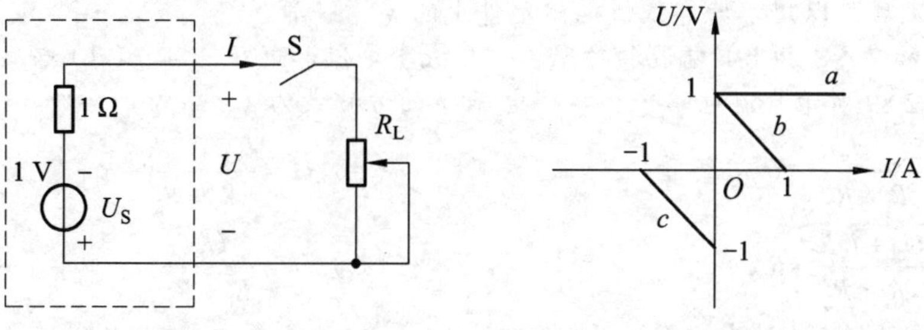

（a）　　　　（b）

图 2.85　选择题 12 图

13. 在如图 2.86（a）所示电路中，虚线框所示电路为电流源模型，则该电流源的外特性曲线是图 2.86（b）所示的（　　）曲线。

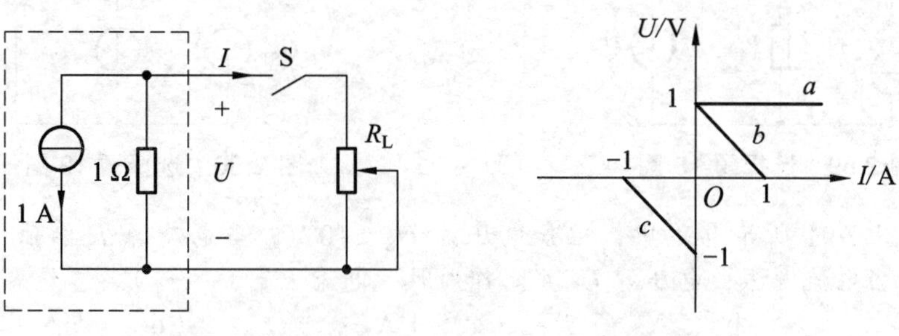

（a）　　　　（b）

图 2.86　选择题 13 图

14. 在如图 2.87 所示电路中，已知电路中各电阻值和各电压源 U_S 值。如用结点电压法求解流过理想电压源的电流 I，则列出独立的结点 KCL 方程数为（　　）。

（a）1　　（b）2　　（c）3　　（d）4

15. 在如图 2.88 所示电路中，已知电路中各电阻值和各电源值。如用结点电压法解题，则列出独立的结点 KCL 方程数为（　　）。

（a）1　　（b）2　　（c）3　　（d）4

16. 应用叠加定理分析电路的方法适用于（　　）。

（a）线性电路　　（b）非线性电路　　（c）均适用　　（d）均不适用

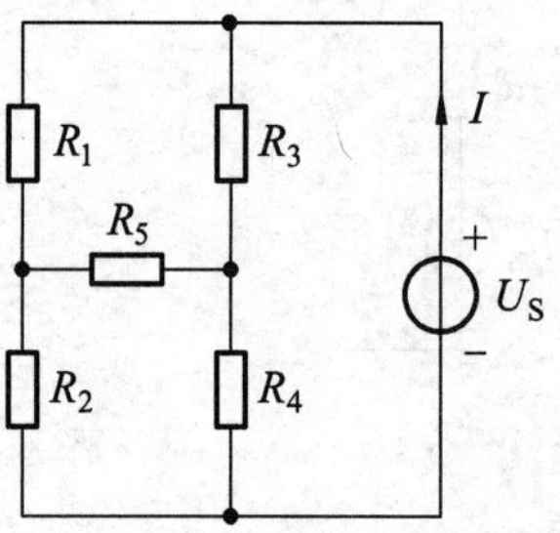

图 2.87　选择题 14 图

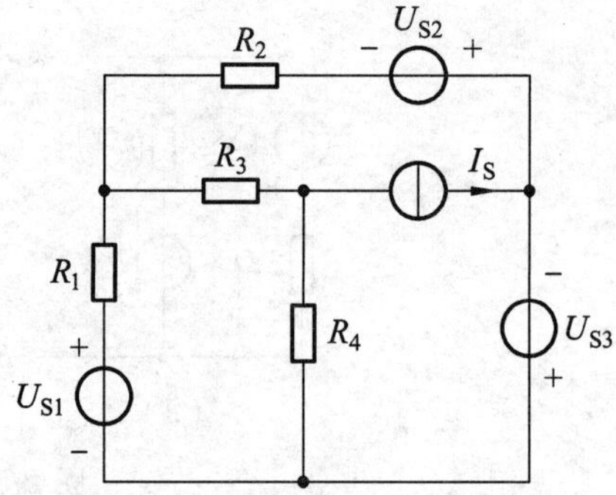

图 2.88　选择题 15 图

17. 叠加定理可以用于计算线性电阻元件上的（　　）。

（a）电压和功率　（b）电流和功率　（c）电流和电压　（d）电压、电流和功率

18. 在图 2.89 所示直流电路中，解得电压 U 的方程式为（　　）。

（a）$U=\dfrac{U_S-I_SR_1}{R_1+R_2}\cdot R_1$　（b）$U=\dfrac{U_S+I_SR_1}{R_1+R_2}\cdot R_1$

（c）$U=\dfrac{U_S+I_SR_2}{R_1+R_2}\cdot R_1$　（d）$U=\dfrac{U_S}{R_1+R_2}\cdot R_1$

19. 在图 2.90 所示电路中，已知电压源 $U_{S1}=U_{S2}=2\text{ V}$，电阻 $R_1=R_2$。当电压源 U_{S1} 单独作用时，电阻 R 两端电压 $U_R=1\text{ V}$。试问当电压源 U_{S2} 单独作用时，电阻 R 的两端电压 U_R 为（　　）。

（a）1 V　（b）0 V　（c）−1 V　（d）2 V

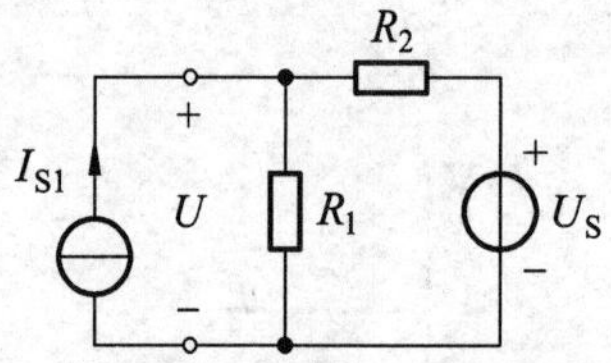

图 2.89　选择题 18 图

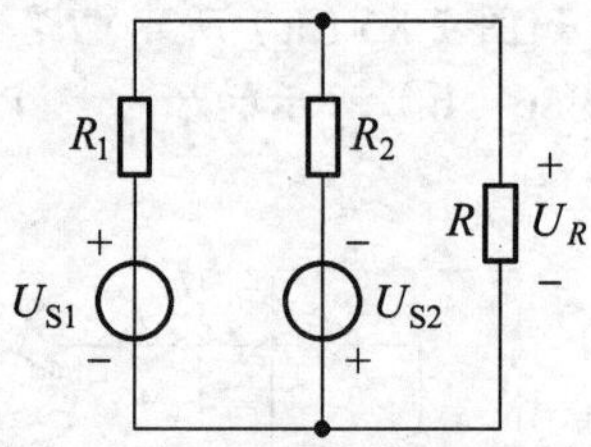

图 2.90　选择题 19 图

20. 在如图 2.91 所示电路中，已知电压源 $U_S=10\text{ V}$。当电流源 I_S 单独作用时，电流 $I_1=2\text{ A}$；那么当电流源 I_S、电压源 U_S 共同作用时，电流 I 是（　　）。

（a）1 A　（b）5 A　（c）−1 A　（d）−5 A

21. 在如图 2.92 所示电路中，12 V 电压源单独作用于电路时产生的电流 I 的分量应为（　　）。

（a）−6 A　（b）1 A　（c）−2 A　（d）−1 A

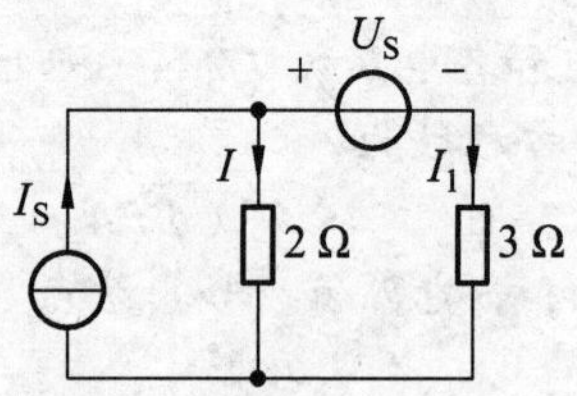

图 2.91　选择题 20 图

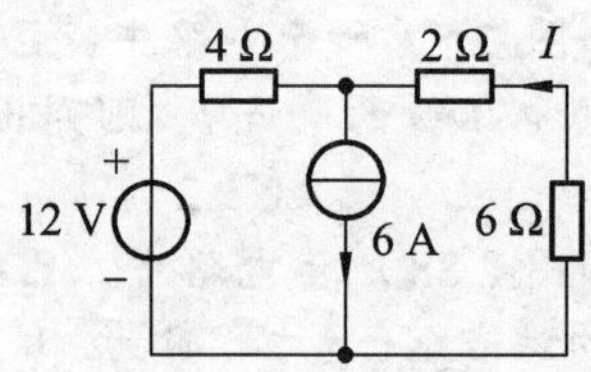

图 2.92　选择题 21 图

22. 在如图 2.93 所示电路中，当电压源 U_S 单独作用时，电阻 R_L 的端电压 $U_L=5\text{ V}$，那么当电流源 I_S 单独作用时，电阻 R_L 的端电压 U_L 为（　　）。

（a）0 V　　　　　（b）4 V　　　　　（c）–20 V　　　　　（d）20 V

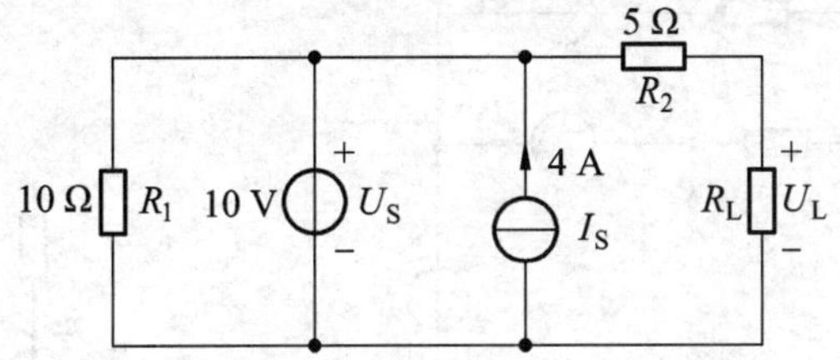

图 2.93　选择题 22 图

23. 电路如图 2.94 所示，已知电压 $U_{AB}=10$ V，当电流源 I_S 单独作用时，电压 U_{AB} 将（　　）。

（a）变大　　　　　（b）变小　　　　　（c）不变　　　　　（d）不确定

24. 电路如图 2.95 所示，已知电压源 $U_S=15$ V，当电流源 I_S 和电压源 U_S 共同作用时，电压 $U_{AB}=12$ V。则当电流源 I_S 单独作用时，电压 U_{AB} 为（　　）。

（a）3 V　　　　　（b）6 V　　　　　（c）9 V　　　　　（d）18 V

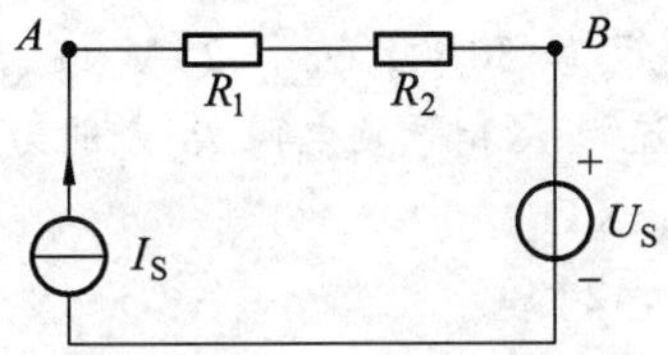

图 2.94　选择题 23 图

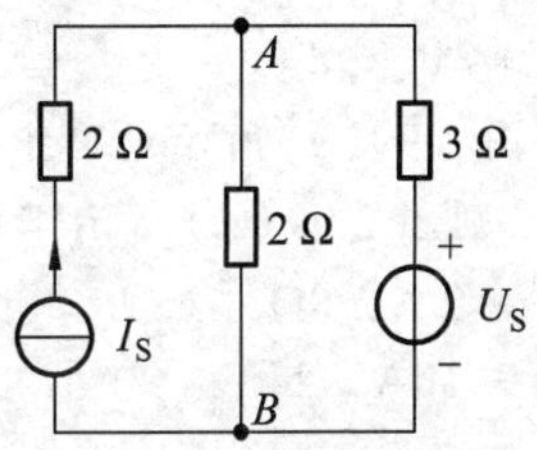

图 2.95　选择题 24 图

25. 电路如图 2.96（a）所示，已知 $R_1=R_2=10\,\Omega$，$I_S=2$ A，$U_S=10$ V，则戴维南等效电路[见图 2.96（b）]参数电压源 U_{SC} 和等效电阻 R_0 分别为（　　）。

（a）10 V，5 Ω　　　　　（b）– 10 V，5 Ω

（c）– 30 V，10 Ω　　　　　（d）30 V，10 Ω

26. 电路如图 2.97（a）所示，已知 $R_1=R_2=10\,\Omega$，$U_{S1}=10$ V，$U_{S2}=5$ V，则戴维南等效电路[见图 2.97（b）]参数电压源 U_S 和等效电阻 R_0 分别为（　　）。

（a）10 V，10 Ω　　　　　（b）10 V，20 Ω

（c）15 V，20 Ω　　　　　（d）5 V，10 Ω

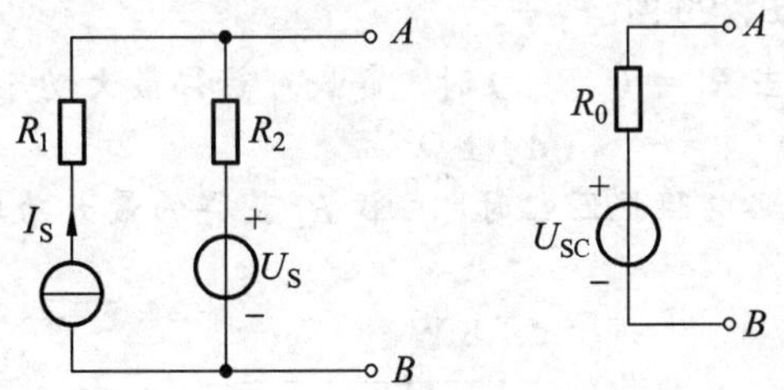

（a）　　　　　（b）

图 2.96　选择题 25 图

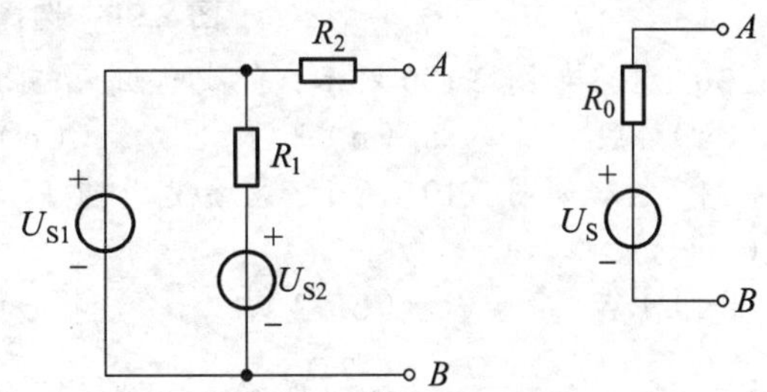

（a）　　　　　（b）

图 2.97　选择题 26 图

27. 电路如图 2.98（a）所示，已知电阻 $R_1=R_2=R_3=8\,\Omega$，电源为直流电源，则图 2.98（b）所示戴维南等效电路中的等效电阻 R_0 值为（　　）。

（a）24 Ω　　　　　（b）16 Ω　　　　　（c）12 Ω　　　　　（d）∞

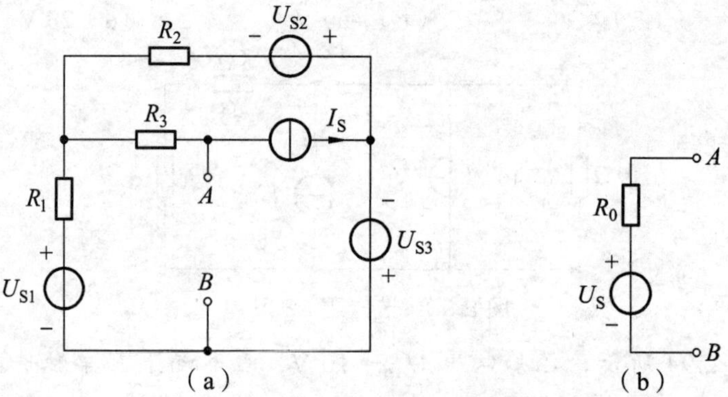

图 2.98　选择题 27 图

28. 在图 2.99(a)所示电路中，已知 $R_1 = R_2 = R_3 = 8\ \Omega$，$U_{S1} = 30\ V$，$U_{S2} = 25\ V$，$U_{S3} = 24\ V$，$I_S = 5\ A$，则图 2.99(b)所示戴维南等效电路中参数电压源 U_S 和等效电阻 R_0 分别为(　　)。

(a) 16 V，8 Ω　　(b) 55 V，8 Ω

(c) 16 V，24 Ω　　(d) 55 V，24 Ω

29. 图 2.99(a)所示电路中，已知 $R_1 = R_2 = R_3 = 8\ \Omega$，$U_{S1} = 30\ V$，$U_{S2} = 25\ V$，$U_{S3} = 24\ V$，$I_S = 5\ A$，则图 2.99(c)所示诺顿定理等效电路中参数电流源 I_S 和等效电阻 R_0 分别为(　　)。

(a) −2 A，8Ω　　(b) 2 A，8 Ω

(c) −10A，24 Ω　　(d) 10A，24 Ω

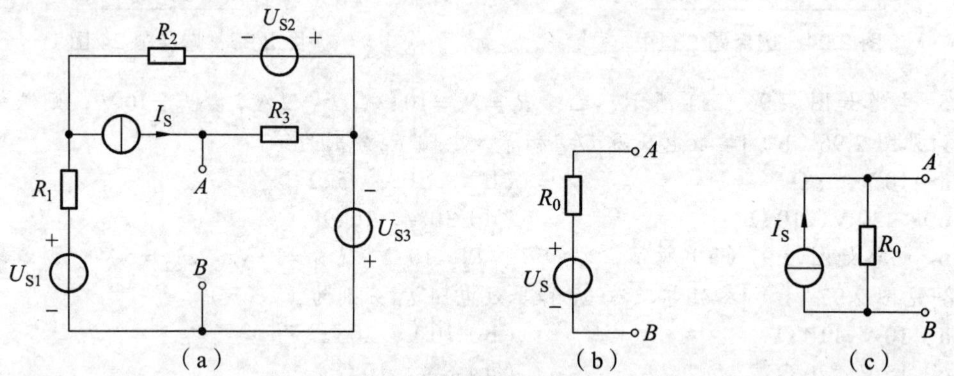

图 2.99　选择题 28、29 图

30. 电路如图 2.100 所示，负载电阻 R_L 可调，当 R_L =(　　)时，负载可获得最大功率。

(a) 4 Ω　　(b) 3 Ω　　(c) 2 Ω　　(d) 1 Ω

31. 电路如图 2.101 所示，当负载电阻 R_L 与电路电阻抗匹配时，负载 R_L 获得的最大功率为(　　)。

(a) 1 W　　(b) 2 W　　(c) 4 W　　(d) 8 W

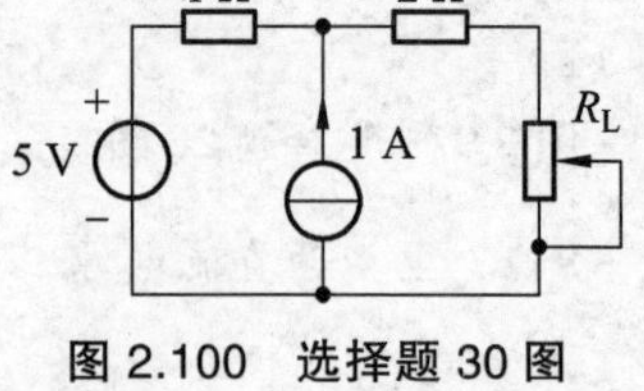

图 2.100　选择题 30 图

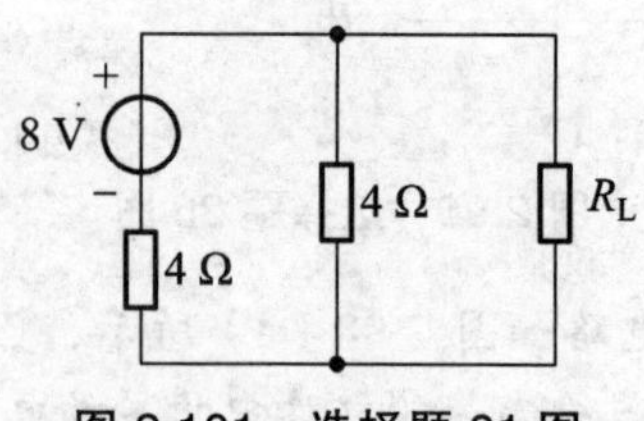

图 2.101　选择题 31 图

习　题

2.1　电路如图 2.102 所示，已知 $U_{S1}=6\text{ V}$，$U_{S2}=15\text{ V}$，$U_{S3}=12\text{ V}$，$I_S=3\text{ A}$，试用电源等效变换法求电流 I。

2.2　电路如图 2.103 所示，已知 $U_S=10\text{ V}$，$I_S=1\text{ A}$，$R_1=5\,\Omega$，$R_2=10\,\Omega$，$R_3=1\,\Omega$，$R_4=4\,\Omega$，利用电源等效变换法求解电流 I。

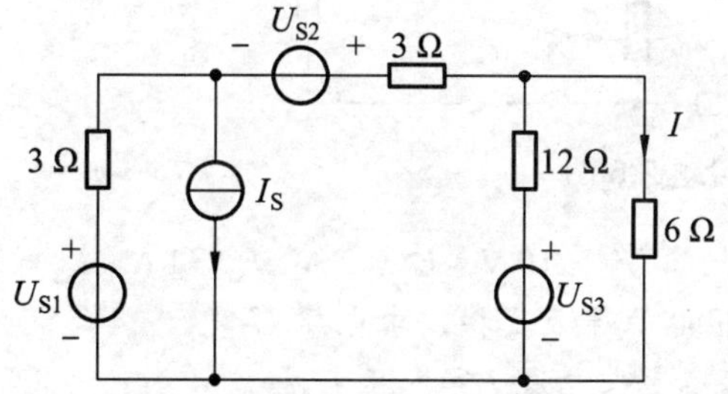

图 2.102　习题 2.1 图

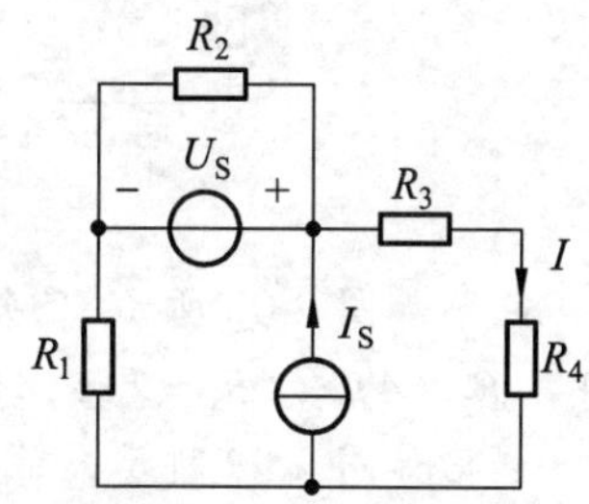

图 2.103　习题 2.2 图

2.3　电路如图 2.104 所示，利用电源等效变换法求解电压 U_{AB}。

2.4　电路如图 2.105 所示，已知 $U_S=2\text{ V}$，$I_{S1}=2.5\text{ A}$，$I_{S2}=6\text{ A}$，$R_1=4\,\Omega$，$R_2=1\,\Omega$，$R_3=R_4=5\,\Omega$，$R_5=1.4\,\Omega$，试用电源等效变换法求电流 I。

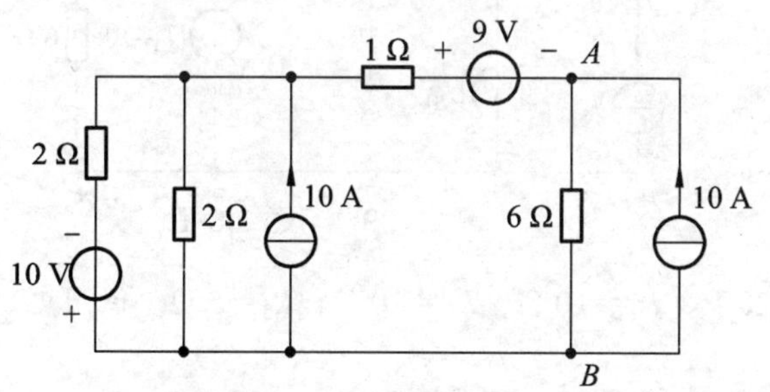

图 2.104　习题 2.3 图

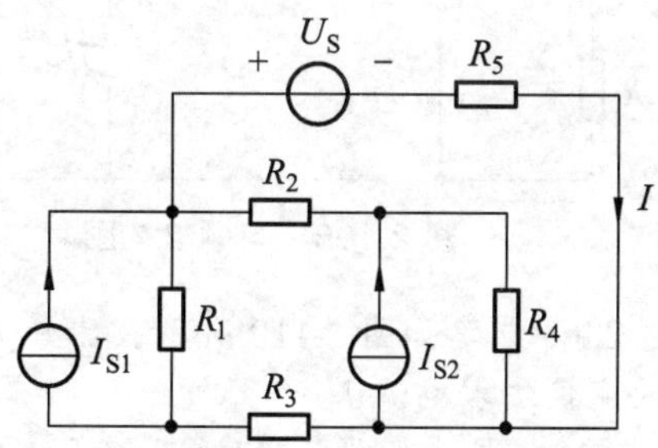

图 2.105　习题 2.4 图

2.5　电路如图 2.106 所示，已知 $I_S=2\text{ A}$，$U_{S1}=18\text{ V}$，$U_{S2}=9\text{ V}$，$U_{S3}=2\text{ V}$，$U_{S4}=10\text{ V}$，$R_1=6\,\Omega$，$R_2=3\,\Omega$，$R_3=8\,\Omega$，$R_4=10\,\Omega$，$R_5=5\,\Omega$，$R_6=20\,\Omega$，$R_7=10\,\Omega$。试用电源等效变换法求电流 I。

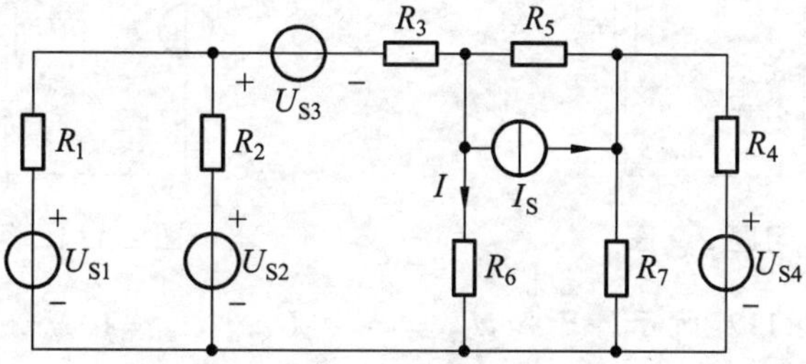

图 2.106　习题 2.5 图

2.6　电路如图 2.107 所示，已知$U_{S1}=12\,V$，$U_{S2}=U_{S3}=3\,V$，$U_{S4}=6\,V$，$R_1=6\,\Omega$，$R_2=12\,\Omega$，$R_3=R_6=9\,\Omega$，$R_4=R_5=R_7=1.5\,\Omega$，$R_8=3\,\Omega$，试用电源等效变换法求电流 I。

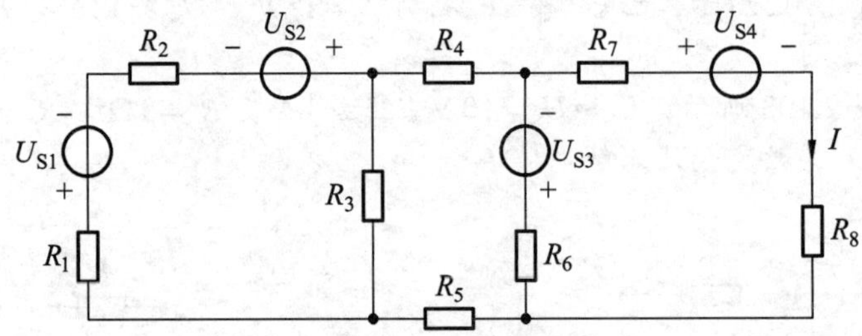

图 2.107　习题 2.6 图

2.7　电路如图 2.08 所示，已知$U_{S1}=4\,V$，$U_{S2}=U_{S3}=10\,V$，$I_{S1}=2\,A$，$I_{S2}=1\,A$，$I_{S3}=3\,A$，$R_1=2\,\Omega$，$R_2=4\,\Omega$，$R_3=7\,\Omega$，$R_4=5\,\Omega$，试用电源等效变换法求电压 U_3。

2.8　电路如图 2.09 所示，试用电源等效变换法求电流 I 和电压 U_{AB}。

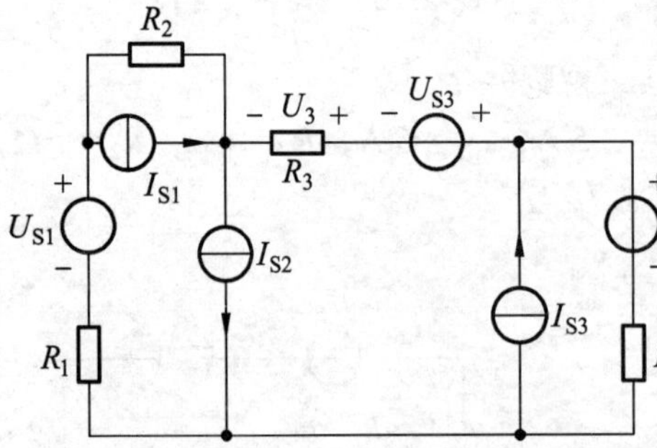

图 2.108　习题 2.7 图

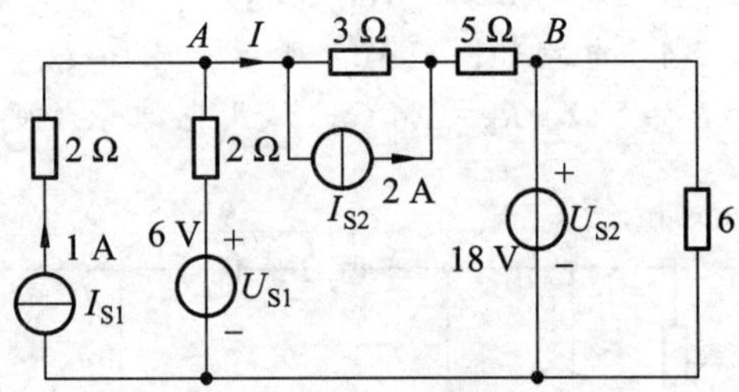

图 2.109　习题 2.8 图

2.9　电路如图 2.110 所示，已知 $U_{S2}=20\,V$，$R_1=10\,\Omega$，$R_2=10\,\Omega$、$R_3=5\,\Omega$。试用电源等效变换法求电流 I。

2.10　电路如图 2.111 所示，已知 $E_1=12\,V$，$E_2=8\,V$，$R_1=3\,\Omega$，$R_2=6\,\Omega$，$R_3=6\,\Omega$。试用支路电流法求电压 U。

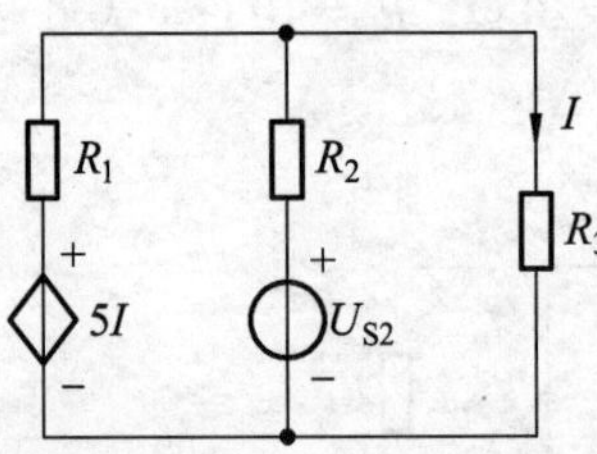

图 2.110　习题 2.9 图

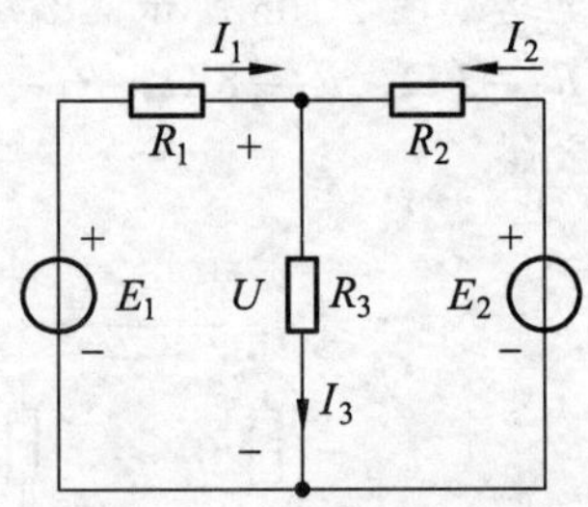

图 2.111　习题 2.10 图

2.11　电路如图 2.112 所示，已知$U_{S1}=5\,V$，$U_{S2}=U_{S3}=10\,V$，$I_{S1}=2\,A$，$I_{S2}=1\,A$，$R_1=5\,\Omega$，$R_2=R_3=10\,\Omega$，$R_4=4\,\Omega$，试用支路电流法求电流 I。

2.12　试用结点电压法求图 2.113 所示电路中的各支路电流。

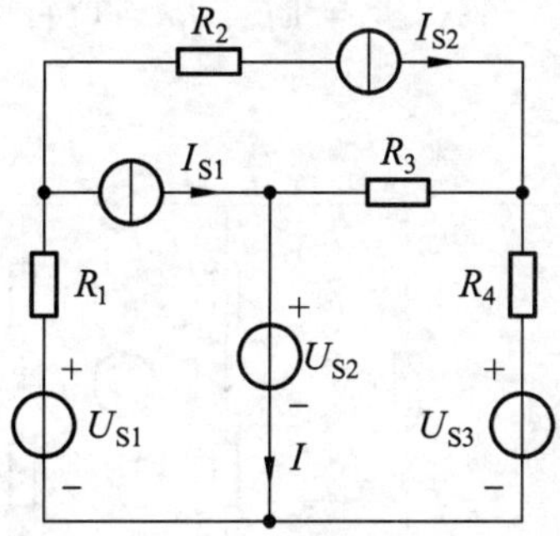

图 2.112　习题 2.11 图

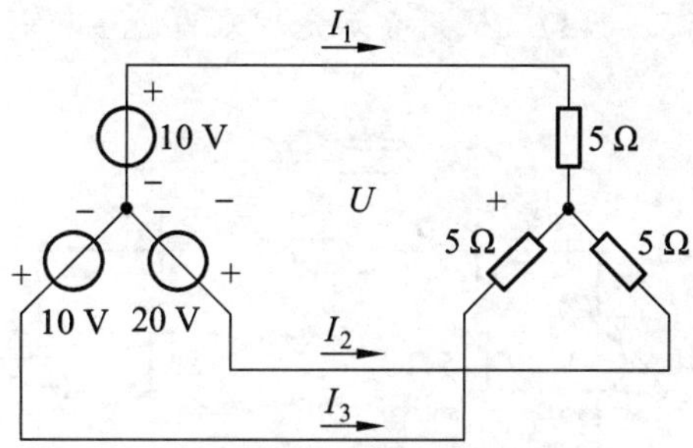

图 2.113　习题 2.12 图

2.13　电路如图 2.114 所示，已知 $U_{S1}=5\,\text{V}$，$U_{S2}=U_{S3}=10\,\text{V}$，$U_{S4}=4\,\text{V}$，$R_1=5\,\Omega$，$R_2=R_3=10\,\Omega$，$R_4=4\,\Omega$，试用结点电压法求电流 I。

2.14　试用结点电压法求解题 2.3 中的电压 U_{AB}。

2.15　试用结点电压法求解题 2.8 中的电流 I。

2.16　在如图 2.115 所示电路中，已知 $U_S=90\,\text{V}$，$I_S=7\,\text{A}$，$R_1=20\,\Omega$，$R_2=5\,\Omega$，$R_3=6\,\Omega$。试用结点电压法计算电压 U_{AB} 和电流 I_1、I_2。

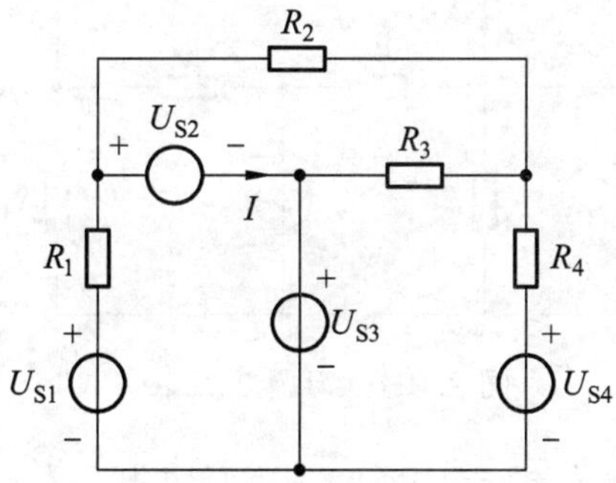

图 2.114　习题 2.13 图

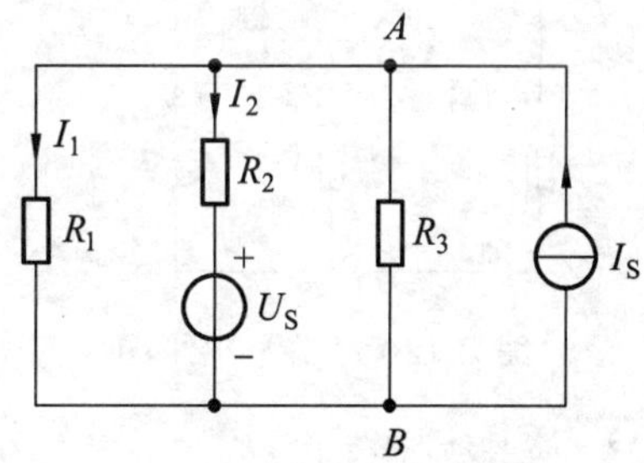

图 2.115　习题 2.16 图

2.17　试列出如图 2.116 所示电路中的结点电压方程。

2.18　电路如图 2.117 所示，已知 $R_1=R_2=10\,\Omega$，$R_3=R_4=5\,\Omega$。试用叠加定理求电流 I_1、I_2、I_3 和 I_4，并验证功率平衡关系。

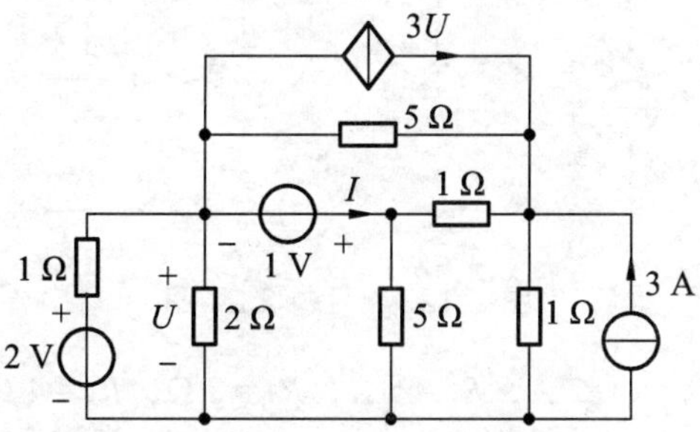

图 2.116　习题 2.17 图

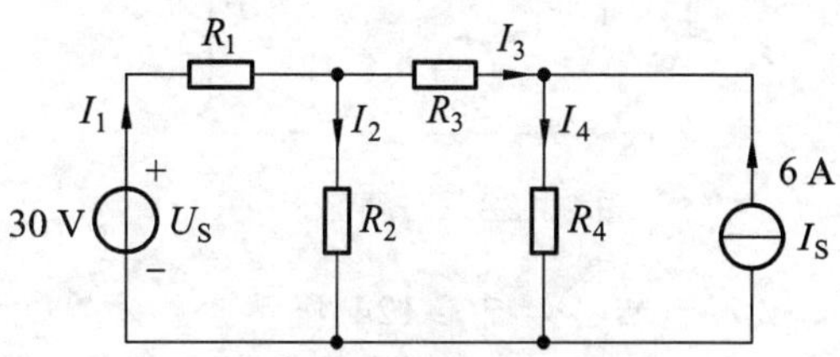

图 2.117　习题 2.18 图

2.19　电路如图 2.118 所示，试用叠加定理求电压 U。

2.20　在如图 2.119 所示电路中，已知 $U_S = 18$ V，$I_S = 6$ A，$R_1 = 1\ \Omega$，$R_2 = 3\ \Omega$，$R_3 = 6\ \Omega$，$R_4 = R_5 = 4\ \Omega$。试用叠加定理求电流 I 和电压 U。

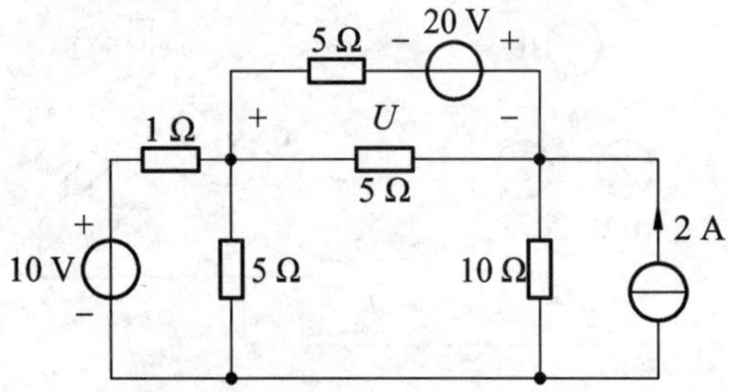

图 2.118　习题 2.19 图

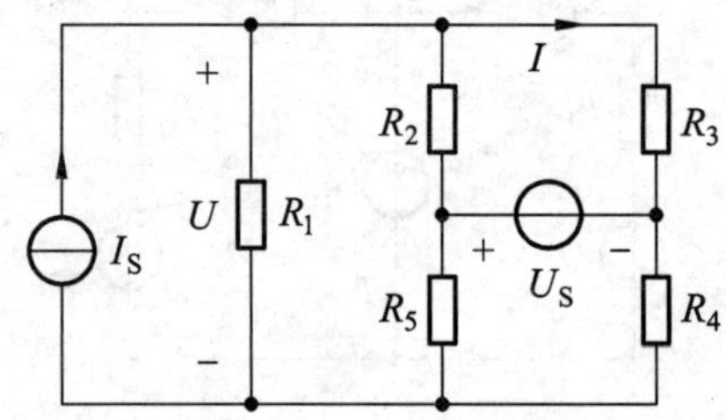

图 2.119　习题 2.20 图

2.21　在如图 2.120 所示电路中，已知 $U_S = 4$ V，$I_{S1} = 4$ A，$I_{S2} = 2$ A，$R_1 = R_2 = R_3 = R_4 = 2\ \Omega$，试用叠加定理求电流 I_4 和 I。

2.22　在如图 2.121 所示电路中，已知 $U_{S1} = 5$ V，$U_{S2} = 10$ V，$I_S = 3$ A，$R_1 = R_2 = R_3 = 6\ \Omega$，$R_4 = R_5 = 3\ \Omega$。试用叠加定理求电流 I。

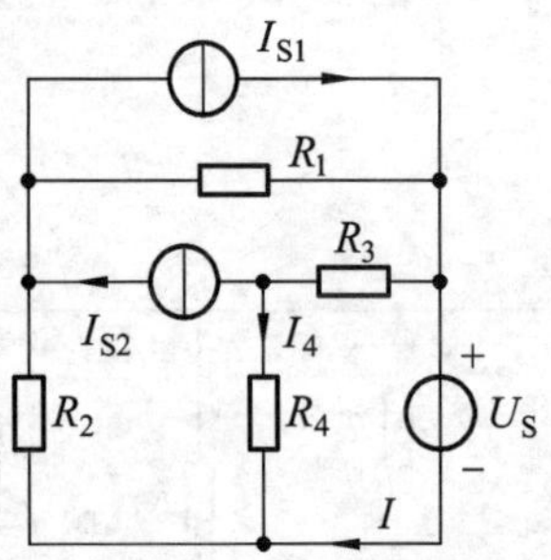

图 2.120　习题 2.21 图

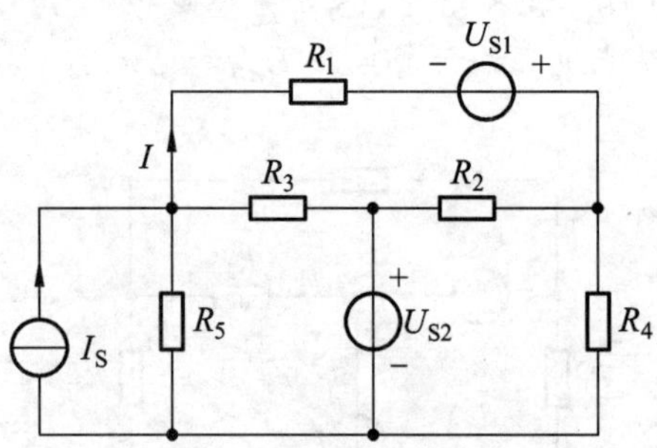

图 2.121　习题 2.22 图

2.23　电路如图 2.122 所示，已知 $I_S = 2$ A，$R_1 = R_2 = R_3 = 10\ \Omega$，当 S 断开时，$I_1' = 2$ A，$I_2' = I_3' = 1$ A，利用叠加原理求 S 闭合后的电流 I_1、I_2 和 I_3。

2.24　试求如图 2.123 所示电路的等效戴维南电路和诺顿电路。

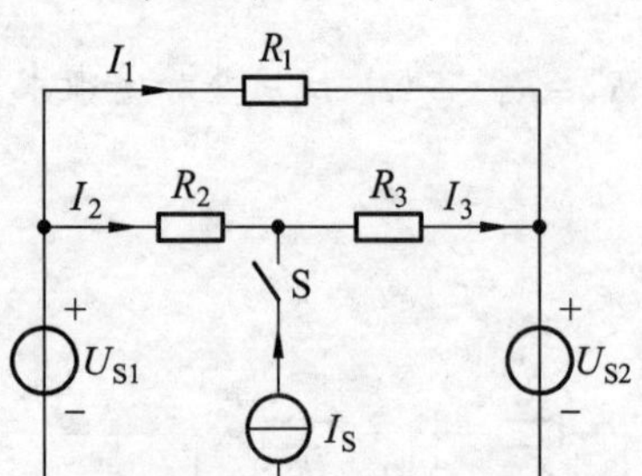

图 2.122　习题 2.23 图

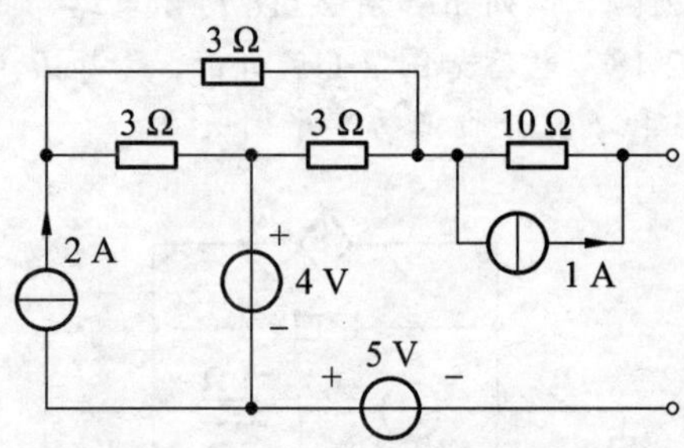

图 2.123　习题 2.24 图

2.25　电路如图 2.124 所示，已知 $U_S = 36$ V，$I_S = 2$ A，$R_1 = 5\ \Omega$，$R_2 = 8\ \Omega$，$R_3 = 4\ \Omega$，$R_4 = 12\ \Omega$，$R_5 = 6\ \Omega$。试用戴维南定理求电流 I_3。

2.26　电路如图 2.125 所示，已知 $U_{S1} = 18$ V，$I_S = 3$ A，$R_1 = 6\ \Omega$，$R_2 = 12\ \Omega$，$R_3 = 3\ \Omega$。试用戴维南定理求电流 $I = 0$ A 时的电压源 U_{S2}。

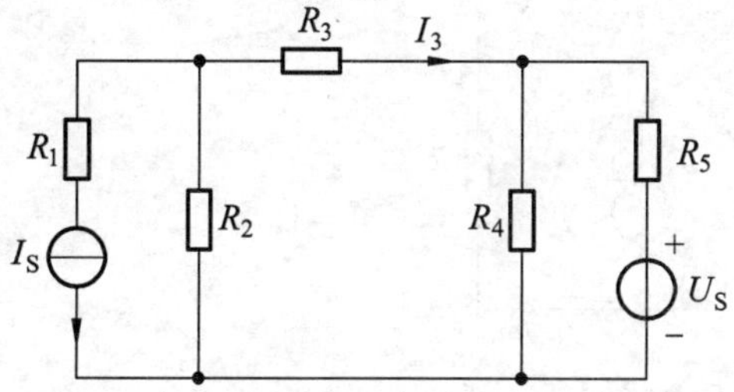

图 2.124　习题 2.25 图

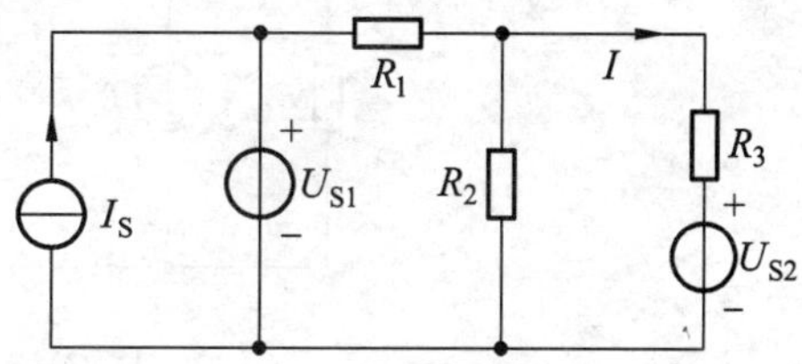

图 2.126　习题 2.26 图

2.27　电路如图 2.126 所示，已知 $R_1=12\,\Omega$，$R_2=R_4=6\,\Omega$，$R_3=3\,\Omega$，$R_5=1\,\Omega$，$I_S=2\text{ A}$，$U_{S1}=78\text{ V}$，$U_{S2}=7\text{ V}$。试用戴维南定理求电压 U_{AB}。

2.28　电路如图 2.127 所示，已知 $R_1=R_2=5\,\Omega$, $R_3=4\,\Omega$, $R_4=2\,\Omega$, $U_{S1}=3\text{ V}$, $U_{S2}=2\text{ V}$，$U_{S3}=10\text{ V}$，$I_S=3\text{ A}$。试用戴维南定理求电压 U_{AB}。

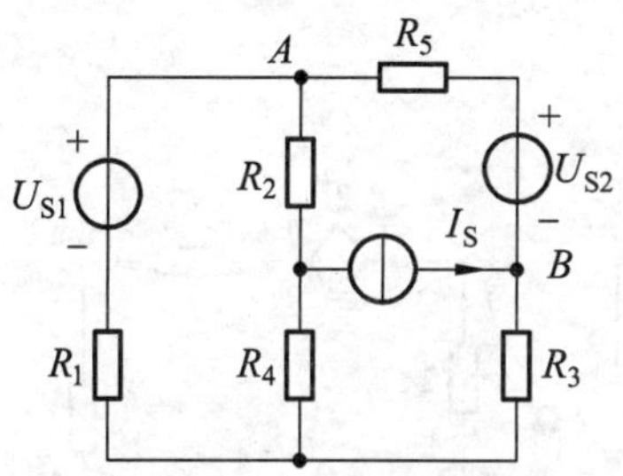

图 2.126　习题 2.27 图

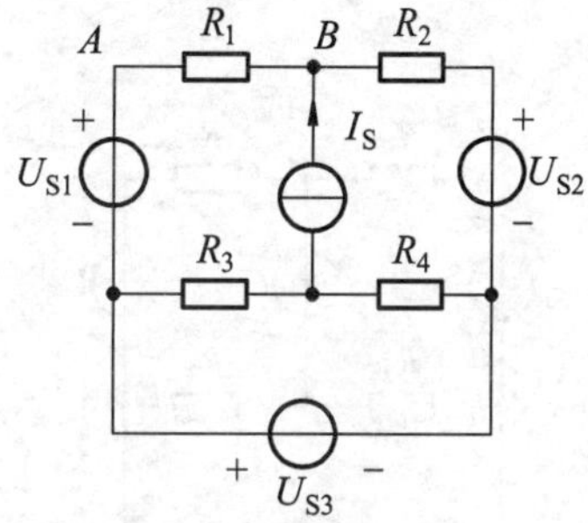

图 2.127　习题 2.28 图

2.29　电路如图 2.128 所示，已知 $R_1=6\,\Omega$，$R_2=4\,\Omega$，$R_3=12\,\Omega$，$U_S=12\text{ V}$，$I_S=3\text{ A}$。试求：（1）A、B 两点的开路电压 U_{AB}；（2）若在 A、B 间连接一个电阻 $R=4\,\Omega$，试用戴维南定理求流过电阻 R 的电流 I_{AB}。

2.30　在如图 2.129 所示电路中，已知 $E_1=10\text{ V}$，$E_2=10\text{ V}$，$I_{S1}=2\text{ A}$，$I_{S2}=5\text{ A}$，$R_1=R_2=10\,\Omega$，$R_3=10\,\Omega$，$R_4=30\,\Omega$，$R_S=10\,\Omega$，$R_5=8\,\Omega$，$R_6=12\,\Omega$，$R_7=10\,\Omega$，试用戴维南定理求电流 I。

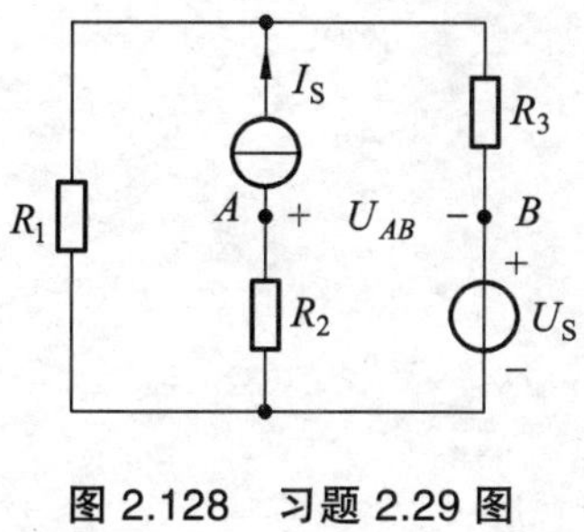

图 2.128　习题 2.29 图

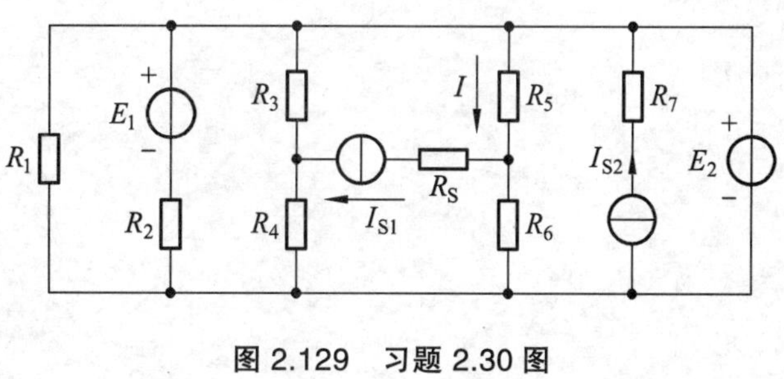

图 2.129　习题 2.30 图

2.31　电路如图 2.130 所示，已知 $R_1=R_3=10\,\Omega$，$R_2=R_4=8\,\Omega$，当电阻 $R=4\,\Omega$ 时，电流 $I=4\text{ A}$。试求当电阻 $R=8\,\Omega$ 时，电路中电流 I 等于多少。

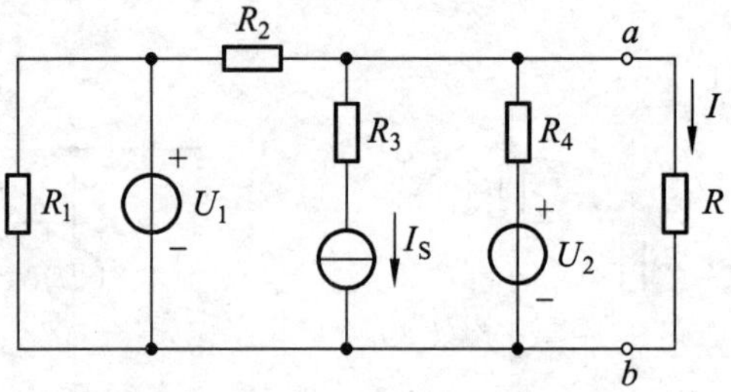

图 2.130　习题 2.31 图

2.32　试用诺顿定理求 2.25 题中的电流 I_3。

2.33　试用诺顿定理求 2.30 题中的电流 I。

2.34　试用诺顿定理求 2.28 题中的电压 U_{AB}。

2.35　电路如图 2.131 示，已知 $R_1=R_2=R_3=18\ \Omega$，$U_{S1}=3\text{ V}$，$U_{S2}=2\text{ V}$，$U_{S3}=18\text{ V}$，$U_{S4}=29\text{ V}$，负载电阻 R_L 可变，试问 R_L 等于何值时可吸收最大的功率？并求此功率。

2.36　电路如图 2.132 所示，负载电阻 R_L 可变，试问 R_L 等于何值时可吸收最大的功率？求此功率。

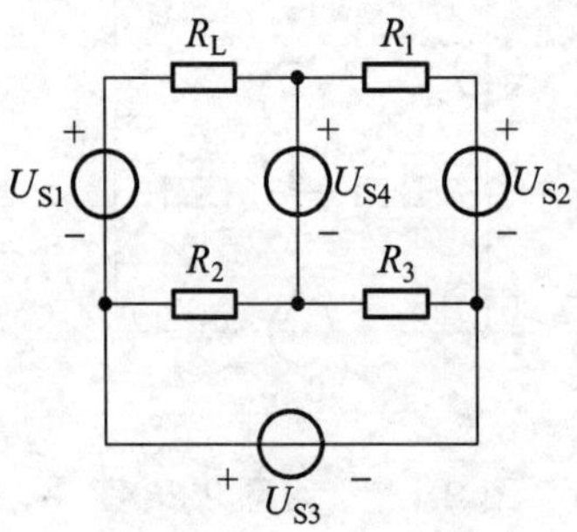

图 2.131　习题 2.35 图

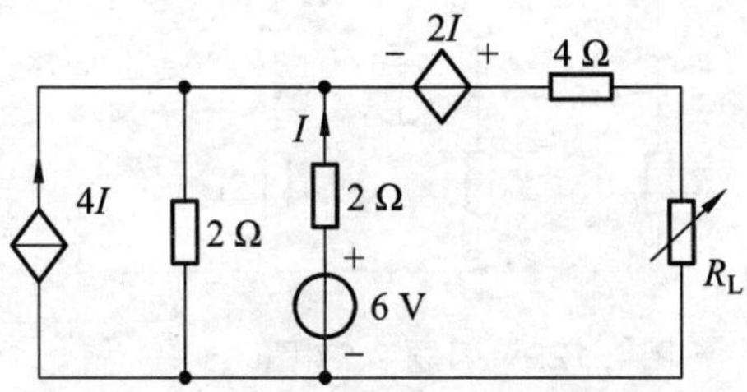

图 2.132　习题 2.36 图

第三章　正弦交流稳态电路分析

【学习指导】本章首先讨论线性电容 C、电感 L 元件的伏安特性，再讨论由线性电阻 R、电容 C、电感 L 和正弦交流电源等元件所组成的线性交流电路，即讨论在同频率正弦电源激励下的稳态电路分析方法及电路特性。

1. 学习目标

（1）了解线性电容 C、电感 L 元件的伏安特性；

（2）掌握相量与正弦量的关系及特征；

（3）掌握元件伏安特性和基尔霍夫定律的相量形式；

（4）掌握相量电路的分析计算方法和正弦交流电路的功率分析与计算；

（5）了解功率因数提高和谐振电路基本概念。

2. 学习建议

（1）学习时间：6～10 小时。

第一节建议学习时间：1 小时；

第二节建议学习时间：1.5 小时；

第三节建议学习时间：1 小时；

第四节建议学习时间：1.5 小时；

第五节建议学习时间：1 小时；

第六节建议学习时间：2 小时；

第七节建议学习时间：0.5 小时。

（2）学习方法：

A. 学习前复习第一章、第二章内容。

B. 点播学习网络课程第三章的内容，完成相关内容的“选择题”“习题”。

C. 参加在线导学直播学习。

D. 阅读参考资料：

① 王英主编，西南交通大学出版社《电工技术基础（电工学Ⅰ）》（第 2 版）第三章；

② 王英主编，西南交通大学出版社《电工技术学习指导及习题精解》第三章。

E. 第一节、第二节学习完成后，提交第 1 次作业；第三节、第四节学习完成后，提交第 2 次作业；第五节学习完成后，提交第 3 次作业；第六节、第七节学习完成后，提交第 4 次作业，并进行本章学习小结。

3. 学习重点与难点

A. 重点掌握元件伏安特性和基尔霍夫定律的相量形式及相量图；

B. 重点掌握相量电路的分析计算方法和正弦交流电路的功率分析与计算；

C. 重点了解功率因数提高和谐振电路基本概念；

D. 难点是：掌握相量法的数学基础，特别是电容 C、电感 L 元件的伏安特性和基尔霍夫定律的相量形式；相量电路的分析方法；相量图分析方法。

第一节　电容 C 元件和电感 L 元件

本章电路中的电源主要是正弦交流电源，由正弦交流电压源 $u(t)=U_{\mathrm{m}}\sin(\omega t+\varphi_u)$ 、正弦交流电流源 $i(t)=I_{\mathrm{m}}\sin(\omega t+\varphi_i)$ 、电阻 R、电感 L 和电容 C 等线性元件构成交流稳态电路。

一、电容元件 C

1. 电容元件的基本概念

实际电容器是由某种绝缘介质隔开的两个理想导电极板构成，如图 3.1（a）所示。在外电路的作用下，两个极板上分别聚集起等量的正、负电荷，并在介质中建立电场而具有电场能量。将外电路移去后，电荷依靠电场吸力可继续聚集在极板上，电场继续存在。因此，电容器是一种储存电荷或者说储存电场能量的部件，如图 3.1（b）所示。

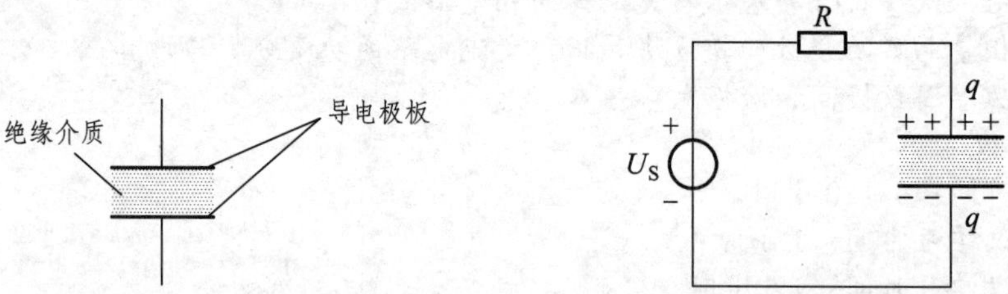

（a）电容元件结构　　（b）电容元件充电

图 3.1　电容元件结构特性

电路分析中的电容元件是表征储存电场能这一物理特征的电路模型。

2. 电容元件的定义

线性电容元件（简称电容元件）的电路符号、电压和电流参考方向如图 3.2（a）所示，特性曲线如图 3.2（b）所示，即特性曲线在 q-u 平面上任意时刻 t 都是过原点的直线。

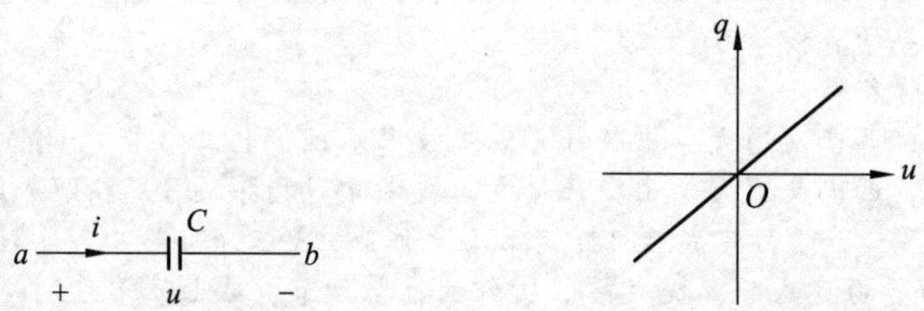

（a）线性电容元件及关联参考方向　　（b）线性电容的 q-u 特性

图 3.2　线性电容 C 元件

电容元件由电容电荷 q 与电容端电压 u 的正比关系来定义，即

$$q=Cu$$

式中，比例系数 C 称为电容值，是一个正实常数，单位为法拉（F)。实际电容值的大小常常为 10^{-6} F 或 10^{-12} F 数量级，即

$1\ \mu F$（微法）$=10^{-6}$ F

$1\ pF$（皮法）$=10^{-12}$ F

3. 电容元件的伏安特性

在电路分析中，主要研究电容元件的伏安关系。如果电容元件的电压 u 和电流 i 取关联参考方向，如图 3.2（a）所示，则伏安关系为

$$i(t)=\frac{dq}{dt}=\frac{d(Cu)}{dt}$$

即
$$i(t)=C\frac{du}{dt} \tag{3.1}$$

式（3.1）表明：

（1）电容 C 中某时刻的电流 i 与该时刻其端电压 u 的大小无关，而是与端电压 u 的变化率成正比。

（2）当电容 C 端电压 u 不随时间变化时，电流 i 为零。即端电压 u 为常数（直流）时，电容 C 相当于开路。电容 C 元件具有隔断直流（简称隔直）的作用。

注意，式（3.1）所表示的电压 u 和电流 i 的参考方向是关联条件下的关系。当采用非关联参考方向时，如图 3.3 所示，式（3.1）前需加负号，即

$$i(t)=-C\frac{du}{dt}$$

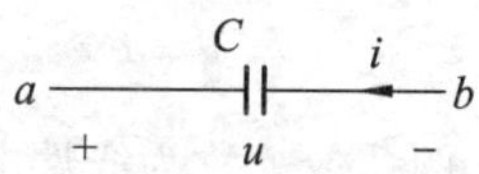

图 3.3 电容元件及非关联参考方向

电容 C 两端的电压 u 可由式（3.1）求得

$$u(t)=\frac{1}{C}\int_{-\infty}^{t} i d\xi = u(t_0)+\frac{1}{C}\int_{t_0}^{t} i d\xi$$

或
$$u(t)=u(0)+\frac{1}{C}\int_{0}^{t} i d\xi \tag{3.2}$$

式（3.2）表明电容电压 u 除与 0 到 t 的电流 i 值有关外，还与 $t=0$ 时电容元件上初始电压值 u（0）有关，因此，电容元件是一种有“记忆”的元件。

4. 电容元件的功率与电能

在电压 u 和电流 i 关联参考方向下，如图 3.2（a）所示，电容元件的瞬时吸收功率为

$$p(t)=ui=Cu\frac{du}{dt}$$

电容元件的瞬时吸收功率有正有负，当为正值时元件吸收功率，储存的电场能量增加，称这一种状态为“电容充电”；当为负值时元件释放功率，释放充电时储存的能量，这时称为“电容放电”。由于电容不消耗能量，只储存电场能量，因此，电容元件属于储能元件。

电容元件从 0 到 t 时间内吸收的电能为

$$\begin{aligned} w(t) &= \int_0^t p d\xi \\ &= \int_0^t Cu\frac{du}{d\xi}d\xi = C\int_{u(0)}^{u(t)} u du \\ &= \frac{1}{2}Cu^2(t)-\frac{1}{2}Cu^2(0) \end{aligned}$$

上式表明：任意时刻电容元件的储能 w 总是大于或等于零，因此，电容元件属于无源元件。

一般实际电容器除有储能作用外，会消耗一定的电能，这时，电容器的电路模型是电容元件和电阻元件的并联组合。

如果电容元件的特性曲线在 q-u 平面上不是任意时刻 t 都是过原点的直线，此元件为非线性电容元件。本教材只讨论线性电容电路。

二、电感元件 L

1. 电感元件的基本概念

实际电感器通常是由导线绕制在磁性材料上的线圈构成。当线圈中流过电流时，其周围便产生磁场，电能转化为磁场能，以磁场的形式存在。

电路分析中的电感元件是表征电流产生磁通和储存磁场能这一物理特征的电路模型。

2. 电感元件的基本定义

线性电感元件（简称电感元件）的电路符号、电压和电流参考方向如图 3.4（a）所示，特性曲线如图 3.4（b）所示，即特性曲线在 Ψ-i 平面上任意时刻 t 都是过原点的直线。

电感元件由磁链 Ψ 与电流 i 的正比关系来定义，即

$$\psi = Li$$

式中，比例系数 L 称为线性电感值，是一个正实常数，单位为亨利（H）。当电感值较小时，常用毫亨（$1\ \text{mH} = 10^{-3}\ \text{H}$）或微亨（$1\ \mu\text{H} = 10^{-6}\ \text{H}$）表示。

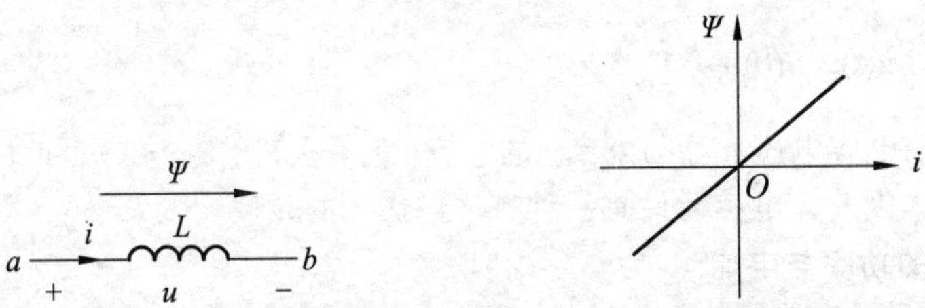

（a）线性电感元件及关联参考方向　　（b）线性电感的 Ψ-i 特性

图 3.4　线性电感元件

3. 电感元件的伏安特性

在电压 u 和电流 i 关联参考方向条件下，当电感元件中的电流 i 变化时，根据电磁感应定律，可得到电感元件的伏安关系

$$u(t) = \frac{\mathrm{d}\psi}{\mathrm{d}t} = \frac{\mathrm{d}(Li)}{\mathrm{d}t}$$

即

$$u(t) = L\frac{\mathrm{d}i}{\mathrm{d}t} \tag{3.3}$$

式（3.3）表明：

（1）电感 L 中某时刻的电压 u 与该时刻电流 i 的大小无关，与流过的电流 i 变化率成正比。

（2）当电感 L 中的电流为直流时，其电感元件的端电压为零，电感 L 元件可用“短路线”等效替代。

通过式（3.3）计算电感 L 中流过的电流 i，则有

$$i(t)=\frac{1}{L}\int_{-\infty}^{t}u\mathrm{d}\xi=i(t_0)+\frac{1}{L}\int_{t_0}^{t}u\mathrm{d}\xi$$

或

$$i(t)=i(0)+\frac{1}{L}\int_{0}^{t}u\mathrm{d}\xi \tag{3.4}$$

式（3.4）表明电感 L 中的电流 i 除与 0 到 t 的端电压 u 值有关外，还与 $t=0$ 时电感元件上初始电流值 i（0）有关，电感元件也是一个“记忆”元件。

4. 电感元件的功率与电能

在电压和电流关联参考方向下，如图 3.4（a）所示，电感元件的瞬时吸收功率为

$$p(t)=ui=Li\frac{\mathrm{d}i}{\mathrm{d}t}$$

电感元件的瞬时吸收功率不会转变成其他能而消耗掉，而是以磁能的形式储存在电感线圈形成的磁场中，因此，电感元件属于储能元件。电感元件从 0 到 t 时间内吸收的电能为

$$\begin{aligned}w(t)&=\int_{0}^{t}p\mathrm{d}\xi=\int_{0}^{t}Li\frac{\mathrm{d}i}{\mathrm{d}\xi}\mathrm{d}\xi=L\int_{i(0)}^{i(t)}i\mathrm{d}i\\&=\frac{1}{2}Li^2(t)-\frac{1}{2}Li^2(0)\end{aligned}$$

上式表明：任意时刻电感元件的储能 w 总是大于或等于零，因此，电感元件属于无源元件。

如果电感元件的特性曲线在 Ψ-i 平面上不是任意时刻 t 都是过原点的直线，此元件为非线性电感元件。本教材只讨论线性电感电路。

三、常见问题讨论

（1）因为电容 C、电感 L 与电阻 R 都是无源元件，所以电容 C、电感 L 与电阻 R 元件都是耗能元件。

解答：电阻 R 是耗能元件；电容 C、电感 L 是储能元件。

电路分析中的电容 C 是表征储存电场能这一物理特征；电感 L 是表征储存磁场能这一物理特征。

（2）当电容端电压 u_C 和电流 i_C 的参考方向如图 3.5 所示时，则电容元件的伏安特性为

$$i_C(t)=C\frac{\mathrm{d}u_C}{\mathrm{d}t}$$

解答：错。

注意图 3.5 中电压 u_C 与电流 i_C 的参考方向为非关联参考方向，即电流 i_C 的方向是从电压

u_C 的负极流向正极。而方程式 $i_C(t)=C\dfrac{\mathrm{d}u_C}{\mathrm{d}t}$ 是在关联参考方向条件下成立，则图 3.5 的正确方程式为：$i_C(t)=-C\dfrac{\mathrm{d}u_C}{\mathrm{d}t}$。

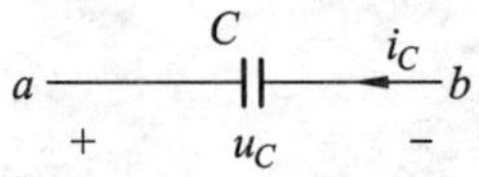

图 3.5　电容元件

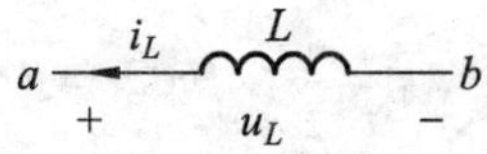

图 3.6　电感元件

（3）当电感中的电流 i_L 与电感端电压 u_L 的参考方向如图 3.6 所示时，则电感元件的伏安特性为：

$$u_L(t)=L\frac{\mathrm{d}i_L}{\mathrm{d}t}$$

解答：错。

注意图 3.6 中电压 u_L 与电流 i_L 的参考方向为非关联参考方向，即电流 i_L 的方向是从电压 u_L 的负极流向正极。而方程式 $u_L(t)=L\dfrac{\mathrm{d}i_L}{\mathrm{d}t}$ 是在关联参考方向条件下成立，则图 3.6 的正确方程式为：$u_L(t)=-L\dfrac{\mathrm{d}i_L}{\mathrm{d}t}$。

（4）电容 C 中某时刻的电流 i_C 与该时刻其端电压 u_C 的大小有关，即只要电容 C 两端有电压 u_C 存在，则电容 C 中就有电流 i_C 流过。

解答：错。

因为 $i_C(t)=C\dfrac{\mathrm{d}u_C}{\mathrm{d}t}$，所以电容 C 中某时刻的电流 i_C 与该时刻其端电压 u_C 的大小无关，而是与端电压 u_C 的变化率（即 $\dfrac{\mathrm{d}u_C}{\mathrm{d}t}$）成正比。

（5）电感 L 某时刻的端电压 u_L 与该时刻的电流 i_L 大小有关，即只要电感 L 中有电流 i_L 流过，电感 L 两端就有电压 u_L 存在。

解答：错。

因为 $u_L(t)=L\dfrac{\mathrm{d}i_L}{\mathrm{d}t}$，所以电感 L 某时刻的端电压 u_L 与该时刻的电流 i_L 大小无关，与流过的电流 i_L 变化率（即 $\dfrac{\mathrm{d}i_L}{\mathrm{d}t}$）成正比。

（6）当电容 C 端电压 u_C 不随时间变化时，电容 C 中的电流 i_C 为零，则电容 C 可用“短路线”等效替代。

解答：错。当电容 C 中的电流 i_C 为零时，电容 C 可用“开路”等效替代。

电容 C 端电压 u_C 不随时间变化时，电容 C 处于直流电路中；在直流电路中，因为 $\dfrac{\mathrm{d}i_C}{\mathrm{d}t}=0$，即 $i_C(t)=C\dfrac{\mathrm{d}u_C}{\mathrm{d}t}=0$，根据电流为零可等效为“开路”的概念，则电容 C 在直流电路中可用“开路”等效替代。

（7）当电感 L 中的电流 i_L 不随时间变化时，电感 L 中的端电压 u_L 为零，则电感 L 元件可用“开路”等效替代。

解答：错。当电感 L 中的端电压 u_L 为零时，电感 L 元件可用“短路线”等效替代。

当电感 L 中的电流 i_L 不随时间变化时，电感 L 处于直流电路中；在直流电路中，因为 $\frac{\mathrm{d}i_L}{\mathrm{d}t}=0$，即 $u_L(t)=L\frac{\mathrm{d}i_L}{\mathrm{d}t}=0$，根据电压为零可等效为“短路”的概念，电感 L 在直流电路中可用“短路线”等效替代。

四、特别提示

电容、电感元件是储能元件，其能量的存储与释放都需要一定的时间，其变换是连续的。当电容端电压不变时，其电容存储的能量不变；当电感中电流不变时，其电感存储的能量也不变。

第二节　正弦函数与相量

一、动态与稳态电路

动态元件：由于电感和电容是储能元件，所以将电感、电容称为动态元件。

动态电路：包含有动态元件的电路称为动态电路。由于动态电路中存在储能元件，使电路的响应不仅与当时的输入电源电量有关，还与电路中储能元件所储存的能量有关。

稳态电路：在各元件的电气参数和连接关系保持不变（即没有开关器件产生转换）的电路中，其各元件上的电压、电流达到稳定或呈周期性的稳定变化时，称电路为稳态电路。

例如：第一章、第二章所讨论的电压、电流电量都属于稳态电压、电流，即是稳态电路的讨论。

本章讨论的电路电压、电流是呈周期性的稳定变化的正弦稳态电路，即电路的元件参数和结构保持稳定不变，电路中的电源均为正弦交流电源，电路中电量变化频率由电源频率决定。

二、正弦波

1. 正弦量的三要素

正弦波：随时间 t 按照正弦规律变化的物理量，称为正弦量，其波形称为正弦波，它们在某时刻的值称为该时刻的**瞬时值**，正弦电压和电流分别用**小写字母** u、i 表示。

例如：正弦电流式为 $i(t)=I_{\mathrm{m}}\sin(\omega t+\varphi_i)$ 或 $i(t)=I_{\mathrm{m}}\cos(\omega t+\varphi_i)$；正弦电压式为 $u(t)=U_{\mathrm{m}}\sin(\omega t+\varphi_u)$ 或 $u(t)=U_{\mathrm{m}}\cos(\omega t+\varphi_u)$。

注释：本教材统一用“正弦函数”作为电路电源的表达式。

正弦波是电路分析中最常见的基本交流信号，如电力公司提供的就是正弦波形式的电压和电流，在通信行业中，正弦波电压和电流则是传递信号的主要载体。一般的周期性变化的非正弦交流量均可分解为多种称为谐波的正弦波叠加。

在正弦电源激励下的电路称为正弦交流电路（简称为交流电路）。以电流的正弦波为例，其表达式为

$$i(t) = I_m \sin(\omega t + \varphi_i)$$

上式中，I_m、ω 和 φ_i 与电流 $i(t)$关系可用正弦波形表示，如图 3.7 所示。其各参数的基本概念讨论如下。

瞬时值：$i(t)$表示时间函数的正弦量。当时间 t 确定为 t_0 时，则 $i(t_0)$表示 t_0 时刻的电流正弦波的瞬时值。

幅值：I_m 表示正弦波的最大值，或称振幅、峰值。即正弦波的最大值是相对零值而言，在正向或负向时的峰值。对于给定的正弦波，其峰值是恒定的，如图 3.7（a）所示。

峰峰值：I_{PP} 表示的是正向峰值至负向峰值间的差值，即 $I_{PP} = 2I_m$，如图 3.7（a）所示。

角频率：ω是正弦波的角频率，它反映了正弦波变化的快慢，其单位为弧度/秒（rad/s）。

$$\omega = \frac{2\pi}{T} = 2\pi f$$

上式中，T 表示正弦波完成一个循环变化所需的时间，称为周期，单位为秒（s），如图 3.7（a）所示。

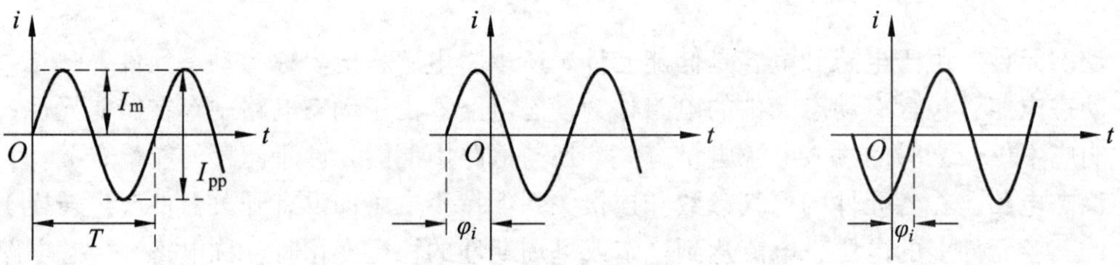

（a）$\varphi_i = 0$　　（b）$\varphi_i > 0$　　（c）$\varphi_i < 0$

图 3.7　正弦电流波形图

f 表示正弦波在 1 s 内完成的周期数，称为频率，单位为赫兹（Hz）。我国工业供电系统提供的正弦交流电的频率为 50 Hz，习惯上称之为工频。

周期 T 与频率 f 之间是互为倒数的关系，即

$$f = \frac{1}{T}$$

相位：（$\omega t + \varphi_i$）表示正弦波随时间变化的弧度或角度，称为瞬时相位（简称为相位）。

初相角：φ_i 表示 $t = 0$ 时的相位，称为初相角（或初相位）。初相位的取值范围一般为 $|\varphi_i| \leqslant 180°$，单位为弧度或度，如图 3.7（a）、（b）、（c）所示。

例如：对于正弦式 $i(t) = I_m \sin(\omega t + \varphi_i)$，当初相位 $\varphi_i = 0$ 时，表达式为

$$i = I_m \sin \omega t$$

当初相位 $\varphi_i = -45°$ 时，表达式为

$$i = I_m \sin(\omega t - 45°)$$

可见，初相角 φ_i 与时间起点的选择有关，对于同一个正弦波可以有不同的表达式。

当初相位 $\varphi_i = 90°$ 时，表达式为

$$i = I_m \sin(\omega t + 90°) = I_m \cos \omega t$$

上式表明：在数学中的余弦与正弦是用两个函数表示，但它们具有相同的变化规律波形。因此，在电路理论中，将用余弦函数和正弦函数表示的交流量统称为正弦波交流电路。

综上所述，正弦波的幅值描述了正弦波大小的变化范围；正弦波的角频率描述了正弦波变化的快慢；正弦波的初相位描述了正弦波的初始状态。幅值、角频率和初相角决定了正弦波的瞬时值，因此，将**幅值、角频率和初相**称为正弦波的**三要素**。

例 3.1 已知正弦交流电流为 $i(t) = 5\sin(314t + 30°)$ A，试求其电流的最大值、角频率、频率、周期和初相角。

分析：在正弦交流电流 $i(t) = I_m \sin(\omega t + \varphi_i)$ 式中，I_m 为最大值；ω 为角频率；φ_i 为初相角。

解

最大值为 $I_m = 5$ A

角频率为 $\omega = 314$ rad/s

频率为 $f = \dfrac{\omega}{2\pi} \approx 50$ Hz

周期为 $T = \dfrac{1}{f} = \dfrac{1}{50\ \text{Hz}} = 0.02$ s

初相角为 $\varphi_i = 30°$

结论：正弦交流函数表达出电量的最大变化范围，即最大值；正弦波变化的快慢，即角频率；正弦波完成一个循环变化所需的时间，即周期；正弦波在 1 s 内完成的周期数，即频率；$t = 0$ 时的相位，即初相角。

例 3.2 已知电流正弦波的幅值 $I_m = 10\sqrt{2}$ A，频率 $f = 50$ Hz，初相角 $\varphi_i = 30°$，试写出电流正弦波的瞬时表达式，并画出波形图。

分析：正弦交流电流的表达式为 $i(t) = I_m \sin(\omega t + \varphi_i)$，其中角频率为 $\omega = 2\pi f$ 。

解　角频率为

$$\omega = 2\pi f = 314 \text{ rad/s}$$

则电流瞬时表达式 $i(t)$ 为

$$i(t) = 10\sqrt{2}\sin(314t + 30°) \text{ A}$$

其波形如图 3.8 所示。

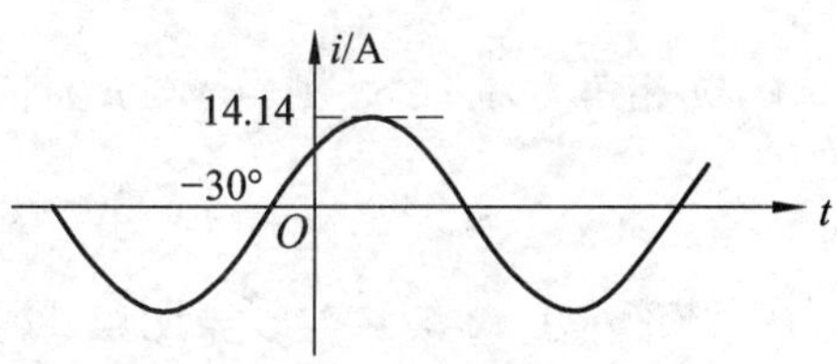

图 3.8　$i(t)$ 的波形

结论：可以根据正弦量的三要素（最大值、角频率和初相角），写出正弦量的瞬时表达式。

2. 相位差

相位差：描述**同频率**下各个正弦波相位之间的差别。

例如，设有两个正弦交流量为

$$i_1(t) = I_{m1} \sin(\omega t + \varphi_1)$$
$$i_2(t) = I_{m2} \sin(\omega t + \varphi_2)$$

其相位差 φ_{12} 为

$$\varphi_{12}=(\omega t+\varphi_1)-(\omega t+\varphi_2)=\varphi_1-\varphi_2$$

上式表明：在同频率条件下，**相位差等于初相角之差**，与正弦交流量的频率大小和变化时间无关，**即相位差是一个常量**。

一般，两个正弦波的相位关系可以分为三种情况（如图 3.9 所示）：

（1）$\varphi_{12}=\varphi_1-\varphi_2>0$ 时：$\varphi_1>\varphi_2$，称 i_1 **超前**（或引前）i_2，或者称 i_2 **滞后** i_1，如图 3.9（a）所示。

（2）$\varphi_{12}=\varphi_1-\varphi_2=0$ 时：$\varphi_1=\varphi_2$，称 i_1 与 i_2 **同相**，如见图 3.9（b）所示。

（3）$\varphi_{12}=\varphi_1-\varphi_2=180°$ 时：$\varphi_1=-\varphi_2$，称 i_1 与 i_2 **反相**，如图 3.9（c）所示。

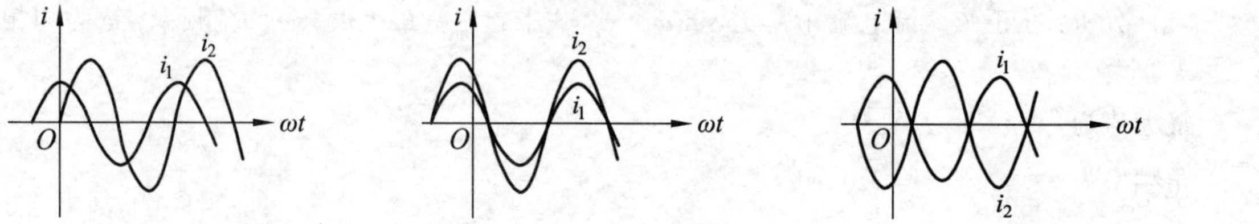

（a）$\varphi_{12}>0$，i_1 超前 i_2　　（b）$\varphi_{12}=0$，i_1 与 i_2 同相　　（c）$\varphi_{12}=\pi$，i_1 与 i_2 反相

图 3.9　相位差的三种情况波形图

例 3.3　已知电压 $u(t)=8\sin(\omega t+30°)$ V，电流 $i_1(t)=5\sin(\omega t+50°)$ A、$i_2(t)=10\cos(\omega t-90°)$ A，试计算电压 $u(t)$ 与电流 $i_1(t)$、$i_2(t)$ 间的相位差。

分析：已知 $u(t)$ 初相角为 φ_u=30°、$i_1(t)$ 初相角为 φ_{i1}=50°，并且是同频率 ω。在同频率条件下，相位差 φ 等于初相角差，即 $\varphi=\varphi_u-\varphi_i$。注意 $i_2(t)$ 为余弦函数，要转换成正弦函数。

解　$u(t)$ 与 $i_1(t)$ 间的相位差 φ_1 为

$$\varphi_1=\varphi_u-\varphi_{i1}=30°-50°=-20°$$

$i_2(t)$ 转换成正弦函数

$$i_2(t)=10\cos(\omega t-90°)\text{A}=10\sin\omega t\ \ \text{A}$$

$i_2(t)$ 初相角为 φ_{i2}=0°，则 $u(t)$ 与 $i_2(t)$ 间的相位差 φ_2 为

$$\varphi_2=\varphi_\text{u}-\varphi_{i2}=30°-0°=30°$$

结论：① $\varphi_1=-20°$，表明电压 u 滞后电流 i_1 30°，或者说电流 i_1 超前电压 u 30°；② $\varphi_2=30°$，表明电压 u 超前电流 i_2 30°，或者说电流 i_2 滞后电压 u 30°。③ i_2 是余弦函数，u 是正弦函数，则必须转换成相同的函数（正弦或余弦），其相位差不变。

在讨论相位时应注意以下几点：

（1）必须在**同频率**的条件下分析相位差。因为不同频率的正弦波，其相位差是时间的函数。

（2）对于同频率的正弦波来说，相位差是一个**常数**。

（3）两个正弦波的**超前**与**滞后**是相对的。例如，图 3.9（a）中 i_1 超前 i_2，也可以说 i_2 滞后 i_1。

（4）分析相位差时注意必须是**相同函数**。

（5）当对几个同频率正弦量进行分析时，可以首先设定其中某一个正弦量的初相位为零（称为**参考正弦量**），其他变量的相位相对于参考正弦量而确定。

3. 有效值

在工程上，人们关心交流电所产生的效果，其效果常用有效值和平均值来表示。例如，人们常说照明电路的电压是 220 V，指的是交流电压的有效值。各种交流电气设备上所标的额定电压和额定电流均为有效值。另外，利用万用表、交流电流表和交流电压表测量的交流电量也都是有效值。

有效值：又称为方均根值，是按等值热效应概念来定义的，即是正弦波热效应的度量。

例如：在图 3.10（a）所示电路中，电阻 R 与正弦交流电压源 u 连接，在一个周期 T 内，其正弦交流电流 i 在电阻 R 上产生的热量为

$$Q_1 = \int_0^T i^2 R\mathrm{d}t$$

在图 3.10（b）所示电路中，当同一个电阻 R 连接于直流电压源 U 上时，在相同的时间周期 T 内，其直流电流 I 在电阻 R 上产生的热量为

$$Q_2 = I^2 RT$$

由电阻上产生相同热量

$$Q_1 = Q_2$$

$$I^2 RT = \int_0^T i^2 R\mathrm{d}t$$

上式解得

$$I = \sqrt{\frac{1}{T}\int_0^T i^2 \mathrm{d}t}$$

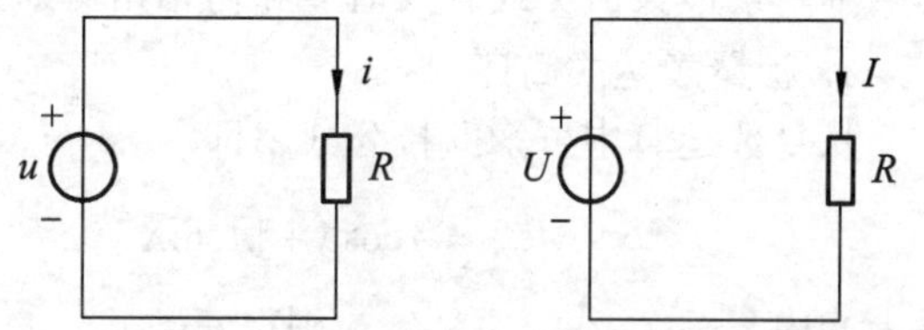

（a）正弦交流电路　　（b）直流电路

图 3.10　当电阻 R 产生相同热量时，有效值等于直流电量

将 $i(t) = I_\mathrm{m}\sin(\omega t + \varphi_i)$ 代入上式

$$I = \sqrt{\frac{1}{T}\int_0^T i^2 \mathrm{d}t} = \sqrt{\frac{1}{T}\int_0^T I_\mathrm{m}^2 \sin^2(\omega t + \varphi_i)\mathrm{d}t}$$

$$= I_\mathrm{m}\sqrt{\frac{1}{2T}\int_0^T [1 - \cos 2(\omega t + \varphi_i)]\mathrm{d}t} = \frac{I_\mathrm{m}}{\sqrt{2}}$$

即正弦电流和直流电流流过等值 R 的电阻，在相同的时间周期 T 内，当两者产生的热效应相等时，称直流电流 I 为正弦电流 i 的有效值。其有效值 I 与最大值 I_m 的关系为

$$I = \frac{I_\mathrm{m}}{\sqrt{2}} = 0.707 I_\mathrm{m} \tag{3.5}$$

同理，正弦交流电压的有效值与最大值的关系有

$$U = \frac{U_\mathrm{m}}{\sqrt{2}} = 0.707 U_\mathrm{m} \tag{3.6}$$

正弦量的三要素又可以用有效值、角频率和初相位来表示。

例 3.4　已知正弦电流的有效值 $I = 5\ \mathrm{A}$，频率 $f = 50\ \mathrm{Hz}$，初相角 $\varphi_i = -45°$，试写出正弦电流的瞬时表达式 $i(t)$。

分析：最大值与有效值的关系为：$I_\mathrm{m} = \sqrt{2} I$。

解　最大值为

$$I_m = 5\sqrt{2}\ \text{A}$$

角频率为 $\omega = 2\pi f = 314\ \text{rad/s}$

则 $i(t)$ 为 $i(t) = 5\sqrt{2}\sin(314t - 45°)\ \text{A}$

结论：当已知正弦量的三要素（最大值或有效值、角频率和初相角）时，就可以直接写出正弦量的瞬时表达式（三角函数式）。

三、正弦量的相量形式

一个正弦量一般有三种表示方法：三角函数式、波形图、相量表示法。由于前两种表示法都不便于计算，所以引入了第三种表示法，即正弦量的相量表示法，这种方法主要是借助了复数运算工具，计算出正弦量三要素中的两个要素：即最大值（或有效值）和初相角。

相量法是针对同频率的正弦稳态电路进行分析讨论，而且电路中各电量在分析计算过程中，由电源给出的频率值始终保持不变。因此，正弦量的三要素中的角频率为已知，而未知的两个要素最大值（或有效值）和初相角可通过相量法解得。

1. 相量表达式简述

从复数运算中可知欧拉公式，即

$$Ae^{jx} = A\cos x + jA\sin x$$

设上式中 $x = \omega t + \varphi_i$、$A = I_m$，则得复数式

$$I_m e^{j(\omega t+\varphi_i)} = I_m\cos(\omega t + \varphi_i) + jI_m\sin(\omega t + \varphi_i) \tag{3.7}$$

式（3.7）中，$I_m\cos(\omega t + \varphi_i)$ 为复数的**实部**，$I_m\sin(\omega t + \varphi_i)$ 为复数的**虚部**；无论是复数的实部还是虚部，其运算式都是正弦量。

在同频率正弦交流电路中，因角频率 ω 是一个已知常量，则式（3.7）可写成：

$$I_m e^{j(\omega t+\varphi_i)} = I_m e^{j\omega t} \cdot e^{j\varphi_i}$$

上式中，因为角频率 ω 是一个已知常量，所以 $e^{j\omega t}$ 为已知量。而最大值 I_m、初相角 φ_i 是未知的常量，即 $I_m e^{j\varphi_i}$ 式为一个复常数，这个**复常数**称为正弦量的**相量**，简称相量，可用变量“最大值相量 $\dot{I}_m$”或“有效值相量 $\dot{I}$”符号表示。

例如：有一正弦交流电流为 $i(t) = 5\sqrt{2}\sin(314t + 45°)\text{A}$，其相量式（或称复数式）为

最大值相量式 $\dot{I}_m = 5\sqrt{2}e^{j45°}\ \text{A}$

有效值相量式 $\dot{I} = 5e^{j45°}\ \text{A}$

一般常用复数的极坐标式表示，即

最大值相量式 $\dot{I}_m = 5\sqrt{2}\angle 45°\text{A}$

有效值相量式 $\dot{I} = 5\angle 45°\text{A}$

相量反映了正弦量三要素中的两个重要的要素：有效值（或最大值）和初相位。而角频率 ω 往往由电路中电源给定（ω 是已知参数），因此，由相量计算的结果可写出电量的正弦函数表达式。同理，已知正弦函数表达式，也可以写出对应的相量表达式。正弦函数表达式与相量表达式的对应关系为

$$i(t)=\sqrt{2}I\sin(\omega t+\varphi_i)\longleftrightarrow \dot{I}=I\angle\varphi_i \text{ 或 } \dot{I}_\mathrm{m}=\sqrt{2}I\angle\varphi_i$$

$$u(t)=\sqrt{2}U\sin(\omega t+\varphi_u)\longleftrightarrow \dot{U}=U\angle\varphi_u \text{ 或 } \dot{U}_\mathrm{m}=\sqrt{2}U\angle\varphi_u$$

2. 相量图

相量除了用复数式表示外，还可以在复平面上用有向线段表示，称为**相量图**。

设正弦交流电流为 $i(t)=\sqrt{2}I\sin(\omega t+\varphi_i)$ A， $0<\varphi_i<90°$，则其相量表达式为

$$\dot{I}=I\angle\varphi_i \text{ A}$$

可将上式用相量图的形式进行描述。即在复平面坐标下，用相量线段 $\dot{I}$ 的长短表示有效值 I;用线段 $\dot{I}$ 与实轴的夹角表示初相位 φ_i，则相量表达式 $\dot{I}=I\angle\varphi_i$ A 的相量图如图 3.11 所示（注意：横轴为实轴，纵轴 j 为虚轴）。

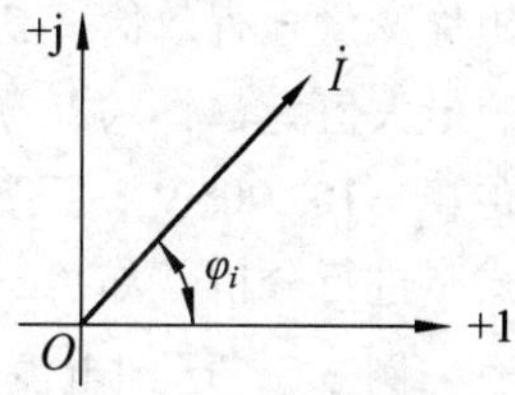

图 3.11 相量图

注意：

（1）由正弦函数表达式写成相量表达式时，可以写成有效值相量（如 $\dot{I}=I\angle\varphi_i$ A），也可以写成最大值相量（如 $\dot{I}_\mathrm{m}=\sqrt{2}I\angle\varphi_i$ ）。

（2）由相量表达式写成正弦函数表达式时，注意有效值相量（如 $\dot{I}=I\angle\varphi_i$ ）与最大值相量（如 $\dot{I}_\mathrm{m}=\sqrt{2}I\angle\varphi_i$ ）的区别。

（3）在分析同一个电路时，注意采用同一种相量形式，即电压、电流都用有效值形式的相量式，或都用最大值形式的相量式。

（4）相量式进行数学运算时，采用的是复数运算，但又有别于复数，因此，相量变量上要带上一个点标记“·”，如电流相量为 $\dot{I}$ 或 $\dot{I}_\mathrm{m}$。

（5）相量虽然可以表达正弦函数的二要素（幅值和初相角），但相量仅是正弦量的一种表示方法和计算工具，相量表达式并不等于正弦函数式，即：$i(t)=\sqrt{2}I\sin(\omega t+\varphi_i)\neq\dot{I}_\mathrm{m}$。

3. 例题

例 3.5 根据已知正弦量写出对应相量。

（1）$u_1=10\sqrt{2}\sin\left(\omega t+\dfrac{\pi}{2}\right)$ V

（2）$u_2=20\sin(\omega t-135°)$ V

分析：① 在 $u_1=10\sqrt{2}\sin\left(\omega t+\dfrac{\pi}{2}\right)$ V 表达式中，最大值为 $10\sqrt{2}$ V，有效值为 10 V，初相位为 90°；② 在 $u_2=20\sin(\omega t-135°)$ V 表达式中，最大值为 20 V，有效值为 $\dfrac{20}{\sqrt{2}}$ V，初相位为 −135°。

解 （1）有效值相量表达式为

$$\dot{U}_1=10\angle 90° \text{ V}$$

最大值相量表达式为

$$\dot{U}_{\mathrm{m}1}=10\sqrt{2}\angle 90° \text{ V}$$

（2）有效值相量表达式为

$$\dot{U}_2 = \frac{20}{\sqrt{2}}\angle -135°\ \text{V}$$

最大值相量表达式为

$$\dot{U}_{m2} = 20\angle -135°\ \text{V}$$

结论：由正弦函数式写相量式时，关注正弦量的最大值或有效值、初相角，即“有效值相量变量 = 有效值∠初相角”；或“最大值相量变量 = 最大值∠初相角”。另外，正弦函数式的最大值为$U_m = \sqrt{2}U$形式，则对应的相量式一般用“有效值相量式”进行分析，如（1）小题$\dot{U}_1 = 10\angle 90°\ \text{V}$；正弦函数式直接用最大值$U_m$形式，则对应的相量式一般用“最大值相量式”进行分析，如（2）小题$\dot{U}_{m2} = 20\angle -135°\ \text{V}$。

例 3.6 已知电流$i_1 = 20\sqrt{2}\sin(314t + 30°)\ \text{A}$，$i_2 = 30\sqrt{2}\sin(314t - 20°)\ \text{A}$。求出各电流的频率$f$、有效值$I$和初相位$\varphi$，并在同一张图上画出$i_1$、$i_2$的相量图，比较它们的相位关系。

分析：i_1、i_2的频率相同，则可根据$\omega = 2\pi f$解得频率f；根据正弦函数式的幅值可得有效值I；根据正弦函数的相位可得初相位φ；根据相量式可画出相量图。

解 频率为

$$f = \frac{\omega}{2\pi} = \frac{314}{2\pi} \approx 50\ \text{Hz}$$

解电流i_1得

$$I_1 = 20\ \text{A}$$
$$\varphi_1 = 30°$$
$$\dot{I}_1 = 20\angle 30°\ \text{A}$$
$$\dot{I}_{m1} = 20\sqrt{2}\angle 30°\ \text{A}$$

解电流i_2得

$$I_2 = 30\ \text{A}$$
$$\varphi_2 = -20°$$
$$\dot{I}_2 = 30\angle -20°\ \text{A}$$
$$\dot{I}_{m2} = 30\sqrt{2}\angle -20°\ \text{A}$$

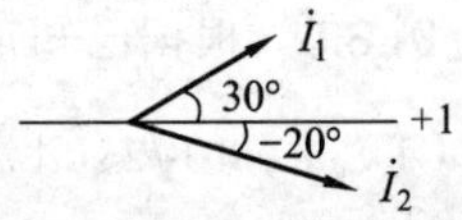

图 3.12 $\dot{I}_1$、$\dot{I}_2$的相量图

相量图如图 3.12 所示，i_1引前i_2相位 50°，或者说，i_2滞后i_1相位 50°。

结论：相量图非常直观地展示出正弦量之间的相位关系，因此，通过作相量图和三角函数分析，也能解得各相量值，这种方法称为相量图解法。相量图不仅能形象地表征出电路中各量间的数量和相位关系，有时还可以定性分析电路中的某些特性。

四、复 数

相量是分析计算线性正弦交流稳态电路的一种简便有效的数学工具，其运算涉及相关的数学复数运算知识，下面进行简要地论述。

设有两个复数量$\dot{A}_1$、$\dot{A}_2$分别为

$$\dot{A}_1 = a + \mathrm{j}b$$
$$\dot{A}_2 = c + \mathrm{j}d$$

上式中，j 表示复数的虚数单位。

1. 复数表达式

1）代数式

$$\dot{A}_1 = a + \mathrm{j}b$$

上式中，a 为实部，b 为虚部。在复平面上，横轴为实部 a，纵轴为虚部 b，其平行四边形的对角线为复数 $\dot{A}_1$，如图 3.13 所示。

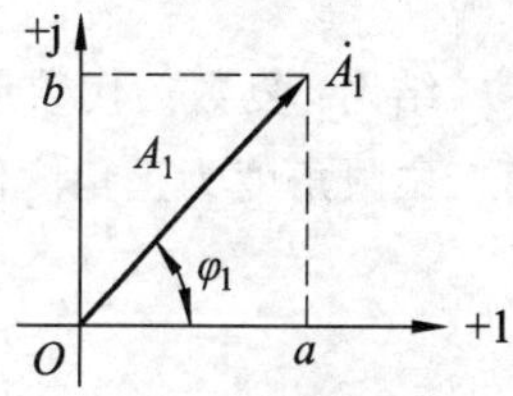

图 3.13　复平面

2）极坐标式

根据图 3.13 可得复数的极坐标式：

$$\dot{A}_1 = A_1\angle\varphi_1$$

上式中，A_1 称为复数的模，φ_1 称为复数的辐角，其计算关系式为

$$\begin{cases} A_1 = \sqrt{a^2 + b^2} \\ \varphi_1 = \arctan\dfrac{b}{a} \end{cases}$$

3）三角式

由图 3.13 中直角三角形分析得

$$\begin{cases} a = A_1\cos\varphi_1 \\ b = A_1\sin\varphi_1 \end{cases}$$

则三角式为

$$\dot{A}_1 = A_1\cos\varphi_1 + \mathrm{j}A_1\sin\varphi_1$$

4）指数式

三角式可写成

$$\dot{A}_1 = A_1\cos\varphi_1 + \mathrm{j}A_1\sin\varphi_1 = A_1(\cos\varphi_1 + \mathrm{j}\sin\varphi_1)$$

由欧拉公式得

$$\dot{A}_1 = A_1\mathrm{e}^{\mathrm{j}\varphi_1}$$

注意：复数的四种表达式不仅相等还可以相互转换。

例 3.7　已知电压 $\dot{U} = 220\mathrm{e}^{\mathrm{j}30^\circ}$ V 和电流 $\dot{I} = (-4 - \mathrm{j}3)$ A，试分别写出其他几种复数表达式。如果 $\dot{I} = (4 - \mathrm{j}3)$ A，则极坐标又如何写？

$$\begin{aligned} \dot{U} &= 220\mathrm{e}^{\mathrm{j}30^\circ}\,\mathrm{V} && \text{指数式} \\ &= (220\cos30^\circ + \mathrm{j}220\sin30^\circ)\,\mathrm{V} && \text{三角式} \\ &= (190.5 + \mathrm{j}110)\,\mathrm{V} && \text{代数式} \\ &= 220\angle30^\circ\,\mathrm{V} && \text{极坐标式} \end{aligned}$$

$$\dot{I}=(-4-\mathrm{j}3)\ \mathrm{A} \qquad \text{代数式}$$

$$=\sqrt{4^2+3^2}\angle\arctan\left(\frac{-3}{-4}\right)\mathrm{A}=(5\angle-143.1^\circ)\ \mathrm{A} \qquad \text{极坐标式}$$

$$=[5\cos(-143.1^\circ)+\mathrm{j}5\sin(-143.1^\circ)]\ \mathrm{A} \qquad \text{三角式}$$

$$=5\mathrm{e}^{-\mathrm{j}143.1^\circ}\ \mathrm{A} \qquad \text{指数式}$$

$$\dot{I}=(4-\mathrm{j}3)\ \mathrm{A}=\left[5\angle\arctan\left(\frac{-3}{4}\right)\right]\mathrm{A}=5\angle-36.9^\circ\ \mathrm{A}$$

结论：复数的代数形式转换为极坐标形式时，特别要注意复数所在的象限，即第一象限、第二象限角度为正角度值；第三象限、第四象限的角度为负角度值，如图 3.14 所示。

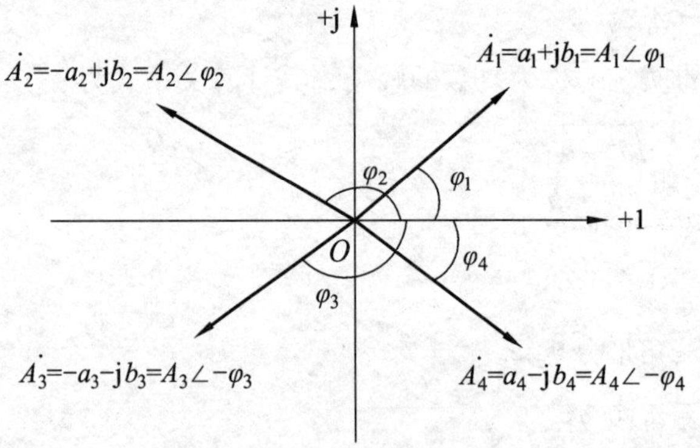

图 3.14　复平面复值角度

2. 复数四则运算

已知：$\dot{A}_1=a+\mathrm{j}b=A_1\angle\varphi_1$，$\dot{A}_2=c+\mathrm{j}d=A_2\angle\varphi_2$。

1）和差运算

$$\begin{aligned}\dot{A}_1\pm\dot{A}_2&=(a+\mathrm{j}b)\pm(c+\mathrm{j}d)\\&=(a\pm c)+\mathrm{j}(b\pm d)\end{aligned}$$

即实部与实部相加减，虚部与虚部相加减。

复数的和差运算也可以用平行四边形法，即在复平面上作相量图进行计算，如图 3.15 所示。

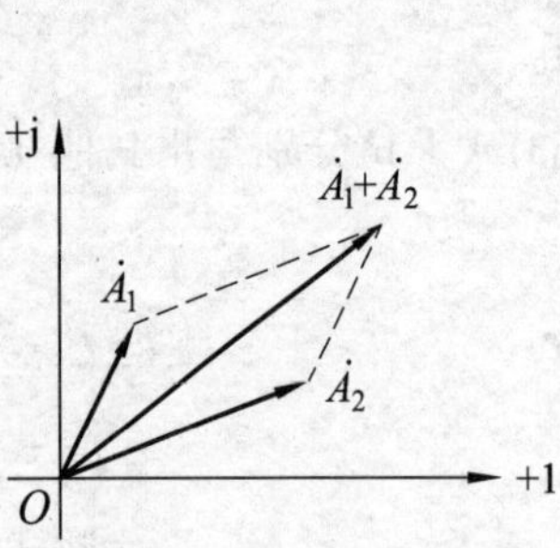

（a）复数的加法运算

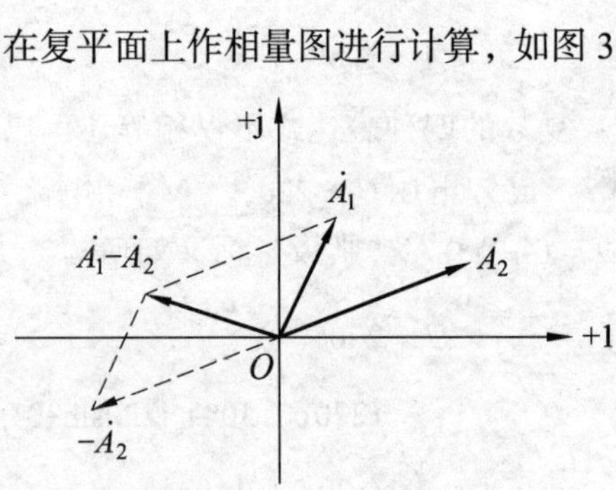

（b）复数的减法运算

图 3.15　复数运算的图解法

2）乘除运算

$$\dot{A}_1\dot{A}_2 = A_1\angle\varphi_1 \cdot A_2\angle\varphi_2 = A_1A_2\angle(\varphi_1+\varphi_2)$$

$$\frac{\dot{A}_1}{\dot{A}_2} = \frac{A_1\angle\varphi_1}{A_2\angle\varphi_2} = \frac{A_1}{A_2}\angle(\varphi_1-\varphi_2)$$

即用极坐标式进行复数的乘法和除法运算：乘法运算为模相乘，初相位相加；除法运算为模相除，初相位相减。

例 3.8 已知复数 $\dot{A}_1=6+\mathrm{j}8$，$\dot{A}_2=4+\mathrm{j}4$，试求它们的和、差、积、商。

$$\dot{A}_1+\dot{A}_2=(6+\mathrm{j}8)+(4+\mathrm{j}4)=10+\mathrm{j}12$$

$$\dot{A}_1-\dot{A}_2=(6+\mathrm{j}8)-(4+\mathrm{j}4)=2+\mathrm{j}4$$

$$\dot{A}_1\cdot\dot{A}_2=10\angle53.1^\circ\times5.657\angle45^\circ=56.57\angle98.1^\circ$$

$$\frac{\dot{A}_1}{\dot{A}_2}=\frac{10\angle53.1^\circ}{5.657\angle45}=1.77\angle8.1^\circ$$

结论：一般“和、差”运算时，采用复数的代数形式；而“积、商”运算时，则用复数的极坐标式。

3．正弦量微分后所对应的相量式

设：$i(t)=\sqrt{2}I\sin(\omega t+\varphi)$，其相量表达式为

$$\dot{I}=I\angle\varphi$$

对正弦量 $i(t)$微分，得

$$\frac{\mathrm{d}i}{\mathrm{d}t}=\frac{\mathrm{d}}{\mathrm{d}t}\left[\sqrt{2}I\sin(\omega t+\varphi)\right]$$
$$=\sqrt{2}\omega I\sin(\omega t+\varphi+90^\circ)$$

上式的相量表达式为

$$\dot{I}'=\omega I\angle(\varphi+90^\circ)=\mathrm{j}\omega\cdot I\angle\varphi$$

用 $\dot{I}=I\angle\varphi$ 简化上式，得

$$\dot{I}'=\mathrm{j}\omega\cdot\dot{I}$$

可见，正弦函数的相量 $\dot{I}$ 乘以 **j*ω*** 等于正弦函数微分后的相量 $\dot{I}'$ 的表达式。即设正弦函数与相量对应关系为

$$i(t)=\sqrt{2}I\sin(\omega t+\varphi_\mathrm{i})\ \leftrightarrow\ \dot{I}=I\angle\varphi_i$$

则 $i(t)$微分后所对应相量关系为

$$\frac{\mathrm{d}i(t)}{\mathrm{d}t}\leftrightarrow\mathrm{j}\omega\dot{I}=\mathrm{j}\omega I\angle\varphi_i$$

4．虚数运算

$$\mathrm{j}=1\angle90^\circ$$

$$\mathrm{j}^2=-1$$

$$\frac{1}{\mathrm{j}}=-\mathrm{j}=1\angle-90^\circ$$

例 3.9 已知正弦交流电流：$i_1(t)=5\sin(\omega t-45°)$ A，$i_2(t)=10\sqrt{2}\sin(\omega t+120°)$ A。试求电流 $i(t)=i_1(t)+i_2(t)$。

分析：首先将正弦电流量统一转换成有效值相量式；因是两个电量的加法运算，所以相量式应写成复数式的代数形式。

解 相量式

$$
\begin{aligned}
\dot{I}_1 &= \frac{5}{\sqrt{2}}\angle -45° \text{ A} \\
&= \frac{5}{\sqrt{2}}(\cos 45° - \text{j}\sin 45°) \text{ A} \\
&= \left(\frac{5}{\sqrt{2}}\cdot\frac{\sqrt{2}}{2} - \text{j}\frac{5}{\sqrt{2}}\cdot\frac{\sqrt{2}}{2}\right) \text{ A} \\
&= (2.5-\text{j}2.5) \text{ A}
\end{aligned}
$$

$$
\begin{aligned}
\dot{I}_2 &= 10\angle 120° \text{ A} \\
&= 10(\cos 120° + \text{j}\sin 120°) \text{ A} \\
&= \left(-10\frac{1}{2} + \text{j}10\frac{\sqrt{3}}{2}\right) \text{ A} \\
&= (-5+\text{j}8.66) \text{ A}
\end{aligned}
$$

则电流 $\dot{I}$ 有

$$
\begin{aligned}
\dot{I} = \dot{I}_1 + \dot{I}_2 &= (2.5-\text{j}2.5) \text{ A} + (-5+\text{j}8.66) \text{ A} \\
&= (-2.5+\text{j}6.16) \text{ A} \\
&= 6.65\angle 112.1° \text{ A}
\end{aligned}
$$

电流 $i(t)$ 时域式为

$$i(t)=i_1(t)+i_2(t)=6.65\sqrt{2}\sin(\omega t+112.1°) \text{ A}$$

结论：正弦函数的加减运算，可借用相量运算工具来完成，其解题步骤为：先将“时域式”转换成“相量式”，再进行相量式运算，最后将“相量式”变换成“时域式”。即电路的时域问题变为复数域问题进行分析求解。

例 3.10 已知正弦交流：电压 $u_1(t)=10\sqrt{2}\sin(\omega t-45°)$ V，电流 $i_1(t)=5\sqrt{2}\sin(\omega t-80°)$ A，并且电压 $u_1(t)$ 与电流 $i_1(t)$ 为关联参考方向，试求 $\dfrac{\dot{U}_1}{\dot{I}_1}$。

分析：首先将正弦电量转换成相量极坐标式，再进行 $\dfrac{\dot{U}_1}{\dot{I}_1}$ 相量式运算。

解 相量极坐式

$$
\begin{aligned}
\dot{U}_1 &= 10\angle -45° \text{ V} \\
\dot{I}_1 &= 5\angle -80° \text{ A}
\end{aligned}
$$

则

$$\frac{\dot{U}_1}{\dot{I}_1}=\frac{10\angle -45°}{5\angle -80°}\ \Omega = 2\angle 35°\ \Omega$$

结论：正弦函数的乘除运算，可借用相量运算工具来完成，即“时域式”转换为“相量极坐标式”，再进行相量式运算。

五、常见问题讨论

（1）交流电量式可以用相量式来表示吗？

解答：只有正弦交流电量才能用相量式表示。

交流电量是一种大小和方向随时间而变化的电量，而正弦交流电量只是交流电量中的一种；“相量”运算是针对电路输入为“正弦交流电量”时而引用的一种数学计算工具。

（2）只有同频率正弦量的“相量”才能画在同一参考量的“相量图”上。

解答：对。

因为相量式中不包含正弦交流电量“三要素”中的频率，即不包含 $u(t)=U_{\mathrm{m}}\sin(\omega t+\varphi_u)$ 中的角频率 ω。相量运算式是在设定电路电量的角频率 ω 不变的条件下，对其最大值 U_{m}（或有效值 U）和初相角 φ_u 进行计算，所以每一个相量图都是在同一频率条件下画出来的。

当线性电路中存在多个频率的正弦交流电量时，则可用叠加定理的概念进行分析运算。

例如：在某个线性电路中，其电压源为 $u(t)=[34\sqrt{2}\sin 314t+20\sqrt{2}\sin(628t+30°)]\ \mathrm{V}$，则可以引用叠加定理概念进行分析计算，即将电压源 $u(t)$ 拆分为两个独立电压源 $u'(t)$、$u''(t)$，其中电压源 $u'(t)=34\sqrt{2}\sin 314t\ \mathrm{V}$，电压源 $u''(t)=20\sqrt{2}\sin(628t+30°)\ \mathrm{V}$，两个独立电压源单独作用解之。

（3）有效电压值 U 和有效电流值 I 是有方向的电量。即有效电压值 U 是一个有“正”“负”电压极性的电量，有效电流值 I 是一个有“电流流向”的电量。

解答：错。

因为有效值是按等值热效应概念来定义的，即是正弦波热效应的度量，所示有效电压值 U 和有效电流值 I 是一种没有“方向”的电量。

（4）如果电压 $u(t)=220\sqrt{2}\sin(314t+30°)\ \mathrm{V}$，则对应的相量式为 $\dot{U}_{\mathrm{m}}=220\sqrt{2}\angle 30°\ \mathrm{V}$，所以，电压表达式可写为：$u(t)=220\sqrt{2}\sin(314t+30°)\ \mathrm{V}=220\sqrt{2}\angle 30°\ \mathrm{V}$。

解答：错。

“电压 $u(t)=220\sqrt{2}\sin(314t+30°)\ \mathrm{V}$ 的对应相量式为 $\dot{U}_{\mathrm{m}}=220\sqrt{2}\angle 30°\ \mathrm{V}$”这一概念是正确的。但是，电压表达式 $u(t)=220\sqrt{2}\sin(314t+30°)\ \mathrm{V}=220\sqrt{2}\angle 30°\ \mathrm{V}$ 是错的。因为，$u(t)=220\sqrt{2}\sin(314t+30°)\ \mathrm{V}$ 为实数域表达式，而 $\dot{U}_{\mathrm{m}}=220\sqrt{2}\angle 30°\ \mathrm{V}$ 为复数域表达式，所以，$u(t)=220\sqrt{2}\sin(314t+30°)\ \mathrm{V}\neq 220\sqrt{2}\angle 30°\ \mathrm{V}$。

（5）已知 $\dot{U}=220\angle -30°\ \mathrm{V}$，$\omega=314\ \mathrm{rad/s}$，则 $u(t)=220\sin(314t+30°)\ \mathrm{V}$。

解答：错。

因为，$\dot{U}=220\angle -30°\ \mathrm{V}$ 为“有效值相量式”，其最大值为 $U_{\mathrm{m}}=220\sqrt{2}\ \mathrm{V}$，初相角 $\varphi_{\mathrm{u}}=-30°$。所以，正确表达式为：$u(t)=220\sqrt{2}\sin(314t-30°)\ \mathrm{V}$。

六、特别提示

（1）“有效值”电量是一种没有方向的电量。

（2）“相量”仅是分析“正弦交流电路”的一种数学工具。

第三节　基尔霍夫定律和元件伏安特性的相量形式

电路元件（即电阻 R、电感 L、电容 C 和电源等元件）受伏安特性约束；电路中电压、电流受 KCL、KVL 的约束。

在正弦稳态电路中，伏安特性的约束和 KCL、KVL 的约束仍保持不变。所以，相量电路中元件应受到相量形式的伏安特性约束；电路中支路电压、电流受到相量形式的基尔霍夫定律约束。下面讨论这两类约束的相量形式。

一、基尔霍夫定律的相量形式

基尔霍夫定律的相量形式是分析与计算相量电路的基本定律，它包括基尔霍夫电流定律的相量形式和基尔霍夫电压定律相量形式。

（一）基尔霍夫电流定律的相量形式

1.相量形式的 KCL

在正弦稳态电路中，任何时刻，任一结点上的基尔霍夫电流定律有

$$\sum_{k=1}^{b} i_k(t) = 0$$

在正弦稳态中，当所有的**电源频率 f 相同**时，其电路中各支路电流 $i_k(t)$ 也均为同一频率 f 的正弦量响应。

相量形式的基尔霍夫电流定律：在同频率的相量电路中，流入任一结点的各支路电流相量和恒等于零，即

$$\sum_{k=1}^{b} \dot{I}_k = 0 \tag{3.8}$$

或

$$\sum_{k=1}^{b} \dot{I}_{mk} = 0 \tag{3.9}$$

式（3.8）为有效值式相量 KCL 表达式；式（3.9）为最大值式相量 KCL 表达式。

例 3.11　在同频率正弦交流电源激励下，稳态电路中某节点电流关系如图 3.16 所示，试写出图中节点的 KCL 方程，即分别写出 $\sum_{k=1}^{b} i_k(t) = 0$、$\sum_{k=1}^{b} \dot{I}_k = 0$ 方程。

（a）同频率正弦稳态电路

（b）图（a）的相量电路

图 3.16　例 3.11 图

分析：本题写的是节点的 KCL 方程，注意所设定的电流参考方向是流入节点还是流出节点，并设 KCL 式中流入节点的支路电流为“正”。

解 （1）图 3.16（a）的 KCL 方程为

$$i_1 - i_2 + i_3 + i_4 = 0$$

（2）图 3.16（b）的 KCL 相量方程为

$$\dot{I}_1 - \dot{I}_2 + \dot{I}_3 + \dot{I}_4 = 0$$

结论：列 KCL 相量方程的方式方法与直流电路相似，所不同的是计算式中采用的数学工具。

2. KCL 拓展与应用

（1）流出结点的支路电流等于流入该节点的支路电流，即

$$\sum i_{出} = \sum i_{入}$$

$$\sum \dot{I}_{出} = \sum \dot{I}_{入} \quad 或 \quad \sum \dot{I}_{m出} = \sum \dot{I}_{m入}$$

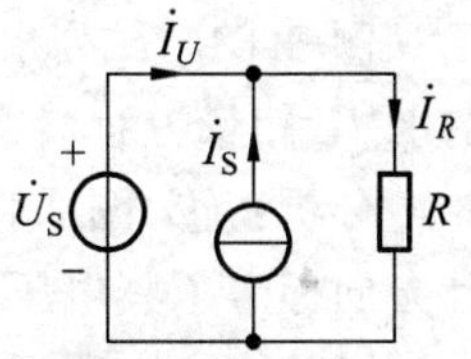

图 3.17　例 3.12 图

例 3.12　电路如图 3.17 所示，已知电流源 $i_S(t) = 2\sqrt{2}\sin\omega t$ A，电阻 R 中的电流 $i_R(t) = 3\sqrt{2}\sin\omega t$ A，试求电压源中的电流 I_U、$i_U(t)$。

分析：首先将正弦量转换为相量式，再根据 KCL 定律列相量式解得。

解　根据已知电流写出其相量式为

$$\dot{I}_S = 2\angle 0° \text{ A}$$
$$\dot{I}_R = 3\angle 0° \text{ A}$$

根据 KCL 得

$$\dot{I}_U = \dot{I}_R - \dot{I}_S = (3-2)\angle 0° \text{ A} = 1\angle 0° \text{ A}$$

得

$$I_U = 1 \text{ A}$$
$$i_U(t) = \sqrt{2}\sin\omega t \text{ A}$$

结论：当已知电路中的电量为正弦电量时，解题首先将正弦电量转换为相量式，再根据电路结构分析相量电路。

（2）KCL 相量定律也可以推广到封闭面。即任何时刻，封闭面的支路电流的相量和恒等于零；或者说，流出封闭面的电流相量等于流入该封闭面的电流相量。

（二）基尔霍夫电压定律的相量形式

1. 相量形式的 KVL

在正弦交流电路中，任一时刻，沿任一闭合路径基尔霍夫电压定律有

$$\sum_{k=1}^{b} u_k = 0$$

相量形式的基尔霍夫电压定律：在同频率的相量电路中，任一回路中，所有电压的相量和恒等于零，即

$$\sum_{k=1}^{b}\dot{U}_k=0 \tag{3.10}$$

或

$$\sum_{k=1}^{b}\dot{U}_{mk}=0 \tag{3.11}$$

式(3.10)为有效值式相量的 KVL 表达式；式(3.11)为最大值式相量的 KVL 表达式。

例 3.13 试列出如图 3.18 所示电路中回路 1、2、3 的 KVL 相量方程。

分析：① 图 3.18 所示回路 1、2、3 中，均以顺时针方向标定了其电压降的绕行方向，则可沿着这个设定的顺时针绕行方向列 KVL 相量方程。② 电阻元件上伏安相量特性为：$\dot{U}_R=R\dot{I}_R$（注：电阻电压 $\dot{U}_R$ 与电流 $\dot{I}_R$ 为关联参考方向）。

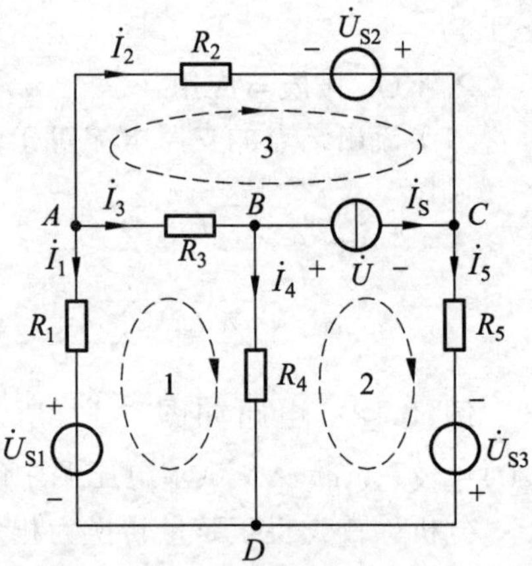

图 3.18 例 3.13 图

解 列 KVL 相量方程

回路 1 $\quad -\dot{U}_{S1}-R_1\dot{I}_1+R_3\dot{I}_3+R_4\dot{I}_4=0$

回路 2 $\quad \dot{U}+R_5\dot{I}_5-\dot{U}_{S3}-R_4\dot{I}_4=0$

回路 3 $\quad R_2\dot{I}_2-\dot{U}_{S2}-\dot{U}-R_3\dot{I}_3=0$

结论：在写 KVL 相量方程时，可以根据所设定的回路绕行方向写回路的 KVL 相量方程。当绕行方向是由电压的“+”极指向“－”极时，KVL 相量电压为“+”，否则相量电压为“－”。如回路 2 的 KVL 相量方程中，绕行方向 2 由电压源 $\dot{U}_{S3}$ 的“－”极指向“+”极，则相量方程式中为“$-\dot{U}_{S3}$”，即 $\dot{U}+R_5\dot{I}_5-\dot{U}_{S3}-R_4\dot{I}_4=0$。

2. 注　意

（1）在写 KVL 相量方程时涉及相量电压参考方向和回路的绕行方向的假设。回路绕行方向和相量电压参考方向都可以任意假设，但是一旦确定，在整个分析过程中就不能更改。

（2）在正弦交流电路中，有效值一般不满足 KCL、KVL，因为，有效值是没有参考方向的量。

二、元件伏安特性的相量形式

本节讨论电阻 R、电感 L、电容 C 元件伏安特性的相量关系。

（一）电阻元件 R

设图 3.19（a）所示电路中电流为

$$i(t)=\sqrt{2}I\sin(\omega t+\varphi_i)$$

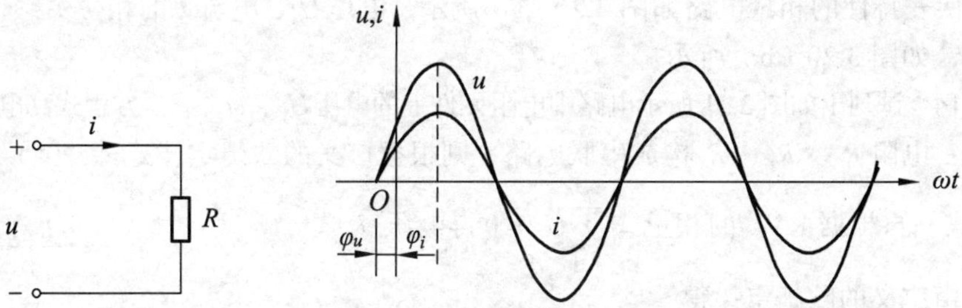

（a）正弦交流电路　　　　（b）电阻元件的伏安特性波形图

图 3.19　电阻元件电路与伏安特性

图 3.19（a）所示的电压与电流是关联参考方向，则根据欧姆定律，得电阻 R 元件上的伏安方程式为

$$u(t) = Ri(t)$$

则

$$u(t) = R \cdot \sqrt{2}I\sin(\omega t + \varphi_i) = \sqrt{2}RI\sin(\omega t + \varphi_u)$$

由于电阻 R 为正实数，则 u 与 i 的有效值和相位关系为

$$\begin{cases} U = RI \\ \varphi_u = \varphi_i \end{cases}$$

上式表明：电阻的电压有效值与电流有效值仍然满足欧姆定律，并且电压 u 与电流 i 同相位，其波形如图 3.19（b）所示。

根据图 3.19（a）画出其对应的相量电路图，如图 3.20（a）所示。

（a）电阻元件的相量电路　　　　（b）伏安特性的相量图

图 3.20　电阻元件伏安特性的相量关系

根据上面推导出的电阻元件的伏安特性方程式，可以得到对应的伏安特性相量方程式。由 $i(t) = \sqrt{2}I\sin(\omega t + \varphi_i)$ 转换为相量式为

$$\dot{I} = I\angle\varphi_i \tag{3.12}$$

由 $u(t) = \sqrt{2}RI\sin(\omega t + \varphi_{\mathrm{u}})$ 转换为相量式为

$$\dot{U} = RI\angle\varphi_u \tag{3.13}$$

由式（3.12）与式（3.13）得

$$\dot{U} = R\dot{I} \tag{3.14}$$

可见，电阻电压 $\dot{U}$ 、电流 $\dot{I}$ 的伏安关系式仍满足欧姆定律，则式 $\dot{U} = R\dot{I}$ 称为**广义的欧姆**

定律。其伏安特性的相量电路如图 3.20（a）所示，电压$\dot{U}$、电流$\dot{I}$的相位关系，还可以用相量图表示，如图 3.20（b）所示。

例 3.14　试列出如图 3.21 所示电路中电阻元件上的电压$\dot{U}_1$、$\dot{U}_2$、$\dot{U}_3$方程式和电压$\dot{U}_S$方程式。

分析：电阻R_1、R_2、R_3构成串联电路，则根据广义的欧姆定律式（3.14）可得电压$\dot{U}_1$、$\dot{U}_2$、$\dot{U}_3$式。再根据 KVL 的相量式$\sum_{k=1}^{b}\dot{U}_k=0$得电压$\dot{U}_S$式。

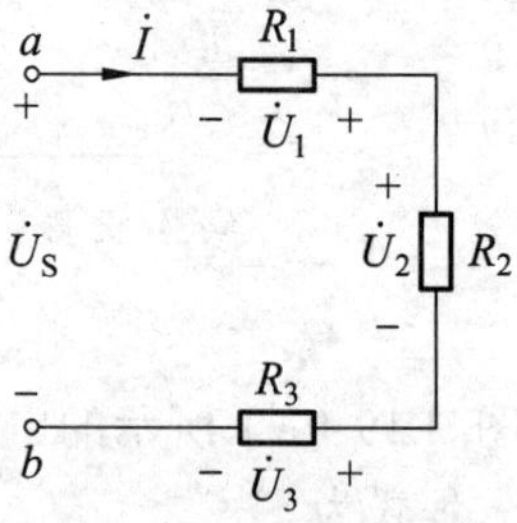

图 3.21　例 3.14 图

解　由广义的欧姆定律得

$$\dot{U}_1=-R_1\dot{I}$$
$$\dot{U}_2=R_2\dot{I}$$
$$\dot{U}_3=R_3\dot{I}$$

由 KVL 得

$$\begin{aligned}\dot{U}_S&=-\dot{U}_1+\dot{U}_2+\dot{U}_3\\&=R_1\dot{I}+R_2\dot{I}+R_3\dot{I}\\&=(R_1+R_2+R_3)\cdot\dot{I}\end{aligned}$$

结论：写广义的欧姆定律$\dot{U}=R\dot{I}$方程式时，注意电压与电流的关联参考方向关系。写 KVL 相量式时，注意各支路端电压的参考方向。电阻串联等效关系在相量电路图分析中仍成立，如图 3.22 所示。

图 3.22（a）的方程式

$$\dot{U}_S=(R_1+R_2+R_3)\cdot\dot{I}$$

图 3.22（b）的方程式

$$\dot{U}_S=R\dot{I}$$

即

$$R=R_1+R_2+R_3$$

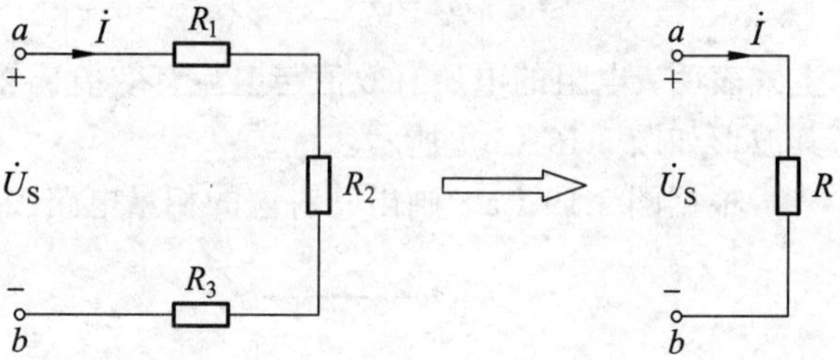

（a）　　（b）

图 3.22　电阻串联电路等效变换

（二）电感元件 L

设图 3.23 所示电路中，电感元件 L 的电流为

$$i_L(t)=\sqrt{2}I_L\sin(\omega t+\varphi_i)$$

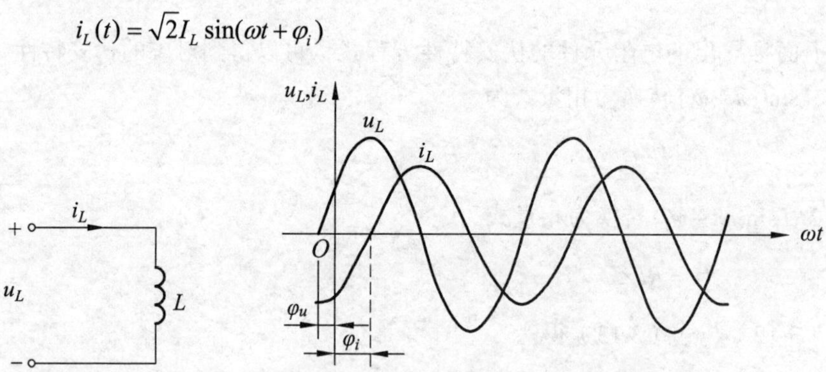

（a）正弦交流电感电路　　（b）电感元件的伏安特性波形图

图 3.23　电感元件电路与伏安特性

在图 3.23（a）所示电路的关联参考方向下，线性电感元件的伏安特性定义为

$$u_L(t) = L\frac{\mathrm{d}i_L}{\mathrm{d}t}$$

则电感上电压为

$$\begin{aligned}u_L(t) &= L\frac{\mathrm{d}}{\mathrm{d}t}[\sqrt{2}I_L\sin(\omega t+\varphi_i)]\\ &= \sqrt{2}\omega LI_L\sin(\omega t+\varphi_i+90°)\end{aligned}$$

下面将电流 $i_L(t)$ 式和电压 $u_L(t)$ 式转换为对应的相量式。

由电流 $i_L(t)=\sqrt{2}I_L\sin(\omega t+\varphi_i)$ 式转换成相量式为

$$\dot{I}_L = I_L\angle\varphi_i$$

由电压 $u_L(t)=\sqrt{2}\omega LI_L\sin(\omega t+\varphi_i+90°)$ 式转换成相量式为

$$\dot{U}_L = \omega LI_L\angle(\varphi_i+90°) = \mathrm{j}\omega L\cdot I_L\angle(\varphi_i) = \mathrm{j}\omega L\cdot\dot{I}_L$$

即

$$\dot{U}_L = \mathrm{j}\omega L\cdot\dot{I}_L = \mathrm{j}X_L\cdot\dot{I}_L \tag{3.15}$$

由式（3.15）得对应的相量电路如图 3.24 所示。

（a）电感元件的相量电路　　（b）伏安特性的相量图（设 $\varphi_i=0°$）

图 3.24　电感元件伏安特性的相量关系

式（3.15）相量表达式表明：

（1）电感电压 U_L、电流 I_L 有效值的关系为

$$U_L = \omega LI_L$$

（2）电感上的端电压 $u_L(t)$ 总是超前电流 $i_L(t)$ 相位 90°，为

$$\varphi_u = \varphi_i + 90°$$

（3）X_L 称为感抗，jX_L 是电感元件 L 的相量形式，为

$$\mathrm{j}X_L = \mathrm{j}\omega L$$

上式中，jX_L 单位为欧姆（Ω）。

（4）电感元件伏安特性的相量关系为 $\dot{U}_L=\mathrm{j}\omega L\cdot\dot{I}_L$，具有广义的欧姆定律关系。

例 3.15 电路如图 3.24（a）所示，已知电感 $L=10\ \text{mH}$，电流 $i_L(t)=10\sqrt{2}\sin(314t)\ \text{A}$，试求：（1）电感元件的感抗 X_L、电感两端的电压 $\dot{U}_L$ 和 $u_L(t)$；（2）若电源频率增加 5 倍，则以上量值有何变化？

分析：首先将 $i_L(t)$ 式转换成相量式，写出电感元件的感抗 $X_L=\text{j}\omega L$；再根据电感元件的伏安相量式（$\dot{U}_L=\text{j}\omega L\cdot\dot{I}_L$）得电压 $\dot{U}_L$。

解 （1）求 X_L、$\dot{U}_L$ 和 $u_L(t)$。

电流 $i_L(t)$ 的相量式为

$$\dot{I}_L=10\angle 0^\circ\ \text{A}$$

感抗 X_L 为

$$X_L=\omega L=(314\times 10\times 10^{-3})\ \Omega=3.14\ \Omega$$

电压 $\dot{U}_L$ 为

$$\dot{U}_L=\text{j}X_L\dot{I}=\text{j}3.14\ \Omega\times 10\angle 0^\circ\ \text{A}=31.4\angle 90^\circ\ \text{V}$$

由电压 $\dot{U}_L$ 式得 $u_L(t)$ 为

$$u_L(t)=31.4\sqrt{2}\sin(314t+90^\circ)\ \text{V}$$

（2）若电源频率增加 5 倍，求 X_L、$\dot{U}_L$ 和 $u_L(t)$ 的变化。

5 倍频率的 ω_5 为

$$\omega_5=5\omega=5\times 314\ \text{rad/s}=1\ 570\ \text{rad/s}$$

感抗 X_{L5} 为

$$X_{L5}=\omega_5 L=15.7\ \Omega$$

端电压 $\dot{U}_{L5}$ 为

$$\dot{U}_{L5}=\text{j}X_{L5}\dot{I}=\text{j}15.7\ \Omega\times 10\angle 0^\circ\ \text{A}=157\angle 90^\circ\ \text{V}$$

由电压 $\dot{U}_{L5}$ 式得 $u_{L5}(t)$ 为

$$u_{L5}(t)=157\sqrt{2}\sin(1570t+90^\circ)\ \text{V}$$

结论：感抗 X_L 的大小是随频率 f 的变化而改变的，即感抗 X_L 与频率 f 成正比。

例 3.16 试列出如图 3.25 所示电路中电感元件上的电压 $\dot{U}_1$、$\dot{U}_2$ 方程式和电压 $\dot{U}_\text{S}$ 方程式。

分析：电感 L_1、L_2 构成串联电感电路，则根据电感元件上的电压相量与相电流相量间的广义欧姆定律式（3.15）可得电压 $\dot{U}_1$、$\dot{U}_2$ 方程式。再根据 KVL 的相量式 $\sum\limits_{k=1}^{b}\dot{U}_k=0$ 得电压 $\dot{U}_\text{S}$ 方程式。

解 由广义的欧姆定律 $\dot{U}_L=\text{j}\omega L\dot{I}_L$ 得

$$\dot{U}_1 = \mathrm{j}\omega L_1 \dot{I}$$
$$\dot{U}_2 = \mathrm{j}\omega L_2 \dot{I}$$

由 KVL 得

$$\dot{U}_\mathrm{S} = \dot{U}_1 + \dot{U}_2 = \mathrm{j}\omega L_1 \dot{I} + \mathrm{j}\omega L_2 \dot{I} = (\mathrm{j}\omega L_1 + \mathrm{j}\omega L_2)\cdot \dot{I}$$

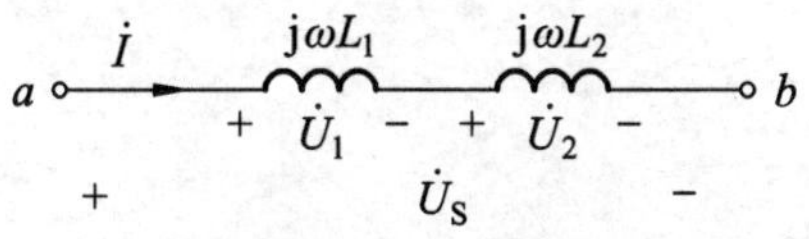

图 3.25　例 3.16 图

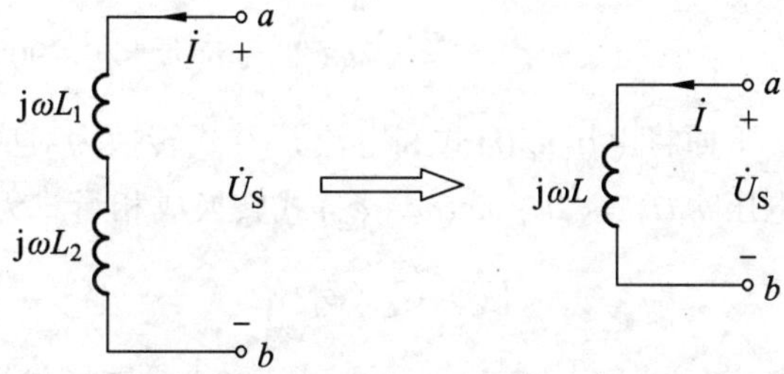

图 3.26　电感串联电路等效变换

结论：写广义的欧姆定律 $\dot{U}_L = \mathrm{j}\omega L \dot{I}_L$ 方程式时，注意电压与电流的关联参考方向关系。电感串联等效关系如相量电路图 3.26 所示。

图 3.26（a）的广义欧姆定律方程式为

$$\dot{U}_\mathrm{S} = (\mathrm{j}\omega L_1 + \mathrm{j}\omega L_2)\cdot \dot{I}$$
$$= \mathrm{j}\omega L \cdot \dot{I}$$

图 3.26（b）的等效感抗 $\mathrm{j}X_L = \mathrm{j}\omega L$ 为

$$\mathrm{j}\omega L = \mathrm{j}\omega L_1 + \mathrm{j}\omega L_2 = \mathrm{j}\omega (L_1 + L_2)$$

串联电感等效为 L 为

$$L = L_1 + L_2$$

（三）电容元件 C

设图 3.27 电路中，电容元件 C 的端电压为

$$u_C(t) = \sqrt{2} U_C \sin(\omega t + \varphi_\mathrm{u})$$

在如图 3.27（a）所示电路的关联参考方向下，线性电容的伏安特性定义为

$$i_C(t) = C\frac{\mathrm{d}u_C}{\mathrm{d}t}$$

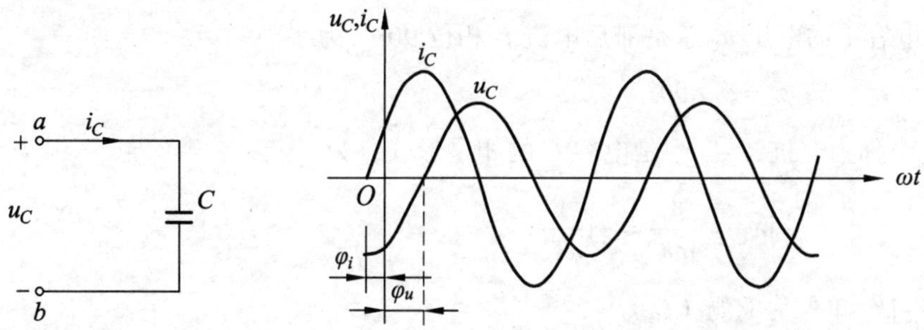

（a）正弦交流电容电路　　　　（b）电容元件的伏安特性波形图

图 3.27　电容电路与伏安特性

则电容电流为

$$\begin{aligned} i_C(t) &= C\frac{\mathrm{d}u_C}{\mathrm{d}t} \\ &= C\frac{\mathrm{d}}{\mathrm{d}t}[\sqrt{2}U_C\sin(\omega t+\varphi_u)] \\ &= \sqrt{2}\omega CU_C\sin(\omega t+\varphi_u+90°) \end{aligned}$$

下面将电压 $u_C(t)$ 式和电流 $i_C(t)$ 式转换为对应的相量式。

由电压 $u_C(t)=\sqrt{2}U_C\sin(\omega t+\varphi_u)$ 式转换成相量式为

$$\dot{U}_C = U_C\angle\varphi_u$$

由电流 $i_C(t)=\sqrt{2}\omega CU_C\sin(\omega t+\varphi_u+90°)$ 式转换成相量式为

$$\dot{I}_C = \omega CU_C\angle(\varphi_u+90°) = \mathrm{j}\omega C\cdot\dot{U}_C$$

即

$$\dot{U}_C = \frac{1}{\mathrm{j}\omega C}\cdot\dot{I}_C = -\mathrm{j}X_C\dot{I}_C \tag{3.16}$$

式（3.16）所对应的相量电路如图 3.28 所示。

（a）电容元件的相量电路　　（b）伏安特性的相量图（设 $\varphi_u=0°$）

图 3.28　电容元件伏安特性的相量关系

其相量表达式表明：

（1）电容电压 U_C、电流 I_C 有效值的关系为

$$I_C = \omega CU_C$$

（2）电容上的电压 u_C 总是滞后电流 i_C 相位 90°，为

$$\varphi_u = \varphi_i - 90°$$

（3）X_C 称为容抗，$-\mathrm{j}X_C$ 是电容 C 的相量形式，为

$$-\mathrm{j}X_C = \frac{1}{\mathrm{j}\omega C} = -\mathrm{j}\frac{1}{\omega C}$$

上式中，$-\mathrm{j}X_C$ 单位为欧姆（Ω）。

（4）电容元件伏安特性的相量关系为 $\dot{U}_C=\dfrac{1}{\mathrm{j}\omega C}\cdot\dot{I}_C$，具有广义的欧姆定律关系。

例 3.17 试列出如图 3.29 所示电路中电感元件上的电压$\dot{U}_1$、$\dot{U}_2$方程式和电压$\dot{U}_S$方程式。

分析：电容C_1、C_2构成串联电容电路，则根据电容元件上电压相量与电流相量间的广义欧姆定律式（3.16）可得电压$\dot{U}_1$、$\dot{U}_2$方程式。再根据 KVL 的相量式$\sum_{k=1}^{b}\dot{U}_k=0$得电压$\dot{U}_S$方程式。

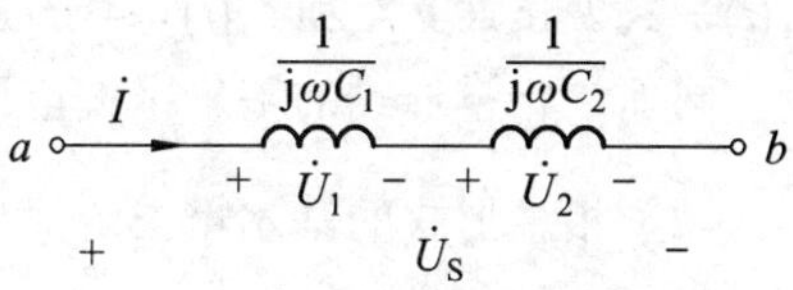

图 3.29 例 3.17 图

解 由广义的欧姆定律$\dot{U}_C=\frac{1}{j\omega C}\dot{I}_C$得

$$\dot{U}_1=\frac{1}{j\omega C_1}\dot{I}$$

$$\dot{U}_2=\frac{1}{j\omega C_2}\dot{I}$$

由 KVL 得

$$\dot{U}_S=\dot{U}_1+\dot{U}_2=\frac{1}{j\omega C_1}\dot{I}+\frac{1}{j\omega C_2}\dot{I}=\left(\frac{1}{j\omega C_1}+\frac{1}{j\omega C_2}\right)\cdot\dot{I}$$

结论：写广义欧姆定律$\dot{U}_C=\frac{1}{j\omega C}\dot{I}_C$方程式时，注意电压与电流的关联参考方向关系。电容串联等效关系如相量电路图 3.30 所示。

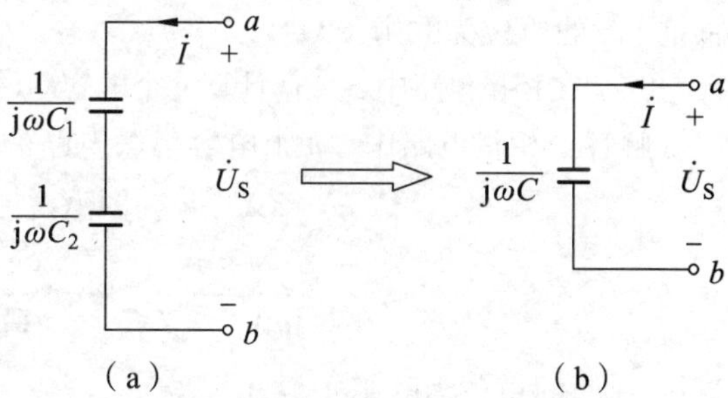

（a）　（b）

图 3.30 电容串联电路等效变换

图 3.30（a）的广义的欧姆定律方程式为

$$\dot{U}_S=\left(\frac{1}{j\omega C_1}+\frac{1}{j\omega C_2}\right)\cdot\dot{I}$$
$$=\frac{1}{j\omega C}\cdot\dot{I}$$

图 3.30（b）的等效容抗$-jX_C=\frac{1}{j\omega C}$为

$$\frac{1}{j\omega C}=\frac{1}{j\omega C_1}+\frac{1}{j\omega C_2}=\frac{1}{j\omega}\left(\frac{1}{C_1}+\frac{1}{C_2}\right)$$

串联电容等效为

$$\frac{1}{C}=\frac{1}{C_1}+\frac{1}{C_2}$$

三、常见问题讨论

（1）相量形式的基尔霍夫电流定律，描述的是在任意正弦电源频率作用下，相量电路中任一节点可列方程式$\sum_{k=1}^{b}\dot{I}_k=0$或$\sum_{k=1}^{b}\dot{I}_{mk}=0$。

解答：只有在同频率的正弦电源作用下，相量形式的基尔霍夫电流定律才成立。

当正弦电源含有多频率时，如电流源$i_S(t)=20+2\sqrt{2}\sin 200t+4\sin(314t+30°)$ A，则可利用

叠加定理分析计算电路，即把电流源 $i_S(t)$ 分解为 3 个并联电流源，即构成 20 A 的直流电流源、$i_{S1}(t)=2\sqrt{2}\sin 200t$ A 和 $i_{S2}(t)=4\sin(314t+30°)$ A 交流电流源并联电源电路。

同理，相量形式的基尔霍夫电压定律只有在同频率的正弦电源作用下才成立。

（2）相量形式的基尔霍夫定律也可以写成有效值式，即 $\sum_{k=1}^{b} I_k=0$、$\sum_{k=1}^{b} U_k=0$。

解答：错。

因为有效值是按等值热效应概念来定义的，是一种没有“参考方向”的电量；而基尔霍夫定律是在确定的电压、电流参考方向条件下讨论回路电压 $\sum_{k=1}^{b}\dot{U}_k=0$、节点电流 $\sum_{k=1}^{b}\dot{I}_k=0$ 的关系。

（3）在相量电路中，电阻的串联、并联等效计算与直流电路中的电阻串、并联计算有区别吗?

解答：没有。

相量电路中，n 个电阻串联电路的等效电阻 R：$R=R_1+R_2+R_3+\cdots+R_n$。

相量电路中，n 个电阻并联电路的等效电导 G：$G=G_1+G_2+G_3+\cdots+G_n$。

（4）在相量电路中，如何计算 n 个电感串联对外等效感抗 $\mathrm{j}X_L$？感抗 $\mathrm{j}X_L$ 的单位是什么？

解答：相量电路中，n 个电感串联电路的等效感抗 $\mathrm{j}X_L$ 为

$$\begin{aligned}\mathrm{j}X_L&=\mathrm{j}(X_{L1}+X_{L2}+X_{L3}+\cdots+X_{Ln})\\&=\mathrm{j}\omega(L_1+L_2+\cdots+L_n)\end{aligned}$$

感抗 $\mathrm{j}X_L$ 的单位为欧姆（Ω）。

（5）在相量电路中，如何计算 n 个电容串联对外等效容抗 $-\mathrm{j}X_C$？容抗 $-\mathrm{j}X_C$ 的单位是什么?

解答：相量电路中，n 个电容串联电路的等效容抗 $-\mathrm{j}X_C$ 为

$$\begin{aligned}-\mathrm{j}X_C&=-\mathrm{j}(X_{C1}+X_{C2}+X_{C3}+\cdots+X_{Cn})\\&=\frac{1}{\mathrm{j}\omega}\left(\frac{1}{C_1}+\frac{1}{C_2}+\cdots+\frac{1}{C_n}\right)\end{aligned}$$

感抗 $-\mathrm{j}X_C$ 的单位为欧姆（Ω）。

（6）当电路频率上升时，其感抗 $\mathrm{j}X_L$ 是增大还是减小?

解答：增加。

因为 $\mathrm{j}X_L=\mathrm{j}\omega L=\mathrm{j}2\pi fL$，所以当频率 f 上升时，ω 上升，导致感抗 $\mathrm{j}X_L$ 增加。即感抗 $\mathrm{j}X_L$ 的大小随频率上升而增大。

（7）当电路频率上升时，其容抗 $-\mathrm{j}X_C$ 是增大还是减小?

解答：减小。

因为 $-\mathrm{j}X_C=-\mathrm{j}\frac{1}{\omega C}=-\mathrm{j}\frac{1}{2\pi fC}$，所以当频率 f 上升时，ω 上升，导致容抗 $-\mathrm{j}X_C$ 减小。即容抗 $-\mathrm{j}X_C$ 的大小随频率上升而减小。

四、特别提示

① 基尔霍夫定律不存在“有效值”式；② 电阻 R、感抗 $X_L=\omega L$、容抗 $X_C=\frac{1}{\omega C}$ 的单位都是欧姆（Ω）。

第四节 阻 抗

一、基本概念

用相量表示 R、L、C 元件的伏安特性时，电感 L 用感抗 $\mathrm{j}\omega L(\Omega)$ 表示元件参数，电容 C 用容抗 $\dfrac{1}{\mathrm{j}\omega C}(\Omega)$ 表示元件参数，伏安相量特性电路如图 3.31 所示。各元件的伏安相量特性为

$$\dot{U}_R = R\cdot\dot{I}_R,\quad \dot{U}_L = \mathrm{j}\omega L\cdot\dot{I}_L,\quad \dot{U}_C = \frac{1}{\mathrm{j}\omega C}\cdot\dot{I}_C$$

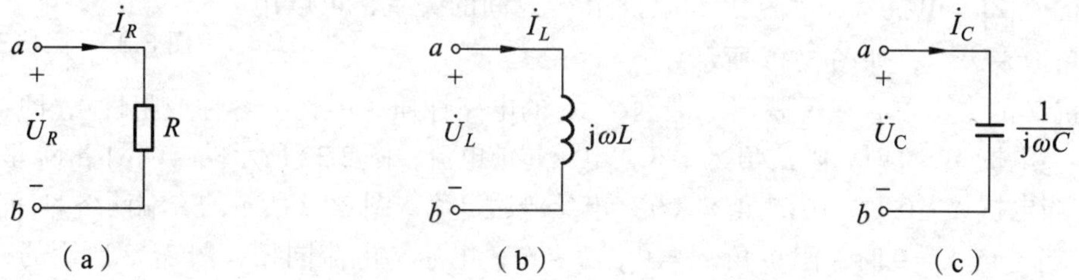

图 3.31 元件 *R*、*L*、*C* 相量电路图

如果用参数 Z 表示电阻 R 参数，或感抗 $\mathrm{j}X_L$ 参数，或容抗 $-\mathrm{j}X_C$ 参数，用电压参数 $\dot{U}$ 表示各元件上的端电压，用电流参数 $\dot{I}$ 表示各元件中的电流，则 R、L、C 元件的伏安相量特性方程可写成：

$$\dot{U} = Z\dot{I}$$

上式表明，在正弦交流激励下，各元件 R、L、C 的伏安相量特性方程都具有广义的欧姆定律特征。式中的参数 Z 称为**阻抗**，单位为欧姆 (Ω)。

当用 RLC 构成一个无源线性二端网络 N_0 时，其网络端口电压为 $\dot{U}$，端口电流为 $\dot{I}$，如图 3.32（a）所示。则 RLC 构成的无源线性二端网络 N_0 可等效为阻抗 Z，如图 3.32（b）所示，其阻抗 Z 定义为端口电压 $\dot{U}$ 与电流 $\dot{I}$ 的相量比值，即

$$Z = \frac{\dot{U}}{\dot{I}} \tag{3.17}$$

式（3.17）是欧姆定律的相量形式，称为**广义的欧姆定律**。

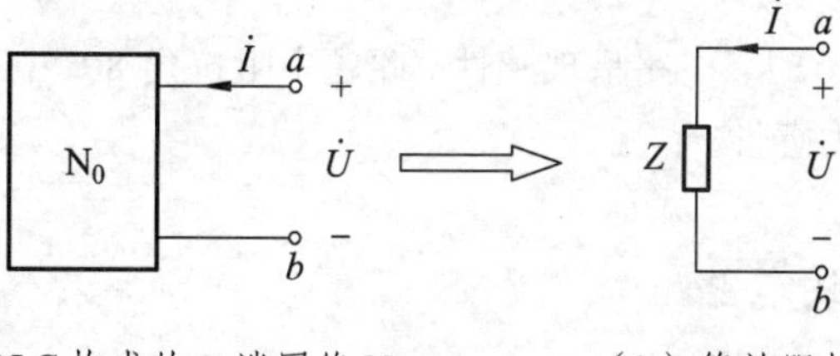

（a）RLC 构成的二端网络 N_0　　（b）等效阻抗 Z

图 3.32 阻抗 *Z* 定义

根据复数运算的特点，式（3.17）又可分解为

$$Z=\frac{U}{I}\angle(\varphi_u-\varphi_i)=|Z|\angle\varphi_Z=R+\mathrm{j}X$$

上式中，$|Z|$称为阻抗模，单位为欧姆（Ω）；φ_Z称为阻抗角；R称为等效电阻（阻抗的实部）；X称为电抗（阻抗的虚部），单位为欧姆（Ω）。

阻抗模$|Z|$和阻抗角φ_Z参数的计算分别为

$$\begin{cases}|Z|=\dfrac{U}{I}=\sqrt{R^2+X^2}\\ \varphi_Z=\varphi_u-\varphi_i=\arctan\dfrac{X}{R}\end{cases}$$

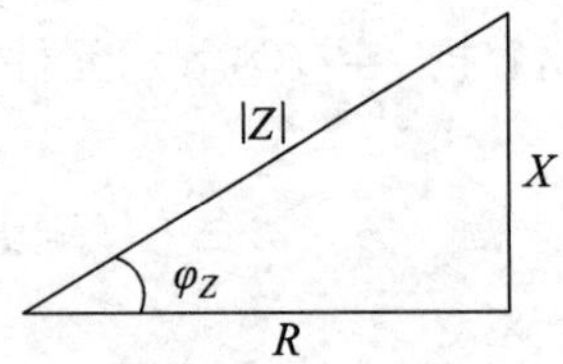

图 3.33　阻抗三角形

阻抗模$|Z|$、电抗 X、电阻 R 和阻抗角 φ_Z之间的关系，可以用**阻抗三角形**来表示，如图 3.33 所示。

阻抗 Z 的大小可直接反映出二端网络 N_0 的电路性质（感性、容性或阻性），即：

① 当电抗$X>0$时，阻抗角$\varphi_Z>0$，电压超前电流，图 3.32 所示的二端网络 N_0 呈现感性；

② 当电抗$X<0$时，阻抗角$\varphi_Z<0$，电压滞后电流，图 3.32 所示的二端网络 N_0 呈现容性；

③ 当电抗$X=0$时，阻抗角$\varphi_Z=0$，$Z=R$，电压与电流同相，图 3.32 所示的二端网络 N_0 呈现阻性。

由阻抗参数可得到导纳参数。即阻抗 Z 的倒数定义为复数的导纳 Y，有

$$Y=\frac{\dot{I}}{\dot{U}}=\frac{1}{Z}=|Y|\angle\varphi_Y=G+\mathrm{j}B$$

上式中，G 称为电导，B 称为电纳，单位为西门子（S）。

例 3.18　已知图 3.32（a）所示二端网络 N_0 的电压、电流分别为$\dot{U}=100\angle45°\ \mathrm{V}$，$\dot{I}=2\angle-35°\ \mathrm{A}$，试求二端网络 N_0 的等效阻抗 Z 和导纳 Y，并判断电路的性质。

分析：直接运用广义的欧姆定律解之。

解　根据相量形式欧姆定律，阻抗为

$$Z=\frac{\dot{U}}{\dot{I}}=\frac{100\angle45°\ \mathrm{V}}{2\angle-35°\ \mathrm{A}}=50\angle80°\ \Omega$$

导纳为

$$Y=\frac{1}{Z}=\frac{1}{50\angle80°\ \Omega}=0.02\angle-80°\ \mathrm{S}$$

电路的性质为感性。

结论：当阻抗角$\varphi_Z>0$时，电路呈现感性。此题中阻抗角 80°>0°，电压 u 超前电流 i 80°，所以二端网络 N_0 的性质为感性。

二、*RLC* 串、并联电路

在正弦交流电路中，电路元件 *RLC* 的基本连接方式有：串联、并联、星形连接和三角形连接；电压、电流关系中同样有分压、分流的概念；电路模块之间存在等效关系（即对外电路等效的概念）。

（一）*RLC* 串联电路

RLC 串联电路如图 3.34（a）所示，根据元件的伏安相量特性，有

$$\begin{cases}\dot{U}_R = R\dot{I}\\ \dot{U}_C = \dfrac{1}{\mathrm{j}\omega C}\dot{I}\\ \dot{U}_L = \mathrm{j}\omega L\dot{I}\end{cases}$$

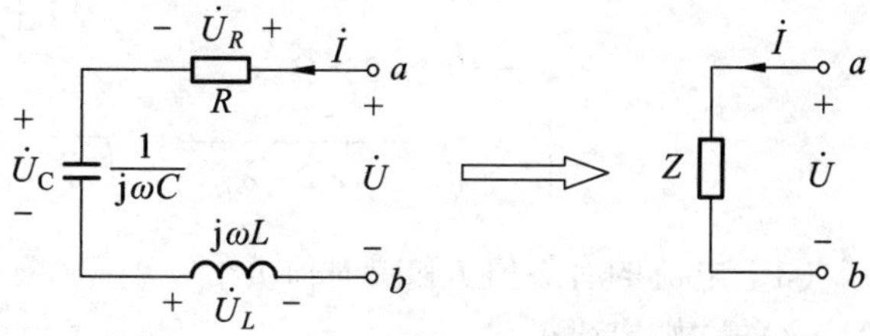

（a）*RLC* 串联电路　　（b）等效阻抗电路

图 3.34　*RLC* 串联电路与等效阻抗 *Z*

根据 KVL，有

$$\begin{aligned}\dot{U} &= \dot{U}_R + \dot{U}_C + \dot{U}_L\\ &= \left(R + \mathrm{j}\omega L + \frac{1}{\mathrm{j}\omega C}\right)\dot{I}\\ &= \left[R + \mathrm{j}\left(\omega L - \frac{1}{\omega C}\right)\right]\dot{I}\\ &= (R + \mathrm{j}X)\dot{I} = Z\dot{I}\end{aligned}$$

图 3.34（b）中的等效阻抗 *Z* 为

$$Z = R + \mathrm{j}\left(\omega L - \frac{1}{\omega C}\right) = |Z|\angle\varphi_Z$$

上式表明，在角频率 ω 一定时，电路元件 *R*、*L*、*C* 参数的大小决定其电路的性质，即：

① 当 $\omega L > \dfrac{1}{\omega C}$ 时，$\varphi_Z > 0$，电压 *u* 超前电流 *i*，图 3.34 电路呈感性；

② 当 $\omega L < \dfrac{1}{\omega C}$ 时，$\varphi_Z < 0$，电压 *u* 滞后电流 *i*，图 3.34 电路呈容性；

③ 当 $\omega L = \dfrac{1}{\omega C}$ 时，$\varphi_Z = 0$，$Z = R$，电压 *u* 与电流 *i* 同相，图 3.34 电路呈阻性。

例 3.19　*RLC* 串联交流电路如图 3.34（a）所示，已知：电压 $u = 220\sqrt{2}\sin(314t + 20^\circ)$ V，电阻 $R = 30\,\Omega$，电感 $L = 127.39$ mH，电容 $C = 39.81\,\mu$F。试求：（1）电流的有效值 *I* 和瞬时值 *i*（*t*）；（2）各元件上的电压有效值和瞬时值；（3）作相量图。

分析：根据已知电压 $u = 220\sqrt{2}\sin(314t + 20^\circ)$ V 得相量 $\dot{U}$；根据角频率 $\omega = 314$ rad/s，计算感抗 $X_L = \omega L$ 和容抗 $X_C = \dfrac{1}{\omega C}$，得等效阻抗 $Z = R + \mathrm{j}(X_L - X_C)$；根据广义的欧姆定律 $\dot{U} = Z\dot{I}$ 得电流 $\dot{I}$，解得电流的有效值 *I* 和瞬时值 *i*(*t*)；再根据元件伏安相量特性解得各元件上的电压有效值和瞬时值。

解　根据已知条件得

$$\dot{U} = 220\angle 20^\circ\ \mathrm{V}$$

$$X_C = \frac{1}{\omega C} = \frac{1}{314 \times 39.81 \times 10^{-6}}\,\Omega \approx 80\,\Omega$$

$$X_L = \omega L = (314 \times 127.39 \times 10^{-3})\,\Omega \approx 40\,\Omega$$

$$
\begin{aligned}
Z &= R + \mathrm{j}(X_L - X_C) \\
&= [30 + \mathrm{j}(40 - 80)]\ \Omega \\
&= \left[\sqrt{30^2 + (-40)^2} \angle \arctan\frac{-40}{30}\right] \Omega \\
&= 50\angle -53^\circ\ \Omega
\end{aligned}
$$

$$
|Z| = \sqrt{R^2 + (X_L - X_C)^2} = \sqrt{30^2 + (40-80)^2}\ \Omega = 50\ \Omega
$$

（1）电流的有效值 I 和瞬时值 $i(t)$。

由广义的欧姆定律得

$$
\dot{I} = \frac{\dot{U}}{Z} = \frac{220\angle 20^\circ\ \mathrm{V}}{50\angle -53^\circ\ \Omega} = 4.4\angle 73^\circ\ \mathrm{A}
$$

电流的有效值

$$
I = 4.4\ \mathrm{A}
$$

电流的瞬时值

$$
i = 4.4\sqrt{2}\sin(314t + 73^\circ)\ \mathrm{A}
$$

（2）各元件上的电压有效值和瞬时值。

$$
\begin{aligned}
\dot{U}_R &= \dot{I}R = 4.4\angle 73^\circ\ \mathrm{A} \times 30\ \Omega = 132\angle 73^\circ\ \mathrm{V} \\
\dot{U}_L &= \mathrm{j}\dot{I}X_L = 4.4\angle 73^\circ\ \mathrm{A} \times 40\ \Omega = 176\angle 163^\circ\ \mathrm{V} \\
\dot{U}_C &= -\mathrm{j}\dot{I}X_C = 4.4\angle 73^\circ\ \mathrm{A} \times 80\ \Omega = 352\angle -17^\circ\ \mathrm{V}
\end{aligned}
$$

电阻电压有效值

$$
U_R = 132\ \mathrm{V}
$$

电阻电压瞬时值

$$
u_R = 132\sqrt{2}\sin(314t + 73^\circ)\ \mathrm{V}
$$

电容电压有效值

$$
U_L = 176\ \mathrm{V}
$$

电感电压瞬时值

$$
u_L = 176\sqrt{2}\sin(314t + 163^\circ)\ \mathrm{V}
$$

电容电压有效值

$$
U_C = 352\ \mathrm{V}
$$

电容电压瞬时值

$$
u_C = 352\sqrt{2}\sin(314t - 17^\circ)\ \mathrm{V}
$$

（3）相量图如图 3.35 所示。

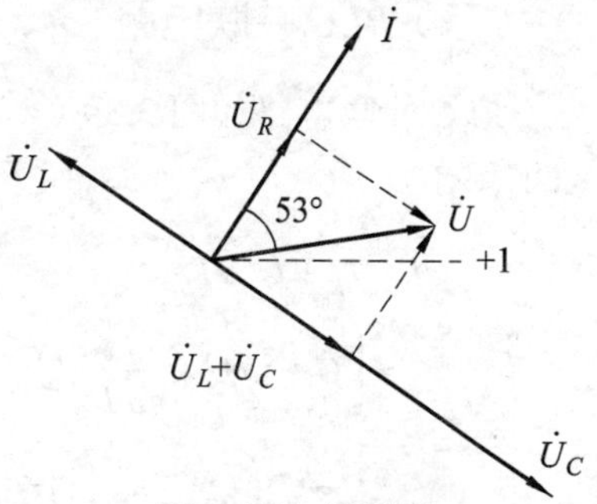

图 3.35　相量图

结论：*RLC* 串联相量电路的分析方式方法与“直流串联电路”的分析方式方法相同，所不同的是，直流电路采用实数代数运算，相量电路采用复数数学工具。另外，分析相量电路时，注意有效值电压不能直接叠加，即 $U \neq U_R + U_L + U_C$，必须是 KVL 的相量式，即 $\dot{U} = \dot{U}_R + \dot{U}_L + \dot{U}_C$。

例 3.20　电路如图 3.36 所示。已知电容 $C = 0.2\ \mu\text{F}$，电流 $i(t) = 5\sqrt{2}\cos(10^6 t + 15°)\ \text{A}$，试求电压源 $u_S(t)$。

分析：图 3.36 为瞬时电量电路，必须转换为相量电路图，如图 3.37 所示。再将电流 $i(t)$ 转换成相量 $\dot{I}$，再由 KVL 计算 $\dot{U}_S$。

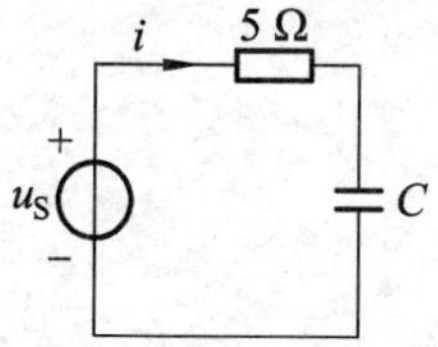

图 3.36　例 3.20 图

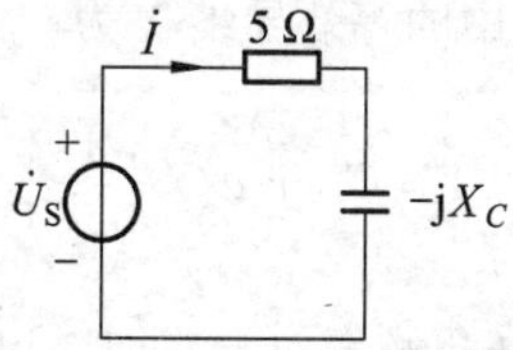

图 3.37　例 3.20 的相量图

解　电流的相量为

$$\dot{I} = 5\angle 15°\ \text{A}$$

容抗为

$$-jX_C = -j\frac{1}{10^6 \times 0.2 \times 10^{-6}}\ \Omega = -j5\ \Omega$$

图 3.36 的相量图如图 3.37 所示，由 KVL 得电压源值为

$$\begin{aligned}\dot{U}_S &= \dot{U}_R + \dot{U}_C \\ &= 5\angle 15°\ \text{A} \times (5 - j5)\ \Omega \\ &= 25\sqrt{2}\angle -30°\ \text{V}\end{aligned}$$

即电压源为

$$u_S(t) = 50\sin(10^6 t - 30°)\ \text{V}$$

结论：交流电路中各电压或电流一般不同相，常有相位差，所以计算总电压或总电流时，不能直接地用有效值相加，必须用相量进行计算。

RLC 串联电路的计算，在形式上与电阻的串联电路计算相似。即：对于有 *n* 个阻抗串联的电路[如图 3.38（a）所示]，其等效总阻抗 *Z*[如图 3.38（b）所示]为

$$Z = Z_1 + Z_2 + \cdots + Z_n \tag{3.18}$$

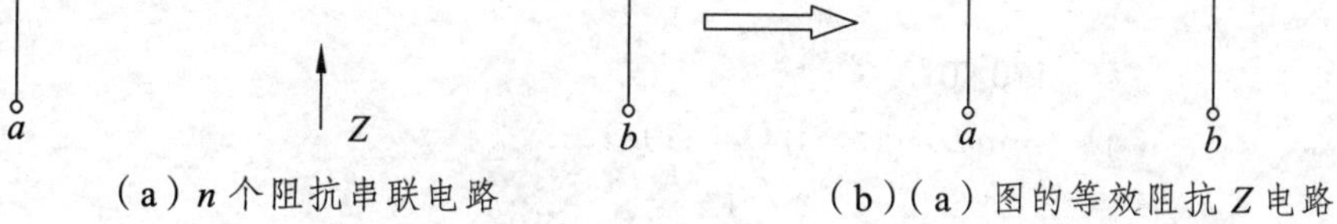

（a）*n* 个阻抗串联电路　　（b）（a）图的等效阻抗 *Z* 电路

图 3.38　*n* 个阻抗串联

（二）*RLC* 并联电路

RLC 并联电路如图 3.39（a）所示，根据 KCL，有

$$\begin{aligned}\dot{I} &= \dot{I}_R + \dot{I}_C + \dot{I}_L \\ &= \left(G + \mathrm{j}\omega C + \frac{1}{\mathrm{j}\omega L}\right)\dot{U} \\ &= \left[G + \mathrm{j}\left(\omega C - \frac{1}{\omega L}\right)\right]\dot{U} \\ &= (G + \mathrm{j}B)\dot{U} = Y\dot{U}\end{aligned}$$

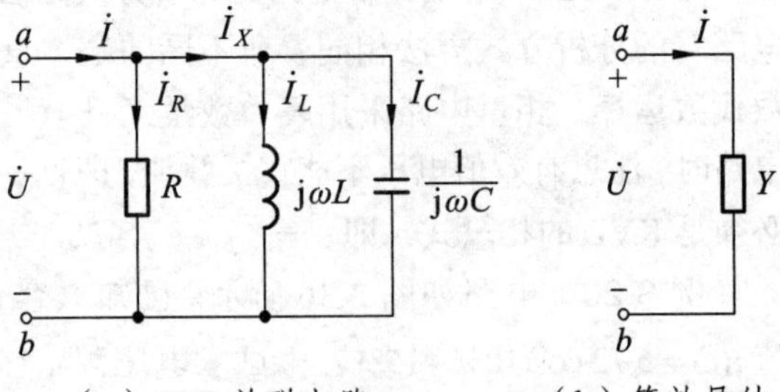

（a）*RLC* 并联电路　　（b）等效导纳

图 3.39　阻抗并联电路

图 3.39（b）中的等效导纳 Y 为

$$Y = G + \mathrm{j}\left(\omega C - \frac{1}{\omega L}\right)$$

上式表明，在角频率 ω 一定时，电路的性质由电路 R、L、C 参数的大小所决定，即：

① 当 $\omega C > \frac{1}{\omega L}$ 时，电压 u 滞后电流 i，图 3.39 电路呈容性；

② 当 $\omega C < \frac{1}{\omega L}$ 时，电压 u 超前电流 i，图 3.39 电路呈感性；

③ 当 $\omega C = \frac{1}{\omega L}$ 时，$Y = G$，电压 u 与电流 i 同相，图 3.39 电路呈阻性。

例 3.21　电路如图 3.40（a）所示，已知电阻 $R = 15\,\Omega$，电感 $L = 4\,\mathrm{H}$，电容 $C = 0.02\,\mathrm{F}$，电压源 $u(t) = 120\sqrt{2}\sin(5t)$，试求电流 $i(t)$。

分析：相量是正弦交流稳态电路的分析计算工具，因此，先将图 3.40（a）转换为相量图 3.40（b），并计算对应的感抗 $\mathrm{j}X_L$、容抗 $-\mathrm{j}X_C$ 等参数；再根据 KCL 相量式计算电流 $\dot{I}$。

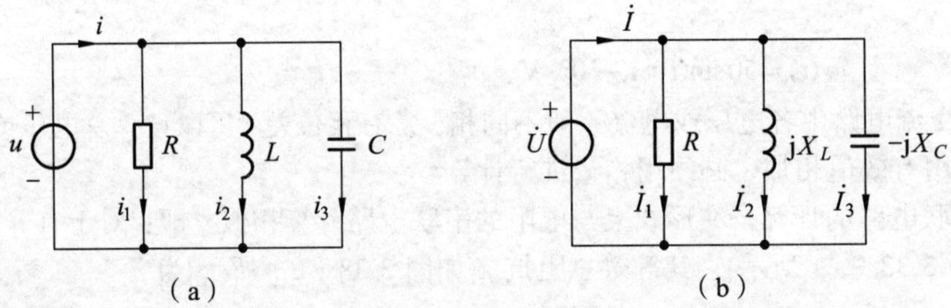

图 3.40　例 3.21 图

解　相量模型

$$\dot{U} = 120\angle 0°\ \mathrm{V}$$

$$\mathrm{j}X_L = \mathrm{j}\omega L = \mathrm{j}(5\times 4)\ \Omega = \mathrm{j}20\ \Omega$$

$$-\mathrm{j}X_C = -\mathrm{j}\frac{1}{\omega C} = -\mathrm{j}\frac{1}{5\times 0.02}\ \Omega = -\mathrm{j}10\ \Omega$$

由 KCL 得

$$\begin{aligned}\dot{I}&=\dot{I}_1+\dot{I}_2+\dot{I}_3=\frac{\dot{U}}{R}+\frac{\dot{U}}{\mathrm{j}X_L}+\frac{\dot{U}}{-\mathrm{j}X_C}\\&=120\ \mathrm{V}\left(\frac{1}{15\ \Omega}+\frac{1}{\mathrm{j}20\ \Omega}-\frac{1}{\mathrm{j}10\ \Omega}\right)\\&=(8-\mathrm{j}6+\mathrm{j}12)\ \mathrm{A}=(8+\mathrm{j}6)\ \mathrm{A}=10\angle 36.9^\circ\ \mathrm{A}\end{aligned}$$

根据 $\dot{I}$ 写电流瞬时表达式，得

$$i(t)=10\sqrt{2}\sin(5t+36.9^\circ)\ \mathrm{A}$$

结论：*RLC* 并联电路的计算，在形式上与电阻并联电路的计算相似。即：对于有 *n* 个导纳并联的电路[如图 3.41（a）所示]，其等效总导纳 *Y*[如图 3.41（b）所示]为

$$Y=Y_1+Y_2+\cdots+Y_n \tag{3.19}$$

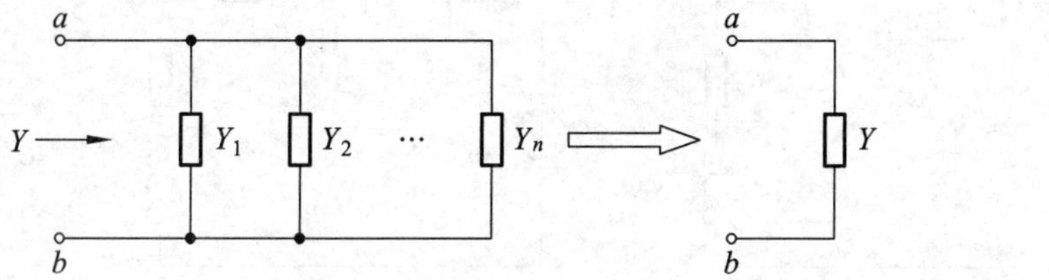

（a）*n* 个导纳并联电路　　（b）（a）图的等效导纳 *Y* 电路

图 3.41　*n* 个导纳并联

例 3.22　电路如图 3.42（a）所示，已知电阻 $R=1\ \Omega$，感抗 $\mathrm{j}X_L=\mathrm{j}\ \Omega$，容抗 $-\mathrm{j}X_C=-\mathrm{j}\ \Omega$，试求图示电路的等效阻抗 Z_{ab}。

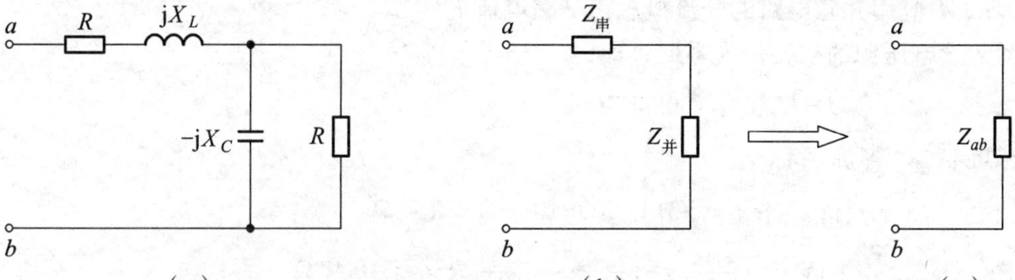

（a）　　（b）　　（c）

图 3.42　例 3.22 图

分析：图 3.42（a）所示电路为串、并联相量电路，可先分别对串联、并联模块电路进行阻抗等效计算，得等效相量图 3.42（b），最后计算等效相量图 3.42（c）中阻抗 Z_{ab}。

解　计算图 3.42（a）电路中 *RL* 串联阻抗，得图 3.42（b）中阻抗 $Z_串$ 为

$$Z_串=(1+\mathrm{j})\ \Omega$$

计算图 3.42（a）电路中 *RC* 并联阻抗，得图 3.42（b）中阻抗 $Z_并$ 为

$$Z_并=\left(\frac{-\mathrm{j}}{1-\mathrm{j}}\right)\Omega=\left(\frac{1}{2}-\frac{1}{2}\mathrm{j}\right)\Omega$$

计算图 3.42（c）等效阻抗 Z_{ab} 为

$$Z_{ab}=Z_{串}+Z_{并}=\left(1+\mathrm{j}+\frac{1}{2}-\frac{1}{2}\mathrm{j}\right)\Omega$$

$$=\left(\frac{3}{2}+\frac{1}{2}\mathrm{j}\right)\Omega=(1.5+0.5\mathrm{j})\,\Omega$$

结论：相量电路中等效阻抗 Z 的分析计算方法与直流电路中等效电阻 R 的计算方法相同，只是它们所采用的数学工具有所不同。因此，电路理论的第一章是非常重要的，其电路的基本概念、基本元件、基本定律、基本的等效电路计算方法都在第一章进行讨论，为后继章节的学习奠定了基础。

例 3.23 电路如图 3.43（a）所示。已知电阻 $R_1=1\,000\,\Omega$，$R_2=10\,\Omega$，电感 $L=500\,\mathrm{mH}$，电容 $C=10\,\mu\mathrm{F}$，电压 $U=100\,\mathrm{V}$，角频率 $\omega=314\,\mathrm{rad/s}$。试求各支路电流。

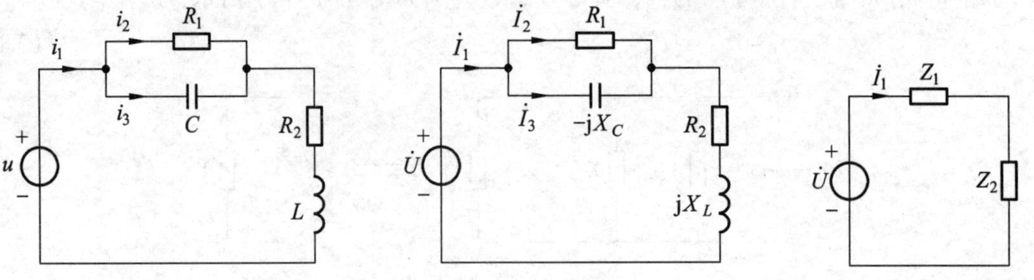

图 3.43 例 3.23 图

分析：① 先将电路图 3.43（a）转换为相量电路图，如图 3.43（b）所示；② 分别计算 R_1C 并联、R_2L 串联电路的等效阻抗 Z_1、Z_2，如图 3.43（c）所示；③ 根据广义欧姆定律得电流 $\dot{I}_1$；④ 应用并联电路的分流概念得支路电流 $\dot{I}_2$、$\dot{I}_3$。

解 设电压源的初相位为零度，即

$$\dot{U}=U\angle 0^\circ=100\angle 0^\circ\ \mathrm{V}$$

计算感抗 $\mathrm{j}X_L$、容抗 $-\mathrm{j}X_C$。

$$\mathrm{j}X_L=\mathrm{j}\omega L=\mathrm{j}(314\times 500\times 10^{-3})\,\Omega=\mathrm{j}157\,\Omega$$

$$-\mathrm{j}X_C=-\mathrm{j}\frac{1}{\omega C}=-\mathrm{j}\frac{1}{314\times 10\times 10^{-6}}\,\Omega\approx -\mathrm{j}318.47\,\Omega$$

计算图 3.43（b）中 R_2L 串联阻抗 Z_2 为

$$Z_2=R_2+\mathrm{j}X_L=(10+\mathrm{j}157)\,\Omega$$

计算图 3.43（b）中 R_1C 并联阻抗 Z_1 为

$$Z_1=\frac{R_1(-\mathrm{j}X_{\mathrm{C}})}{R_1-\mathrm{j}X_{\mathrm{C}}}=\frac{1\,000\times(-\mathrm{j}318.47)}{1\,000-\mathrm{j}318.47}\,\Omega$$

$$=\frac{318.47\times 10^3\angle -90^\circ}{1\,049.5\angle -17.7^\circ}\,\Omega$$

$$=303.45\angle -72.3^\circ\,\Omega$$

$$=(92.11-\mathrm{j}289.13)\,\Omega$$

由广义欧姆定律计算图 3.43（c）中电流 $\dot{I}_1$，得

$$\begin{aligned}\dot{I}_1 &= \frac{\dot{U}}{Z_1+Z_2} = \frac{100\angle 0^\circ}{(10+\mathrm{j}157)+(92.11-\mathrm{j}289.13)}\ \mathrm{A}\\ &= \frac{100\angle 0^\circ}{102.11-\mathrm{j}132.13}\ \mathrm{A}\\ &= \frac{100\angle 0^\circ}{166.99\angle -52.3^\circ}\ \mathrm{A}\\ &\approx 0.6\angle 52.3^\circ\ \mathrm{A}\end{aligned}$$

由并联电路的分流概念，计算图 3.43（b）中电流 $\dot{I}_2$、$\dot{I}_3$，得

$$\begin{aligned}\dot{I}_2 &= \frac{-\mathrm{j}X_C}{R_1-\mathrm{j}X_C}\dot{I}_1\\ &= \frac{-\mathrm{j}318.47}{1\,049.5\angle -17.7^\circ}\times 0.6\angle 52.3^\circ\ \mathrm{A}\\ &= 0.181\angle -20^\circ\ \mathrm{A}\end{aligned}$$

$$\begin{aligned}\dot{I}_3 &= \frac{R_1}{R_1-\mathrm{j}X_C}\dot{I}_1\\ &= \frac{1\,000}{1\,049.5\angle -17.7^\circ}\times 0.6\angle 52.3^\circ\mathrm{A} = 0.57\angle 70^\circ\ \mathrm{A}\end{aligned}$$

根据各支路电流的相量式得瞬时值表达式为

$$\begin{aligned}i_1 &= 0.6\sqrt{2}\sin(314t+52.3^\circ)\ \mathrm{A}\\ i_2 &= 0.181\sqrt{2}\sin(314t-20^\circ)\ \mathrm{A}\\ i_3 &= 0.57\sqrt{2}\sin(314t+70^\circ)\ \mathrm{A}\end{aligned}$$

结论：正弦交流电路中串、并联电路的处理方法和直流电路一样，只是所采用的数学工具有所不同。

例 3.24　如图 3.44 所示电路中，已知电流有效值 $I_1=I_2=5\mathrm{A}$，电压有效值 $U=50\ \mathrm{V}$，并且电压 u 与电流 i 同相位，试求电流 I、电阻 R、容抗 X_C、感抗 X_L。

分析：① 设电容电压 $\dot{U}_C$ 为参考相量后，根据电阻 R 中电流 i_1 与端电压 u_C **同相**、电容 C 中电流 i_2 **引前**端电压 u_C 90° 的特性，得电流 $\dot{I}_1$、$\dot{I}_2$ 相量式；再由 KCL 得电流 $\dot{I}=I\angle\varphi_i$。② 已知“电压 u 与电流 i 同相位”，即电压源 u 相位等于电流 i 的相位，$\dot{U}=U\angle\varphi_i$。③ 列 KVL 相量方程式 $\dot{U}=\mathrm{j}X_L\dot{I}+R\dot{I}_1$ 解得参数 R、X_L。④ 因已知电流 $I_1=I_2$，并且 RC 并联，则解得 $X_C=R$。

解　设 $\dot{U}_C$ 为参考相量，即

$$\dot{U}_C = U_C\angle 0^\circ\ \mathrm{V}$$

由元件的相量伏安特性得

$$\begin{aligned}\dot{I}_1 &= 5\angle 0^\circ\ \mathrm{A}\\ \dot{I}_2 &= 5\angle 90^\circ\ \mathrm{A} = \mathrm{j}5\ \mathrm{A}\end{aligned}$$

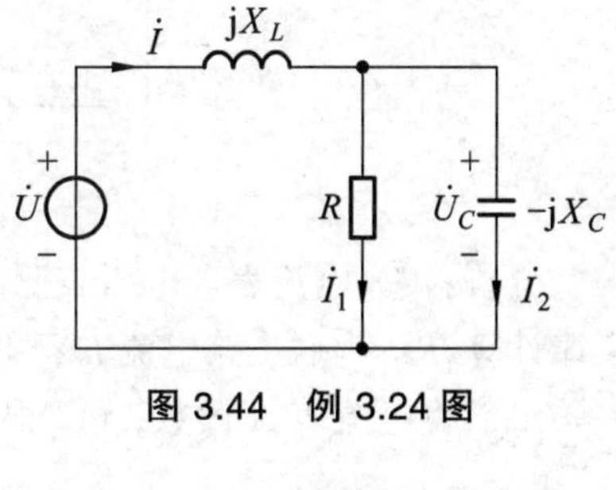

图 3.44　例 3.24 图

根据 KCL 得

$$\dot{I} = 5\ \mathrm{A}+\mathrm{j}5\ \mathrm{A} = 5\sqrt{2}\angle 45^\circ\ \mathrm{A}$$

由 u 与 i 同相位得

$$\dot{U} = 50\angle 45^\circ \text{ V}$$

根据 KVL 得

$$\dot{U} = \text{j}X_L\dot{I} + R\dot{I}_1$$

$$50\angle 45^\circ \text{ V} = [\text{j}X_L \times (5+\text{j}5) + 5R] \text{ V}$$

$$\left(\frac{50}{\sqrt{2}} + \text{j}\frac{50}{\sqrt{2}}\right) \text{V} = [(\text{j}5X_L - 5X_L + 5R] \text{ V}$$

由等式两边虚部相等得

$$\frac{50}{\sqrt{2}} = 5X_L$$

$$X_L = 5\sqrt{2}\Omega$$

由等式两边实部相等得

$$\frac{50}{\sqrt{2}} = -5X_L + 5R$$

$$\frac{50}{\sqrt{2}} = -5\times 5\sqrt{2} + 5R$$

$$R = 10\sqrt{2}\ \Omega$$

由已知电流 $I_1 = I_2$，并且 RC 并联，得

$$X_C = R = 10\sqrt{2}\ \Omega$$

结论：① 当相量电路中没有指定参考相量时，可根据题意任意设定一个电量为参考相量，即参考相量的相位角为零度（0°）。② 当两个电量同相时，说明这两个电量的初相角相同。

例 3.25 电路如图 3.45 所示。已知：电流 $I_1 = 10$ A、电压 $U_{AB} = 100$ V，试求：电流表 A 和电压表 U_0 的读数。

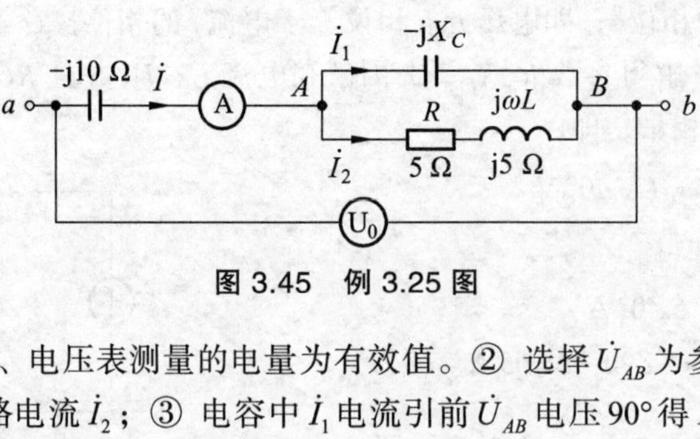

图 3.45 例 3.25 图

分析：① 电流表、电压表测量的电量为有效值。② 选择 $\dot{U}_{AB}$ 为参考相量，由广义欧姆定律计算 RL 串联支路电流 $\dot{I}_2$；③ 电容中 $\dot{I}_1$ 电流引前 $\dot{U}_{AB}$ 电压 90° 得 $\dot{I}_1$，根据 KCL 相量式 $\dot{I} = \dot{I}_1 + \dot{I}_2$ 得电流表 A 读数；④ 根据 KVL 相量式 $\dot{U}_0 = -\text{j}10\dot{I} + \dot{U}_{AB}$ 得电压表 U_0 读数。

解　设$\dot{U}_{AB}$为参考相量，即

$$\dot{U}_{AB}=100\angle 0°\ \text{V}$$

由广义欧姆定律得

$$\dot{I}_2=\frac{\dot{U}_{AB}}{R+\text{j}\omega L}=\frac{100\ \text{V}}{(5+\text{j}5)\ \Omega}=\frac{100}{5\sqrt{2}\angle 45°}\ \text{A}=10\sqrt{2}\angle -45°\ \text{A}$$

则由电容元件上电压与电流相位关系得

$$\dot{I}_1=I_1\angle 90°=10\angle 90°\ \text{A}=\text{j}10\ \text{A}$$

根据 KCL 得

$$\begin{aligned}\dot{I}&=\dot{I}_1+\dot{I}_2=(\text{j}10+10\sqrt{2}\angle -45°)\ \text{A}\\&=(\text{j}10+10-\text{j}10)\ \text{A}=10\angle 0°\ \text{A}\end{aligned}$$

即电流表 A 读数为 10 A。

根据 KVL 得

$$\dot{U}_0=-\text{j}10\dot{I}+\dot{U}_{AB}=(-\text{j}100+100)\ \text{V}=100\sqrt{2}\angle -45°\ \text{V}$$

即电压表 U_0 读数约为 141 V。

结论：电流表、电压表测量的电量，一般通过解得对应相量值后得到其测量的有效值电量。

三、常见问题讨论

（1）当图 3.46 所示网络 N_0 中的电压 u 与电流 i 同相时，电路呈什么性质？其阻抗 $Z=?$

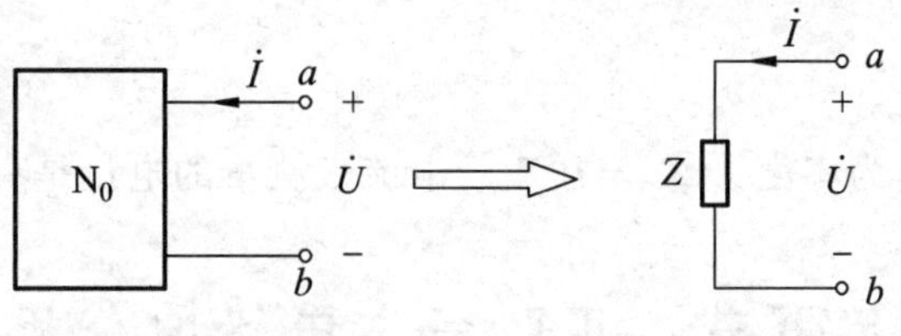

（a）RLC 二端无源网络 N_0　　（b）等效阻抗 Z 电路

图 3.46　二端网络无源 N_0 与等效阻抗 Z

解答：电路呈阻性，$Z=R$。

因为 RLC 二端无源网络 N_0 端口“电压 u 与电流 i 同相”，说明其端口等效阻抗 Z 的虚部为零，即电路呈阻性。

（2）当图 3.46 所示网络 N_0 中的电压 u 引前电流 i 90°时，电路呈什么性质？其阻抗 $Z=?$

解答：电路呈感性，$Z=\text{j}X_L$。

因为电感元件上的电压与电流相位特性为“电压 u 引前电流 i 90°”，所以电路为纯电感电路，即等效阻抗 Z 的实部为零，$Z=\text{j}X_L=\text{j}\omega L$。

（3）当图 3.46 所示网络 N_0 中的电压 u 滞后电流 i 90°时，电路呈什么性质？其阻抗 $Z=?$

解答：电路呈容性，$Z=-\text{j}X_C$。

因为电容元件上的电压与电流相位特性为“电压 u 滞后电流 i 90°”，所以电路为纯电容

电路，即等效阻抗 Z 的实部为零，$Z=-\mathrm{j}X_C=-\mathrm{j}\dfrac{1}{\omega C}$。

（4）当图 3.46 所示网络 N_0 中的电压 u 引前电流 i 45°时，电路呈什么性质？其阻抗 $Z=?$

解答：电路呈感性，$Z=R+\mathrm{j}X$，并且 $R=X$。

因为“电压 u **引前**电流 i”，所以电路呈“感性”；又因为电压 u 引前电流 i 45°，则 $Z=|Z|\angle 45^\circ=|Z|\cos 45^\circ+\mathrm{j}|Z|\sin 45^\circ=R+\mathrm{j}X$，所以 $R=X$。

（5）当图 3.46 所示网络 N_0 中的电压 u 滞后电流 i 30°时，电路呈什么性质？其阻抗 $Z=?$

解答：电路呈容性，$Z=R-\mathrm{j}X$，并且 $R\neq X$。

因为“电压 u **滞后**电流 i”，所示电路呈“容性”；又因为电压 u 滞后电流 i 30°，则 $Z=\dfrac{\dot{U}}{\dot{I}}=|Z|\angle -30^\circ=|Z|\cos 30^\circ-\mathrm{j}|Z|\sin 30^\circ=R-\mathrm{j}X$，而且 $R\neq X$。

（6）对于有 n 个阻抗串联的电路，其等效总阻抗 $Z=?$

解答：等效总阻抗 $Z=Z_1+Z_2+\cdots+Z_n$。

因为 n 个阻抗串联电路中，通过每个阻抗的电流都是 $\dot{I}$，所以根据 KVL 相量定律可得：$Z\dot{I}=Z_1\dot{I}+Z_2\dot{I}+\cdots+Z_n\dot{I}$，即 $Z=Z_1+Z_2+\cdots+Z_n$。

（7）对于有 n 个阻抗并联的电路，其等效总阻抗 $Z=?$

解答：等效总阻抗 $\dfrac{1}{Z}=\dfrac{1}{Z_1}+\dfrac{1}{Z_2}+\cdots+\dfrac{1}{Z_n}$。

因为 n 个阻抗并联电路中，每个阻抗的端电压都是 $\dot{U}$，所以根据 KCL 相量定律可得：$\dfrac{\dot{U}}{Z}=\dfrac{\dot{U}}{Z_1}+\dfrac{\dot{U}}{Z_2}+\cdots+\dfrac{\dot{U}}{Z_n}$，即 $\dfrac{1}{Z}=\dfrac{1}{Z_1}+\dfrac{1}{Z_2}+\cdots+\dfrac{1}{Z_n}$，或 $Y=Y_1+Y_2+\cdots+Y_n$。

四、特别提示

① 参考相量的相角为零度；② 电压表、电流表测量的电量是有效值。

第五节　正弦稳态电路的分析

在正弦交流激励下，由于相量分析工具的引入，电路元件的伏安特性均可以用伏安相量特性表示（即 $R=\dfrac{\dot{U}_R}{\dot{I}_R}\,\Omega$、$\mathrm{j}\omega L=\dfrac{\dot{U}_L}{\dot{I}_L}\,\Omega$、$\dfrac{1}{\mathrm{j}\omega C}=\dfrac{\dot{U}_C}{\dot{I}_C}\,\Omega$），其相量式元件构成的串、并联电路可等效为阻抗 Z，即用广义欧姆定律形式来表示阻抗上电压、电流的伏安相量特性（$Z=\dfrac{\dot{U}}{\dot{I}}$）。

在相量电路中，各回路相量电压、支路相量电流则遵循相量形式的基尔霍夫定律，即 KCL 相量式：$\sum\limits_{k=1}^{b}\dot{I}_k=0$，KVL 相量式：$\sum\limits_{k=1}^{b}\dot{U}_k=0$。所以，相量电路中的电压、电流仍受到两类线性约束，即相量形式下的元件伏安特性约束和基尔霍夫定律约束。

本节主要讨论相量电路的分析方法，即支路电流法、等效变换法；讨论相量电路的线性电路定理，即叠加定理、戴维南定理。并以例题的方式说明“直流电路”与“相量电路”分析方法上的相似之处。

一、相量式支路电流法

相量式支路电流法：是以支路相量电流为求解变量，根据基尔霍夫相量定律，对电路列出独立 KCL、KVL 相量方程组，直接解出各支路相量电流的方法。

例 3.26 电路如图 3.47 所示，试列支路电流法方程。

分析：图 3.47 已经标出 5 条支路的相量电流变量，因此，此题必须列出 5 个相量方程，即列 3 个 KCL 结点相量电流方程，列 2 个 KVL 回路相量电压方程。

解 列 KCL 结点相量电流方程

结点 A

$$\dot{I}_1+\dot{I}_2+\dot{I}_3=0$$

结点 B

$$\dot{I}_3-\dot{I}_4-\dot{I}_S=0$$

结点 C

$$\dot{I}_S+\dot{I}_2-\dot{I}_5=0$$

列 KVL 回路相量电压方程

回路 1

$$-jX_C\dot{I}_3+jX_L\dot{I}_4-\dot{U}_{S1}-R_1\dot{I}_1=0$$

回路 2

$$R_2\dot{I}_2-\dot{U}_{S2}+R_3\dot{I}_5-\dot{U}_{S3}-\dot{U}_{S1}-R_1\dot{I}_1=0$$

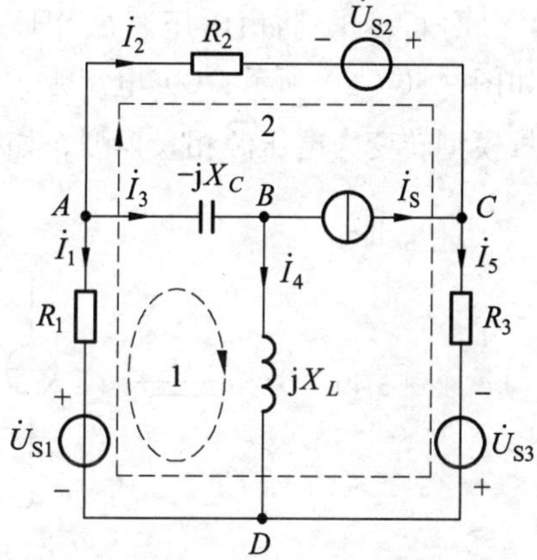

图 3.47 例 3.26 图

结论：相量式支路电流法的变量为各支路相量电流；列（$n-1$）个 KCL 结点电流相量方程，列（$k-n$）个 KVL 回路电压相量方程，求解联立 KCL、KVL 相量方程组，可解得各支路电流相量值。（设电路有 k 个支路电流变量，结点数为 n）。

二、相量式等效变换法

电源相量模型的等效变换如图 3.48 所示，图 3.48（a）为电压源相量模型，图 3.48（b）为电流源相量模型，其等效变换的条件为：$\dot{U}_S=R\dot{I}_S$。

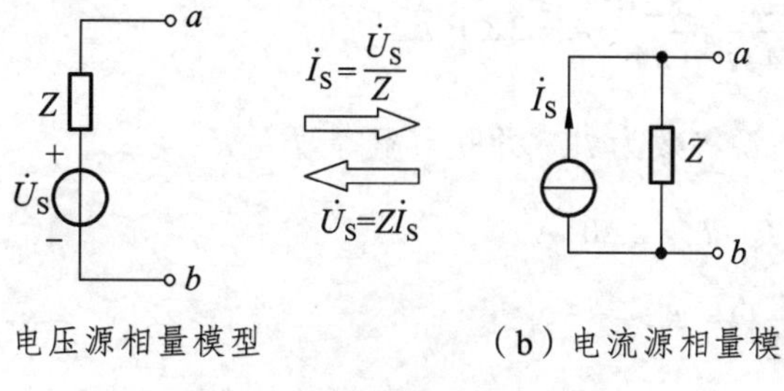

（a）电压源相量模型　　（b）电流源相量模型

图 3.48 电源相量模型的等效变换

例 3.27 电路如图 3.49 所示，已知电压源 $\dot{U}_1 = 8\angle 0°\ \text{V}$，$\dot{U}_2 = 4\angle 90°\ \text{V}$，电流源 $\dot{I}_\text{S} = 4\angle 0°\ \text{A}$。试用等效变换法求电路中的电流 $\dot{I}$。

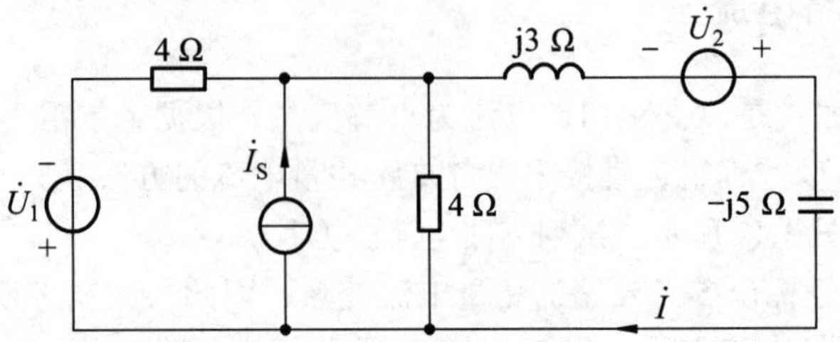

图 3.49 例 3.27 图

分析：① 将由电压源 $\dot{U}_1$ 串联 4 Ω电阻构成的电压源相量模型转变为电流相量源模型，如图 3.50（a）所示；② 电流源、电阻并联等效计算，如图 3.50（b）所示；③ 将电流源相量模型转变为电压源相量模型，如图 3.50（c）所示；④ 最后，由广义欧姆定律解得电流 $\dot{I}$。

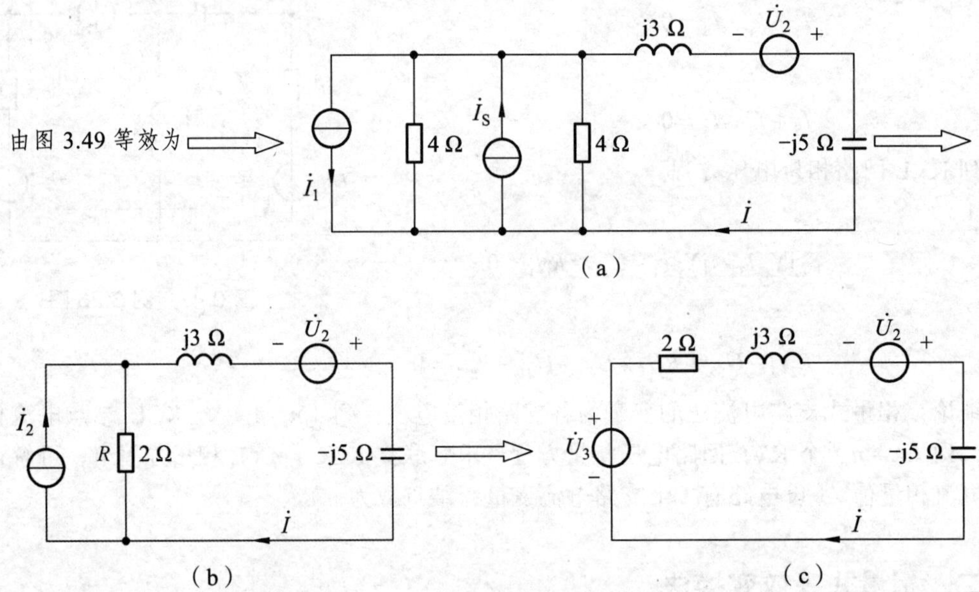

图 3.50 电源相量模型的等效变换法

解 图 3.50（a）等效变换电流源 $\dot{I}_1$ 为

$$\dot{I}_1 = \frac{\dot{U}_1}{4\ \Omega} = \frac{8\angle 0°}{4}\ \text{A} = 2\angle 0°\ \text{A}$$

图 3.50（a）中并联电流源等效为 $\dot{I}_2$，并联电阻等效为 R

$$\dot{I}_2 = \dot{I}_\text{S} - \dot{I}_1 = 2\angle 0°\ \text{A}$$

$$R = \frac{4}{2}\Omega = 2\Omega$$

图 3.50（c）等效变换电压源 $\dot{U}_3$ 为

$$\dot{U}_3 = 2\dot{I}_2 = 4\angle 0^\circ \text{ V}$$

解图 3.50（c）得

$$\dot{I} = \frac{\dot{U}_2 + \dot{U}_3}{(2 + \text{j}3 - \text{j}5)\,\Omega} = \frac{\text{j}4 + 4}{(2 - \text{j}2)} \text{ A} = 2\angle 90^\circ \text{ A}$$

结论：电源相量模型等效变换时注意电源参考方向的对应关系。

三、相量法的叠加定理

相量法的叠加定理：在有多个独立相量电源同时作用的线性电路中，任一支路中的响应相量电流（或相量电压）等于电路中各个独立相量电源单独作用时在该支路产生的相量电流（或相量电压）的代数和。

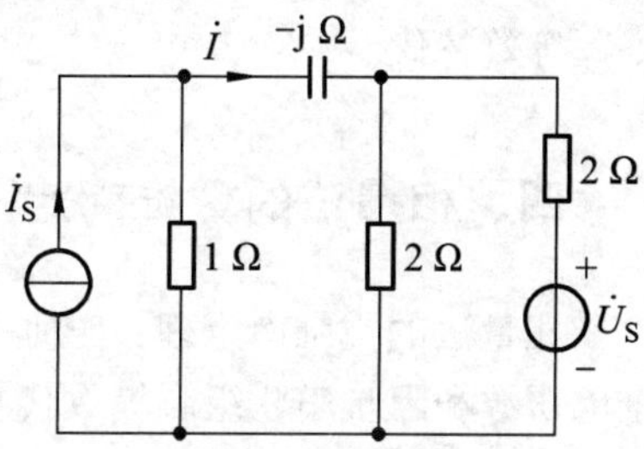

图 3.51　例 3.28 图

例 3.28　电路如图 3.51 所示，电压源 $\dot{U}_S = 20\angle 90^\circ$ V，电流源 $\dot{I}_S = 10\angle 0^\circ$ A，试用叠加定理求电容元件中的电流 $\dot{I}$。

分析：第一步画叠加电路图；第二步计算叠加图中的电流变量；第三步叠加。

解　（1）画叠加电路图，如图 3.52 所示。

（2）计算图 3.52 中的变量电流。

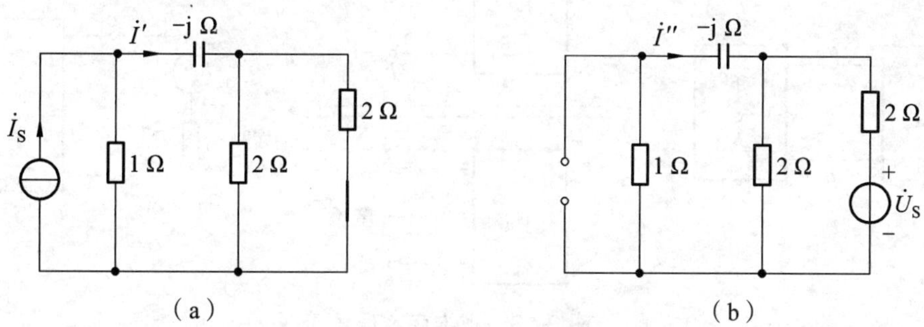

图 3.52　叠加电路图

由图 3.52（a）得

$$\dot{I}' = \frac{1\times\left(\dfrac{2\times 2}{2+2} - \text{j}\right)}{1+\left(\dfrac{2\times 2}{2+2} - \text{j}\right)}\,\Omega \times \dot{I}_S \times \frac{1}{\left(\dfrac{2\times 2}{2+2} - \text{j}\right)\Omega}$$

$$= \left[\frac{1}{1+\left(\dfrac{2\times 2}{2+2} - \text{j}\right)} \times 10\angle 0^\circ\right] \text{A} = (4 + \text{j}2) \text{ A}$$

由图 3.52（b）得

$$\dot{I}'' = -\frac{\dot{U}_S}{2\,\Omega + \dfrac{2(1-j)}{2+(1-j)}\,\Omega} \times \frac{2\times(1-j)}{2+(1-j)}\,\Omega \times \frac{1}{(1-j)\,\Omega}$$

$$= -\left[\frac{j20}{2+\dfrac{2(1-j)}{2+(1-j)}} \times \frac{2}{2+(1-j)}\right] A = (2-j4)\ A$$

（3）叠加。

$$\dot{I} = \dot{I}' + \dot{I}''$$
$$= (4+j2)\ A + (2-j4)\ A = (6-j2)\ A$$

结论：画相量叠加电路图时，注意电压源为零用“短路线”等效替代，电流源为零用“开路”等效替代。

四、相量法的戴维南定理

相量法的戴维南定理：任何一个线性有源二端相量网络 N_S，对外电路来说，总可以用一个电压源和阻抗串联组合等效代替，该电压源等于二端网络 N_S 的开路电压，阻抗等于二端相量网络 N_S 中全部独立电源置零后的无源二端相量网络 N_0 端口处的输入阻抗（见图 3.53）。

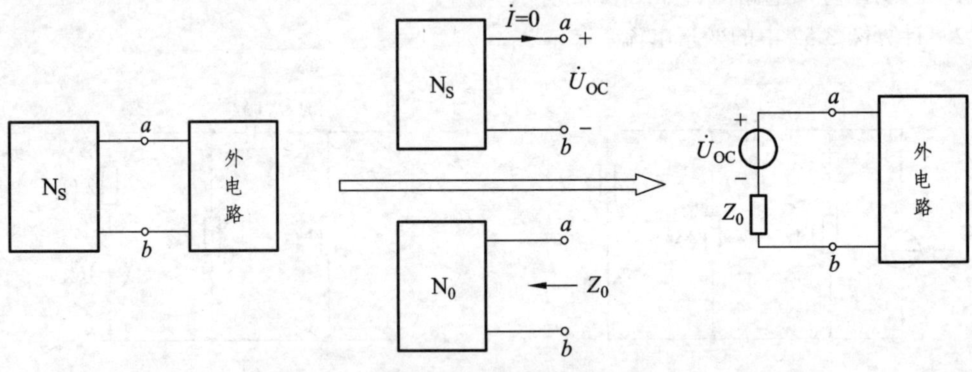

图 3.53　戴维南定理

例 3.29　试用戴维南定理求例 3.28 电容元件中的电流 $\dot{I}$。

分析：第一步计算开路电压；第二步计算等效阻抗；第三步由戴维南电路计算电流 $\dot{I}$。

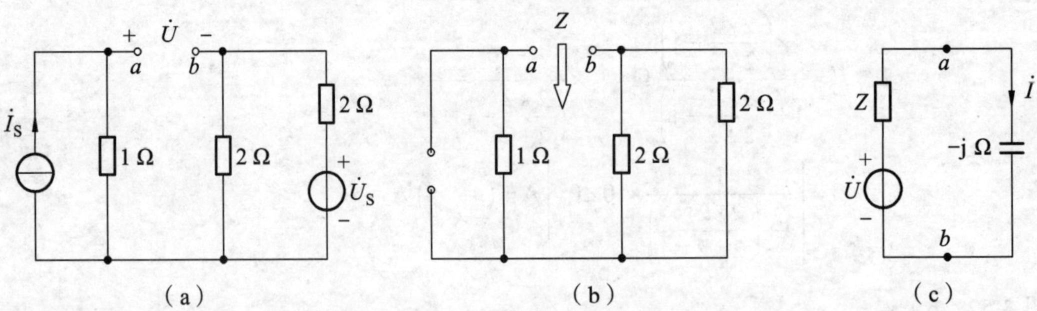

图 3.54　戴维南定理举例

解 （1）求图 3.54（a）电路的开路电压$\dot{U}$。

$$\dot{U} = 1\Omega \times \dot{I}_S - \frac{\dot{U}_S}{2} = (10 - j10)\text{V}$$

（2）求图 3.54（b）电路的等效阻抗 Z。

$$Z = \left(1 + \frac{2\times 2}{2+2}\right)\Omega = 2\,\Omega$$

（3）由戴维南等效电路图 3.54（c）求电流 $\dot{I}$。

$$\dot{I} = \frac{\dot{U}}{Z - j\Omega} = \frac{10 - j10}{2 - j}\ \text{A} = (6 - j2)\ \text{A}$$

总结：相量电路的解题步骤与直流电路的解题步骤完全相同。

五、常见问题讨论

（1）在用支路电流法解相量电路时，其解题的步骤是怎样的？

解答：设相量电路有 k 个支路电流变量，节点数为 n；解题的步骤如下：① 设支路相量电流的参考方向；② 列（$n-1$）个 KCL 节点电流相量方程；③ 列（$k-n$）个 KVL 回路电压相量方程；④ 解联立 KCL、KVL 相量方程组。

（2）在用等效变换法解相量电路时，其解题的步骤是怎样的？

解答：应用图 3.55 所示的电压源相量模型和电流源相量模型的等效变换完成电路的计算。

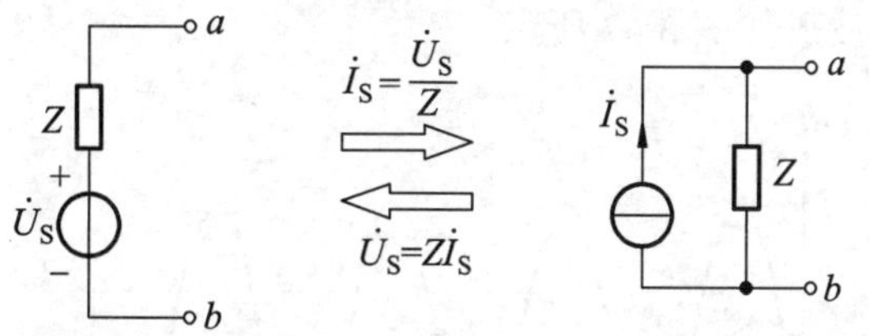

（a）电压源相量模型　　（b）电流源相量模型

图 3.55　电源相量模型的等效变换

（3）在用叠加定理解相量电路时，其解题的步骤如何？

解答：① 画叠加相量电路图，注意电压源为零用“短路线”等效替代，电流源为零用“开路”等效替代；② 解叠加电路图；③ 叠加，注意：叠加图中电量的参考方向与原电路图中电量的参考方向是否一致。

（4）在用戴维南定理解相量电路时，其解题的步骤如何？

解答：① 求二端有源网络的开路电压；② 求二端无源网络的等效阻抗；③ 求戴维南等效电路的待求量。

六、特别提示

相量电路的解题方法与直流电路的解题方法相同，所以直流电路学习是本章节的基础。

第六节　功率及功率因数提高

本节主要讨论正弦稳态电路的功率、功率因数和最大功率传输等问题。

一、功　率

RLC 无源二端网络 N_0 如图 3.56 所示，即

$$u(t)=\sqrt{2}U\sin(\omega t+\varphi_u)$$

$$i(t)=\sqrt{2}I\sin\omega t$$

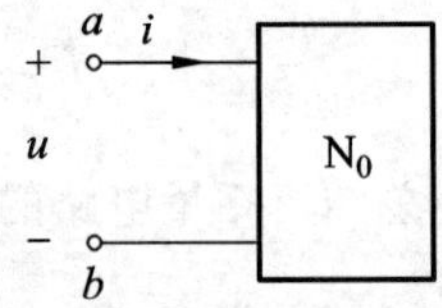

图 3.56　*RLC* 无源二端网络

（一）瞬时功率 $p(t)$

随时间而不断变化的功率称为瞬时功率 $p(t)$，即

$$\begin{aligned}p(t)&=u(t)\cdot i(t)\\&=\sqrt{2}U\sin(\omega t+\varphi_u)\cdot\sqrt{2}I\sin\omega t\\&=UI\cos(\varphi_u-\varphi_i)-UI\cos(2\omega t+\varphi_u+\varphi_i)\end{aligned}$$

设上式中 $\varphi=\varphi_u-\varphi_i$，根据已知 $\varphi_i=0°$，得 $\varphi=\varphi_u$，则

$$p(t)=UI\cos\varphi-UI\cos(2\omega t+\varphi)$$

上式中，$UI\cos\varphi$ 为恒定分量；$UI\cos(2\omega t+\varphi)$ 为二倍的频率变化的正弦量。

瞬时功率 p（t）的波形如图 3.57 所示。

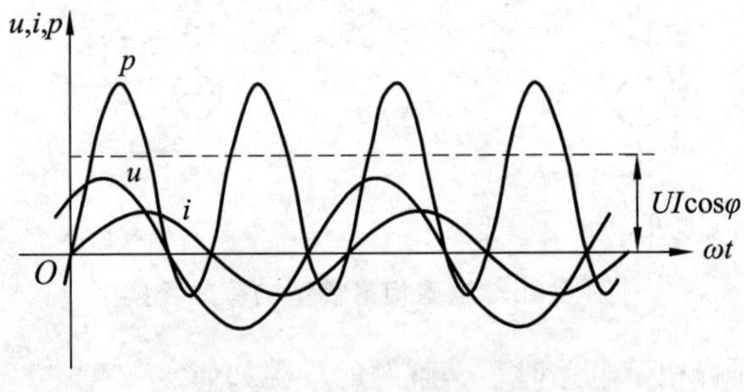

图 3.57　瞬时功率波形

由图 3.57 可见，瞬时功率有正有负，当 $p(t)>0$ 时，二端网络 N_0 吸收能量；当 $p<0$ 时，二端网络 N_0 释放能量。吸收与释放不断地交替，反映出电阻元件消耗能量、储能元件存储能量的物理特征。

在实际测量中，主要测量二端网络 N_0 的有功分量能量和无功分量能量，即称为有功功率和无功功率。

（二）有功功率 P

电阻消耗的能量称为有功功率，其定义为瞬时功率的平均值 P，即

$$
\begin{aligned}
P &= \frac{1}{T}\int_0^T p(\mathrm{t})\mathrm{d}t \\
&= \frac{1}{T}\int_0^T [UI\cos\varphi - UI\cos(2\omega t+\varphi)]\mathrm{d}t \\
&= UI\cos\varphi
\end{aligned}
$$

上式中，$UI\cos\varphi$ 是瞬时功率 $p(t)=UI\cos\varphi-UI\cos(2\omega t+\varphi)$ 中的恒定分量，即 $p(t)$ 中有功分量的平均值。所以，有功功率又称为平均功率，定义为

$$P = UI\cos\varphi \tag{3.20}$$

式（3.20）中，P 的单位为瓦特（W）； $\cos\varphi$ 称为功率因数；φ 称为功率因数角（ $\varphi=\varphi_u-\varphi_i$ ）。其功率换算有

$$10^3\ \mathrm{W} = 1\,\mathrm{kW}$$
$$10^6\ \mathrm{W} = 1\,\mathrm{MW}$$

上式中，1 kW 称为 1 千瓦；1 MW 称为 1 兆瓦。

设 RLC 无源二端网络 N_0 的等效阻抗为 Z，即

$$Z = \frac{\dot{U}}{\dot{I}} = \frac{U}{I}\angle(\varphi_{\mathrm{u}}-\varphi_{\mathrm{i}}) = |Z|\angle\varphi_{\mathrm{Z}}$$

所以

$$\varphi = \varphi_u - \varphi_i = \varphi_{\mathrm{Z}}$$

上式表明：功率因数角 φ 既等于电压与电流的相位差($\varphi_u-\varphi_i$)，也等于阻抗角 φ_{Z}。所以，功率因数 $\cos\varphi$ 的大小，由电路参数 RLC、电源频率 f 及电路结构所决定。

一般：$|\varphi|\leqslant\frac{\pi}{2}$，则 $0\leqslant\cos\varphi\leqslant1$，常用 $\lambda=\cos\varphi$ 表示功率因数。对于 R、L、C 元件，其有功功率为：

（1）当电路为纯电阻 R 电路时，即 $Z=R$，有

$$\varphi = 0\ ,\quad \lambda = \cos 0^\circ = 1$$

$$P = UI\cos\varphi = UI = I^2R = \frac{U^2}{R}$$

（2）当电路为纯电感 L 电路时，即 $Z=\mathrm{j}\omega L$，有

$$\varphi = 90^\circ,\quad \lambda = \cos 90^\circ = 0$$
$$P = UI\cos\varphi = 0$$

（3）当电路为纯电容 C 电路时，即 $Z=-\mathrm{j}\frac{1}{\omega C}$，有

$$\varphi = -90^\circ,\quad \lambda = \cos(-90^\circ) = 0$$
$$P = UI\cos\varphi = 0$$

由上面分析可知，电容和电感是储能元件，不消耗有功功率。有功功率仅与电阻元件有关。

例 3.30 电路如图 3.58（a）所示。已知电压 $u(t)=220\sqrt{2}\sin 314t$ V，电阻 $R_1=3\ \Omega$、$R_2=8\ \Omega$、

感抗 $X_L=4\ \Omega$、容抗 $X_C=6\ \Omega$，试求电流 i、i_1、i_2 及电路的有功功率 P。

分析：先计算 RL、RC 串联电路等效阻抗 Z_1、Z_2，如图 3.58（b）所示；根据广义欧姆定律 $\dot{U}=Z\dot{I}$，计算电流 $\dot{I}_1$、$\dot{I}_2$；根据 KCL 计算电流 $\dot{I}$；由电流 $\dot{I}_1$、$\dot{I}_2$、$\dot{I}$ 写出电流 i、i_1、i_2 表达式，并计算有功功率 $P=UI\cos\varphi$。

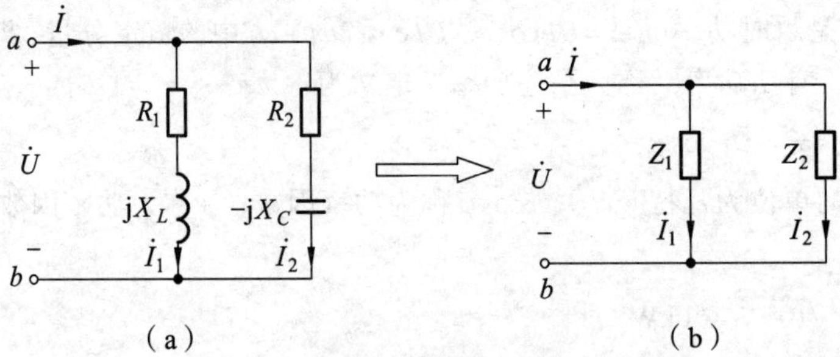

图 3.58　例 3.30 图

解　由已知电压 $u(t)$ 得相量式

$$\dot{U}=220\angle 0^\circ\ \mathrm{V}$$

计算图 3.58（a）中 RL、RC 串联电路等效阻抗 Z_1、Z_2，得

$$Z_1=R_1+\mathrm{j}X_L=(3+\mathrm{j}4)\ \Omega=5\angle 53^\circ\ \Omega$$

$$Z_2=R_2-\mathrm{j}X_C=(8-\mathrm{j}6)\ \Omega=10\angle -37^\circ\ \Omega$$

由广义欧姆定律得电流 $\dot{I}_1$、$\dot{I}_2$ 为

$$\dot{I}_1=\frac{\dot{U}}{Z_1}=\frac{220\mathrm{V}}{5\angle 53^\circ\ \Omega}=44\angle -53^\circ\ \mathrm{A}$$

$$\dot{I}_2=\frac{\dot{U}}{Z_2}=\frac{220\ \mathrm{V}}{10\angle -37^\circ\ \Omega}=22\angle 37^\circ\ \mathrm{A}$$

根据 KCL 得

$$\begin{aligned}\dot{I}&=\dot{I}_1+\dot{I}_2\\&=44\angle -53^\circ\ \mathrm{A}+22\angle 37^\circ\ \mathrm{A}=49.2\angle -26.5^\circ\ \mathrm{A}\end{aligned}$$

则电流的正弦式为

$$\begin{aligned}i_1(t)&=44\sqrt{2}\sin(314t-53^\circ)\ \mathrm{A}\\i_2(t)&=22\sqrt{2}\sin(314t+37^\circ)\ \mathrm{A}\\i(t)&=49.2\sqrt{2}\sin(314t-26.5^\circ)\ \mathrm{A}\end{aligned}$$

功率 P 为

$$\begin{aligned}P&=UI\cos\varphi\\&=(220\times 49.2\times\cos 26.5^\circ)\ \mathrm{W}=9\,680\ \mathrm{W}\end{aligned}$$

结论：功率计算还可以通过电路元件性质分析计算，如电路中的有功功率 P 是由电阻元件产生，则功率 P 为

$$\begin{aligned} P &= I_1^2 R_1 + I_1^2 R_2 \\ &= (44^2 \times 3 + 22^2 \times 8)\ \mathrm{W} = 9\ 680\ \mathrm{W} \end{aligned}$$

也可以通过支路 RL 有功功率 $P_1 = UI\cos\varphi_1$ 和支路 RC 有功功率 $P_2 = UI_2\cos\varphi_2$ 之和计算功率 P，即

$$\begin{aligned} P &= P_1 + P_2 = UI\cos\varphi_1 + UI_2\cos\varphi_2 \\ &= [220 \times 44 \times \cos 53° + 220 \times 44 \times \cos(-37°)]\ \mathrm{W} = 9\ 680\ \mathrm{W} \end{aligned}$$

（三）无功功率 Q

无功功率是动态元件 C、L 与电路其余部分之间能量交换的最大速率，即瞬时功率中无功分量的最大值，其定义为

$$Q = UI\sin\varphi \tag{3.21}$$

式（3.21）中，Q 称为无功功率，单位为乏（var）；φ 称为功率因数角。对于 R、L、C 元件，其无功功率为：

（1）当电路为纯电阻 R 电路时，有

$$\varphi = 0,\quad \sin\varphi = 0$$

$$Q = UI\sin\varphi = 0$$

（2）当电路为纯电感 L 电路时，有

$$\begin{aligned} Q &= UI\sin\varphi \\ &= UI\sin 90° = UI = I^2 X_L = \frac{U^2}{X_L} \end{aligned}$$

（3）当电路为纯电容 C 电路时，有

$$\begin{aligned} Q &= UI\sin\varphi \\ &= UI\sin(-90°) = -UI = -I^2 X_C = -\frac{U^2}{X_C} \end{aligned}$$

可见，电容 C、电感 L 元件中的功率为无功功率 Q。无功功率的大小可表征出电路的性质，即：

① 当 $Q > 0$ 时，$\varphi > 0$，电压超前电流，电路呈感性；

② 当 $Q < 0$ 时，$\varphi > 0$，电压滞后电流，电路呈容性；

③ 当 $Q = 0$ 时，电压与电流同相，电路呈阻性。

例 3.31 电路如图 3.59 所示。已知电流表读数为 1.5 A。试求：（1）电源电压 U_S；（2）电路的功率因数、有功功率 P 和无功功率 Q。

分析：① 由已知电流 $I_R = 1.5$ A 可得电压 $\dot{U}_2$ 和电流 $\dot{I}_C$；② 根据 KCL 得电流 $\dot{I}$，根据 KVL 得 $\dot{U}_S$；③ 由电压 u_S 与电流 i 的相位差得电路的功率因数 $\cos\varphi$，由电压 $\dot{U}_S$ 和电流 $\dot{I}$ 数据计算有功功率 P 和无功功率 Q。

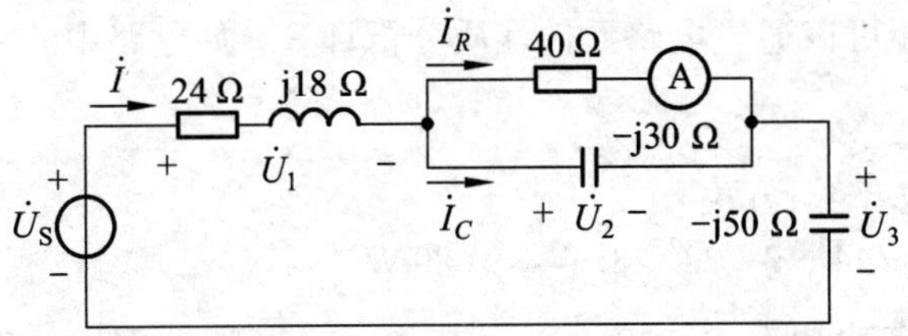

图 3.59　例 3.31 图

解　（1）求电源电压 U_S。

设电流表读数 $I_R = 1.5\ \text{A}$ 的相量式为

$$\dot I_R = 1.5\angle 0^\circ\ \text{A}$$

则 40 Ω电阻上电压 $\dot U_2$ 为

$$\begin{aligned}\dot U_2 &= 40\ \Omega\times \dot I_R\\ &= (40\times 1.5\angle 0^\circ)\ \text{A} = 60\angle 0^\circ\ \text{V}\end{aligned}$$

电流 $\dot I_C$ 为

$$\dot I_C = \frac{\dot U_2}{-\text{j}30\ \Omega} = 2\angle 90^\circ\ \text{A} = \text{j}2\ \text{A}$$

由 KCL 得

$$\dot I = \dot I_R + \dot I_C = (1.5+\text{j}2)\ \text{A} = 2.5\angle 53.1^\circ\ \text{A}$$

由广义欧姆定律得

$$\begin{aligned}\dot U_1 &= (24+\text{j}18)\dot I\\ &= (24+\text{j}18)\ \Omega\times 2.5\angle 53.1^\circ\ \text{A} = 75\angle 90^\circ\ \text{V} = \text{j}75\ \text{V}\end{aligned}$$

$$\begin{aligned}\dot U_3 &= (-\text{j}50)\dot I\\ &= (-\text{j}50)\ \Omega\times 2.5\angle 53.1^\circ\ \text{A} = 125\angle -36.9^\circ\ \text{V} = (100-\text{j}75)\ \text{V}\end{aligned}$$

由 KVL 得

$$\begin{aligned}\dot U_S &= \dot U_1 + \dot U_2 + \dot U_3\\ &= (\text{j}75+60+100-\text{j}75)\ \text{V} = 160\angle 0^\circ\ \text{V}\end{aligned}$$

（2）功率。

功率因数为

$$\cos\varphi = \cos(\varphi_u - \varphi_i) = \cos(0^\circ - 53.1^\circ) = 0.6$$

因 $\varphi_u - \varphi_i = -53.1^\circ$，即电压 u_S 滞后电流 i 53.1°，所以电路呈容性。

有功功率 P 为

$$\begin{aligned}P &= U_S I\cos\varphi\\ &= 160\times 2.5\times 0.6\ \text{W} = 240\ \text{W}\end{aligned}$$

无功功率 Q 为

$$Q = U_S I \sin\varphi$$
$$= [160 \times 2.5 \times (-0.8)]\ \text{var} = -320\ \text{var}$$

结论：有功功率可直接通过电阻元件计算，得

$$P = 24I^2 + 40I_R^2$$
$$= [24 \times (2.5)^2 + 40 \times (1.5)^2]\ \text{W} = 240\ \text{W}$$

无功功率可直接通过动态元件电容、电感计算，得

$$Q = 18I^2 - 30I_C^2 - 50I^2$$
$$= [18 \times (2.5)^2 - 30 \times 2^2 - 50 \times (2.5)^2]\ \text{var} = -320\ \text{var}$$

同理，功率因数角 φ 也可以通过电路阻抗角 $Z = |Z|\angle\varphi_Z$ 得，即 $\varphi = \varphi_Z$。

（四）视在功率

设电力设备所能达到的最大有功功率为设备的容量，称为视在功率 S。即定义为

$$S = UI \tag{3.22}$$

式（3.22）中，S 称为视在功率，单位为伏安（V·A）。

有功功率 P、无功功率 Q、视在功率 S 和功率因数角 φ 之间的关系，可以用功率三角形来表示，如图 3.60 所示。其中 S、P、Q 之间的数学关系为

$$S = \sqrt{P^2 + Q^2}$$

功率因数 $\cos\varphi$ 与 S、P 之间关系为

$$\lambda = \cos\varphi = \frac{P}{S}$$

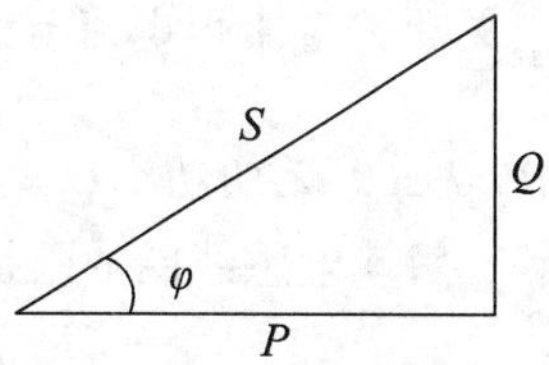

图 3.60　功率三角形

可见，功率因数 $\cos\varphi$ 表示了 P 与 S 的比例关系。当 $P = S$ 时，$\lambda = 1$，$Q = 0$，电路呈阻性，为最理想的工作状态。但是实际中电气设备往往不是纯电阻性电路，即功率因数 $\lambda < 1$，电路中存在部分无功功率。无功功率不仅占用了供电设备的容量，而且同时增加传输损耗。例如，一台变压器工作在额定容量 $S_N = 10$ kV·A 下，其外接负载的功率因数为 $\cos\varphi = 0.65$，则变压器只能输出有功功率 $P =$（10×0.65）kW = 6.5 kW，还有 3.5 kW 容量没有得到充分应用。因此，常常要求用户尽可能地提高负载的功率因数（$\cos\varphi$ 接近于 1），以减小负载所需要的视在功率和在传输线上的功率损耗，提高供电设备的利用率。

例 3.32　已知如图 3.56 所示二端无源网络 N_0 输入端的电压和电流分别为 $u(t) = 220\sqrt{2}\sin(314t + 20°)$ V、$i(t) = 4.4\sqrt{2}\sin(314t - 33°)$ A。试求二端无源网络 N_0 的功率因数、输入的视在功率、平均功率和无功功率。

分析：由已知条件可知电压 $u(t)$ 初相角 $\varphi_u = 20°$，电流 $i(t)$ 初相角 $\varphi_i = -33°$，则功率因数角 $\varphi = \varphi_u - \varphi_i$；输入的平均功率 $P = UI\cos\varphi$，无功功率 $Q = UI\sin\varphi$。

解　功率因数角

$$\varphi = \varphi_u - \varphi_i = 20° - (-33°) = 53°$$

功率因数

$$\cos\varphi = \cos 53° = 0.6$$

视在功率

$$S = UI = 220\ \text{V} \times 4.4\text{A} = 968\ \text{V}\cdot\text{A}$$

有功功率

$$P = UI\cos\varphi = S\cos\varphi = 220\ \text{V} \times 4.4\ \text{A} \times 0.6 = 580.8\ \text{W}$$

无功功率

$$Q = UI\sin\varphi = S\sin\varphi = 220\ \text{V} \times 4.4\ \text{A} \times 0.8 = 774.4\ \text{var}$$

结论：功率因数角等于电压与电流的初相角之差，即 $\varphi = \varphi_u - \varphi_i$。

例 3.33 有一个电感线圈，其电感 $L = 0.08$ H，电阻 $R = 50\ \Omega$，电感线圈上的端电压为 $u(t) = 220\sqrt{2}\sin(314t)$ V。试求电感线圈的阻抗、电流有效值、平均功率 P、视在功率 S 和无功功率 Q。

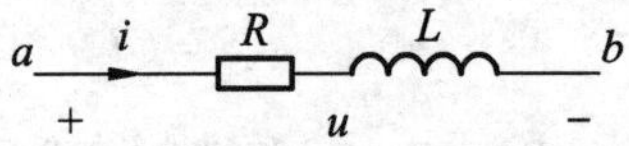

图 3.61 “电感线圈”的等效电路

分析：“电感线圈”的等效电路如图 3.61 所示，是一个 RL 串联等效电路。根据已知电感 L、电阻 R 和角频率 ω 的参数，可求得电感线圈的阻抗 $Z = R + \text{j}\omega L = |Z|\angle\varphi_Z$；由广义欧姆定律得电流有效值 $I = \dfrac{U}{|Z|}$；因电阻元件上的电流 I 已解得，所以电路的平均功率 $P = I^2R$，无功功率 $Q = I^2X_L$，视在功率 $S = UI$。

解 电感线圈的阻抗 Z 为

$$Z = R + \text{j}\omega L = (50 + \text{j}314 \times 0.08)\ \Omega$$
$$\approx 55.96\angle 26.675°\ \Omega$$

电流有效值

$$I = \frac{U}{|Z|} = \frac{220}{55.96}\ \text{A} = 3.93\ \text{A}$$

平均功率

$$P = I^2R = 3.93^2 \times 50\ \text{W} = 772\ \text{W}$$

无功功率

$$Q = I^2X_\text{L} = 3.93^2 \times 25.12\ \text{var} = 388\ \text{var}$$

视在功率

$$S = UI = 220 \times 3.93\ \text{V}\cdot\text{A} \approx 864\ \text{V}\cdot\text{A}$$

结论：平均功率的大小与电阻 R_k 元件所消耗的功率 P 有关，即 $P = \sum_{k=1}^{n} I_k^2 R_k$；无功功率的大小与储能元件（电感 L_k 元件、电容 C_k 元件）有关，即 $Q=\sum_{k=1}^{n}I_k^2X_k$；视在功率也可以通过平均功率 P、无功功率 Q 解得，即 $S=\sqrt{P^2+Q^2}=\sqrt{772^2+388^2}\ \mathrm{V\cdot A}\approx 864\ \mathrm{V\cdot A}$。

（五）复功率

复功率：在相量电路中（见图 3.62），其电压 $\dot{U}$ 与电流 $\dot{I}$ 的共轭量 $\dot{I}^*$ 之乘积，称为复功率，用 $\tilde{S}$ 表示。

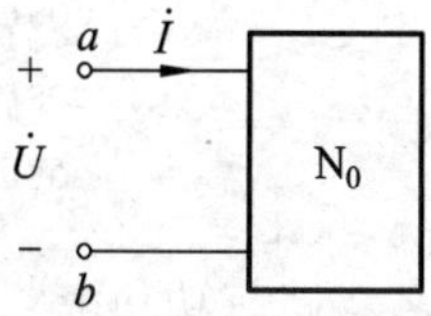

图 3.62　RLC 二端网络 N_0

设图 3.62 的端电压、端电流为

$$\dot{U}=U\angle\varphi_u$$
$$\dot{I}=I\angle\varphi_i$$

则复功率为

$$\tilde{S}=\dot{U}\dot{I}^* \tag{3.23}$$

式（3.23）中，共轭电流为 $\dot{I}^*=I\angle-\varphi_i$ A，复功率 $\tilde{S}$ 单位为伏安（V · A）。

复功率 $\tilde{S}$ 可通过 P、Q、S 和功率因数角 φ 解得，即

$$\begin{aligned}\tilde{S}&=U\angle\varphi_u\cdot I\angle-\varphi_i=S\angle(\varphi_u-\varphi_i)\\&=S\angle\varphi\\&=S\cos\varphi+\mathrm{j}S\sin\varphi\\&=P+\mathrm{j}Q\end{aligned}$$

注意：（1）在正弦交流稳态电路中，复功率是守恒的，即

$$\sum_{k=1}^{b}\tilde{S}_k=\sum_{k=1}^{b}\dot{U}_k\dot{I}_k^*=\sum_{k=1}^{b}P_k+\mathrm{j}\sum_{k=1}^{b}Q_k=0 \tag{3.24}$$

式（3.24）说明：电路的总有功功率和总无功功率也是守恒的，即

$$\sum_{k=1}^{b}P_k=0,\quad \sum_{k=1}^{b}Q_k=0$$

（2）视在功率不守恒，即

$$\sum_{k=1}^{b}S_k\neq 0$$

（3）复功率 $\tilde{S}$ 不是正弦量功率，仅是一个辅助复数计算工具，没有物理意义。

例 3.34　已知如图 3.63 所示电路中电压源有效值为 $U=100$ V，负载 Z_A 的电流为 10 A，功率因数为 0.8（滞后）；负载 Z_B 的电流为 2 A，功率因数为 0.6（超前）；负载 Z_C 的电流为 4 A，功率因数为 1。试求图 3.63 电路的有功功率 P、无功功率 Q、视在功率 S 及电路的总电流 I。

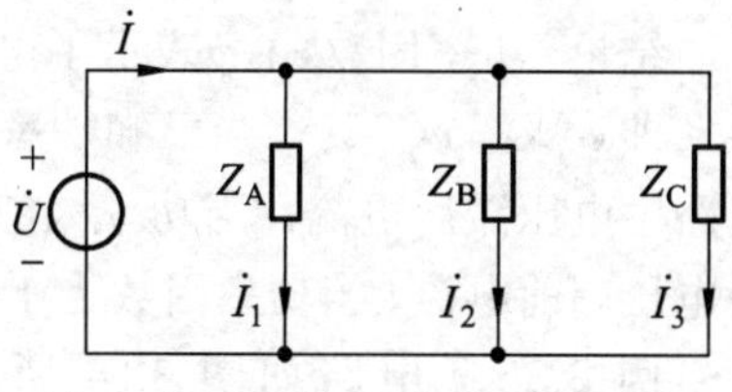

图 3.63　例 3.34 图

分析：根据已知条件中各支路的功率因数 $\cos\varphi_Z$ 参数

值，运用反函数解得各支路的功率因数角 φ_Z；又由广义欧姆定律 $Z=\dfrac{\dot{U}}{\dot{I}}=\dfrac{U}{I}\angle\varphi_Z$ 可知，功率因数角 $\varphi_Z=\varphi_u-\varphi_i$，所以功率因数“滞后”说明电压滞后电流，“超前”说明电压超前电流，功率因数为 1 说明电压与电流同相。

解 已知功率因数

$$\cos\varphi_{\mathrm{A}}=0.8$$
$$\cos\varphi_{\mathrm{B}}=0.6$$
$$\cos\varphi_{\mathrm{C}}=1$$

各支路有功功率

$$P_{\mathrm{A}}=UI_1\cos\varphi_{\mathrm{A}}=(100\times10\times0.8)\ \mathrm{W}=800\ \mathrm{W}$$
$$P_{\mathrm{B}}=UI_2\cos\varphi_{\mathrm{B}}=(100\times2\times0.6)\ \mathrm{W}=120\ \mathrm{W}$$
$$P_{\mathrm{C}}=UI_3\cos\varphi_{\mathrm{C}}=(100\times4\times1)\ \mathrm{W}=400\ \mathrm{W}$$

由功率因数得正弦函数值

$$\sin\varphi_{\mathrm{A}}=\sin(\arccos0.8)=0.6$$
$$\sin\varphi_{\mathrm{B}}=\sin(-\arccos0.6)=-0.8$$
$$\sin\varphi_{\mathrm{C}}=\sin(\arccos1)=0$$

各支路无功功率

$$Q_{\mathrm{A}}=UI_1\sin\varphi_{\mathrm{A}}=(100\times10\times0.6)\ \mathrm{var}=600\ \mathrm{var}$$
$$Q_{\mathrm{B}}=UI_2\sin\varphi_{\mathrm{B}}=[100\times2\times(-0.8)]\ \mathrm{var}=-160\ \mathrm{var}$$
$$Q_{\mathrm{C}}=UI_3\sin\varphi_{\mathrm{C}}=(100\times4\times0)\mathrm{var}=0\ \mathrm{var}$$

则电路各项功率为

$$\begin{aligned}P&=P_{\mathrm{A}}+P_{\mathrm{B}}+P_{\mathrm{C}}\\&=800\ \mathrm{W}+120\ \mathrm{W}+400\ \mathrm{W}=1\,320\ \mathrm{W}\end{aligned}$$

$$\begin{aligned}Q&=Q_{\mathrm{A}}+Q_{\mathrm{B}}+Q_{\mathrm{C}}\\&=600\ \mathrm{var}-160\ \mathrm{var}+0\ \mathrm{var}=440\ \mathrm{var}\end{aligned}$$

$$\begin{aligned}S&=\sqrt{P^2+Q^2}\\&=\sqrt{1320^2+440^2}\ \mathrm{V\cdot A}=1\,391.402\ \mathrm{V\cdot A}\end{aligned}$$

$$I=\frac{S}{U}=\frac{1\,391.402}{100}\ \mathrm{A}=13.914\ \mathrm{A}$$

结论：功率因数 $\cos\varphi$ 表示了电路中电压与电流的相位关系，即 $\cos\varphi=\varphi_u-\varphi_i$，当已知功率因数为“滞后”时，说明电路中电压滞后电流；当功率因数为“超前”时，说明电路中电压超前电流；当功率因数为 1 时，说明电压与电流同相。

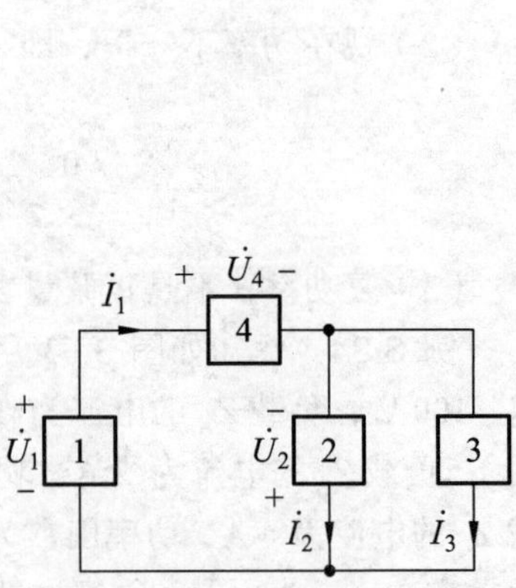

图 3.64　例 3.35 图

例 3.35　电路如图 3.64 所示。已知电路中电压为

$\dot{U}_1=(1+\mathrm{j})\ \mathrm{V}$，$\dot{U}_2=(-\mathrm{j}2)\ \mathrm{V}$，电流为 $\dot{I}_1=(1+\mathrm{j})\ \mathrm{A}$，$\dot{I}_3=(1-\mathrm{j})\ \mathrm{A}$，试求各元件功率，并判断其性质。

分析：先根据电路连接的结构，应用 KVL、KCL 解得电压 $\dot{U}_4$ 和电流 $\dot{I}_2$；再通过复功率计算得元件功率及性质。

解 由 KVL 得

$$\begin{aligned}\dot{U}_4&=\dot{U}_1+\dot{U}_2\\&=[(1+\mathrm{j})+(-\mathrm{j}2)]\mathrm{V}=(1-\mathrm{j})\mathrm{V}\end{aligned}$$

由 KCL 得

$$\begin{aligned}\dot{I}_2&=\dot{I}_1-\dot{I}_3\\&=[(1+\mathrm{j})-(1-\mathrm{j})]\mathrm{A}=\mathrm{j}2\mathrm{A}\end{aligned}$$

元件 1 复功为

$$\begin{aligned}\tilde{S}_1&=-\dot{U}_1\dot{I}_1^*\\&=-(1+\mathrm{j})\times(1-\mathrm{j})\ \mathrm{V\cdot A}=-2\ \mathrm{V\cdot A}\end{aligned}$$

即

$$\begin{aligned}&P_1=-2\ \mathrm{W}\\&Q_1=0\ \mathrm{var}\\&S_1=2\ \mathrm{V\cdot A}\end{aligned}$$

因为 $P_1<0$，$Q_1=0\ \mathrm{var}$，元件提供 2 W 功率，所以，元件 1 为电源元件。

元件 2 复功为

$$\begin{aligned}\tilde{S}_2&=-\dot{U}_2\dot{I}_2^*\\&=-(-\mathrm{j}2)\times(-\mathrm{j}2)\ \mathrm{V\cdot A}=4\ \mathrm{V\cdot A}\end{aligned}$$

即

$$\begin{aligned}&P_2=4\ \mathrm{W}\\&Q_2=0\ \mathrm{var}\\&S_2=4\ \mathrm{V\cdot A}\end{aligned}$$

因为 $P_2>0$，$Q_2=0\ \mathrm{var}$，元件消耗 4 W 功率，所以，元件 2 为电阻元件。

元件 3 复功为

$$\begin{aligned}\tilde{S}_3&=-\dot{U}_3\dot{I}_3^*\\&=-(-\mathrm{j}2)\times(1+\mathrm{j})\ \mathrm{V\cdot A}=(-2+\mathrm{j}2)\ \mathrm{V\cdot A}\end{aligned}$$

即

$$\begin{aligned}&P_3=-2\ \mathrm{W}\\&Q_3=2\ \mathrm{var}\\&S_3=\sqrt{(-2)^2+2^2}=2\sqrt{2}\ \mathrm{V\cdot A}\end{aligned}$$

因为 $P_3<0$ ， $Q_3>0\ \text{var}$ ，所以元件 3 为感性电源元件。

元件 4 复功为

$$\begin{aligned}\tilde{S}_4 &= \dot{U}_4\dot{I}_1^* \\ &= (1-\text{j})\times(1-\text{j})\ \text{V}\cdot\text{A} = (-\text{j}2)\ \text{V}\cdot\text{A}\end{aligned}$$

即

$$\begin{aligned}P_4 &= 0\ \text{W} \\ Q_4 &= -2\ \text{var} \\ S_4 &= 2\ \text{V}\cdot\text{A}\end{aligned}$$

因为 $P_4=0\ \text{W}$ ， $Q_4<0$ ，所以元件 4 为电容元件。

结论：根据复功率的计算结果，可直接得出有功功率 P、无功功率 Q、视在功率 S 和功率因数角 φ ，即 $\tilde{S}=\dot{U}\dot{I}^*=P+\text{j}Q=S\angle\varphi$ 。如果在关联参考方向条件下， $P>0$ ， $Q<0$ ，说明电路呈容性； $P>0$ ， $Q>0$ ，说明电路呈感性； $P<0$ ， $Q=0$ ，说明电路呈电源性； $P>0$ ， $Q=0$ ，说明电路呈纯电阻性； $P=0$ ， $Q<0$ ，说明电路呈纯电容性； $P=0$ ， $Q>0$ ，说明电路呈纯电感性； $P<0$ ， $Q>0$ ，说明电路呈感性电源性。

二、功率因数的提高

视在功率反映了电源与负载间转换的功率，当 $Q\neq0$、功率因数 $\lambda<1$ 时，视在功率同时包含了有功功率和无功功率两个部分。在电子电路和电气系统中起作用的是有功功率，而无功功率通过占用电源容量的方式，在电源和储能元件之间来回转换能量，结果降低了供电设备的利用率，增加了供电传输线上的损耗。因此，在保证用电设备正常工作的条件下，如何降低电路无功功率，提高电路的功率因数（供电部门希望用户的功率因数尽可能约等于 1)，是本节讨论的核心。

例 3.36 如图 3.65（a）所示的是一个 RL 串联感性负载电路，已知负载端电压有效值 U、电源角频率 ω、负载的有功功率 P 和功率因数 $\lambda_1=\cos\varphi_1$，试求电路功率因数提高到 $\lambda_2=\cos\varphi_2$ 时（即 $\lambda_2>\lambda_1$)，所需并联的电容值 C 是多少？

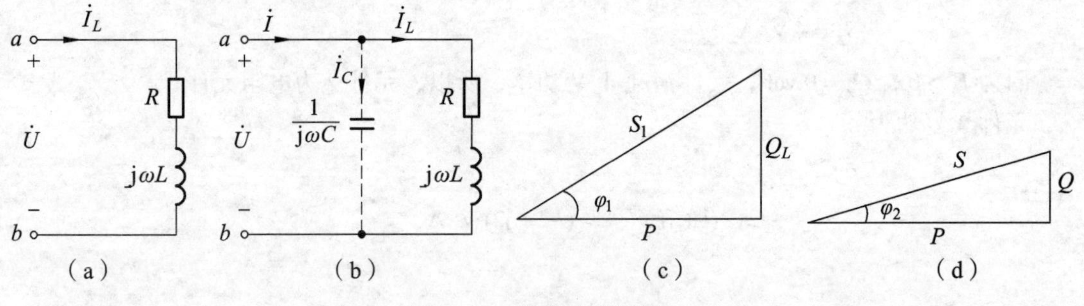

图 3.65 提高功率因数

分析：因已知负载的有功功率 P 和功率因数 $\lambda_1=\cos\varphi_1$ ，则由功率三角形[见图 3.65（c）]得图 3.65（a）感性电路的无功功率 Q_L ；图 3.65（a）并联电容后如图 3.65（b）所示，其特点是电路并联电容 C 前后的有功功率 P 不变，则由功率三角形图 3.65（d）解得图 3.65（b）

电路的无功功率 Q。根据无功功率守恒定律 $Q=Q_C+Q_L$ 解得电容元件无功功率 Q_C；最后由电容元件无功功率特性 $Q_C=-\omega CU^2$ 解得提高功率因数所需并联的电容值 C。

解 图 3.65（a）感性负载的无功功率 Q_L 为

$$Q_L=P\tan\varphi_1$$

并联电容后图 3.65（b）电路的无功功率 Q 为

$$Q=P\tan\varphi_2$$

则电容的无功功率 Q_C 为

$$Q_C=Q-Q_L=P\tan\varphi_2-P\tan\varphi_1$$

由电容无功功率特性 $Q_C=-\omega CU^2$ 得

$$C=\frac{Q_C}{\omega U^2}=\frac{P}{\omega U^2}(\tan\varphi_1-\tan\varphi_2) \tag{3.25}$$

结论：提高功率因数是在保证感性负载工作状态不发生变化的条件下并联电容 C 实现的。并联电容 C 后，电源输出的有功功率 P 不变，而输出的无功功率 Q 则减少，即利用电容与感性的无功功率互相补偿改善电路的总功率因数。

三、最大功率传输

正弦交流电路中最大功率传输定理为：电路如图 3.66 所示，当负载阻抗 Z_L 等于阻抗 Z_S 的共轭复数（$Z_L=Z_S^*$）时，负载 Z_L 能从信号源 $\dot{U}_S$ 中吸收到最大的有功功率。

图 3.66 所示电路中负载 Z_L 获得的最大有功功率 P_{Lmax} 为

$$P_{Lmax}=\frac{U^2}{4R_S} \tag{3.26}$$

在正弦交流电路中，当满足 $Z_L=Z_S^*$ 条件时，称电路实现了最大功率传输，或称电路实现了共轭匹配，或称负载 Z_L 获得了最大功率。

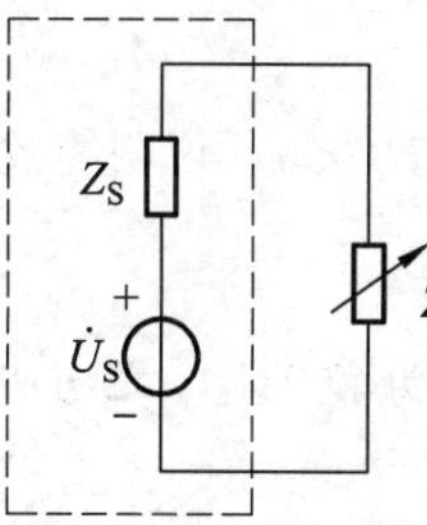

图 3.66 最大功率传输示图

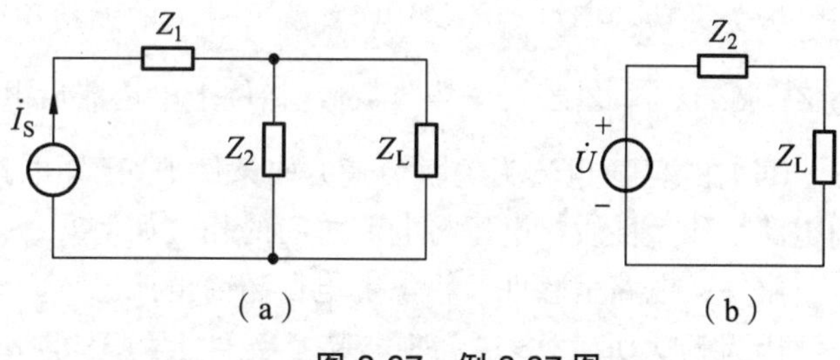

图 3.67 例 3.37 图

例 3.37 电路如图 3.67（a）所示，已知电路中电流为 $\dot{I}_S=6\angle0^\circ$ A，阻抗为 $Z_2=6+j8\,\Omega$，$Z_1=10+j5\,\Omega$，试求负载 Z_L 为多大时可获得最大功率？该最大功率为多大？

分析：用等效变换法将图 3.67（a）等效为图 3.67（b），注意图 3.67（a）电路中电流源 $\dot{I}_S$

串联阻抗 Z_1 支路对外等效为电流源 $\dot{I}_S$。负载 Z_L 要获得最大功率必须满足 $Z_L = Z_2^*$ 条件，解得 Z_L；再由式（3.26）得最大功率。

解 图 3.67（b）电路的电压源为

$$\dot{U} = \dot{I}_S Z_2 = 6\angle 0^\circ\ \text{A} \times (6 + \text{j}8)\ \Omega = 60\angle 53.1^\circ\ \text{V}$$

由最大功率必须满足 $Z_L = Z_2^*$ 条件，得

$$Z_L = Z_2^* = R - \text{j}X = (6 - \text{j}8)\ \Omega$$

负载 Z_L 获得的最大功率为

$$P_{\max} = \frac{U^2}{4R} = \frac{60^2}{4\times 6}\ \text{W} = 150\ \text{W}$$

结论：在负载获得最大功率计算中，常常要运用“等效变换法”“戴维南定理”将负载之外的电路等效为电压源模型（见图 3.66，即电压源 $\dot{U}_S$ 串联阻抗 Z_S 电路），再通过最大功率必须满足的条件进一步分析电路。

四、常见问题讨论

（1）电容、电感元件是储能元件，因储存能量，所以储能元件电容、电感的平均功率不为零。

解答：错。

储能元件电容、电感的平均功率为零。因为电容、电感元件只具有储能特性，而不具有消耗电能量特性，所以它们的储能特性用无功功率描述。

（2）电阻元件是耗能元件，但其无功功率不一定为零。

解答：错。

电阻元件不具有储能特性，所以其元件的无功功率一定为零。

（3）在电压、电流为关联参考方向条件下，已知电路中的平均功率 $P>0$，无功功率 $Q<0$，问电路呈什么性质？电压与电流之间的相位如何？

解答：电路呈容性，相位上电压滞后电流。

因为无功功率 $Q<0$，即电容 C 元件上的无功功率 $Q_C = -\omega C U_C^2 < 0$，说明等效阻抗参数为 $Z = R - \text{j}X_C = |Z|\angle -\varphi = \dfrac{U}{I}\angle -\varphi$，相位上电压滞后电流角度为 φ。

（4）在电压、电流为关联参考方向条件下，已知电路中的平均功率 $P>0$，无功功率 $Q>0$，问电路呈什么性质？电压与电流之间的相位如何？

解答：电路呈感性，相位上电压超前电流。

因为无功功率 $Q>0$，即电感 L 元件上的无功功率 $Q_L = \omega L I_L^2 > 0$，说明等效阻抗参数为 $Z = R + \text{j}X_L = |Z|\angle\varphi = \dfrac{U}{I}\angle\varphi$，相位上电压超前电流角度为 φ。

（5）在电压、电流为关联参考方向条件下，已知电路中的平均功率 $P>0$，无功功率 $Q=0$，问电路呈什么性质？电压与电流之间的相位如何？

解答：电路呈阻性，相位上电压与电流同相。

因为无功功率 $Q=0$，而平均功率 $P>0$，说明等效阻抗的虚部为零，即 $Z=R=\dfrac{U}{I}\angle 0°$，所以，相位上电压与电流相位差为零（同相）。

（6）在电压、电流为关联参考方向条件下，已知电路中的平均功率 $P<0$，无功功率 $Q=0$，问电路呈什么性质？电压与电流之间的相位如何？

解答：电路为电源，相位上电压与电流同相。

因为平均功率 $P<0$，反映元件为电路提供功率。

（7）如已知电路的功率因数 $\cos\varphi\neq 0$，问电路呈什么性质？电压与电流之间的相位如何？

解答：电路呈感性或容性。如果电路呈感性，相位上电压超前电流 φ；如果呈容性，则相位上电压滞后电流 φ。

因为当电路等效阻抗 $Z=R+\mathrm{j}X_L$ 或 $Z=R-\mathrm{j}X_C$ 时，其电路功率因数角 $0<|\varphi|<90°$，即功率因数 $\cos\varphi\neq 0$。

（8）如已知电路的功率因数 $\cos\varphi=0$，问电路呈什么性质？电压与电流之间的相位如何？

解答：电路为纯电感或纯电容电路。电感电路中的电压超前电流 90°；电容电路中的电压滞后电流 90°。

因为当电路等效阻抗 $Z=\mathrm{j}X_L$ 或 $Z=-\mathrm{j}X_C$ 时，其电路功率因数角 $|\varphi|=90°$，即功率因数 $\cos 90°=0$。

（9）如已知电路的功率因数 $\cos\varphi=1$，问电路呈什么性质？电压与电流之间的相位如何？

解答：电路呈阻性，电压与电流同相。

因为当电路等效阻抗 $Z=R=\dfrac{U}{I}\angle 0°$ 时，其电路功率因数角 $\varphi=0°$，即功率因数 $\cos 0°=1$。

五、特别提示

电阻 R 为耗能元件，常用有功功率来表示所消耗的能量；电感 L、电容 C 为储能元件，不消耗能量，常用无功功率描述其储能性质。

有功功率、无功功率本身是标量，并且不需去考虑电路中各个元件的连接形式，因此，电路总的有功功率等于各个元件有功功率之和；总的无功等于电路中各元件产生的无功功率之和。

第七节　谐　振

谐振是频率选择的基础，因此，电路中的谐振对于电子系统的工作而言尤其重要。例如，收音机的接收器选台的功能，就是基于谐振原理的。

在电路系统中，如其中局部 RLC 电路（或整个 RLC 电路）阻抗（或导纳）的虚部为零，则称电路发生谐振，其谐振频率 ω_0 由虚部为零时的方程式解得。

本教材主要讨论两种基本的谐振电路，即串联谐振电路和并联谐振电路。

一、RLC串联谐振电路

（一）串联谐振

如图 3.68（a）所示的电路为 RLC 串联电路，其 KVL 电压关系为

$$\dot{U}=\dot{U}_R+\dot{U}_L+\dot{U}_C$$

图 3.68（b）中等效阻抗 Z 为

$$Z=R+\mathrm{j}\omega L+\frac{1}{\mathrm{j}\omega C}=R+\mathrm{j}\left(\omega L-\frac{1}{\omega C}\right)$$
$$=R+\mathrm{j}(X_L-X_C)\ =R+\mathrm{j}X$$

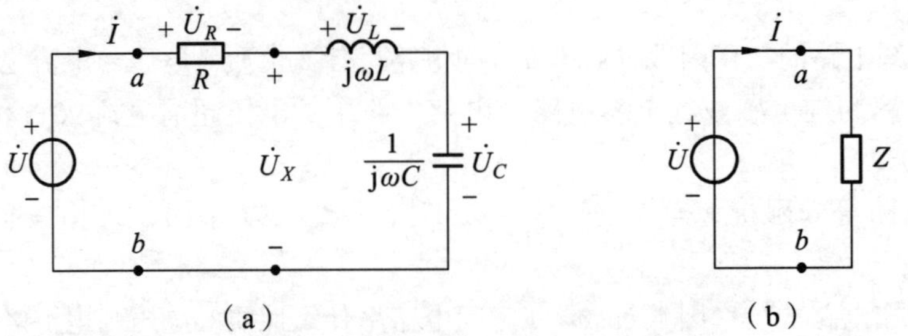

图 3.68　RLC串联电路

设图 3.68（a）电路发生谐振（称为串联谐振），即等效阻抗 Z 的虚部 $X=X_L-X_C=0$，即

$$\mathrm{j}\omega_0 L+\frac{1}{\mathrm{j}\omega_0 C}=0$$

由此可得谐振角频率为

$$\omega_0=\frac{1}{\sqrt{LC}} \tag{3.27}$$

谐振频率为

$$f_0=\frac{1}{2\pi\sqrt{LC}} \tag{3.28}$$

结论：（1）电路发生串联谐振的条件为：电路的阻抗 Z 的虚部为零（即 $Z=R$）。

（2）串联谐振频率：设电路阻抗为 $Z=R+\mathrm{j}X$，根据 $X=0$ 可推导出电路谐振频率 ω_0（或 $\omega_0=2\pi f_0$）。

（3）电路元件参数和结构决定电路谐振频率 ω_0 的大小，所以 ω_0 又称为固有频率。

（4）当外加信号电源的频率 ω 等于固有频率 ω_0 时，电路发生谐振，称为电共振。

（5）图 3.69 所示电路感抗 X_L、容抗 X_C 和电抗 X 随角频率 ω 变化的特性如下：

① 当 $\omega<\omega_0$ 时，$X=X_L-X_C<0$，电路呈容性；

② 当 $\omega>\omega_0$ 时，$X=X_L-X_C>0$，电路呈感性；

③ 当 $\omega=\omega_0$ 时，$X=X_L-X_C=0$，电路呈阻性，电路发生谐振。

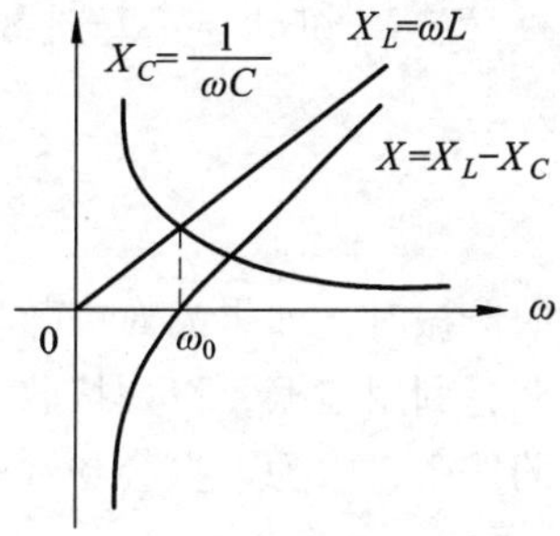

图 3.69　电抗的频率特性

（二）串联谐振特征

（1）阻抗最小、电流有效值最大、电路 u 与 i 同相位。

由图 3.70 得

$$Z=R+\mathrm{j}\omega_0 L+\frac{1}{\mathrm{j}\omega_0 C}=R$$

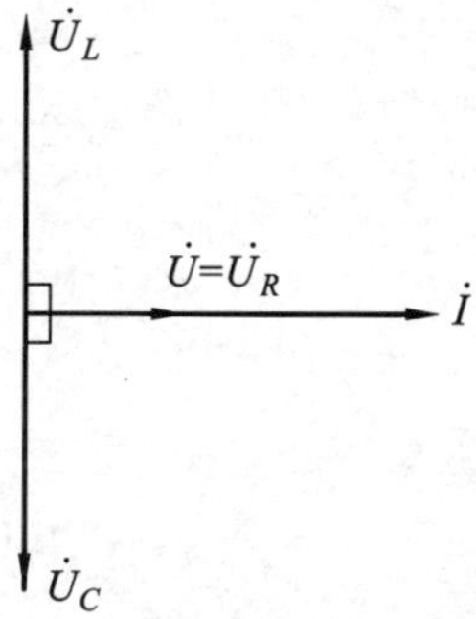

图 3.70　串联谐振时的相量图

即谐振电路呈阻性，$\cos\varphi=1$。

谐振电流 I_0 最大，有

$$I_0=\frac{U}{|Z|}=\frac{U}{R}$$

谐振时 $\dot{U}_L$ 与 $\dot{U}_C$ 关系为

$$\dot{U}=\dot{U}_R+\dot{U}_L+\dot{U}_C=\dot{U}_R$$

$$\dot{U}_X=\dot{U}_L+\dot{U}_C=0$$

$$\dot{U}_L=-\dot{U}_C$$

$$U_L=U_C$$

上式表明，u_L 与 u_C 电压大小相等，相位相反，如图 3.70 所示。

（2）无功功率为零。

谐振时，电路的功率因数角 $\varphi=0$，则有

$$Q=UI\sin\varphi=0$$

但 L 和 C 元件储能不为零，即

$$Q_L(\omega_0)=\omega_0 L I_0^2$$

$$Q_C(\omega_0)=-\frac{1}{\omega_0 C}I_0^2$$

上式表明，在正弦交流稳态电路中，虽然 $Q=Q_L+Q_C=0$，但电容中的电场能与电感中的磁场能相互转换，此增彼减，完全补偿，电源只需供给电路电阻所消耗的电能。

（3）品质因数。

谐振时电感电压 U_L（或电容电压 U_C）与电路端电压 U 有效值之比，称为 RLC 串联谐振电路的品质因数，用 Q 来表示，即

$$Q=\frac{U_L}{U}=\frac{U_C}{U}$$

将 $U = RI_0$ 和 $U_L = \omega_0 LI_0$ 代入上式得

$$Q = \frac{\omega_0 L}{R} = \frac{1}{\sqrt{LC}} \cdot \frac{L}{R} = \frac{1}{R}\sqrt{\frac{L}{C}} \tag{3.29}$$

即谐振时，如果品质因数 $Q >> 1$，电感和电容上会产生较高的电压。因此，在电子电路中应充分利用谐振，以便接收、传输或放大信号；而在一些电气设备中，则要尽力避免谐振现象的发生，因为谐振会导致电气设备的损坏。

（三）串联谐振的频率特性

串联谐振的频率特性主要讨论的是，在电路元件参数一定的情况下，电流 I 与电源频率 ω 的关系式，即

$$I = \frac{U}{|Z|} = \frac{U}{\sqrt{R^2 + \left(\omega L - \frac{1}{\omega C}\right)^2}} = \frac{U}{\sqrt{R^2 + \left(\frac{\omega}{\omega_0}\omega_0 L - \frac{\omega_0}{\omega} \cdot \frac{1}{\omega_0 C}\right)^2}}$$

$$= \frac{\frac{U}{R}}{\sqrt{1 + \left(\frac{\omega_0 L}{R}\right)^2 \left(\frac{\omega}{\omega_0} - \frac{\omega_0}{\omega}\right)^2}} = \frac{I_0}{\sqrt{1 + Q^2 \left(\frac{\omega}{\omega_0} - \frac{\omega_0}{\omega}\right)^2}}$$

得

$$\frac{I}{I_0} = \frac{1}{\sqrt{1 + Q^2 \left(\frac{\omega}{\omega_0} - \frac{\omega_0}{\omega}\right)^2}}$$

式中，I 为电路电流，I_0 为谐振时的电流，Q 为品质因数，ω 为信号源角频率，ω_0 为谐振角频率。其频率特性如图 3.71 所示。

由图 3.71 可以知道，Q 值越大，谐振曲线越尖锐，在谐振频率附近的电流变化越大，称电路对频率的选择性越好。反之品质因数 Q 越小，电路的选频特性越差。在电子技术中，通常用电流比 $\frac{I}{I_0} \geqslant \frac{1}{\sqrt{2}} = 0.707$ 所占的频率范围，称为通频带（或带宽，简写 BW）。例如，图 3.71 中 Q_2 的频带宽度 BW_2 为 $\omega_1 \sim \omega_2$。

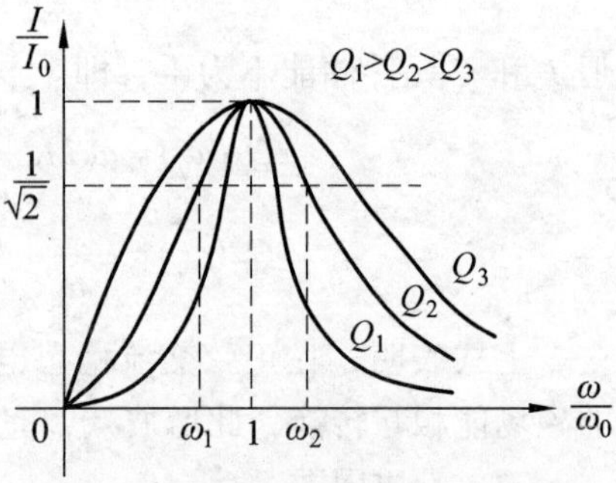

图 3.71　串联谐振电路的频率特性

例 3.38　某收音机的输入等效电路如图 3.72 所示。已知电阻 $R = 8\ \Omega$，电感 $L = 300\ \mu\text{H}$，电容 C 为可调电容器，电台信号电压 $U_{S1} = 1.5\ \text{mV}$，频率 $f_1 = 540\ \text{kHz}$；电压 $U_{S2} = 1.5\ \text{mV}$，频率 $f_2 = 600\ \text{kHz}$。

（1）当电路对信号 u_{S1} 发生谐振时，求电容 C 值和电路的品质因数 Q；并分别计算 u_{S1} 和 u_{S2} 在电容中产生的输出电压有效值。

（2）当电路对信号 u_{S2} 发生谐振时，求 C 为多少？

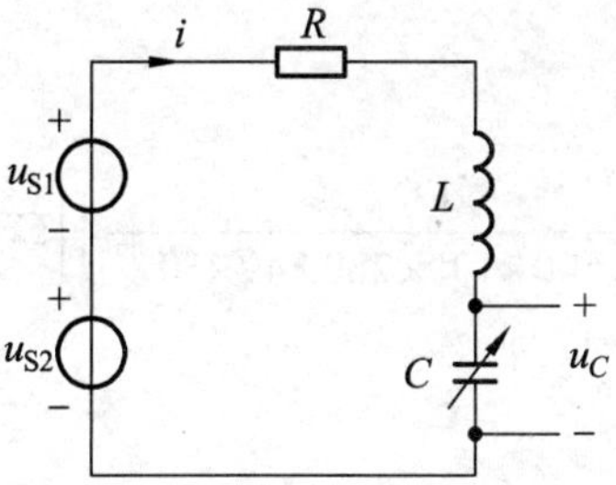

图 3.72　例 3.38 图

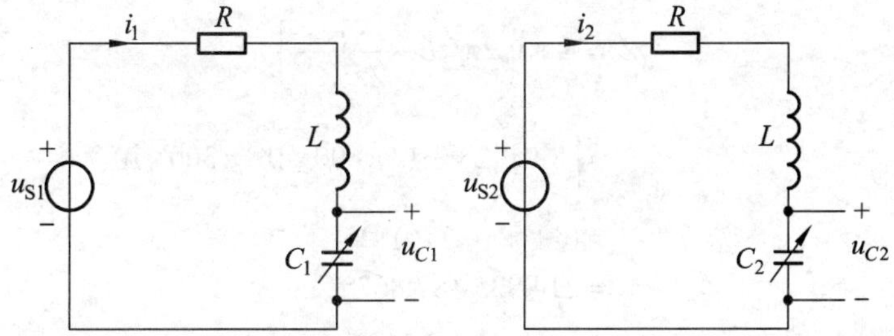

（a）　（b）

图 3.73　u_{S1} 和 u_{S2} 分别作用电路

分析：① 图 3.72 为 RLC 串联电路，当电路对信号 u_{S1} 发生谐振时，由已知串联谐振频率 f_1 及式（3.28）解得电路中电容 C_1 值；由式（3.29）解得电路品质因数 Q。此时信号 u_{S1} 单独作用，电路发生串联谐振，电路呈阻性；信号 u_{S2} 单独作用，用串联相量电路分析方法进行计算。② 当图 3.72 电路对信号 u_{S2} 发生谐振时，由已知串联谐振频率 f_2 及式（3.28）解得电路中电容 C_2 值。

解　（1）对 u_{S1} 发生谐振时，求 C 和品质因数 Q；并分别计算 u_{S1} 和 u_{S2} 在电容产生的电压 U_{C1}、U_{C2}。

电容 C_1 值为

$$C_1=\frac{1}{(2\pi f_1)^2L}$$
$$=\frac{1}{(2\times 3.14\times 540\times 10^3)^2\times 300\times 10^{-6}}\text{ F}=289.849\text{ pF}$$

品质因数 Q 为

$$Q=\frac{2\pi f_1 L}{R}$$
$$=\frac{2\times 3.14\times 540\times 10^3\times 300\times 10^{-6}}{8}=127.17$$

u_{S1} 单独作用[见图 3.73（a）]时，电路呈阻性，即

$$I_1=\frac{U_{S1}}{R}=\frac{1.5\times 10^{-3}}{8}\text{ A}=187.5\ \mu\text{A}$$

$$U_{C1}=\frac{1}{2\pi f_1 C_1}I_1$$
$$=\frac{187.5\times 10^{-6}}{2\times 3.14\times 540\times 10^3\times 289.849\times 10^{-12}}\text{ V}=190.755\text{ mV}$$

或

$$U_{C1}=QU_{S1}=127.17\times 1.5\text{ mV}=190.755\text{ mV}$$

u_{S2} 单独作用[见图 3.73（b）]时，电路的阻抗为

$$
\begin{aligned}
Z &= R + \mathrm{j}\left(2\pi f_2 L - \frac{1}{2\pi f_2 C_1}\right) \\
&= \left[8 + \mathrm{j}\left(2\times 3.14\times 600\times 10^3\times 300\times 10^{-6} - \frac{1}{2\times 3.14\times 600\times 10^3\times 289.849\times 10^{-12}}\right)\right]\Omega \\
&= (8 + \mathrm{j}214.776)\ \Omega \\
&= 214.925\angle 87.867^\circ\ \Omega
\end{aligned}
$$

$$
I_2 = \frac{U_{\mathrm{S2}}}{|Z|} = \frac{1.5\times 10^{-3}\ \mathrm{V}}{214.925\ \Omega} = 6.979\ \mu\mathrm{A}
$$

$$
\begin{aligned}
U_{\mathrm{C2}} &= I_2 \frac{1}{\omega_2 C} \\
&= \frac{6.979\times 10^{-6}}{2\times 3.14\times 600\times 10^3\times 289.849\times 10^{-12}}\ \mathrm{V} = 6.39\ \mathrm{mV}
\end{aligned}
$$

（2）u_{S2} 发生谐振时，谐振频率 $f_2 = 600\ \mathrm{kHz}$，求 C。

由 $f_2 = \dfrac{1}{2\pi\sqrt{LC}}$ 推出

$$
\begin{aligned}
C &= \frac{1}{(2\pi f_2)^2 L} \\
&= \frac{1}{(2\times 3.14\times 600\times 10^3)^2\times 300\times 10^{-6}}\ \mathrm{F} = 234.778\ \mathrm{pF}
\end{aligned}
$$

总结：串联谐振时，通过电路阻抗虚部为零计算得谐振角频率 ω_0，即谐振角频率 ω_0 的大小取决于电路参数和结构，又称为电路的固有角频率 ω_0。当外加信号源角频率 ω_{S} 等于电路的固有角频率 ω_0 时，即 $\omega_{\mathrm{S}} = \omega_0$，电路则发生“串联谐振”，电路呈阻性。

二、RLC 并联谐振电路

（一）并联谐振

如图 3.74（a）所示电路中，KCL 方程为

$$
\dot{I} = \dot{I}_R + \dot{I}_C + \dot{I}_L
$$

图 3.74（a）等效导纳[见图 3.74（b）]为

$$
\begin{aligned}
Y &= G + \mathrm{j}\left(\omega C - \frac{1}{\omega L}\right) \\
&= G + \mathrm{j}(B_C - B_L) = G + \mathrm{j}B
\end{aligned}
$$

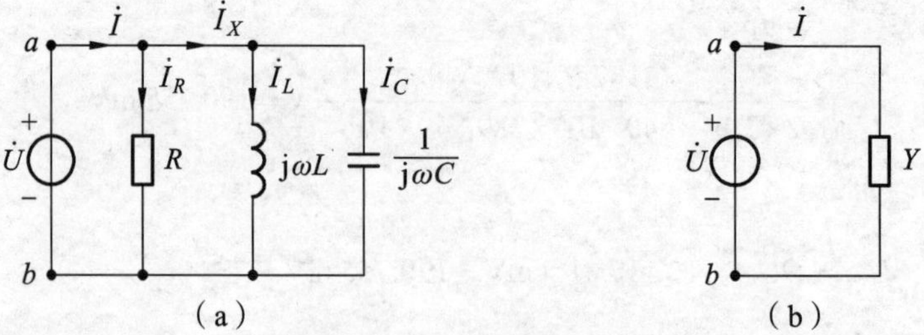

图 3.74　RLC 并联电路

由谐振时导纳 Y 虚部为零，即 $B=\omega C-\dfrac{1}{\omega L}=B_C-B_L=0$，可求出谐振角频率为

$$\omega_0 C-\frac{1}{\omega_0 L}=0 \Rightarrow \omega_0=\frac{1}{\sqrt{LC}}$$

即当信号源的角频率 ω 等于谐振时角频率 ω_0 时，电路发生并联谐振。发生并联谐振的条件为：并联电路的导纳 Y 的虚部为零。

（二）并联谐振特征

（1）电流、导纳最小，电路呈阻性，即

$$Y=G+\mathrm{j}\left(\omega_0 C-\frac{1}{\omega_0 L}\right)=G$$

u 与 i 同相位，$\cos\varphi=1$，电流有效值 I_0 最小，有

$$I_0=\frac{U}{R}$$

谐振时 $\dot{I}_L$ 与 $\dot{I}_C$ 关系（见图 3.75）为

$$\dot{I}=\dot{I}_R+\dot{I}_C+\dot{I}_L=\dot{I}_R$$

$$\dot{I}_X=\dot{I}_L+\dot{I}_C=0$$

$$\dot{I}_L=-\dot{I}_C$$

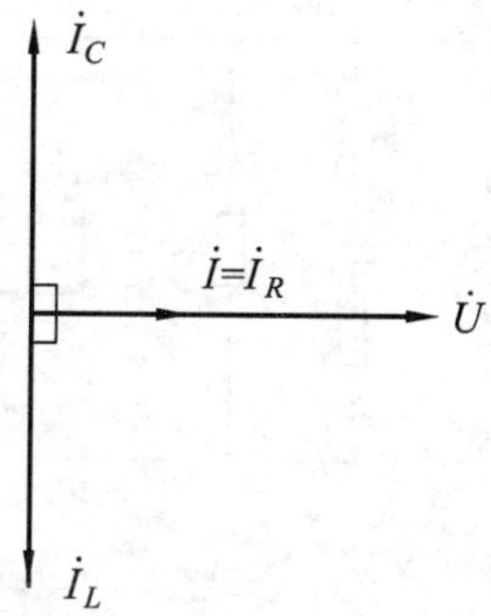

图 3.75　并联谐振时的相量图

（2）无功功率为零。

谐振时功率因数角 $\varphi=0$，电路无功为

$$Q=Q_L+Q_C=0$$

同理，电容中的电场能与电感中的磁场能相互转换，电源只提供有功功率。

（3）品质因数。

谐振时，电感电流 I_L（或电容电流 I_C）与电流 I 有效值之比，称为 RLC 并联谐振电路的品质因数，用 Q 来表示，即

$$Q=\frac{I_L}{I}=\frac{I_C}{I}$$

有

$$Q=\frac{B_C}{G}=\frac{\omega_0 C}{G}=\frac{1}{\sqrt{LC}}CR=R\sqrt{\frac{C}{L}} \tag{3.30}$$

（三）并联谐振电路的频率特性

由图 3.74（a）所示电路得

$$U=\frac{I}{\sqrt{G^2+\left(\omega C-\dfrac{1}{\omega L}\right)^2}}=\frac{I}{\sqrt{G^2+\left(\dfrac{\omega}{\omega_0}\omega_0 C-\dfrac{\omega_0}{\omega}\cdot\dfrac{1}{\omega_0 L}\right)^2}}$$

$$=\frac{RI}{\sqrt{1+Q^2\left(\dfrac{\omega}{\omega_0}-\dfrac{\omega_0}{\omega}\right)^2}}$$

因 $U_0 = RI$，得

$$\frac{U}{U_0} = \frac{1}{\sqrt{1+Q^2\left(\frac{\omega}{\omega_0}-\frac{\omega_0}{\omega}\right)^2}}$$

上式的频率特性与串联谐振频率特性相似，可参考分析。

例 3.39 电路如图 3.76(a)所示，已知电流源 $i_S(t)=\sin t$ A，电流 $i_2(t)=0$ A，电感 $L_1=3$ H，$L_2=8$ H，电容 $C_1=\frac{1}{3}$ F，电阻 $R_1=R_2=R_3=1\,\Omega$，试求电容 C_2、电流 $i_1(t)$、$i_3(t)$、$i_4(t)$和电流源 $i_S(t)$发出的平均功率 P、电感 L_1 的无功功率 Q。

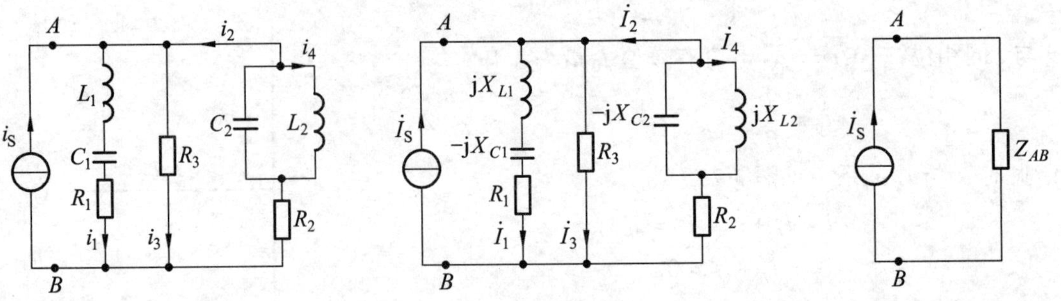

（a）　　　　（b）　　　　（c）

图 3.76 例 3.39 图

分析：首先将图 3.76（a）转换成相量电路图，见图 3.76（b），并计算各相量参数，即 $\mathrm{j}X_{L1}$、$-\mathrm{j}X_{C1}$ 和 $\mathrm{j}X_{L2}$。分析电路参数，图 3.76（b）电路发生了 L_1C_1 串联谐振和 L_2C_2 并联谐振，由此可通过 $\mathrm{j}X_{L1}-\mathrm{j}X_{C1}=0$ 解得 L_1C_1 串联谐振；由 $i_2(t)=0$ A 解得 L_2C_2 并联谐振。并联谐振可用“断路”等效替代，串联谐振可用“短路”等效替代，则电路可简化成图 3.76（c），其中阻抗 $Z_{AB}=R_1 // R_3$。

解 各元件相量参数

$$\mathrm{j}X_{L1}=\mathrm{j}\omega L_1=(\mathrm{j}\times1\times3)\,\Omega=\mathrm{j}3\,\Omega$$

$$-\mathrm{j}X_{C1}=-\mathrm{j}\frac{1}{\omega C_1}=\left(-\mathrm{j}\frac{1}{1\times\frac{1}{3}}\right)\Omega=-\mathrm{j}3\,\Omega$$

$$\mathrm{j}X_{L2}=\mathrm{j}\omega L_2=(\mathrm{j}\times1\times8)\,\Omega=\mathrm{j}8\,\Omega$$

因为 $i_2(t)=0$ A，L_2C_2 并联谐振，所以

$$\mathrm{j}\omega C_2+\frac{1}{\mathrm{j}\omega L_2}=0$$

得

$$C_2=\frac{1}{\omega^2L_2}=\frac{1}{1^2\times8}\,\mathrm{F}=0.125\,\mathrm{F}$$

又因为 $jX_{L1}=jX_{C1}$，即 L_1C_1 支路发生串联谐振，因此有

$$Z_{AB}=R_1//R_3=(1//1)\ \Omega=0.5\ \Omega$$

电流源两端电压 $\dot{U}_{AB}$ 为

$$\dot{U}_{AB}=Z_{AB}\dot{I}_S=0.5\Omega\times\frac{1}{\sqrt{2}}\angle0^\circ\ \text{A}=0.3536\angle0^\circ\ \text{V}$$

各支路电流为

$$\dot{I}_1=\frac{\dot{U}}{R_1}=\frac{0.3536\angle0^\circ\ \text{V}}{1\ \Omega}=0.3536\angle0^\circ\ \text{A}$$

$$\dot{I}_3=\frac{\dot{U}}{R_3}=0.3536\angle0^\circ\ \text{A}$$

$$\dot{I}_4=\frac{\dot{U}}{jX_{L2}}=\frac{0.3536\angle0^\circ\ \text{V}}{j8\ \Omega}=0.0442\angle-90^\circ\ \text{A}$$

则各支路电流的时域形式为

$$i_1(t)=0.3536\sqrt{2}\sin t\ \text{A}=0.5\sin t\ \text{A}$$

$$i_3(t)=0.3536\sqrt{2}\sin t\ \text{A}=0.5\sin t\ \text{A}$$

$$i_4(t)=0.0442\sqrt{2}\sin(t-90^\circ)\ \text{A}=0.0625\sin(t-90^\circ)\ \text{A}$$

电流源发出的平均功率为

$$\begin{aligned}P&=U_{AB}I_S\cos(\varphi_u-\varphi_i)\\&=0.3536\times\frac{1}{\sqrt{2}}\times\cos(0^\circ-0^\circ)\ \text{W}=0.25\ \text{W}\end{aligned}$$

电感 L_1 的无功功率为

$$\begin{aligned}Q&=I_1^2\omega L_1\\&=0.353\,6^2\times1\times3\ \text{var}=0.3751\ \text{var}\end{aligned}$$

结论：谐振往往发生于电路系统的局部电路中，并联谐振、串联谐振可同时存在于同一个电路系统中。LC 并联电路如对外电路呈电流为零，则发生并联谐振，即可用“断路”等效替代；LC 串联电路如对外电路呈端电压为零，则发生串联谐振，即可用“短路”等效替代。

三、常见问题讨论

（1）谐振频率 ω_0 的大小是由电源的频率所决定。

解答：错。

谐振频率 ω_0 是由电路元件的参数及元件组成的电路连接结构所决定。

（2）如何判断电路发生了串联谐振？

解答：可以从以下几方面来判断电路发生了串联谐振：

① 通过电路阻抗虚部为零来确定电路发生了串联谐振，即阻抗 $Z=R$；

② 通过电压与电流相位差来确定电路是否发生串联谐振，即在 RLC 串联支路中，如果其端电压与其电流相位上相同（同相），则判定 LC 串联支路发生了谐振；

③ 在 RLC 串联电路中，如果电路的无功功率 Q 为零，则发生串联谐振；

④ 在 RLC 串联支路中，如果 LC 串联支路端电压为零，则发生串联谐振。

（3）如何判断电路发生了并联谐振？

解答：可以从以下几方面来判断电路发生了并联谐振：

① 通过电路导纳虚部为零来确定电路发生了并联谐振，即导纳 $Y=G$；

② 通过电压与电流相位差来确定电路是否发生并联谐振，即在 RLC 并联电路中，如果其端电压与其端电流相位上相同（同相），则判定 LC 并联电路发生了谐振；

③ 在 RLC 并联电路中，如果电路的无功功率 Q 为零，则发生并联谐振；

④ 在 RLC 并联电路中，如果 LC 并联电路端电流为零，则发生并联谐振。

四、特别提示

发生串联谐振的条件是 RLC 电路的阻抗 Z 虚部为零，即电路阻抗 $Z=R$；发生并联谐振的条件是 RLC 电路的导纳 Y 虚部为零，即电路导纳 $Y=G$。电路的谐振频率是由电路元件参数及连接结构所决定的。

小　结

一、正弦量与相量

（一）正弦量

（1）正弦量的三要素：有效值或最大值（有效值电压 U 或有效值电流 I；最大值电压 $U_{\rm m}$ 或最大值电流 $I_{\rm m}$）、角频率 ω（频率 f 与角频率 ω：$\omega=2\pi f$）、初相位 φ 称为正弦交流电量的三要素。其中有效值与最大值关系为 $U_{\rm m}=\sqrt{2}U$ 或 $I_{\rm m}=\sqrt{2}I$。

（2）在同频率下，两个正弦量的相位差 φ 等于初相位之差，即相位差 φ 是一个与时间无关的常量。

（二）相　量

1. 正弦量 $u(t)$式与相量式 $\dot{U}$（或 $\dot{U}_{\rm m}$）

设初相位 φ_u 角度满足 $0°<\varphi_u<90°$，正弦交流电压 $u(t)$ 为

$$u(t)=\sqrt{2}U\sin(\omega t+\varphi_u)$$

则对应的相量式为

$$\begin{cases}\dot{U}=U\angle\varphi_u\\ \dot{U}_{\rm m}=\sqrt{2}U\angle\varphi_u\end{cases}$$

电压 $\dot{U}$ 相量图如图 3.77 所示。

2. 正弦量 $i(t)$式与相量式 $\dot{I}$（或 $\dot{I}_{\mathrm{m}}$）

设初相位 φ_i 角度满足 $0° < \varphi_i < 90°$，正弦电流 $i(t)$ 为

$$i(t) = \sqrt{2}I\sin(\omega t - \varphi_i)$$

则对应的相量式为

$$\begin{cases} \dot{I} = I\angle -\varphi_i \\ \dot{I}_{\mathrm{m}} = \sqrt{2}I\angle -\varphi_i \end{cases}$$

电流 $\dot{I}$ 相量图如图 3.78 所示。

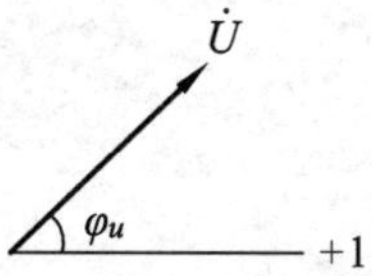

图 3.77　电压 $\dot{U}$ 相量图

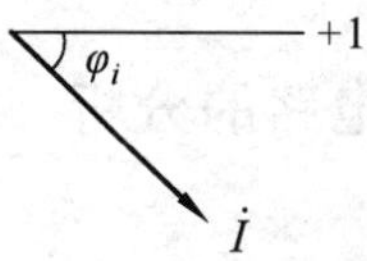

图 3.78　电流 $\dot{I}$ 相量图

二、元件伏安特性和基尔霍夫定律的相量形式

（一）元件伏安特性的相量形式

表 3.1　元件伏安特性的相量形式

相量模型图	相量关系式	相量图（设电压的初相位为 0°）
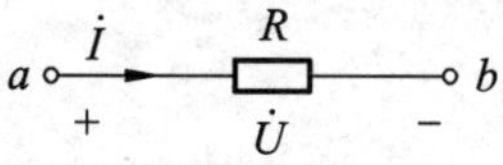	$\dot{U} = R\dot{I}$ 电压 $u(t)$ 与电流 $i(t)$ 同相	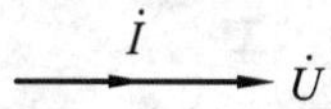
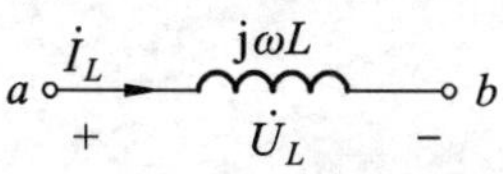	$\dot{U}_L = \mathrm{j}\omega L\dot{I}_L$ 电压 $u(t)$ 引前电流 $i(t)$ 90°	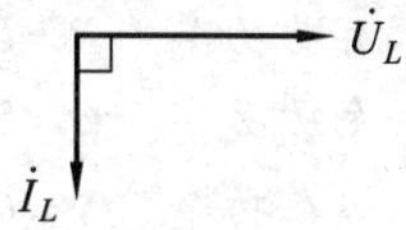
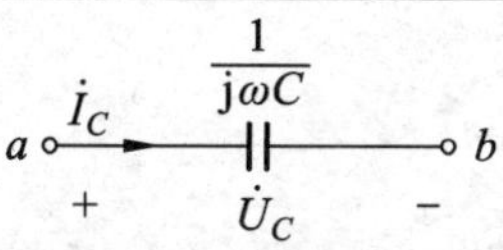	$\dot{U}_C = \dfrac{1}{\mathrm{j}\omega C}\dot{I}_C$ 电流 $i(t)$ 引前电压 $u(t)$ 90°	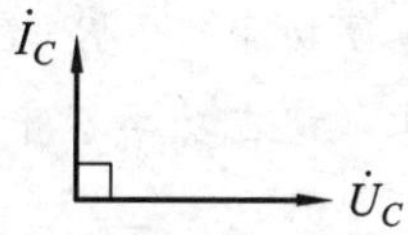

（二）基尔霍夫定律的相量形式

电路在同频率条件下，有

$$\text{KVL} \quad \sum\dot{U} = 0, \quad \sum\dot{U}_{\mathrm{m}} = 0$$

$$\text{KCL} \quad \sum\dot{I} = 0, \quad \sum\dot{I}_{\mathrm{m}} = 0$$

（三）阻　抗

电压与电流在关联参考方向下，如图 3.79 所示，则有

$$Z=\frac{\dot{U}}{\dot{I}}=R+\mathrm{j}X=|Z|\angle\varphi_{Z}$$

上式中各参数之间可构成阻抗三角形，如图 3.80 所示。

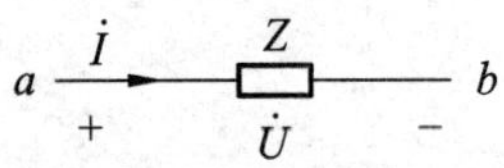

图 3.79

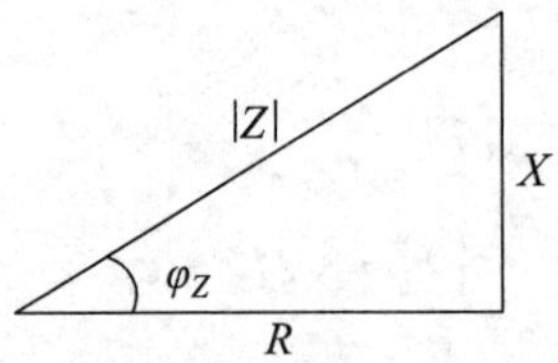

图 3.80 阻抗三角形

三、正弦稳态电路的分析

1. 相量式分析法

运用线性电路的基本分析方法（如：等效变换法、支路电流法等）和电路定理（如：叠加定理、戴维南定理等），用相量工具分析相量电路。

2. 相量图分析法

设电路中某个电量的相位为 0°参考电量（或电路中已知某电量的初始相位为 0°），根据元件上电压与电流的相位关系，作相量图，即称为相量图分析法。

四、功率及功率因数

1. 功 率

（1）瞬时功率 $p(t)=u(t)\cdot i(t)$

（2）有功功率 $P=UI\cos\varphi$（W）

（3）无功功率 $Q=UI\sin\varphi$（var）

（4）视在功率 $S=UI$ （V·A）

（5）复功率 $\tilde{S}=\dot{U}\dot{I}^{*}=P+\mathrm{j}Q=S\angle\varphi$（V·A）

注意：视在功率不守恒，即

$$\sum P_k=0,\quad \sum Q_k=0,\quad \sum \tilde{S}_k=0,\quad \sum S\neq 0$$

（6）最大功率传输

如图 3.81 所示电路中，当电路阻抗满足 $Z_{\mathrm{L}}=Z_{\mathrm{S}}^{*}$ 条件时，负载 Z_{L} 获得最大功率。

2. 功率因数提高

已知如图 3.82 所示电路中，感性负载电路的有功功率 P、电压有效值 U、角频率 ω 和功率因素 $\lambda_1=\cos\varphi_1$，若并联电容 C 后功率因数提高至 $\lambda_2=\cos\varphi_2$，则需并联的电容 C 为

$$C=\frac{P}{\omega U^{2}}(\tan\varphi_1-\tan\varphi_2)$$

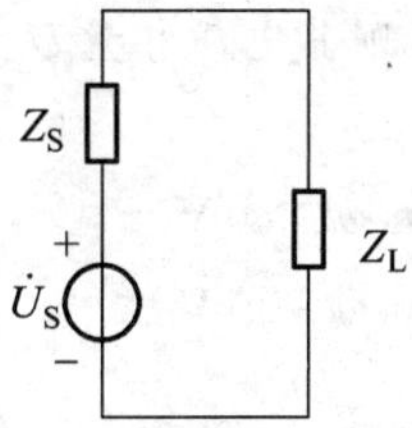

图 3.81

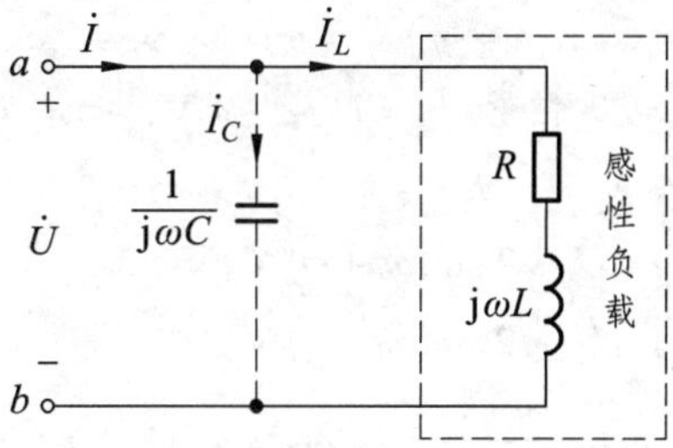

图 3.82　功率因数提高电路图

五、谐振电路

1. 发生谐振的条件

（1）串联电路的阻抗 Z 虚部为零，即 $Z=R$；并由此推导串联谐振频率 f_0 或 ω_0。

（2）并联电路的导纳 Y 的虚部为零，即 $Y=G$；并由此推导并联谐振频率 f_0 或 ω_0。

2. 谐振的发生

当电路中外加信号源（或称为独立电源）频率 ω 等于谐振频率 ω_0 时，称电路发生谐振。即 $\omega=\omega_0$ 时电路发生谐振。

3. 特　点

发生谐振的电路中电压与电流同相，电路呈阻性。

选 择 题

1. 已知某正弦交流电压的周期为 10 ms，有效值为 220 V，在 $t=0$ 时正处于由正值过渡为负值的零值，则其表达式可写作（　　）。

（a）$u=380\sin(100t+180°)$ V　　（b）$u=311\sin(200\pi t+180°)$ V

（c）$u=220\sin(28t+180°)$ V　　（d）$u=220\sqrt{2}\sin(100t+180°)$ V

2. 已知电压相量 $\dot{U}=(5+\mathrm{j}5)$ V，则其电压相量 $\dot{U}$ 的极坐标式为（　　）。

（a）$\dot{U}=5\sqrt{2}\angle 0°$ V　　（b）$\dot{U}=5\sqrt{2}\angle -45°$ V

（c）$\dot{U}=5\sqrt{2}\angle 45°$ V　　（d）$\dot{U}=10$ V

3. 已知正弦量 $u_1=220\sqrt{2}\sin 314t$ V 和 $u_2=110\sqrt{2}\sin(314t-60°)$ V，则两个电压之间的相位差 $(\varphi_1-\varphi_2)$ 为（　　）。

（a）$314t-60°$　　（b）$60°$　　（c）$-60°$　　（d）$0°$

4. 已知电流相量 $\dot{I}=(4+\mathrm{j}3)$ A，正弦交流电的角频率为 ω，则其电流相量 $\dot{I}$ 的正弦电流 $i(t)$ 表达式为（　　）。

（a）$i=5\sin(\omega t+53.1°)$A　　（b）$i=5\sqrt{2}\sin(\omega t+53.1°)$A

（c）$i=5\sqrt{2}\sin(\omega t+36.9°)$A　　（d）$i=5\sin(\omega t+36.9°)$A

5. 已知正弦电压 $u=U_{\mathrm{m}}\sin(\omega t+\varphi)$，则其对应的相量表达式为（　　）。

（a）$\dot{U}=U_{\mathrm{m}}\angle\varphi$　　（b）$\dot{U}=U\angle\varphi$

（c）$\dot{U}=U_{\rm m}\angle(\omega t+\varphi)$　　（d）$\dot{U}=U\angle(\omega t+\varphi)$

6. 已知电压相量$\dot{U}_{\rm m}=U_{\rm m}\angle-\varphi\,{\rm V}$，正弦交流的角频率为$\omega$，则其电压相量$\dot{U}_{\rm m}$的正弦电压$u(t)$表达式为（　　）。

（a）$u(t)=U_{\rm m}\sqrt{2}\sin(\omega t+\varphi)\,{\rm V}$　　（b）$u(t)=U_{\rm m}\sin(\omega t+\varphi)\,{\rm V}$

（c）$u(t)=U_{\rm m}\sqrt{2}\sin(\omega t-\varphi)\,{\rm V}$　　（d）$u(t)=U_{\rm m}\sin(\omega t-\varphi)\,{\rm V}$

7. 已知电压相量$\dot{U}=U\angle\varphi_u\,{\rm V}$，电流相量$\dot{I}=I\angle\varphi_i\,{\rm A}$，则其相量$\dfrac{\dot{U}}{\dot{I}}$的表达式为（　　）。

（a）$\dfrac{\dot{U}}{\dot{I}}=\dfrac{U}{I}\angle(\varphi_u+\varphi_i)$　　（b）$\dfrac{\dot{U}}{\dot{I}}=\dfrac{U}{I}\angle(\varphi_u-\varphi_i)$

（c）$\dfrac{\dot{U}}{\dot{I}}=\dfrac{U}{I}\angle(\varphi_i-\varphi_u)$　　（d）$\dfrac{\dot{U}}{\dot{I}}=\dfrac{U}{I}\angle\left(\dfrac{\varphi_u}{\varphi_i}\right)$

8. 已知电压相量$\dot{U}_1=(8+{\rm j}8)\,{\rm V}$，$\dot{U}_2=(-2+{\rm j}5)\,{\rm V}$，则其相量$\dot{U}_1+\dot{U}_2$的表达式为（　　）。

（a）$\dot{U}_1+\dot{U}_2=(6+{\rm j}13)\,{\rm V}$　　（b）$\dot{U}_1+\dot{U}_2=(10+{\rm j}13)\,{\rm V}$

（c）$\dot{U}_1+\dot{U}_2=(6+{\rm j}3)\,{\rm V}$　　（d）$\dot{U}_1+\dot{U}_2=(10+{\rm j}10)\,{\rm V}$

9. 已知电压相量$\dot{U}_1=-{\rm j}8\,{\rm V}$，则其表达式可写成（　　）。

（a）$\dot{U}_1=8\angle90^\circ{\rm V}$　　（b）$\dot{U}_1=\dfrac{8}{\rm j}{\rm V}$　　（c）$\dot{U}_1=\dfrac{1}{{\rm j}8}{\rm V}$　　（d）$\dot{U}_1=\dfrac{\rm j}{8}{\rm V}$

10. 已知正弦电压$u(t)=U_{\rm m}\sin(\omega t+\varphi)$，其对应的相量为$\dot{U}$，则$\dfrac{{\rm d}u}{{\rm d}t}$的对应相量式$\dot{U}'$为（　　）。

（a）$\dot{U}'={\rm j}\omega\dot{U}$　　（b）$\dot{U}'=-{\rm j}\omega\dot{U}$　　（c）$\dot{U}'={\rm j}\dot{U}$　　（d）$\dot{U}'=-{\rm j}\dot{U}$

11. 无源网络N如图3.83（a）所示，其u、i的波形如图3.83（b）所示，则网络N为（　　）。

（a）阻性　　（b）电感性　　（c）电容性　　（d）感性或容性

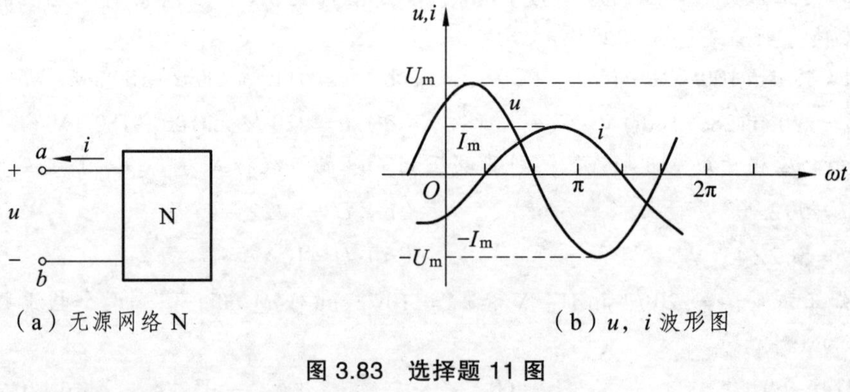

（a）无源网络N　　（b）u，i波形图

图3.83　选择题11图

12. 已知某支路电路的电压$u(t)$滞后电流$i(t)$，则该支路为（　　）电路。

（a）阻性　　（b）感性　　（c）容性　　（d）感性或容性

13. 已知某支路电路的电压$u(t)$与$i(t)$同相，则该支路为（　　）电路。

（a）阻性　　（b）感性　　（c）容性　　（d）感性或容性

14. 如图3.84所示电路中，已知无源二端网络$\rm N_0$电路的电压为$\dot{U}=U\angle0^\circ\,{\rm V}$，电流为$\dot{I}=I\angle30^\circ\,{\rm A}$，则该无源二端网络$\rm N_0$为（　　）电路。

（a）阻性　　（b）感性　　（c）容性　　（d）感性或容性

15. 如图 3.85 所示电路中，已知 $u(t)=U\sqrt{2}\sin(\omega t+10°)$ V，无源二端网络 N_0 电路呈容性特性，并且电压 $u(t)$ 与 $i(t)$ 相位差为 30°，则电流 $i(t)$ 的初相角为（　　）。

（a）20°　　（b）–20°　　（c）40°　　（d）–40°

16. 如图 3.85 所示电路中，已知 $u(t)=U\sqrt{2}\sin(\omega t+10°)$ V，无源二端网络 N_0 电路呈感性特性，并且电压 $u(t)$ 与 $i(t)$ 相位差为 30°，则电流 $i(t)$ 的初相角为（　　）。

（a）20°　　（b）–20°　　（c）40°　　（d）–40°

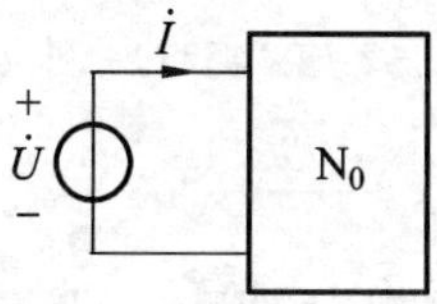

图 3.84　选择题 14 图

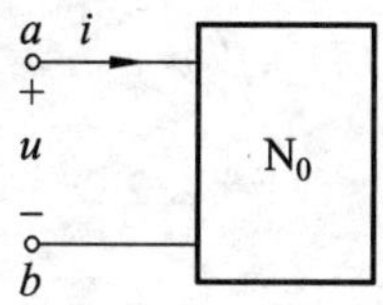

图 3.85　选择题 15、16 图

17. 已知正弦交流电路如图 3.86 所示，其中电容元件 $C=314$ μF，电路频率 $f=100$ Hz，则电路容抗值 X_C 为（　　）。

（a）0.197 Ω　　（b）31.8 Ω　　（c）5.06 Ω　　（d）3.14 Ω

18. 已知正弦交流电路如图 3.87 所示，其中电感元件 $L=2$ H，电路频率 $f=50$ Hz，则电路感抗值 X_L 为（　　）。

（a）100 Ω　　（b）200 Ω　　（c）314 Ω　　（d）628 Ω

19. 电路如图 3.88 所示，其等效阻抗 Z 为（　　）。

（a）$Z=R-jX_C$　　（b）$Z=R+jX_C$　　（c）$Z=R-X_C$　　（d）$Z=R+X_C$

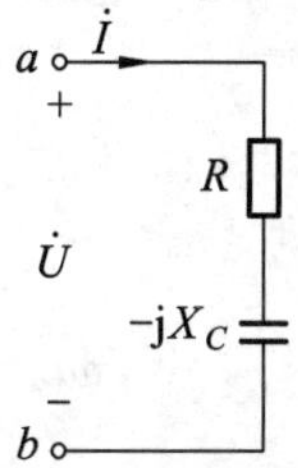

图 3.86　选择题 17 图

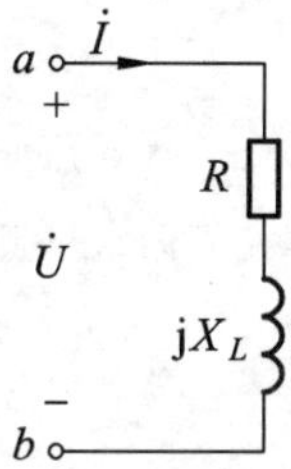

图 3.87　选择题 18 图

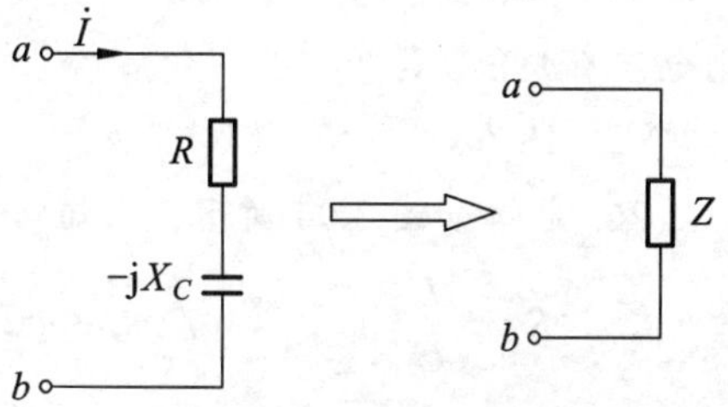

图 3.88　选择题 19 图

20. 电路如图 3.89 所示，其等效阻抗 Z 为（　　）。

（a）$Z=R-jX_L$　　（b）$Z=R+jX_L$　　（c）$Z=R-X_L$　　（d）$Z=R+X_L$

21. 在电感与电容并联的正弦交流电路中，当 $X_L>X_C$ 时，电路呈现为（　　）。

（a）电感性　　（b）电容性　　（c）阻性　　（d）不可确定属性

22. 电路如图 3.90 所示。已知电流 $i=5\sin(314t+30°)$ A，电压 $u=4\sin(314t+60°)$ V，则其阻抗 Z 为（　　）。

（a）$0.8\angle-90°$ Ω　　（b）$0.8\angle-30°$ Ω　　（c）$1.25\angle-90°$ Ω　　（d）j1.25 Ω

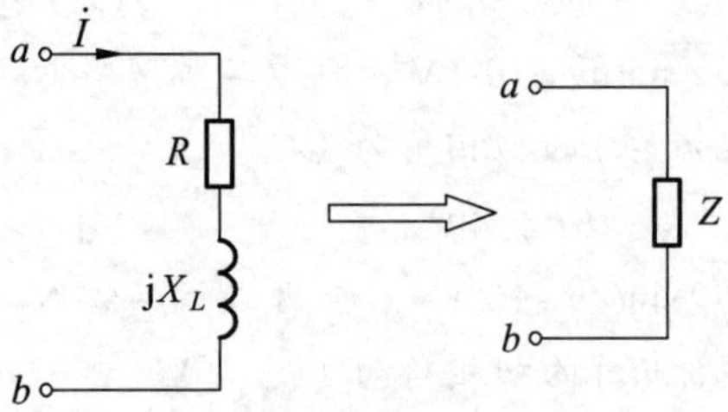

图 3.89　选择题 20 图

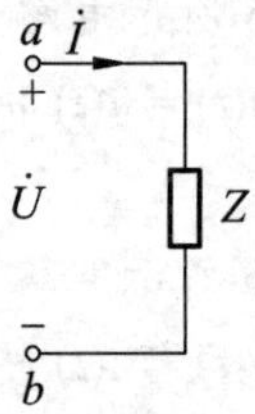

图 3.90　选择题 22 图

23. 电路如图 3.91 所示，已知 a、b 端口的等效阻抗 $Z_{ab}=2\sqrt{2}\angle 45°\ \Omega$，则电路的感抗 X_L 为(　　)。

（a）4 Ω　　（b）$\sqrt{2}\ \Omega$　　（c）$\dfrac{\sqrt{2}}{2}\ \Omega$　　（d）$2\sqrt{2}\ \Omega$

24. 电路如图 3.92 所示，已知电阻 $R=100\ \Omega$，频率 $f=50$ Hz，电压 $\dot{U}_R$ 滞后 $\dot{U}$ 相位 30°，则电感 L 为（　　）。

（a）275.8 mH　　（b）183.8 mH　　（c）551.6 mH　　（d）421 mH

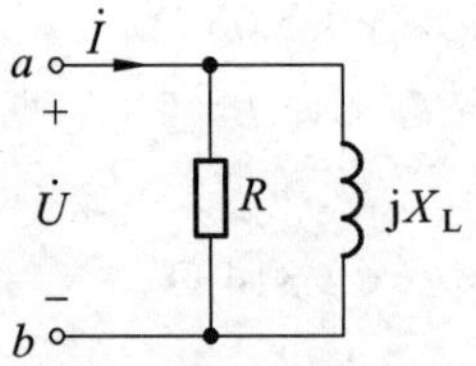

图 3.91　选择题 23 图

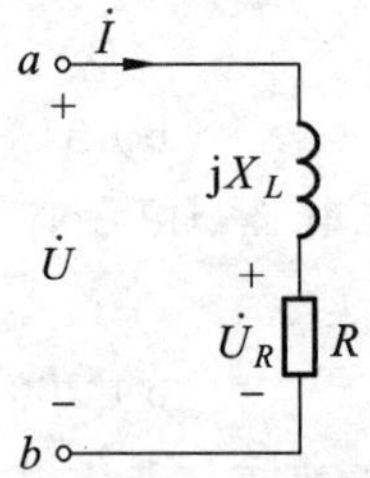

图 3.92　选择题 24 图

25. 电路如图 3.93 所示，已知电流有效值 $I_1=8\text{A}$，$I_2=10\text{A}$，电路的总功率因数为 1，则电流有效值 I 为（　　）。

（a）18 A　　（b）2 A　　（c）4 A　　（d）6 A

26. 电路如图 3.94 所示，已知电压 $\dot{U}$ 与电流 $\dot{I}$ 同相，则 R、L、C 应满足（　　）关系式。

（a）$R=\sqrt{\dfrac{L}{C}}$　　（b）$\omega L=\omega C$　　（c）$R=2\sqrt{\dfrac{L}{C}}$　　（d）$\omega L=\dfrac{1}{\omega C}$

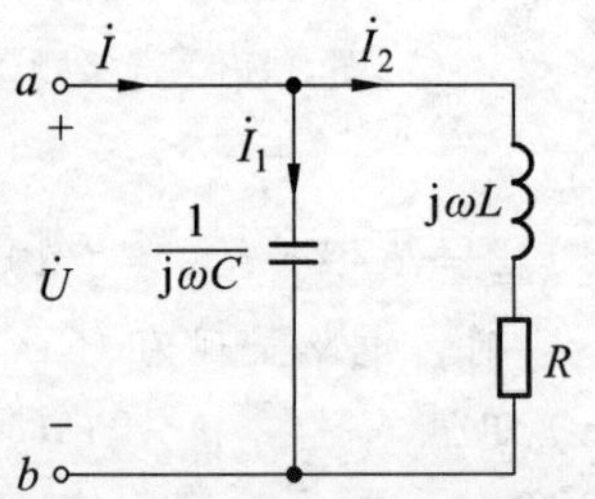

图 3.93　选择题 25 图

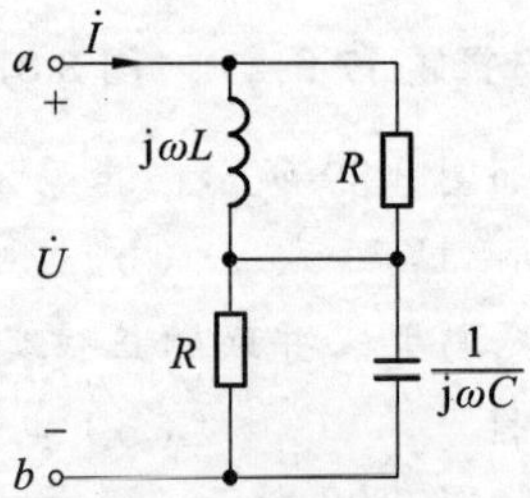

图 3.94　选择题 26 图

27. 提高感性电路的功率因数通常采用的措施是（　　）。

（a）在感性电路中串联电容　　（b）在感性电路中串联电阻

（c）在感性电路两端并联电阻　　（d）在感性电路两端并联电容

28. 在 RL 并联的正弦交流电路中，$R=4\,\Omega$，$X_L=3\,\Omega$，电路的无功功率 $Q=30$ var，则有功功率 P 为（　　）。

（a）22.5 W　　（b）40 W　　（c）60 W　　（d）80 W

29. 正弦交流电路的视在功率 S，有功功率 P 与无功功率 Q 的关系为（　　）。

（a）$S^2=P^2+(Q_L-Q_C)^2$　　（b）$S^2=P^2+(Q_L+Q_C)^2$

（c）$S=P+Q_L+Q_C$　　（d）$S=P+Q_L-Q_C$

30. RLC 串联电路的谐振角频率为 ω_0，设电路中电源信号的角频率为 ω，当 $\omega=\omega_0$ 时电路呈（　　）；当 $\omega<\omega_0$ 时电路呈（　　）；当 $\omega>\omega_0$ 时电路呈（　　）。

（a）阻性；容性；感性　　（b）阻性；感性；容性

（c）容性；阻性；感性　　（d）感性；阻性；容性

习　题

3.1　在如图 3.95 所示的相量图中，已知 $I_1=10\text{ A}$，$I_2=5\text{ A}$，$U=110\text{ V}$，$f=50\text{ Hz}$，试分别写出它们的相量表达式和瞬时值表达式。

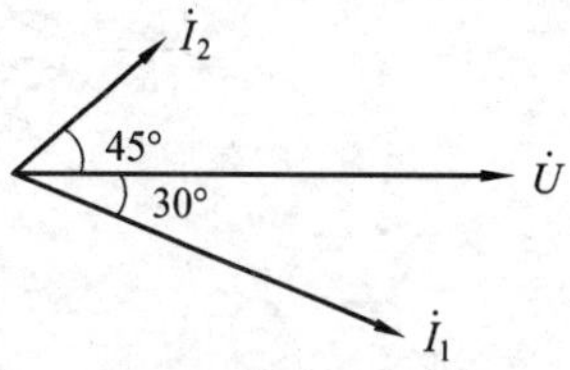

图 3.95　习题 3.1 图

3.2　试计算下列表达式的值：

（1）$5\angle 47°+10\angle -25°=?$

（2）$220\angle 35°+\dfrac{(17+\text{j}9)(4+\text{j}6)}{20+\text{j}5}=?$

3.3　已知 $u_\text{A}=220\sqrt{2}\sin 314t\text{ V}$，$u_\text{B}=220\sqrt{2}\sin(314t-120°)\text{ V}$。

（1）各正弦量的振幅值、有效值、初相、角频率、频率、周期及两者之间的相位差各为多少？

（2）画出 u_A、u_B 的波形。

3.4　指出下列各式的错误。

（1）$u_1=100\sqrt{2}\sin\omega tV=\dot{U}_1$；

（2）$\dot{U}_2=50\angle 15°=50\sqrt{2}\sin(\omega t+15°)\text{ V}$；

（3）$i=10\angle -60°\text{ A}$；

（4）$I=10\text{e}^{-\text{j}60°}\text{ A}$；

（5）$\dot{Z}=10+\text{j}20\,\Omega$。

3.5　试判断下列表达式的正、误。

（1）$u=\omega Li$；

（2）$i=5\cos\omega t=5\angle 0°$；

（3）$\dot{I}_\text{m}=\text{j}\omega CU_\text{m}$；

（4）$X_L=\dfrac{\dot{U}_L}{\dot{I}_L}$；

（5）$\dfrac{\dot{U}_C}{\dot{I}_C}=\text{j}\omega C\,\Omega$；

（6）$\dot{U}_L=\text{j}\omega L\dot{I}_L$；

（7）$u=C\dfrac{\text{d}i}{\text{d}t}$。

3.6　在图 3.96 所示的各电路中，除 A_0 和 V_0 外，其余电流表和电压表的读数在图上都已标出（都是正弦量的有效值），试求电流表 A_0 或电压表 V_0 的读数。

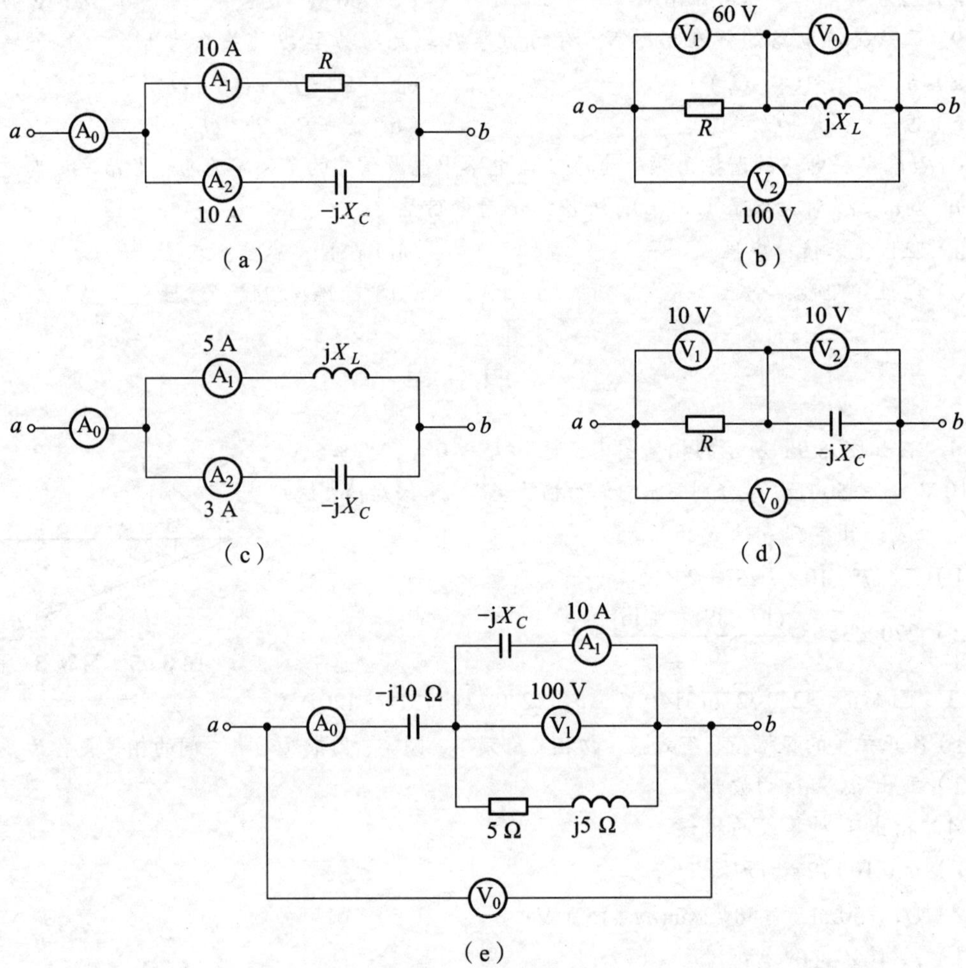

图 3.96　习题 3.6 图

3.7　正弦交流电路如图 3.97 所示，已知电压有效值 $U = U_C = U_{RL} = 100\ \text{V}$，$R = 10\ \Omega$，试求电流有效值 I。

3.8　正弦交流电路如图 3.98 所示，已知电流 $\dot{I}_S = 10\angle 0°\text{A}$，$\dot{I}_1 = 10\angle 90°\text{A}$，试求电流 $\dot{I}_2$。

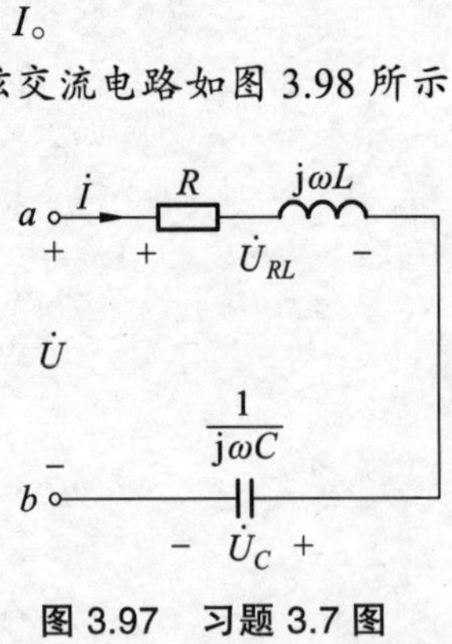

图 3.97　习题 3.7 图

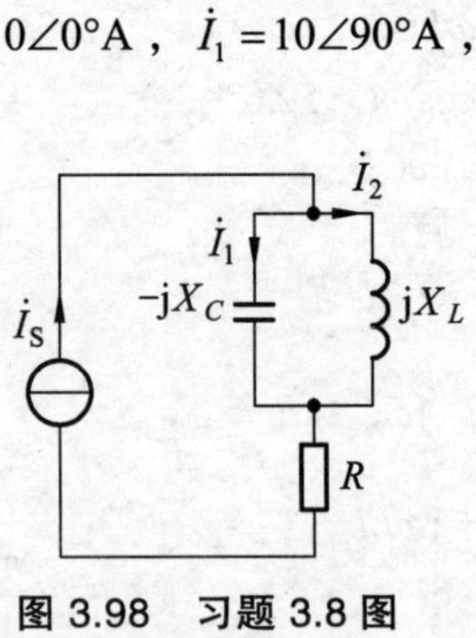

图 3.98　习题 3.8 图

3.9 电路如图 3.99 所示，已知 $\dot{I}=10\angle-30^\circ$ A，$Z_1=(3.16+\mathrm{j}6)\ \Omega$，$Z_2=(2.5-\mathrm{j}4)\ \Omega$。试求：（1）正弦交流 $u(t)$、$i_1(t)$ 及 $i_2(t)$；（2）画出电流 $\dot{I}$、$\dot{I}_1$、$\dot{I}_2$ 和电压 $\dot{U}$ 的相量图。

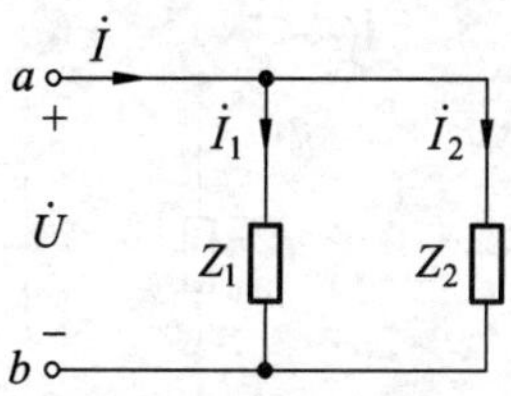

图 3.99 习题 3.9 图

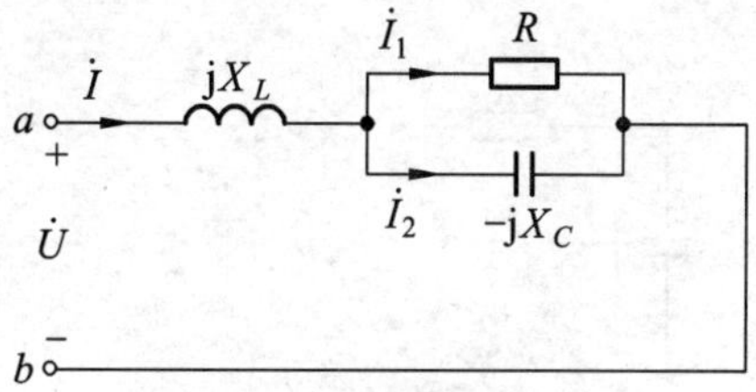

图 3.100 习题 3.10 图

3.10 电路如图 3.100 所示，已知电流有效值 $I_1=I_2=10$ A，$U=100$ V，u 与 i 同相，试求电流有效值 I、电阻 R、容抗 X_C、感抗 X_L。

3.11 日光灯管与镇流器串连接到交流电压上，可看做 RL 串联电路。如已知某灯管的等效电阻 $R_1=280\ \Omega$，镇流器的电阻和电感分别为 $R_2=20\ \Omega$，$L=1.65$ H，电源电压 $U=220$ V，试求电路中的电流和灯管两端与镇流器上的电压。这两个电压加起来是否等于 220 V？（电源频率为 50 Hz）

3.12 电路如图 3.101 所示，试求各电路的输入阻抗 Z 和导纳 Y。

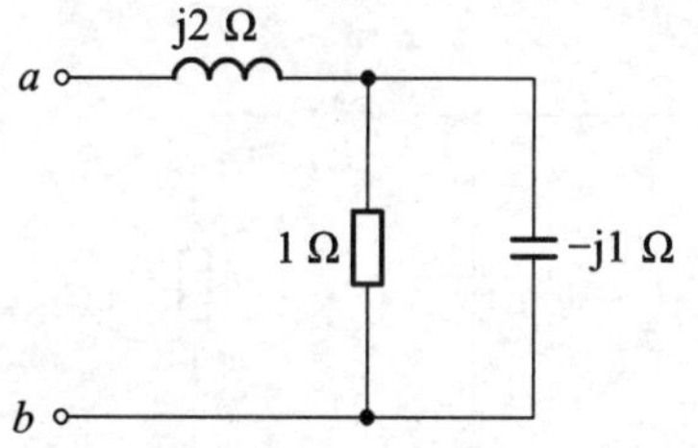

（a）

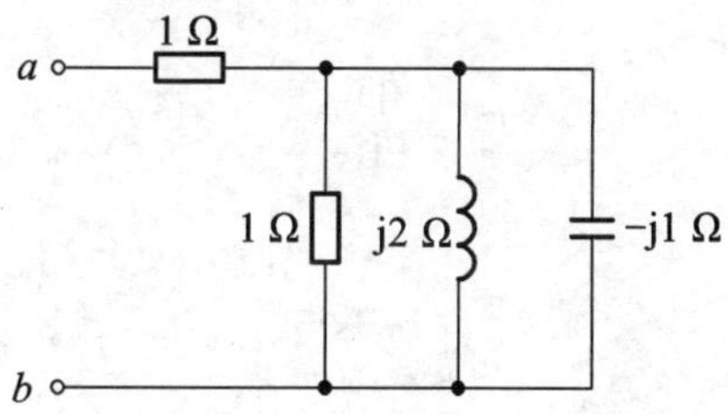

（b）

图 3.101 习题 3.12 图

3.13 电路如图 3.102 所示，已知 $U=8$ V，$Z=(1-\mathrm{j}0.5)\ \Omega$，$Z_1=(1+\mathrm{j})\ \Omega$，$Z_2=(3-\mathrm{j})\ \Omega$，试求各支路电流和电路的输入阻抗。

3.14 电路如图 3.103 所示，已知 $u=2\sqrt{2}\sin(\omega t)$ V，$R=\omega L=\dfrac{1}{\omega C}$，试求电压表的读数和电流 $\dot{I}_1$、$\dot{I}_2$。

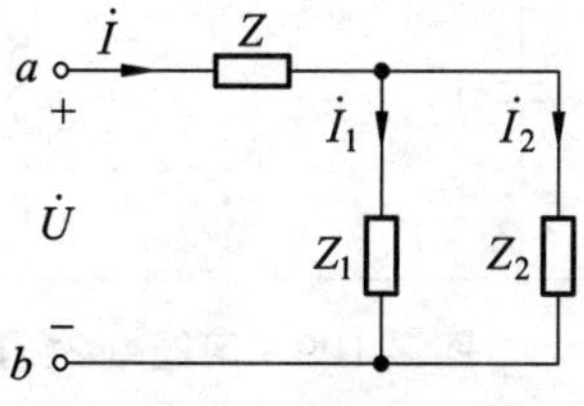

图 3.102 习题 3.13 图

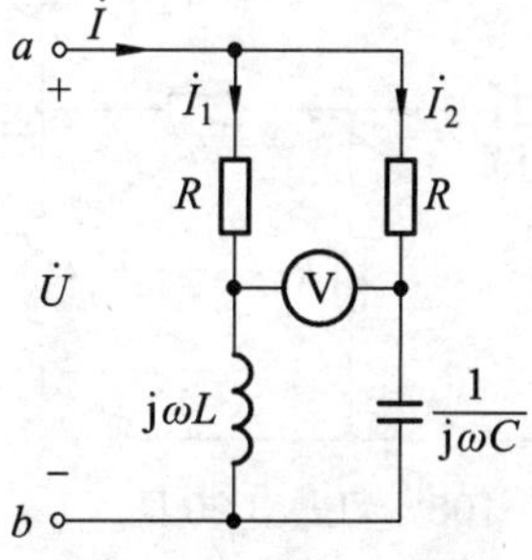

图 3.103 习题 3.14 图

3.15　电路如图 3.104 所示，已知电阻 $R=15\,\Omega$、电感 $L=12\text{ mH}$、电容 $C=5\,\mu\text{F}$、电压 $u(t)=100\sin\omega t\text{ V}$，角频率 $\omega=5\,000\text{ rad/s}$。试求电路电流 i、电压 u_C、u_L。

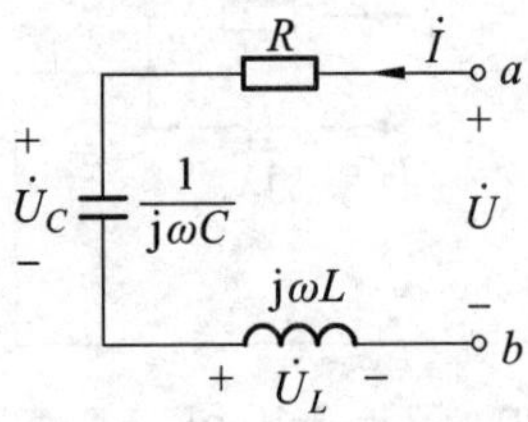

图 3.104　习题 3.15 图

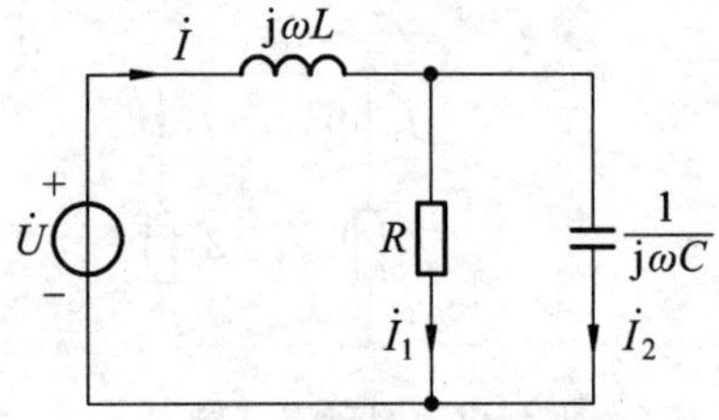

图 3.105　习题 3.16、3.17 图

3.16　电路如图 3.105 所示，已知 $i_1=\sqrt{2}\sin 206t\text{ V}$，$R=200\,\Omega$，$L=0.1\text{ H}$，$C=5\,\mu\text{F}$。试求各元件的端电压、各支路的电流及电源电压 $u(t)$。

3.17　电路如图 3.106 所示，已知 $u=60\sqrt{2}\sin(100t+45^\circ)\text{ V}$，$R=10\,\Omega$，$L=0.1\text{ H}$，$C=10^{-3}\text{ F}$，试求电流 $\dot{I}$、$\dot{I}_1$。

3.18　电路如图 3.107 所示，已知 $X_C=R_2=10\,\Omega$，$R_1=20\,\Omega$，$X_L=17.3\,\Omega$，$\dot{I}_2=1\angle 0^\circ\text{ A}$，试求各元件端电压和电流 $\dot{I}$、$\dot{I}_1$。

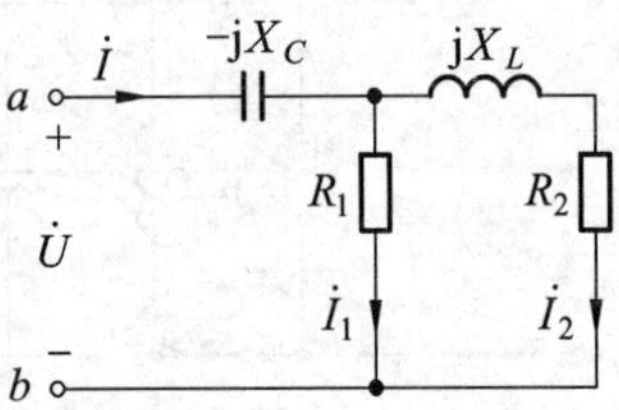

图 3.106　习题 3.18 图

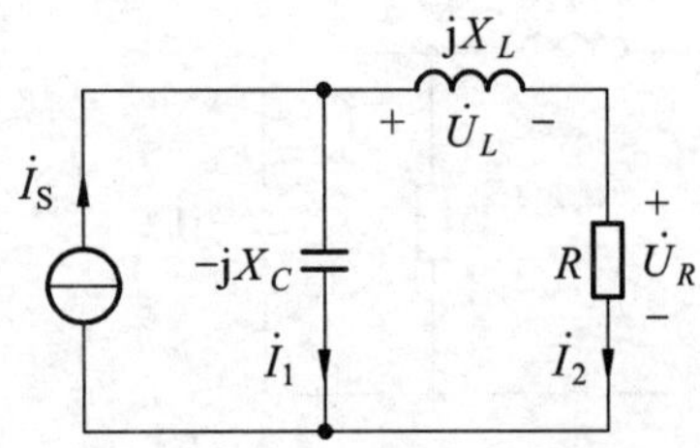

图 3.107　习题 3.19 图

3.19　电路如图 3.107 所示，已知 $U_R=U_L=10\text{ V}$，$X_C=R=10\,\Omega$，试求电流有效值 I_S、I_1、I_2。

3.20　电路如图 3.108 所示，已知 $\dot{U}_{S1}=15\angle 45^\circ\text{ V}$，$\dot{U}_{S2}=40\angle 0^\circ\text{ V}$，$X_C=X_{L1}=20\,\Omega$，$X_{L2}=12\,\Omega$，$R_1=5\,\Omega$，$R_2=12\,\Omega$，试用支路电流法列出电路的方程。

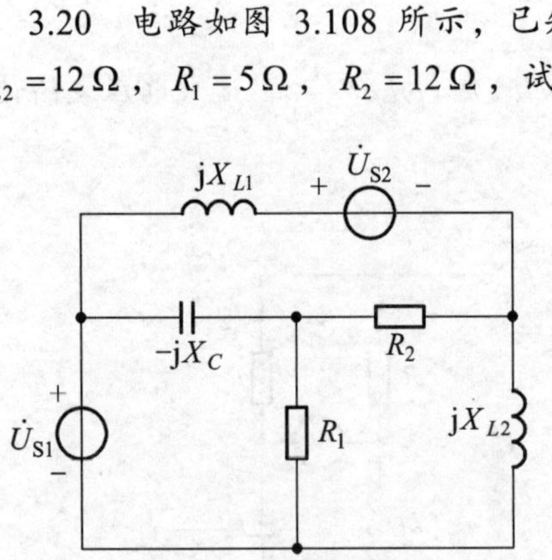

图 3.108　习题 3.20 图

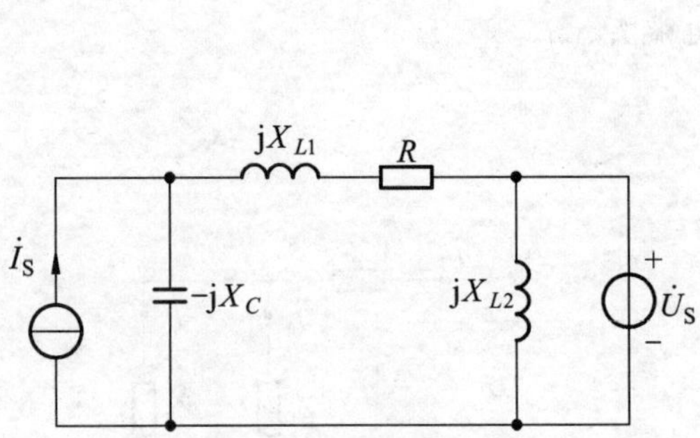

图 3.109　习题 3.21 图

3.21　电路如图 3.109 所示，已知 $\dot{U}_S=5\angle 0^\circ\text{ V}$，$\dot{I}_S=4\angle 0^\circ\text{ A}$，$X_C=10\,\Omega$，$X_{L1}=6\,\Omega$，

$R = X_{L2} = 8\,\Omega$，试用结点电压法列出各结点的 KCL 方程。

3.22　如图 3.110 所示电路中，已知 $u_S = 4\sin 100t$ V，$i_S = 4\sin 100t$ A，$C = 0.01$ F，$L = 0.01$ H，$R_1 = R_2 = R_3 = 1\,\Omega$。试用叠加定理求电流 i。

3.23　如图 3.110 所示电路中，电路参数如题 3.22 所示，试用戴维南定理求电流 i。

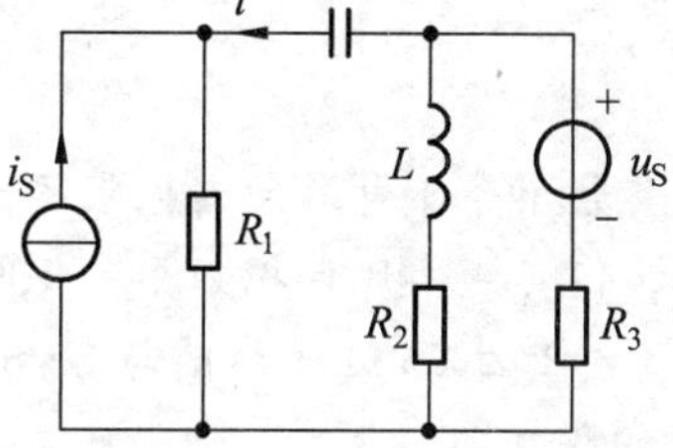

图 3.110　习题 3.22、3.23 图

3.24　在图 3.111 所示电路中，已知 $Z_1 = \mathrm{j}2\,\Omega$，$Z_2 = (6+\mathrm{j}8)\,\Omega$，$\dot{U}_S = 3\angle 30°$ V，$\dot{I}_S = 3.6\angle 0°$A，试求电流 $\dot{I}_1$、$\dot{I}_2$ 及电压源 $\dot{U}_S$ 提供的功率 P_{US}，并确定电压源 $\dot{U}_S$ 是电源还是负载。

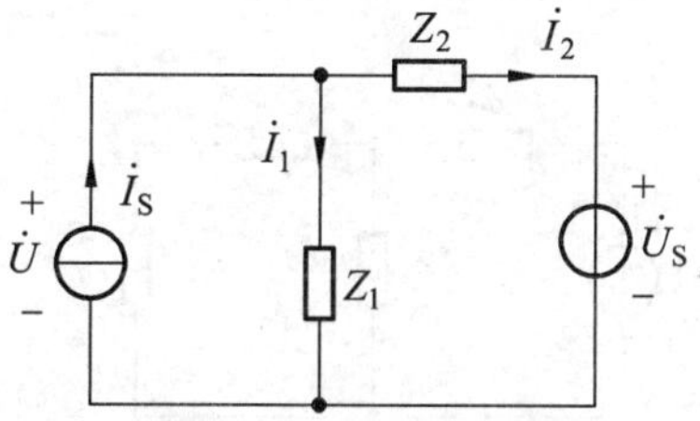

图 3.111　习题 3.24 图

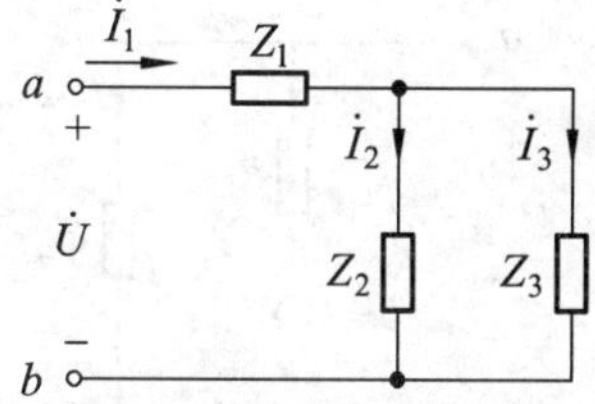

图 3.112　习题 3.25 图

3.25　在图 3.112 所示电路中，已知 $\dot{U} = 220\angle 0°$ V，$Z_2 = (15+\mathrm{j}13.23)\,\Omega$，$Z_3 = 20\,\Omega$，$\dot{I}_2 = 4\angle -30°$ A。试求阻抗 Z_1 及电路的 P、Q、S 各是多少。

3.26　感性负载 Z 接于 220 V、50 Hz 正弦交流电源上，负载的平均功率和功率因数分别为 2 200 W 和 0.8。试求：

（1）并联电容前电源电流、无功功率和视在功率。

（2）并联电容，将功率因数提高到 0.95，求电容大小、并联后电源电流、无功功率和视在功率。

3.27　在图 3.113 所示 RL 串联电路中，已知电压 $u(t) = 220\sqrt{2}\sin 314t$ V，有功功率 $P=$ 1.5 kW，功率因数 $\lambda = 0.68$。试求：（1）RL 串联电路电流 i 及电路参数 R、L；（2）若在 RL 串联电路两端并联电容 C，则电路的总功率因数 $\lambda' = 0.91$，问并联多大的电容 C？

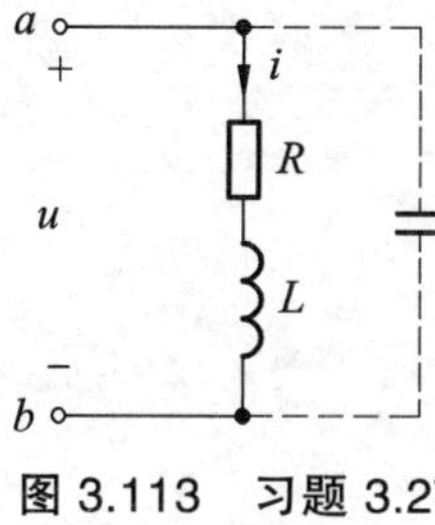

图 3.113　习题 3.27 图

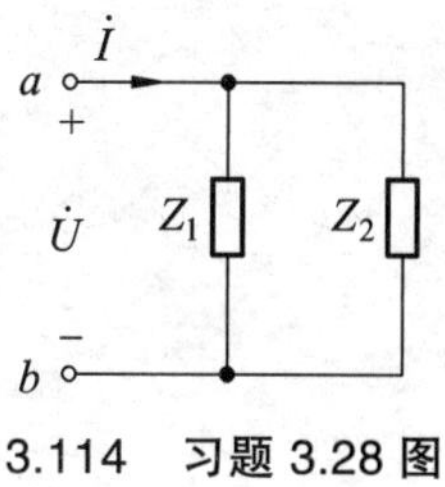

图 3.114　习题 3.28 图

3.28 电路如图 3.114 所示，已知 $Z_1=(2+\mathrm{j}3)\ \Omega$，$Z_2=(3+\mathrm{j}6)\ \Omega$，阻抗 Z_2 支路的视在功率 $S_2=1\ 490\ \mathrm{V\cdot A}$。试求阻抗 Z_1 消耗的有功功率 P_1。

3.29 在图 3.115 所示正弦交流电路中，已知 $R_1=3\ \Omega$，$R_2=10\ \Omega$，$X_{L1}=4\ \Omega$，总有功功率 $P=1100\ \mathrm{W}$。试求各支路的有功功率。

3.30 一个线圈与电容相串联，线圈电阻 $R=16.2\ \Omega$，电感 $L=0.26\ \mathrm{mH}$，当把电容调节到 100 pF 时发生串联谐振。试求：

（1）谐振频率和品质因数；

（2）设外加电压为 10 μV，其频率等于电路的谐振频率，求电路中的电流和电容电压。

（3）若外加电压仍为 10 μV，但其频率比谐振频率高 10%，再求电容电压。

3.31 一个电感为 0.25 mH、电阻为 25 Ω 的线圈与 85 pF 的电容器接成并联电路，试求该并联电路的谐振频率和谐振时的阻抗。

3.32 在 RLC 串联电路中，已知端电压 $u=5\sqrt{2}\cos(2500t)\ \mathrm{V}$，当电容 $C=10\ \mu\mathrm{F}$ 时，电路吸收的功率 P 达到最大值 $P_{\max}=150\ \mathrm{W}$。试求电感 L 和电阻 R 的值以及电路的品质因数 Q。

3.33 在图 3.116 所示的电路中，已知 $Z_1=5\angle30°\ \Omega$，$Z_2=8\angle-45°\ \Omega$，$Z_3=10\angle60°\ \Omega$，$\dot{U}_S=100\angle0°\ \mathrm{V}$。试求阻抗 Z_L 取何值时可获得最大功率，并求最大功率。

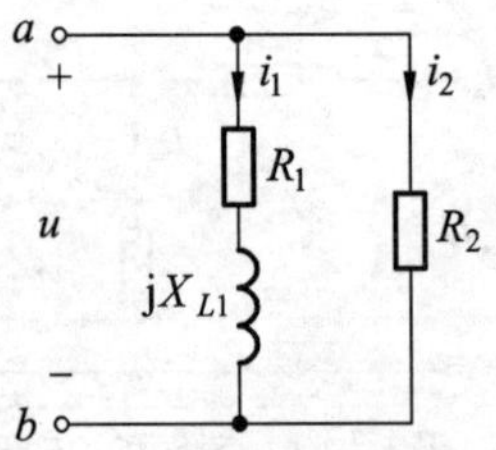

图 3.115 习题 3.29 图

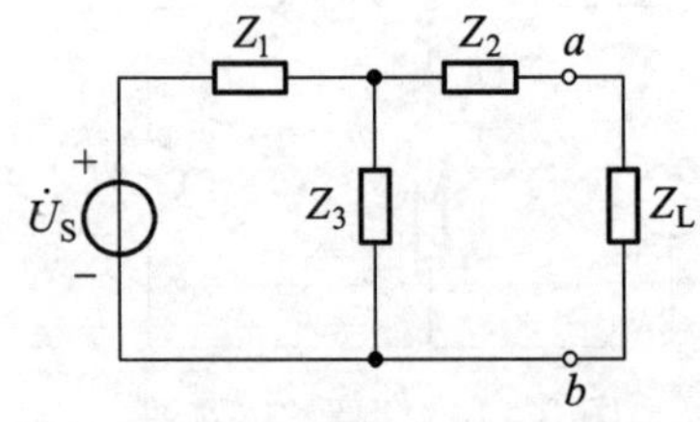

图 3.116 习题 3.33 图

第四章　三相正弦交流电路的分析

【学习指导】本章讨论的是：由幅值大小相同、频率相等、相位上相差 120°的三个正弦电源构成 Y 形、△形连接的三相正弦交流电路。

首先，了解三相正弦交流电路的基本概念、基本特点；其次，掌握对称三相正弦交流电路的基本分析方法和三相功率的分析与测量；了解不对称三相正弦交流电路的安全用电知识等。

1. 学习目标

（1）掌握对称三相正弦交流电源的特性；

（2）掌握对称三相正弦交流电路线电压、线电流和相电压、相电流的分析计算方法；

（3）掌握对称三相正弦交流电路功率的分析计算；

（4）了解不对称三相正弦交流电路的基本概念；

（5）了解安全用电知识。

2. 学习建议

（1）学习时间：3～6 小时。

第一节建议学习时间：0.5 小时；

第二节建议学习时间：2 小时；

第三节建议学习时间：1.5 小时；

第四节建议学习时间：0.5 小时。

（2）学习方法：

A. 学习前复习第二章、第三章内容。

B. 点播学习网络课程第四章的内容，完成相关内容的"选择题""习题"。

C. 参加在线导学直播学习。

D. 阅读参考资料：

① 王英主编，西南交通大学出版社《电工技术基础（电工学Ⅰ）》（第 2 版）第四章；

② 王英主编，西南交通大学出版社《电工技术学习指导及习题精解》第四章。

E. 第一节学习完成后，提交第 1 次作业；第二节学习完成后，提交第 2 次作业；第三节学习完成后，提交第 3 次作业；第四节学习完成后，进行本章学习小结。

3. 学习重点与难点

A. 重点掌握对称三相正弦交流电源的特性。

B. 重点掌握对称三相正弦交流电路线电压与相电压的关系，线电流与相电流的关系；掌握对称三相正弦交流电路线电压、线电流、相电压、相电流的分析计算方法。

C. 重点掌握对称三相正弦交流电路的有功功率、无功功率、视在功率的分析计算。

D. 难点是：建立三相正弦交流电路的概念；掌握"星形""三角形"连接时电压、电流的特点；掌握功率分析方法。

第一节　三相正弦交流电路的基本概念

电力系统广泛采用由三相电源、三相负载和三相输电线路三部分组成的三相制系统。本章就是针对三相制系统，从电路理论的角度进行正弦稳态三相电路的讨论，使大家了解三相制的电路特点。

一、对称三相电源

对称三相电源：三相制电源是由三个频率相同、幅值相等、相位差均为120°的正弦交流电压源组成，简称为**对称三相电源**。

“相电压”概念：三相电源中的每一个电压源，称为电源相电压，三个电压源[如图 4.1（a）所示电压源 u_A、电压源 u_B、电压源 u_C]则称为“三相电源”。

三相电源 u_A、u_B、u_C 分别又称为 A 相电源、B 相电源和 C 相电源，如图 4.1 所示。

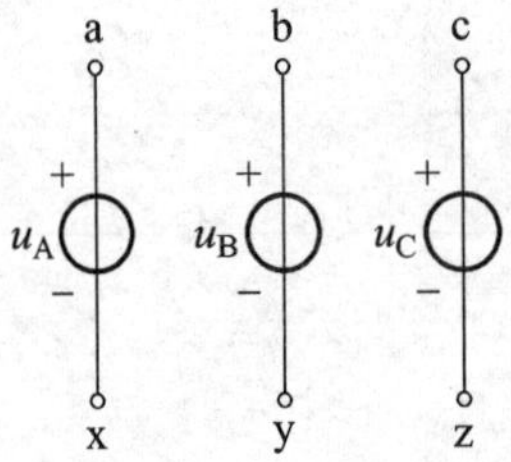

（a）对称三相电源

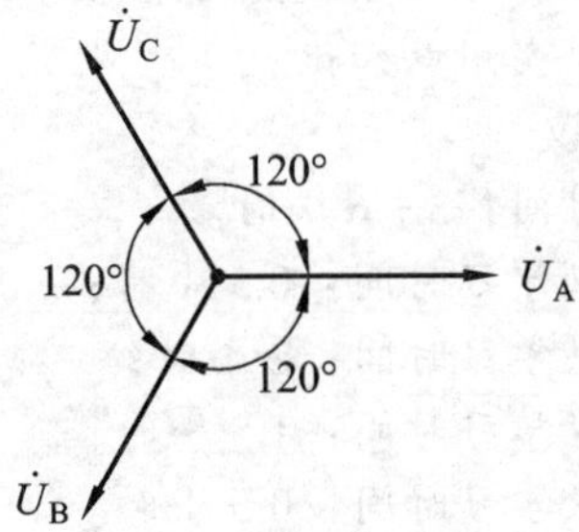

（b）对称电源相量图

图 4.1　三相电源

设 A 相电源为参考正弦量，即 $u_A = \sqrt{2}U\sin(\omega t + 0°)$，则三相电源表达式为

$$\left.\begin{aligned} u_A &= \sqrt{2}U\sin\omega t \\ u_B &= \sqrt{2}U\sin(\omega t - 120°) \\ u_C &= \sqrt{2}U\sin(\omega t + 120°) \end{aligned}\right\} \tag{4.1}$$

式（4.1）中各电压源的相量式为

$$\left.\begin{aligned} \dot{U}_A &= U\angle 0° \\ \dot{U}_B &= U\angle -120° \\ \dot{U}_C &= U\angle 120° \end{aligned}\right\} \tag{4.2}$$

式（4.2）的相量图如图 4.1（b）所示。

对称三相正弦量具有其三相电量之和为零的特性，并可用图 4.2 证明。

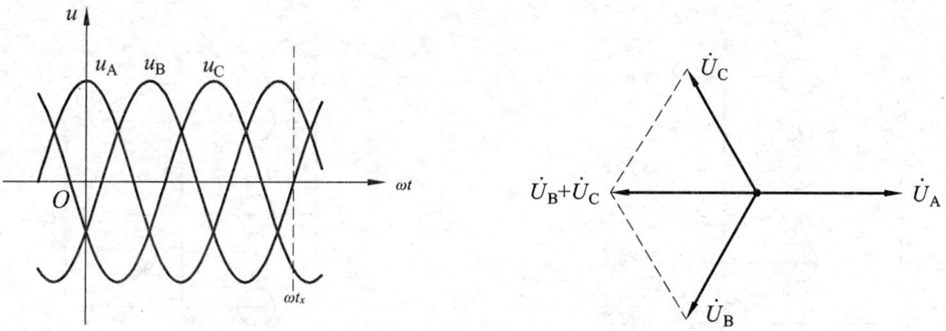

（a）三相正弦波　　　　　　　　（b）三相正弦相量图

图 4.2　对称三相电源值之和为零

同理，也可通过数学运算证明三相电量之和为零的特性，即

$$\begin{cases} u_A + u_B + u_C = 0 \\ \dot{U}_A + \dot{U}_B + \dot{U}_C = 0 \end{cases}$$

二、三相电源的相序

相序：三相电压达到最大值或零值的次序称为相序。相序分为“正相序”和“负相序”。

正相序：相电压达到最大值的次序为 A—B—C，称为正相序。如表达式（4.1）和图 4.2 所示的都是正序系统。一般，在三相制的电压或电流中，如三相电源无相序说明，则默认相序为正相序。

我国供配电系统中，用的是正相序，并分别用黄（A 相）、绿（B 相）、红（C 相）三种颜色标定三相电源的相序。

负相序：相电压达到最大值的次序为 A—C—B，称为负相序。

三、三相电源的连接

三相电源的连接主要指三相发电机输出端电路的连接方式，即三相发电机供电时电源可连接成两种电路：星形电路或三角形电路。

（一）三相电源星形连接

中点或零点：三相电源连接成星形方式如图 4.3 所示，即将三相电源的末端 x、y、z 连为一个节点 N，并将这个节点 N 称为中点或零点，由节点 N 引出的导线称为中线。

火线：三相电源始端 a、b、c 是为负载供电的端，称为火线端，由火线端引出的导线称为火线。

三相四线制：三相电源供电时，如采用三根火线 A、B、C 和一根中线 N 的连接方式供电，则称这种供电方式为三相四线制，常用 Y_0 表示，如图 4.3（a）所示。

三相三线制：三相电源供电时，若采用无中线连接方式供电，则称这种供电方式为三相三线制，常用 Y 表示，如图 4.3（b）所示。

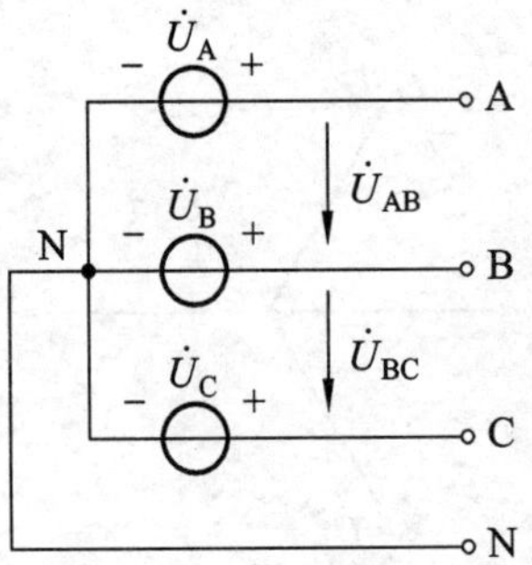

（a）Y_0 连接方式

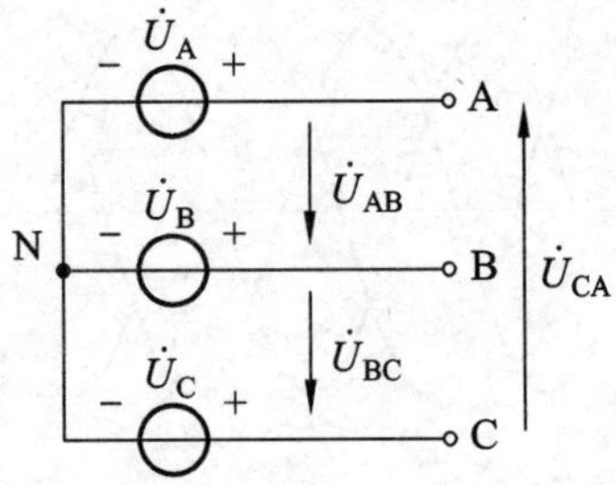

（b）Y 连接方式

图 4.3 三相电源的星形连接

线电压：三相电路中火线与火线之间的电压，称为线电压。如图 4.3 中电压 $\dot{U}_{AB}$、$\dot{U}_{BC}$、$\dot{U}_{CA}$ 称为线电压。根据 KVL 可得线电压与相电压之间的关系为

$$\left.\begin{aligned}\dot{U}_{AB}&=\dot{U}_A-\dot{U}_B\\ \dot{U}_{BC}&=\dot{U}_B-\dot{U}_C\\ \dot{U}_{CA}&=\dot{U}_C-\dot{U}_A\end{aligned}\right\}\tag{4.3}$$

设 $\dot{U}_A=U_p\angle 0^\circ$，根据方程式（4.3）可作相量图 4.4，由此可见星形连接时线电压也具有对称性，即三相线电压 $\dot{U}_{AB}$、$\dot{U}_{BC}$、$\dot{U}_{CA}$ 的频率相同、幅值相等、相位差均为 120°，如式（4.4）所示。

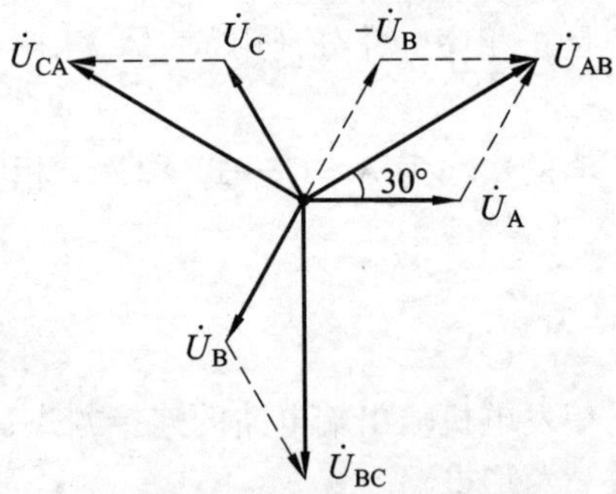

图 4.4 三相电源星形连接的线电压与相电压关系图

$$\left.\begin{aligned}\dot{U}_{AB}&=\sqrt{3}\dot{U}_A\angle 30^\circ=U_l\angle 30^\circ\\ \dot{U}_{BC}&=\sqrt{3}\dot{U}_B\angle 30^\circ=U_l\angle -90^\circ\\ \dot{U}_{CA}&=\sqrt{3}\dot{U}_C\angle 30^\circ=U_l\angle 150^\circ\end{aligned}\right\}\tag{4.4}$$

式（4.4）表明，三相电源星形连接时，线电压的有效值 U_l 为相电压的 $\sqrt{3}$ 倍，即 $U_l=\sqrt{3}U_p$；线电压的相位引前对应相电压 30°，即 $\dot{U}_{AB}$ 引前 $\dot{U}_A$ 相位 30°、$\dot{U}_{BC}$ 引前 $\dot{U}_B$ 相位 30°、$\dot{U}_{CA}$ 引前 $\dot{U}_C$ 相位 30°。同时还说明，三相电源 $\dot{U}_A$、$\dot{U}_B$、$\dot{U}_C$ 大小决定电路的线电压大小，线电压 $\dot{U}_{AB}$、$\dot{U}_{BC}$、$\dot{U}_{CA}$ 不随外接负载电路而改变。

（二）三相电源三角形连接

三角形连接：将三相电源依次首尾相连，即 a 连 z、b 连 y、c 连 x，如图 4.5 所示电路称为三相电源的三角形连接，用△表示。

由图 4.5 电路分析得线电压与相电压关系为

$$\begin{cases}\dot{U}_{AB}=\dot{U}_{A}\\ \dot{U}_{BC}=\dot{U}_{B}\\ \dot{U}_{CA}=\dot{U}_{C}\end{cases}$$

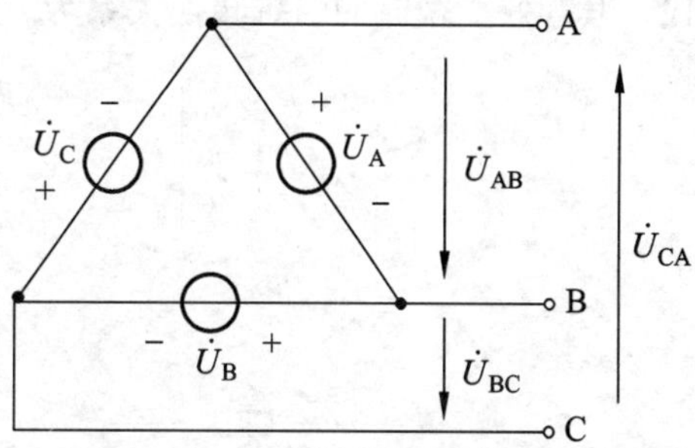

图 4.5　三相电源的三角形连接图

由上式可知，三相电源三角形连接时，线电压等于对应的相电压，即三相电源 $\dot{U}_A$、$\dot{U}_B$、$\dot{U}_C$ 大小决定电路的线电压大小，线电压 $\dot{U}_{AB}$、$\dot{U}_{BC}$、$\dot{U}_{CA}$ 不随外接负载电路而改变。

四、三相负载的连接

三相负载的连接方式与三相电源的连接方式相同，也可分为 Y 形和△形两种方式，如图 4.6 所示。

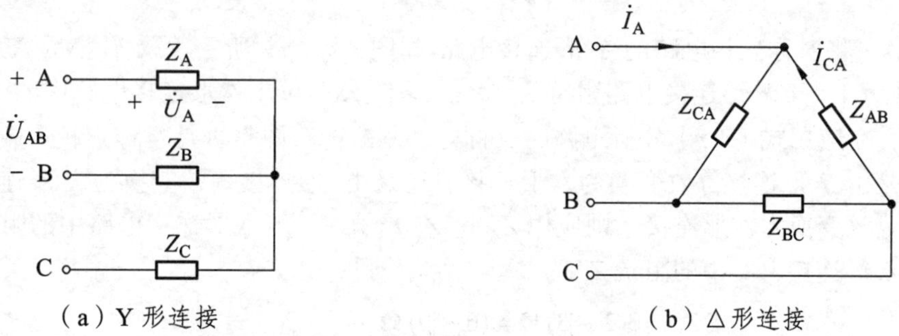

图 4.6　三相负载的 Y、△形连接

对称负载：当三相负载阻抗相同时，称为**对称负载**。Y 形连接图 4.6（a）中，对称负载的阻抗关系为

$$Z_A=Z_B=Z_C=Z_Y$$

△形连接图 4.6（b）中，对称负载的阻抗关系为

$$Z_{AB}=Z_{BC}=Z_{CA}=Z_{\triangle}$$

对称三相电路：对称三相电源与对称三相负载相连接成的电路称为对称三相电路。如对称三相电源与不对称三相负载相连接，则称为不对称三相电路。

相电压：在对称三相电路中，每相负载的端电压，称为负载相电压（简称相电压）；如图 4.6（a）中电压 $\dot{U}_A$ 称为相电压。

相电流：每相负载中流过的电流，称为负载相电流（简称相电流）；如图 4.6（b）中电流 $\dot{I}_{CA}$ 称为相电流。

线电压：火线与火线之间的电压，称为线电压；如图 4.6（a）中电压 $\dot{U}_{AB}$ 称为线电压。

线电流：火线中流过的电流，称为线电流；如图 4.6（b）中电流 $\dot{I}_A$ 称为线电流。

如图 4.7 所示的两种对称三相负载电路之间可以进行等效变换，即 Y 形电路[如图 4.7（a）所示]可以用△形电路[如图 4.7（b）所示]等效替代，△形电路也可以用 Y 形电路等效替代，其等效变换时的阻抗转换关系为

$$\left.\begin{aligned} Z_{\triangle} &= 3Z_Y \\ Z_Y &= \frac{1}{3}Z_{\triangle} \end{aligned}\right\} \tag{4.5}$$

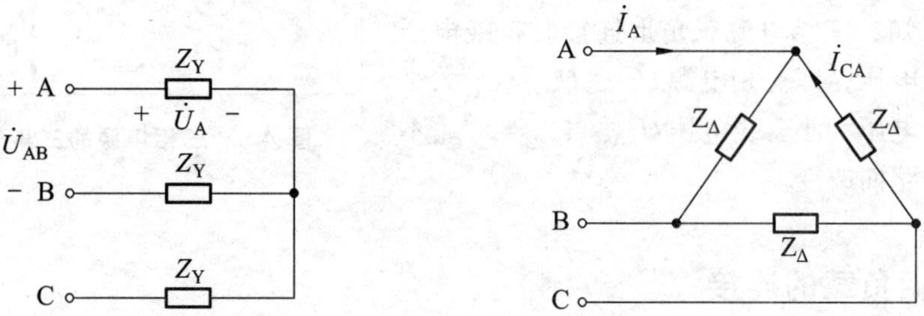

（a）Y 形连接对称电路　　　　（b）△形连接对称电路

图 4.7　对称 Y、△形连接负载间的等效变换

例 4.1　将对称三相电路的 Y 形连接电路[如图 4.7（a）所示]等效转换为△形连接[如图 4.7（b）所示]，其 Y 形连接电路阻抗为 $Z_Y = (2 + \mathrm{j}3)\ \Omega$，试求△形连接电路中的阻抗 $Z_{\triangle}$。

分析：在应用式（4.5）分析电路时，首先要判断电路图是否是对称三相负载电路，其次分析电路是由 Y 形连接等效变换为△形连接，还是由Δ形连接等效变换为 Y 形连接。本题是 Y 形连接等效变换为△形连接，则应用 $Z_{\triangle} = 3Z_Y$ 式子，计算△形连接电路中的阻抗 $Z_{\triangle}$。

解　△形连接电路中的阻抗 $Z_{\triangle}$ 为

$$Z_{\triangle} = 3Z_Y = 3(2 + \mathrm{j}3)\ \Omega = (6 + \mathrm{j}9)\ \Omega$$

结论：解阻抗电路前，首先应分析元件的连接结构，即串联、并联、Y 形连接、△形连接等，然后再决定计算方法。

五、常见问题讨论

（1）三相电路中的三个电压源由任意三个正弦交流电压源组成。

解答：错。

三相电路中的三个电压源是由“三个频率相同、幅值相等、相位差均为 120°的正弦交流电压源组成”，即三相电压电源的表达式为

$$\begin{cases} u_A = \sqrt{2}U\sin\omega t \\ u_B = \sqrt{2}U\sin(\omega t - 120°) \\ u_C = \sqrt{2}U\sin(\omega t + 120°) \end{cases}$$

（2）在三相电路中，每个电压源输出的电压均为线电压。

解答：线电压是指三相电路中火线与火线之间的电压，与三相电源和三相负载的连接方式无关。

（3）在三相电路中，每个电压源输出的电压均为相电压。

解答：相电压是指三相负载电路中，每一相负载上的端电压，与三相负载的连接方式无关。

（4）在三相电路中，流过电压源的电流均为线电流。

解答：线电流是指三相电路中火线中流过的电流，与三相电源和三相负载的连接方式无关。

（5）在三相电路中，流过电压源的电流均为相电流。

解答：相电流是指三相电路中，流过每一相负载的电流，与三相负载的连接方式无关。

（6）由对称三相电源所构成的电路称为对称三相电路。

解答：错。

三相电路中的电源是由对称三相电源所组成，是三相电路的必要条件；而对称三相电路指的是三相电路中的三相负载是对称的，即三相负载大小相等。当三相电路中的负载为对称三相负载时，则电路称为对称三相电路。

六、特别提示

（1）对称三相正弦交流电压源特点：频率相同、幅值相等、相位差均为 120°。

（2）三相电路连接特点：Y 形连接，△形连接。

（3）对称三相电路特点：三个相等的负载与对称三相电压源连接。

第二节　对称三相正弦交流电路的分析

一、对称三相 Y 形连接电路

Y-Y 三相电路：若三相电源和三相负载都连接成 Y 形电路，则称为 Y-Y 三相电路。当 Y-Y 三相电路中的负载为对称三相负载时，称为对称 Y-Y 三相电路，如图 4.8（a）所示电路为三相四线制的对称三相电路。

（一）基本概念

三相电路例 1

在图 4.8（a）中，电压、电流及功率的基本概念分别如下。

线电压：$\dot{U}_{AB}$、$\dot{U}_{BC}$、$\dot{U}_{CA}$ 称为对称三相电路的线电压，线电压是指火线之间的电压。

由于图 4.8（a）中电源是对称三相电源 $\dot{U}_{A}$、$\dot{U}_{B}$、$\dot{U}_{C}$，根据 KVL 得：$\dot{U}_{AB}=\dot{U}_{A}-\dot{U}_{B}$、$\dot{U}_{BC}=\dot{U}_{B}-\dot{U}_{C}$、$\dot{U}_{CA}=\dot{U}_{C}-\dot{U}_{A}$，即线电压的大小是直接由三相电源所决定，与三相电路中的负载无关。所以，三相电路常常只画负载的连接电路，而对称三相电源电路则用对称三相线电压电量来等效替代，即用图 4.8（b）等效替代图 4.8（a）电路进行分析计算。

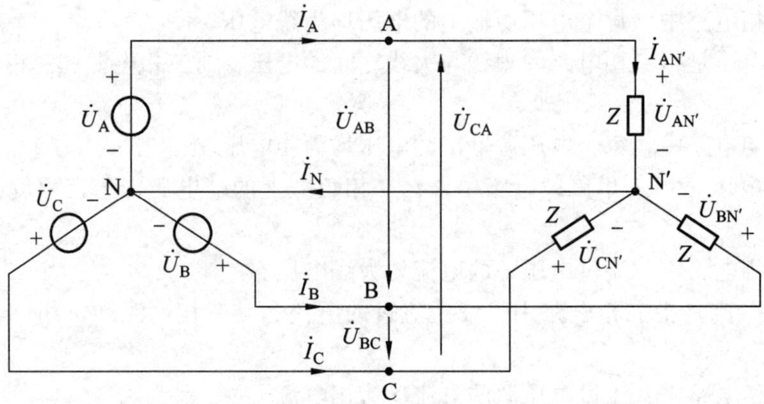

（a）Y-Y 连接电路

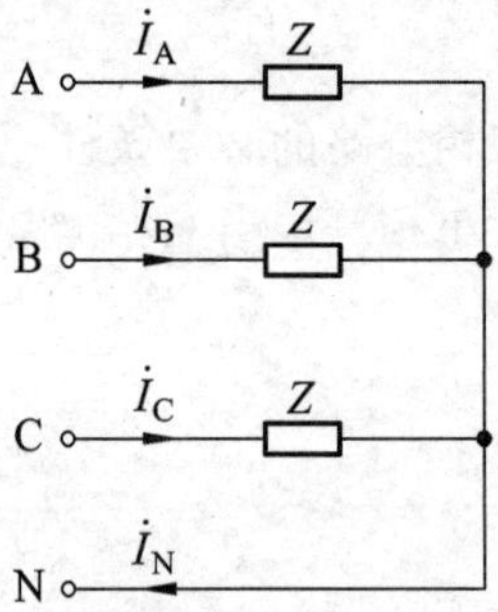

（b）负载 Y 形连接电路

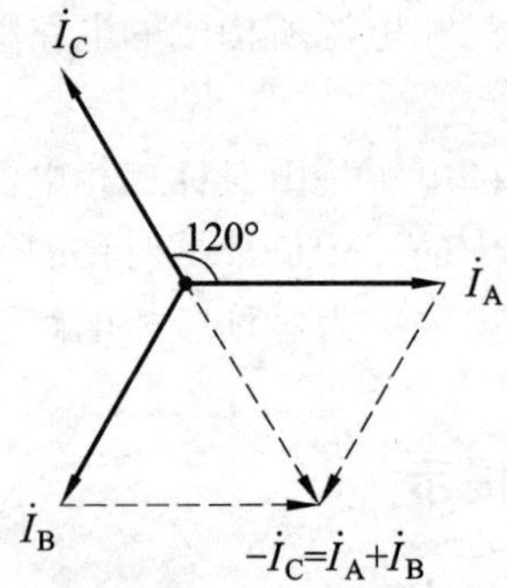

（c）Y 形连接电流相量图

图 4.8　对称三相 Y-Y 连接电路

相电压：$\dot{U}_{AN'}$、$\dot{U}_{BN'}$、$\dot{U}_{CN'}$ 称为对称三相电路的相电压，相电压是指负载 Z 上的端电压。

线电流：$\dot{I}_A$、$\dot{I}_B$、$\dot{I}_C$ 称为对称三相电路的线电流，线电流是指火线中的电流。

相电流：$\dot{I}_{AN'}$、$\dot{I}_{BN'}$、$\dot{I}_{CN'}$ 称为对称三相电路的相电流，相电流是指负载 Z 中的电流。

中线电流：$\dot{I}_N$ 称为三相电路的中线电流，只有在三相四线制电路中有中线电流存在。

功率：每相负载的功率称为单相功率，三相负载的总功率称为三相电路的功率。

（二）对称三相 Y 形连接电路的电流特性

设已知对称三相电路图 4.8（a）中的电源电压分别为

$$\dot{U}_A = U_p\angle 0^\circ$$
$$\dot{U}_B = U_p\angle -120^\circ$$
$$\dot{U}_C = U_p\angle 120^\circ$$

则根据电路连接结构得电路的相电压为

$$\left.\begin{aligned}\dot{U}_{AN'} &= \dot{U}_A = U_p\angle 0^\circ\\ \dot{U}_{BN'} &= \dot{U}_B = U_p\angle -120^\circ\\ \dot{U}_{CN'} &= \dot{U}_C = U_p\angle 120^\circ\end{aligned}\right\} \tag{4.6}$$

电路中的线电流 $\dot{I}_A$ 、 $\dot{I}_B$ 、 $\dot{I}_C$ 为

$$\left.\begin{aligned}\dot{I}_A&=\frac{\dot{U}_A}{Z}=I_A\angle\varphi_A\\\dot{I}_B&=\frac{\dot{U}_B}{Z}=I_B\angle\varphi_B=I_A\angle(\varphi_A-120°)\\\dot{I}_C&=\frac{\dot{U}_C}{Z}=I_C\angle\varphi_C=I_A\angle(\varphi_A+120°)\end{aligned}\right\}\tag{4.7}$$

由图 4.8（a）和式（4.7）分析得三相 Y 接电路的电流特性如下：

（1）线电流等于对应的相电流，即 $\dot{I}_A=\dot{I}_{AN'}$、 $\dot{I}_B=\dot{I}_{BN'}$、 $\dot{I}_C=\dot{I}_{CN'}$。

（2）在三相四线制电路中，不管三相负载是否对称，其相电压等于对应的电源电压。即 $\dot{U}_{AN'}=\dot{U}_A$ 、 $\dot{U}_{BN'}=\dot{U}_B$ 、 $\dot{U}_{CN'}=\dot{U}_C$ ，相电压是对称三相电压。相电压对称，但相电流（或线电流）不一定是对称的，只有在三相负载为对称负载的条件下，相电流才是对称的。式（4.7）表示了在对称三相负载条件下，其线电流 $\dot{I}_A$ 、 $\dot{I}_B$ 、 $\dot{I}_C$ 也具有对称性。

（3）在三相四线制对称电路中，中线电流为零，即可由相量图 4.8（c）证明得 $\dot{I}_N=\dot{I}_A+\dot{I}_B+\dot{I}_C=0$ 。

因电流为零可用“开路”等效替代，所以，三相四线制对称电路可用三相三线制 Y-Y 电路等效替代。

（4）由于 Y-Y 对称电路的中线电流为零，因此可以将对称三相 Y 形连接电路简化为单相电路计算 $\dot{I}_A$ ，如图 4.9 所示，再根据对称三相电路电流的对称性，直接得 $\dot{I}_B$ 、 $\dot{I}_C$ ，其关系如式（4.7）所示。

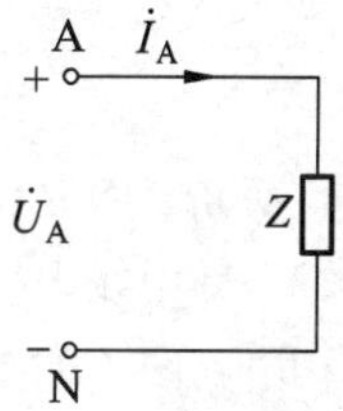

图 4.9　单相电路

（三）对称三相 Y 形连接电路的电压特性

根据 KVL 和式（4.6），可列出图 4.8（a）电路中的线电压为

$$\begin{aligned}\dot{U}_{AB}&=\dot{U}_A-\dot{U}_B\\&=U_p\angle0°-U_p\angle-120°\\&=\sqrt{3}U_p\angle30°\\&=\sqrt{3}\dot{U}_A\angle30°\\&=U_l\angle30°\end{aligned}$$

同理，得

$$\dot{U}_{BC}=\sqrt{3}\dot{U}_B\angle30°=U_l\angle-90°$$
$$\dot{U}_{CA}=\sqrt{3}\dot{U}_C\angle30°=U_l\angle150°$$

上式中，U_l 表示线电压的有效值，U_p 表示相电压有效值。图 4.8（b）中的线电压与图 4.8（a）相同，即图 4.8（b）中线电压为 $\dot{U}_{AB}=U_l\angle30°$ 、 $\dot{U}_{BC}=U_l\angle-90°$ 、 $\dot{U}_{CA}=U_l\angle150°$ 。

分析上式可总结出对称三相 Y 形连接电路的电压特性如下：

（1）在对称三相 Y 形连接电路中，线电压有效值 U_l 是相电压有效值 U_p 的 $\sqrt{3}$ 倍，即 $U_l=\sqrt{3}U_p$ 。

（2）在对称三相Y形连接电路中，线电压相位超前所对应的相电压相位30°。即线电压$\dot{U}_{AB}$超前相电压$\dot{U}_{A}$或$\dot{U}_{AN'}$相位30°，线电压$\dot{U}_{BC}$超前相电压$\dot{U}_{B}$或$\dot{U}_{BN'}$相位30°，线电压$\dot{U}_{CA}$超前相电压$\dot{U}_{C}$或$\dot{U}_{CN'}$相位30°。其线电压与相电压的相量关系如相量图4.4所示。

（3）相电压对称，则线电压也对称。

例 4.2 电路如图4.10所示，已知负载阻抗$Z=(4+j6)\,\Omega$，导线阻抗$Z_L=(2+j2)\,\Omega$，中线阻抗$Z_N=(1+j1)\,\Omega$，电源端线电压$U_l=380\text{ V}$。试求：（1）三相电路中的相电流和负载端的线电压；（2）作电源相电压$\dot{U}_A$、$\dot{U}_B$、$\dot{U}_C$和负载端线电压$\dot{U}_{A'B'}$、线电流$\dot{I}_A$的相量图。

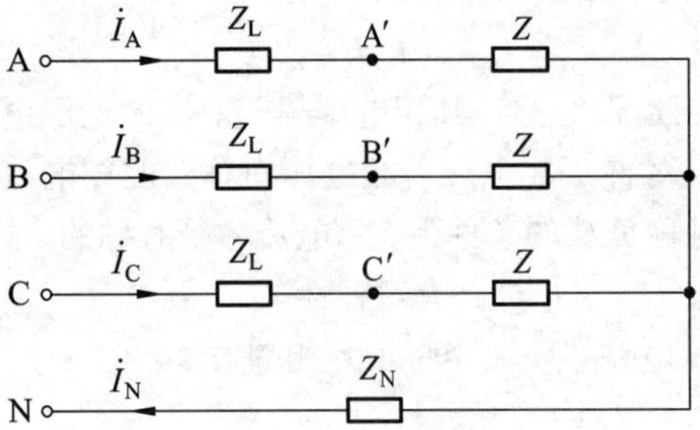

图 4.10 例 4.2 图

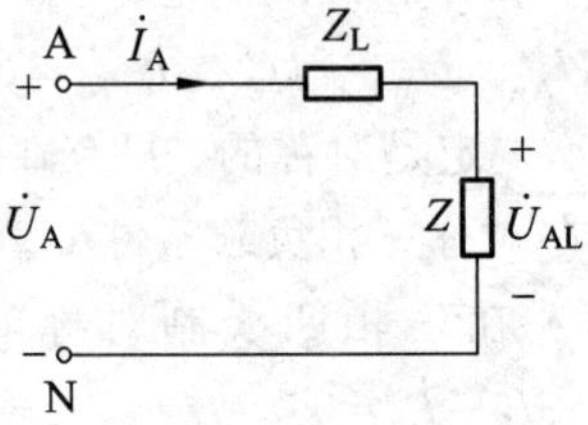

图 4.11 单相分析电路

分析：图4.10电路是对称三相Y接电路，根据对称三相Y接电路电流特性，电路中线电流为零，即中线阻抗Z_N上端电压为零，$Z_N\dot{I}_N=0$；电路线电流等于对应相电流。因此，可通过作单相电路图（如图4.11所示）计算其中一相的电流，再利用三相电路的对称性求得其他两相的电流。

解（1）求相电流和负载端的线电压。

设A相电源电压为

$$\dot{U}_A=\frac{U_l}{\sqrt{3}}\angle 0°=\left(\frac{380}{\sqrt{3}}\angle 0°\right)\text{V}=220\angle 0°\text{ V}$$

则由图4.11得A相电流为

$$\dot{I}_A=\frac{\dot{U}_A}{Z+Z_L}=\left(\frac{220\angle 0°}{6+j8}\right)\text{A}=22\angle -53.1°\text{ A}$$

由电路对称性得其他两相相电流为

$$\dot{I}_B=22\angle -172.1°\text{ A}$$
$$\dot{I}_C=22\angle 66.9°\text{ A}$$

负载Z上的相电压为

$$\dot{U}_{AL}=Z\dot{I}_A=[(4+j6)\times 22\angle -53.1°]\text{ V}\approx 158.64\angle 3.21°\text{ V}$$

负载端的线电压为

$$\begin{aligned}\dot{U}_{A'B'}&=\sqrt{3}\dot{U}_{AL}\angle 30°\\&=[\sqrt{3}\times 158.64\angle(30°+3.21°)]\text{ V}\approx 274.77\angle 33.21°\text{ V}\end{aligned}$$

由三相电路的对称性得

$$\dot{U}_{\mathrm{B'C'}}=\dot{U}_{\mathrm{A'B'}}\angle-120°=274.77\angle-86.79°\ \mathrm{V}$$

$$\dot{U}_{\mathrm{C'A'}}=\dot{U}_{\mathrm{A'B'}}\angle120°=274.77\angle153.21°\ \mathrm{V}$$

（2）作 $\dot{U}_{\mathrm{A}}$、$\dot{U}_{\mathrm{B}}$、$\dot{U}_{\mathrm{C}}$、$\dot{U}_{\mathrm{A'B'}}$、$\dot{I}_{\mathrm{A}}$ 的相量图如图 4.12 所示。

结论：对于对称三相 Y 形连接电路，各相电流由各相电源所提供，可用单相电路分析法分析对称三相电路。注意，对称三相 Y 形连接电路中，中线电流为零，所以中线阻抗 Z_{N} 上的电压为零，单相电路分析计算时与中线阻抗 Z_{N} 无关。

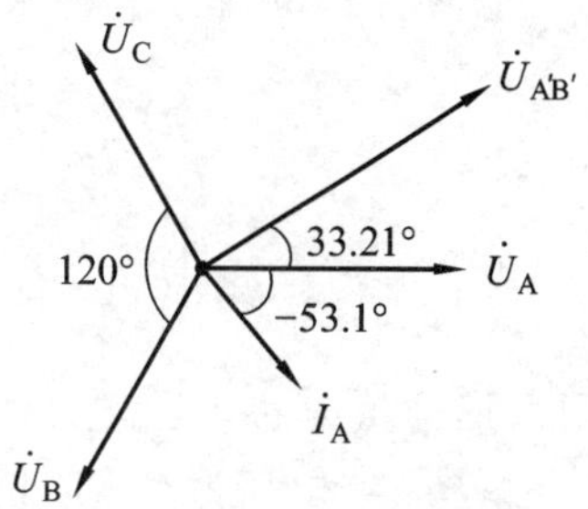

图 4.12　相量图

二、对称三相△形连接电路

图 4.13 所示电路为三相三线制的对称三相△形连接电路。由于电源和负载均连接为三角形连接电路，因此称为对称三相△-△电路。

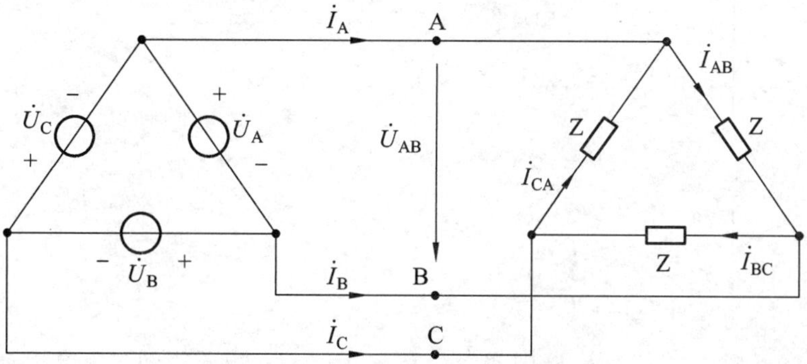

图 4.13　对称三相△-△连接电路

（一）基本概念

线电压与相电压：$\dot{U}_{\mathrm{AB}}$、$\dot{U}_{\mathrm{BC}}$、$\dot{U}_{\mathrm{CA}}$ 为电路中火线间的电压，称为线电压。分析△连接电路图 4.13 可知，电路的线电压等于对应的相电压，即 $\dot{U}_{\mathrm{AB}}=\dot{U}_{\mathrm{A}}$、$\dot{U}_{\mathrm{BC}}=\dot{U}_{\mathrm{B}}$、$\dot{U}_{\mathrm{CA}}=\dot{U}_{\mathrm{C}}$，负载 Z 端的相电压等于对应的线电压。

线电流：$\dot{I}_{\mathrm{A}}$、$\dot{I}_{\mathrm{B}}$、$\dot{I}_{\mathrm{C}}$ 为电路中火线电流，称为线电流。

相电流：$\dot{I}_{\mathrm{AB}}$、$\dot{I}_{\mathrm{BC}}$、$\dot{I}_{\mathrm{CA}}$ 为负载 Z 中的电流，称为相电流。

功率：每一相负载 Z 的功率称为单相功率，三相负载的总功率称为三相电路功率。

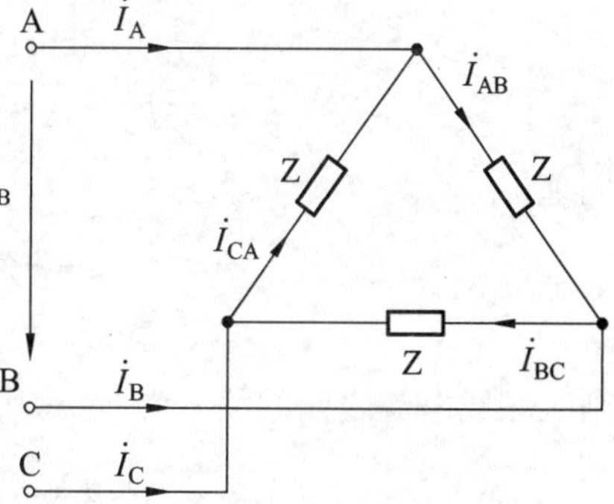

图 4.14　△形连接对称电路

（二）对称三相△形连接电路的电压特性

图 4.13 三相电路的线电压由三相电源决定，与三相负载大小无关，则分析△形连接负载电路电压、电流时，可直接采用图 4.14 所示电路分析。

设图 4.14 电路中，电压为

$$\begin{cases}\dot{U}_{AB}=U_l\angle 0^\circ \\ \dot{U}_{BC}=U_l\angle -120^\circ \\ \dot{U}_{CA}=U_l\angle 120^\circ\end{cases}$$

则△形连接对称电路电压特性为：线电压等于对应的相电压。即 $\dot{U}_{AB}=\dot{U}_A$ ，$\dot{U}_{BC}=\dot{U}_B$ ，$\dot{U}_{CA}=\dot{U}_C$ ，线电压为对应阻抗上的相电压；线电压有效值 U_l 等于相电压有效值 U_p ，即 $U_l=U_P$ 。

（三）对称三相△形连接电路的电流特性

设图 4.14 电路中负载阻抗为 $Z=|Z|\angle\varphi_Z$，则电路的相电流为

$$\begin{cases}\dot{I}_{AB}=\dfrac{\dot{U}_{AB}}{Z}=\dfrac{U_l\angle 0^\circ}{|Z|\angle\varphi_Z}=I_{AB}\angle-\varphi_Z=I_p\angle-\varphi_Z \\ \dot{I}_{BC}=\dfrac{\dot{U}_{BC}}{Z}=\dfrac{U_l\angle-120^\circ}{|Z|\angle\varphi_Z}=I_p\angle(-120^\circ-\varphi_Z) \\ \dot{I}_{CA}=\dfrac{\dot{U}_{CA}}{Z}=I_p\angle(120^\circ-\varphi_Z)\end{cases}$$

即

$$\begin{cases}\dot{I}_{AB}=I_p\angle-\varphi_Z \\ \dot{I}_{BC}=\dot{I}_{AB}\angle-120^\circ \\ \dot{I}_{CA}=\dot{I}_{AB}\angle 120^\circ\end{cases}$$

上式表明，对称三相△-△连接电路中相电流 i_{AB}、i_{BC}、i_{CA} 频率相同、幅值相等、相位差均为 120°。式中 I_p 表示相电流有效值。

根据 KCL，列图 4.14 中线电流方程为

$$\begin{aligned}\dot{I}_A&=\dot{I}_{AB}-\dot{I}_{CA}\\&=\dot{I}_{AB}-\dot{I}_{AB}\angle 120^\circ\\&=\dot{I}_{AB}(1-\angle 120^\circ)\\&=\dot{I}_{AB}\left[1-(\cos 120^\circ+\sin 120^\circ)\right]\\&=\sqrt{3}\dot{I}_{AB}\angle-30^\circ\end{aligned}$$

同理

$$\dot{I}_B=\sqrt{3}\dot{I}_{BC}\angle-30^\circ$$

$$\dot{I}_C=\sqrt{3}\dot{I}_{CA}\angle-30^\circ$$

则三相线电流之间的关系为

$$\begin{cases}\dot{I}_A=\dot{I}_{AB}-\dot{I}_{CA}=I_l\angle-30^\circ \\ \dot{I}_B=\dot{I}_{BC}-\dot{I}_{AB}=I_l\angle-150^\circ \\ \dot{I}_C=\dot{I}_{CA}-\dot{I}_{BC}=I_l\angle 90^\circ\end{cases}$$

上式中，I_l表示线电流有效值。线电流与相电流之间的相量关系如图 4.15 所示。

由图 4.15 可知对称三相△-△连接电路的电流特性如下：

（1）相电流$\dot{I}_{AB}$、$\dot{I}_{BC}$、$\dot{I}_{CA}$对称，线电流$\dot{I}_A$、$\dot{I}_B$、$\dot{I}_C$也对称。

（2）线电流有效值I_l是相电流有效值I_p的$\sqrt{3}$倍，即$I_l=\sqrt{3}I_p$。

（3）线电流相位滞后所对应的相电流相位30°，即线电流$\dot{I}_A$滞后对应相电流$\dot{I}_{AB}$相位30°，线电流$\dot{I}_B$滞后对应相电流$\dot{I}_{BC}$相位30°，线电流$\dot{I}_C$滞后对应相电流$\dot{I}_{CA}$相位30°。

例 4.3 对称三相电路如图 4.16 所示。已知负载阻抗$Z=(19.2+\mathrm{j}14.4)\,\Omega$，传输线路阻抗$Z_L=(3+\mathrm{j}4)\,\Omega$，线电压$U_{AB}=380\ \mathrm{V}$。试求负载端的线电压、线电流和负载中的相电流。

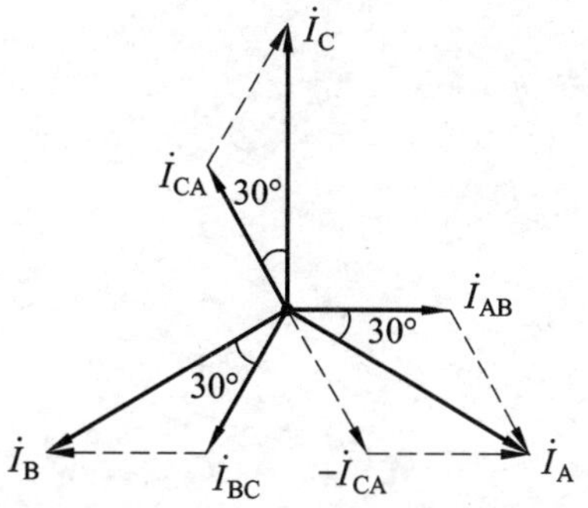

图 4.15 对称三相△-△连接电路电流相量图

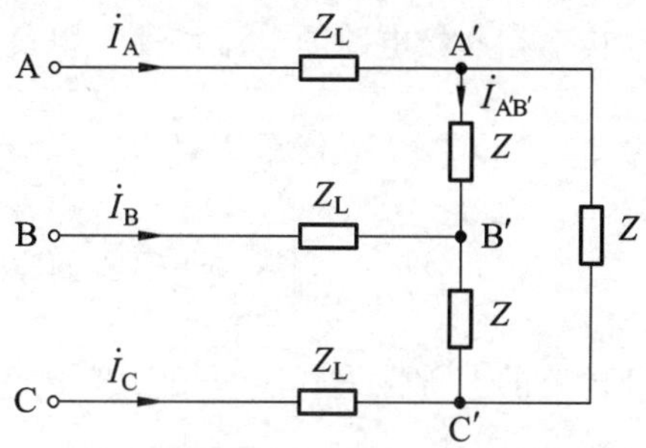

图 4.16 例 4.3 图

分析：图 4.16 所示三相负载 Z 是△形连接，利用对称阻抗的 Y-△等效变换$Z_Y=\frac{1}{3}Z$，将△形负载 Z 等效变换为 Y 形连接，见图 4.17（a）。注意，图 4.17（a）是对称三相负载Z_Y电路，因此，可用单相电路[见图 4.17（b）]进行分析计算电流$\dot{I}_A$，即△形连接的线电流。然后，再根据对称三相△形电路的特性，求解出其他各参数。

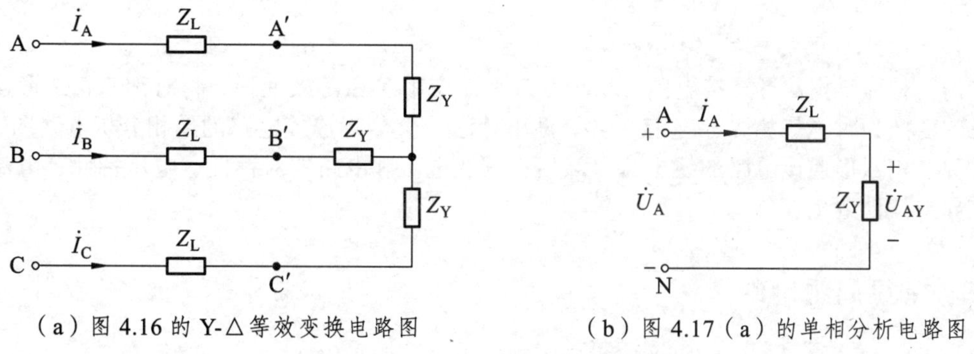

图 4.17 例 4.3 题的分析电路图

解 将图 4.16 所示对称△形负载 Z 等效变换为图 4.17（a）对称 Y 形负载Z_Y，即

$$Z_Y=\frac{Z}{3}=\left[\frac{1}{3}(19.2+\mathrm{j}14.4)\right]\Omega=(6.4+\mathrm{j}4.8)\,\Omega$$

设 A 相电源电压为

$$\dot{U}_{\mathrm{A}}=\left(\frac{380}{\sqrt{3}}\angle 0^{\circ}\right)\mathrm{V}=220\angle 0^{\circ}\ \mathrm{V}$$

由单相电路图 4.17（b）计算线电流 $\dot{I}_{\mathrm{A}}$ 得

$$\dot{I}_{\mathrm{A}}=\frac{\dot{U}_{\mathrm{A}}}{Z_{\mathrm{L}}+Z_{\mathrm{Y}}}=\left(\frac{220\angle 0^{\circ}}{(3+\mathrm{j}4)+(6.4+\mathrm{j}4.8)}\right)\mathrm{A}=17.1\angle -43.2^{\circ}\ \mathrm{A}$$

由三相电路的对称性得线电流

$$\dot{I}_{\mathrm{B}}=17.1\angle -163.2^{\circ}\ \mathrm{A}$$
$$\dot{I}_{\mathrm{C}}=17.1\angle 76.8^{\circ}\ \mathrm{A}$$

根据对称三相△接电路的电流特性，得负载 Z 中相电流为

$$\begin{aligned}\dot{I}_{\mathrm{A'B'}}&=\frac{1}{\sqrt{3}}\dot{I}_{\mathrm{A}}\angle 30^{\circ}\\&=\left(\frac{1}{\sqrt{3}}\times 17.1\angle -43.2^{\circ}\times\angle 30^{\circ}\right)\mathrm{A}=9.9\angle -13.2^{\circ}\ \mathrm{A}\end{aligned}$$

由三相电路的对称性得其他两相负载中的相电流为

$$\dot{I}_{\mathrm{B'C'}}=9.9\angle -133.2^{\circ}\ \mathrm{A}$$
$$\dot{I}_{\mathrm{C'A'}}=9.9\angle 106.8^{\circ}\ \mathrm{A}$$

根据对称三相△连接电路的电压特性得负载端的线电压为

$$\begin{aligned}\dot{U}_{\mathrm{A'B'}}&=Z\dot{I}_{\mathrm{A'B'}}\\&=[(19.2+\mathrm{j}14.4)\times 9.9\angle -13.2^{\circ}]\ \mathrm{V}=237.6\angle 23.7^{\circ}\ \mathrm{V}\end{aligned}$$

由三相电路的对称性得其他两相负载端的线电压为

$$\dot{U}_{\mathrm{B'C'}}=237.6\angle -96.3^{\circ}\ \mathrm{V}$$
$$\dot{U}_{\mathrm{C'A'}}=237.6\angle 143.7^{\circ}\ \mathrm{V}$$

结论：对称三相△形连接电路分析中，常常要应用 Y-△等效变换，将对称三相△形连接电路等效变换为对称三相 Y 形连接电路，再作对称三相 Y 形连接电路的单相分析电路图，计算出对称三相△形连接电路的线电流。然后根据线电流和电路的对称性、电压特性、电流特性，推导出其他电量。

三、常见问题讨论

（1）在三相电路中，如果线电压对称，则线电流一定也对称。

解答：错。

只有在对称三相电路中，线电压、线电流、相电压、相电流才具有对称性。

（2）对称三相 Y 形连接电路中，线电压等于相电压。

解答：错。

对称三相 Y 形连接电路中，线电压的有效值是相电压有效值的 $\sqrt{3}$ 倍，即 $U_l=\sqrt{3}U_{\mathrm{p}}$；线电压的相位超前对应相电压的相位 30°。

（3）对称三相 Y 形连接电路中，线电流等于对应相的相电流。

解答：对。

对称三相 Y 形连接电路中，火线中的电流（即线电流）等于负载中电流（即相电流）。

（4）对称三相△形连接电路中，线电压等于相电压。

解答：对。

对称三相△形连接电路中，火线之间的电压（即线电压）等于负载上的端电压（即相电压）。

（5）对称三相△形连接电路中，线电流等于相电流。

解答：错。

对称三相△形连接电路中，线电流的有效值是相电流有效值的$\sqrt{3}$倍，即$I_l=\sqrt{3}I_p$；线电流的相位滞后对应相电流的相位 30°。

四、特别提示

（1）对称三相电路的线电压、线电流、相电压、相电流都具有对称性。

（2）对称三相星形连接电路的中路电流为零，可以用“短路”或“开路”等效替代其中路支路。

（3）三相负载相等是电路的“对称”条件。

第三节　对称三相正弦交流电路的功率

一、对称三相功率的基本概念

对称三相电路的基本连接电路如图 4.18 所示，设用U_p、I_p为三相电路相电压、相电流的有效值，负载阻抗$Z=|Z|\angle\varphi$。

三相电路例 2

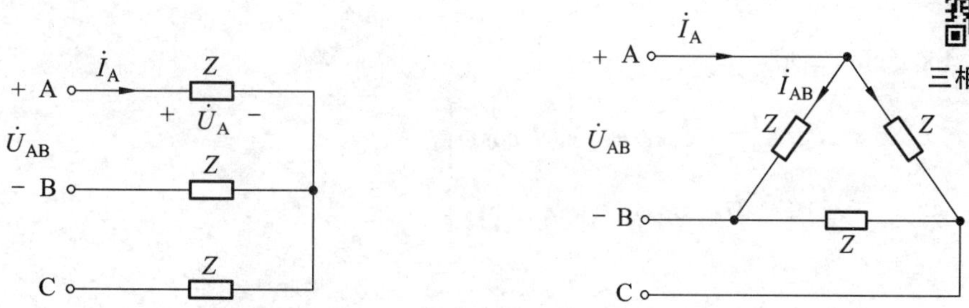

（a）Y 形连接　　（b）△形连接

图 4.18　对称三相负载电路

单相有功功率P_p：因为 A 相有功功率为$P_A=U_pI_p\cos\varphi$，而且对称三相电路中每相功率是相等的，即$P_A=P_B=P_C$，所以单相功率为$P_p=U_pI_p\cos\varphi$。

功率因数$\cos\varphi$：φ是相电压与相电流的相位差，是负载阻抗角，即功率因数$\cos\varphi$是单相功率的功率因数。

单相无功功率 Q_p：对称三相电路中，三相负载上的无功功率是相等的，即 $Q_A = Q_B = Q_C$，则 $Q_p = U_p I_p \sin\varphi$。注意 φ 是负载阻抗角。

单相视在功率 S_p，对称三相电路中，$S_A = S_B = S_C$，则 $S_p = U_p I_p$。

结论：对称三相电路中，其一相负载上的单相功率为

$$\begin{cases} P_p = U_p I_p \cos\varphi \\ Q_p = U_p I_p \sin\varphi \\ S_p = U_p I_p \end{cases}$$

上式表明，对称三相 Y 形连接电路或对称三相△形连接电路中，某相负载 Z 上的单相功率与对称三相电路的连接方式无关，仅与相电压 U_p、相电流 I_p 和负载阻抗角 φ 有关。

二、对称三相电路的功率分析

因为对称三相 Y 形连接（或△形连接）电路中，各相的功率相等，即

$$\begin{cases} P_A = P_B = P_C = P_p \\ Q_A = Q_B = Q_C = Q_p \\ S_A = S_B = S_C = S_p \end{cases}$$

所以，对称三相电路功率的基本计算式为

$$\left.\begin{aligned} P &= 3P_p = 3U_p I_p \cos\varphi \\ Q &= 3Q_p = 3U_p I_p \sin\varphi \\ S &= 3S_p = 3U_p I_p \end{aligned}\right\} \tag{4.8}$$

若对称三相电路为 Y 形连接，则有

$$U_p = \frac{U_l}{\sqrt{3}}, \quad I_p = I_l$$

于是式（4.8）可以写成

$$\left.\begin{aligned} P &= 3\frac{U_l}{\sqrt{3}} I_l \cos\varphi = \sqrt{3} U_l I_l \cos\varphi \\ Q &= \sqrt{3} U_l I_l \sin\varphi \\ S &= \sqrt{3} U_l I_l \end{aligned}\right\} \tag{4.9}$$

对于对称三相△形连接电路，有 $I_p = \dfrac{I_l}{\sqrt{3}}$，$U_p = U_l$，代入式（4.8），同样可得式（4.9）。可见，无论负载是 Y 形连接还是△形连接，其对称三相电路的功率都可用表达式（4.8）和式（4.9）分析计算。

对称三相电路的有功功率 P（又称为平均功率）、无功功率 Q、视在功率 S 和功率因数 $\cos\varphi$ 也可以用复功率 $\tilde{S}$ [如式（4.10）所示] 和功率三角形（如图 4.19 所示）分析计算，即

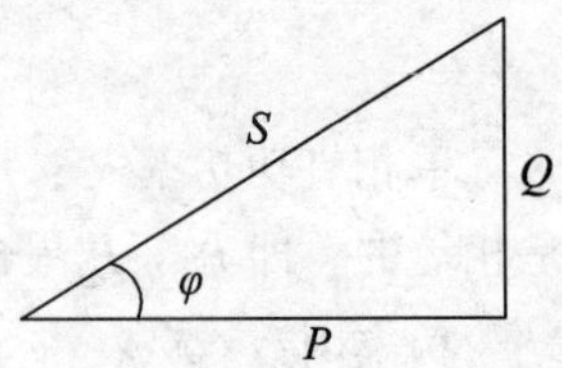

图 4.19　功率三角形

$$\tilde{S}=P+\mathrm{j}Q=\sqrt{P^2+Q^2}\angle\arctan\frac{Q}{P}=S\angle\varphi \tag{4.10}$$

三、对称三相电路的分析与计算

例 4.4 电路如图 4.20 所示，已知 A 相电流 $\dot{I}_{\mathrm{A}}=22\angle-53.1°\ \mathrm{A}$，A 相负载 Z 上端电压 $\dot{U}_{\mathrm{AL}}=158.64\angle3.21°\ \mathrm{V}$，试求对称三相负载电路的平均功率 P、无功功率 Q 和功率因数 λ。

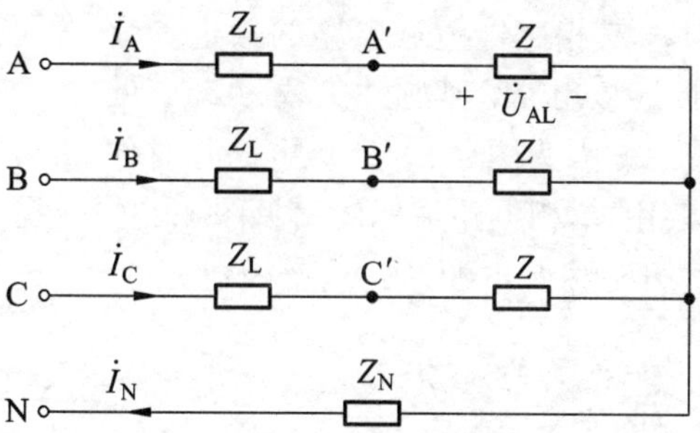

图 4.20 例 4.4 图

分析：① 本题求的是“对称三相负载电路”的功率，因此，功率计算中不包含传输线上阻抗 Z_{L} 的功率；② 已知条件是相电流 $\dot{I}_{\mathrm{A}}$、相电压 $\dot{U}_{\mathrm{AL}}$，则可通过 $\tilde{S}_{\mathrm{p}}=\dot{U}\dot{I}^*$ 计算得到一相的复功率，对称三相负载电路的复功率为 $\tilde{S}=3\tilde{S}_{\mathrm{p}}$。

解 已知 A 相的相电流和相电压为

$$\dot{I}_{\mathrm{A}}=22\angle-53.1°\ \mathrm{A}$$
$$\dot{U}_{\mathrm{AL}}=158.64\angle3.21°\ \mathrm{V}$$

则单相负载的复功率 $\tilde{S}_{\mathrm{p}}$ 为

$$\begin{aligned}\tilde{S}_{\mathrm{p}}&=\dot{U}_{\mathrm{AL}}\dot{I}_{\mathrm{A}}^*\\&=(158.64\angle3.21°\times22\angle53.1°)\ \mathrm{V\cdot A}=3\,490.08\angle56.31°\ \mathrm{A}\\&=(1\,936+\mathrm{j}2\,904)\ \mathrm{V\cdot A}\end{aligned}$$

三相负载的复功率为

$$\begin{aligned}\tilde{S}&=3\tilde{S}_{\mathrm{p}}\\&=3\times(1\,936+\mathrm{j}2\,904)\ \mathrm{V\cdot A}=(5\,808+\mathrm{j}8\,712)\ \mathrm{V\cdot A}\end{aligned}$$

所以

$$P=5\,808\ \mathrm{W}$$
$$Q=8\,712\ \mathrm{var}$$
$$\lambda=\cos56.31°=0.555$$

结论：单相功率是指一相负载上的功率，而三相负载功率是指三个负载功率之和。在对称三相电路中，三相负载复功率 $\tilde{S}$ 与单相负载复功率 $\tilde{S}_{\mathrm{p}}$ 的关系为：$\tilde{S}=3\tilde{S}_{\mathrm{p}}$。注意：对称三相电路的功率因数，是一相电路负载的功率因数，其功率因数角 φ 也是负载阻抗 Z 的阻抗角，或相电压与相电流的相位差。

例 4.5 当对称三相感性负载工作在额定线电压 380 V 条件下时，其对称三相感性负载的额定有功功率为 20 kW、额定功率因数 $\cos\varphi_N = 0.8$。当对称三相感性负载接入如图 4.21 所示电路时，已知输电线阻抗 $Z_L = (2 + j8)\,\Omega$，对称三相电源相电压为 220 V。试求如图 4.21 所示电路中，感性负载端的线电压 $\dot{U}'_{AB}$ 和电源端的功率因数 λ'。

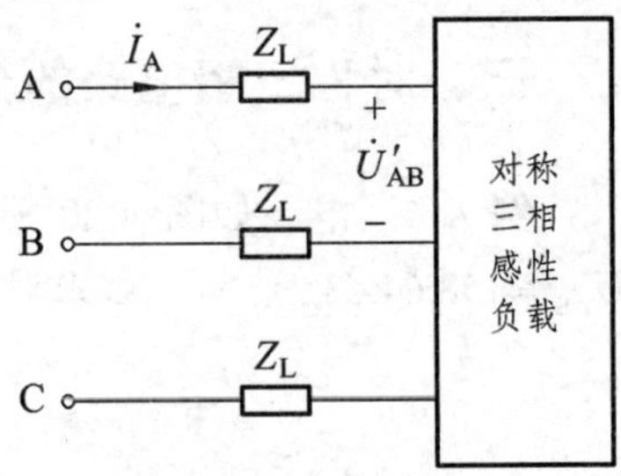

图 4.21 例 4.5 图

分析：① 根据已知对称三相感性负载电路的额定参数值，设负载连接电路为 Y 形连接电路，其感性负载为 Z_Y，见单相等效电路图 4.22（a）；② 因为图 4.21 所示电路是对称三相 Y 形连接电路，则可以用“单相电路解题法”[见图 4.22（b）]分析相电流 $\dot{I}_A$、相电压 $\dot{U}_{AY}$，从而解得感性负载端的线电压 $\dot{U}'_{AB}$ 和电源端的功率因数 λ'。

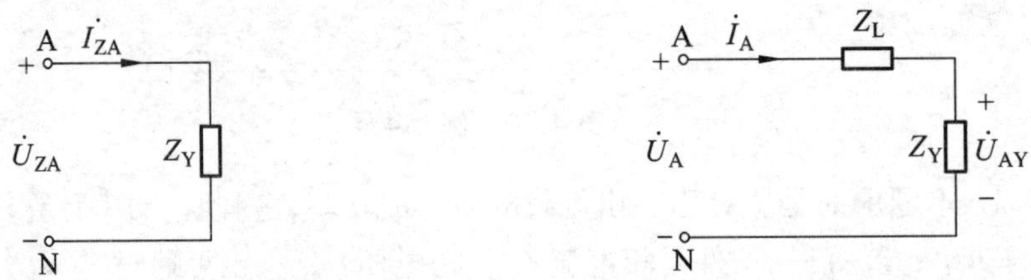

（a）额定值工作条件下，Y 形连接等效单相电路　　（b）图 4.21 的 Y 形连接等效单相电路

图 4.22 对称三相电路的分析图

解 在额定值工作条件下，设对称三相负载为 Y 形连接电路，其 A 相额定相电压为

$$\dot{U}_{ZA} = 220\angle 0^\circ\ \text{V}$$

根据图 4.22（a）电路，得额定相电流（或线电流）$\dot{I}_{ZA} = I_p\angle\varphi_Z$ 为

$$I_p = I_l = \frac{P_N}{3U_{ZA}\cos\varphi_N} = \left(\frac{20\times 10^3}{3\times 220\times 0.8}\right)\text{A} = 37.98\ \text{A}$$

$$\varphi_Z = \arccos 0.8 = 36.9^\circ$$

因为是感性负载，所以

$$\dot{I}_{ZA} = 37.98\angle -36.9^\circ\text{A}$$

阻抗 Z_Y 为

$$Z_Y = \frac{\dot{U}_{ZA}}{\dot{I}_{ZA}} = \left(\frac{220}{37.98\angle -36.9^\circ}\right)\Omega = 5.79\ \angle 36.9^\circ\ \Omega$$

设图 4.21 为 Y-Y 连接电路，其单相电路如图 4.22（b）所示，即

$$\dot{U}_A = 220\angle 0^\circ\ \text{V}$$

则相电流 $\dot{I}_A$ 为

$$
\begin{aligned}
\dot{I}_A &= \frac{\dot{U}_A}{Z_L + Z_Y} = \left(\frac{220\angle 0^\circ}{2 + j8 + 5.79\angle 36.9^\circ}\right) A \\
&= \left(\frac{220\angle 0^\circ}{6.6 + j11.48}\right) A = 16.62\angle -60^\circ\ A
\end{aligned}
$$

负载端的相电压$\dot{U}_{AY}$为

$$
\begin{aligned}
\dot{U}_{AY} &= Z_Y \cdot \dot{I}_A \\
&= (5.79\angle 36.9^\circ \times 16.62\angle -60^\circ)\ V \\
&= 96.23\angle 23.1^\circ\ V
\end{aligned}
$$

根据 Y 形连接电路的电压特性，得负载端的线电压$\dot{U}'_{AB}$为

$$
\begin{aligned}
\dot{U}'_{AB} &= \sqrt{3}\dot{U}_{AY}\angle 30^\circ \\
&= (\sqrt{3} \times 96.23\angle 23.1^\circ \cdot \angle 30^\circ)\ V \\
&= 166.67\angle 53.1^\circ\ V
\end{aligned}
$$

电源端的功率因数λ'为

$$
\lambda' = \cos(0^\circ + 60^\circ) = 0.5
$$

结论：已知负载的额定电压、额定功率及额定功率因数，并不等于就确定了负载的连接方式，即负载可以连接为 Y 形或△形，根据具体的题意设定其负载的连接方式，如用单相电路分析法，则设负载电路为 Y 形连接电路。另注意：电源端的功率因数λ'不等于负载端的功率因数，应等于单相等效电路的功率因数。

四、常见问题讨论

（1）对称三相电路的功率计算方法与不对称三相电路功率计算方法是相同的。

解答：错。

因为对称三相负载是相等的，所以每一相负载的功率大小相等；而不对称三相电路的三相负载不等，每一相负载的功率大小也不相等（至少有两相负载的功率大小不同）。因此，对称三相电路的功率计算方法与不对称三相电路功率计算方法是完全不同的。

（2）当对称三相负载电路没有给定连接方式时，说明对称三相负载是连接成 Y 形电路。

解答：对称三相负载不一定是连接成 Y 形电路。

如果对称三相负载电路没有给定连接方式，则可设定其负载连接成 Y 形或△形。一般可设定对称三相负载为 Y 形连接电路，这主要是因为可利用 Y 形电路的单相电路分析法，便于三相电路参数的分析计算。

（3）对称三相电路的功率因数角φ大小，取决于电压与电流的相位差。

解答：错。

对称三相电路有“线电流”与“相电流”之分、“线电压”与“相电压”之分，连接上也存在“Y 形”与“△形”的不同。因此，功率因数角φ的大小，取决于相电压与相电流的相位差。

（4）对称三相电路的总功率因数角φ大小，取决于三相负载的阻抗$Z = |Z|\angle\varphi_Z$角φ_Z，即功率因数为$\cos\varphi_Z$。

解答：不一定对。

当在对称三相电路中，传输线上存在着传输线阻抗 Z_L 时，则对称三相电路的总功率因数角 φ 取决于相电压与相电流相位差，即 $\varphi \neq \varphi_Z$。只有当传输线阻抗 $Z_L = 0$ 时，对称三相电路的功率因数角 φ 大小，取决于三相负载的阻抗 $Z = |Z|\angle\varphi_Z$ 角 φ_Z，即 $\varphi = \varphi_Z$，功率因数为 $\cos\varphi_Z$。

五、特别提示

对称三相电路 A 相、B 相、C 相的功率大小都是相等的，即有功功率 $P_A = P_B = P_C = P_p$；无功功率 $Q_A = Q_B = Q_C = Q_p$；视在功率 $S_A = S_B = S_C = S_p$。所以，对称三相电路总功率为：有功功率 $P = 3P_p$；无功功率 $Q = 3Q_p$；视在功率 $S = 3S_p$。

对称三相电路的总功率因数角 φ 取决于相电压与相电流相位差。

第四节　安全用电简介

“安全用电”主要是指“人身安全”和“设备安全”，特别是在三相交流电及电器用电时，安全用电是要注意的一个重要问题。当人身体触摸电压形成电位差时，人的身体则提供了一条电流通路，而电流会对人体产生电击，造成触电者受伤甚至死亡；当电气设备因超过其额定值的电压或其他原因发生故障时，不仅会损坏设备，而且可能会引起火灾，甚至危害人的生命。

一、电击与预防

（一）电　击

用电时，发生电击、电伤的可能性始终存在。

电击：指电流通过人体，使人体内部器官组织受到损伤。即通过人体的电流（注意:不是电压）是产生电击的原因。

电流对人体的影响取决于电流的大小和电流流过人体的路径，流经人体的电流越大，伤害的程度就越严重，使人致命的电流约为 50 mA。

触电伤害的程度还与电源的频率有关，当电源频率为 40 ~ 60 Hz 时，电流对人体的伤害程度最为严重。

电伤：指在电弧作用下，对人体外部的灼伤。

人体电阻一般为 10 ~ 50 kΩ，并与测量部位和皮肤潮湿程度等有关。例如，当皮肤处于潮湿状态时，人体电阻为 1 kΩ左右；当皮肤受损伤时，人体电阻为 100 Ω左右。应注意：人体触电时人体电阻值不是固定的，会随着电压和触电时间的增加而减小。

（二）安全预防措施

（1）在操作电子设备和电气装置时，根据用电环境的不同，我国规定的安全电压为：

① 在木板或瓷块结构等危险性较低的建筑物中，规定为 36 V；

② 在钢筋混凝土结构等具有危险性的建筑物中，规定为 24 V；

③ 在化工车间、金属结构等危险的建筑物中，规定为 12 V。

（2）为了防止人身触电事故的发生，要求供电人员和用电人员要严格遵守安全操作规程：

① 一般不允许带电作业（高压带电作业例外，它有专用安全设施、操作规程和批准程序）。

② 停电作业时，电气设备和线路的两端要求三相用导线短路并接地，停电设施要有醒目的不准合闸的警告牌。

③ 电气设备要严格按有关安全标准的要求进行接地和接零保护。

二、接地与接零

接地：将电气设备的任何部分与大地做良好的电气连接，称为接地。按接地的目的不同，主要可分为三种：工作接地、保护接地和保护接零，如图 4.23 所示。

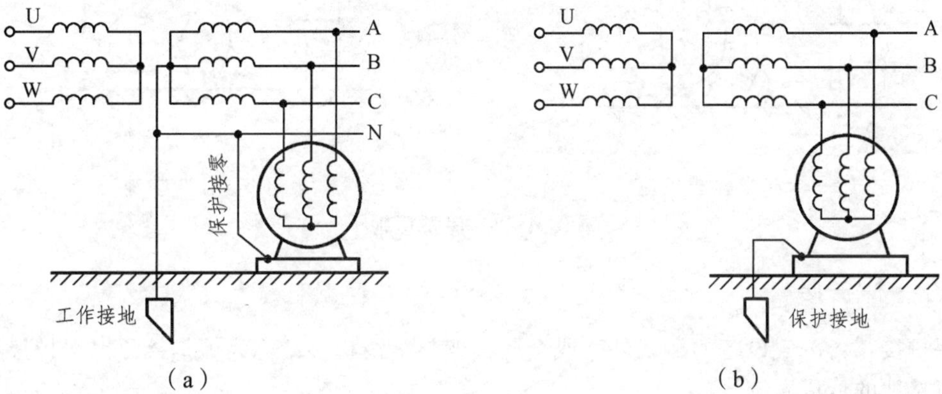

图 4.23　接　地

（一）工作接地

工作接地：为了保证电力系统安全正常运行，将三相电源的中点接地，如图 4.23（a）所示，这种接地方式称为工作接地。

工作接地目的如下：

（1）降低触电电压。在中点不接地的系统中，当一相接地（设 C 相接地）时，若人体触及另外两相中的一相（设人体触及 A 相），则触电电压是三相电源的线电压（U_{AC}），即电源相电压的 $\sqrt{3}$ 倍。而在中线接地的系统中，人身一旦触电，其触电电压是电源的相电压。

（2）迅速切断故障设备。在中线接地的系统中，一相接地后接地电流较大（接近单相短路电流），保护装置能迅速动作，切断故障设备。而在中线不接地的系统中，当一相接地时，接地电流很小不足以使保护装置动作，接地故障不易被发现，故障会长期持续下去，对人身不安全。

（3）降低电气设备对地绝缘水平。在中点不接地的系统中，一相接地时将使另外两相的对地电压升高为线电压；而在中点接地的系统中，一相接地时另外两相的对地电压接近于相电压，从而降低了对电气设备和输配电线路绝缘水平的要求，这样就提高了电气设备运行的安全可靠性并能节省投资，这对数量众多的低压配电设备和用电设备是很有价值的。

（二）保护接地

保护接地：将正常情况下不带电的电气设备的金属外壳接地，这种接地方式称为保护接地。保护接地多用于电源中点不接地的低压系统及高压电气设备。

在中点不接地的系统中，当系统中某台电动机或电气设备因内部绝缘损坏而使金属外壳带电时，如果这时人体触及机壳，由于线路与大地间存在着分布电容，将有电流通过人体与分布电容所构成的回路，相当于单线触电，造成人身事故，如图 4.24（a）所示。

如果设备机壳通过接地装置与大地有良好的接触，当人体触及设备外壳时，人体相当于接地装置的一条并联支路，由于人体电阻 R_b 比接地装置的接地电阻 R_0 大得多，即 $R_b >> R_0$，这样通过人体的电流就很小，从而可以避免触电的危险，如图 4.24（b）所示。

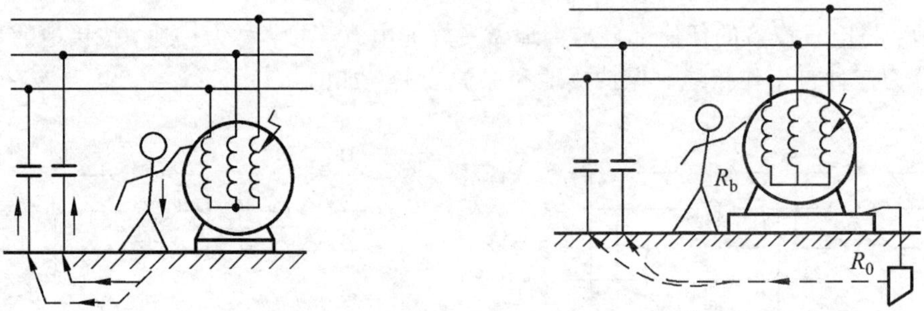

（a）未采取保护接地　　（b）保护接地

图 4.24　保护接地

（三）保护接零

保护接零：电气设备的金属外壳或金属构架与零线相接，称为保护接零。保护接零适用于中点接地的低压系统。

在采取保护接零后，若电气设备绝缘损坏，将会产生相电源短路，产生的短路电流远超过保护电器（例如熔断器）的额定电流值，使保护电器动作，切断故障设备电源，从而防止人身触电的可能性，如图 4.25（a）所示。

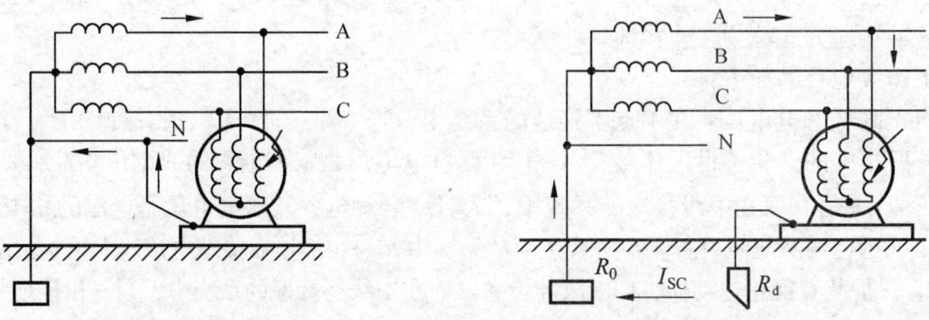

（a）正确　　（b）错误

图 4.25　保护接零

必须指出：对于中点接地的三相四线制系统，只能采取保护接零而不能采用保护接地[见图 4.25（b）]，因为保护接地不能有效地防止人身触电事故。

对于中点接地的三相四线制系统，如果系统接有多台用电设备，其中一台设备错误地采用了保护接地而其余设备是采用保护接零，这是非常危险的。因为，如果机壳采用保护接地时，设备因绝缘损坏处接触外壳而接地，又因设备容量较大，如前所述外壳将长期带电，并且零线与火线之间出现电压，这一电压等于接地电流乘以中点的接地电阻，在 380 V/220 V 系统中，零线电压 $U_0 = I_{SC} \cdot R_0 = 27.5 \times 4 = 110\ \text{V}$，于是其他接零设备的外壳对地都有 110 V 的电压存在，所以在实际工作中一定要禁止出现这种接法。

（四）特殊设备的接地与接零

（1）矿井和坑道中的电气设备一般不允许采用中点接地系统，所有电气设备的外壳均应接地。为确保安全，设备常装设故障自动切除装置。

（2）移动式电气设备在中点接地的三相四线制系统中采用保护接零；在中点不接地供电系统中，可采用漏电保护装置进行保护。

采用保护接地和保护接零时需注意：

① 中点接地的三相四线制系统中，只能采用保护接零，不能采用保护接地。

② 中点不接地的系统中，只能采用保护接地，不能采用保护接零。

③ 接地、接零的导线必须牢固，以防脱线，保护接零的连线上不允许安装熔断器，而且接零导线的阻抗不要太大。

小　结

一、对称三相交流电源

对称三相交流电源特点是由三个频率相同、幅值相等、相位差均为 120°的正弦交流电压源组成。即

$$u_A = \sqrt{2}U \sin \omega t$$
$$u_B = \sqrt{2}U \sin(\omega t - 120°)$$
$$u_C = \sqrt{2}U \sin(\omega t + 120°)$$

二、对称三相交流电路

（一）星形连接

（1）线电压有效值是相电压有效值的 $\sqrt{3}$ 倍，即 $U_l = \sqrt{3}U_p$，其线电压相位超前所对应的相电压的相位 30°。设 $\dot{U}_A = U_p\angle 0°$，即

$$\dot{U}_{AB} = \sqrt{3}\dot{U}_A\angle 30° = U_l\angle 30°$$
$$\dot{U}_{BC} = \sqrt{3}\dot{U}_B\angle 30° = U_l\angle -90°$$
$$\dot{U}_{CA} = \sqrt{3}\dot{U}_C\angle 30° = U_l\angle 150°$$

（2）线电流等于对应的相电流，即 $I_l = I_p$。

（二）三角形连接

（1）线电流有效值 I_l 是相电流有效值 I_p 的 $\sqrt{3}$ 倍，即 $I_l=\sqrt{3}I_p$；其线电流相位滞后所对应的相电流的相位30°，即

$$\dot{I}_A=\sqrt{3}\dot{I}_{AB}\angle-30°$$

$$\dot{I}_B=\sqrt{3}\dot{I}_{BC}\angle-30°$$

$$\dot{I}_C=\sqrt{3}\dot{I}_{CA}\angle-30°$$

（2）线电压等于对应的相电压，即 $U_l=U_p$。

（三）对称三相电路的功率

每一相有功功率 $P_p=U_pI_p\cos\varphi$，对称三相电路总功率为

有功功率 $P=3U_pI_p\cos\varphi=\sqrt{3}U_lI_l\cos\varphi$

无功功率 $Q=3U_pI_p\sin\varphi=\sqrt{3}U_lI_l\sin\varphi$

视在功率 $S=3U_pI_p=\sqrt{3}U_lI_l$

选择题

1. 已知某三相正弦交流电路的 A 相电压 $\dot{U}_A$=220∠0°V，线电压 $\dot{U}_{AB}$=380∠30° V，$\dot{U}_{BC}$=380∠−90° V，$\dot{U}_{CA}$=380∠150° V，则可以判定三相电路为（　　）。

（a）三角形连接电路　　（b）星形连接电路

（c）不对称三相电路　　（d）对称三相电路

2. 已知某三相电路的线电压：$u_{AB}=380\sqrt{2}\sin(\omega t+50°)$ V，$u_{BC}=380\sqrt{2}\sin(\omega t-70°)$ V，$u_{CA}=380\sqrt{2}\sin(\omega t+170°)$ V，则 $u_{AB}+u_{BC}+u_{CA}$ =（　　）。

（a）$380\sqrt{2}$ V　　（b）380 V　　（c）220 V　　（d）0 V

3. 已知某三相正弦交流电路的线电压：$\dot{U}_{AB}$=380∠45° V，$\dot{U}_{BC}$=380∠75° V，$\dot{U}_{CA}$=380∠165° V，当 t=5 s 时，则 $\dot{U}_{AB}+\dot{U}_{BC}+\dot{U}_{CA}$ =（　　）。

（a）$380\sqrt{2}$ V　　（b）380 V　　（c）220 V　　（d）0 V

4. 某三相电路的三个线电流分别为：$i_A=18\sin(314t+23°)$ A，$i_B=18\sin(314t-97°)$ A，$i_C=18\sin(314t+143°)$ A，当 t=10 s 时，这三个电流之和为（　　）。

（a）0 A　　（b）$\frac{18}{\sqrt{2}}$ A　　（c）18 A　　（d）$18\sqrt{3}$ A

5. 三角形连接的三相对称负载，接于三相对称电源上，线电流与相电流之比为（　　）。

（a）$\sqrt{3}$　　（b）$\sqrt{2}$　　（c）1　　（d）0

6. 星形连接的三相对称负载，接于三相对称电源上，线电流与相电流之比为（　　）。

（a）$\sqrt{3}$　　（b）$\sqrt{2}$　　（c）1　　（d）0

7. 某三相不对称负载，接于对称的三相四线制电源上，则各相负载的电压（　　）。

（a）不对称　　（b）对称　　（c）对称或不对称　　（d）不一定对称

8. 某三相不对称负载，接于对称的三相四线制电源上，则电路中各相电流（　　）。

（a）不对称　　（b）对称　　（c）对称或不对称　　（d）不一定对称

9. 对称三相电路的负载连接成三角形，其线电流与对应的相电流的相位关系是（　　）。

（a）线电流引前相电流30°　　（b）线电流滞后相电流30°

（c）线电流与相电流同相　　（d）线电流与相电流反相

10. 对称三相电路的负载连接成星形，其线电压与对应的相电压的相位关系是（　　）。

（a）线电压引前相电压30°　　（b）线电压滞后相电压30°

（c）线电压与相电压同相　　（d）线电压与相电压反相

11. 在对称三相交流电路中，其负载对称的条件是（　　）。

（a）$|Z_A|=|Z_B|=|Z_C|$　　（b）$\varphi_A=\varphi_B=\varphi_C$

（c）$Z_A \neq Z_B \neq Z_C$　　（d）$Z_A=Z_B=Z_C$

12. 在某对称星形连接的三相负载电路中，已知线电压 $u_{AB}=380\sqrt{2}\sin\omega t$ V，则C相电压 $\dot{U}_C$=（　　）。

（a）220∠90° V　　（b）380∠90° V

（c）220∠−90° V　　（d）380∠−90° V

13. 某对称三相负载接入三相交流电源后，若其相电压等于电源线电压，则此三个负载是（　　）连接。

（a）Y形　　（b）Y_0形　　（c）△形　　（d）Y形或△形

14. 有一台三相电阻炉，各相负载的额定电压均为220 V，当电源线电压为380 V时，此电阻炉应接成（　　）。

（a）Y形　　（b）△形　　（c）Y_0形　　（d）Y形或△形

15. 某三相电路的有功功率分别为 P_A、P_B、P_C，则该三相电路的总有功功率 P 为（　　）。

（a）$\sqrt{P_A^2+P_B^2+P_C^2}$　　（b）$P_A+P_B+P_C$

（c）$\sqrt{P_A+P_B+P_C}$　　（d）$P_A^2+P_B^2+P_C^2$

16. 对称星形负载 Z 接于对称三相四线制电源上，如图4.26所示。若电源线电压为380 V，当在 x 点断开时，负载 Z 端的电压有效值 U 为（　　）。

（a）380 V　　（b）220 V　　（c）190 V　　（d）110 V

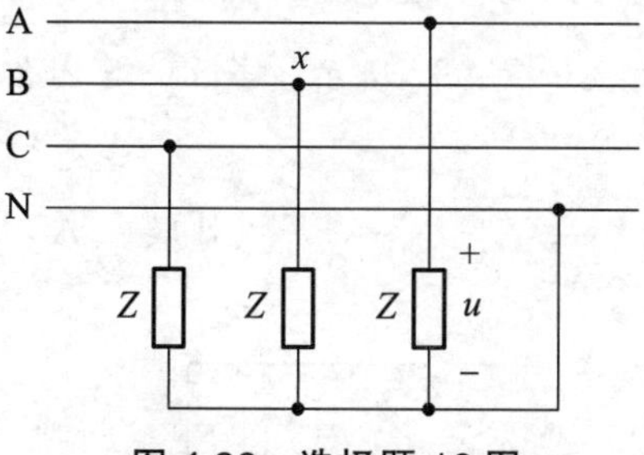

图4.26　选择题16图

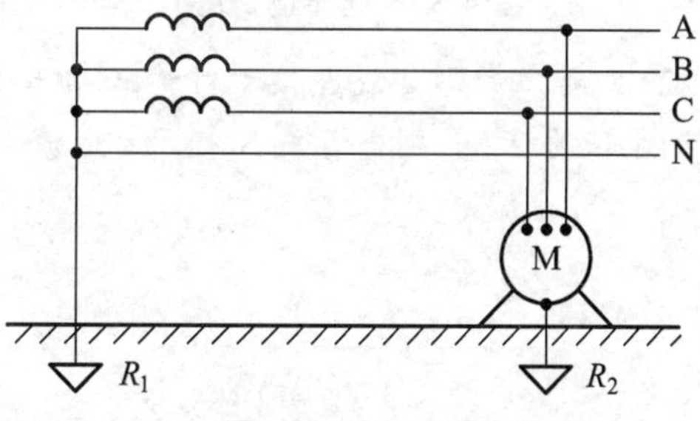

图4.27　选择题17图

17. 在如图4.27所示电路的380 V/220 V供电系统中，电机M错误地采用了保护接地，已知两接地电阻 R_1 和 R_2 相等，导线和地的电阻可忽略不计。当电机M的C相碰金属外壳时，中线对地电压为（　　）。

（a）0 V　　　　（b）110 V　　　　（c）220 V　　　　（d）不定值

18. 对称星形负载 R 接于对称三相三线制电源上，如图 4.28 所示。若电源线电压有效值为 380 V，当开关 S 打开后电压表的测量值为（　　）。

（a）380 V　　　　（b）220 V　　　　（c）190 V　　　　（d）110 V

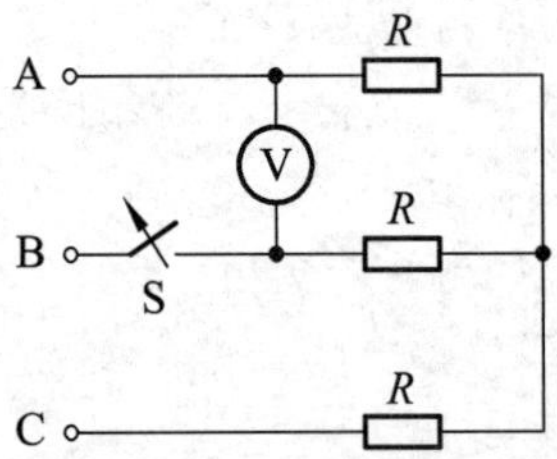

图 4.28　选择题 18 图

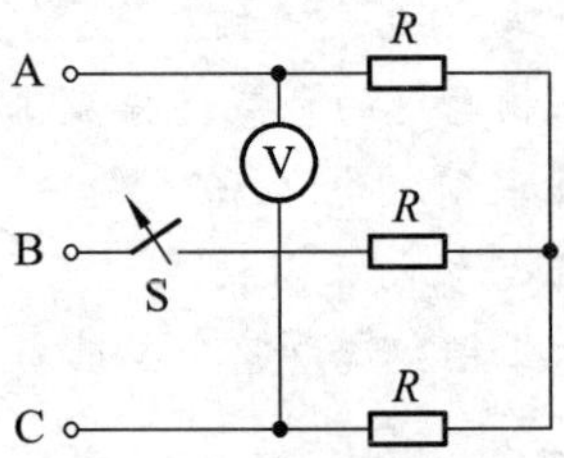

图 4.29　选择题 19 图

19. 对称星形负载 R 接于对称三相三线制电源上，如图 4.29 所示。若电源线电压有效值为 380 V，当开关 S 打开后电压表的测量值为（　　）。

（a）380 V　　　　（b）220 V　　　　（c）190 V　　　　（d）110 V

20. 对称星形负载 R 接于对称三相三线制电源上，如图 4.30 所示。当开关 S 闭合时电流表测量值为 2 A，则当开关 S 打开后电流表测量值为（　　）。

（a）2 A　　　　（b）1 A　　　　（c）$\frac{\sqrt{3}}{2}$ A　　　　（d）$\sqrt{3}$ A

21. 对称三角形负载 R 接于对称三相三线制电源上，如图 4.31 所示。当开关 S 闭合时电流表测量值为 2 A，则当开关 S 打开后电流表测量值为（　　）。

（a）2 A　　　　（b）1 A　　　　（c）$\frac{2}{\sqrt{3}}$ A　　　　（d）$\frac{1}{\sqrt{3}}$ A

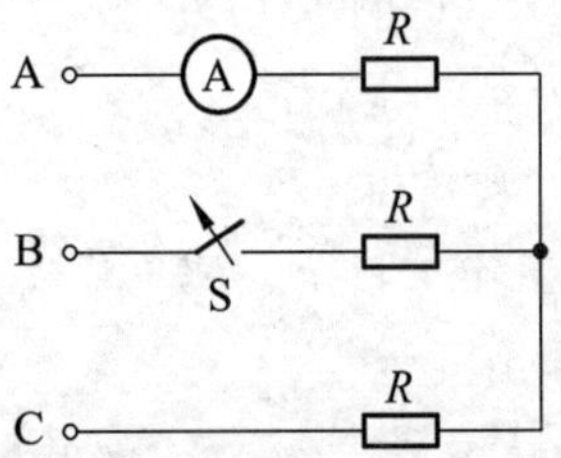

图 4.30　选择题 20 图

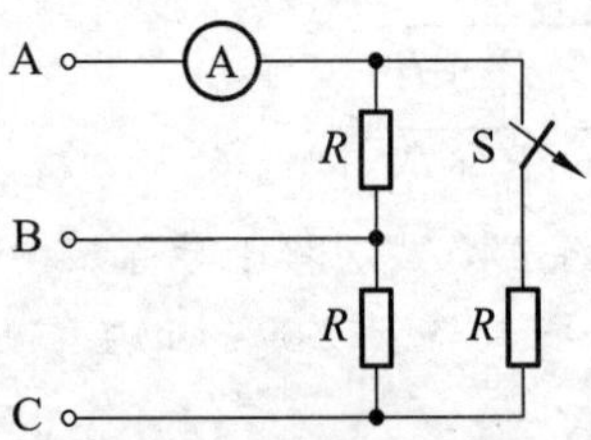

图 4.31　选择题 21 图

22. 对称三角形负载 R 接于对称三相三线制电源上，如图 4.32 所示。当开关 S 闭合时电流表测量值为 2 A，则当开关 S 打开后电流表测量值为（　　）。

（a）2 A　　　　（b）1 A　　　　（c）$\frac{2}{\sqrt{3}}$ A　　　　（d）$\frac{1}{\sqrt{3}}$ A

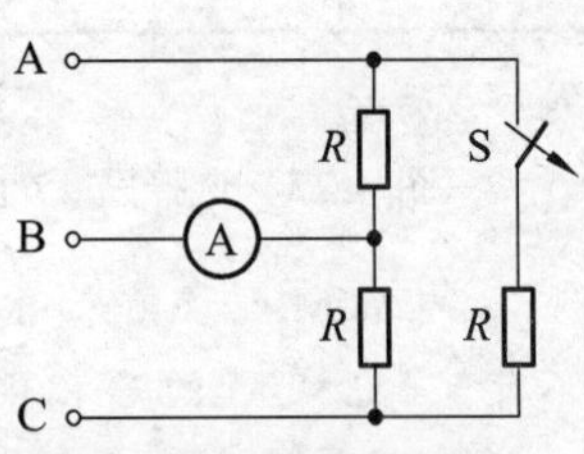

图 4.32　选择题 22 图

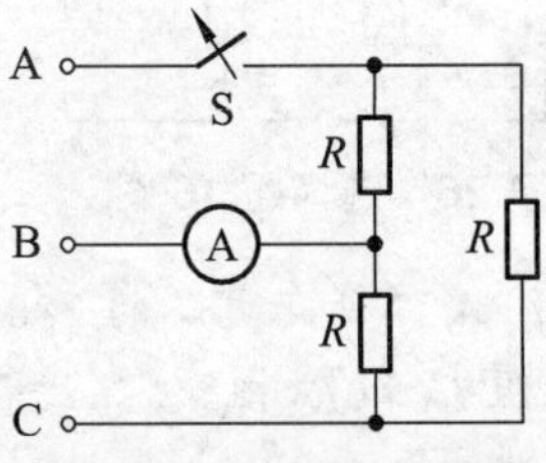

图 4.33　选择题 23 图

23. 对称三角形负载 R 接于对称三相三线制电源上，如图 4.33 所示。当开关 S 闭合时电流表测量值为 2 A，则当开关 S 打开后电流表测量值为（　　）。

（a）2 A　　（b）1 A　　（c）$\frac{2}{\sqrt{3}}$ A　　（d）$\frac{3}{\sqrt{3}}$ A

24. 对称三角形负载 R 接于对称三相三线制电源上，如图 4.34 所示。当开关 S 闭合时电压表测量值为 220 V，则当开关 S 打开后电压表测量值为（　　）。

（a）$220\sqrt{3}$ V　　（b）220 V　　（c）$110\sqrt{3}$ V　　（d）110 V

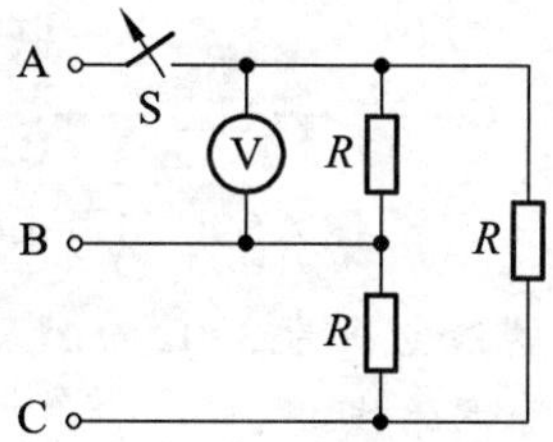

图 4.34　选择题 24 图

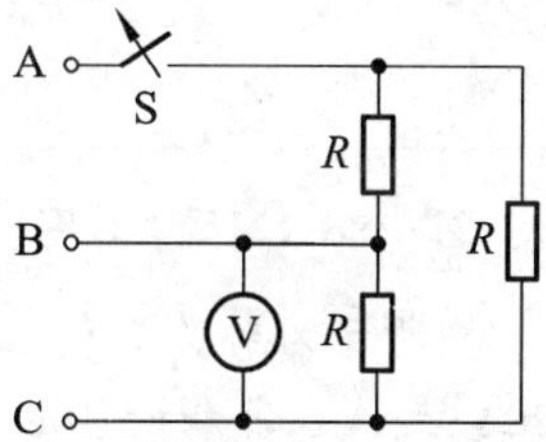

图 4.35　选择题 25 图

25. 对称三角形负载 R 接于对称三相三线制电源上，如图 4.35 所示。当开关 S 闭合时电压表测量值为 220 V，则当开关 S 打开后电压表测量值为（　　）。

（a）$220\sqrt{3}$ V　　（b）220 V　　（c）$110\sqrt{3}$ V　　（d）110 V

习　题

4.1　如图 4.36 所示为对称三相电路，已知 A、B、C 端的线电压为 380 V，线路阻抗 $R_L = 2\,\Omega$，负载阻抗 $R = 30\,\Omega$，试求负载 R 的相电压、线电压和相电流。

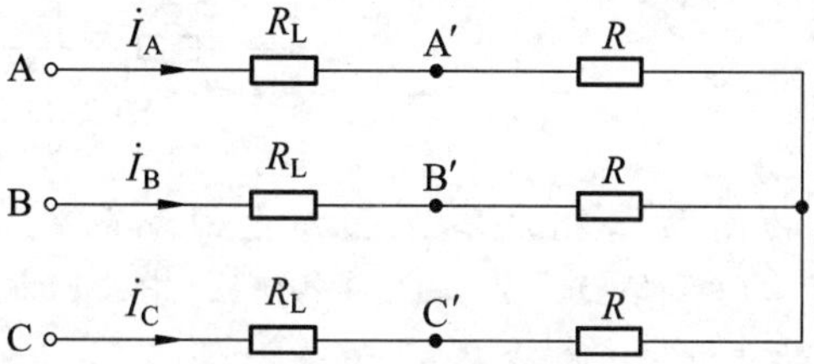

图 4.36　习题 4.1 图

4.2　如图 4.37 所示为对称三相电路，已知电源端的相电压为 220 V，线路阻抗 $Z_L = (1 + j1)\,\Omega$，负载阻抗 $Z = (30 + j40)\,\Omega$，试求负载 Z 的相电压、线电压和相电流。

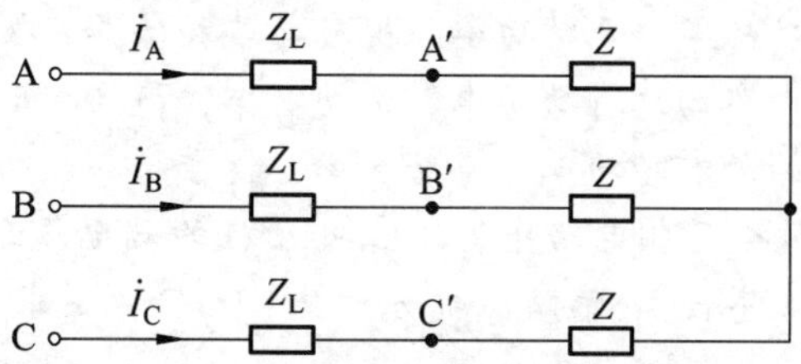

图 4.37　习题 4.2 图

4.3　如图 4.38 所示为对称三相电路，已知 A、B、C 端的线电压为 220 V，线路阻抗

$Z_L=(1+j1)\,\Omega$，负载阻抗 $Z=(30+j40)\,\Omega$，中线阻抗 $Z_N=(0.5+j0.5)\,\Omega$，试求电源端线电压和中线电流，并作相量图。

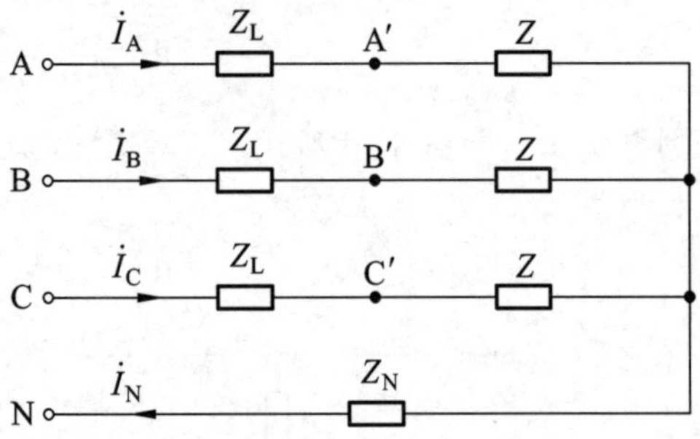

图 4.38　习题 4.3 图

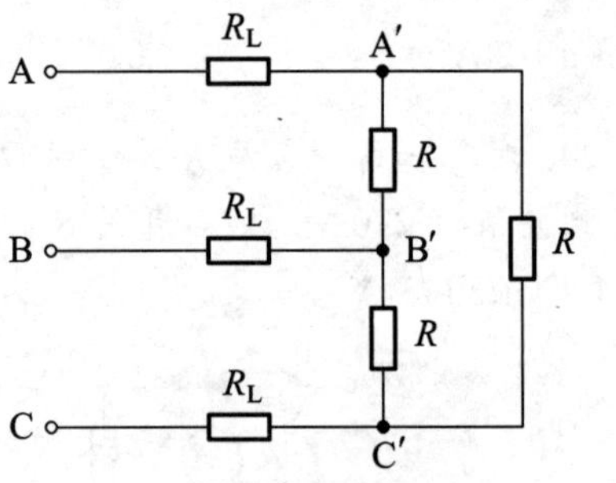

图 4.39　习题 4.4 图

4.4　如图 4.39 所示为对称三相电路，已知电源端的线电压为 380 V，线路阻抗 $R=5\,\Omega$，负载阻抗 $R_L=20\,\Omega$，试求负载的相电流、线电流及电源端的线电压。

4.5　如图 4.40 所示为对称三相电路，已知负载端的线电压为 220 V，线路阻抗 $Z_L=(1+j2)\,\Omega$，负载阻抗 $Z=(20+j24)\,\Omega$，试求负载 Z 的相电流、线电流及电源端的线电压。

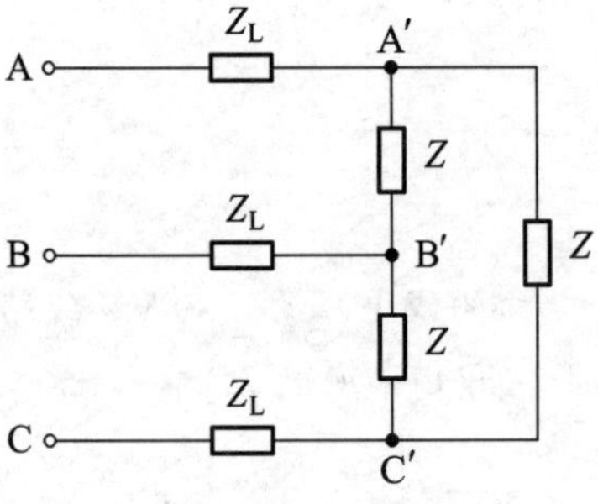

图 4.40　习题 4.5 图

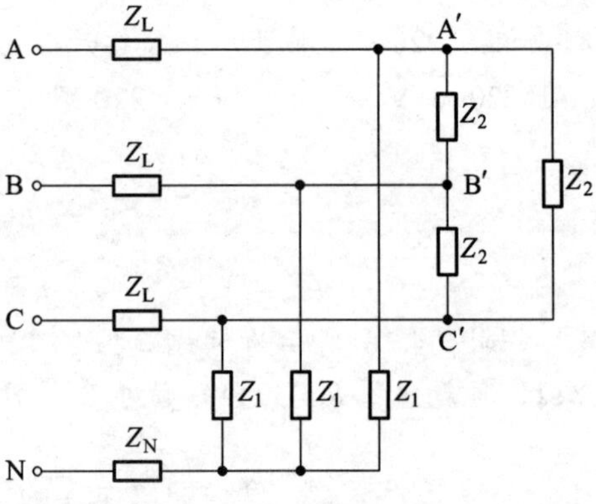

图 4.41　习题 4.6 图

4.6　如图 4.41 所示为对称三相电路，已知电源端的线电压为 380 V，线路阻抗 $Z_L=(0.1+j0.2)\,\Omega$，阻抗 $Z_1=(3+j4)\,\Omega$，$Z_2=(12+j9)\,\Omega$，中线阻抗 $Z_N=(0.5+j0.5)\,\Omega$。试求：

（1）Y 形连接负载 Z_1 的相电流、相电压；

（2）△形连接负载 Z_2 的相电流、线电流和相电压；

（3）Y 形连接电路的总的有功功率、无功功率、视在功率和功率因数。

（4）△形连接电路的总的有功功率、无功功率、视在功率和功率因数。

（5）三相电路总的有功功率、无功功率、视在功率和功率因数。

4.7　试求 4.2 题三相电路的总有功功率、无功功率、视在功率和功率因数。

4.8　试求 4.4 题电路的总有功功率、无功功率、视在功率和功率因数。

4.9　如图 4.42 所示对称三相电路中，三相电动机的端电压 $U_{A'B'}=380\,\text{V}$，吸收功率为 1.4 kW，功率因数为 0.87（感性），线路阻抗 $Z_L=(5+j5)\,\Omega$。试求：

（1）电源端的线电压、相电压和线电流；

（2）总有功功率、无功功率、视在功率和功率因数。

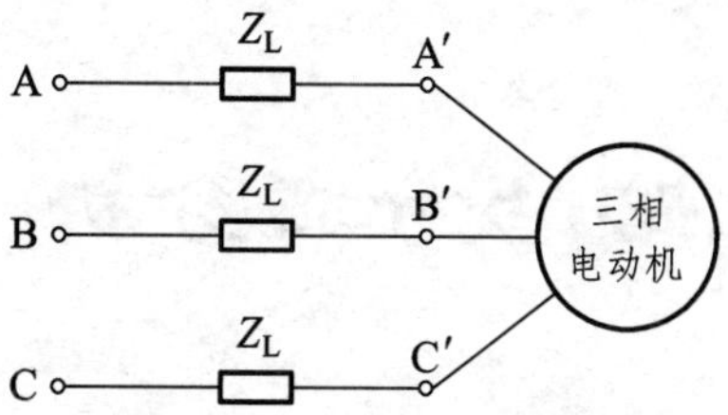

图 4.42　习题 4.9 图

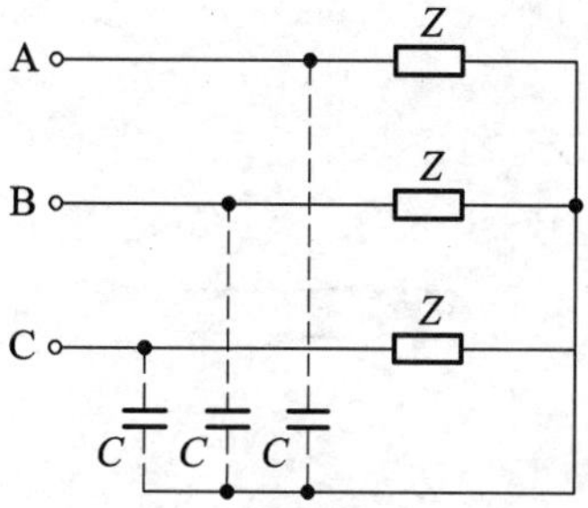

图 4.43　习题 4.8、4.10 图

4.10　如图 4.43 所示对称三相电路中，已知电源端的相电压为 220 V，感性负载 Z 的总有功功率为 2.4 kW，功率因数为 0.6。试求：

（1）感性负载阻抗 Z 和线电流。

（2）如将电源端的功率因数提高到 0.9 应并联多大的电容 C，电路如图 4.43 所示。

（3）功率因数提高到 0.9 后，电源端的线电流有效值。

4.11　三相四线制供电系统，三相对称电源线电压为 380 V，各相负载均为 220 V、40 W 的白炽灯，其中 A 相 150 盏、B 相 150 盏、C 相 100 盏。试求：

（1）当 A、B、C 相都只有 80 盏白炽灯用电时，三相电路的线电流和中线电流；

（2）当各相负载全部用电时，三相电路的中线电流；

（3）若 C 相负载断开，此时三相电路中各线电流和中线电流；

（4）若各相负载全部用电时中线是断开的，电路将发生什么现象？

第五章　一阶电路的时域分析

【**学习指导**】本章主要介绍 *RC*、*RL* 一阶电路的时域分析方法，重点讨论一阶电路的换路定则和三要素法。

1. 学习目标

（1）了解暂态电路的基本概念；

（2）掌握换路定则及分析初始值的基本方法；

（3）掌握三要素法的基本概念及分析计算方法。

（4）了解零输入响应、零状态响应和全响应的基本概念。

2. 学习建议

（1）学习时间：3～5 小时。

第一节建议学习时间：1 小时；

第二节建议学习时间：0.5 小时；

第三节建议学习时间：1.5 小时；

第四节建议学习时间：1 小时。

（2）学习方法：

A. 学习本章新内容前，先复习教材中第一章、第二章内容，重点掌握电路的基本分析计算方法。

B. 点播学习网络课程第五章的内容，完成相关内容的“选择题”“习题”。

C. 参加在线导学直播学习。

D. 阅读参考资料：

① 王英主编，西南交通大学出版社《电工技术基础（电工学Ⅰ）》（第 2 版）第五章；

② 王英主编，西南交通大学出版社《电工技术学习指导及习题精解》第五章。

E. 第一节学习完成后，提交第 1 次作业；第二节、第三节学习完成后，提交第 2 次作业；第四节学习完成后，提交第 3 次作业，并进行本章学习小结。

3. 学习重点与难点

A. 重点掌握换路定则（如：初始状态值的基本概念、基本的计算方法）。

B. 重点掌握三要素法（如：三要素的基本概念、用三要素法分析计算电路的步骤）。

C. 难点是：掌握电路初始状态值、初始值、时间常数 τ 、稳态值的基本概念和分析计算方法。

第一节　换路定则及初始值

一、一阶电路的基本概念

本章研究的电路有一大特点，即电路中接有**开关元件**。因此，讨论的核心问题是当开关S动作后，电路的变化规律。

例如，图5.1电路中的开关S在时间$t=0$时动作（开关S由a端连接到b端），可根据KVL，分别列出图5.1（a）所示RC电路和图5.1（b）所示RL电路在$t>0$时的方程。

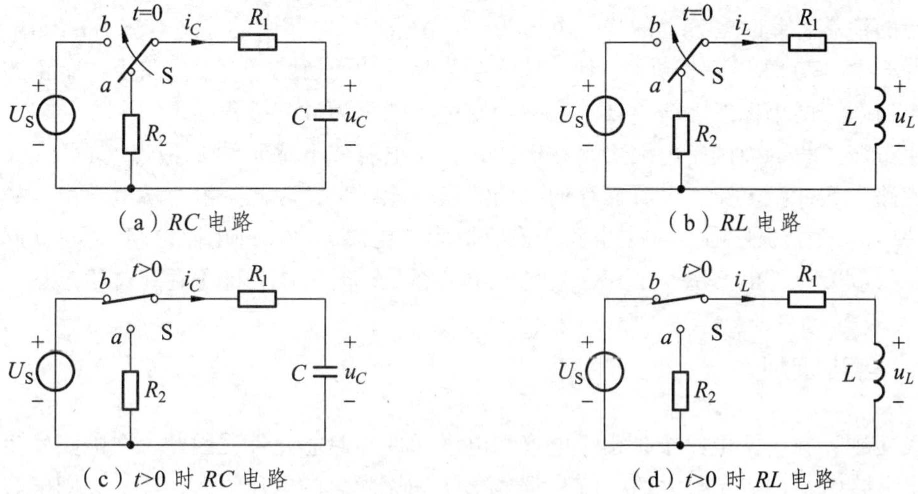

（a）RC电路　（b）RL电路

（c）$t>0$时RC电路　（d）$t>0$时RL电路

图5.1　一阶电路

$t>0$时，图5.1（c）所示RC电路方程为

$$R_1C\frac{\mathrm{d}u_C}{\mathrm{d}t}+u_C=U_S \tag{5.1}$$

$t>0$时，图5.1（d）所示RL电路方程为

$$R_1i_L+L\frac{\mathrm{d}i_L}{\mathrm{d}t}=U_S \tag{5.2}$$

式（5.1）和式（5.2）说明图5.1所示电路的变换规律可用一阶微分方程来描述。

一阶电路的时域分析：当RC电路中只含有一个等效电容[如图5.1（a）所示]，或RL电路中只含有一个等效电感[如图5.1（b）所示]时，其电路的时域方程是一阶微分方程，称这种电路为一阶电路。一阶电路变量的变化规律分析，称为一阶电路的时域分析。

换路：当一阶电路中的开关S动作时（开关“断开”或“闭合”），会引起电路发生突变，这种“突变”称为电路发生了换路。例如，图5.1（a）所示电路，$t=0$时开关S动作闭合至b端，形成如图5.1（c）所示电路，其电路的结构发生突变，即电路发生换路。

初始值：当电路在$t=0$时刻发生换路时，则常用$y(0_-)$、$y(0_+)$来描述换路过程，即$y(0_-)$表示换路前的最终时刻$t=0_-$的参数值，如电压$u(0_-)$、电流$i(0_-)$；$y(0_+)$表示换路后的最初时刻$t=0_+$的参数值。$t=0_+$时刻的$y(0_+)$称为初始值，如$u(0_+)$、$i(0_+)$。

稳态：没有开关的电路电量；或电路发生换路后经过了无限长（即 $t=\infty$）的时间，电路中的电压、电流恒定不变或为正弦交流稳态电量，称为稳态电路。其电路分析称为稳态电路分析，$t=\infty$ 时的 $y(\infty)$ 称为稳态值，如 $u(\infty)$、$i(\infty)$。

本教材讨论的直流电路、正弦交流电路和三相交流电路均属于稳态电路分析，而本章 $y(\infty)$ 主要是指换路后 $t=\infty$ 时的稳态值。

过渡过程：电路由于换路而从一种稳态转变到另一种稳态，这个“转变”的过程称为过渡过程。又因过渡过程仅在一段时间内存在，所以又称为暂态过程。

例如，图示 5.1（a）、（b）电路，$t<0$ 时开关 S 连接于 a 点，电路处于稳态，这时电容上的电压为 $u_C(0_-)=0$、电感中的电流为 $i_L(0_-)=0$。当 $t=0$ 时开关 S 动作连接于 b 点，即 $t\geqslant 0$ 时开关 S 连接于 b 点[如图 5.1（c）、（d）所示]，电路经过无限长的时间（即 $t=\infty$）后，电路达到新的稳态，此时电容上的稳态电压为 $u_C(\infty)=U_S$、电感中的稳态电流为 $i_L(\infty)=U_S/R_1$。可见，由于在 $t=0$ 时开关 S 动作，使电路产生了换路，而换路又引发电路由一个稳态过渡到了另一个稳态，两个稳态之间出现的这种转变过程就称为过渡过程。

产生过渡过程的原因是电路中存在储能元件（电容或电感元件）。例如，图 5.1（a）中，在电容支路中无冲激电流，电容储存的电场能量不能跃变，因此，电容端电压由 0 V 充电到 U_S 时需要有一个过渡过程。如果电路中没有电容、电感元件（即电阻电路），建立起来的电路方程是代数方程，电路从一个稳态到另一个稳态是瞬时完成，即不存在过渡过程。

二、换路定则

换路定则：在一阶电路中，由于电容和电感元件为储能元件，因此，在电路发生换路瞬间，如果电路中不存在无限大的电流（即 $i\neq\infty$）和无限大的电压（即 $u\neq\infty$），则电容上的电压 u_C 和电感 i_L 中的电流不会发生突变，即**在换路瞬间**，电容上的**电压 u_C 不发生跃变**，电感中的**电流 i_L 不发生跃变**，这一规律称为换路定律或换路条件。常用下式表示

$$\left.\begin{aligned}u_C(0_+)&=u_C(0_-)\\ i_L(0_+)&=i_L(0_-)\end{aligned}\right\}\tag{5.3}$$

求证：在 $(0_-,0_+)$ 内，若流经电容元件的电流 i_C 为有界函数，则 $u_C(0_+)=u_C(0_-)$。

证明：如图 5.2 所示，u_C 与 i_C 的特性方程为

$$u_C(t)=\frac{1}{C}\int_{-\infty}^{t}i_C(\xi)\mathrm{d}(\xi)$$

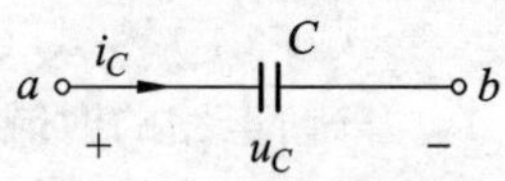

图 5.2 电容元件

在 $t=0_+$ 时有

$$\begin{aligned}u_C(0_+)&=\frac{1}{C}\int_{-\infty}^{0_+}i_C(\xi)\mathrm{d}(\xi)\\&=\frac{1}{C}\int_{-\infty}^{0_-}i_C\mathrm{d}(\xi)+\frac{1}{C}\int_{0_-}^{0_+}i_C\mathrm{d}(\xi)\\&=u_C(0_-)+\frac{1}{C}\int_{0_-}^{0_+}i_C\mathrm{d}(\xi)\end{aligned}$$

因在 $(0_-,0_+)$ 内，电流 i_C 为一有界函数，即

$$\frac{1}{C}\int_{0_-}^{0_+} i_C \mathrm{d}(\xi) = 0$$

这样，在 $t=0_+$ 时，有

$$u_C(0_+) = u_C(0_-)$$

以上分析说明：在 $t=t_0$ 时刻，如果电容中的电流 $i_C(t_0)$ 为有限值，则在该时刻电压 $u_C(t_0)$ 是连读变化的，即电容上的电压不发生突变。

同理，可以证明电感元件在 $t=t_0$ 时刻换路时，如果电感中的电压 $u_L(t_0)$ 为有限值，则在该时刻电流 $i_L(t_0)$ 是连读变化的，即电感中的电流不发生突变。

例 5.1 电路如图 5.3（a）所示，已知电阻 $R_1=R_2=4\,\Omega$，电容 $C=2\,\mathrm{F}$，电压源 $U_{S1}=10\,\mathrm{V}$，$U_{S2}=16\,\mathrm{V}$，开关 S 动作前电路已处于稳态，在 $t=0$ 时开关 S 由 b 点连接到 a 点，试求电容电压 $u_C(0_+)$。

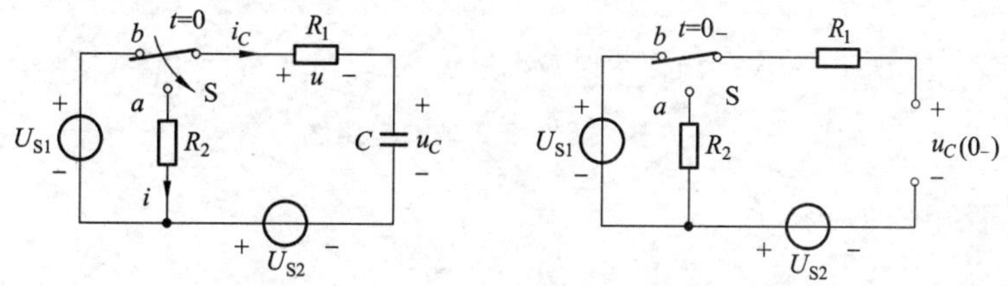

（a）例 5.1 图　　（b）$t=0_-$ 瞬时等效电路图

图 5.3　例 5.1 题分析求解图

分析：① 在 $t<0$ 时，开关连接于 b 点，电路处于稳态；② 因电压源 U_{S1} 为直流电源，则根据电容元件的伏安特性 $i_C = C\dfrac{\mathrm{d}u_C}{\mathrm{d}t}$ 得 $i_C=0$，电容元件 C 相当于开路，如图 5.3（b）所示。

解　$t<0$ 时电路如图 5.3（b）所示，解

$$u_C(0_-) = U_{S1} = 10\,\mathrm{V}$$

$t=0_+$ 时，根据换路定则得

$$u_C(0_+) = u_C(0_-) = 10\,\mathrm{V}$$

结论：电容上的电压在换路瞬时不发生跃变，而电容中的电流 $i_C(0_+)$ 及电路中的其他变量[$u(0_+)$、$i(0_+)$]有可能发生突变。所以，电容上的电压 $u_C(0_+)$ 称为**初始状态值**，而电流 $i_C(0_+)$ 及其他电压 $u(0_+)$、电流 $i(0_+)$ 称为**初始值**。

例 5.2 电路如图 5.4（a）所示，已知电阻 $R_1=4\,\Omega$，$R_2=R_3=8\,\Omega$，电感 $L=2\,\mathrm{H}$，电压源 $U_S=4\,\mathrm{V}$，开关 S 动作前电路已处于稳态，在 $t=0$ 时开关 S 闭合，试求电流 $i_L(0_+)$。

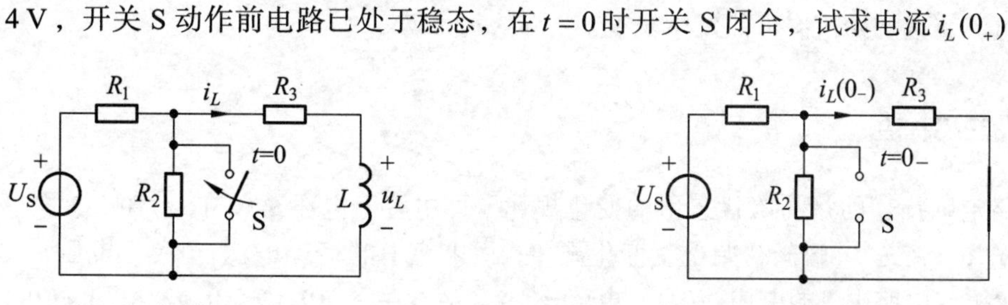

（a）例 5.2 图　　（b）$t=0_-$ 瞬时等效电路图

图 5.4　例 5.2 的分析电路图

分析：①在 $t<0$ 时，开关 S 断开，电源 U_S 为直流，电路处于稳态；②根据电感元件 L 的伏安特性 $u_L = L\dfrac{di_L}{dt}$ 得电压 $u_L(0_-)=0$ V（即 $\dfrac{di_L}{dt}=0$），“电压为零”可用“短路线”等效替代，t=0_- 瞬时电路如图 5.4（b）所示。③用截维南定理解图 5.4（b）中电流 $i_L(0_-)$，再根据换路定则得初始状态电流 $i_L(0_+)$。

解 用截维南定理解图 5.4（b），其求解电路如图 5.5 所示。

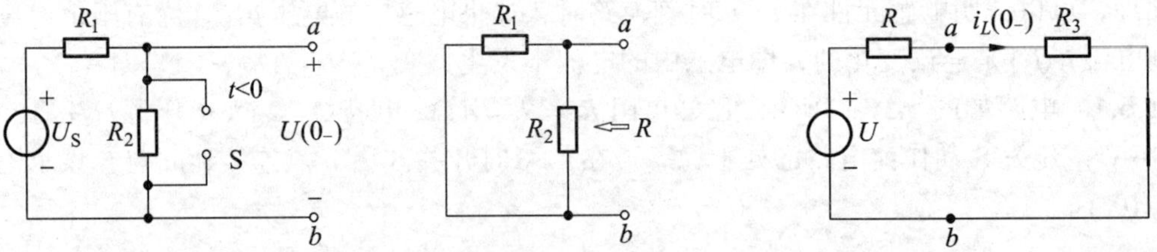

（a）求开路电压 U　　（b）求等效电阻 R　　（c）用截维南等效电路求电流 $i_L(0_-)$

图 5.5　解例 5.2 题的电路图

图 5.5（a）的开路电压 U 为

$$U(0_-)=\frac{U_S}{R_1+R_2}\times R_2=\frac{4}{4+8}\times 8=\frac{8}{3}\text{ V}$$

图 5.5（b）的等效电阻 R 为

$$R=R_1 // R_2=\frac{4\times 8}{4+8}=\frac{8}{3}\,\Omega$$

由图 5.5（c）所示的截维南等效电路求电流 $i_L(0_-)$ 为

$$i_L(0_-)=\frac{U(0_-)}{R+R_3}=\frac{\frac{8}{3}}{\frac{8}{3}+8}=0.25\text{ (A)}$$

$t=0_+$ 时，根据换路定则，有

$$i_L(0_+)=i_L(0_-)=0.25\text{ (A)}$$

结论：此题中换路定则仅适用于电感中的电流，而电感上的电压 $u_L(0_+)$ 及电路中的其他电压、电流变量初始值有可能发生突变。

三、初始值

换路定则描述的是初始状态值的变化规律，即电容上电压 $u_C(0_+)=u_C(0_-)$、电感中电流 $i_L(0_+)=i_L(0_-)$ 在 $t=0_+$ 瞬间初始电量变化规律；而电容中电流 $i_C(0_+)$、电感上电压 $u_L(0_+)$ 和其他元件上（或电路中）的电压 $u(0_+)$、电流 $i(0_+)$，均不存在 $u(0_+)=u(0_-)$、$i(0_+)=i(0_-)$ 这种数学约束关系，所以，根据 $t=0_+$ 瞬间的等效电路求得的电压 $u(0_+)$、电流 $i(0_+)$ 称为初始值。

（一）初始值求解步骤

1. 计算初始状态值

初始状态值：电容电压 $u_C(0_+)$ 和电感电流 $i_L(0_+)$ 称为初始状态值。

（1）根据 $t<0$ 时的稳态电路，画 $t=0_-$ 瞬时电路，计算初始状态值，即电容电压 $u_C(0_-)$、电感电流 $i_L(0_-)$。

① 如果 $t<0$ 时为直流稳态电路，首先将电容 C 用“开路”等效替代，电感 L 用“短路线”等效替代，而后用直流电路分析方法求解出电压 $u_C(0_-)$、电流 $i_L(0_-)$ 初始状态值。

② 如果 $t<0$ 时为正弦稳态电路，直接用相量分析方法确定电容电压 $\dot{U}_C$、电感电流 $\dot{I}_L$；而后写出时域表达式 $u_C(t)$、$i_L(t)$，并令 $t=0_-$，解得电压 $u_C(0_-)$、电流 $i_L(0_-)$ 初始状态值。

（2）根据换路定则得初始状态值 $u_C(0_+)$、$i_L(0_+)$，即 $u_C(0_+)=u_C(0_-)$、$i_L(0_+)=i_L(0_-)$。

2. 画 $t=0_+$ 时初始电路图

初始电路图：换路后 $t=0_+$ 瞬间的等效电路图称为初始电路图。画初始电路图的关键是根据初始状态值 $u_C(0_+)$、$i_L(0_+)$ 等效替代电容 C、电感 L 元件。

（1）$t=0_+$ 时电容 C 的等效替代。

若在 $t=0_+$ 瞬间电容电压 $u_C(0_+)\neq 0$，则电路中的电容 C 可以用直流电压源 $u_C(0_+)$ 来等效替代，如图 5.6（a）所示。若在 $t=0_+$ 瞬间电容电压 $u_C(0_+)=0$，则电路中的电容 C 可以用“短路线”等效替代。如图 5.6（b）所示。

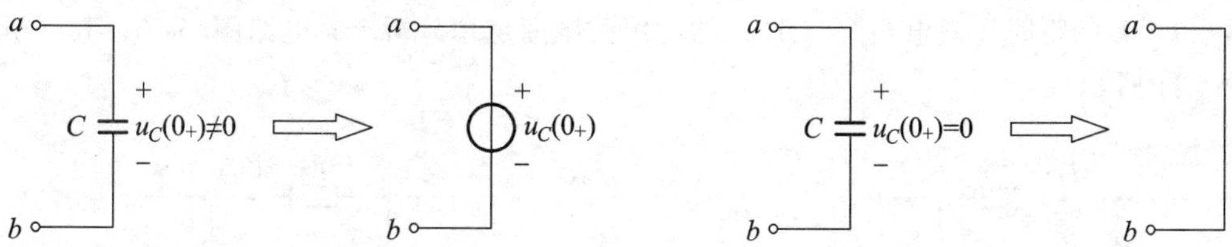

（a）$u_C(0_+)\neq 0$ 的等效电路　　（b）$u_C(0_+)=0$ 的等效电路

图 5.6　$t=0_+$ 时 $u_C(0_+)$ 的等效电路

（2）$t=0_+$ 时电感 L 的等效变换。

若在 $t=0_+$ 瞬间电感电流 $i_L(0_+)\neq 0$，则电路中的电感 L 可以用直流电流源 $i_L(0_+)$ 来等效替代，如图 5.7（a）所示。若在 $t=0_+$ 瞬间电感电流 $i_L(0_+)=0$，则电路中的电感 L 可以用“开路”等效替代，如图 5.7（b）所示。

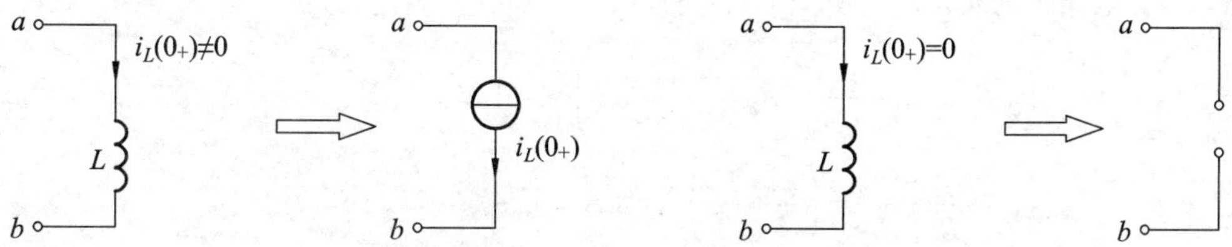

（a）$i_L(0_+)\neq 0$ 的等效电路　　（b）$i_L(0_+)=0$ 的等效电路

图 5.7　$t=0_+$ 时 $i_L(0_+)$ 的等效电路

3. 计算其他初始值

根据 $t=0_+$ 瞬间的初始电路图，分析计算电路的初始值，即电压 $u(0_+)$、电流 $i(0_+)$。

（二）初始值计算实例

例 5.3 电路如图 5.8 所示。$t<0$ 时电路处于稳态，$t=0$ 时开关 S 断开。已知电阻 $R_1=5\ \Omega$, $R_2=3\ \Omega$, $R_3=9\ \Omega$, $R_4=10\ \Omega$, 电压源 $U_{S1}=27\ \text{V}$，$U_{S2}=12\ \text{V}$。试求电路的初始电流 $i(0_+)$。

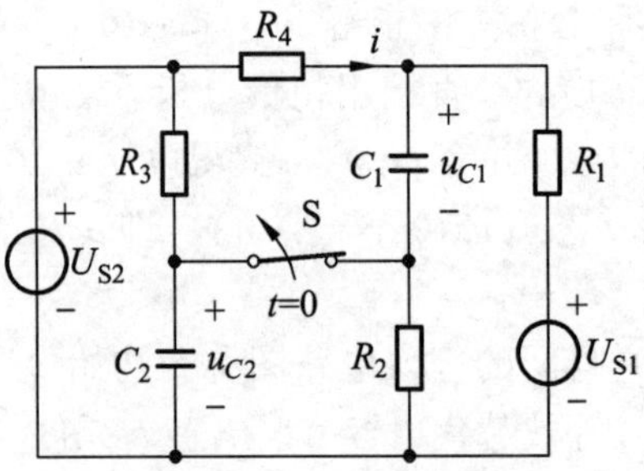

图 5.8 例 5.3 图

分析：① 当 $t<0$ 时，电路为直流稳态电路，则可用“开路”等效替代图 5.8 中的电容 C_1、C_2 元件，其等效电路如图 5.9 所示。分析电路图 5.9 得 $u_{C1}(0_-)$、$u_{C2}(0_-)$，再由换路定则得初始状态值 $u_{C1}(0_+)$、$u_{C2}(0_+)$。② 用电压源 $u_{C1}(0_+)$、$u_{C2}(0_+)$ 等效替代图 5.8 中的电容 C_1、C_2 元件，画出 $t=0_+$ 的瞬时等效电路图 5.10，然后用戴维南定理分析求解电路图 5.10，其分析电路如图 5.11 所示。

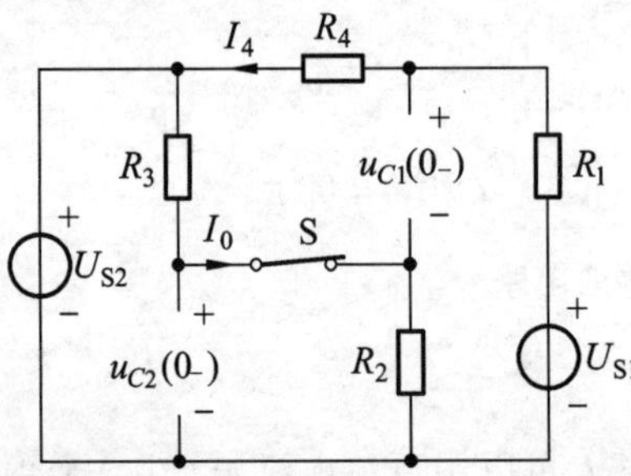

图 5.9 $t=0_-$ 瞬时等效电路

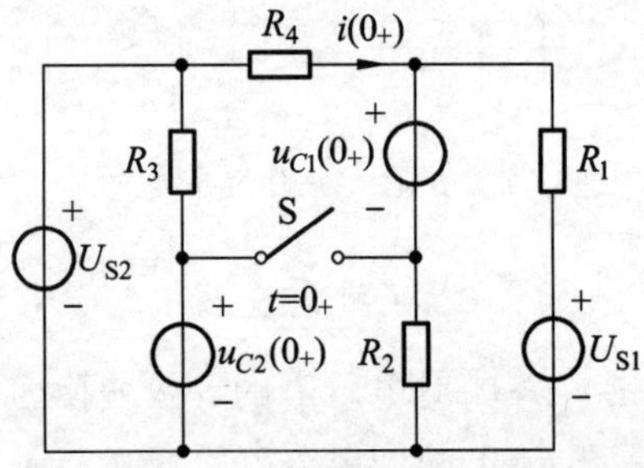

图 5.10 $t=0_+$ 瞬时的等效电路

解 （1）求初始状态值 $u_{C1}(0_+)$、$u_{C2}(0_+)$

解图 5.9 电路中的 $u_{C1}(0_-)$、$u_{C2}(0_-)$，得

$$u_{C2}(0_-)=\frac{U_{S2}}{R_2+R_3}\times R_2=\left(\frac{12}{3+9}\times 3\right)\text{V}=3\ \text{V}$$

$$I_4=\frac{U_{S1}-U_{S2}}{R_1+R_4}=\left(\frac{27-12}{5+10}\right)\text{A}=1\ \text{A}$$

$$\begin{aligned}u_{C1}(0_-)&=R_4I_4+[U_{S2}-u_{C2}(0_-)]\\&=[10\times 1+(12-3)]\ \text{V}=19\ \text{V}\end{aligned}$$

根据换路定则，有

$$u_{C1}(0_+) = u_{C1}(0_-) = 19\text{ V}$$
$$u_{C2}(0_+) = u_{C2}(0_-) = 3\text{ V}$$

（2）计算初始电流 $i(0_+)$

① 由图 5.11（a）所示电路解得开路电压 $U(0_+)$ 为

$$U(0_+) = U_{S2} - U_{S1} + \frac{U_{S1} - u_{C1}(0_+)}{R_1 + R_2} \cdot R_1$$
$$= \left(12 - 27 + \frac{27 - 19}{5 + 3} \times 5\right)\text{V} = -10\text{ V}$$

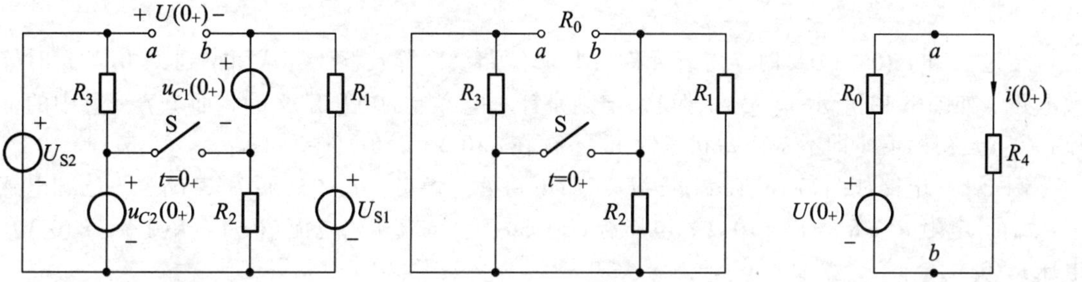

（a）求开路电压 $U(0_+)$　　（b）求等效电阻 R　　（c）戴维南等效电路求电流 $i(0_+)$

图 5.11　分析 $t = 0_+$ 时戴维南等效电路

② 由图 5.11（b）所示电路解得等效电阻 R_0 为

$$R_0 = R_1 // R_2 = \left(\frac{5 \times 3}{5 + 3}\right)\Omega = 1.875\,\Omega$$

③ 由图 5.11（c）所示戴维南等效电路解得初始电流 $i(0_+)$ 为

$$i(0_+) = \frac{U(0_+)}{R_0 + R_4} = \left(\frac{-10}{1.875 + 10}\right)\text{A} \approx -0.84\text{ A}$$

结论：在计算初始值时，可将电容元件 C 用电压源 $u_C(0_+)$ 等效替代，得 $t = 0_+$ 的瞬时等效电路，并解出电路的初始值。另外，在分析计算初始值时常常涉及稳态电路的分析方法。

例 5.4　电路如图 5.12 所示。$t < 0$ 时电路处于稳态，$t = 0$ 时开关 S 闭合。已知电阻 $R_1 = 10\,\Omega$，$R_2 = R_3 = 20\,\Omega$，电压源 $U_S = 10\text{V}$。试求电流 $i_1(0_+)$、$i_2(0_+)$ 及 $i_C(0_+)$。

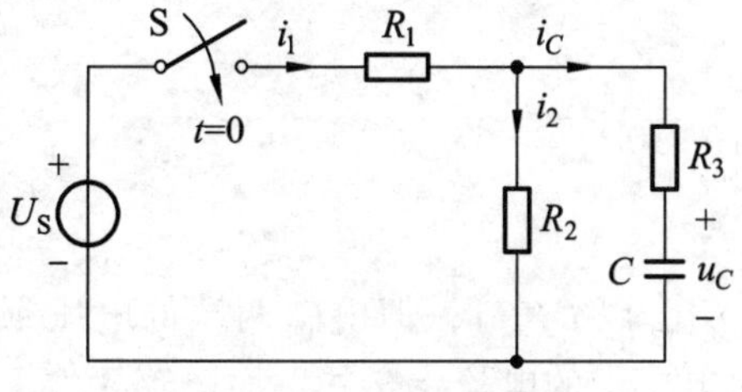

图 5.12　例 5.4 图

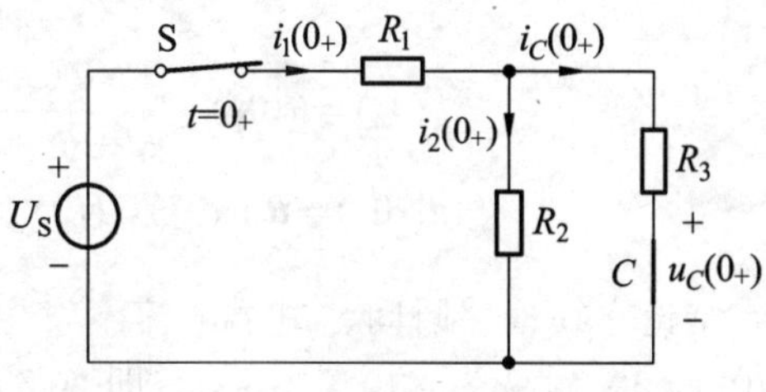

图 5.13　$t = 0_+$ 瞬时的等效电路

分析：① 首先计算初始状态值$u_C(0_+)$；因$t=0_-$时开关 S 断开，电路处于稳态，电容C与电阻R_2、R_3构成放电回路，所以电容电压$u_C(0_-)=0\ \text{V}$。② 画$t=0_+$的瞬时等效电路，如图 5.13 所示，并解初始值$i_1(0_+)$、$i_2(0_+)$及$i_C(0_+)$。

解 初始状态值$u_C(0_+)$为

$$u_C(0_+)=u_C(0_-)=0\ \text{V}$$

由图 5.13 解初始值$i_1(0_+)$、$i_2(0_+)$及$i_C(0_+)$如下

$$i_1(0_+)=\frac{U_S}{R_1+R_2//R_3}=\left(\frac{10}{10+20//20}\right)\text{A}=0.5\ \text{A}$$

$$i_2(0_+)=i_C(0_+)=\frac{i_1(0_+)}{2}=0.25\ \text{A}$$

结论：当$u_C(0_+)=0\ \text{V}$时，电容元件C用“短路线”等效替代，从而得到$t=0_+$的瞬时等效电路（如图 5.13 所示）。另外，换路定则是针对电容上的电压定义的，而电容元件中的电流$i_C(0_+)$是初始值（即不是初始状态值），不存在$i_C(0_+)=i_C(0_-)$的定则。

例 5.5 电路如图 5.14 所示。当$t<0$时电路处于稳态，$t=0$时开关 S 闭合。已知电感$L=2\ \text{H}$，电阻$R_1=R_2=R_3=10\ \Omega$，电压源$U_S=30$ V。试求初始电流$i_1(0_+)$、$i_2(0_+)$、$i_L(0_+)$及电压$u_L(0_+)$。

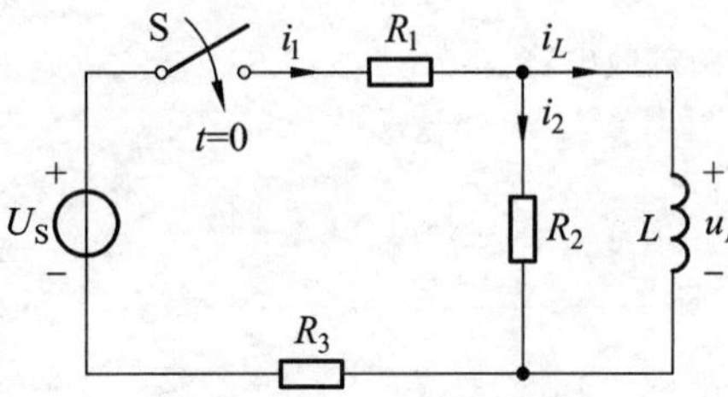

图 5.14 例 5.5 图

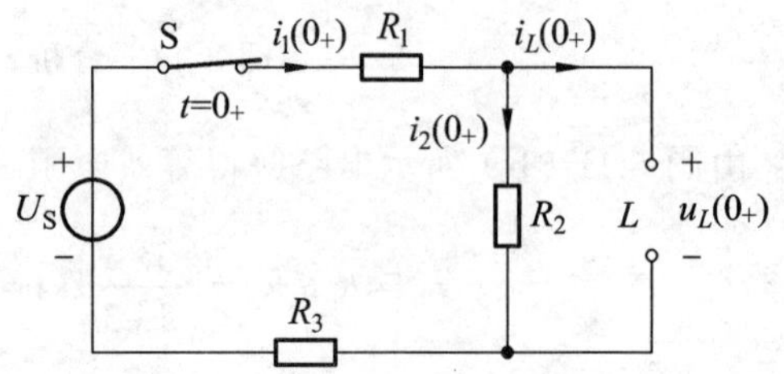

图 5.15 $t=0_+$瞬时等效电路

分析：① 计算初始状态值$i_L(0_+)$；因换路前电路处于稳态，得$i_L(0_-)=0\ \text{A}$。② 画$t=0_+$的瞬时等效电路；当$t=0_+$时$i_L(0_+)=0\ \text{A}$，所以电感元件用“开路”等效替代，电路如图 5.15 所示，并由此图解初始值$i_1(0_+)$、$i_2(0_+)$及$u_L(0_+)$。

解 初始状态值$i_L(0_+)$为

$$i_L(0_+)=i_L(0_-)=0\ \text{A}$$

由图 5.15 电路得$t=0_+$的瞬时值$i_1(0_+)$、$i_2(0_+)$及$u_L(0_+)$如下：

$$i_1(0_+)=i_2(0_+)=\frac{U_S}{R_1+R_2+R_3}=\left(\frac{30}{10+10+10}\right)\text{A}=1\ \text{A}$$

$$u_L(0_+)=R_2 i_2(0_+)=(10\times 1)\ \text{V}=10\ \text{V}$$

结论：在换路瞬间，电感电流不发生跃变，即$i_L(0_+)=i_L(0_-)$；但电感两端的电压则由$u_L(0_-)=0\ \text{V}$跳变为$u_L(0_+)=10\ \text{V}$，即换路定则是针对电感中的电流定义的，而电感元件上的

端电压 $u_L(0_+)$ 是初始值（即不是初始状态值），不存在 $u_L(0_+)=u_L(0_-)$ 的定则。

例 5.6 电路如图 5.16 所示，当 $t<0$ 时电路为稳态，$t=0$ 时开关 S 闭合。已知电阻 $R_1=20\,\Omega$，$R_2=R_3=10\,\Omega$，电感 $L=2\text{ H}$，电压 $U_{S1}=10\text{ V}$，$U_{S2}=40\text{ V}$。试求初始值 $i_1(0_+)$、$i_2(0_+)$、$i_L(0_+)$ 和 $u_L(0_+)$。

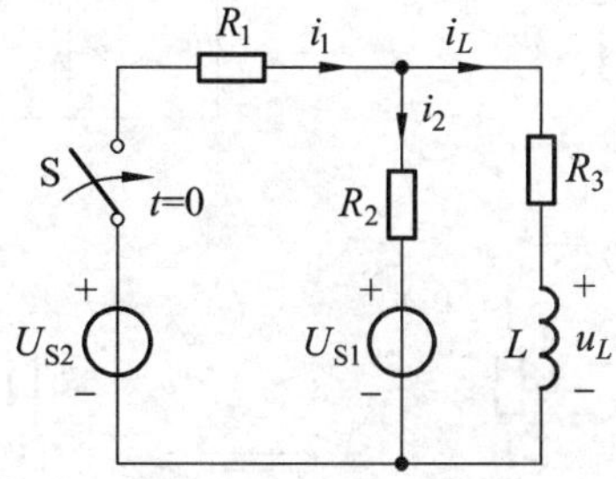

图 5.16 例 5.6 图

分析：① 计算初始状态值 $i_L(0_+)$；因换路前电路处于直流稳态，电感元件可以用“短路线”等效替代，电路如图 5.17 所示，解得 $i_L(0_-)$。② 画 $t=0_+$ 的瞬时等效电路；当 $t=0_+$ 时 $i_L(0_+)\neq 0\text{ A}$，所以电感元件 L 用电流源 $i_L(0_+)$ 等效替代，电路如图 5.18（a）所示，并用电源模型等效变换法解初始值 $i_1(0_+)$、$i_2(0_+)$ 及 $u_L(0_+)$。

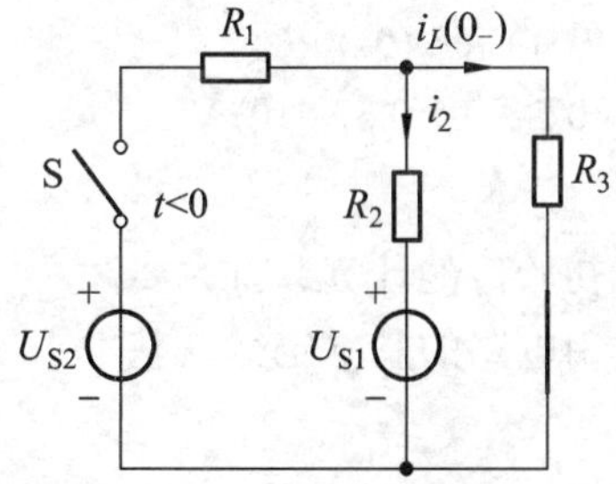

图 5.17 $t<0$ 时的直流稳态电路

解 由图 5.17 解初始状态值 $i_L(0_+)$。

$$i_L(0_-)=\frac{U_{S1}}{R_2+R_3}=\left(\frac{10}{10+10}\right)\text{A}=0.5\text{ A}$$

由换路定则得

$$i_L(0_+)=i_L(0_-)=0.5\text{ A}$$

用等效变换法解 $t=0_+$ 瞬时图 5.18（a），分析过程如图 5.18 所示。得 $i_2(0_+)$ 为

$$i_2(0_+)=\frac{30-U_{S1}}{R_1+R_2}=\left(\frac{30-10}{30}\right)\text{A}\approx 0.67\text{ A}$$

用 KCL 解图 5.18（a）电路得 $i_1(0_+)$ 为

$$\begin{aligned}i_1(0_+)&=i_2(0_+)+i_L(0_+)\\&=(0.67+0.5)\text{ A}=1.17\text{ A}\end{aligned}$$

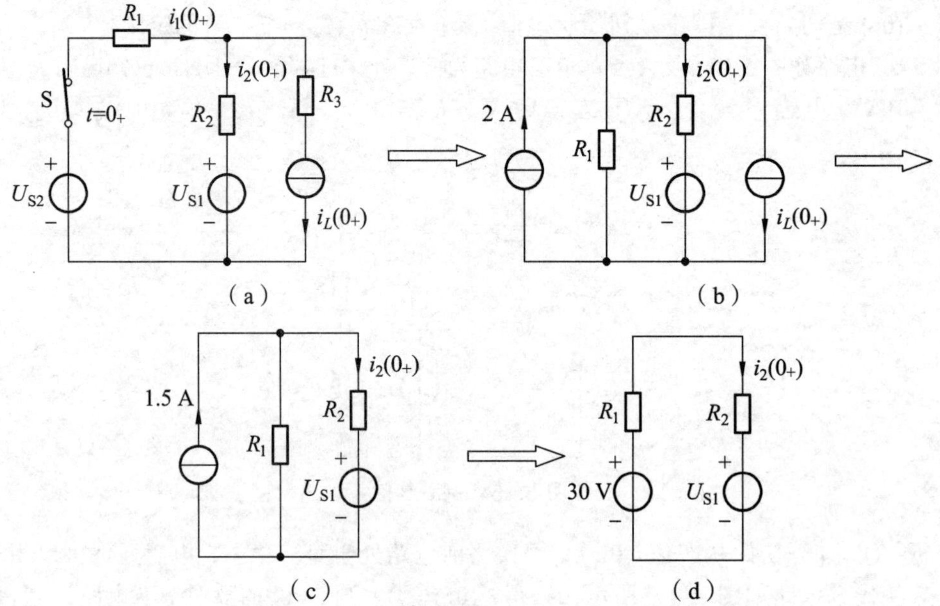

图 5.18　$t=0_+$ 瞬时的等效电路及分析

用 KVL 解图 5.19 所示电路得 $u_L(0_+)$ 为

$$\begin{aligned}u_L(0_+)&=-R_3i_L(0_+)+R_2i_2(0_+)+U_{S1}\\&=(-10\times0.5+10\times0.67+10)\ \text{V}\\&=11.7\ \text{V}\end{aligned}$$

结论：电路的初始状态值、初始值的计算，首先要注意其基本概念，而后是要综合运用电路的基本定律、基本定理、基本的计算方法。

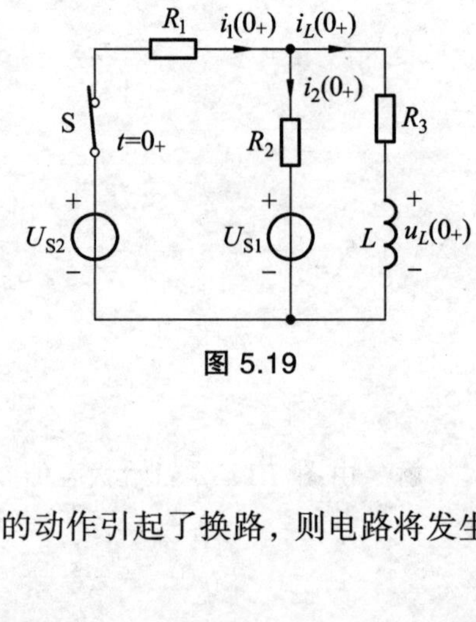

图 5.19

四、常见问题讨论

（1）电路中如果存在储能元件 C、L，并且由开关元件的动作引起了换路，则电路将发生过渡过程。

解答：此种情况下，电路不一定会发生过渡过程。

因为“换路”不等于一定会发生“过渡过程”。只有当电路由于换路而从一种稳态转变到另一种稳态时，电路才发生过渡过程。

（2）如果电路在 $t=t_1$ 时发生换路，则“初始值”是讨论 t_{1-} 至 t_{1+} 时的电量变化规律。

解答：正确。

当电路在 $t=t_1$ 时刻发生换路时，用 $y(t_{1-})$ 表示换路前的最终时刻的初始状态值，$y(t_{1+})$ 表示换路后的最初时刻的初始值。

（3）若电路在 $t=0$ 时发生换路，已知电路中某个电压或电流值为 $y(0_-)$，则得该电量的初始值为 $y(0_+)=y(0_-)$。

解答：式 $y(0_+)=y(0_-)$ 关系不一定成立。

在一阶电路中，由于电容和电感元件为储能元件，因此，在电路发生换路瞬间，如果电路中不存在无限大的电流（即 $i \neq \infty$ ）和无限大的电压（即 $u \neq \infty$ ），则电容上的电压 u_C 和电感 i_L 中的电流不会发生突变，即 $u_C(0_+) = u_C(0_-)$ 、 $i_L(0_+) = i_L(0_-)$ 。而电路中其他电压 $u(t)$ 、电流 $i(t)$ 则不存在这一规律。

（4）初始状态值是指什么电量值？

解答：电容 C 元件上的电压 $u_C(0_+)$ 、电感 L 元件中的电流 $i_L(0_+)$ 称为初始状态值。初始状态值是初始值，但初始值不一定是初始状态值。

（5）换路后的电量值称为稳态值。

解答：错。

当电路发生换路后经过了无限长（即 $t = \infty$ ）的时间，电路中的电压、电流恒定不变或为稳定的正弦交流电量，称为稳态值。

（6）试论述：在初始值的分析计算中的解题步骤。

解答：第一步计算“初始状态值”，第二步计算“初始值”。

五、特别提示

注意：初始状态值与初始值的区别，掌握换路定则的基本计算方法，了解稳态值基本概念。

在作换路后 $t = 0_+$ 瞬间的等效电路图时，若电容电压 $u_C(0_+) \neq 0$ ，则电路中的电容 C 可以用直流电压源 $u_C(0_+)$ 来等效替代；若电容电压 $u_C(0_+) = 0$ ，则电路中的电容 C 可以用“短路线”等效替代。若在 $t = 0_+$ 瞬间电感电流 $i_L(0_+) \neq 0$ ，则电路中的电感 L 可以用直流电流源 $i_L(0_+)$ 来等效替代；若电感电流 $i_L(0_+) = 0$ ，则电路中的电感 L 可以用“开路”等效替代。

第二节　换路后的稳态值

一、稳态值

一阶电路在 $t = 0$ 时发生换路，换路后经过无限长时间，即 $t = \infty$ 时，电路进入稳态。换路后的稳态电压、电流可用 $u(\infty)$ 、 $i(\infty)$ 表示。

例 5.7 电路如图 5.20 所示。$t < 0$ 时电路处于稳态，$t = 0$ 时开关 S 闭合。已知电阻 $R_1 = 10\,\Omega$ ， $R_2 = R_3 = 20\,\Omega$ ，电压源 $U_S = 10$ V。试求电流 $i_1(\infty)$ 、 $i_2(\infty)$ 、 $i_C(\infty)$ 及电压 $u_C(\infty)$ 。

分析：在直流电路中，当换路后 $t = \infty$ 时电路进入稳态，电容元件 C 可以用“开路”等效替代，其等效电路如图 5.21 所示。

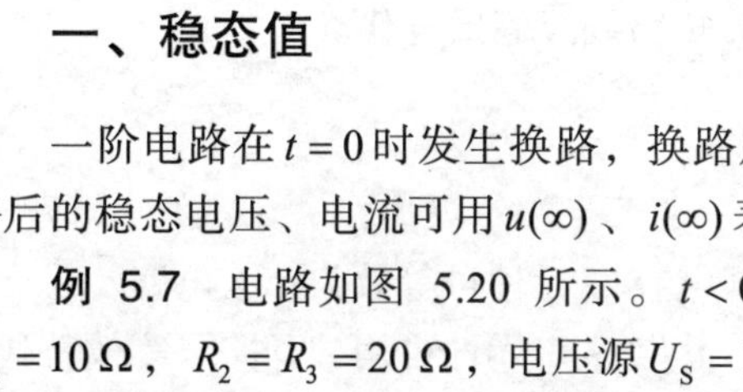

图 5.20　例 5.7 图

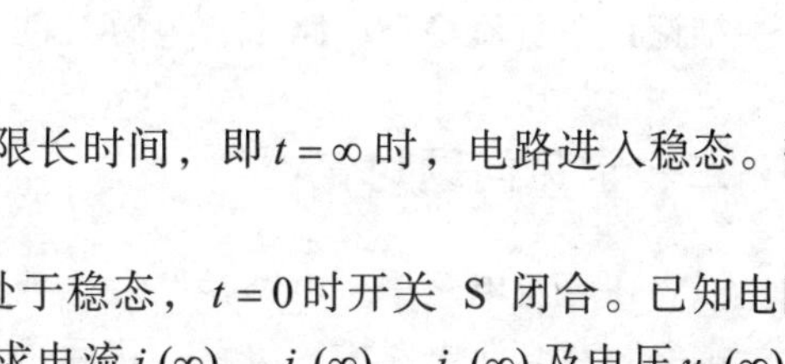

图 5.21　$t = \infty$ 时的等效电路

解 由图 5.21 解得

$$i_1(\infty)=i_2(\infty)=\frac{U_S}{R_1+R_2}=\left(\frac{10}{10+20}\right)\text{A}\approx 0.333\text{ A}$$

$$i_C(\infty)=0\text{ A}$$

$$u_C(\infty)=R_2 i_2(\infty)=(20\times 0.333)\text{ A}=6.66\text{ V}$$

结论：在直流稳态电路中，电容元件 C 可以用“开路”等效替代。

例 5.8 电路如图 5.22 所示。当 $t<0$ 时电路处于稳态，$t=0$ 时开关 S 闭合。已知电感 $L=2\text{ H}$，电阻 $R_1=R_2=R_3=10\,\Omega$，电压源 $U_S=30$ V。试求电流 $i_1(\infty)$、$i_2(\infty)$、$i_L(\infty)$ 及电压 $u_L(\infty)$。

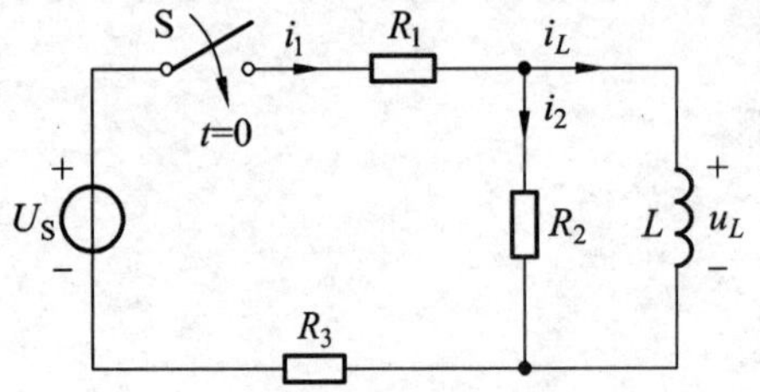

图 5.22 例 5.8 图

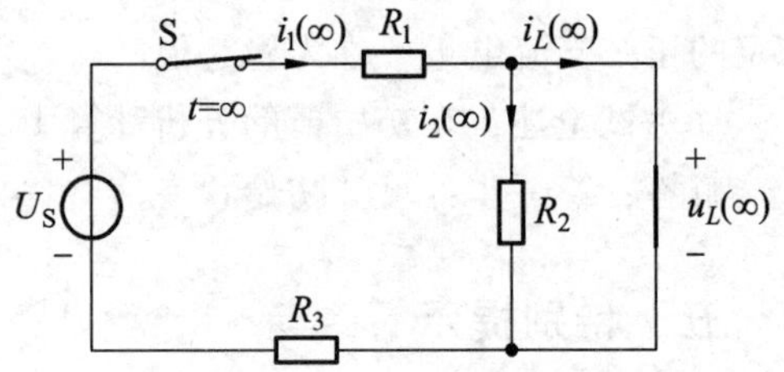

图 5.23 $t=\infty$ 时的等效电路

分析：在直流电路中，当换路后 $t=\infty$ 时电路进入稳态，电感元件 L 可以用“短路线”等效替代，其等效电路如图 5.23 所示。

解 解图 5.23 电路得

$$i_1(\infty)=i_L(\infty)=\frac{U_S}{R_1+R_3}=\left(\frac{30}{10+10}\right)\text{A}=1.5\text{ A}$$

$$i_2(\infty)=0\text{ A}$$

$$u_L(\infty)=0\text{ V}$$

结论：在直流稳态电路中，电感元件 L 可以用“短路线”等效替代。

二、常见问题讨论

（1）在直流电路中，电路换路后达到稳态时，其电容 C 元件可等效为什么电路？

解答：在直流电路中，电路换路后达到稳态时，其电容 C 元件可用“开路”等效替代。

（2）在直流电路中，电路换路后达到稳态时，其电感 L 元件可等效为什么电路？

解答：在直流电路中，电路换路后达到稳态时，其电感 L 元件可用“短路”等效替代。

（3）稳态值 $y(\infty)$ 是指换路前的稳态值，还是指换路后的稳态值？

解答：稳态值 $y(\infty)$ 是指换路后 $t=\infty$ 时，电路中电压、电流的值。

三、特别提示

不管电路发生多少次换路，其稳态值 $y(\infty)$ 的基本概念仍保持不变，即换路后 $t=\infty$ 时的 $y(\infty)$ 值。

第三节　三要素法

前面讨论了换路后 $t=0_+$ 时初始状态值 $u_C(0_+)$、$i_L(0_+)$、初始值 $u(0_+)$、$i(0_+)$ 和 $t=\infty$ 时稳态值 $u(\infty)$、$i(\infty)$ 的基本概念、基本分析方法。下面讨论换路后 $t\geqslant 0$ 时一阶电路的分析计算 $u(t)$、$i(t)$，从数学的角度描述其变化规律。

一阶电路（即 RC 一阶电路、RL 一阶电路）的数学特点为：电压与电流为一阶线性微分方程关系。例如，图 5.24（a）和图 5.25（a）均为一阶电路，其电路方程式为一阶线性微分方程。本节重点讨论一阶线性微分方程的解法，即三要素法。

一、一阶电路微分方程的建立

（一）RC 一阶电路分析

RC 一阶电路如图 5.24（a）所示，分析过程分两步完成：第一步计算电路的初始状态值 $u_C(0_+)$，第二步列 $t\geqslant 0$ 时电路中以电压为变量的方程式。

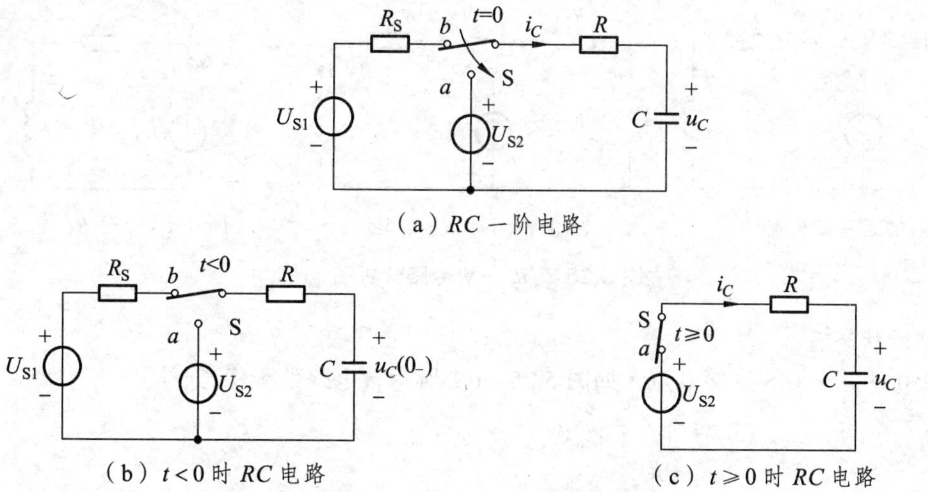

（a）RC 一阶电路

（b）$t<0$ 时 RC 电路　　（c）$t\geqslant 0$ 时 RC 电路

图 5.24　RC 一阶电路分析图

1. 初始状态值

当 $t<0$ 时，开关 S 连接 b 点，稳态电路如图 5.24（b）所示，则

$$u_C(0_-)=U_{S1}$$

由换路定则得

$$u_C(0_+)=u_C(0_-)=U_{S1}$$

2. 列一阶电路微分方程

当 $t\geqslant 0$ 时，开关 S 动作连接到 a 点，其电路如图 5.24（c）所示，列 KVL 方程为

$$RC\frac{\mathrm{d}u_C}{\mathrm{d}t}+u_C=U_{S2}$$

整理得

$$\frac{\mathrm{d}u_C}{\mathrm{d}t}+\frac{1}{RC}u_C=\frac{1}{RC}U_{S2}$$

令 $\tau=RC$，则有

$$\frac{\mathrm{d}u_C}{\mathrm{d}t}+\frac{1}{\tau}u_C=\frac{1}{\tau}U_{S2} \tag{5.4}$$

一阶微分方程式（5.4）中 τ 称为时间常数，单位为秒（s），即

$$欧\cdot法=欧\cdot\frac{安秒}{伏}=秒（s）$$

（二）RL 一阶电路分析

RL 一阶电路如图 5.25（a）所示，分析过程分两步完成：第一步计算电路的初始状态值 $i_L(0_+)$，第二步列 $t\geqslant 0$ 时电路中以电流为变量的方程式。

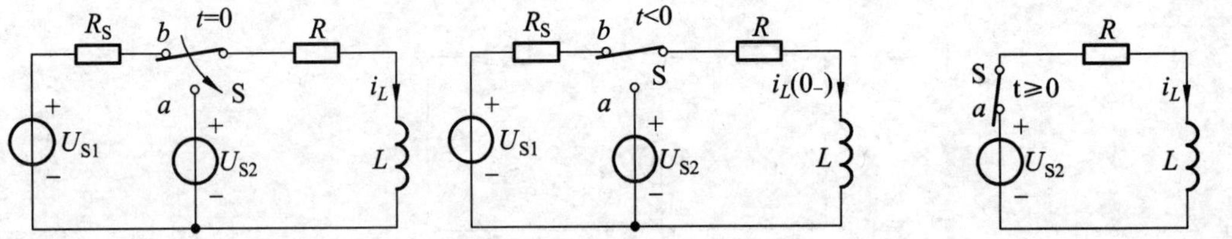

（a）RL 一阶电路　　（b）$t<0$ 时 RL 电路　　（c）$t\geqslant 0$ 时 RL 电路

图 5.25　RL 一阶电路分析图

1. 初始状态值

当 $t<0$ 时，开关 S 连接 b 点，如图 5.25（b）所示，电路处于稳态，则

$$i_L(0_-)=\frac{U_{S1}}{R_S+R}$$

由换路定则得

$$i_L(0_+)=i_L(0_-)=\frac{U_{S1}}{R_S+R}$$

2. 列一阶电路微分方程

当 $t\geqslant 0$ 时，开关 S 动作连接 a 点，电路如图 5.25（c）所示，列 KVL 方程为

$$Ri_L+L\frac{\mathrm{d}i_L}{\mathrm{d}t}=U_{S2}$$

整理得

$$\frac{\mathrm{d}i_L}{\mathrm{d}t}+\frac{1}{\frac{L}{R}}i_L=\frac{1}{L}U_{S2}$$

令 $\tau=\frac{L}{R}$，则有

$$\frac{di_L}{dt}+\frac{1}{\tau}i_L=\frac{1}{R\tau}U_{S2} \tag{5.5}$$

同理，一阶微分方程式（5.5）中 τ 为时间常数，单位为秒（s），即

$$\frac{亨}{欧}=\frac{伏\cdot 秒/安}{欧}=秒 \ (s)$$

注意，对于一阶电路[如图 5.24（a）为 *RC* 一阶电路、图 5.25（a）为 *RL* 一阶电路]中的其他电压、电流变量，也可列出类似形式的一阶微分方程。

二、解一阶微分方程

RC 一阶电路（如图 5.24（a）所示）换路后的方程为式（5.4）；*RL* 一阶电路[如图 5.25（a）所示]换路后的一阶微分方程为式（5.5）。设变量 $y(t)$ 表示一阶电路的电压 $u(t)$ 或电流 $i(t)$。因此，式（5.4）和式（5.5）可写成以 $y(t)$ 为变量的一阶微分方程，即

$$\left.\begin{aligned}\frac{du_C}{dt}+\frac{1}{\tau}u_C=\frac{1}{\tau}U_{S2}\\ \frac{di_L}{dt}+\frac{1}{\tau}i_L=\frac{1}{R\tau}U_{S2}\end{aligned}\right\}\frac{dy}{dt}+\frac{1}{\tau}y=F \tag{5.6}$$

式（5.6）为一阶线性非齐次微分方程。F 为直流电路激励下的常数；τ 为时间常数（*RC* 一阶电路中 $\tau=RC$；*RL* 一阶电路中 $\tau=\frac{L}{R}$）。

在数学分析中，非齐次微分方程 $\frac{dy}{dt}+ay=F$ 的解 $y(t)$ 由两部分组成，即特解 y_P 和通解 y_h，即

$$y(t)=y_P+y_h \tag{5.7}$$

（1）通解 y_h。

当非齐次微分方程 $\frac{dy}{dt}+ay=F$ 中 $F=0$ 时，式 $\frac{dy}{dt}+ay=0$ 称为齐次微分方程。齐次微分方程的解称为通解 y_h，即

$$\frac{dy}{dt}+\frac{1}{\tau}y=0$$

解为

$$y_h=Ae^{-\frac{t}{\tau}}$$

上式中，A 为常数，将上式代入式（5.7），得

$$y(t)=y_P+Ae^{-\frac{t}{\tau}} \tag{5.8}$$

（2）特解 y_P。

换路后，电路经历时间 $t=\infty$ 时，式（5.7）为

$$y(\infty)=y_P+y_h(\infty)$$

上式中，通解 $y_h(\infty)$ 为

$$y_h(\infty)=Ae^{-\frac{\infty}{\tau}}=0$$

即特解 y_P 为

$$y_P=y(\infty) \tag{5.9}$$

即特解 y_P 等于电路 $t=\infty$ 时的稳态解。

（3）解 $y(t)$。

将式（5.9）代入式（5.8），得

$$y(t)=y(\infty)+Ae^{-\frac{t}{\tau}} \tag{5.10}$$

令式（5.10）中的时间 $t=0_+$，则解得

$$y(0_+)=y(\infty)+A$$

即

$$A=y(0_+)-y(\infty)$$

将上式 A 代入式（5.10），解得 $y(t)$ 为

$$y(t)=y(\infty)+[y(0_+)-y(\infty)]e^{-\frac{t}{\tau}} \quad t\geqslant 0 \tag{5.11}$$

式（5.11）为一阶线性微分方程的解，其中 $y(0_+)$、$y(\infty)$、τ 称为方程解的三要素。

三、三要素法的基本概念

（一）三要素法的基本内容

三要素法基本方程式：$y(t)=y(\infty)+[y(0_+)-y(\infty)]e^{-\frac{t}{\tau}}$ $(t\geqslant 0)$。

三要素：初始值（或初始状态值）$y(0_+)$、稳态值 $y(\infty)$ 和时间常数 τ。

三要素法：将解得 $y(0_+)$、$y(\infty)$ 和 τ 三要素代入式 $y(t)=y(\infty)+[y(0_+)-y(\infty)]e^{-\frac{t}{\tau}}$ $(t\geqslant 0)$，从而解得电路响应 $y(t)$。

三要素法适用于求解一阶电路中的所有电压 $u(t)$、电流 $i(t)$ 响应。

例如，电路如图 5.26 所示。$t<0$ 时电路处于稳态，$t=0$ 时开关 S 闭合。已知电阻 $R_1=10\ \Omega$，$R_2=R_3=20\ \Omega$，电压源 $U_S=10$ V，电容 $C=600\ \mu F$。试求电流 $i_1(t)$、$i_2(t)$、电压 $u_C(t)$。

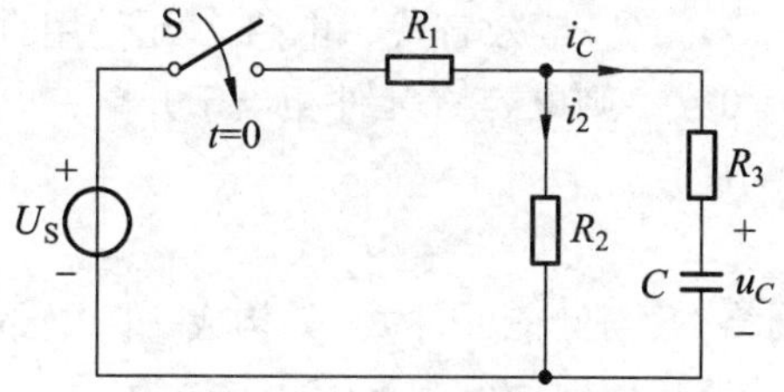

图 5.26　例 5.4、例 5.7 图

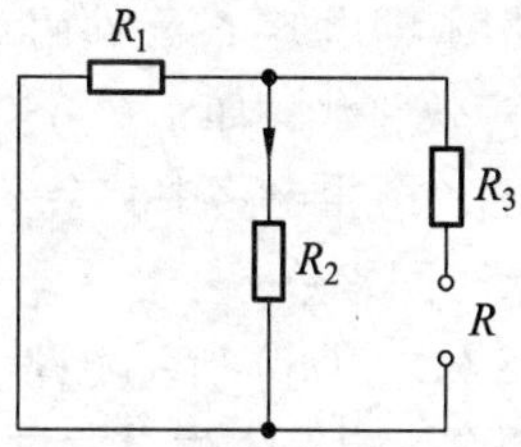

图 5.27　等效电阻分析电路图

参考例 5.4、例 5.7 题解得电路中的两个要素，即 $y(0_+)$、$y(\infty)$：

$$u_C(0_+) = u_C(0_-) = 0\ \text{V}$$
$$i_1(0_+) = 0.5\ \text{A}$$
$$i_2(0_+) = 0.25\ \text{A}$$
$$i_1(\infty) = i_2(\infty) \approx 0.333\ \text{A}$$
$$u_C(\infty) = 6.66\ \text{V}$$

解图 5.27 电路等效电阻 R 得时间常数 τ 为

$$\begin{aligned}\tau &= RC \\ &= (R_1 // R_2 + R_3)C = \left(\frac{10\times 20}{10+20} + 20\right)\times 600\times 10^{-6}\ \text{s} = 0.016\ \text{(s)}\end{aligned}$$

则用三要素法，解得

$$i_1(t) = [0.333 + (0.5 - 0.333)\mathrm{e}^{-62.5t}]\text{A} = 0.333 + 0.167\mathrm{e}^{-62.5t}\quad \text{(A)}\quad (t \geqslant 0)$$
$$i_2(t) = [0.333 + (0.25 - 0.333)\mathrm{e}^{-62.5t}]\text{A} = 0.333 - 0.083\mathrm{e}^{-62.5t}\quad \text{(A)}\quad (t \geqslant 0)$$
$$u_C(t) = 6.66 - 6.66\mathrm{e}^{-62.5t}\quad \text{(V)}\quad (t \geqslant 0)$$

注意：

（1）在一阶电路分析中，必须注意待求电量的时间概念，即是分析换路前还是换路后的待求量。

（2）时间常数 τ 反映了电路过渡过程的时间长短，即电量的暂态时间由时间常数 τ 决定。τ 越大，暂态过程就越长。RC 一阶电路中 $\tau = RC$，RL 一阶电路中 $\tau = L/R$，说明 τ 的大小与初始值、电路激励源无关。

从理论上讲，电路完成暂态的时间为无限长（即 $t=\infty$ 时，电路达到稳态），在工程上认为换路后经过 $3\tau \sim 5\tau$ 时间，暂态过程结束。

（二）三要素法的基本解题步骤

三要素法解 *RC* 电路

如果一阶电路仅发生一次换路，则用三要素法的基本解题步骤为：

（1）求初始值 $y(0_+)$。

① 解初始状态值 $u_C(0_-)$、$i_L(0_-)$

根据换路前稳态电路，计算电容电压 $u_C(0_-)$、电感电流 $i_L(0_-)$，再由换路定则得电路的初始状态值 $u_C(0_+) = u_C(0_-)$、$i_L(0_+) = i_L(0_-)$。

② 解初始值 $u(0_+)$、$i(0_+)$

如果换路后 $t = 0_+$ 时的电路较复杂，可根据换路后 $u_C(0_+)$、$i_L(0_+)$ 的计算值作 $t = 0_+$ 瞬间的等效电路图[即电容 C 元件用直流电压源 $U_S = u_C(0_+)$ 等效替代，电感 L 元件用直流电流源 $I_S = i_L(0_+)$ 等效替代；如 $u_C(0_+) = 0\,V$ 、$i_L(0_+) = 0\,A$ ，则电容 C 元件相当于开路，电感 L 元件相当于短路]，解得电路中其余变量的初始值 $y(0_+)$ 。

（2）求时间常数 τ 。

图 5.28（a）、（b）所示电路为有源二端网络 N_S 与储能元件 C、L 构成一阶电路，当 $t = 0$ 时开关 S 闭合，电路发生过渡过程，$t \geqslant 0$ 时电路求解时间常数 τ 计算方法为：

① 令图 5.28（a）、（b）中有源二端网络 N_S 的所有独立电源为零；

② 再移去图 5.28（a）、（b）中的储能元件 C、L，形成如图 5.28（c）所示无源二端网络 N_0 电路，计算 a、b 端口等效电阻 R；

③ 由时间常数 τ 的定义解得其值。即

$$\begin{cases} RC\text{ 一阶电路有} & \tau = RC \\ RL\text{ 一阶电路有} & \tau = \dfrac{L}{R} \end{cases}$$

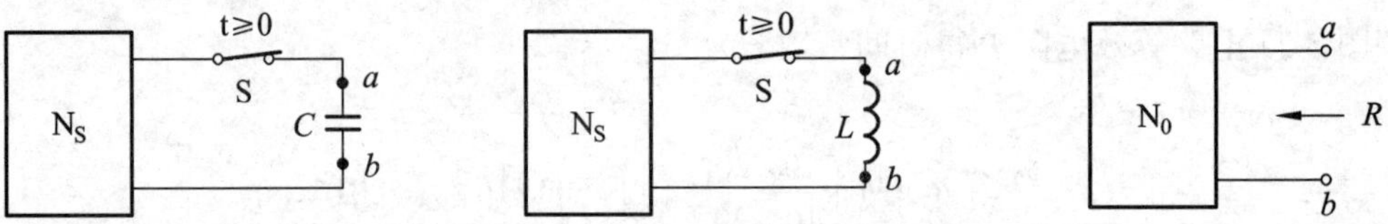

（a）RC 电路　　（b）RL 电路　　（c）戴维南等效电阻 R

图 5.28　换路后，时间常数 τ 中等效电阻 R 分析电路图

（3）求稳态解 $y(\infty)$ 。

换路后，当 $t = \infty$ 时，电路进入稳态。如果是直流稳态电路，则电容 C 元件可等效为“开路”，电感 L 元件可等效为“短路”，从而形成 $t = \infty$ 时的等效电路图，其解为稳态解 $y(\infty)$ 。

（4）求 $y(t)$ 。

将已解得的三要素 $y(0_+)$ 、τ 、$y(\infty)$ 代入方程式：

$$y(t) = y(\infty) + [y(0_+) - y(\infty)]e^{-\frac{t}{\tau}} \quad (t \geqslant 0)$$

四、三要素法分析电路实例

例 5.9　已知图 5.29 所示电路中电容 $C = 0.125\,F$ ，试分析当 $t \geqslant 0$ 时电路的电流 $i_1(t)$ 、$i_C(t)$ 和电压 $u_C(t)$ ，并画出电压 $u_C(t)$ 的波形图。

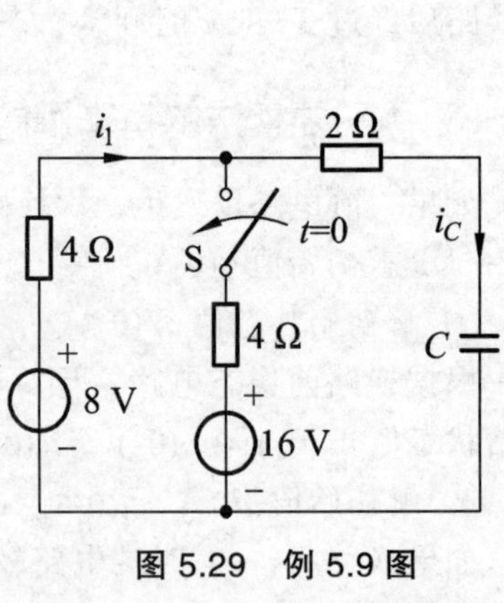

图 5.29　例 5.9 图

分析：① 根据换路定则解得电容电压的初始状态值 $u_C(0_+)$；根据换路后的稳态电路（见图 5.30）解得电容电压稳态值 $u_C(\infty)$ 和时间常数 $\tau = RC$ ，由三要素式解得电容电压 $u_C(t)$ 。② 由元件伏安特性 $i_C(t) = C\dfrac{du_C}{dt}$ 解得电流 $i_C(t)$；③ 由电路分析解得电流 $i_1(t)$。

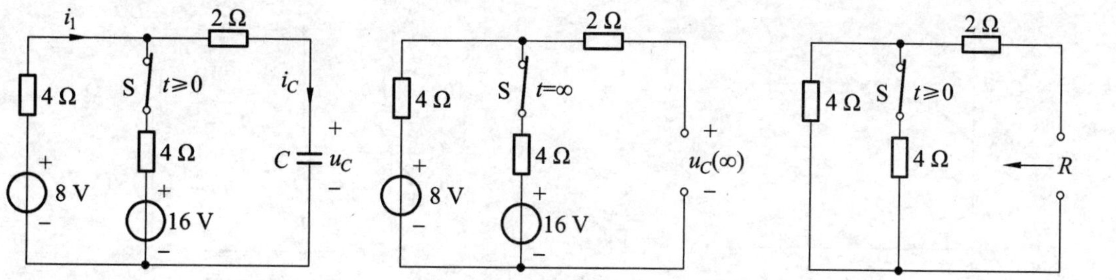

（a）$t \geqslant 0$ 时分析电路图　（b）$t=\infty$ 时的分析电路图　（c）分析 $\tau = RC$ 中等效电阻电路图

图 5.30　三要素分析电路图

解　初始状态值

$$u_C(0_+) = u_C(0_-) = 8\ \text{V}$$

由图 5.30（b）解得稳态值

$$u_C(\infty) = \left(\frac{16-8}{4+4} \times 4 + 8\right)\text{V} = 12\ \text{V}$$

由图 5.30（c）解得

$$R = [(2 + 4//4)\ \Omega = 4\ \Omega$$

则时间常数为

$$\tau = RC = (4 \times 0.125)\ \text{s} = 0.5\ \text{s}$$

由三要素式得

$$\begin{aligned} u_C(t) &= u_C(\infty) + [u_C(0_+) - u_C(\infty)]\text{e}^{-\frac{t}{\tau}} \\ &= [12 + (8-12)\text{e}^{-2t}]\ \text{V} = 12 - 4\text{e}^{-2t}\ \text{V} \quad t \geqslant 0 \end{aligned}$$

由电容 C 元件的伏安特性得

$$i_C(t) = C\frac{\text{d}u_C}{\text{d}t} = [0.125 \times (-4) \times (-2)\text{e}^{-2t}]\ \text{A} = \text{e}^{-2t}\ \text{A} \quad t \geqslant 0$$

列图 5.30（a）的 KVL 得

$$2i_C(t) + u_C(t) - 8\text{V} + 4i_1(t) = 0$$

则

$$\begin{aligned} i_1(t) &= \frac{8\text{V} - 2i_C(t) - u_C(t)}{4\Omega} = \frac{8 - 2 \times \text{e}^{-2t} - [12 - 4\text{e}^{-2t}]}{4}\text{A} \\ &= (-4 + 2\text{e}^{-2t}) \quad \text{A} \quad t \geqslant 0 \end{aligned}$$

电压 $u_C(t)$ 的时域波形图如图 5.31 所示。

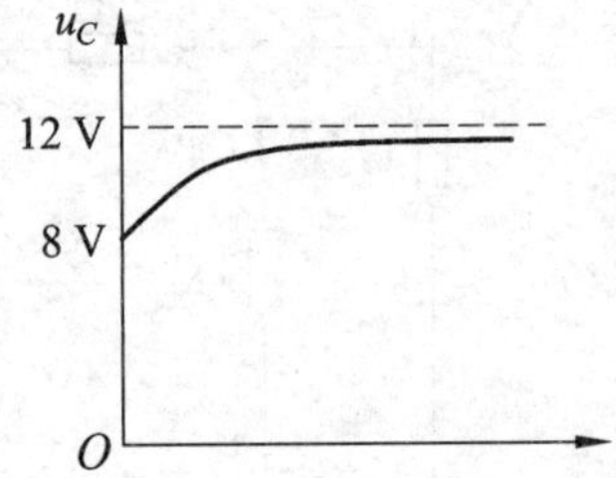

图 5.31　电压 $u_C(t)$ 时域波形图

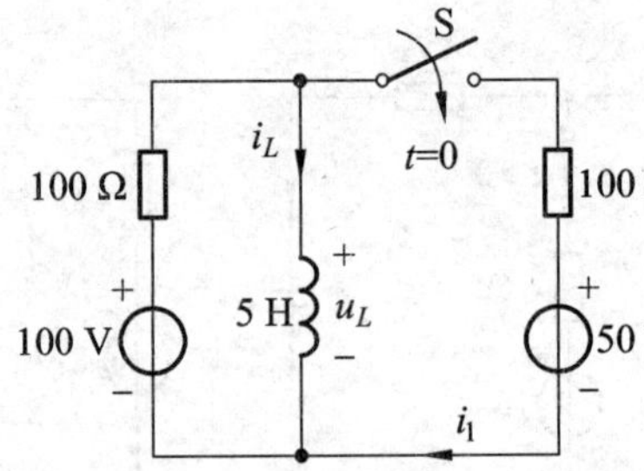

图 5.32　例 5.10 图

结论："三要素法"是分析求解一阶时域电路方法中的一种。如果电路中没有严格要求必须用"三要素法"求解，则可在分析求解电路时灵活运用元件伏安特性、KCL、KVL、电路定理和电路的分析方法，例如，本题电流 $i_C(t)$ 运用电容元件的伏安特性求解；支路电流 $i_1(t)$ 运用了 KVL 和电阻元件伏安特性求解。

例 5.10　如图 5.32 所示电路中，换路前电路已处于稳态，$t=0$ 时开关 S 闭合，试求 $t \geqslant 0$ 时电路中的 $i_1(t)$ 和 $u_L(t)$。

分析：（1）由电感电流 $i_L(0_-)$ 得初始状态值 $i_L(0_+)$，再画 $t=0+$ 瞬时等效电路[见图 5.33（a）]，解得电感电压初始值 $u_L(0_+)$ 和支路电流初始值 $i_1(0_+)$；（2）画 $t=\infty$ 时等效电路（见图 5.34），解得电感电压稳态值 $u_L(\infty)$ 和支路电流稳态值 $i_1(\infty)$；（3）由图 5.35 计算时间常数 $\tau = L/R$ 中的等效电阻 R 值；（4）将解得的三要素代入三要素式。

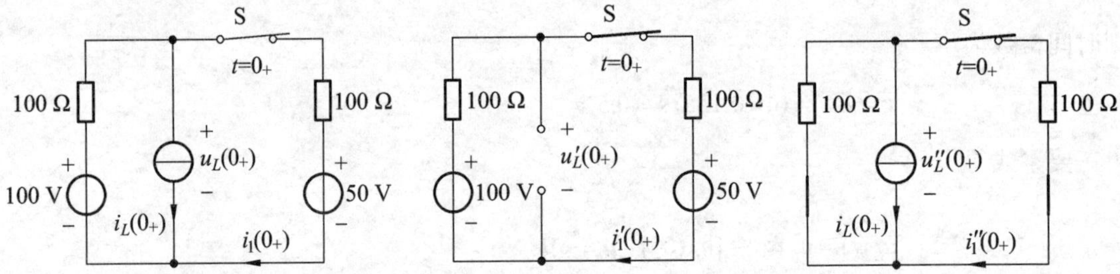

（a）$t=0_+$ 瞬时电路　　（b）　　（c）

图 5.33　$t=0_+$ 瞬时分析电路图

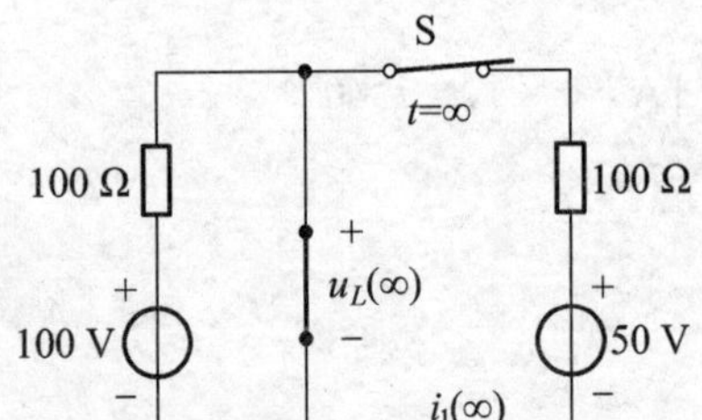

图 5.34　$t=\infty$ 时电路图

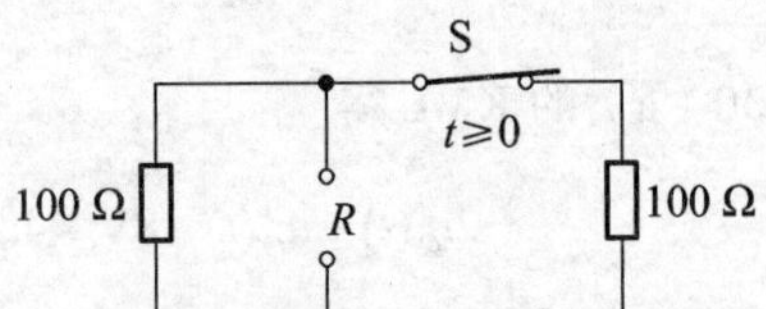

图 5.35　等效电路 R

解　（1）求初始值。

初始状态值 $i_L(0_+)$ 为

$$i_L(0_+) = i_L(0_-) = \frac{100}{100}\,\text{A} = 1\,\text{A}$$

用叠加原理求图 5.33（a）中初始值，解图 5.33（b）得

$$i_1'(0_+)=\frac{100-50}{100+100}\ \text{A}=0.25\ \text{A}$$
$$u_L'(0_+)=(100\times i_1'(0_+)+50)\ \text{V}=75\ \text{V}$$

解图 5.33（c）得

$$u_L''(0_+)=-(100//100)\times i_L(0_+)=-50\ \text{V}$$
$$i_1''(0_+)=\frac{u_L''(0_+)}{100\ \Omega}=\frac{-50\ \text{V}}{100\ \Omega}=-0.5\ \text{A}$$

叠加得

$$u_L(0_+)=u_L'+u_L''=25\ \text{V}$$
$$i_1(0_+)=i_1'(0_+)+i_1''(0_+)=(0.25-0.5)\ \text{A}=-0.25\ \text{A}$$

（2）求稳态值。

解图 5.34 得

$$u_L(\infty)=0\ \text{V}$$
$$i_1(\infty)=\frac{-50}{100}\ \text{A}=-0.5\ \text{A}$$

（3）求时间常数。

由图 5.35 得

$$R=100//100=50\ \Omega$$

则时间常数为

$$\tau=\frac{L}{R}=\frac{5}{50}\ \text{s}=0.1\ \text{s}$$

（4）求 $t\geqslant 0$ 时电路中的 $i_1(t)$ 和 $u_L(t)$。

$$\begin{aligned}u_L(t)&=u_L(\infty)+[u_L(0+)-u_L(\infty)]\text{e}^{-\frac{t}{\tau}}\\&=25\text{e}^{-10t}\ \text{(V)}\quad t\geqslant 0\end{aligned}$$

$$\begin{aligned}i_1(t)&=i_1(\infty)+[i_1(0+)-i_1(\infty)]\text{e}^{-\frac{t}{\tau}}\\&=-0.5\text{A}+[-0.25-(-0.5)]\text{e}^{-10t}\ \text{A}\\&=-0.5+0.25\text{e}^{-10t}\ \text{A}\qquad\qquad t\geqslant 0\end{aligned}$$

结论：“三要素法”是一阶电路的基本解题方法。即三要素的分析与计算，直接反映出每个学生对前四章所学知识的掌握程度。

例 5.11 电路如图 5.36（a）所示，当 $t<0$ 时电路为稳态，$t=0$ 时开关 S_1 闭合、S_2 断开。已知电阻 $R_1=20\ \text{k}\Omega$，$R_2=10\ \text{k}\Omega$，$R_3=30\ \text{k}\Omega$，电容 $C=1\,000\ \text{pF}$，电压源 $U_{S1}=12\ \text{V}$，$U_{S2}=8\ \text{V}$。试求电路响应电流 $i_1(t)$ 和电压 $u_C(t)$。

分析：（1）注意 $t=0$ 时，开关 S_1、S_2 同时动作，所以 $t=0_-$ 时，开关 S_1 断开、S_2 闭合、电容 C 元件用“开路”等效替代，其电路如图 5.36（b）所示，得 $u_C(0_-)$；（2）$t\geqslant 0$ 时开关 S_1 闭合、S_2 断开，电路如图 5.36（c）所示，由此电路得 $t=\infty$ 时电路[见图 5.36（d）]，并计算稳态值 $u_C(\infty)$；由电路图 5.36（e）得时间常数式中的等效电阻 R；（3）由三要素式得 $u_C(t)$，再由基本的电路分析解得 $i_1(t)$。

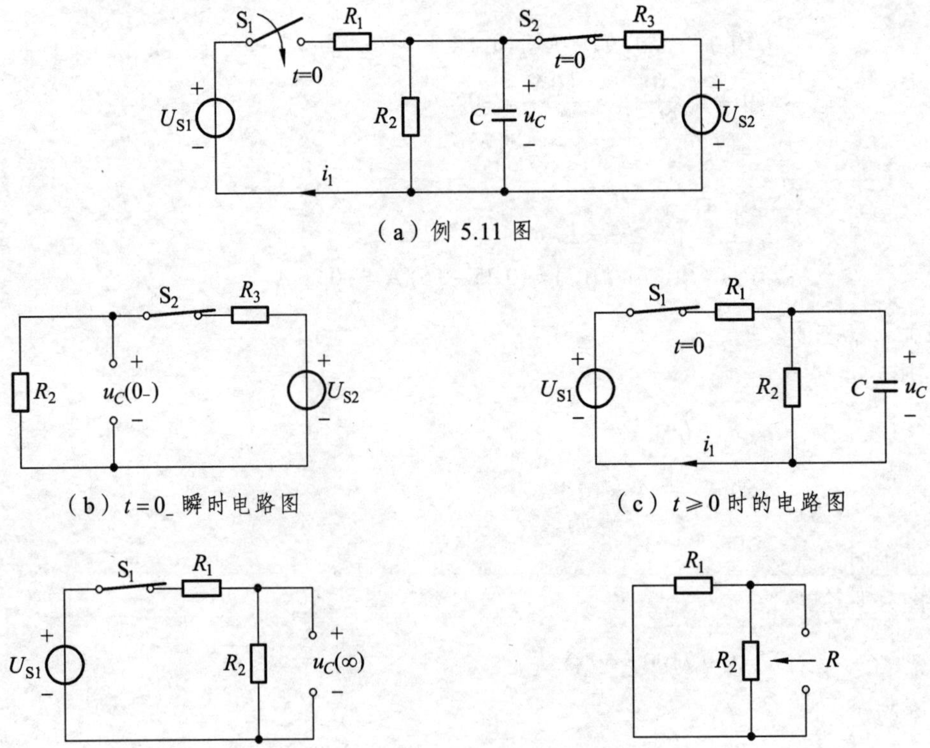

（a）例 5.11 图

（b）$t=0_-$ 瞬时电路图

（c）$t\geqslant 0$ 时的电路图

（d）$t=\infty$ 时电路图

（e）等效电阻 R

图 5.36　例 5.11 题分析计算电路图

解　（1）求初始状态值。

由图 5.36（b）得

$$u_C(0_-)=\frac{U_{S2}}{R_2+R_3}R_2=\left(\frac{8}{(10+30)\times 10^3}\times 10^4\right)\text{V}=2\text{ V}$$

由换路定则得

$$u_C(0_+)=u_C(0_-)=2\text{ V}$$

（2）求稳态值。

由图 5.36（d）得

$$u_C(\infty)=\frac{U_{S1}}{R_1+R_2}R_2=\left(\frac{12}{(20+10)\times 10^3}\times 10^4\right)\text{V}=4\text{ V}$$

（3）求时间常数。

由图 5.36（e）得

$$R = R_1 // R_2 = \left(\frac{20\times 10}{20+10}\times 10^3\right)\Omega = \frac{20}{3}\ \mathrm{k\Omega}$$

时间常数 τ 为

$$\tau = RC = \left(\frac{20}{3}\times 10^3 \times 1000\times 10^{-12}\right)\mathrm{s} = \frac{2}{3}\times 10^{-5}\ \mathrm{s}$$

（4）求 $i_1(t)$ 和 $u_C(t)$。

由三要素法得

$$\begin{aligned} u_C(t) &= u_C(\infty) + [u_C(0_+) - u_C(\infty)]\mathrm{e}^{-\frac{t}{\tau}} \\ &= \left[4 + (2-4)\mathrm{e}^{-1.5\times 10^5 t}\right]\mathrm{V} \\ &= 4 - 2\mathrm{e}^{-1.5\times 10^5 t}\ \mathrm{V} \qquad\qquad t \geqslant 0 \end{aligned}$$

由图 5.36（c）得

$$\begin{aligned} i_1(t) &= \frac{U_{\mathrm{S1}} - u_{\mathrm{C}}(t)}{R_1} \\ &= \left[\frac{12 - (4 - 2\mathrm{e}^{-1.5\times 10^5 t})}{20\times 10^3}\right]\mathrm{A} = 0.4 + 0.1\mathrm{e}^{-1.5\times 10^5 t}\ \mathrm{mA} \quad t \geqslant 0 \end{aligned}$$

结论：电路分析中有两个重要的基本知识点必须掌握，即电路元件上电压与电流的伏安特性、基尔霍夫定律。例如，$U_{\mathrm{S1}} - u_C(t) - R_1 i_1(t) = 0$ 式是图 5.36（c）的 KVL 方程式，而式 $i_1(t) = \dfrac{U_{\mathrm{S1}} - u_C(t)}{R_1}$ 则是运用了 KVL 和电阻的欧姆定律。可见，一阶电路的分析，是建立在稳态电路理论基础上的，各电量的分析和三要素的求解，无一不涉及电路分析的基础知识。

例 5.12 电路如图 5.37（a）所示，当 $t<0$ 时电路为稳态。已知电压源 $U_{\mathrm{S}} = 100\ \mathrm{V}$，电阻 $R_1 = R_2 = 25\ \Omega$，电感 $L = 12.5\ \mathrm{H}$。$t = 0$ 时开关 S 闭合，经过 2 s 后又将开关 S 断开。试求开关 S 断开后的电流 $i_L(t)$ 及 $i_2(t)$。

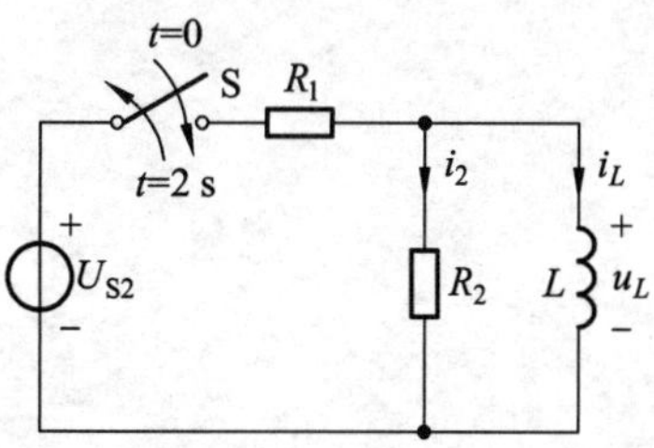

（a）例 5.12 图

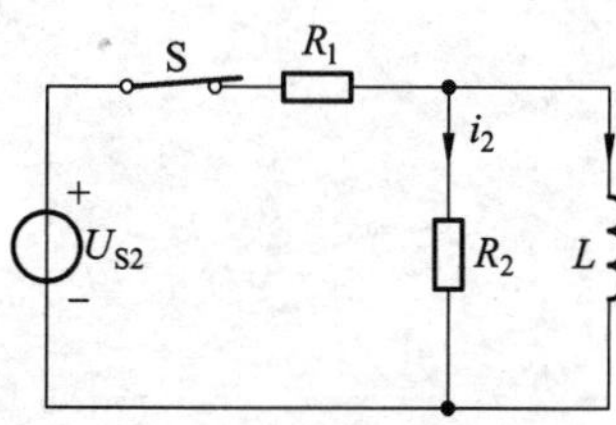

（b）$0 \leqslant t < 2\mathrm{s}$ 时的电路

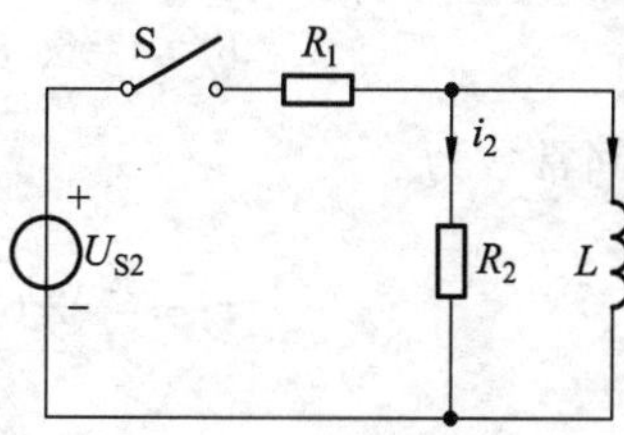

（c）$t \geqslant 2\mathrm{s}$ 时的电路

图 5.37　例 5.12 题的分析计算图

分析：注意电路中的开关分别在 $t = 0$ 和 $t = 2\ \mathrm{s}$ 时动作，根据换路定则，电路中的电感电流不发生跃变，因此，在$0 \leqslant t < 2\ \text{s}$时间范围内，我们只关注电感上的电流$i_L(t)$分析计算，而电流$i_2(t)$的计算结果，对于$t \geqslant 2\ \text{s}$时间域响应是无任何意义的。

解 （1）分析$0 \leqslant t < 2\ \text{s}$时的$i_L(t)$。

由题意可知，$t<0$时开关S断开，电路为稳态，即

$$i_L(0_-)=0$$

由换路定则得

$$i_L(0_+)=i_L(0_-)=0$$

$0 \leqslant t < 2\ \text{s}$时，电路如图5.37（b）所示，其稳态值为

$$i_L(\infty)=\frac{U_S}{R_1}=\frac{100\ \text{V}}{25\ \Omega}=4\ \text{A}$$

时间常数τ为

$$\tau=\frac{L}{\dfrac{R_1R_2}{R_1+R_2}}=\left(\frac{12.5}{\dfrac{25\times 25}{25+25}}\right)\text{s}=1\ \text{s}$$

由三要素式得

$$\begin{aligned}i_L(t)&=i_L(\infty)+[i_L(0_+)-i_L(\infty)]\mathrm{e}^{-\frac{t}{\tau}}\\&=4(1-\mathrm{e}^{-t})\ \text{A}\qquad\qquad 0\leqslant t\leqslant 2\ \text{s}\end{aligned}$$

（2）$t \geqslant 2\ \text{s}$电流$i_L(t)$及$i_2(t)$。

当$t=2\ \text{s}$时，$i_L(2_-)$为

$$i_L(2_-)=[4(1-\mathrm{e}^{-2})]\ \text{A}\approx 3.46\ \text{A}$$

由换路定则得

$$i_L(2_+)=i_L(2_-)\approx 3.46\ \text{A}$$

当$t \geqslant 2\ \text{s}$时，电路如图5.37（c）所示，其稳态值为

$$i_L(\infty)=0$$

时间常数为

$$\tau_2=\frac{L}{R_2}=0.5\ \text{s}$$

由三要素式得

$$\begin{aligned}i_L(t)&=i_L(\infty)+[i_L(2_+)-i_L(\infty)]\mathrm{e}^{-\frac{t-2}{\tau_2}}\\&=3.46\mathrm{e}^{-2(t-2)}\ \text{A}\qquad\qquad t\geqslant 2\ \text{s}\end{aligned}$$

由图 5.37（c）分析得

$$i_2(t) = -i_L(t) = -3.46\mathrm{e}^{-2(t-2)}\ \mathrm{A} \quad t \geqslant 2\ \mathrm{s}$$

结论：如果电路中开关 S 换路 n 次，则前一个时间段的解 $i_L(t)$、$u_C(t)$，决定后一个时间段的初始状态值。例如，第一个换路时间段为 $0 \leqslant t < 2\ \mathrm{s}$，其解 $i_L(t) = 4(1-\mathrm{e}^{-t})\ \mathrm{A}$，第二个换路时间段 $t \geqslant 2\ \mathrm{s}$ 的初始状态值，由 $t = 2\ \mathrm{s}$ 代入式 $i_L(t) = 4(1-\mathrm{e}^{-t})\ \mathrm{A}$ 得到。

注意：当因换路发生了新的过渡过程时，时间常数 τ 由换路后的电路确定。上例中，在 $0 \leqslant t \leqslant 2\ \mathrm{s}$ 时间段中，时间常数 $\tau = 1\mathrm{s}$；在 $t \geqslant 2\ \mathrm{s}$ 时间段中，时间常数 $\tau_2 = 0.5\ \mathrm{s}$。

五、常见问题讨论

（1）三要素是指哪几个电路参数？

解答：初始值 $y(0_+)$、稳态值 $y(\infty)$ 和时间常数 τ 称为三要素。

（2）RC 电路与 RL 电路的时间常数 τ 计算式子是否一样？

解答：不相同。

RC 电路的时间常数：$\tau = RC$

RL 电路的时间常数：$\tau = L/R$

（3）时间常数 τ 越大，电路过渡过程的时间越短？

解答：错。

电路的过渡过程时间长短是由时间常数 τ 的大小决定的，时间常数 τ 越大，电路的过渡过程的时间就越长。

（4）时间常数 τ 计算式中的电阻 R 如何计算？

解答：① 时间常数 τ 是通过换路后的电路解得；② 令换路后电路中所有的独立电源为零，即电压源为零用“短路”等效替代，电流源为零用“开路”等效“替代；③ 将储能元件（即电容元件 C 或电感元件 L）移去，形成无源二端电阻电路，计算其电路端口的等效电阻 R。

（5）是否所有的电路电压或电流都必须通过三要素的计算解之？

解答：不一定，也可以根据元件的伏安特性、KCL、KVL 和电路的分析方法解得。

六、特别提示

在分析电路响应时，首先确定电路响应的时间范围，即是换路前、换路后还是 $t = \infty$ 的响应。在计算 $y(0_+)$ 时，要确定是初始状态值还是一般的电压、电流初始值。在计算时间常数 τ 时，要明确电路是 RC 电路还是 RL 电路。

第四节　零输入响应、零状态响应和全响应简介

一阶电路的响应可直接用三要素法解得。如从激励角度分析电路，其解也可以分解为零输入响应、零状态响应，两种响应的叠加为全响应。

零输入响应：是指一阶电路换路以后，当外加激励源为零时，由储能元件 C、L 的初始

储能所引起的响应。即电路中所有的电压源和电流源值为零时，由电容电压$u_C(0_+)$、电感电流$i_L(0_+)$作用产生的电路响应$y(t)$称为零输入响应。

零状态响应：是指一阶电路换路瞬间，储能元件 C、L 上储存的能量为零，换路后电路由电源所引起的电压、电流响应。即换路瞬间有电容电压$u_C(0_+)=0$、电感电流$i_L(0_+)=0$，称为零状态电路，零状态电路对电源的响应$y(t)$称为零状态响应。

全响应：当一阶电路的电源和初始状态都不为零时，电路响应称为全响应。即一阶电路换路后外加电压源或电流源不为零，电路初始状态值电容电压$u_C(0_+)\neq 0$、电感电流$i_L(0_+)\neq 0$，这时的电路响应称为一阶电路的全响应。

一、零输入响应

例 5.13 RC 一阶电路如图 5.38（a）所示，当$t<0$时电路为稳态电路，$t=0$时开关 S 换路连接到 a 端，试求$t\geqslant 0$时电容上的电压$u_C(t)$、电流$i_C(t)$响应。

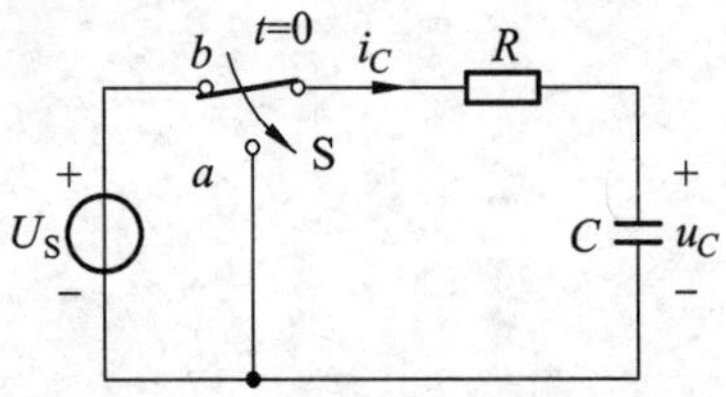

（a）RC 一阶电路

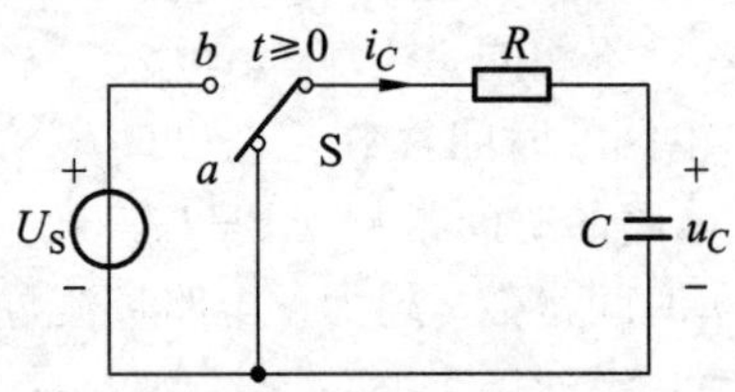

（b）$t\geqslant 0$ 时 RC 电路

图 5.38 *RC* 电路的零输入响应

分析：由图 5.38（b）可知，换路后的电路为无源网络，因此，电路的解为零输入响应。本电路可直接运用三要素法求解。

解 $t<0$时，电路为稳态，初始值为

$$u_C(0_-)=U_S$$

由换路定则得

$$u_C(0_+)=u_C(0_-)=U_S$$

$$i_C(0_+)=-\frac{U_S}{R}$$

$t\geqslant 0$时，稳态值为

$$u_C(\infty)=0,\ i_C(\infty)=0$$

时间常数为

$$\tau=RC$$

由三要素法得零状态响应

$$u_C(t) = U_S e^{-\frac{t}{RC}} \quad t \geqslant 0$$

$$i_C(t) = -\frac{U_S}{R} e^{-\frac{t}{RC}} \quad t \geqslant 0$$

结论：$u_C(0_+) = U_S$ 说明在 $t = 0_+$ 时电容有能量储存，这些能量又通过耗能元件电阻 R 转化为热能消耗掉，而电容器储存的能量是有限的，所以，理论上讲，是经过了无限长的时间（$t = \infty$）后，$u_C = 0$ 和 $i_C = 0$，电容上储存的电场能全部消耗殆尽，即暂态结束。

例 5.14 RL 一阶电路如图 5.39（a）所示，当 $t < 0$ 时电路为稳态电路，$t = 0$ 时开关 S 换路连接到 a 端，试求 $t \geqslant 0$ 时电感上的电压 $u_L(t)$、电流 $i_L(t)$ 响应。

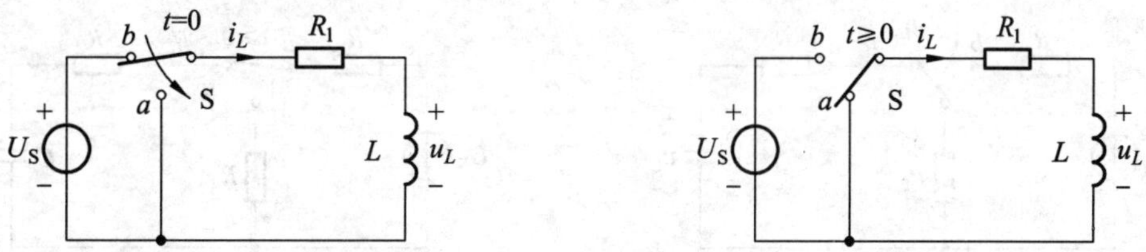

（a）RL 一阶电路　　（b）$t \geqslant 0$ 时的 RL 电路

图 5.39　*RL* 电路的零输入响应

分析：由图 5.39（b）可知，换路后的电路为无源网络，因此电路的解为零输入响应。本电路可直接运用三要素法求解。

解　$t < 0$ 时，电路为稳态，初始值为

$$i_L(0_-) = \frac{U_S}{R}$$

由换路定则得

$$i_L(0_+) = i_L(0_-) = \frac{U_S}{R}$$

$$u_L(0_+) = -Ri_L(0_+) = -U_S$$

$t \geqslant 0$ 时，稳态值为

$$u_L(\infty) = 0$$

$$i_L(\infty) = 0$$

时间常数 τ

$$\tau = \frac{L}{R}$$

由三要素法得零状态响应

$$i_L(t) = i_L(\infty) + [i_L(0_+) - i_L(\infty)] e^{-\frac{t}{\tau}}$$

$$= \frac{U_S}{R} e^{-\frac{R}{L}t} \text{ A} \qquad t \geqslant 0$$

$$u_L(t) = -U_S e^{-\frac{R}{L}t} \text{ V} \quad t \geqslant 0$$

结论：同理，RL 一阶电路也可以直接用三要素法分析求解零输入响应。

二、一阶电路的零状态响应

例 5.15 RC 电路如图 5.40（a）所示，当 $t<0$ 时电路为稳态。已知电阻 $R=2\text{ k}\Omega$，$R_2=40\ \Omega$，电容 $C=0.000\ 5\text{ F}$，电压源 $U_S=16\text{ V}$，$t=0$ 时开关 S 闭合 b 点。试求 $t\geqslant 0$ 时电路的零状态响应 $u_C(t)$ 和 $i_C(t)$，并画出电压 $u_C(t)$ 的响应曲线。

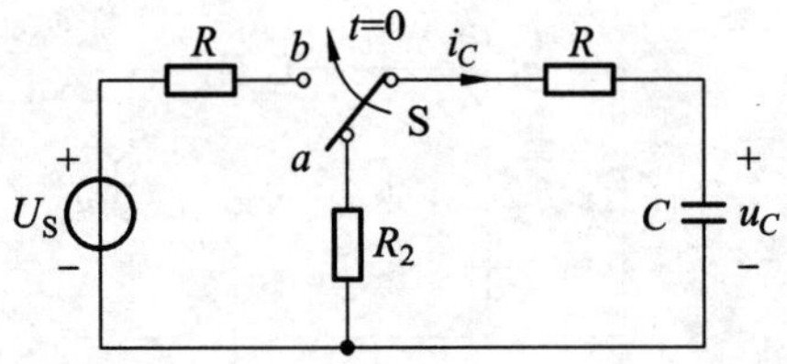

（a）RC 电路的零状态响应电路图

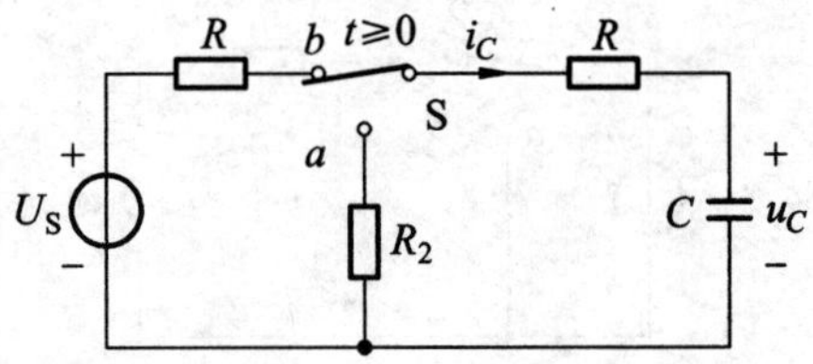

（b）$t\geqslant 0$ 时 RC 电路图

图 5.40 例 5.15 图

分析：$t<0$ 时的稳态电路中，电容 C 端的初始状态电压值为零，则此条件下的电路响应称为零状态响应。

解 （1）初始值。

当 $t<0$ 时电路处于稳态，电路初始状态值为

$$u_C(0_-)=0$$

由换路定则得

$$u_C(0_+)=u_C(0_-)=0$$

$$i_C(0_+)=\frac{U_S-u_C(0_+)}{2R}=\frac{16}{2\times 2\times 10^3}\text{ A}=4\text{ mA}$$

（2）稳态值和时间常数。

由图 5.40（b）解得稳态值

$$u_C(\infty)=U_S=16\text{ V}$$
$$i_C(\infty)=0\text{ A}$$

时间常数 τ

$$\tau=2RC=2\times 2\times 10^3\times 5\times 10^{-4}\text{ s}=2\text{ s}$$

（3）三要素法求电路零状态响应。

$$\begin{aligned} u_C &= u_C(\infty)+[u_C(0_+)-u_C(\infty)]e^{-\frac{t}{\tau}} \\ &= 16(1-e^{-\frac{t}{2}})\text{ V} \qquad t\geqslant 0 \end{aligned}$$

$$i_C = i_C(\infty)+[i_C(0_+)-i_C(\infty)]\mathrm{e}^{-\frac{t}{\tau}}$$
$$=(0+(4-0)\mathrm{e}^{-\frac{t}{2}})\ \mathrm{mA}$$
$$=4\mathrm{e}^{-\frac{t}{2}}\ \mathrm{mA} \qquad t\geqslant 0$$

（4）画电压 $u_C(t)$ 的响应曲线如图 5.41 所示。

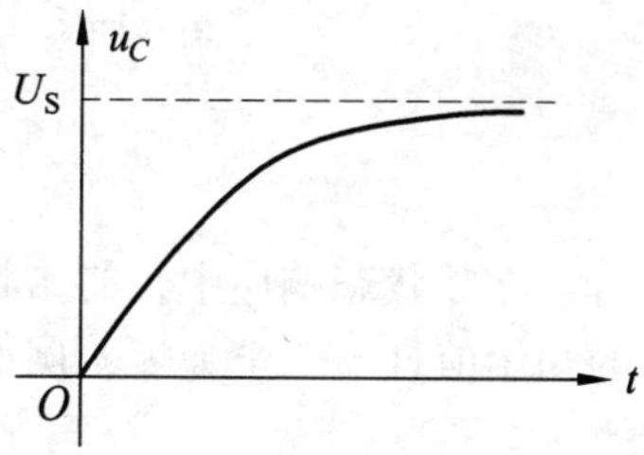

图 5.41　u_C零状态响应曲线

结论：零状态响应可直接利用三要素法求解，也可以根据电路特性分析求解，即

$$i_C=\frac{U_S-u_C}{2R}=\frac{16-16(1-\mathrm{e}^{-\frac{t}{2}})}{2\times 2\times 10^3}\ \mathrm{A}=4\mathrm{e}^{-\frac{t}{2}}\ \mathrm{mA} \qquad t\geqslant 0$$

理论上讲，当 $t\to\infty$ 时，暂态过程结束，电路达到新的稳态。

例 5.16　RL 电路如图 5.42 所示。当 $t<0$ 时电路为稳态。已知电阻 $R=12\,\Omega$，$R_2=40\,\Omega$，电感 $L=2$ H，电压源 $U_S=16$ V，$t=0$ 时开关 S 闭合 b 点。试求 $t\geqslant 0$ 时电路的零状态响应 $i_L(t)$ 和 $u_L(t)$。

分析：$t<0$ 时的稳态电路中，电感 L 中的初始状态电流值为零，则此条件下的电路响应称为零状态响应。

解　（1）初始值。

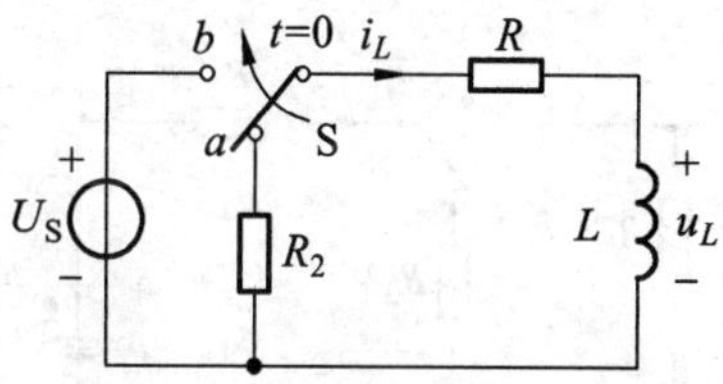

图 5.42　RC 电路的零状态响应

当 $t<0$ 时电路处于稳态，电路初始状态值为

$$i_L(0_+)=i_L(0_-)=0$$
$$u_L(0_+)=U_S=16\ \mathrm{V}$$

（2）时间常数 τ 和稳态值。

时间常数 τ

$$\tau=\frac{L}{R}=\frac{2}{12}\ \mathrm{s}=\frac{1}{6}\ \mathrm{s}$$

稳态值

$$i_L(\infty)=\frac{U_S}{R}=\frac{16}{12}\ \mathrm{A}\approx 1.33\ \mathrm{A}$$
$$u_L(\infty)=0\ \mathrm{A}$$

（3）三要素法求零状态响应。

$$i_L(t)=i_L(\infty)+[i_L(0_+)-i_L(\infty)]\mathrm{e}^{-\frac{t}{\tau}}$$
$$\approx 1.33+[0-1.33]\mathrm{e}^{-6t}\ \mathrm{A}=1.33(1-\mathrm{e}^{-6t})\ \mathrm{A} \quad t\geqslant 0$$

$$u_L(t)=u_L(\infty)+[u_L(0_+)-u_L(\infty)]\mathrm{e}^{-\frac{t}{\tau}}$$
$$=0+[16-0]\mathrm{e}^{-6t}\ \mathrm{A}=16\mathrm{e}^{-6t}\ \mathrm{V} \qquad t\geqslant 0$$

结论：解电路的零状态响应方法不是唯一的，例如：电感电压 $u_L(t)$ 响应也可以不用三要素法求解。即

$$u_L(t) = U_S - Ri_L$$
$$= 16 - 12 \times \left[\frac{16}{12}(1 - e^{-6t})\right] = 16e^{-6t}\ V \quad t \geqslant 0$$

在零状态响应中，初始状态为零（即 $u_C(0_+) = 0$、$i_L(0_+) = 0$），但电路中其他电压、电流的初始值且不一定为零，例如：本题中电感 L 上的电压初始值 $u_L(0_+) = 16\ V$。

三、全响应

全响应解题法有两种：一种是由零状态响应和零输入响应的叠加而成全响应；另一种是直接用三要素法求得全响应。

（一）零状态响应、零输入响应叠加为全响应

例 5.17 RC 一阶电路如图 5.43（a）所示。已知电阻 $R_1 = 20\ \Omega$，$R_2 = 40\ \Omega$，$R_3 = 60\ \Omega$，电容 $C = 0.05\ F$，电压源 $U_{S1} = 60\ V$，$U_{S2} = 20\ V$。在 $t < 0$ 时电路处于稳态，当 $t = 0$ 时开关 S 闭合 b 点，试分析 $t \geqslant 0$ 时电路中 $u_C(t)$、$i_C(t)$ 的零输入响应、零状态响应和全响应，并分别画出 $t \geqslant 0$ 时电路中 $u_C(t)$ 的零输入响应、零状态响应和全响应的特性曲线。

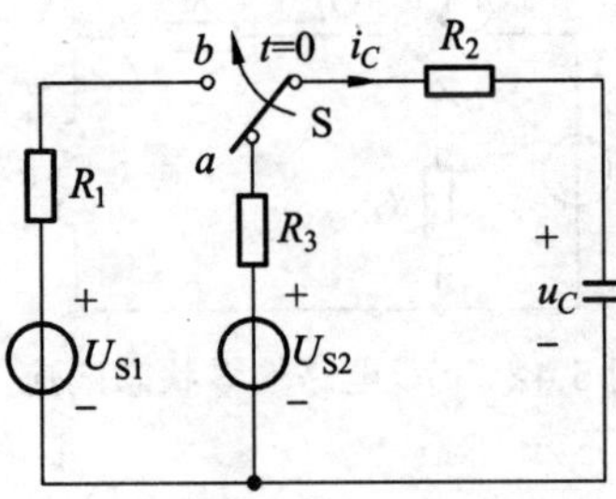

（a）RC 一阶电路

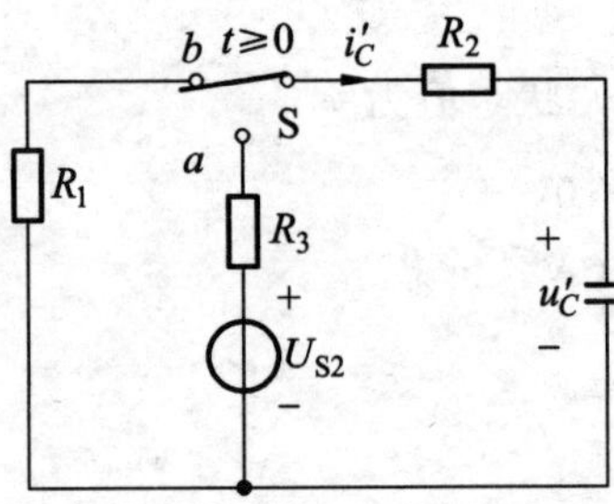

（b）零输入响应的等效电路

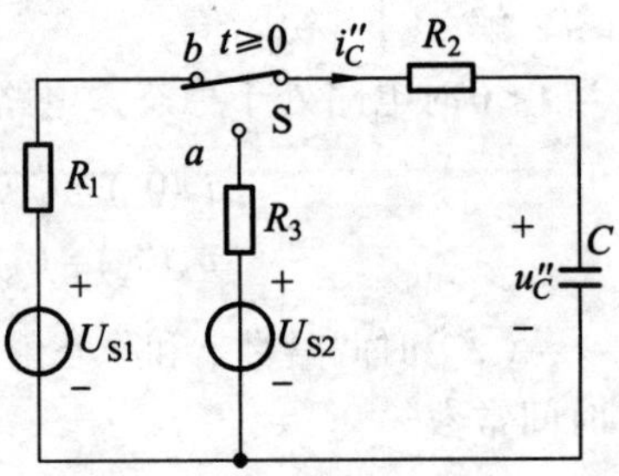

（c）零状态响应的等效电路

图 5.43 例 5.17 题

分析：图 5.418（b）为 $t \geqslant 0$ 时零输入响应的等效电路，其中令独立电压源 U_{S1} 为零（即电压源 U_{S1} 用“短路线”等效替代）；图 5.43（c）为 $t \geqslant 0$ 时零状态响应的等效电路，其中令初始状态值为零（即 $u_C(0_+) = 0$）。

解 初始状态值和时间常数 τ。

$t < 0$ 时电路的初始状态值

$$u_C(0_+) = u_C(0_-) = U_{S2} = 20\ V$$

时间常数 τ

$$\tau = (R_1 + R_2)C = (20 + 40) \times 0.05\ s = 3\ s$$

（1）零输入响应 $u'_C(t)$、$i'_C(t)$。

电路如图 5.43（b）所示，初始值

$$u_C(0_+) = 20V$$

$$i'_C(0_+) = -\frac{u_C(0_+)}{R_1+R_2} = -\frac{20}{20+40}\ \text{A} \approx -0.33\ \text{A}$$

稳态值为

$$u'_C(\infty) = 0\ \text{V}$$
$$i'_C(\infty) = 0\ \text{A}$$

零输入响应

$$u'_C(t) = u_C(0_+)\text{e}^{-\frac{t}{\tau}} = 20\text{e}^{-\frac{t}{3}}\ \text{V} \qquad t \geqslant 0$$

$$i'_C(t) = i'_C(0_+)\text{e}^{-\frac{t}{\tau}} = -0.33\text{e}^{-\frac{t}{3}}\ \text{A} \qquad t \geqslant 0$$

（2）零状态响应 $u''_C(t)$、$i''_C(t)$。

电路如图 5.43（c）所示，初始值。

$$u''_C(0_+) = 0\ \text{V}$$

$$i''_C(0_+) = \frac{U_{S1}}{R_1+R_2} = \frac{60}{20+40}\ \text{A} = 1\ \text{A}$$

稳态值

$$u''_C(\infty) = U_{S1} = 60\ \text{V}$$
$$i''_C(\infty) = 0\ \text{A}$$

零状态响应

$$u''_C(t) = u_C(\infty)(1-\text{e}^{-\frac{t}{\tau}}) = 60(1-\text{e}^{-\frac{t}{3}})\ \text{V} \qquad t \geqslant 0$$

$$i''_C(t) = i''_C(0_+)\text{e}^{-\frac{t}{\tau}} = \text{e}^{-\frac{t}{3}}\ \text{A} \qquad t \geqslant 0$$

（3）全响应。

$$u_C(t) = u'_C(t) + u''_C(t)$$
$$= 20\text{e}^{-\frac{t}{3}}\ \text{V} + 60(1-\text{e}^{-\frac{t}{3}})\ \text{V} = 60 - 40\text{e}^{-\frac{t}{3}}\ \text{V} \qquad t \geqslant 0$$

$$i_C(t) = i'_C(t) + i''_C(t)$$
$$= -0.33\text{e}^{-\frac{t}{3}}\ \text{A} + \text{e}^{-\frac{t}{3}}\ \text{A} = 0.67\text{e}^{-\frac{t}{3}}\ \text{A} \qquad t \geqslant 0$$

（4）$u_C(t)$ 的零输入响应、零状态响应和全响应的特性曲线如图 5.44 所示。

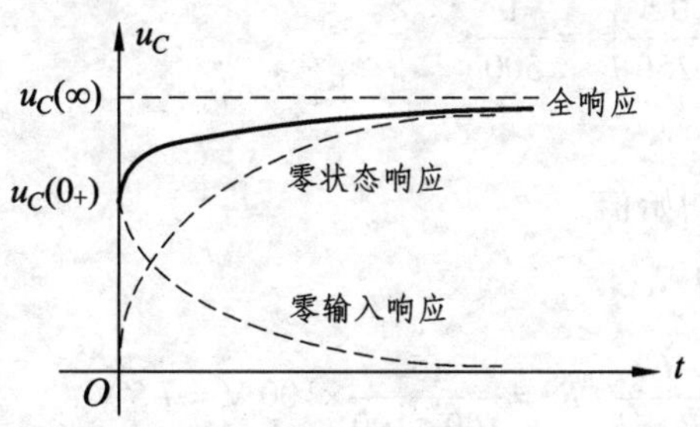

图 5.44　零输入响应、零状态响应与全响应特性曲线

结论："全响应"等于"稳态分量"加"暂态分量"，即全响应 $u_C(t)=(60-40e^{-\frac{t}{3}})$ V 中，"稳态分量"为 60 V，"暂态分量"为 $(-40e^{-\frac{t}{3}})$ V，随着时间的增长，暂态分量按指数规律 $e^{-\frac{t}{3}}$ 衰减，最后为零，过渡过程结束，电路进入新的稳态 60 V；"全响应"还可以分解为"零输入响应"与"零状态响应"的叠加，反映了初始状态值、电路输入信号对电路产生的作用及电路的线性特性。

（二）三要求法求全响应

例 5.18 电路如图 5.45（a）所示，$t<0$ 时电路为稳态。已知电压源 $U_S=15$ V，电感 $L=0.5$ H，电阻 $R_1=R_3=100\,\Omega$，$R_2=200\,\Omega$。当 $t=0$ 时开关 S 闭合。试求 $t\geqslant 0$ 时电压 $u_3(t)$ 的零输入响应、零状态响应和全响应。

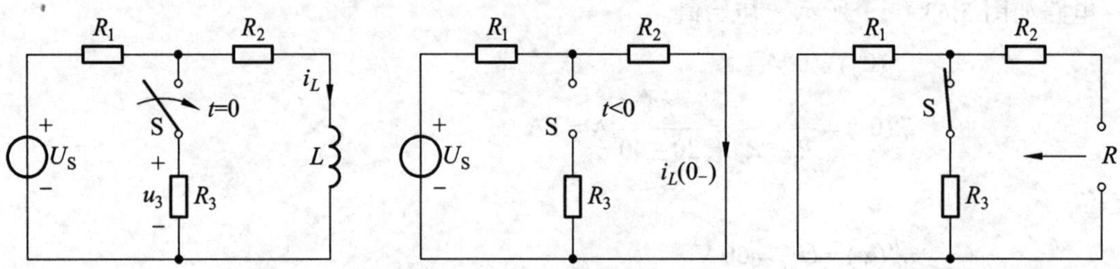

（a）RL 一阶电路图　　（b）t<0 时电路图　　（c）等效电阻

图 5.45　例 5.18 图

分析：首先，由图 5.45（b）计算电路的初始状态值，由图 5.45（c）计算时间常数 τ 的等效电阻。再分别由图 5.46 分析零状态响应和图 5.47 分析零输入响应；全响应等于零状态响应与零输入响应的叠加。

解　由图 5.45（b）得初始状态值

$$i_L(0_+)=i_L(0_-)=\frac{U_S}{R_1+R_2}=\left(\frac{15}{100+200}\right)\text{A}=0.05\text{ A}$$

由图 5.45（c）得

$$R=R_2+R_1//R_3=\left(200+\frac{100}{2}\right)\Omega=250\,\Omega$$

时间常数 τ

$$\tau=\frac{L}{R}=\left(\frac{0.5}{250}\right)\text{s}=\frac{1}{500}\text{ s}$$

（1）零状态响应。

由图 5.46（a）得电路初始值

$$i_L'(0_+)=0\text{ A}$$

$$u_3'(0_+)=\frac{U_S}{R_1+R_3}R_3=\frac{15}{100+100}\times 100\text{ V}=7.5\text{ V}$$

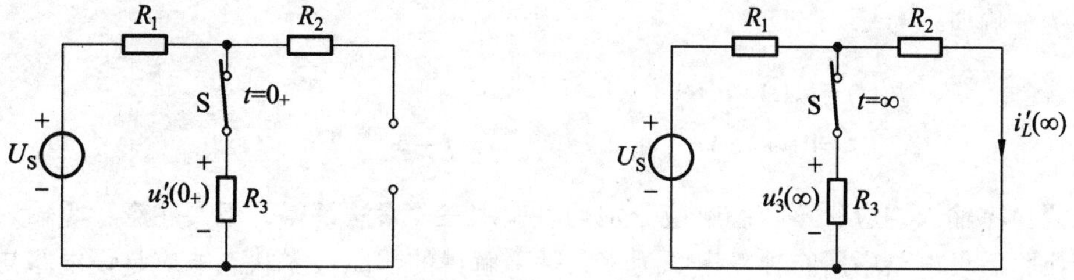

（a）$t=0_+$瞬时电路图　　（b）$t=\infty$时稳态电路图

图 5.46　零状态响应求解电路图

由图 5.46（b）得稳态值

$$u_3'(\infty)=\frac{U_S}{R_1+R_2 // R_3}\times R_2 // R_3$$
$$=\left(\frac{15}{100+100//200}\times 100//200\right)\text{V}=6\text{ V}$$

三要素法求零状态响应

$$u_3'(t)=u_3'(\infty)+[u_3'(0_+)-u_3'(\infty)]\mathrm{e}^{-\frac{t}{\tau}}$$
$$=6\text{ V}+(7.5-6)\mathrm{e}^{-500t}\text{ V}=6+1.5\mathrm{e}^{-500t}\text{ V}\qquad t\geqslant 0$$

（2）零输入响应。

由图 5.47（a）得电路初始值

$$i_L''(0_+)=i_L(0_+)=0.05\text{ A}$$

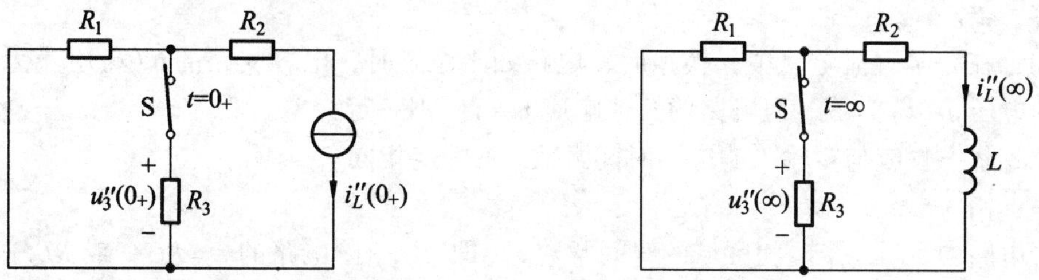

（a）$t=0_+$瞬时电路图　　（b）$t=\infty$时稳态电路图

图 5.47　零输入响应求解电路图

$$u_3''(0_+)=(R_1 // R_3)i_L''(0_+)$$
$$=(100//100)\times 0.05\text{ V}=-2.5\text{ V}$$

由图 5.47（b）得稳态值

$$u_3''(\infty)=0\text{ V}$$

三要素法求零输入响应

$$u_3''(t)=u_3''(\infty)+[u_3''(0_+)-u_3''(\infty)]\mathrm{e}^{-\frac{t}{\tau}}$$
$$=0+(-2.5-0)\mathrm{e}^{-500t}\text{ V}=-2.5\mathrm{e}^{-500t}\text{ V}\qquad t\geqslant 0$$

（3）全响应

$$u_3(t)=u_3'(t)+u_3''(t)$$
$$=[(6+1.5)e^{-500t}-2.5e^{-500t}]\ V=6-e^{-500t}\ V \qquad t\geqslant 0$$

结论：零输入响应、零状态响应分别均可应用三要素法解得，但要注意：零输入响应是在电路换路后设电路中所有独立电源为零条件下解得的响应；零状态响应是设电路初始状态值为零条件下的响应。

四、常见问题讨论

（1）初始值 $y(0_+)$ 为零的响应称为零状态响应。

解答：错。

零状态响应是指电容电压 $u_C(0_+)=0$、电感电流 $i_L(0_+)=0$ 时的电路响应 $y(t)$。初始状态值为零，不等于电路的其他初始电压、电流值一定为零。所以，初始状态值为零时的响应称为零状态响应。

（2）电路中电源为零的响应称为零输入响应。

解答：电路中所有独立电源为零的响应称为零输入响应。

零输入响应是指一阶电路换路以后，电路中所有独立电源值为零时的响应（注意：设独立电源为零，而不是受控电源）。这时电路中的电压、电流响应是由初始状态值 $u_C(0_+)$、$i_L(0_+)$ 作用产生的电路响应 $y(t)$。

（3）稳态值 $y(\infty)$ 为零的响应称为零输入响应。

解答：错。

例如：在一阶直流电路中，换路后，电路处于稳态时，电容支路的 $i_C(\infty)$ 电流为零、电感两端的电压 $u_L(\infty)$ 为零，但电路的其他响应 $y(\infty)$ 则不一定为零。

（4）零状态响应与零输入响应的时间常数 τ 不一定相同。

解答：错。

一阶电路中，同一个时间区域的时间常数 τ（即 RC 一阶电路的 $\tau=RC$，或 RL 一阶电路的 $\tau=\dfrac{L}{R}$）相同。

（5）“全响应”可以分解为“零状态响应”与“零输入响应”。

解答：对。

$$\text{全响应}=\text{零输入响应}+\text{零状态响应}$$
$$=\text{稳态分量}+\text{暂态分量}$$

五、特别提示

（1）“零状态响应”：设电路的初始状态值为零时的电路响应；

（2）“零输入响应”：设电路中所有独立电源值为零时的电路响应；

（3）“全响应”：“零输入响应”叠加“零状态响应”。

小　结

本章主要是讨论 RC 一阶电路和 RL 一阶电路的过渡过程，重点介绍了三要素分析方法。

一、三要素法

三要素：初始值 $y(0_+)$、时间常数 τ、换路后的稳态值 $y(\infty)$ 称为一阶电路分析方法的三要素，即三要素法。

（一）初始值 $y(0_+)$

1. 初始状态值

换路瞬间的电容电压 $u_C(0_+)$、电感电流 $i_L(0_+)$ 称为初始状态值（或初始值），在三要素法中常用 $y(0_+)$表示。

在一阶电路发生换路瞬间，如果电路中不存在无限大的电流和电压，则有换路定则：

$$u_C(0_+)=u_C(0_-)$$
$$i_L(0_+)=i_L(0_-)$$

即：换路瞬间，电容 C 端的电压 $u_C(t)$ 不发生跃变；电感 L 中的电流 $i_L(t)$ 不发生跃变。

2. 初始值

除初始状态值 $u_C(0_+)$、$i_L(0_+)$ 以外电路中的初始电压 $u(0_+)$ 值、初始电流 $i(0_+)$ 值称为一阶电路的初始值，在三要素法中常用 $y(0_+)$表示。

3. 初始值 $y(0_+)$ 的计算步骤

（1）计算换路前的电容 C 上的端电压 $u_C(0_-)$、电感 L 中电流 $i_L(0_-)$。

注意：在直流稳态电路中，电容 C 可以用“开路”等效替代，电感 L 可以用“短路”等效替代。

（2）由换路定则得初始状态值：$u_C(0_+)=u_C(0_-)$，$i_L(0_+)=i_L(0_-)$。

（3）根据 $t=0_+$ 瞬间电路图，计算电路中其他初始电压 $u(0_+)$ 值、初始电流 $i(0_+)$ 值。

在画 $t=0_+$ 瞬间电路时注意：

- 如果 $u_C(0_+)\neq 0$，电容 C 用“电压源 $u_C(0_+)$”等效替代；
- 如果 $i_L(0_+)\neq 0$，电感 L 用“电流源 $i_L(0_+)$”等效替代；
- 如果 $u_C(0_+)=0$，电容 C 用“短路线”等效替代；
- 如果 $i_L(0_+)=0$，电感 L 用“开路”等效替代。

（二）稳态值 $y(\infty)$

当一阶电路换路后，经过了无限长的时间（即 $t=\infty$），电路达到新的稳态时的电压 $u(\infty)$、电流 $i(\infty)$ 值称为一阶电路的稳态值 $y(\infty)$。

注意：

（1）注意时间概念，即讨论的是“换路后的稳态电路”电量 $y(\infty)$；

（2）注意正确运用电路分析方法，即：电阻串并联法、KCL、KVL、电源模型的等效变换法、戴维南定理、叠加定理等方法计算 $y(\infty)$；

（3）注意在直流稳态电路中电容相当于开路、电感相当于短路的特性。

（三）时间常数τ

时间常数τ的大小，决定了一阶电路过渡过程的时间长短。时间常数τ越小，$e^{-\frac{t}{\tau}}$衰减得越快，过渡过程的时间就越短。

从理论上讲，电路完成过渡过程的时间为无限长，实际上认为，换路后经过 $3\tau \sim 5\tau$ 时间暂态过程基本结束。

（1）RC 一阶电路的时间常数：$\tau = RC$。

（2）RL 一阶电路的时间常数：$\tau = \dfrac{L}{R}$。

（3）时间常数τ中的 R，是移去储能元件 C、L 后，电路端口的戴维南等效电阻 R。

二、三要素法的基本公式

在直流电路中，三要素法计算式为

$$y(t) = y(\infty) + [y(0_+) - y(\infty)]e^{-\frac{t}{\tau}} \qquad t \geqslant 0$$

三、零输入、零状态和全响应

（一）零输入响应

当换路后，一阶电路中所有独立电源为零时的响应，称为零输入响应。其解为

$$\begin{cases} y(\infty) = 0 \\ y(t) = y(0_+)e^{-\frac{t}{\tau}} \quad t \geqslant 0 \end{cases}$$

（二）零状态响应

当换路后，一阶电路的初始状态值为零时的响应，称为零状态响应。其解为

$$\begin{cases} u_C(0_+) = 0,\ i_L(0_+) = 0 \\ y(t) = y(\infty) + [y(0_+) - y(\infty)]e^{-\frac{t}{\tau}} \quad t \geqslant 0 \end{cases}$$

（三）全响应

全响应 = 零输入响应+零状态响应

$$\begin{cases} u_C(0_+) \neq 0,\ i_L(0_+) \neq 0,\ \text{换路后外加激励源} \neq 0 \\ y(t) = y(\infty) + [y(0_+) - y(\infty)]e^{-\frac{t}{\tau}} \quad t \geqslant 0 \end{cases}$$

选 择 题

1. 电路如图 5.48 所示，换路前电路处于稳态，在 $t=0$ 时开关 S 闭合，则电路的初始状态值电压 $u_C(0_+)$ 为（　　）。

（a）5 V　　（b）10 V　　（c）20 V　　（d）0 V

2. 电路如图 5.48 所示，换路前电路处于稳态，在 $t=0$ 时开关 S 闭合，则电路的初始值电流 $i(0_+)$ 为（　　）。

（a）0 A　　（b）1 A　　（c）2 A　　（d）4 A

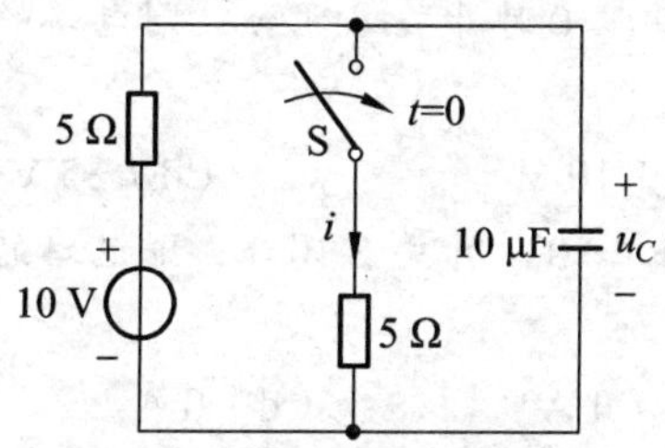

图 5.48　选择题 1、2 等图

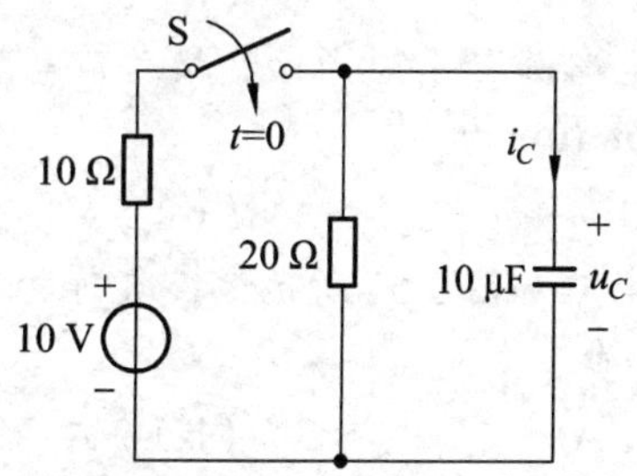

图 5.49　选择题 3、4 等图

3. 电路如图 5.49 所示，换路前电路处于稳态，在 $t=0$ 时开关 S 闭合，则电路的初始状态值电压 $u_C(0_+)$ 为（　　）。

（a）5 V　　（b）10 V　　（c）20 V　　（d）0 V

4. 电路如图 5.49 所示，换路前电路处于稳态，在 $t=0$ 时开关 S 闭合，则电路的初始值电流 $i_C(0_+)$ 为（　　）。

（a）1 A　　（b）0.75 A　　（c）0.5 A　　（d）0 A

5. 电路如图 5.50 所示，换路前电路处于稳态，在 $t=0$ 时开关 S 闭合，则电路的初始状态值电流 $i_L(0_+)$ 为（　　）。

（a）0 A　　（b）0.25 A　　（c）0.5 A　　（d）1 A

6. 电路如图 5.50 所示，换路前电路处于稳态，在 $t=0$ 时开关 S 闭合，则电路的初始值电流 $i(0_+)$ 为（　　）。

（a）0 A　　（b）−0.37 A　　（c）0.37 A　　（d）0.5 A

7. 电路如图 5.50 所示，换路前电路处于稳态，在 $t=0$ 时开关 S 闭合，则电路的初始值电压 $u_L(0_+)$ 为（　　）。

（a）5 V　　（b）−5 V　　（c）10 V　　（d）−10 V

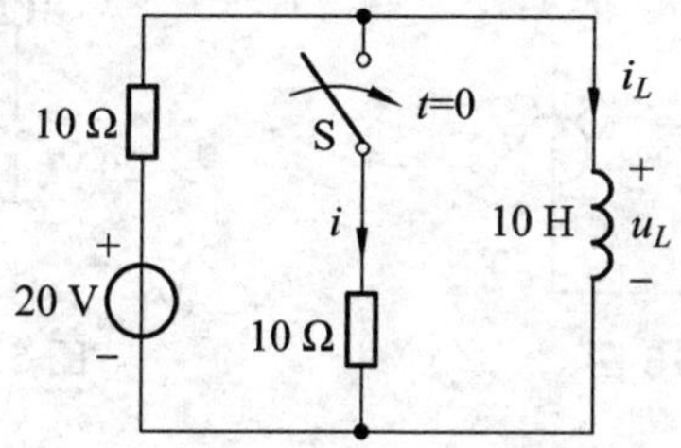

图 5.50　选择题 5、6、7 等图

8. 电路如图 5.51 所示，换路前电路处于稳态，在 $t=0$ 时开关 S 闭合，则电路的初始状态值电流 $i_L(0_+)$ 为（　　）。

（a）0 A　　（b）−0.5 A　　（c）0.5 A　　（d）1 A

9. 电路如图 5.51 所示，换路前电路处于稳态，在 $t=0$ 时开关 S 闭合，则电路的初始值电压 $u_L(0_+)$ 为（　　）。

（a）0 V　　（b）5 V　　（c）10 V　　（d）−10 V

10. 电路如图 5.51 所示，换路前电路处于稳态，在 $t=0$ 时开关 S 闭合，则电路的初始值电压 $u(0_+)$ 为（　　）。

（a）0 V　　（b）5 V　　（c）10 V　　（d）−10 V

11. 电路如图 5.52 所示，换路前电路处于稳态，在 $t=0$ 时开关 S 闭合，则电路的初始状态值电压 $u_C(0_+)$ 为（　　）。

（a）0 V　　（b）5 V　　（c）10 V　　（d）35 V

12. 电路如图 5.52 所示，换路前电路处于稳态，在 $t=0$ 时开关 S 闭合，则电路的初始值电流 $i(0_+)$ 为（　　）。

（a）1 A　　（b）3 A　　（c）4 A　　（d）0 A

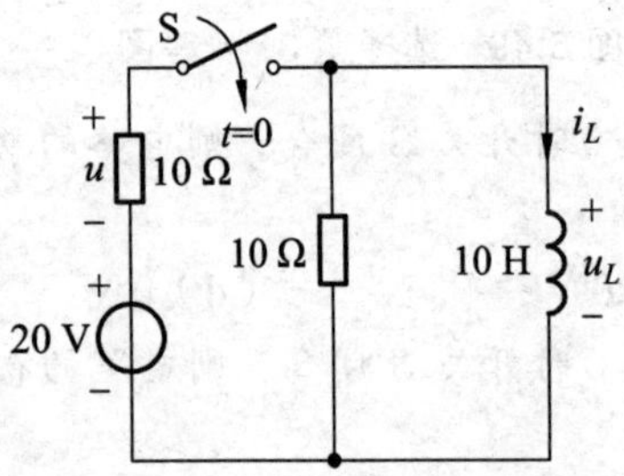

图 5.51　选择题 8、9、10 等图

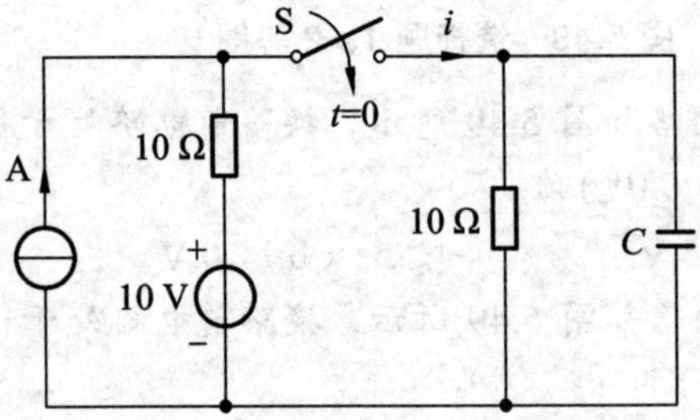

图 5.52　选择题 11、12 等图

13. 电路如图 5.53 所示，换路前电路处于稳态，在 $t=0$ 时开关 S 闭合，该电路将产生过渡过程的原因是（　　）。

（a）电路中有储能元件，而且电路发生了换路

（b）电路发生了换路

（c）电路换路后，电感中的电流发生了变化

（d）电路换路后，电阻中的电流发生了变化

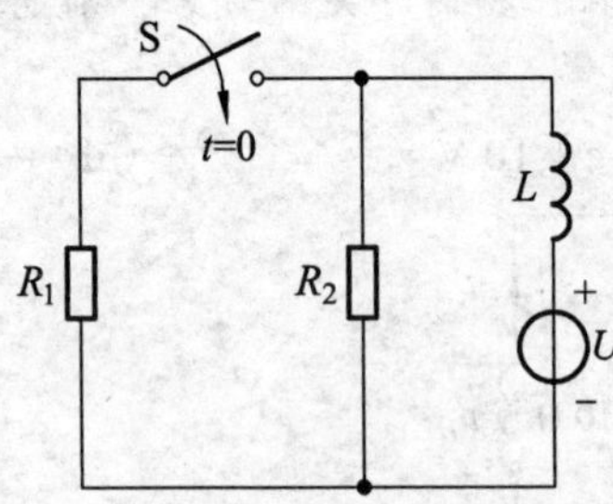

图 5.53　选择题 13 图

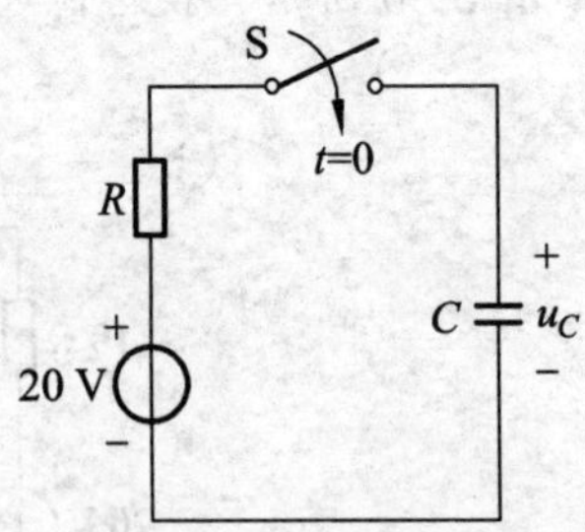

图 5.54　选择题 14 图

14. 电路如图 5.54 所示，在 $t=0$ 时开关 S 闭合，若已知换路前电容上的电压 $u_C(0_-)=20$ V，则在开关 S 闭合后该电路（　　）。

（a）不产生过渡过程

（b）产生过渡过程

（c）不一定产生过渡过程

（d）是否产生过渡过程，这取决于电阻 R 的大小

15. 在换路瞬间，如果电路中电压、电流为有限值，则下列各项中除（　　）不能跃变外，其他有可能跃变。

（a）电感电压　　（b）电容电流　　（c）电感电流　　（d）电阻电压

16. 电路如图 5.48 所示，换路前电路处于稳态，在 $t=0$ 时开关 S 闭合，换路后 $t=\infty$ 时，电路的稳态电压 $u_C(\infty)$ 为（　　）。

（a）5 V　　（b）10 V　　（c）20 V　　（d）0 V

17. 电路如图 5.48 所示，换路前电路处于稳态，在 $t=0$ 时开关 S 闭合，换路后 $t=\infty$ 时，电路的稳态电流 $i(\infty)$ 为（　　）。

（a）0 A　　（b）1 A　　（c）2 A　　（d）4 A

18. 电路如图 5.50 所示，换路前电路处于稳态，在 $t=0$ 时开关 S 闭合，换路后 $t=\infty$ 时，电路的稳态电流 $i_L(\infty)$ 为（　　）。

（a）1.33 A　　（b）−1.33 A　　（c）1 A　　（d）0 A

19. 电路如图 5.50 所示，换路前电路处于稳态，在 $t=0$ 时开关 S 闭合，换路后 $t=\infty$ 时，电路的稳态电流 $i(\infty)$ 为（　　）。

（a）1.33 A　　（b）−1.33 A　　（c）1 A　　（d）0 A

20. 电路如图 5.50 所示，换路前电路处于稳态，在 $t=0$ 时开关 S 闭合，换路后 $t=\infty$ 时，电路的稳态电压 $u_L(\infty)$ 为（　　）。

（a）10 V　　（b）5 V　　（c）−5 V　　（d）0 V

21. 电路如图 5.51 所示，换路前电路处于稳态，在 $t=0$ 时开关 S 闭合，换路后 $t=\infty$ 时，电路的稳态电压 $u_L(\infty)$ 为（　　）。

（a）0 V　　（b）5 V　　（c）−5 V　　（d）10 V

22. 电路如图 5.51 所示，换路前电路处于稳态，在 $t=0$ 时开关 S 闭合，换路后 $t=\infty$ 时，电路的稳态电压 $u(\infty)$ 为（　　）。

（a）10 V　　（b）−10 V　　（c）20 V　　（d）−20 V

23. 电路如图 5.52 所示，换路前电路处于稳态，在 $t=0$ 时开关 S 闭合，换路后 $t=\infty$ 时，电路的稳态电压 $u_C(\infty)$ 为（　　）。

（a）0 V　　（b）10 V　　（c）20 V　　（d）30 V

24. 电路如图 5.52 所示，换路前电路处于稳态，在 $t=0$ 时开关 S 闭合，换路后 $t=\infty$ 时，电路的稳态电流 $i(\infty)$ 为（　　）。

（a）1 A　　（b）2 A　　（c）3 A　　（d）0 A

25. 电路如图 5.48 所示，换路前电路处于稳态，在 $t=0$ 时开关 S 闭合，则换路后电路的时间常数 τ 为（　　）。

（a）1.5 s　　（b）0.67 s　　（c）10 μs　　（d）25 μs

26. 电路如图 5.50 所示，换路前电路处于稳态，在 $t=0$ 时开关 S 闭合，则换路后电路的时间常数 τ 为（　　）。

（a）2.5 μs　　（b）1.5 s　　（c）0.67 s　　（d）0.5 s

27. 电路如图 5.52 所示，换路前电路处于稳态，在 $t=0$ 时开关 S 闭合，则换路后电路的时间常数 τ 为（　　）。

（a）$20C$　　（b）$15C$　　（c）$10C$　　（d）$5C$

28. 电路如图 5.55 所示，在 $t=0$ 时开关 S 闭合，则换路后电路的时间常数 τ 为（　　）。

（a）$\dfrac{L}{90}$　　（b）$\dfrac{L}{60}$　　（c）$\dfrac{L}{30}$　　（d）$\dfrac{L}{15}$

29. 电路如图 5.56 所示，在 $t=0$ 时开关 S 闭合，则换路后电路的时间常数 τ 为（　　）。

（a）$90C$　　（b）$60C$　　（c）$30C$　　（d）$15C$

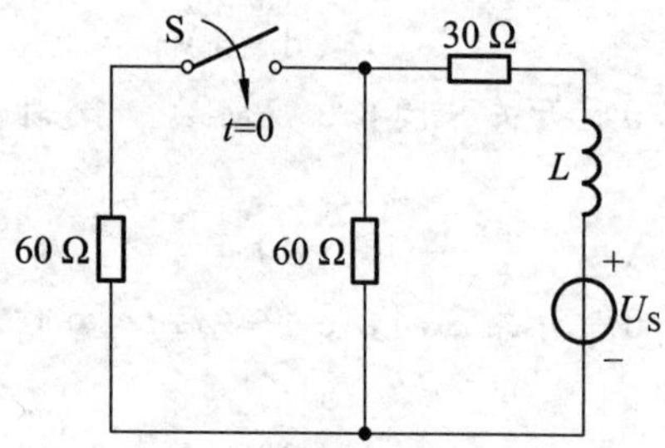

图 5.55　选择题 28 图

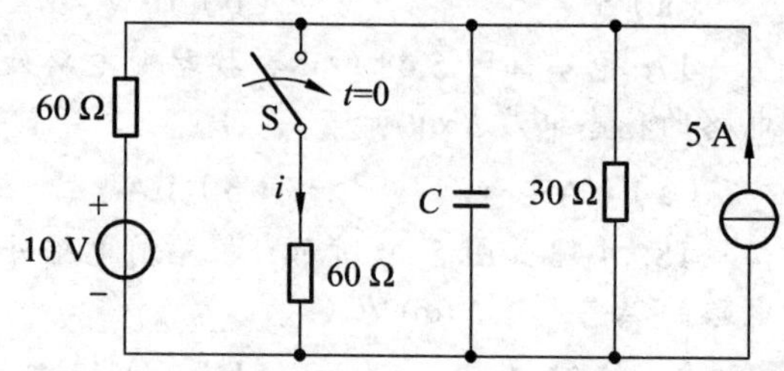

图 5.56　选择题 29 图

30. 电路如图 5.57（a）所示，换路前电路处于稳态，在 $t=0$ 时开关 S 闭合，已知 $u_C(0_-)=0$，当电容 C 的值分别为 10 μF、20 μF、30 μF 时得到 3 条电容 C 电压响应 $u_C(t)$ 曲线，如图 5.57（b）所示，则 10 μF 电容所对应的 $u_C(t)$ 曲线是（　　）。

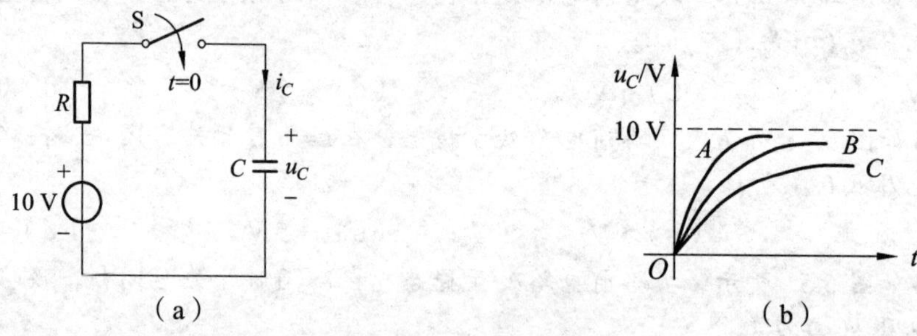

图 5.57　选择题 30 图

31. 电路如图 5.58（a）所示，换路前电路处于稳态，在 $t=0$ 时开关 S 闭合，已知 $i_L(0_-)=0$，当电容的值分别为 10 mH、30 mH、45 mH、60 mH 时得到 4 条响应 $u_R(t)$ 曲线，如图 5.58（b）所示，则 30 mH 电感所对应的 $u_R(t)$ 曲线是（　　）。

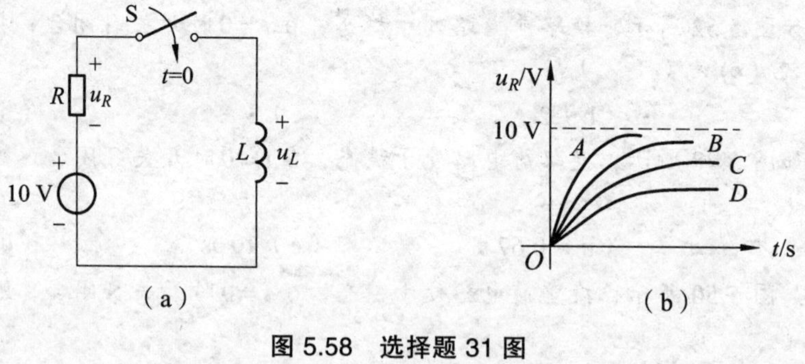

图 5.58　选择题 31 图

32. 电路如图 5.59 所示，换路前电路处于稳态，并已知 $i_L(0_-)=0$，在 $t=0$ 时开关 S 闭合，则 $t\geqslant 0$ 时电感电流响应 $i_L(t)=$（　　）。

（a）1 A　　（b）e^{-2t}　　（c）$1-e^{-2t}$　　（d）$1-e^{-5t}$

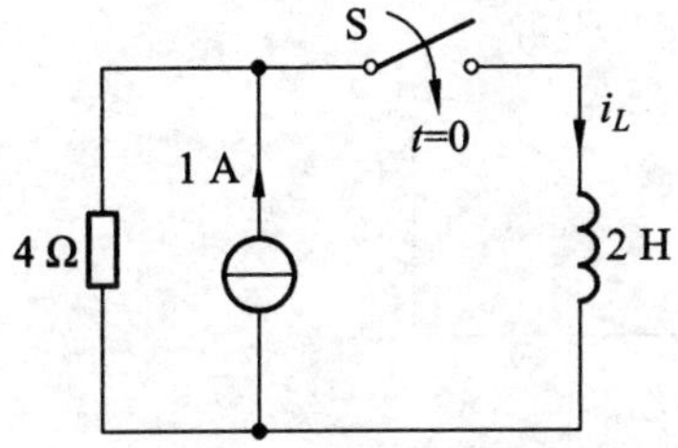

图 5.59　选择题 32 图

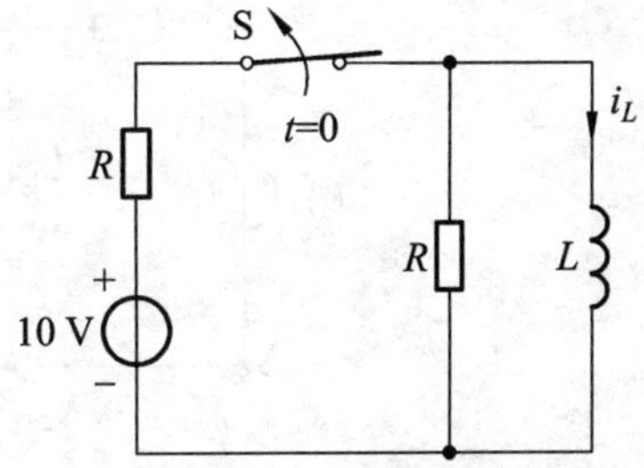

图 5.60　选择题 33 图

33. 电路如图 5.60 所示，换路前电路处于稳态，在 $t=0$ 时开关 S 断开，则 $t\geqslant 0$ 时电感电流响应 $i_L(t)=$（　　）。

（a）1 A　　（b）$\dfrac{10}{R}e^{-\frac{R}{L}t}$　　（c）$\dfrac{10}{R}e^{-\frac{L}{R}t}$　　（d）$\dfrac{10}{R}(1-e^{-\frac{L}{R}t})$

习　题

5.1　如图 5.61 所示电路中，已知 $R_1=4\,\Omega$，$R_2=2\,\Omega$，$U_S=12\,\text{V}$。换路前电路已处于稳态，$t=0$ 时开关 S 闭合，试求电路的初始值电流 $i(0_+)$、$i_L(0_+)$ 和初始值电压 $u(0_+)$、$u_L(0_+)$。

5.2　如图 5.62 所示电路中，已知 $R_1=4\,\Omega$，$R_2=2\,\Omega$，$U_S=6\,\text{V}$。换路前电路已处于稳态，$t=0$ 时开关 S 闭合，试求电路的初始值 $i(0_+)$、$i_C(0_+)$ 和 $u_C(0_+)$。

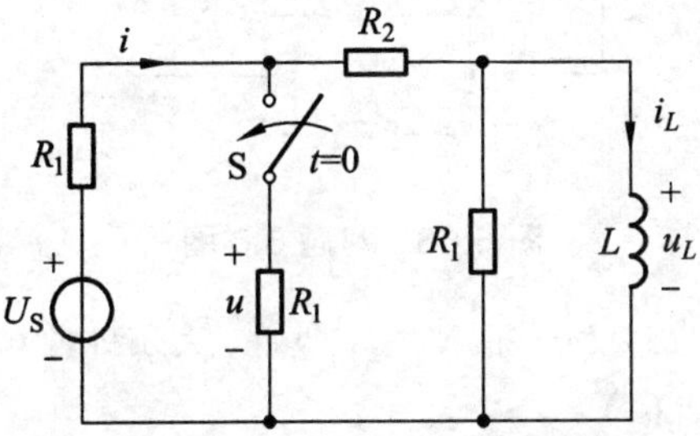

图 5.61　习题 5.1、5.7 图

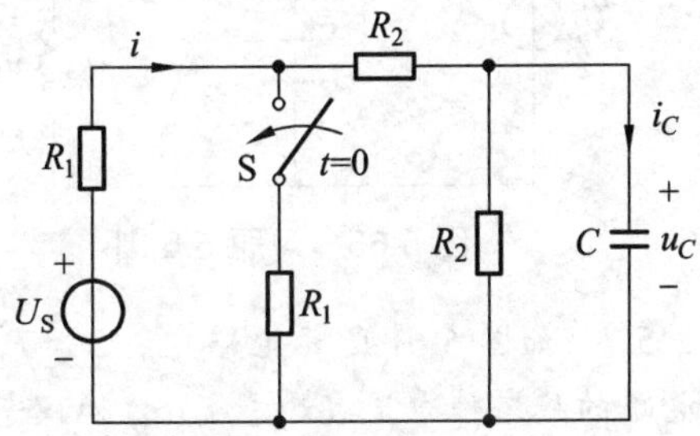

图 5.62 习题 5.2、5.8 图

5.3　如图 5.63 所示电路中，已知 $R_1=4\,\Omega$，$R_2=2\,\Omega$，$U_{S1}=20\,\text{V}$，$U_{S2}=16\,\text{V}$，$I_S=3\,\text{A}$。换路前电路已处于稳态，$t=0$ 时开关 S 断开，试求 $i(0_+)$、$u_C(0_+)$ 和 $u(0_+)$。

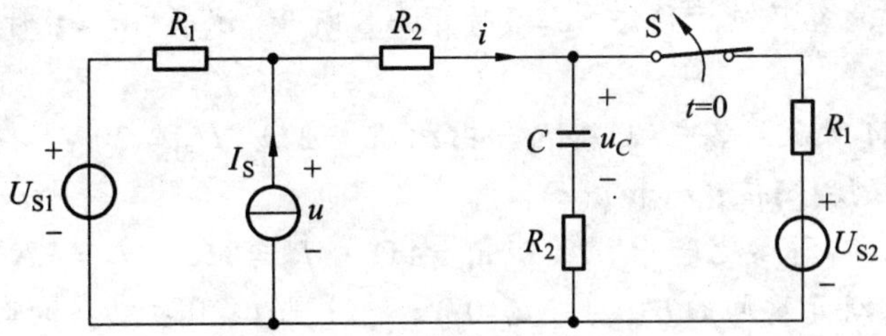

图 5.63　习题 5.3、5.9 图

5.4　如图 5.64 所示电路中，已知 $R_1 = 4\,\Omega$，$R_2 = 2\,\Omega$，$U_{S1} = 20\,V$，$U_{S2} = 16\,V$，$I_S = 3\,A$。换路前电路已处于稳态，$t = 0$ 时开关 S 断开，试求 $i(0_+)$ 和 $u(0_+)$。

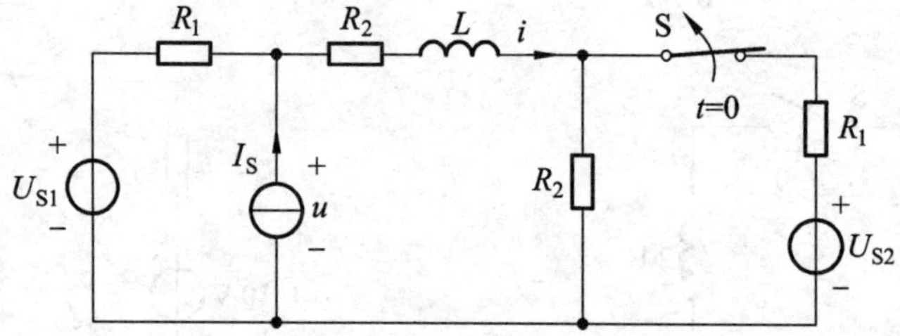

图 5.64　习题 5.4、5.10 图

5.5　如图 5.65 所示电路中，已知 $U_S = 10\,V$，$R_1 = 2\,\Omega$，$R_2 = 8\,\Omega$。换路前电路已处于稳态。试求：（1）$t = 0$ 时开关 S 闭合瞬间 $i_1(0_+)$、$i_2(0_+)$、$u_{L1}(0_+)$、$u_{L2}(0_+)$；（2）$t \geqslant 0$ 时的电路稳定值 $i_1(\infty)$、$i_2(\infty)$、$u_{L1}(\infty)$、$u_{L2}(\infty)$。

5.6　如图 5.66 所示电路中，已知 $R_1 = 26\,\Omega$，$R_2 = 4\,\Omega$，$R_2 = 6\,\Omega$，$U_S = 30\,V$，换路前电路已处于稳态。试求：（1）$t = 0$ 时开关 S 闭合瞬间的 $i(0_+)$、$i_L(0_+)$ 及 $u_C(0_+)$、$u(0_+)$；（2）$t \geqslant 0$ 时的电路稳定值 $i(\infty)$、$i_L(\infty)$ 及 $u_C(\infty)$、$u(\infty)$。

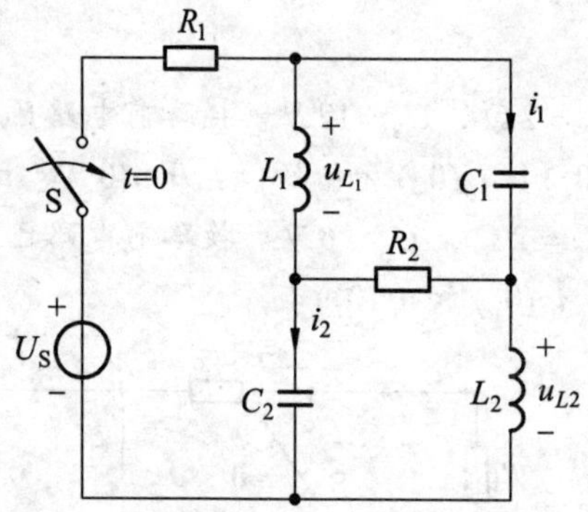

图 5.65　习题 5.5 图

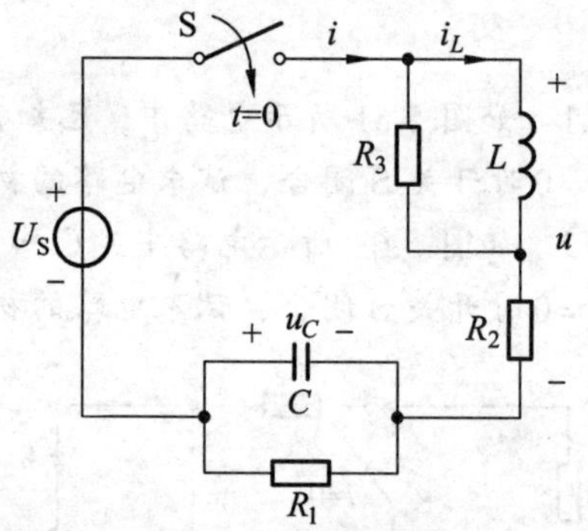

图 5.66　习题 5.6 图

5.7　如图 5.61 所示电路中，已知 $R_1 = 4\,\Omega$，$R_2 = 2\,\Omega$，$U_S = 12\,V$，$L = 2\,H$。试分析当 $t \geqslant 0$ 时电路的稳态值电流 $i(\infty)$、$i_L(\infty)$ 和稳态电压 $u(\infty)$、$u_L(\infty)$。

5.8　如图 5.62 所示电路中，已知 $R_1 = 4\,\Omega$，$R_2 = 2\,\Omega$，$U_S = 6\,V$，$C = 0.125\,F$。试分析当 $t \geqslant 0$ 时电路的稳态值 $i(\infty)$、$i_C(\infty)$、$u_C(\infty)$ 和时间常数 τ。

5.9　如图 5.63 所示电路中，已知 $R_1 = 4\,\Omega$，$R_2 = 2\,\Omega$，$U_{S1} = 20\,V$，$U_{S2} = 16\,V$，$I_S = 3\,A$，$C = 0.125\,F$。换路前电路已处于稳态，$t = 0$ 时开关 S 断开，试求当 $t \geqslant 0$ 时电路的稳态值 $i(\infty)$、$u_C(\infty)$ 和 $u(\infty)$。

5.10　如图 5.64 所示电路中，已知 $R_1 = 4\,\Omega$，$R_2 = 2\,\Omega$，$U_{S1} = 20\,V$，$U_{S2} = 16\,V$，$I_S = 3\,A$。试求当 $t \geqslant 0$ 时电路的稳态值 $i(\infty)$ 和 $u(\infty)$。

5.11　如图 5.67 所示电路中，已知 $R_1 = 4\,\Omega$，$R_2 = 8\,\Omega$，$I_S = 5\,A$，$L = 3\,H$。试求：（1）$t = 0$ 时开关 S 断开瞬间的 $i_L(0_+)$、$u_L(0_+)$；（2）当 $t \geqslant 0$ 时电路的时间常数 τ、$i_L(\infty)$ 和 $u_L(\infty)$。

5.12　如 5.68 所示电路中，已知 $R_1 = 4\,\Omega$，$R_2 = 2\,\Omega$，$L = 1\,\mathrm{H}$，$U_{S1} = 24\,\mathrm{V}$，$U_{S2} = 6\,\mathrm{V}$。换路前电路已处于稳态，$t = 0$ 时开关 S 闭合，试求当 $t \geqslant 0$ 时，电路的电流 $i(t)$、$i_L(t)$ 和电压 $u(t)$、$u_L(t)$。

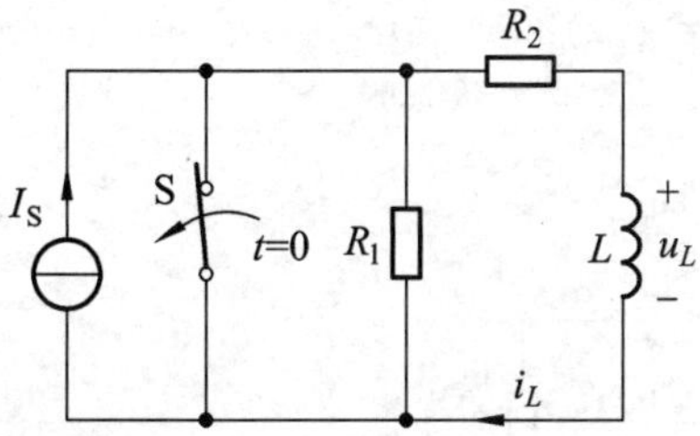

图 5.67　习题 5.11 图

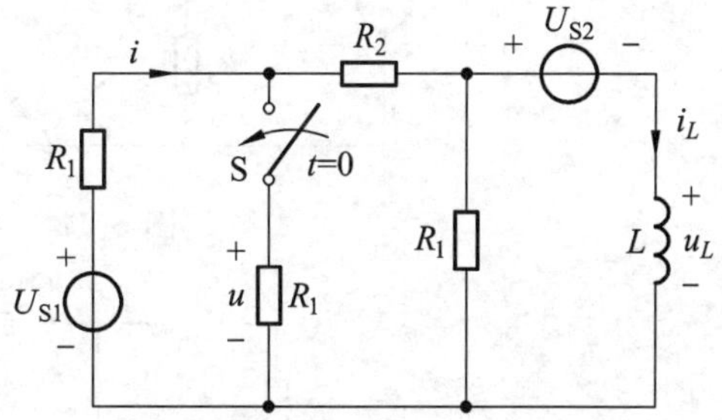

图 5.68　习题 5.12 图

5.13　如图 5.69 所示电路中，已知 $R_1 = 4\,\Omega$，$R_2 = 2\,\Omega$，$C = 0.75\,\mathrm{F}$，$U_S = 6\,\mathrm{V}$。换路前电路已处于稳态，$t = 0$ 时开关 S 闭合，试求当 $t \geqslant 0$ 时，电路的电流 $i(t)$、$i_C(t)$ 和电容端电压 $u_C(t)$。

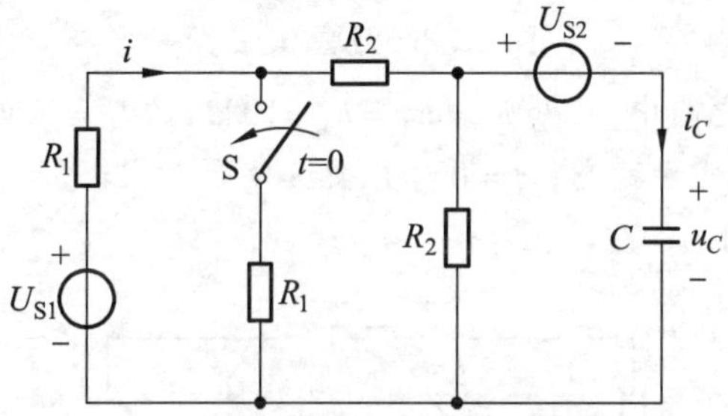

图 5.69　习题 5.13 图

5.14　电路如图 5.70 所示，已知 $R_1 = 4\,\Omega$，$R_2 = 2\,\Omega$，$R_3 = 3\,\Omega$，$R_4 = 10\,\Omega$，$C = 0.5\,\mathrm{F}$，$U_{S1} = 20\,\mathrm{V}$，$U_{S2} = 16\,\mathrm{V}$，$U_{S3} = 6\,\mathrm{V}$，$I_S = 3\,\mathrm{A}$。换路前电路已处于稳态，$t = 0$ 时开关 S 断开，试求当 $t \geqslant 0$ 时电路的 $i(t)$、$u_C(t)$ 和 $u(t)$，并画出电压 $u_C(t)$ 的波形图。

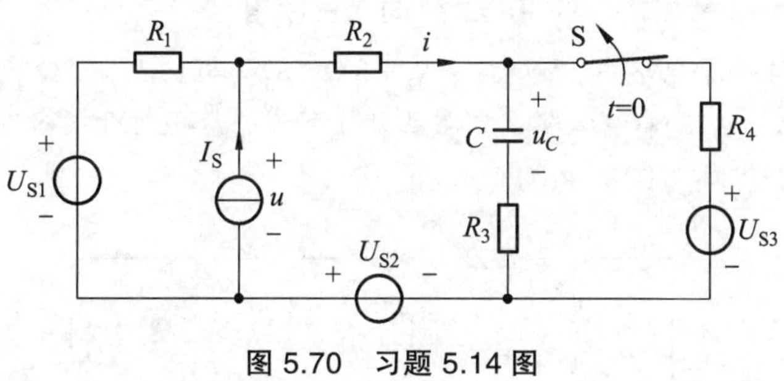

图 5.70　习题 5.14 图

5.15　电路如图 5.71 所示，已知 $R_1 = 4\,\Omega$，$R_2 = 2\,\Omega$，$R_3 = 23\,\Omega$，$R_4 = 10\,\Omega$，$R_5 = 5\,\Omega$，$R_6 = 6\,\Omega$，$L = 10.5\,\mathrm{H}$，$U_{S1} = 20\,\mathrm{V}$，$U_{S2} = 6\,\mathrm{V}$，$U_{S3} = 16\,\mathrm{V}$，$I_S = 2\,\mathrm{A}$。换路前电路已处于稳态，$t = 0$ 时开关 S 断开，试求当 $t \geqslant 0$ 时电路的电流 $i(t)$ 和电压 $u_L(t)$、$u_5(t)$，并画出电流 $i(t)$ 的波形图。

5.16　如图 5.72 所示电路中，已知 $R_1 = 100\,\Omega$，$R_2 = 20\,\Omega$，$R_3 = 30\,\Omega$，$U_{S1} = 100\,\mathrm{V}$，$U_{S2} = 50\,\mathrm{V}$，$L = 5\,\mathrm{H}$。换路前电路已处于稳态，$t = 0$ 时开关 S 闭合，试求 $t \geqslant 0$ 时电路中的 $i_L(t)$、$i(t)$ 和 $u_L(t)$，并画出电流 $i(t)$ 的波形图。

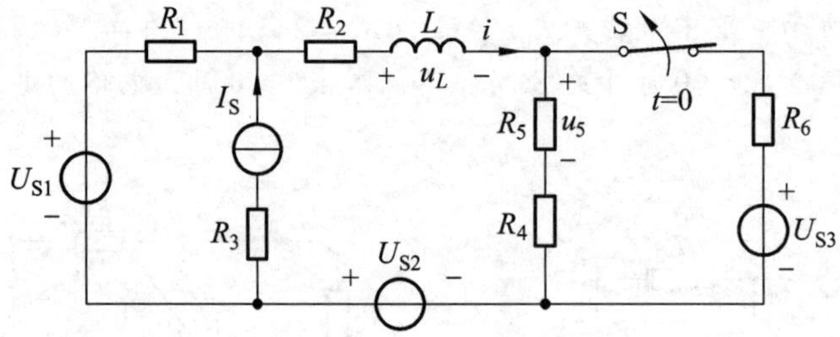

图 5.71 习题 5.15 图

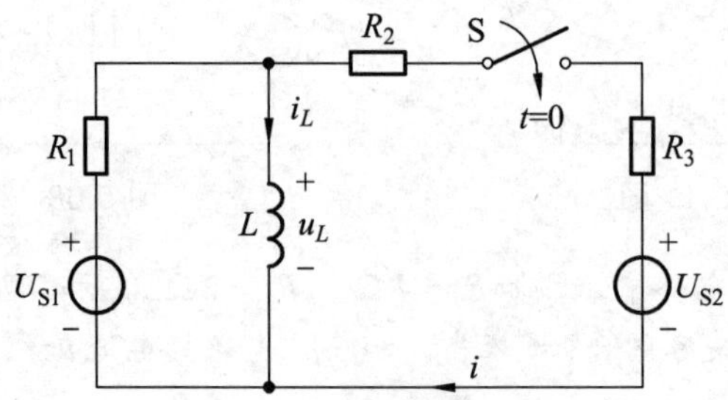

图 5.72 习题 5.16 图

5.17 如图 5.73 所示电路中，已知 $R_1 = R_2 = R_3 = 10\,\text{k}\Omega$，$R_4 = 20\,\text{k}\Omega$，$U_S = 10\,\text{V}$，$I_S = 2\,\text{mA}$，$C = 10\,\mu\text{F}$，换路前电路已处于稳态，$t = 0$ 时开关 S 闭合，试求 $t \geqslant 0$ 时电路中的 $i_4(t)$ 和 $u_C(t)$，并画出电压 $u_C(t)$ 的波形图。

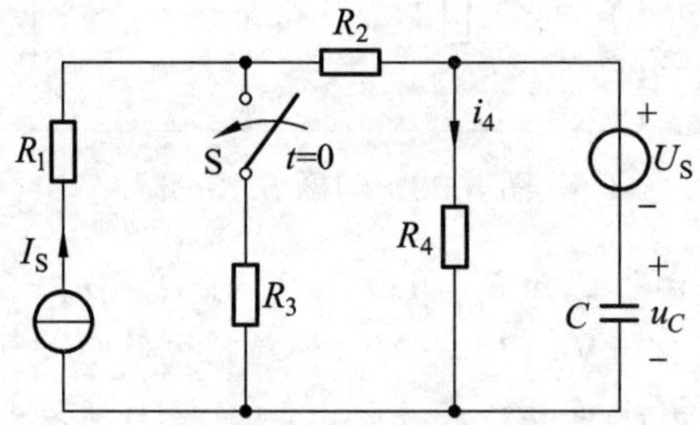

图 5.73 习题 5.17 图

5.18 如图 5.74 所示电路中，已知 $R_1 = R_2 = 8\,\Omega$，$R_3 = 4\,\Omega$，$R_4 = 2\,\Omega$，$R_5 = 12\,\Omega$，$R_6 = 6\,\Omega$，$U_S = 36\,\text{V}$，$I_S = 4\,\text{A}$，$L = 2\,\text{H}$，换路前电路已处于稳态，$t = 0$ 时开关 S 断开，试求当 $t \geqslant 0$ 时电路中的电流 $i_L(t)$ 和电压 $u_L(t)$、$u_3(t)$。

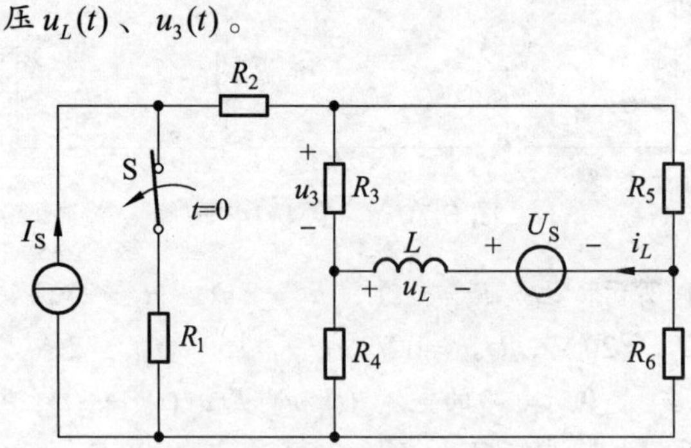

图 5.74 习题 5.18 图

5.19 如图 5.75 所示电路中，已知 $R_1 = R_2 = 8\,\Omega$，$R_3 = 4\,\Omega$，$R_4 = 2\,\Omega$，$R_5 = 12\,\Omega$，$R_6 = 6\,\Omega$，

$U_S = 36\,\text{V}$，$I_S = 4\,\text{A}$，$C = 2\,\text{F}$，换路前电路已处于稳态，$t = 0$ 时开关 S 断开，试求当 $t \geqslant 0$ 时电路中的电流 $i(t)$ 和电压 $u_C(t)$、$u_3(t)$。

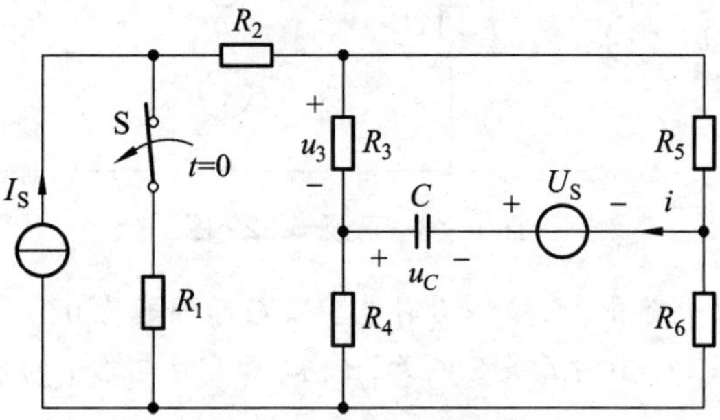

图 5.75　习题 5.19 图

5.20　如图 5.76 所示电路中，已知 $R_1 = 8\,\Omega$，$R_2 = 6\,\Omega$，$R_3 = 4\,\Omega$，$R_4 = 9\,\Omega$，$R_5 = 12\,\Omega$，$U_{S1} = 36\,\text{V}$，$U_{S2} = 12\,\text{V}$，$I_S = 3\,\text{A}$，$L = 2\,\text{H}$，换路前电路已处于稳态，$t = 0$ 时开关 S 断开，试求当 $t \geqslant 0$ 时电路中的电流 $i_L(t)$、$i(t)$ 和电压 $u(t)$。

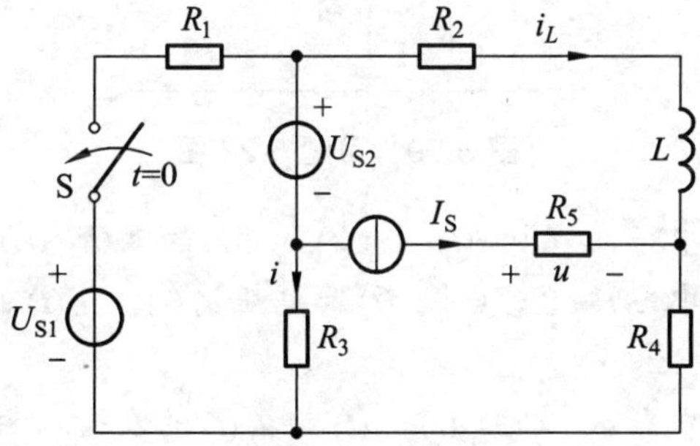

图 5.76　习题 5.20 图

5.21　如图 5.77 所示电路中，已知 $R_1 = 8\,\Omega$，$R_2 = 6\,\Omega$，$R_3 = 4\,\Omega$，$R_4 = 9\,\Omega$，$R_5 = 12\,\Omega$，$U_{S1} = 36\,\text{V}$，$U_{S2} = 12\,\text{V}$，$I_S = 3\,\text{A}$，$C = 2\,\text{F}$，换路前电路已处于稳态，$t = 0$ 时开关 S 断开，试求当 $t \geqslant 0$ 时的电路中电流 $i_3(t)$、$i(t)$ 和电压 $u_C(t)$、$u(t)$。

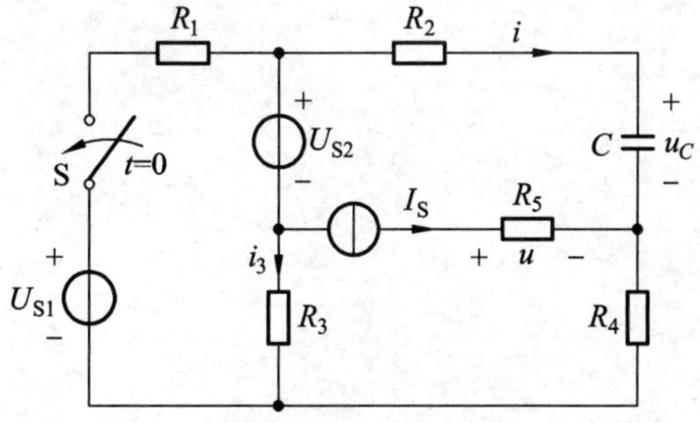

图 5.77　习题 5.21 图

5.22　如图 5.78 所示电路中，已知 $R_1 = R_2 = R_3 = 10\,\text{k}\Omega$，$U_{S1} = 10\,\text{V}$，$U_{S2} = 20\,\text{V}$，$L = 4\,\text{H}$，换路前电路已处于稳态，$t = 0$ 时开关 S 闭合，试求 $t \geqslant 0$ 时电路中的 $i_L(t)$、$u_2(t)$。

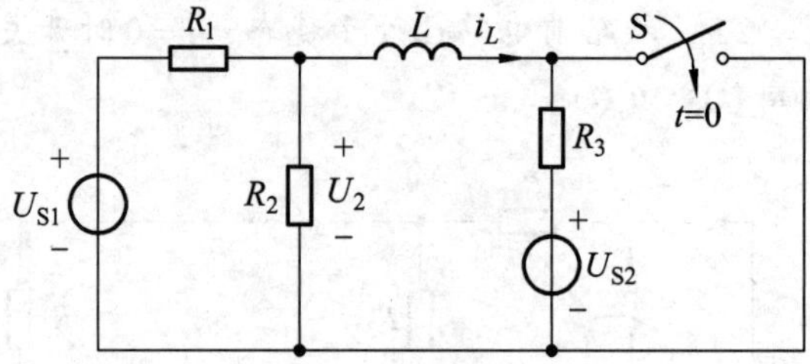

图 5.78　习题 5.222 图

5.23　如图 5.79 所示电路中，已知 $t<0$ 时电容器 C 的储能为 0，$R_1=R_3=5\,\text{k}\Omega$，$R_2=10\,\text{k}\Omega$，$U_\text{S}=12\,\text{V}$，$C=100\,\text{pF}$，在 $t=0$ 时开关 S 断开，试求 $t\geqslant 0$ 时电路中的电压 $u(t)$、$u_C(t)$ 的表达式。

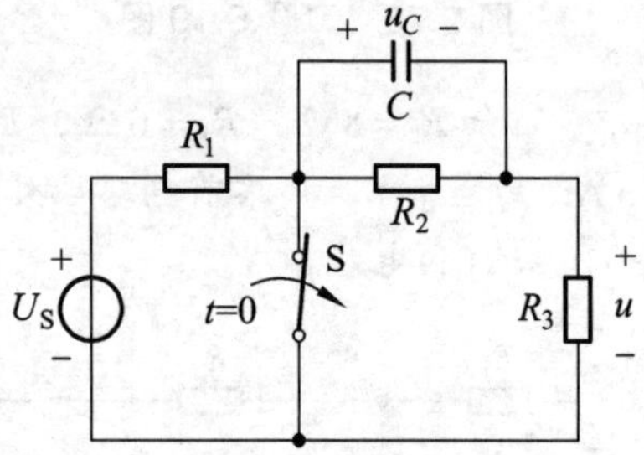

图 5.79　习题 5.23 图

5.24　试分析题 5.14 中当 $t\geqslant 0$ 时 $i(t)$、$u_C(t)$ 和 $u(t)$ 的零输入响应、零状态响应及全响应。

5.25　试分析题 5.15 中当 $t\geqslant 0$ 时电流 $i(t)$ 和电压 $u_L(t)$、$u_5(t)$ 的零输入响应、零状态响应及全响应。

5.26　试分析题 5.16 中当 $t\geqslant 0$ 时 $i_L(t)$、$i(t)$ 和 $u_L(t)$ 的零输入响应、零状态响应及全响应。

5.27　试分析题 5.17 中当 $t\geqslant 0$ 时 $i_4(t)$ 和 $u_C(t)$ 的零输入响应、零状态响应及全响应。

第二篇　电机与控制

本篇主要介绍磁路、变压器、异步电动机和电气控制技术基础等。从应用的角度出发，讲解异步电机的工作原理和基本使用控制方法，重点放在电机的外特性上；并用经典的继电接触器控制概念，讨论继电-接触器控制电路设计与分析。

第六章　磁路简介

【学习指导】在大量的用电设备（如：电机、变压器、电磁铁、电工测量仪表等）中，铁磁性元件的应用占有相当大的比重。了解各种常用电气设备、电磁元件的原理和性能，不仅要从电路的角度去分析，还必须从磁路的角度进行分析。因此，磁路以及电磁关系的分析也是电工技术中的重要基础。

本章所研究的磁路基础，也是电机和其他一些电气设备的基础，我们将以电磁铁为例，简单介绍磁路及其电磁关系的应用，为学习变压器、电动机等内容打下理论基础。

1. 学习目标

（1）理解磁场的基本物理量的意义；

（2）了解磁性材料的基本知识及磁路的基本定律；

（3）会分析计算交流铁芯线圈电路；

（4）了解电磁铁的基本工作原理及其应用知识。

2. 学习建议

（1）学习时间：4～6 小时。

第一节建议学习时间：0.5 小时；

第二节建议学习时间：0.5 小时；

第三节建议学习时间：1 小时；

第四节建议学习时间：0.5 小时；

第五节建议学习时间：1 小时；

第六节建议学习时间：0.5 小时。

（2）学习方法：

A. 点播学习网络课程第六章的内容，完成相关内容的“选择题”“习题”。

B. 参加在线导学直播学习。

C. 阅读参考资料：

① 王英主编，西南交通大学出版社《电工技术基础（电工学Ⅰ）》（第 2 版）第六章；

② 王英主编，西南交通大学出版社《电工技术学习指导及习题精解》第六章。

3. 学习重点与难点

A. 磁性材料及磁路的基本物理量。

B. 交、直流磁路的定性分析。

C. 电磁铁的应用。

第一节　磁场的基础知识

物理学中所讲磁场的主要物理量和基本定律完全适用于磁路。因为磁路问题是局限在一定路径内的磁场问题，因此为了分析好磁路问题，首先对物理学中学过的有关磁场的一些基本知识进行复习。

一、磁感应强度 B

磁感应强度是描述磁场强弱和方向的基本物理量。它是一个矢量，常用符号 B 表示。磁感应强度也被称为磁通量密度或磁通密度。

在物理学中，磁场的强弱使用磁感强度（也叫磁感应强度）来表示，磁感强度大表示磁感强；磁感强度小，表示磁感弱。它定义为：单价正电荷在磁场中以单位速度沿与磁场垂直方向运动时所受的最大磁场力。它的方向与产生磁场的励磁电流的方向遵循右手螺旋定则，即

$$\vec{F} = qv \times \vec{B} \tag{6.1}$$

式（6.1）中，F 表示磁场力，q 表示正电荷，v 表示正电荷运动的速度。在国际单位制（SI）中，磁感应强度 B 的单位是特斯拉（Tesla），简称特（T）。在高斯单位制中，磁感应强度的单位是高斯（Gs），即

$$1\ \text{T} = 10^4\text{Gs}=10\ \text{kGs}$$

二、磁通 Φ

磁通又称磁通量，是通过某一截面积的磁力线总数，用 Φ 表示。磁通可定义为

$$\Phi = \int_s B \cdot \mathrm{d}S \tag{6.2}$$

式（6.2）中，B 为磁感应强度，S 为该线圈的面积。在国际单位制（SI）中，磁通的单位是韦伯（Wb）。磁通 Φ 的单位可由电磁感应定律得出，即

1 韦伯（Wb）= 1 伏秒（V · s）

如果磁场中的 B 大小处处相等，方向相同，这样的磁场为**均匀磁场**。如果磁场方向与所取截面 S 垂直，则式（6.2）又可写为

$$\Phi = B \cdot S \tag{6.3}$$

磁通 Φ 的意义可以用磁感线形象地加以说明。我们知道在同一磁场的图示中，磁感线越密的地方，也就是穿过单位面积的磁感线条数越多的地方，磁感应强度 B 越大。因此，B 越大，S 越大，穿过这个面的磁感线条数就越多，磁通量就越大。

注意：人们通常所说的磁通是指带通孔的圆柱形的铁氧体磁芯，中间可穿过导线，用来抑制电磁波干扰。

三、磁场强度 *H*

磁场强度是线圈安匝数的一个表征量，反映磁场的强弱。磁场强度 H 是计算磁场时引入的一个物理量，通过它来确定磁场与电流的关系，它与磁感应强度 B 满足如下关系：

$$B=\mu H \tag{6.4}$$

式（6.4）中，μ 称为磁导率，是衡量物质导磁能力的物理量。在国际单位制（SI）中，磁场强度 H 的单位为安/米（A/m）。

四、磁导率 μ

磁导率是表征磁介质磁性的物理量，常用符号 μ 表示。μ 为介质的磁导率，或称绝对磁导率。物质按导磁性能的不同分为铁磁物质（铁、钴、镍及其合金）和非铁磁物质（铜、铝和橡胶等各种绝缘材料及空气等）两类。

任意一种物质的磁导率 μ 和真空的磁导率 μ_0 的比值，称为该物质的相对磁导率 μ_γ，即

$$\mu_\gamma=\frac{\mu}{\mu_0}$$

在国际单位制（SI）中，相对磁导率 μ_γ 是无量纲的纯数，磁导率 μ 的单位是亨利/米（H/m）。

注意：常用的真空磁导率 μ_0 为一个常数，$\mu_0=4\pi\times10^{-7}$ H/m。

五、磁场能量

通过前面的知识我们知道，电感线圈也是一个储能元件，它所储存的是磁场能量。当线圈中通有电流时，线圈中就要储存磁场能量，通过线圈的电流越大，储存的能量就越多；在通有相同电流的线圈中，电感越大的线圈，储存的能量越多，因此线圈的电感也反映了它储存磁场能量的能力。与电场能量相比，磁场能量和电场能量有许多相同的特点：

（1）磁场能量和电场能量在电路中的转化都是可逆的。例如，随着电流的增大，线圈的磁场增强，储入的磁场能量增多；随着电流的减小，磁场减弱，磁场能量通过电磁感应的作用，又转化为电能。因此，线圈和电容器一样是储能元件，而不是电阻类的耗能元件。

（2）磁场能量的计算公式，在形式上与电场能量的计算公式相同。

六、安培环路定律

安培环路定律在电机中应用很广，它是电机和变压器磁路计算的基础。安培环路定律是描述电磁联系的基本电磁定律。

安培环路定律也称全电流定律，在磁场中，任取一闭合路径，沿此路径对磁场强度 H 的矢量的线积分恒等于积分线所环链的传导电流的代数和，即

$$\oint_l H\cdot \mathrm{d}l=\sum_{k=1}^{n} I_k \quad k=1,2,3,\cdots,n \tag{6.5}$$

式（6.5）中当电流参考方向与闭合路径的方向符合右螺旋定则时，电流前取正号，反之取负号。

七、常见问题讨论

（1）说明磁感应强度与磁通的关系和磁感应强度与磁场强度有什么区别。

解答：磁通Φ是穿过某一截面S的磁感应强度B的通量。截面一旦选定，磁感应强度越大，则磁通量越大。磁感应强度为B，磁场强度为H，B、H和μ三者的关系为：$B=\mu H$；相同磁介质下，磁场强度越大，磁感应强度B也越大；在磁路不饱和时，μ近似不变，则H越大，B也越大。但随着H的增大，磁介质逐渐饱和，μ将减小，B随H增大而增大的趋势逐渐减小。即因为μ不是常数，所以B-H关系为非线性关系。

可以这么理解：H是反应电流产生磁场的大小，B则是反映磁场中能够转化成电流的能力的强弱，即储存的磁场做功能力的强弱。

（2）说明B、H和μ三者的关系、物理意义和所用的国际单位。

解答：B是磁感应强度，是用来表示磁场内某点的磁场强弱和方向的量，其国际单位为特斯拉[T]；H是磁场强度，是计算磁场所引用的物理量，单位是安/米[A/m]；μ是磁导率，表示介质导磁能力的强弱，单位为亨/米[H/m]。

（3）磁感应强度一定时，磁场强度与铁磁材料的磁导率是否成正比？

解答：磁感应强度与磁场强度的关系式为$B=\mu H$，所以磁感应强度一定时，磁场强度与铁磁材料的磁导率成反比。

（4）非磁性材料的磁导率等于多少？

解答：注意非磁性材料的磁导率并不为零，所以非磁性材料同样能被磁通穿过。非磁性材料的磁导率近似等于真空的磁导率。μ_0为真空的磁导率，是一常数，$\mu_0=4\pi\times10^{-7}\ \text{H/m}$。

八、特别提示

磁感应强度一定时，磁场强度与铁磁材料的磁导率成反比。

第二节　磁性材料

一、磁性材料的主要特性

（一）磁导率高

高导磁性即其相对磁导率μ_γ很大（数千以至数万之大），且随磁场强度H的不同而变化，这是由于构成铁磁性材料的微观分子具有磁畴结构。。磁畴相当于一个小磁铁，铁磁性物质含有无穷多个磁畴分子。在没有外磁场作用时，铁磁性物质的各个磁畴分子无序的排列着，但是整体来看其磁畴效应是相互抵消的，对外不显磁性，如图6.1（a）所示。若将磁性材料置于外磁场中，它们转动成较规则的排列，形成与外磁场同方向的附加磁场，从而加强了原来的磁场，如图 6.1（b）所示，这就是磁介质的磁化过程。所以铁磁材料的磁导率很高，当外磁场消失后，磁畴排列又恢复到杂乱状态。

利用优质的磁性材料可以实现励磁电流小、磁通足够大的目的，可以使同一容量的电机设施的重量和体积大大减轻和减小。

（a）没有外磁场作用　　（b）有外磁场作用

图 6.1　铁磁性物质的磁化

（二）磁饱和性

（1）磁饱和性即磁性材料的磁化磁场 B（或 Φ）随着外磁场 H（或 I）的增强，并非无限地增强，而是当全部磁畴的磁场方向都转向与外磁场一致时，磁感应强度 B 不再增大，达到饱和值。亦即铁磁性材料的磁化曲线是非线性的，如图 6.2 中曲线 1。

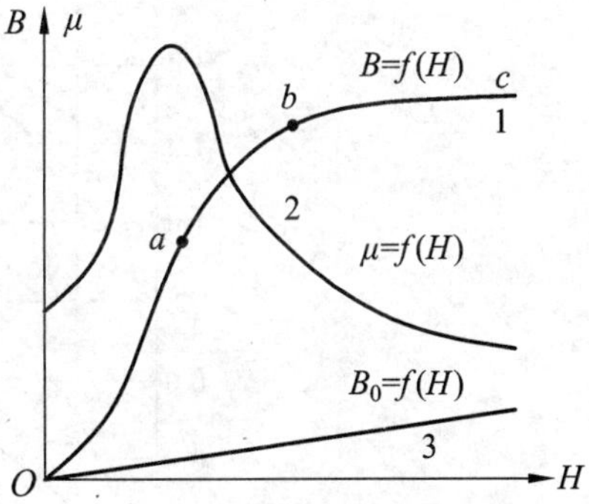

图 6.2　铁磁性物质的磁化曲线

从图 6.2 中曲线 1 线可以看出：

① Oa 段。当外磁场由零逐渐增大时，开始由于外磁场较弱，对磁畴作用不大，附加磁场增长缓慢。所以磁感应强度 B 随磁场强度 H 增加较慢。

② ab 段。随着外磁场强度的增强，磁畴所产生的附加磁场几乎是与 H 成比例的增强，因此，B 与 H 的增长也近于正比例关系，此时磁化效果最显著。但是它的稳定性较差，H 稍有微小的波动，B 就有较大的变化。

③ bc 段。当外加磁场强度继续增大时，可用磁畴越来越少，磁感应强度 B 的增长率减慢逐渐趋于饱和，这就是铁磁材料的磁饱和性。

为了尽可能大地获得强磁场，一般电机铁芯的磁感应强度常设计在曲线的拐点 b 附近。

（2）μ 不是常数，随 H 的变化而发生变化，如图 6.2 中曲线 2。

（3）为显示铁磁材料的特征，在图中绘出了真空（或空气）的 B_0-H 曲线，如图 6.2 中曲线 3。

（三）磁滞现象

图 6.3 所示为磁滞回线，可见

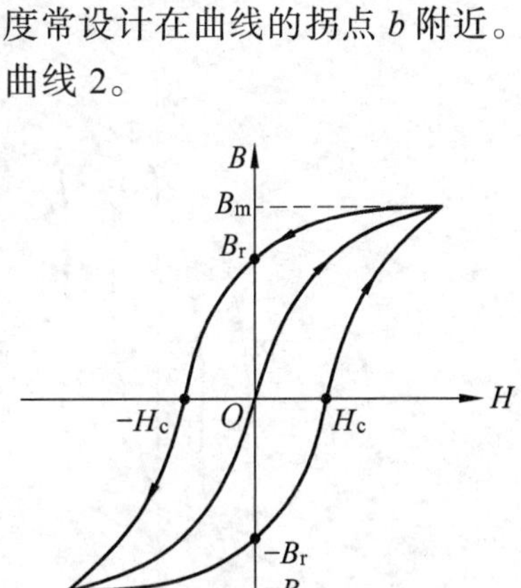

图 6.3　铁磁性物质的磁滞回线

（1）磁滞回线。磁滞性则主要表现在当将一块尚未磁化的铁磁材料放在磁场内反复交变磁化，便可获得一个对称于原点的闭合曲线，称为磁滞回线。

（2）矫顽磁力。B_m 为饱和磁感应强度，当磁化电流减小使 H 为 0 时，B 的变化滞后于 H，有剩磁 B_r。为消除剩磁，须加反向磁场 H_c，称为矫顽磁力。

由图可以发现，磁介质磁化达到磁饱和后，若外加磁场 H 逐渐减小，磁感应强度 B 会随之减小，但是它不是沿原路返回，而是走另一条途径。

（3）磁滞损耗。产生磁滞现象的原因是铁磁材料中磁分子在磁化过程中彼此具有摩擦力而互相牵制。由此引起的损耗叫磁滞损耗。

二、磁性材料的分类

不同的磁性材料，其磁滞回线和磁化曲线也不同。图 6.4 给出了几种常用磁性材料的磁化曲线；图 6.5 和图 6.6 给出了三种不同磁性材料的磁滞回线。

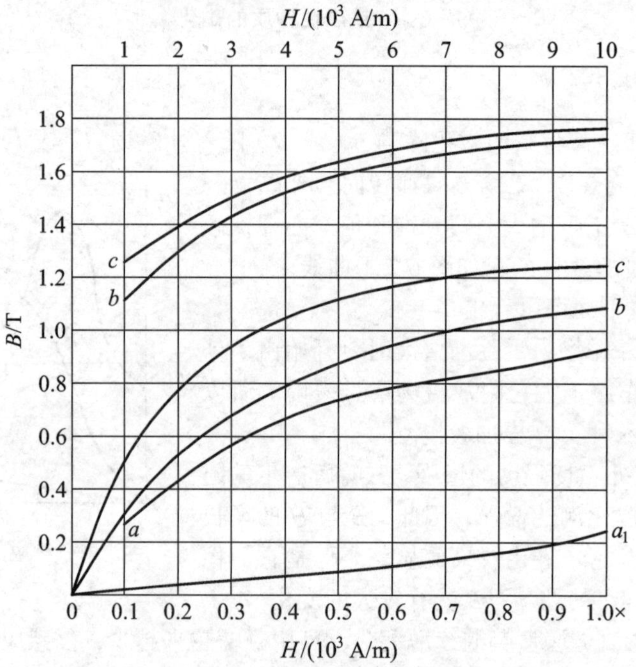

a—铸铁；*b*—铸钢；*c*—硅钢片。

图 6.4 磁化曲线

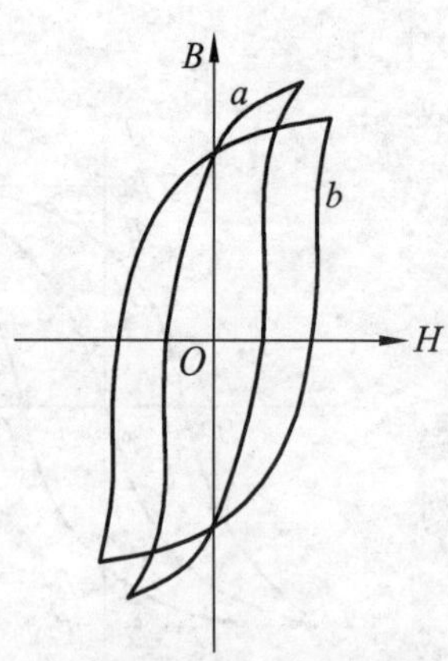

图 6.5 软磁和硬磁材料的磁滞回线

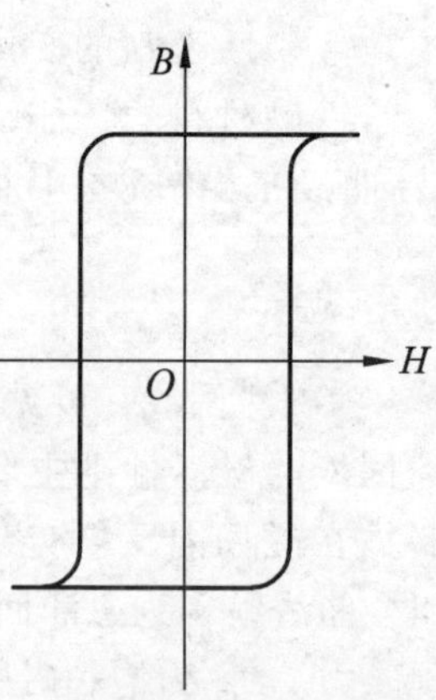

图 6.6 矩磁材料的磁滞回线

不同的铁磁性材料，其磁滞回线的面积不同（物理学上可证明，单位体积的铁磁材料因磁滞性引起的损耗正比于回线的面积），形状也不同。据此可将铁磁材料分为软磁材料、硬磁材料和矩磁材料三大类。

1）软磁材料

软磁性材料，其回线呈细长条形，B_r 小，H_c 也小，磁导率高，易磁化也易退磁。工程上常用的软磁材料有电工软铁、硅钢片和铁镍合金（有称坡莫合金），分别用来制造直流电磁铁、电机、变压器和继电器等的铁芯、脉冲变压器的铁芯，如图 6.5 中曲线 a 所示。

2）硬磁材料

硬磁材料的特点为经过深度饱和磁化后，具有较大的剩磁、较高的矫顽力和较大的磁滞回线面积。这类材料一经磁化即可保持较强的恒定磁场，因此，又称为永久材料。如图 6.5 中曲线 b，回线呈阔叶形状，B_r 较大，H_c 也较大，这类材料常用来制造永久磁铁。硬磁材料有碳钢、钴钢、铁、镍铝钴合金铁硼合金等。例如用于制造精密仪器、仪表、永磁电机、微电机、传感器、扬声器等。

3）矩磁材料

矩磁材料的特点为具有较小的矫顽力和较大的剩磁，稳定性较好，磁滞回线接近矩形，如图 6.6 所示。这种材料在两个方向上磁化后，剩磁都很大，接近饱和磁感应强度，而且很稳定。但它的矫顽力较小，易于翻转。即在很小的外磁场的作用下能使它磁化达到饱和。由于矫顽力小，消除剩磁并不需要很强的外磁场，只要反向磁场一超过矫顽力，磁化方向就立即翻转。具有矩形磁滞回线的铁磁材料，例如铁氧体材料、坡莫合金等，目前广泛应在电子技术、计算机技术中，主要用于生产记忆元件、开关元件、逻辑元件，制造内存储器的磁心和外部设备的磁带、磁盘等。

三、常见问题讨论

（1）工程上为什么常用铁磁物质来做成各种形状的磁路？

解答：非铁磁物质的磁导率 μ 与真空的磁导率 μ_0 相差很小，工程上通常认为二者相同。铁磁物质的磁导率要比真空的磁导率大很多倍（几百～几万倍不等），因此，工程上用铁磁物质做成各种形状的磁路，以便使磁通能集中在选定的空间，以增强磁场。

（2）铁磁材料的基本特性是什么？

解答：铁磁材料具有“高导磁率”“磁饱和”以及“磁滞和剩磁”的基本磁特性。

（3）什么是剩磁？哪些因素会引起剩磁的减弱甚至消失？

解答：在电流产生的磁场强度 H 的激励下，铁磁材料（如铁芯）被磁化并以感应强度 B 描述磁化程度。磁化后的铁芯，若去除电流激励，使 $H=0$，铁磁材料中的磁感应强度虽减小，但并不为零，即 $B\neq0$，这种现象称为铁磁材料具有剩磁特性。

铁磁材料的剩磁可通过施加适当的反向磁场或对其施加高温或振动而减弱或消失。

（4）请举例说明磁性材料的剩磁好的方面和不好的方面。

解答：永久磁铁、永磁式扬声器、磁电式仪表和永碰式直流电机等都是剩磁应用的实例，反映了剩磁有利的一面。而有些场合，剩磁则会带来麻烦。例如轴承在磨床上加工后会产生剩磁，这是我们不希望的，必须设法去掉；同样涡流也有利有弊，涡流可用于金属冶炼加工，利用涡流原理还可制造仪器（例如电度表）；而交流电机和电器工作时铁芯中产生的涡流则增加功率损耗，也影响电机电器的工作性能。

（5）铁磁材料的工作温度为什么要有一定的限度？

解答：当温度高过此值时，磁畴被破坏，失去了铁磁材料的特点，这一极限温度称为居里温度。铁的居里温度约为 760 °C。

（6）矩磁材料的特点是什么？主要用途是什么？

解答：矩磁材料的特点为具有较小的矫顽力和较大的剩磁，稳定性较好，磁滞回线接近矩形。这种材料在两个方向上磁化后，剩磁都很大，接近饱和磁感应强度，而且很稳定。但它的矫顽力较小，易于翻转。具有矩形磁滞回线的铁磁材料，例如铁氧体材料、坡莫合金等，目前广泛应在电子技术、计算机技术中，主要用于生产记忆元件、开关元件、逻辑元件，制造内存储器的磁心和外部设备的磁带、磁盘等。

四、特别提示

磁性材料的剩磁有好的一面，也有不好的一面。

第三节　磁路基础和磁路的基本定律

一、磁路基础

磁路是由铁芯与线圈构成，使磁通绝大部分通过的闭合回路。磁路通常由铁磁材料及空气隙两部分组成。研究磁路的目的在于如何用较小的电流、较少的材料建立较强的符合要求的磁场。图 6.7 为典型磁路举例，（a）、（b）、（c）分别是变压器、直流电机和电磁型继电器磁路示意图。

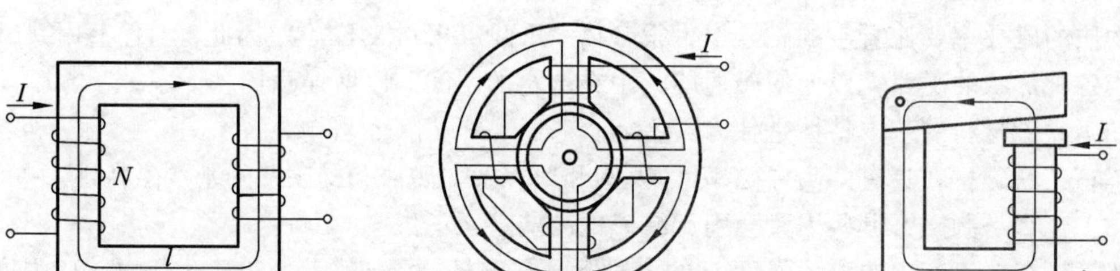

（a）　（b）　（c）

图 6.7　典型磁路示意图

构成磁路的重要材料是铁磁性材料，铁磁性材料主要有铸钢、硅钢片、铁及与钴镍的合金、铁氧体等，它们在外磁场的作用下将被强烈地磁化，使磁场显著增强，可以把绝大部分磁力线集中在其内部和一定的方向上。铁磁性材料的磁性能与损耗是分析磁路所必须熟知的。

二、磁路的基本定律

1. 磁路欧姆定律

磁路的欧姆定律是磁路中最基本的定律。设由某种铁磁材料构成的均匀磁路，其长度为 l，截面积为 S，由于磁路上各点的 μ 值、B 值相等，磁场强度 H 也相等，故通过 S 截面的磁通 Φ 可表示为

$$\Phi = BS = \mu HS \tag{6.6}$$

根据安培环路定律，对于均匀磁路有

$$\oint_l H \cdot \mathrm{d}l = Hl = IN \tag{6.7}$$

式（6.7）中，N 为绕组的匝数，由于积分与路径无关，只与路径内包含的导体电流的大小和方向有关，可见电流是产生磁场的源泉，将式（6.7）重写为

$$\oint_l H \cdot \mathrm{d}l = \sum_{k=1}^{n} I_k = F_{\mathrm{m}} \tag{6.8}$$

式（6.8）中，F_{m} 称为磁通势，在国际单位制中单位为 A。将式（6.7）代入式（6.6）得

$$\Phi = \frac{IN}{l/\mu S} \text{或} IN = \Phi \frac{l}{\mu S} = F_{\mathrm{m}} \tag{6.9}$$

令 $R_{\mathrm{m}} = \dfrac{l}{\mu S}$，则

$$\Phi = \frac{NI}{R_{\mathrm{m}}} = \frac{F}{R_{\mathrm{m}}} \tag{6.10}$$

式（6.10）称为磁路的欧姆定律，其中，R_{m} 反映对磁通的阻碍作用，称为**磁阻**，单位为（H^{-1}）。F 是产生磁通 Φ 的原因，称为**磁动势**，单位为（A）。磁通 Φ 又称为磁流。磁动势 F 愈大，所激发的磁流 Φ 愈大；磁阻 R_{m} 愈大 Φ 愈小。

磁路的欧姆定律与电路欧姆定律相比较，形式相似。但电路中的电阻是消耗电能的，而磁阻 R_{m} 是不耗能的。

注意：磁性材料的磁导率并不是常数，它随励磁电流大小的不同而改变，故磁阻 R_{m} 也不是常数，并随励磁电流变化。所以一般情况下很难用这个公式直接计算磁路中的磁通。但是从式（6.9）中可以直接看出磁导率和截面积的大小对磁通的影响，这对理解磁路的基本概念及定性分析磁路中各物理量之间的关系还是很有用处的。

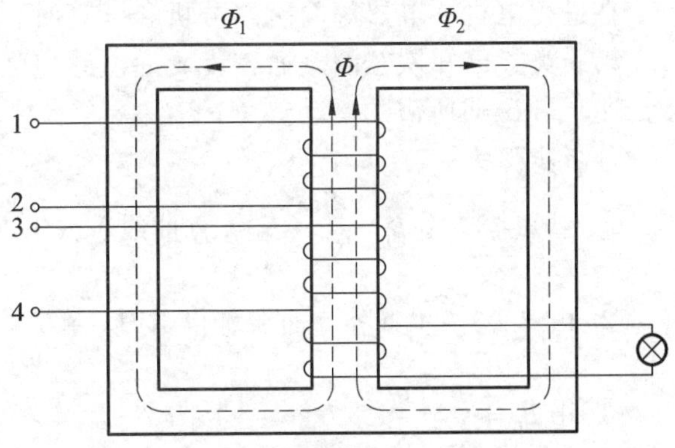

图 6.8　分支并联磁路

2. 磁路的基尔霍夫第一定律（分支磁流定律）

磁路的基尔霍夫第一定律：如果铁芯不是一个简单回路，而是带有并联分支的分支磁路，如图 6.8 所示，则当中间铁芯柱上加有磁动势 F 时，磁通的路径将如图中虚线所示。

对于图 6.8 所示的磁路形式，根据磁场的高斯定理

$$\oiint_S \vec{B}\cdot \mathrm{d}\vec{S}=0$$

则分支磁流定律为

$$\oiint_S \vec{B}\cdot \mathrm{d}\vec{S}=\sum_{(S内)}\varPhi_i=0 \tag{6.11}$$

式（6.11）表明：穿出（或进入）任一闭合面的总磁通量恒等于零（或者说，进入任一闭合面的磁通量恒等于穿出该闭合面的磁通量），这就是磁通连续性定律。与电路中的基尔霍夫第一定律类似，该定律也称为磁路的基尔霍夫第一定律。

3. 磁路的基尔霍夫第二定律（非均匀磁路的环路磁压定律）

一般形式的磁路，材料不一定相同，或截面不等，有的还具有极小的空气隙，如电机的磁路、继电器的磁路等，这样的磁路称为非均匀磁路。图 6.9 所示分段均匀磁路便可看作一个串联的非均匀磁路，它具有继电器磁路的基本结构特点。

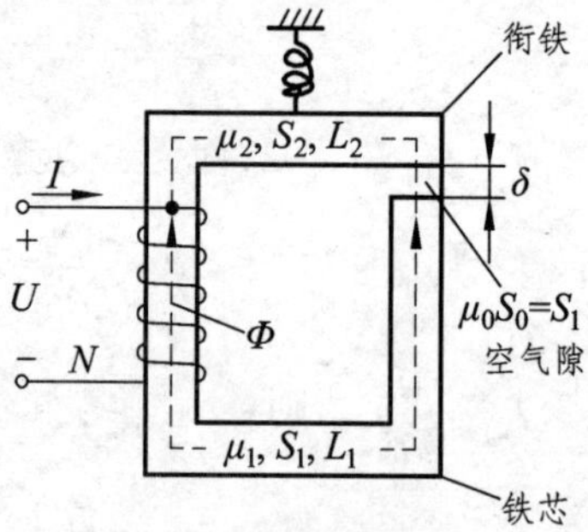

图 6.9　分段均匀磁路

对图 6.9 所示分段均匀磁路有

$$H_1 l_1 + H_2 l_2 + H_0\delta = IN$$

或

$$\sum Hl = IN$$

上式中 $H_i l_i$ 又常称作磁路的磁压降，所以上式便为非均匀磁路的环路磁压定律，即基尔霍夫第二定律。

$$\oint_l H\cdot dl=\sum Hl=\sum Ni \tag{6.12}$$

三、磁路的分析与计算

在进行电机、电器等的磁路分析和计算时，可以分为两类。

第一类：已知铁芯的磁通密度（即磁感应强度）B，磁通及磁路各段的尺寸和材料，求产生已知磁通所需的磁动势 $F=IN$。

分析步骤为：

① 已知 $\varPhi$，由 $B_1=\dfrac{\varPhi}{S_1}$（查 B-H 曲线）得出 $H_1\rightarrow H_1 l_1$；

② 由 $B_2=\dfrac{\varPhi}{S_2}$（查 B-H 曲线）得出 $H_2\rightarrow H_2 l_2$；

③ 由 $B_0=\dfrac{\varPhi}{S_0}=\dfrac{\varPhi}{S_1}\rightarrow H_0=\dfrac{B_0}{\mu_0}\rightarrow H_0\delta$；

④ 由于 $\sum Hl=IN$，对交流磁路则可按幅值进行分析，即：已知 $\varPhi_{\mathrm{m}}\rightarrow B_{\mathrm{m}}=\dfrac{\varPhi_{\mathrm{m}}}{S_{\mathrm{C}}}=\dfrac{\varPhi_{\mathrm{m}}}{K_{\mathrm{C}}S}$，

查 $B\text{-}H$ 曲线，得出 $H_m \to \sum H_m l = I_m N \to I = \dfrac{I_m}{\sqrt{2}}$，式中 K_C 为叠片系数。

第二类：已知磁通势 IN 求所能产生的磁通量 Φ。由于磁路是非线性的（$B\text{-}H$ 曲线非线性），“第二类分析”只能借助“第一类分析”用猜试法进行。

四、常见问题讨论

（1）什么是磁路？为什么磁势激励的磁通绝大部分集中在铁芯磁路中？

解答：工程上称由铁磁材料组成的、磁力线集中通过并构成的闭合路径为磁路。由于磁路主要由铁磁材料构成，其磁导率比非磁路（非铁磁材料的介质）磁导率高很多，所以磁通绝大部分集中在铁芯磁路中。

（2）变压器、直流电机、继电器的磁路分别由什么构成？

解答：变压器的磁路由电工钢片叠成；直流电机的磁路由铁芯、空气隙、电枢铁芯和机轭组成，铁芯是电工钢片叠成，机轭用铸钢材料制造，它们都是磁导率高的铁磁材料；继电器的磁路由不同的导磁材料和空气隙组成。继电器和电机的空气隙是机电能量进行转换的场所，铁芯的作用是加强磁场，将磁场能量导引在选定的空间。

（3）磁路的基本定律有哪几条？当铁芯磁路上有几个磁动势同时作用时，磁路计算能否用叠加原理，为什么？

解答：有安培环路定律、磁路的欧姆定律、磁路的串联定律和并联定律；不能用叠加原理，因为磁路是非线性的，存在饱和现象。

五、特别提示

磁性材料的磁导率并不是常数，它随励磁电流大小的不同而改变，故磁阻 R_m 也不是常数，而是随励磁电流变化。

第四节　直流磁路

一、直流磁路的计算

铁芯线圈的电磁关系有两种：一种是用直流励磁，另一种是用交流励磁。直流励磁的铁芯线圈，磁通恒定，电流 I 的大小只与线圈电阻 R 有关，功率损耗也只有 I^2R，即所谓铜损。而交流铁芯线圈的电磁关系与功率损耗等是比较复杂的，它也是变压器与交流电机的基础。

直流磁路的励磁线圈中通入的是直流电流，磁路的磁通势和磁通都是恒定的。下面就通过两道例题，介绍简单直流磁路的计算方法。

例 6.1　有一线圈，其匝数 $N = 800$，绕在由铸钢制成的闭合铁芯上，铁芯的截面积 $S_{Fe} = 20\ \text{cm}^2$，铁芯的平均长度 $l_{Fe} = 40\ \text{cm}$。如果要在铁芯中产生磁通 $\Phi = 0.002\ \text{Wb}$，试求线圈中应该通入多大的直流电？

分析：简单的无分支直流磁路，其计算步骤可归纳为：已知 $\Phi \to B = \dfrac{\Phi}{S} \xrightarrow[\text{对于气隙直接求解}]{\text{根据}B\text{由}B-H\text{曲线查}H} H \to \sum Hl = \sum IN$。

解 $B=\dfrac{\Phi}{S}=\dfrac{0.002}{20\times10^{-4}}=1$（T）

通过查铸钢的磁化曲线表得到 $H=730$ A/m。

因为 $$\oint Hl=IN$$

所以 $$I=\frac{Hl}{N}=\frac{730\times40\times10^{-2}}{800}=0.365\ \text{(A)}$$

例 6.2 如果上题的铁芯中含有 $\delta=0.3$ cm 的空气隙（与铁芯柱垂直），由于空气隙较短，磁通的边缘扩散可以忽略不计，试问线圈中的电流必须多大才可以使铁芯中的磁感应强度保持上题中的数值?

分析：不同材料的磁路，其磁导率也不同，因此，对于产生同样的磁通Φ**所需的励磁电流也有所不同。空气隙的磁导率** $\mu_0=4\pi\times10^{-7}$ H/m。

解 由上题可知 $B_{\text{Fe}}=B_0=1$ T，查表得到 $H_{\text{Fe}}=730$ A/m。

$$H_0=\frac{B_0}{\mu_0}=\frac{1}{4\pi\times10^{-7}}=\frac{10^7}{4\pi}\ \text{(A/m)}$$

$$IN=H_{\text{Fe}}l_{\text{Fe}}+H_0\delta=730\times(50-0.3)\times10^{-2}+\frac{10^7}{4\pi}\times0.3\times10^{-2}=3.44\ \text{(A)}$$

结论：可见磁路中增加了空气隙，虽然气隙很短，但因空气的磁导率 μ_0 极小，使空气隙的磁阻很大。要产生同样的磁通Φ，所需的励磁电流将显著增加。因此，当磁路中必须包含有工作气隙时，应尽量减小气隙的长度。

例 6.3 一个环形线圈如图 6.10 所示，其外径 $D_1=86$ mm，内径 $D_2=74$ mm，线圈匝数 $N=100$，励磁电流 $I=1.25$ A。若环形线圈的心子分别采用铸钢、电工钢片和非磁性材料塑料制成，试分别计算磁路中的磁通和它们的磁导率。

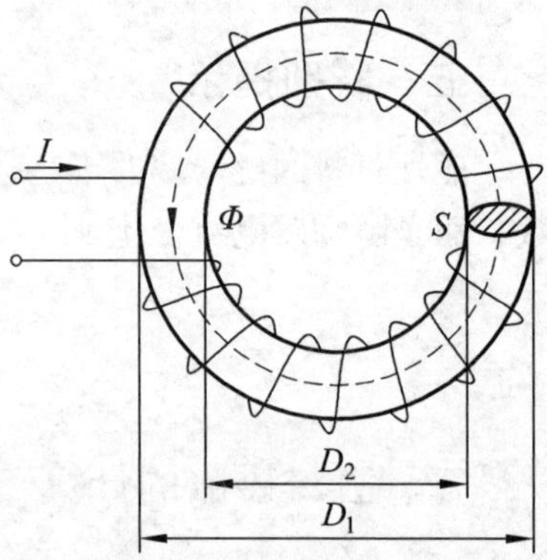

图 6.10 例 6.3 图

分析：（1）这是一个没有分支的均匀磁路，已知磁通势 NI，要求计算磁通Φ。无分支磁路是指只有一个回路的磁路，均匀磁路是指磁路中各处材料相同且质地均匀、截面积相等。

（2）这个问题不能直接用磁路的欧姆定律求解。因为对于磁性材料来说，其磁导率 μ 不是常数，它是随激励电流的大小不同而变化的，现为未知数，所以磁阻 R_{m} 为未知。但是可以应用磁路的有关定律和公式，按 $H\to B\to\Phi$ 的顺序求解，最后再计算出磁导率 μ。

解 磁路的平均长度

$$l=\pi\cdot\frac{D_1+D_2}{2}=\pi\cdot\frac{86+74}{2}=0.25\ \text{(m)}$$

$$H=\frac{NI}{l}=\frac{100\times1.25}{0.25}=500\ \text{(A/m)}$$

查阅图 6.4 可得，当 $H=500$ A/m 时，铸钢的磁感应强度 $B=0.64$ T，电工硅钢片的磁感应强度 $B=1.25$ T。

环形铁芯的截面积

$$S = \pi \cdot \left(\frac{D_1 - D_2}{4}\right)^2 = 28.3\,(\text{mm}^2) = 2.83 \times 10^{-5}\,(\text{m}^2)$$

当材料是铸钢时：

$$\Phi = B \cdot S = 0.64 \times 2.83 \times 10^{-5} = 1.81 \times 10^{-5} \text{ (Wb)}$$

$$\mu = \frac{B}{H} = \frac{0.64}{500} = 1.28 \times 10^{-3} \text{ (H/m)}$$

当材料是电工硅钢片时：

$$\Phi = B \cdot S = 1.25 \times 2.83 \times 10^{-5} = 3.54 \times 10^{-5} \text{（Wb）}$$

$$\mu = \frac{B}{H} = \frac{0.64}{500} = 1.28 \times 10^{-3} \text{（H/m）}$$

塑料是非磁性树料，它的其磁导率是已知的，$\mu \approx \mu_0 = 4\pi \times 10^{-7}$ H/m，所以其磁感应强度

$$B = \mu_0 H = 4\pi \times 10^{-7} \times 500 = 6.28 \times 10^{-4} \text{（T）}$$

$$\Phi = B \cdot S = 6.28 \times 10^{-4} \times 2.83 \times 10^{-5} = 1.78 \times 10^{-8} \text{（Wb）}$$

结论：从以上的计算结果可以看出，磁路的几何形状及外形尺寸完全一样，磁通势也相同，只是材料不同，磁路中的磁通就相差悬殊。这就是为什么电机等电气设备要采用磁性材料构成磁路的原因。

二、常见问题讨论

（1）只有直流励磁电流才能在铁磁材料中引起剩磁吗？

解答：铁磁材料具有高磁导率、磁饱和性和磁滞性三大特性，不论是直流电磁铁还是交流电磁铁均会有剩磁。

（2）在电机、变压器及各种铁磁元件的线圈中都放有铁芯的原因是什么？

解答：在获得相同磁感应强度数值的情况下，使用铁芯后可以减小线圈中的励磁电流并减小导线线径，节省了电能和金属材料。这就解决了既要磁通大，又要励磁电流小的矛盾。利用优质的磁性材料可使同一容量的电机的重量和体积都大大减小。

（3）为什么气隙磁阻比铁芯磁阻大得多？

解答：因为气隙的磁导率为 μ_0，比铁磁材料的磁导率 μ 小得多。而磁阻的大小主要与磁导率成正比，所以气隙磁阻比铁芯磁阻大得多。

三、特别提示

当磁路中必须包含有工作气隙时，应尽量减小气隙的长度。

第五节　交流磁路与交流铁芯线圈

很多电气设备的磁通是由交流电产生的，由交流电励磁的磁路称为交流磁路，励磁

线圈为交流铁芯线圈。本节讨论交流励磁下铁芯线圈的电压、电流与磁通的关系。

一、磁通与电压的关系

图 6.11 所示的交流线圈是有铁芯的，一般由硅钢片叠成的铁芯构成一个闭合的磁路。当线圈中通有电流 i 时，线圈产生磁场，磁场的方向（即磁通的方向）由右手螺旋定则确定。具体方法是：右手握住线圈，四指为电流方向，则大姆拇所示方向为磁通方向。磁通的绝大部分在铁芯内流通，这部分磁通称为主磁通 Φ；极少部分通过周围的空气闭合，称为漏磁通 Φ_σ。在线圈中分别产生主磁感应电动势 $e=-N\dfrac{\mathrm{d}\Phi}{\mathrm{d}t}$ 和漏磁感应电动势 $e_\sigma=-N\dfrac{\mathrm{d}\Phi_\sigma}{\mathrm{d}t}$。

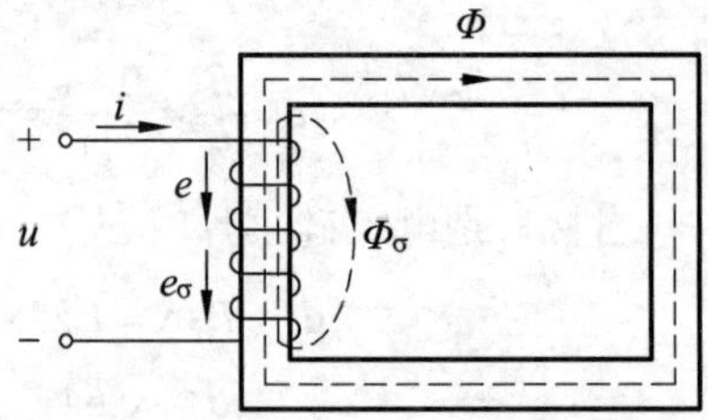

图 6.11　交流铁芯线圈

图中的 u、i、e 取关联参考方向，由 KVL 可以得出铁芯交流电路的电压和电流之间的关系，即

$$u+e+e_\sigma=Ri$$

考虑到在实际的铁芯线圈电路中，由于空气的磁导率 μ_0 为常数，远小于铁芯的磁导率 μ，因此漏磁通 Φ_σ 和线圈电阻 R 均较小，为了分析简便，可忽略它们的影响。所以上式可写成

$$u\approx -e=N\frac{\mathrm{d}\Phi}{\mathrm{d}t} \tag{6.13}$$

因为 u 是正弦电压，Φ 也必是同频率的正弦函数，设 $\Phi=\Phi_\mathrm{m}\sin\omega t$，则

$$u=-e=\omega N\Phi_\mathrm{m}\sin(\omega t+90°) \tag{6.14}$$

$$U\approx\frac{2\pi f}{\sqrt{2}}N\Phi_\mathrm{m}=4.44fN\Phi_\mathrm{m} \tag{6.15}$$

$$U\approx 4.44fNSB_\mathrm{m} \tag{6.16}$$

式（6.15）、式（6.16）中，B_m 和 Φ_m 分别为铁芯中磁感应强度和磁通的幅值，S 为铁芯的面积。

由此可见，励磁电压 u 在相位上比铁芯磁通 Φ 超前 90°，二者数量关系基本是固定的，与线圈的电流和磁路的磁阻无关。在 f、N 和 S 不变的前提下，只要电压不变，磁通也基本不变，交流磁路外施电压与磁通近似为线性关系。在电压 U 和磁感应强度的幅值 B_m 保持一定时，若提高电源频率 f 则线圈的匝数 N 和铁芯的面积 S 均可减少，即减少了铁芯线圈的用铜量和用铁量。因此，在同样电压和磁感应强度的幅值下，高频工作时的铁芯线圈比低频工作时的铁芯线圈尺寸小、重量轻。

二、铁芯线圈的功率损耗

交流铁芯线圈中的功率损耗分为铜损耗（P_Cu）和铁损耗（P_Fe）两大类，铁损耗又包括磁滞损耗和涡流损耗。

（一）铜损耗（P_{Cu}）

铜损是指电流在线圈导线电阻上产生的损耗，即

$$P_{Cu} = I^2R$$

式中，R 为线圈导线电阻，线圈匝数越多，线圈导线截面积越小，则 R 值越大。I 为线圈中电流有效值。

（二）铁损耗（P_{Fe}）

铁损耗包括磁性材料的磁滞损耗和涡流损耗两部分组成。

1. 磁滞损耗 P_h

磁滞损耗是指铁磁物质在交变磁化过程中，由于磁滞现象而引发的能量损耗。这种损耗的能量转变为热能而使铁磁材料发热。材料每交变磁化一周，单位体积所损耗的能量正比于磁滞回线的面积。因此，P_h 正比于交流电的频率 f 与磁滞回线的面积之积。磁滞回线界定的面积与 B_m 及材料的特性有关。根据实验得出计算磁滞损耗的经验公式为

$$P_h = K_h f B_m^n \tag{6.17}$$

式（6.17）中，K_h 为材料的特性常数，B_m 的指数 n 与材料特性有关，其值在 1.5 ~ 2.5 之间。

磁滞损耗这部分能量转化为热能，使设备升温，效率降低，这在交流电机一类设备中是不希望的。为了减小磁滞损耗，应选用磁滞回线狭窄的铁磁材料作铁芯。硅钢等软磁材料就因此而广泛应用于电机、变压器、继电器等设备中。

2. 涡流损耗 P_e

导体在非均匀磁场中移动或处在随时间变化的磁场中时，导体内的感生电流导致的能量损耗，叫作涡流损耗。在导体内部形成的一圈圈闭合的电流线，称为涡流（又称傅科电流），如图所示 6.12（a）所示。涡流损耗的大小与磁场的变化方式、导体的运动、导体的几何形状、导体的磁导率和电导率等因素有关。涡流损耗的计算需根据导体中电磁场的方程式，结合具体问题的上述诸因素进行。

（a）　　　　（b）

图 6.12　涡流示意图

计算涡流损耗的经验公式为

$$P_e = K_e f^2 B_m^2 \tag{6.18}$$

式（6.18）中，K_e为材料特征常数。

置于随时间变化的磁场中的导体内也会产生涡流，如变压器的铁芯，其中有随时间变化的磁通，它在副边产生感应电动势，同时也在铁芯中产生感应电动势，从而产生涡流。这些涡流使铁芯发热，消耗电能，这是不希望有的。为了减小涡流损耗，就要千方百计减小涡流的数值。为此，铁芯不是由整块的硅钢做成，而是由表面涂有绝缘漆的硅钢片叠成，如图 6.12（b）所示。这样，大范围内的涡流通路被切断，使涡流限制在很小的截面内（一片硅钢片的截面）流通。此外硅钢片中含有一定比例的硅，电阻率较大，也可使涡流大大减小。

涡流有有害的一面，应尽量减小，但也可利用涡流为人类服务。例如利用涡流的热效应来冶炼金属，利用涡流与磁场相互作用而产生电磁力的原理来制造感应式仪器、涡流测距器等。最典型的例子是利用涡流原理来冶炼金属的高频感应炉。

三、交流铁芯线圈的等效电路

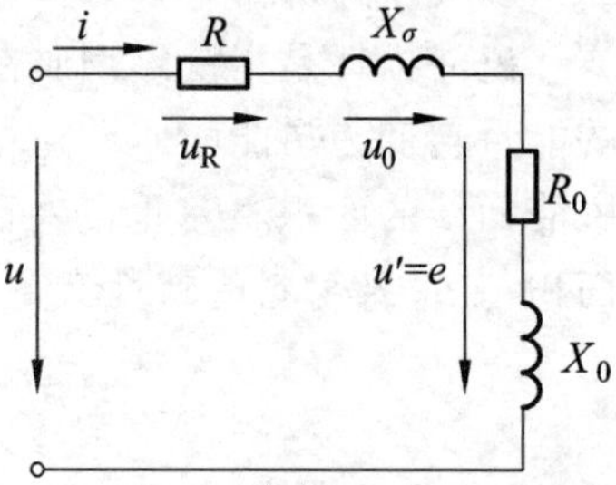

图 6.13　交流铁芯线圈的铁芯等效电路

在交流铁芯线圈中，既有电路问题也有电和磁之间的相互关系，常常将交流铁芯中的电和磁的相互关系用纯电路来表示，如图 6.13 所示。

图 6.13 中：R 为线圈的电阻；X_σ 为空心线圈漏磁感抗；R_0 为铁损对应的等效电阻；X_0 为铁芯线圈中能量储放对应的等效感抗。即

$$R_0 = \frac{P_{Fe}}{I^2} \tag{6.19}$$

$$X_0 = \frac{Q_{Fe}}{I} \tag{6.20}$$

式（6.20）中，Q_{Fe} 是表示铁芯储放能量的无功功率。

铁芯线圈交流电路等效阻抗为

$$|Z_0| = \sqrt{R_0^2 + X_0^2} = \frac{U'}{I} \approx \frac{U}{I} \tag{6.21}$$

例 6.4　将一个匝数 $N = 100$ 的铁芯线圈接到电压 $U_S = 220$ V 的工频正弦电源上，测得线圈的电流 $I = 4$ A，功率 $P = 100$ W。不计线圈电阻及漏磁通，试求铁芯线圈的主磁通 Φ_m，串联电路模型的 Z_0，并联电路模型的 Y_0。

分析：（1）主磁通 Φ_m 由式（6.15）解得；（2）串联电路模型的 Z_0 可通过电路分析解得，其中阻抗角等于功率因数角，即 $\cos\varphi_Z = \cos\varphi = \frac{P}{S} = \frac{P}{U_S I}$（功率三角形）；（3）并联电路模型的 $Y_0 = \frac{1}{Z_0}$。

解　由 $U_S = 4.44fN\Phi_m$ 得

$$\Phi_m=\frac{U_S}{4.44fN}=\frac{220}{4.44\times50\times100}=9.91\times10^{-3}\ \text{(Wb)}$$

$$Z_0=R_0+jX_0=\frac{U_S}{I}\angle\arccos\frac{P}{UI}=\frac{220}{4}\angle\arccos\frac{100}{220\times4}$$

$$=55\angle83.48^\circ=6.245+j54.64\ (\Omega)$$

$$Y_0=G_0+jB_0=\frac{1}{Z_0}=\frac{1}{55\angle83.48^\circ}=0.01818\angle-83.48^\circ$$

$$=2.065\times10^{-3}-j18.06\times10^{-3}\quad\text{(S)}$$

结论：在交流磁路分析中，式 $U_S=4.44fN\Phi_m$ 和 $U\approx4.44fNSB_m$ 是分析各参数之间关系的核心公式；其电路模型的分析，可利用电路分析计算模型的参数。如 $Z_0=6.245+j54.64(\Omega)$ 说明电路模型是由 6.245 Ω电阻串联 54.64 Ω感抗构成。

四、常见问题讨论

（1）为减少涡流损耗，常将铁芯用许多铁磁导体薄片（例如硅钢片）叠成，为什么？

解答：大块的导体在磁场中运动或处在变化的磁场中，都要产生感应电动势，形成涡流，引起较大的涡流损耗。为减少涡流损耗，常将铁芯用许多铁磁导体薄片（例如硅钢片）叠成，这些薄片表面涂有薄层绝缘漆或绝缘的氧化物。磁通穿过薄片的狭窄截面时，涡流被限制在沿各片中的一些狭小回路流过，这些回路中的净电动势较小，回路的长度较大，再由于这种薄片材料的电阻率大，这样就可以显著地减小涡流损耗。所以，交流电机、电器中广泛采用叠片铁芯。

（2）什么是铁损？一个电器的铁损与磁通及其变化频率大体上有怎样的关系？

解答：铁磁材料的铁损是指它传导变化的磁场所产生的损耗，因为这些损耗是由铁磁材料产生的，故称铁损。铁损包括磁滞损耗和涡流损耗。

一个电器的铁损，大体上与频率 f 的一点几次方成正比，且大体上与磁通 Φ 的平方成正比。

（3）直流磁路与交流磁路有何不同？

解答：① 在直流磁路中，磁动势（或励磁电流）、磁通、磁感应强度、磁场强度都是恒定不变的，而在交流磁路中，这些量都在不断地变化。

② 直流励磁电流的大小只取决于线圈端电压和电阻的大小，与磁路的性质无关；而交流励磁电流的大小则主要与磁路的性质（材料种类、几何尺寸、有无气隙及气隙大小等）有关。

③ 在交流磁路中有涡流与磁滞损失存在，而直流磁路没有。

（4）分析交流铁芯线圈的功率损耗。

解答：交流铁芯线圈的有功功率（功率损耗）为：$P=UI\cos\varphi=I^2R_{Cu}+P_{Fe}$。

其中 P_{Fe} 的大小与铁芯中磁感应强度 B_m 的平方成正比，故 B_m 的选择不宜过大。R_{Cu} 即线圈内阻。实际中，也可将铁损等效为一个电阻 R_{Fe}，其值为 $R_{Fe}=P_{Fe}/I^2$，这样，铁芯线圈等效电阻便为：$R=R_{Cu}+R_{Fe}$。

五、特别提示

涡流有有害的一面，应尽量减小，但也可利用涡流为人类服务。

第六节　电磁铁

电磁铁是自动控制系统中广泛应用的一种执行元件。它是利用通电线圈在铁芯中产生磁场、电磁场对磁性材料产生吸力的原理制造的机构，统称为电磁铁。电磁铁通过衔铁的运动，将电磁能转换为机械能。工业上常利用电磁铁完成起重、制动、吸持及开闭等机械动作。

电磁铁的种类很多，但基本结构是相同的。一般由励磁线圈、铁芯及衔铁三部分构成，如图 6.14 所示。

电磁铁按励磁电流分为直流电磁铁和交流电磁铁两种。

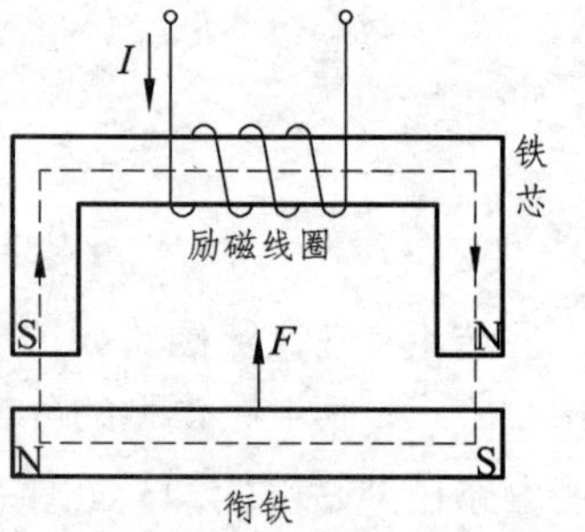

图 6.14　电磁铁的结构示意图

一、直流电磁铁

直流电磁铁衔铁所受到的吸力 F 的大小和两极间的磁感应强度 B 成正比。此外，在 B 为一定值的情况下，若气隙磁路的面积 S 越大，则吸力也越大。

经过计算，电磁力为

$$F = \frac{10^7}{8\pi} B^2 S \ \text{(N)} \tag{6.22}$$

在国际单位制中，B 的单位为 T（特斯拉），S 的单位为 m^2（平方米），F 的单位为 N（牛顿）。

直流电磁铁中没有涡流损耗，所以铁芯由整块的硅钢制成。另外，在直流电磁铁中，励磁电流的大小仅与线圈的导线电阻有关，不因气隙的大小而变化，当电压一定时电流也为定值。直流电磁铁动作平稳，工作可靠，适于动作频繁的机构。

二、交流电磁铁

励磁线圈中通入交流电，产生电磁吸力，称为交流电磁铁。为了减小涡流损耗，交流电磁铁的铁芯都是由硅钢片叠成。交流电磁铁线圈中的励磁电流大小不仅与线圈的导线电阻有关，还与线圈的感抗、铁芯磁阻特别是气隙的大小有关。如果衔铁在吸合过程中被卡住，此时气隙较大，总磁阻较大，从而使励磁电流增大，进而导致线圈过热而烧毁。反之，在吸合过程中，随着气隙的减小，磁阻较小，线圈的电感和感抗增大，使线圈中的电流减小。因此，在交流电磁铁中，线圈中的电流随气隙的大小而变化。

在使用时，一旦发现衔铁被卡住，气隙不能闭合，就应立即切断电源，排除故障。

交流电磁铁的磁感应强度是交变的，设 $B = B_m \sin \omega t$，ω 为工频交流电的角频率，将 B 代入式（6.22），即得

$$f = \frac{10^7}{8\pi} B_m^2 S_0 \sin^2 \omega t = \frac{1}{2} F_m - \frac{1}{2} F_m \cos 2\omega t \tag{6.23}$$

式（6.23）中，$F_m = \dfrac{10^7}{8\pi} B_m^2 S_0$ 是吸力的最大值。我们平时所说吸力大小均是吸力的平均值，即

$$F=\frac{1}{T}\int_0^T f\mathrm{d}t=\frac{1}{T}\int_0^T\left[\frac{1}{2}F_m-\frac{1}{2}F_m\cos 2\omega t\right]\mathrm{d}t$$
$$=\frac{1}{2}F_m=\frac{10^7}{16\pi}B_m^2S_0\ \ (\mathrm{N}) \tag{6.24}$$

由式（6.24）可知，吸力 F 在零与最大值 F_m 之间脉动，如图 6.15（b）所示，脉动的频率是电源频率的 2 倍。电磁铁的衔铁都装有释放弹簧，其作用力与电磁吸力相反。衔铁受到的吸力时而最大，时而最小，因而将使铁芯产生机械振动，并发出噪声。振动使铁芯易磨损，且增大功率损耗。为防止震动，可在铁芯上装阻尼环，如图 6.16 所示。阻尼环为一短路环，受交变磁通的感应，环中产生滞后磁通的感应电流。因此环所包围的铁芯部分中的磁通与环外铁芯部分的磁通便有一相位差存在，使两部分的磁通和吸力不同时降为零，从而消除了振动和噪声。

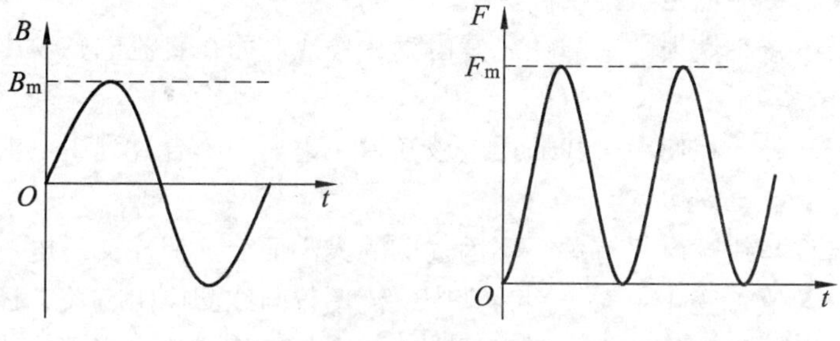

（a）　（b）

图 6.15　交流磁感应强度和磁力的变化曲线

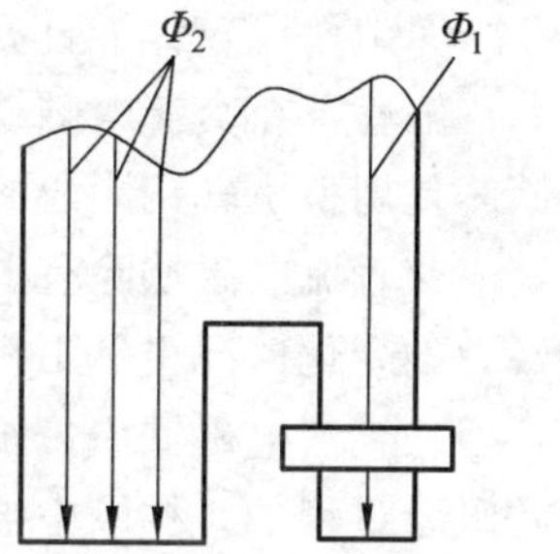

图 6.16　阻尼环

直流电磁铁与交流电磁铁除上述的差别外，在使用时还应注意，它们在吸合过程中电流和吸力的变化情况是不相同的。

要特别注意，即使是额定电压相同的交、直流电磁铁，也绝不能互换使用。若将交流电磁铁接在直流电源上，由于线圈的感抗为零，会使线圈中的电流比接在相同电压的交流电源上的电流大出许多倍，将导致线圈过热而烧毁。

三、电磁铁的应用

电磁铁应用领域例如：

（1）电磁起重机：电磁铁在实际中的应用很多，最直接的应用就是电磁起重机。把电磁铁安装在吊车上，通电后吸起大量钢铁，移动到另一位置后切断电流，把钢铁放下。大型电磁起重机一次可以吊起几吨钢材。

（2）电磁继电器：电磁继电器是由电磁铁控制的自动开关。使用电磁继电器可用低电压和弱电流来控制高电压和强电流，实现远距离操作。

（3）电铃：电路闭合，电磁铁吸引弹性片，使铁锤向铁铃方向运动，铁锤打击铁铃而发出声音，同时电路断开，电磁铁没有了磁性，铁锤又被弹回，电路闭合。如此不断重复，电铃发出了持续的铃声。

（4）磁悬浮列车：磁悬浮列车是一种采用无接触的电磁悬浮、导向和驱动系统的磁悬浮高速列车系统。它的时速可达到 500 km 以上，是当今世界最快的地面客运交通工具，有速度快、爬坡能力强、能耗低、运行时噪音小、安全舒适、不燃油、污染少等优点。并且它采用高架方式，占用的耕地很少。磁悬浮列车意味着这些火车利用磁的基本原理悬浮在导轨上来代替旧的钢轮和轨道列车。磁悬浮技术利用电磁力将整个列车车厢托起，摆脱了讨厌的摩擦力和令人不快的锵锵声，实现与地面无接触、无燃料的快速“飞行”。

（5）家里的一些电器，如电冰箱、吸尘器上都有电磁铁。在电动机、发电机和电磁继电器里也用到电磁铁。全自动洗衣机的进水、排水阀门，卫生间里感应式冲水器阀门，也都是由电磁铁控制的。

四、常见问题讨论

（1）请比较一下直流电磁铁与交流电磁铁的不同。

解答：在交流电磁铁中，为了减小铁损，它的铁芯是由钢片叠成。而在直流电磁铁中，铁芯是用整块软钢制成的。

交直流电磁铁除有上述的不同外，在使用时我们还应该知道，它们在吸合过程中电流和吸力的变化情况也是不一样的。

在直流电磁铁中，励磁电流仅与线圈电阻有关，不因气隙的大小而变。但在交流电磁铁的吸合过程中，线圈中电流（有效值）变化很大。因为其中电流不仅与线圈电阻有关，还与线圈感抗有关。在吸合过程中，随着气隙的减小，磁阻减小，线圈的电感增大，因而电流逐渐减小。因此，如果由于某种机械障碍，衔铁或机械可动部分被卡住，通电后衔铁吸合不上，线圈中就会流过较大电流而使线圈严重发热甚至烧毁。这点必须注意。

（2）电磁铁的主要组成部件是什么？

解答：电磁铁主要由励磁线圈、铁芯和衔铁及其他附件构成。其中铁芯和衔铁构成磁路。

（3）为什么说直流电压电磁铁是恒磁势型的？当线圈通电后若衔铁不吸合会产生什么后果？

解答：直流电压电磁铁的励磁线圈由直流恒压源（U不变）供电。工作时，励磁电流的大小仅受线圈电阻制约，线圈参数不变时（匝数及电阻不变），励磁电流和磁势都不变，所以是恒磁势型。

线圈通电后若衔铁不吸合，则由衔铁所带动的工作部件不动作，这将影响设备的正常工作。但由于U不增加，励磁电流也不会增加，所以对电磁铁本身不产生任何影响。

（4）为什么说交流电压电磁铁是恒磁通型的？当线圈通电后若衔铁不吸合会产生什么后果？

解答：交流电磁铁励磁线圈通入交流恒压源时，线圈将感应电势与电源电压平衡；感应电势与磁通成正比，略小于电源电压。因为电源电压不变，磁通也近似不变。（如若因某种原因使Φ减小，E也将随之减小；从而使电流增大，以增大磁势，让Φ增加。反之亦然。）所以说它为恒磁通型。

励磁线圈通电初期，因为衔铁尚未闭合，磁路的磁阻较大，Φ较小，线圈感应的电势也较小；从线圈回路看，此时因为U不变，电流较大，且超过额定值；电流的增大，使磁势增加，以产生足够的磁通和电磁吸力。等到衔铁吸合后，磁路的工作气隙较小，磁阻也较小，相同磁势产生的Φ和感应电势较大，使得励磁电流减小为额定值。若通电后衔铁不能吸合，电流将不能减小。这不但使设备不能工作，而且时间一长将会使线圈因过热而烧毁。

（5）为什么通常在交流电磁铁铁芯设有短路环？

解答：交流电磁铁的吸力在零与最大值之间脉动，脉动的频率是电源频率的2倍。这种脉动将使铁芯产生机械振动，为了防止振动，可在铁芯上装阻尼环。阻尼环为一短路环，受电磁感应的原理，环内会产生滞后磁通的感应电流。因此阻尼环所包围的铁芯部分中的磁通与环外铁芯部分的磁通有一定的相位差，使两部分的磁通和吸力不能同时降为零，从而消除了振动和噪声。

五、特别提示

直流磁路的磁通不随时间而变化，故其主要损耗为线圈电阻损耗，即铜损耗 P_{Cu}。

小　结

一、磁性物质的性能

（1）磁性物质都能被磁化，而非磁性物质均不能被磁化。

（2）磁性物质具有磁导率高、磁饱和性、磁滞现象。

（3）磁性物质通常分为软磁、硬磁、矩磁等三大类。

二、磁路及其基本定律

由铁磁材料组成的闭合通路（中间可含有微小气隙）称为磁路，磁通绝大部分集中在磁路内。磁路中的磁通势、磁压、磁通和磁阻与电路中的电动势、电压、电流和电阻相对应，磁路的欧姆定律和基尔霍夫定律的表达式为 $\Phi=\dfrac{F_{\text{m}}}{R_{\text{m}}}$，$\sum\Phi=0$ 及 $\sum Hl=\sum IN$。

三、简单的无分支直流磁路的计算

（1）已知磁通求磁动势，其计算步骤可归纳为：

已知 $\Phi\to B=\dfrac{\Phi}{S}\to\dfrac{\text{根据}B\text{由}B-H\text{曲线查}H}{\text{对于气隙直接求解}}\to H\to\sum Hl=\sum IN$。

（2）已知磁通势求磁通，通常采用的方法是试探法。

四、交流铁芯线圈

铁芯线圈按其励磁方式可分为直流励磁和交流励磁两种。

交流励磁的铁芯线圈中的电流决定于外加的电压和线圈电阻，$I=\dfrac{U}{R}$，当外加电压一定时，圈中的电流不变。当磁路中气隙改变时，磁阻 R_{m} 改变，根据 $\Phi=\dfrac{F_{\text{m}}}{R_{\text{m}}}$，磁通 Φ 改变。交流铁芯线圈接通正弦电压时，铁芯磁通与电压之间的关系为$U=4.44fN\Phi_m$，当外加电压一定时，磁通的幅值基本不变。当磁路的气隙改变时，磁阻R_m改变，励磁电流改变。

交流铁芯线圈的损耗分为铜损和铁损两大类，铁损包括磁滞损耗和涡流损耗。为了减少损耗，线圈由优质的表面涂有绝缘漆的铜导线（又称漆包线）绕制而成，铁芯由表面涂有绝缘漆的硅钢片叠成。

五、电磁铁

直流电磁铁衔铁所受到的吸力为$F=\dfrac{10^7}{8\pi}B^2S$ (N)。交流电磁铁的衔铁受到的吸力为$F_m=\dfrac{10^7}{16\pi}B_m^2S_0$（N)。要特别注意，即使是额定电压相同的交、直流电磁铁，也绝不能互换使用。若将交流电磁铁接在直流电源上，由于线圈的感抗为零，会使线圈中的电流比接在相同电压的交流电源上的电流大出许多倍，将导致线圈过热而烧毁。

选择题

1. 恒压直流铁芯磁路中，如果增大空气气隙，则磁通(　　)；电感(　　)；电流(　　)；如果是恒压交流铁芯磁路，则空气气隙增大时，磁通（　　）；电感（　　）；电流（　　）。

（a）增加　　（b）减小　　（c）基本不变

2. 直流铁芯线圈，若线圈匝数N增加1倍，则磁通Φ将(　　)，磁感应强度B将(　　)。

（a）增大　　（b）减小　　（c）不变

3. 交流铁芯线圈，若线圈匝数N增加1倍，则磁通Φ将(　　)，磁感应强度B将(　　)。

（a）增大　　（b）减小　　（c）不变

4. 若硅钢片的叠片接缝增大，则其磁阻（　　）。

（a）增加　　（b）减小　　（c）基本不变

5. 在电机和变压器铁芯材料周围的气隙中（　　）磁场。

（a）存在　　（b）不存在　　（c）不好确定

6. 交流铁芯线圈，当铁芯截面积A加倍，则磁通Φ将（　　），磁感应强度B将（　　）。

（a）增大　　（b）减小　　（c）不变

7. 交流铁芯线圈，如果励磁电压不变而频率减半，则铜损P_{Cu}将（　　）。

（a）增大　　（b）减小　　（c）不变

8. 在电压相等的情况下，将一直流电磁铁接到交流电源上，此时线圈中的磁通Φ将（　　）。

（a）增大　　（b）减小　　（c）保持不变

9. 交流电磁铁线圈通电时，衔铁吸合后较吸合前的线圈电流将（　　）。

（a）增大　　（b）减小　　（c）保持不变

10. 两个直流铁芯线圈除了铁芯截面积不同（$A_1=2A_2$）外，其他参数都相同。若两者的磁感应强度相等，则两线圈的电流I_1和I_2的关系为（　　）。

（a）$I_1=2I_2$　　（b）$I_1=\dfrac{1}{2}I_2$　　（c）$I_1=I_2$

11. 交流铁芯线圈中的功率损耗来源于（　　）。

（a）漏磁通　　（b）铁芯的磁导率　　（c）铜损耗和铁损耗

习　题

6.1　电机和变压器的磁路常采用什么材料制成，这种材料有哪些主要特性？

6.2　磁滞损耗和涡流损耗是什么原因引起的？它们的大小与哪些因素有关？

6.3　什么是软磁材料？什么是硬磁材料？

6.4　基本磁化曲线与起始磁化曲线有何区别？磁路计算时用的是哪一种磁化曲线？

6.5　一线圈，匝数 $N=1\,000$，绕在铸钢制成的铁芯上，铁芯截面积 $S=20\ \text{cm}^2$，铁芯平均长度 $l=50\ \text{cm}$，该磁路如图 6.17 所示。

（1）欲在铁芯中产生磁通 $\Phi=0.002\ \text{Wb}$，应在绕组中通入多大的直流励磁电流？

（2）若在铁芯中加入一个 0.2 cm 的空气隙，欲保持磁通不变，通入绕组的直流励磁电流为多大？

6.6　如果环形线圈的铁芯由磁性材料做成，且在铁芯上开一个很小的空气隙，如图 6.18 所示（图中励磁线圈略去未画），这时铁芯中的磁通如何改变？

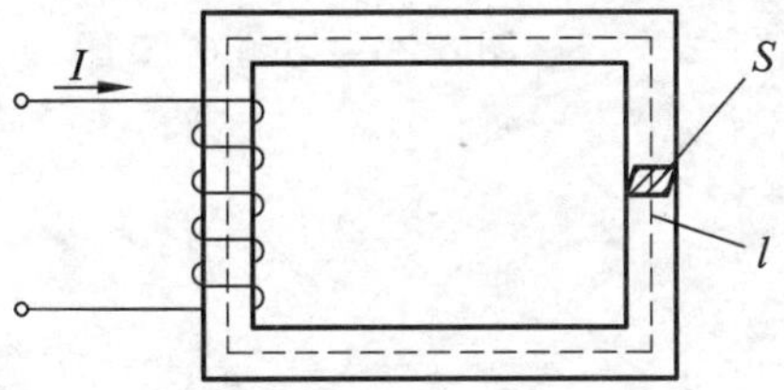

图 6.17　习题 6.5 图

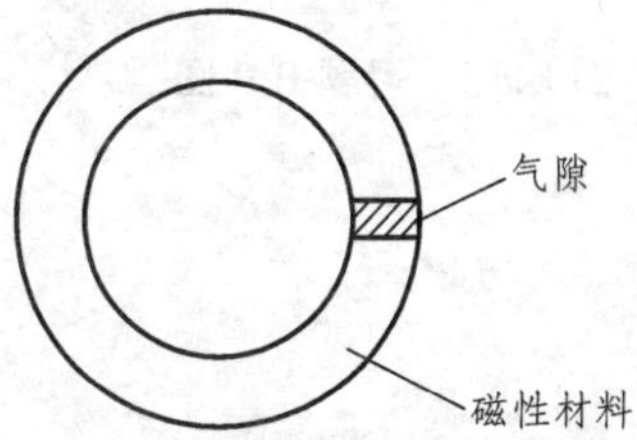

图 6.18　包含气隙的环形铁芯

6.7　有一铁芯线圈，试分析铁芯中的磁感应强度、线圈中的电流和铜损耗 I^2R 在下列几种情况下将如何变化？（假设在下述各种情况下工作点在磁化曲线的直线段。在交流励磁的情况下，设电源电压与感应电动势在数值上近似相等，而且忽略磁滞和涡流。铁芯是闭合的，截面均匀。）

（1）直流励磁，铁芯的面积加倍，线圈的电阻和匝数以及电源电压保持不变；

（2）交流励磁，铁芯的面积加倍，线圈的电阻和匝数以及电源电压保持不变；

（3）直流励磁，线圈的匝数加倍，线圈的电阻以及电源电压保持不变；

（4）交流励磁，线圈的匝数加倍，线圈的电阻以及电源电压保持不变；

（5）交流励磁，电流的频率减半，电源电压的大小保持不变；

（6）交流励磁，频率和电源电压大小减半。

6.8　为了求出铁芯线圈的铁损耗，先将它接在直流电源上，从而测得线圈的电阻为 $1.75\ \Omega$；然后接在交流电源上，测得电压 $U=120\ \text{V}$，功率 $P=70\ \text{W}$，电流 $I=2\ \text{A}$。试求铁损耗和线圈的功率因数。

6.9　有一直流电磁铁如图 6.19 所示，它的铁芯上绕有 4 000 匝线圈，铁芯和衔铁的材料是铸钢，其磁化曲线见图 6.4。由于漏磁，通过衔铁横截面的磁通只有铁芯中磁通的 90%。当衔铁正处在图中所示位置时，铁芯中磁感应强度为 1.6 T，试求此时线圈中电流和电磁铁的吸力。

6.10　图 6.20 是一拍合式交流电磁铁，其磁路尺寸为：$c=4$ cm，$l=7$ cm。铁芯由硅钢片叠成。铁芯和衔铁的横截面都是正方形，每边长度 $a=1$ cm。励磁线圈电压为交流 220 V。今要求衔铁在最大空气隙 $\delta=1$ cm（平均值）时须产生吸力 50 N，试计算线圈匝数和该时的电流值。计算时可忽略漏磁通，并认为铁芯和衔铁的磁阻与空气隙相比可以不计。

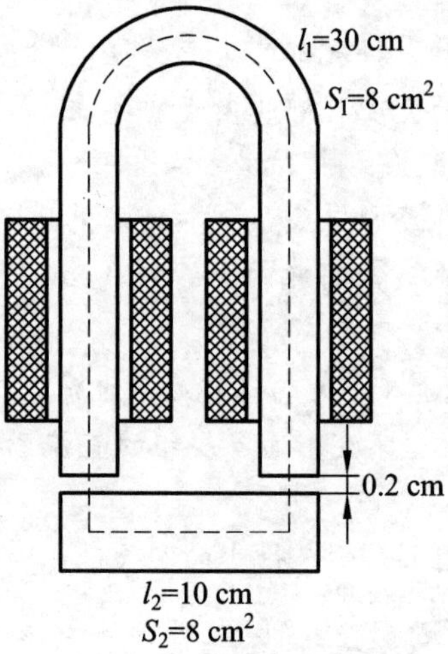

图 6.19　习题 6.9 图

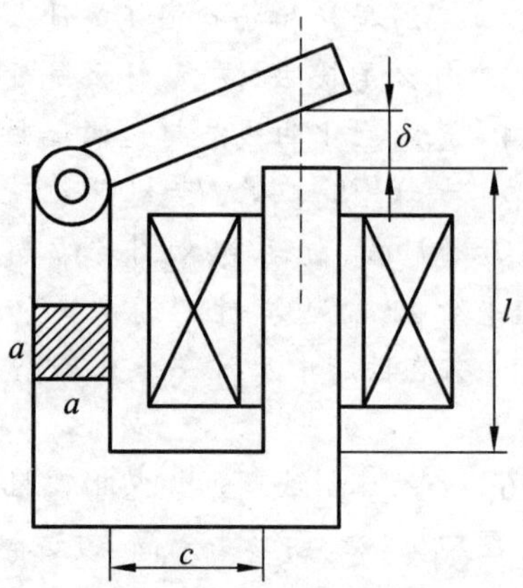

图 6.20　习题 6.10 图

第七章　变压器

【学习指导】 变压器（Transformer）是利用电磁感应原理，将一种电压的交流电能转换成同频率的另一种电压的电能。主要构件是初级线圈、次级线圈和铁芯（磁芯）。在电气设备和无线电路中，常用作升降电压、匹配阻抗、安全隔离等。

本章将先研究单相变压器的运行特性，然后再讨论几种特殊变压器的理论与运行。

1. 学习目标

（1）了解变压器的分类及基本结构；

（2）掌握变压器的工作原理；

（3）掌握变压器的运行特性；

（4）掌握变压器的应用；

（5）了解变压器使用中的问题。

2. 学习建议

（1）学习时间：7～10 小时。

第一节建议学习时间：1 小时；

第二节建议学习时间：2 小时；

第三节建议学习时间：2 小时；

第四节建议学习时间：2 小时。

（2）学习方法：

A. 点播学习网络课程第七章的内容，完成相关内容的“选择题”“习题”。

B. 参加在线导学直播学习。

C. 阅读参考资料：

① 王英主编，西南交通大学出版社《电工技术基础（电工学Ⅰ）》（第 2 版）第七章；

② 王英主编，西南交通大学出版社《电工技术学习指导及习题精解》第七章。

3. 学习重点与难点

A. 重点掌握变压器的工作原理。

B. 重点掌握变压器的运行特性。

C. 重点掌握变压器使用中的问题，如变压器的设计和选用等。

E. 难点是：变压器的工作原理，变压器的设计和选用。

第一节　变压器的分类、基本结构及工作原理

一、变压器的分类

变压器一般按用途分类，也可按照结构特点、相数多少、冷却方式等进行分类。

按用途不同，可分为电力变压器（又可分为升压变压器、降压变压器、配电变压器等）、仪用变压器（电流、电压互感器等）、试验用变压器、整流变压器等。

按绕组数目不同，可分为双绕组变压器、三绕组变压器、多绕组变压器（一般用于特种用途）及自耦变压器。

按相数不同，可分为单相变压器、三相变压器、多相变压器。

按冷却方式的不同，可分为干式变压器、油浸自冷变压器、油浸风冷变压器、油浸水冷变压器、强迫油循环风冷变压器、强迫油循环水冷变压器等。

按线圈导线使用材质的不同，可分为铝线变压器、铜线变压器。

按调压方式不同，可分为无励磁调压变压器、有载调压变压器。

变压器种类虽繁多，但它们的基本结构、作用原理和分析它们的方法仍是相同的。

二、变压器的基本结构

从变压器的功能来看，铁芯和绕组是变压的主要部件，被称为变压器的器身。变压器的一般结构如图 7.1 所示。

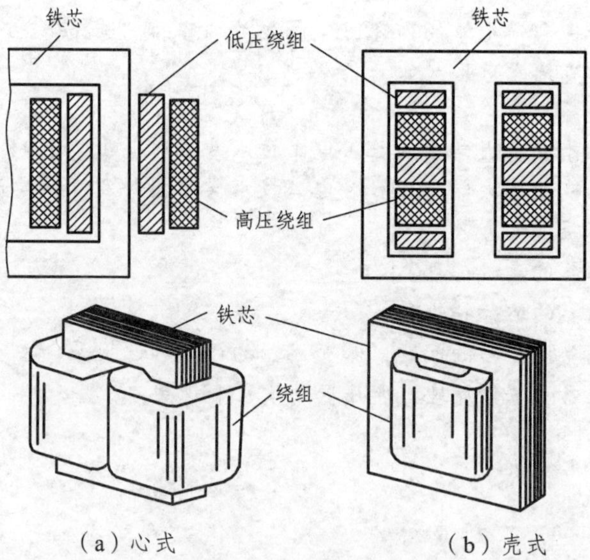

图 7.1　变压器的构造

（一）铁　芯

铁芯是变压器中主要的磁路部分，是变压器的磁路和安装骨架，其对变压器的性能有很大的影响。

铁芯的作用是导磁，以减小励磁电流。为了提高磁路的导磁性能和减小涡流及磁滞损耗，铁芯通常用涂有绝缘漆的厚度分别为 0.35 mm\0.3 mm\0.27 mm 厚的热轧或冷轧硅钢片叠成。

铁芯分为铁芯柱和横片两部分，铁芯柱套有绕组；横片是闭合磁路之用。根据不同要求，铁芯可制成心式和壳式。一般大容量的变压器用心式铁芯，而小容量的变压器用壳式铁芯。

变压器的铁芯是框形闭合结构。其中，套线圈的部分称为**心柱**，不套线圈只起闭合磁路作用的部分称为**铁轭**。

变压器在运行或试验时，为了防止由于静电感应在铁芯或其他金属构件上产生悬浮电位面，造成对地放电，铁芯及其构件（除穿心螺杆外）都应接地。

（二）绕　组

绕组是变压器的电路部分，它是用双丝包绝缘扁线或漆包圆线绕成。变压器的一个绕组与**电网连接**，称为**一次绕组（又称为原绕组或原边）**；另一个绕组与**负载相连**，称为**二次绕组（又称为副绕组或副边）**。

通常将一次绕组的电磁量用下标“1”表示，二次绕组的电磁量用下标“2”表示。在电气工程中广泛使用单相变压器和三相变压器。下面以单相变压器为例，介绍变压器的基本分析方法。在没有特殊说明的情况下，施加到一次侧的电压为正弦交流电压。

由于变压器的各物理量都是交变量，在列方程时需要首先规定它们的正方向。

一次绕组看成所接电源的负载，表示吸收功率，称之为“电动机惯例”。三相变压器每相的一、二次绕组做成圆筒形，同心地套装在铁芯柱上。由于低压绕组对铁芯的绝缘要求低，故将其布置在贴靠铁芯的内层，高压绕组布置在外层。如此，可借助低压绕组，提高高压绕组和铁芯间的绝缘水平。

小容量变压器的高压绕组通常采用高强度漆包线或纱包线绕制在绝缘纸板卷成的圆筒上，形成圆筒形线圈，线匝的层间垫以绝缘或用绝缘撑条构成的油道来绝缘。低压绕组则用绝缘扁铜、铝线绕制。

三、变压器的工作原理

变压器的阻抗变换及外特性

最简单的变压器是由一个闭合的铁芯和绕在铁芯上的两个匝数不等的绕组组成，虽然一次、二次绕组在电路上是相互分开的，但二者却处在同一磁路上。本节通过对变压器的空载运行和有载运行来分析变压器的**变换电压**、**变换电流**和**变换阻抗**的原理。

为了便于分析变压器，我们将高压绕组和低压绕组分别画在两边，如图 7.2（a）所示。与电源 u_1 相连的称为一次绕组，与负载 Z 相连的称为二次绕组。一次、二次绕组的匝数分别为 N_1 和 N_2。当一次绕组接上交流电压 u_1 时，一次绕组中便有电流 i_1 通过。一次绕组的磁动势 N_1i_1，产生的磁通绝大部分通过铁芯而闭合，从而在二次绕组中感应出电动势。如果二次绕组接有负载，那么二次绕组中就有电流 i_2 通过。二次绕组的磁动势 N_2i_2 也产生磁通，其绝大部分也通过铁芯而闭合。因此，铁芯中的磁通是一个由一次、二次绕组的磁动势共同产生的合成磁通，它称为主磁通，用 Φ 表示。主磁通穿过一次绕组和二次绕组而在其中感应出的电动势分别为 e_1 和 e_2。此外，一次、二次绕组的磁通势还分别产生漏磁通 $\Phi_{\sigma1}$ 和 $\Phi_{\sigma2}$（仅与本绕组相链），从而在各自的绕组中分别产生漏磁电动势。

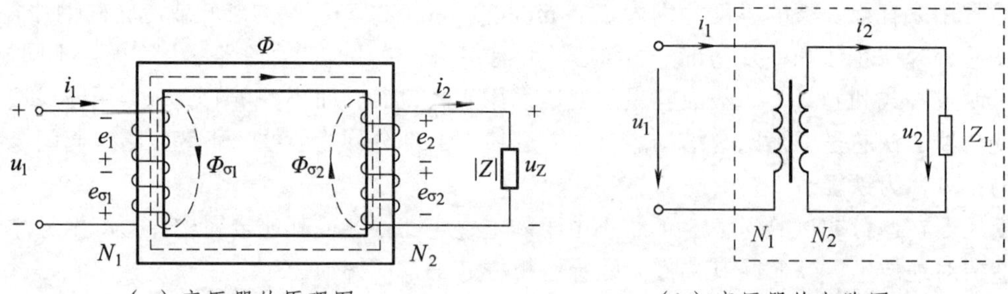

（a）变压器的原理图　　（b）变压器的电路图

图 7.2　变压器

（一）电压变换

变压器空载运行是指一次侧绕组接入电源，二次侧绕组开路。

变压器空载运行时，变压器二次侧开路，一次侧接入交流电压 u_1 时，其工作情况与交流铁芯线圈相似，这时一次侧绕组中有空载电流 i_{10}，从而建立空载磁动势 $F_0 = N_1 i_{10}$。在 F_0 作用下，磁路中产生主磁通 Φ、漏磁通 $\Phi_{1\sigma}$。

空载电流 i_{10} 约为额定电流的 3%～8%。i_{10} 的大小反映出变压器的优劣，其值越小越好。

主磁通 Φ：其磁力线沿铁芯闭合，同时与一次绕组、二次绕组相交链的磁通，亦称为互感磁通。由于铁磁材料的饱和现象，主磁通 Φ 与 i_{10} 呈非线性关系。

一次绕组的漏磁通 $\Phi_{1\sigma}$：其磁力线主要沿非铁磁材料（油、空气）闭合，仅为一次侧绕组交链的磁通。$\Phi_{1\sigma}$ 与 i_{10} 呈线性关系。

由于铁芯的磁导率远大于空气，故主磁通 Φ 远大于漏磁通，分析时漏磁通可忽略不计。主磁通 Φ 同时交链着一次侧绕组、二次侧绕组，因此在变压器中，从一次侧到二次侧的能量传递过程就是依靠主磁通 Φ 作为媒介来实现的。

在图 7.2（a）所示的假定正方向（e、i 同方向，Φ 的方向与 i 的方向符合右手螺旋定则）下，根据电磁感应定律，主磁通 Φ 在一次侧绕组（匝数 N_1）、二次侧绕组（匝数 N_2）中感应电动势的瞬时值分别为

$$e_1 = -N_1 \frac{\mathrm{d}\Phi}{\mathrm{d}t}\ ；\ e_2 = -N_2 \frac{\mathrm{d}\Phi}{\mathrm{d}t}$$

漏磁通在一次侧绕组中的漏磁感应电动势为

$$e_\sigma = -N_2 \frac{\mathrm{d}\Phi}{\mathrm{d}t}$$

变压器空载时的一次侧电路就是一个含有铁芯线圈的交流电路，漏磁通与电流成正比，它们的关系可用漏磁电感来表示，由 KVL 可得一次侧电压方程为

$$
\begin{aligned}
u_1 &= Ri_{10} - e_{\sigma 1} - e_1 \\
&= Ri_{10} + L_\sigma \frac{\mathrm{d}i}{\mathrm{d}t} + (-e_1)
\end{aligned} \tag{7.1}
$$

式（7.1）中，R 是线圈导线的电阻，L_σ 是漏磁电感。当 u 是正弦电压时，其他各电压、电流、电动势可视作正弦量，则电压、电流关系的相量式为

$$\dot{U}_1 = R_1\dot{I}_{10} + (-\dot{E}_{\sigma 1}) + (-\dot{E}_1) = R_1\dot{I}_{10} + (\mathrm{j}X_1\dot{I}_{10}) + (-\dot{E}_1) \tag{7.2}$$

由于一次绕组的电阻 R_1 和感抗 X_1 较小，因而它们两端的电压降也较小，与主磁电动势 E_1 比较起来可以忽略不计。则式（7.2）简化为

$$\dot{U}_1 \approx -\dot{E}_1$$

所以 e_1 的有效值为

$$E_1 \approx U_1 = 4.44 f_1 N_1 \Phi_\mathrm{m} \tag{7.3}$$

同理，对二次绕组电路可列出

$$e_2 = R_2 i_2 + (-e_{\sigma 2}) + u_2 = R_2 i_2 + L_{\sigma 2}\frac{\mathrm{d}i_2}{\mathrm{d}t} + u_2 \tag{7.4}$$

如用相量表示式（7.4），则为

$$\dot{E}_2 = R_2\dot{I}_2 + (-\dot{E}_{\sigma 2}) + \dot{U}_2 = R_2\dot{I}_2 + \mathrm{j}X_2\dot{I}_2 + \dot{U}_2 \tag{7.5}$$

式（7.5）中，R_2 和 X_2 分别为二次绕组的电阻和感抗，u_2 为二次绕组的端电压。

由式（6.15）得感应电动势 e_2 的有效值为

$$E_2 = 4.44 f_2 N_2 \Phi_\mathrm{m}$$

因频率 $f_2=f_1$，在变压器空载时

$$I_2 = 0$$

$$E_2 = U_{20} = 4.44 f_1 N_2 \Phi_\mathrm{m} \tag{7.6}$$

式（7.6）中，U_{20} 为空载时二次绕组的端电压。所以，由式（7.3）和式（7.6）得一次侧电压 U_1 和二次侧电压 U_{20} 的关系为

$$\frac{U_1}{U_{20}} \approx \frac{E_1}{E_2} = \frac{N_1}{N_2} = k \tag{7.7}$$

式（7.7）中，k 称为**变压器的电压比**，亦即一次、二次绕组的匝数比。可见当电源电压 U_1 一定时，只要改变匝数比，就可得出不同的输出电压 U_2。

常用电压变换 $\dfrac{U_1}{U_2} = \dfrac{N_1}{N_2} = k$ 分析**变压器的电路**图 7.2（b）中各电量。

（二）电流变换

由 $U_1 \approx E_1 = 4.44 fN_1\Phi_\mathrm{m}$ 可见，当电源电压 U_1 和频率 f 不变时，感应电动势 E_1 和主磁通的

最大值 Φ_m 也都几乎不变。就是说，铁芯中主磁通的最大值在变压器空载或负载时是差不多恒定的。因此，负载时产生主磁通的一次、二次绕组的合成磁通势应该和空载时产生主磁通的一次绕组的磁通势相等，即

$$I_{10}N = I_1N_1 + I_2N_2 \tag{7.8}$$

或

$$N_1\dot{I}_1 + N_2\dot{I}_2 = N_1\dot{I}_0 \tag{7.9}$$

变压器的空载电流 I_{10} 是励磁用的，由于铁芯的磁导率高，空载电流是很小的。它的有效值 I_{10} 在一次绕组额定电流 I_{1N} 的 10%以内。因此 N_1I_{10} 与 N_1I_1 相比，大可忽略。于是式（7.9）可写成

$$N_1\dot{I}_1 \approx -N_2\dot{I}_2 \tag{7.10}$$

式（7.10）说明，二次绕组磁动势与一次绕组磁动势相位近似相反，对主磁通是起去磁作用的。

由式（7.10）可知，变压器一、二次**电流有效值之比**为

$$\frac{I_1}{I_2} \approx \frac{U_2}{U_1} = \frac{N_2}{N_1} = \frac{1}{k} \tag{7.11}$$

式（7.11）表明，变压器一次、二次绕组的电流之比近似等于它们的匝数比的倒数。可见，变压器中的电流虽然由负载的大小确定，但是一次、二次绕组中电流的比值是不变的；因为当负载增加时，I_2 和 N_2I_2 随着增大，而 I_1 和 N_1I_1 也必须相应增大，以抵偿二次绕组的电流和磁通势对主磁通的影响，从而维持主磁通的最大值不变。

常用电流变换 $\frac{I_1}{I_2} = \frac{N_2}{N_1} = \frac{1}{k}$ 分析**变压器的电路**图 7.2（b）中各电量。

（三）阻抗变换

变压器除了能起变换电压和变换电流的作用外，还有变换负载阻抗的作用，以实现“匹配”。

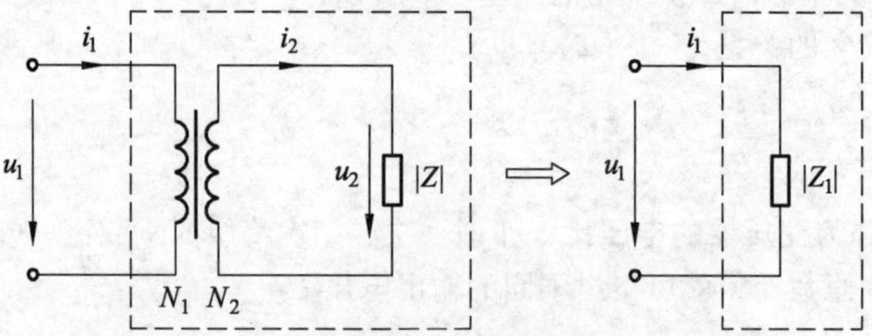

图 7.3　阻抗变换等效电路图

由图 7.3 电路得负载上电压、电流关系为

$$|Z| = \frac{U_2}{I_2}$$

若将变压器和负载等效阻抗模为 $|Z_1|$，即电源 u_1 与 $|Z_1|$ 连接，如图 7.3 所示，则 $|Z_1|$ 为

$$|Z_1| = \frac{U_1}{I_1}$$

因 $U_1 = kU_2$，$I_1 = I_2/k$，上式推导为

$$|Z_1| = \frac{kU_2}{I_2/k} = k^2\frac{U_2}{I_2}$$

又因 $|Z| = \dfrac{U_2}{I_2}$，得阻抗变换式

$$|Z_1| = k^2|Z| \tag{7.12}$$

匝数比不同，负载阻抗模 $|Z|$ 反映到一次侧的等效阻抗模 $|Z_1|$ 就不同。我们可以采用不同的匝数比，把负载阻抗模变换为所需要的、比较合适的数值。这种做法通常称为**阻抗匹配**。

这就是变压器的变阻抗作用，只要配备的变压器变比 k 合适，便可使信号源提供最大功率给负载。

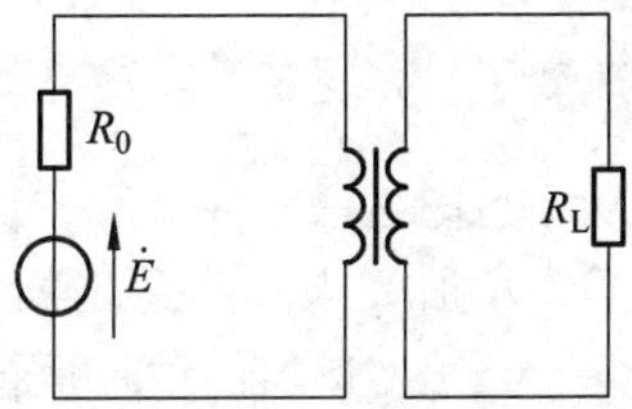

图 7.4　例 7.1 电路图

例 7.1　图 7.4 中交流信号源 $E = 220$ V，内阻 $R_0 = 900\ \Omega$，负载电阻为 $R_L = 9\ \Omega$ 的扬声器。

（1）若负载 R_L 折算到原边的等效电阻 $R_L' = R_0$，试求变压器的变比 k 和信号源的输出功率；

（2）若将负载 R_L 直接与信号源连接时，信号源输出多大功率？

分析：① 由式（7.12）得 $R_L' = k^2R_L$，因已知 $R_L' = R_0$，则解得变比 $k = \sqrt{\dfrac{R_0}{R_L}}$；并且信号源输出功率为最大功率，即 $P_L = \dfrac{E^2}{4R_0}$；② R_L 与信号源直接连接功率为 $P_L = \left(\dfrac{E}{R_0 + R_L}\right)^2 R_L$。

解　（1）由 $R_L' = k^2R_L$，解变比为

因 $R_L' = R_0$，得信号源的输出功率

$$P_L = \left(\frac{E}{R_0 + R_L'}\right)^2 R_L' = \left(\frac{220}{900+900}\right)^2 \times 900 = 13.4\ \text{(W)}$$

（2）直接接负载时。

$$P_L = \left(\frac{E}{R_0 + R_L}\right)^2 R_L = \left(\frac{220}{900+9}\right)^2 \times 9 = 0.527\ \text{(W)}$$

结论：在阻抗匹配情况下，负载中可获得较大的电流。

四、常见问题讨论

（1）变压器一次、二次绕组之间没有电的联系，那么一次侧输入的能量是怎样传输到

二次侧的？变压器负载增加时，原边从电源吸收的功率为什么会增加？试着说明他们的物理过程。

解答：① 变压器一次、二次绕组之间虽然没有电的联系，但是当一次绕组接到交流电源时，在外施电压的作用下，一次绕组中有交流电流流过，并在铁芯中产生交变磁通，其频率和外加电压的频率一样。这个交变的磁通同时交链一次、二次绕组，根据电磁感应定律，便在一次、二次绕组内感应出电动势。二次侧有了电动势，便向负载供电，从而实现了能量传递。

② 变压器负载增加时，一次侧从电源吸收的功率会增加。首先从磁动势平衡的原则来看：尽管变压器一次、二次绕组没有直接的电路联系，但它们有一个共同的主磁路，都环链同一个铁芯。这样，负载运行势时励磁磁动势是两个绕组磁动势之和，而且由于变压器的主磁通不变，不论负载大小如何，励磁磁动势恒为 $\dot{I}_0N_1$ 不变，即 $\dot{I}_1N_1+\dot{I}_2N_2=\dot{I}_0N_1$，因此，二次侧电流变化时，二次侧磁动势 $\dot{I}_2N_2$ 改变，通过上面的磁动势平衡关系，一次侧磁动势 $\dot{I}_1N_1$ 也改变了，$\dot{I}_1$ 改变了，$\dot{I}_2$ 增大或减小，$\dot{I}_0$ 很小，$\dot{I}_1\approx\dot{I}_2\dfrac{N_2}{N_1}$，$\dot{I}_1$ 随之增大或减小，从电源吸收的功率也随之增大或减小；从功率平衡的原则看：负载增加，I_2 必然要增加，（变压器的输出功率增加），则 I_1 必须增加，以便从电源吸取更多的功率给负载。

（2）变压器的铁芯是起什么作用的？不用铁芯行不行？

解答：变压器的铁芯构成磁路，由于铁芯用铁磁材料做成，磁导率很大，能使较小的安匝数产生较大的磁通，集中通过一次、二次绕组。如果不用铁芯，则需用较大的安匝数，空载电流过大，会烧毁绕组。

（3）为什么变压器的铁芯要用硅钢片叠成？用整块的铁芯行不行？

解答：变压器的铁芯用硅钢片叠成能减少磁滞损耗和涡流损耗，如果用整块的铁芯则会因铁损过大而发热。

（4）变压器能否用来变换直流电压？如果将变压器接到与它的额定电压相同的直流电源上，会产生什么后果？

解答：变压器是利用电磁感应原理的电气设备，不能用来变换直流电压。如果将变压器接到与它的额定电压相同的直流电源上，则会因电流过大而烧毁。

五、特别提示

负载变化时，变压器的励磁电流基本保持不变。

第二节　变压器的运行特性

变压器的运行特性有两个重要指标：电压调整率（ΔU）和效率（η）。电压调整率 ΔU 的大小反映了变压器负载运行时二次侧端电压的稳定性，而效率 η 则表明变压器运行时的经济性。ΔU 和 η 的大小不仅与变压器的本身参数有关，还与负载的大小和性质有关。

一、电压调整率

由于变压器一次侧、二次侧绕组都有漏阻抗，当负载电流通过时必然在漏抗上产生电压降，二次侧电压将随负载的变化而变化。

当电源电压 U_1 不变时，随着二次绕组电流 I_2 的增大，一次、二次绕组阻抗上的电压降也增大，这使二次绕组的端电压 U_2 发生变动。当电源电压 U_1 和负载功率因数为常数时，U_2 和 I_2 的变化关系可用外特性曲线 $U_2=f(I_2)$ 来表示，如图 7.5 所示。对电阻性和电感性负载而言，电压 U_2 随电流 I_2 的增大而下降。

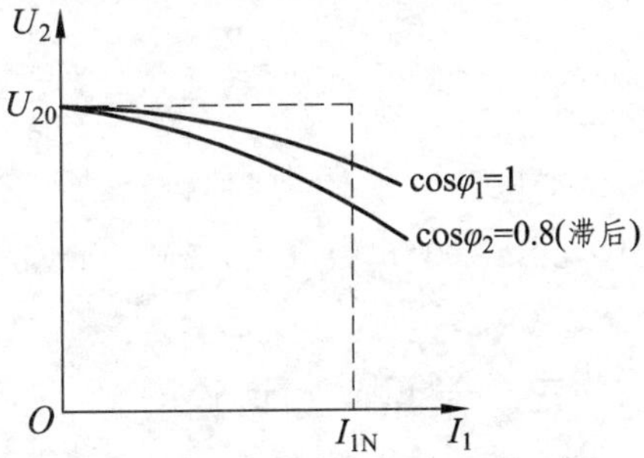

图 7.5　变压器的外特性曲线

通常希望电压 U_2 的变动愈小愈好。为了描述这种电压变化的大小，引入电压调整率。电压调整率 $\Delta U\%$ 定义为：变压器一次侧绕组施加额定电压，空载和负载两种工况下，二次侧端电压之差 $U_{20}-U_2$ 与额定电压 U_{2N} 之比，即

$$\Delta U\%=\frac{U_{20}-U_2}{U_{2N}}\times 100\% \tag{7.13}$$

电压调整率式（7.13）反映了变压器运行时输出电压的稳定性，是变压器的主要性能指标之一。

一般电力变压器中，如工厂动力用变压器，居民照明用变压器，由于其电阻和漏磁感抗均甚小，电压变化率是不大的，一般在 5%～10%。

例 7.2　有一台 10 kV · A，10 000 V/230 V 的单相变压器，如果在一次侧绕组的两端加额定电压，在额定负载时，测得二次侧电压为 220 V。求：（1）该变压器一次侧、二次侧的额定电流；（2）电压调整率。

分析：变压器的额定容量是用额定视在功率表示的，它等于一、二次绕组额定电压和额定电流的乘积。其中，二次绕组额定电压是空载电压的额定值，而额定电流是满载电流。两者不是出现在同一运行状态，因而满载时实际输出的视在功率 S_2 将会略小于额定视在功率 S_{2N}。在忽略漏阻抗时可近似认为满载时 $S_2\approx S_{2N}$。

解

（1）
$$I_{1N}=\frac{S}{U_1}=\frac{10\times 10^3}{10\,000}=1\ (\text{A})$$

$$I_{2N}=\frac{S_N}{U_{2N}}=\frac{10\times 10^3}{230}=43.48\ (\text{A})$$

（2）
$$\Delta U\%=\frac{U_{20}-U_2}{U_{2N}}\times 100\%=\frac{230-220}{220}=4.3\%$$

二、变压器的损耗与效率

和交流铁芯线圈一样，变压器的功率损耗包括铁芯中的铁损 ΔP_{Fe} 和绕组上的铜损 ΔP_{Cu} 两

部分。铁损包括磁滞损耗和涡流损耗，铁损的大小与铁芯内磁感应强度的最大值 B_m 有关，与负载大小无关，而铜损则与负载大小（正比于电流平方）有关。

变压器的效率为输出功率 P_2 与输入功率 P_1 之比，即

$$\eta=\frac{P_2}{P_1}=\frac{P_2}{P_2+\Delta P_{Cu}+\Delta P_{Fe}} \tag{7.14}$$

变压器的效率一般都较高，大多数在 95%以上，大型变压器效率可达 99%以上。在一般电力变压器中，当负载为额定负载的 50%～75%时，效率达到最大值。

三、常见问题讨论

（1）一台变压器的额定电压为 220 V/110 V，若不慎将低压侧接到 220 V 的交流电源上能否得到440 V的电压？如将高压侧接到440 V的交流电源上，能否得到220 V的电压？为什么？

解答：若不慎将低压侧接到 220V 的交流电源上，根据 $U\approx 44.4fN\Phi_m$，若 U、f 不变，N 减为原来的 1/2，则主磁通最大值 Φ_m 应增大到 2 倍，再由磁路欧姆定律可知，磁阻不变，磁动势 IN 将增大到 4 倍，再考虑到变压器的工作磁通最大值 Φ_m 一般设计在接近饱和处，进入饱和区后磁导率降低，磁阻增大，故实际上 I 还不止增大到 4 倍，变压器将发热，可能烧毁。

如果将高压侧接到 440 V 的交流电源上，根据 $U\approx 44.4fN\Phi_m$，若 N、f 不变，Φ_m 将随 U 增大到 2 倍，也会进入饱和区，变压器也会因励磁电流大大增加而发热甚至烧毁。

（2）变压器的铜耗为不变损耗吗？

解答：励磁电流指的是用来产生主磁通的电流，$\dot{I}_1N_1+\dot{I}_2N_2=\dot{I}_{励磁}N_1=\Phi R_m$，虽然负载变化时主磁通基本不变，$\dot{I}_{励磁}$ 基本不变，但负载增大时 $\dot{I}_2$ 增大，$\dot{I}_1$ 的幅值也会随着增大，所以变压器的铜损耗也会发生相应的变化。

四、特别提示

电压调整率反映了变压器运行时输出电压的稳定性，是变压器的主要性能指标之一。

第三节 变压器的应用简介

变压器的种类很多，应用非常广泛，本节简单介绍几种工程上常用的变压器。

一、自耦变压器

图 7.6 所示是一种自耦变压器的原理图，其结构特点是二次绕组是一次绕组的一部分。其一次、二次绕组电压之比及电流之比也是

$$\frac{U_1}{U_2}=\frac{N_1}{N_2}=k$$

$$\frac{I_1}{I_2}=\frac{N_2}{N_1}=\frac{1}{k}$$

实验室中常用的调压器就是一种可改变二次绕组匝数的自耦变压器，其外形和电路如图 7.7 所示。自耦变压器的特点是一、二次绕组间不仅有磁的耦合，而且还有电的直接联系，故其一部分功率不通过电磁感应，而直接由一次侧传递到二次侧，因此和同容量普通变压器相比，自耦变压器具有省材料、损耗小、体积小等优点。但自耦变压器也有缺点，如短路电流较大等。

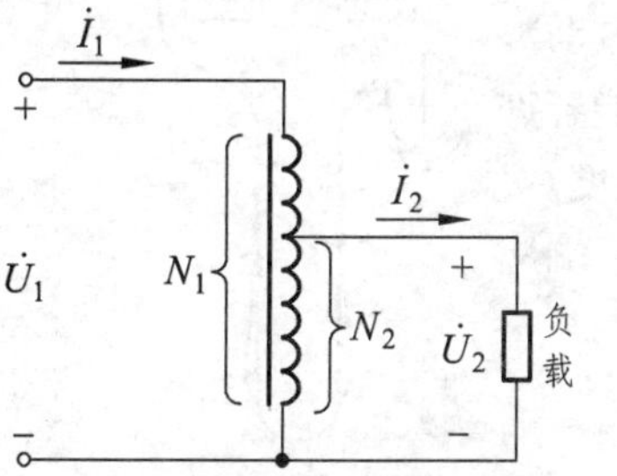

图 7.6　自耦变压器原理图

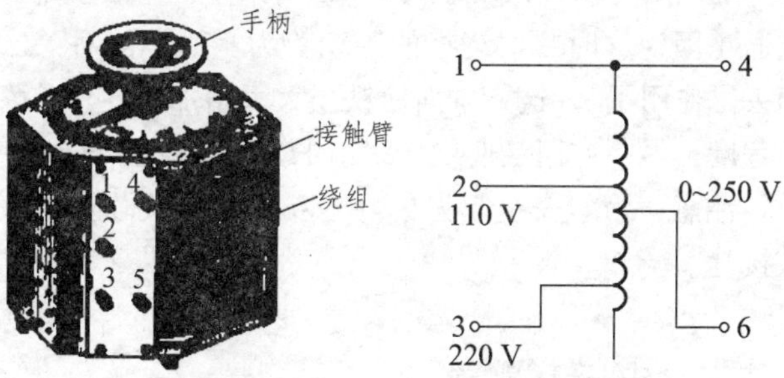

图 7.7　调压器的外形和电路

二、电流互感器

电流互感器是根据变压器的原理制成的，主要用来扩大测量交流电流的量程。因为要测量交流电路的大电流时（如测量容量较大的电动机、工频炉，焊机等的电流时），普通电流表的量程是不够的。

此外，使用电流互感器也是为了使测量仪表与高压电路隔离，以保证人身与设备的安全。

电流互感器的接线图及其符号如图 7.8 所示。一次绕组的匝数很少（只有一匝或几匝），它串联在被测电路中。

二次绕组的匝数较多，它与电流表或其他仪表及继电器的电流线圈相连接。

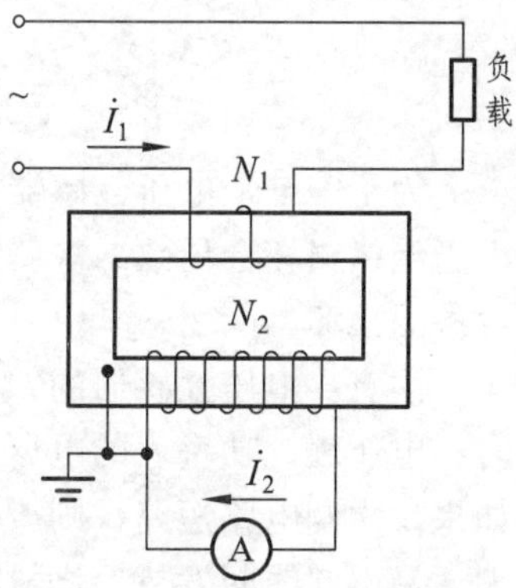

图 7.8　电流互感器的原理图

根据变压器原理，可认为

$$\frac{I_1}{I_2}=\frac{N_2}{N_1}=k_i \tag{7.15}$$

式（7.15）中，k_i 是电流互感器的变换系数。

由式（7.15）可见，利用电流互感器可将大电流变换为小电流。电流表的读数 I_2 乘上变换系数 K_i 即为被测电流 I_1，电流表的刻度便可按一次侧电流标出。通常电流互感器二次绕组约额定电流都规定为 5 A 或 1 A。

测流钳是电流互感器的一种变形。应用测流钳测试导线中的电流时，用手压紧钳柄，待钳口张开后将被测通电导线置于钳口之内，这时被测通电导线相当于电流互感器的一次绕组，二次绕组绕在铁芯上并与电流表接通。利用测流钳可以随时随地测量线路中的电流，不必像普通电流互感器那样必须固定在一处或者在测量时要断开电路而将一次绕组串接进去。测流钳的原理图如图 7.9 所示。

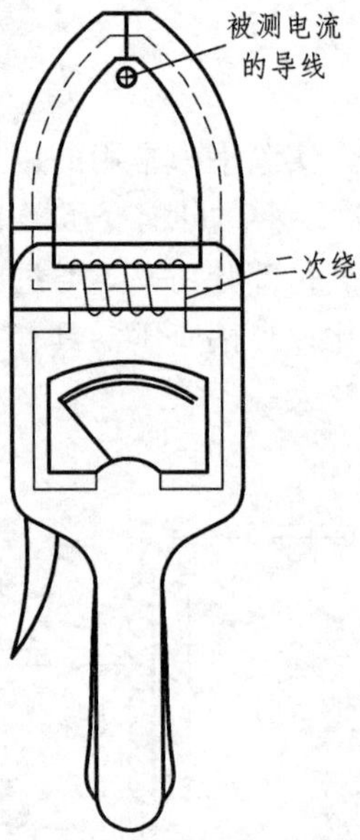

图 7.9　测流钳的原理图

在使用电流互感器时，二次绕组电路是不允许断开的，这点和普通变压器不一样。因为它的一次绕组是与负载串联的，其中电流 I_1 的大小决定于负载的大小，而不是决定于二次绕组电流 I_2。所以当二次绕组电路断开时（譬如在拆下仪表时未将二次绕组短接），二次绕组的电流和磁动势立即消失。但是一次绕组的电流 I_1 未变，这时铁芯内的磁通全由一次绕组的磁动势 N_1I_1 产生，结果造成铁芯内很大的磁通（因为这时二次绕组的磁动势为零，不能对一次绕组的磁动势起去磁作用了）。这一方面使铁损大大增加，使铁芯发热到不能容许的程度；另一方面又使二次绕组的感应电动势增高到危险的程度。

注意：为了安全起见，电流互感器的铁芯及二次绕组的一端应该接地。

三、电压互感器

电压互感器的结构与普通变压器一样，二次侧额定电压设计为 100 V。图 7.10 是电压互感器测量高电压的接线原理图，二次侧与电压表或功率表的电压线圈相接。由变压器的电压变换原理得

$$\frac{U_1}{U_2}=\frac{N_1}{N_2}=k_u$$

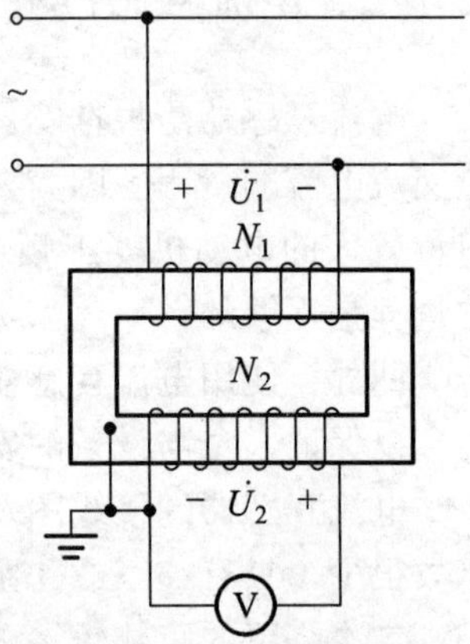

图 7.10　电压互感器的原理图

为了安全，电压互感器的铁芯和二次绕组必须接地，否则由于绝缘损坏会导致二次侧出现过高的电压而造成人员伤害和设备的损坏。

注意：电压互感器的二次侧是不准短路的，因为正常工作时，电压表、功率表的电压线圈的阻抗值很高，I_1 和 I_2 较小，如果二次侧电路短路，则 I_1、I_2 将急剧增加，变压器的铜损加大，易引起线圈发热、烧毁。

四、电焊变压器

电焊变压器从结构上讲是一台特殊的降压变压器，是交流电焊机的主要组成部分。它与普通变压器相比，有如下特点：

（1）变压器空载时（焊条没有接触工件前），具有 60 ~ 80 V 的输出电压，作为焊接的电弧的点火电压。

（2）焊条接触工件的瞬间，输出电流增大，输出电压迅速下降。因此，要求电焊变压器具有陡降的外特性，如图 7.11 所示。

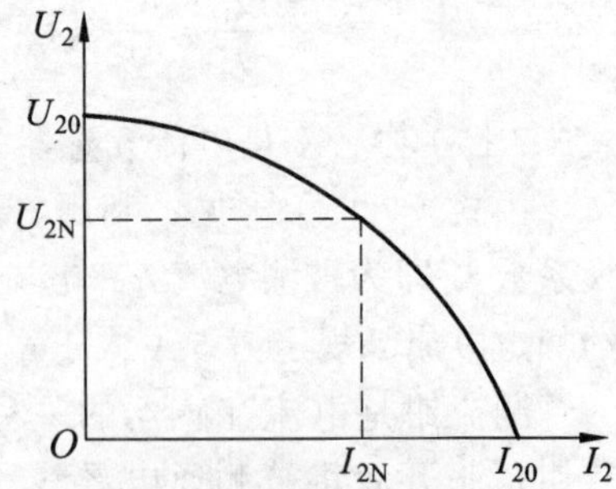

图 7.11　电焊变压器的外特性

（3）正常焊接（焊条离开工作件 3 ~ 4 mm），输出电压变化时，输出电流变化不大，保持电弧比较稳定。即使输出端短路（焊条接触在工件上，输出电压降到零），输出电流也不太大。

电焊变压器要求具有输出端电压随输出电流的增大而迅速降低的特性。为满足电焊变压器的特性要求，电焊变压器的一、二次绕组不是同心地套在一起，而是分装在两个铁芯柱上，以增大其漏抗，并且在变压器的二次回路中串联一个可调的铁芯电抗器，如图 7.12 所示。

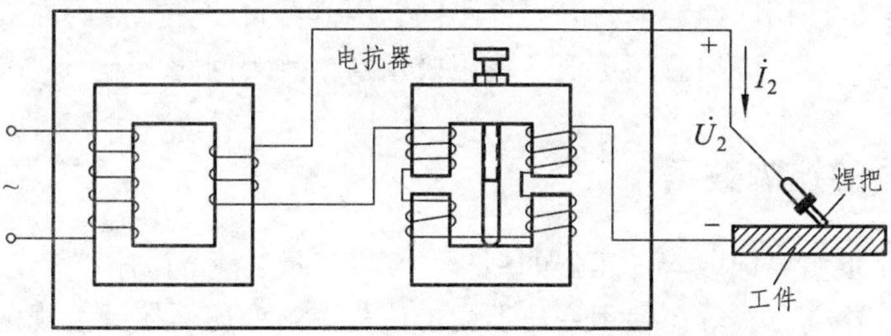

图 7.12　电焊变压器的原理示意图

五、三相变压器

三相变压器的用途是变换三相电压。它主要用于输电、配电系统中，也用于三相整流电路等场合。其结构如图 7.13 所示，特点是具有三个铁芯柱，每个铁芯柱上绕着属于同一相的高压绕组和低压绕组。三个高压绕组的始端标以 U_1、V_1、W_1，末端相应地标以 U_2、V_2、W_2。对应的低压绕组始端标以 u_1、v_1、w_1，末端标以 u_2、v_2、w_2。

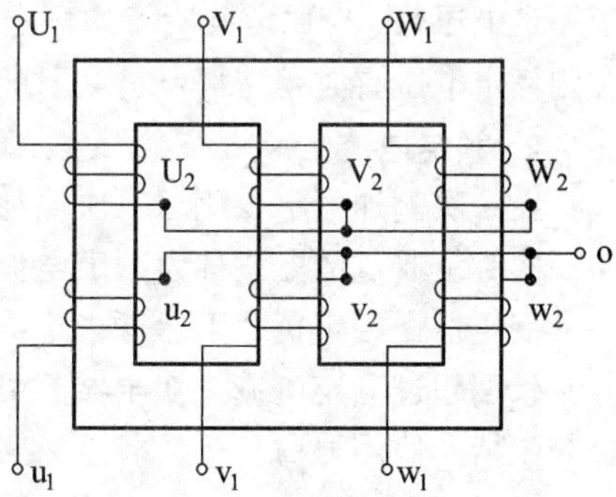

图 7.13　三相变压器结构原理图

根据国家标准的规定，高、低压三相绕组的接法，有 Y/Y_0、Y/Y、Y_0/Y、Y/△、Y_0/△五种联结方式。其中“/”前面的 Y 或 Y_0 表示高压绕组是无中线或有中线的星形接法，“/”后面的 Y、Y_0、△分别表示低压绕组是无中线的星形接法、有中线的星形接法、三角形接法。无中线的星形接法属于三相三线制，有中线的星形接法属于三相四线制，△形接法属于三相三线制。

注意：三相变压器的电压比是指初级额定相电压与次级额定相电压之比值，而不是额定线电压的比值。可以将三台单相变压器按三相电路连接，其作用与三相变压器相同。三相变压器中的每一相，工作情况相当于一个单相变压器。因此，单相变压器的工作原理、基本方程式和运行特性都完全适用于三相变压器。

六、常见问题讨论

如果把自耦调压器具有滑动触头的二次侧错接到电源上，会有什么后果？为什么？

解答：由于触头滑动会使接入电源侧的匝数减少甚至短路，很可能烧毁变压器。

七、特别提示

电焊变压器具有输出端电压随输出电流的增大而迅速降低的特性。

第四节　变压器使用中的问题

小容量变压器的使用问题与电力变压器不同，因其容量小，重点不在效率和电压调整率上。对于小容量变压器，应注意额定值、绕组极性及干扰等问题。

一、变压器的铭牌数据

变压器的铭牌上主要记载着变压器的型号、额定容量、额定电压、额定电流、额定频率、相数、接线方式、冷却方式等。使用变压器之前应先了解变压器铭牌上规定的各项额定值，以便根据额定值正确使用变压器。

1. 额定电压

一次侧额定电压 U_{1N} 是指在一次绕组上应加的电源电压，它应在变压器绝缘强度和温升所允的范围内。二次侧额定电压 U_{2N} 是指一次侧加额定电压时二次侧的空载电压。

使用时一次侧电压不允许超过额定电压。变压器负载运行时因有内阻抗压降，所以二次侧额定电压 U_{2N} 应比负载所需的额定电压高 5%～10%。对用于恒定负载的电源变压器，其二次侧额定电压有时是指额定负载下的输出电压。

2. 额定电流

在一次侧加额定电压、二次侧加额定负载条件下，变压器长时间正常运行时，一次绕组和二次绕组通过的电流称为额定电流，分别用 I_{1N} 和 I_{2N} 表示。

变压器在额定负载下运行，绝缘材料不易老化，其使用寿命长达 20 年以上。如果工作电流长期超过额定电流，变压器的温度就会超过允许范围，使绝缘材料加快老化，会大大缩短变压器的使用寿命。

3. 额定容量

额定容量是指变压器二次侧额定电压和额定电流的乘积。对于单相变压器为

$$S_N = U_{2N}I_{2N} \approx U_{1N}I_{1N} \tag{7.16}$$

对于三相变压器则为

$$S_N = \sqrt{3}U_{2N}I_{2N} \approx \sqrt{3}U_{1N}I_{1N} \tag{7.17}$$

式（7.17）中，U_{1N}、U_{2N} 为变压器的线电压，I_{1N}、I_{2N} 为变压器的线电流。

额定容量表示一个变压器所具有的传输电能的能力，其单位为伏安（V·A）或千伏安（kV·A）。应当指出，变压器二次侧输出功率并不等于额定容量 S_N，因为 P_2 还与负载的功率因数有关。

4. 额定频率

变压器铭牌上注明的频率为变压器的额定频率 f_N。我国的电力标准频率为 50 Hz，也称工频。额定频率不同的变压器不能互相代用。

除上述额定数据外，还应注意变压器的连接形式、冷却方式、允许温升、阻抗压降及使用条件等。

二、变压器绕组的极性

变压器有两个或两个以上绕组时，各绕组上电压瞬时极性相同的对应端，称为同极性端或同名端。同极性端用符号“·”或“*”标记，在使用变压器或者其他有磁耦合的互感线圈时，要注意线圈的正确连接。譬如，一台变压器的一次绕组有相同的两个绕组，如图 7.14（a）中的 1-2 和 3-4。当接到 220 V 的电源上时，两绕组串联如图 7.14（b）；接到 110 V 的电源上时，两绕组并联如图 7.14（c）。如果连接错误，譬如串联时将 2 和 4 两端连在一起，将 1 和 3 两端接电源，这样，两个绕组的磁通势就互相抵消，铁芯中不产生磁通，绕组中也就没有感应电动势，绕组中将流过很大的电流，把变压器烧毁。

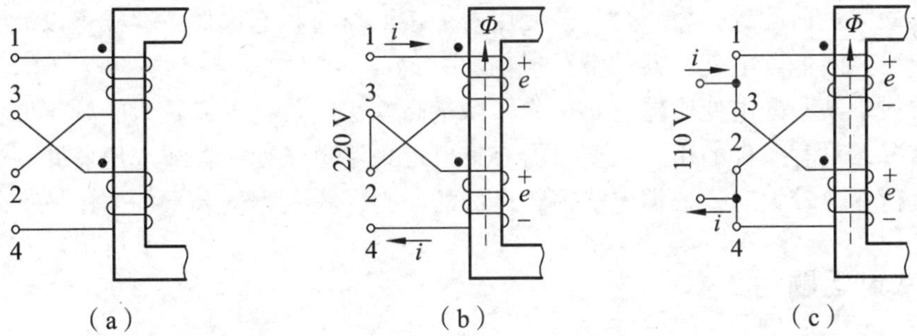

图 7.14 变压器原绕组的正确连接

为了正确连接，我们在线圈上标以记号“·”。标有“·”号的两端称为同极性端，图 7.14 中的 1 和 3 是同极性端，当然 2 和 4 也是同极性端。当电流从两个线圈的同极性端流入（或流出）时，产生的磁通的方向相同；或者当磁通变化（增大或减小）时，在同极性端感应电动势的极性也相同。在图 7.14 中，绕组中的电流正在增大，感应电动势的极性（或方向）如图 7.14（b）、（c）所示。

如果将其中一个线圈反绕，如图 7.15 所示，则 1 和 4 两端应为同极性端。串联对应将 2 和 4 两端连在一起。可见，哪两端是同极性端，还和线圈绕向有关。只要线圈绕向知道，同极性端就不难定出。

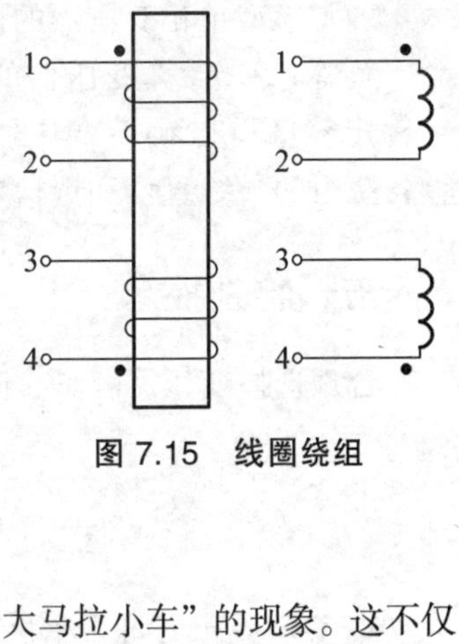

图 7.15 线圈绕组

三、选择变压器容量的简便方法

选用配电变压器时，如果把变压器容量选择过大，就会形成“大马拉小车”的现象。这不仅增加了设备投资，而且还会使变压器长期处于空载状态，使无功损耗增加。如果变压器容量选择过小，将会使变压器长期处于过负荷状态，易烧毁变压器。因此，正确选择变压器容量是电网降损节能的重要措施之一。在实际应用中，我们可以根据以下的简便方法来选择变压器容量。

对于高频变压器，一般本着“小容量，密布点”的原则，配电变压器应尽量位于负荷中心，供电半径不超过 0.5 km。配电变压器的负载率在 0.5 ~ 0.6 之间效率最高，此时变压器的容量称为经济容量。如果负载比较稳定，连续生产的情况可按经济容量选择变压器容量。

对于仅向排灌等动力负载供电的专用变压器，一般可按异步电动机铭牌功率的 1.2 倍选用变压器容量。一般电动机的启动电流是额定电流的 4 ~ 7 倍，变压器应能承受住这种冲击，直接启动的电动机中最大的一台的变压器容量，一般不应超过变压器容量的 30%左右。应当指出的是：排灌专用变压器一般不应接入其他负荷，以便在非排灌期及时停运，以减少电能损失。

对于供电照明、农副业产品加工等综合用电变压器容量的选择，要考虑用电设备的同时功率，可按实际可能出现的最大负荷的 1.25 倍选用变压器容量。

根据农村电网用户分散、负荷密度小、负荷季节性和间隙性强等特点，可采用调容量变压器。调容量变压器是一种可以根据负荷大小进行无负荷调整容量的变压器，它适用于负荷季节性变化明显的地点使用。

对于变电所或用电负荷较大的工矿企业，一般采用母子变压器供电方式，其中一台（母变压器）按最大负荷配置，另一台（子变压器）按低负荷状态选择，这样可以大大提高配电变压器利用率，降低配电变压器的空载损耗。

针对农村中某些配电变压器一年中除了少量高峰用电负荷外，长时间处于低负荷运行状态的实际情况，对有条件的用户，变压器容量也可采用母子变压器或变压器并列运行的供电方式。在负荷变化较大时，根据电能损耗最低的原则，投入不同容量的变压器。

四、常见问题讨论

（1）变压器的额定容量指的是什么？

解答：单相变压器的额定容量为 $S_N = U_{2N}I_{2N} \approx U_{1N}I_{1N}$，其中 U_{2N} 为二次空载电压。当变压器额定运行时，二次电流为额定电流，二次电压 $U_2 < U_{2N}$。可见在一般情况下变压器的容量大于变压器二次侧的输出功率。

（2）小型单相变压器的设计与计算大致分几个部分？简单介绍其设计与计算步骤。

解答：① 计算变压器的输出总视在功率；② 计算变压器的输入视在功率及输入电流和额定容量；③ 确定变压器铁芯截面积及选用硅钢片尺寸；④ 计算各绕组的匝数；⑤ 计算各绕组的导线直径和选择导线；⑥ 计算绕组的总尺寸，并核算铁芯窗口面积。

五、特别提示

合理选择变压器容量，防止出现“大马拉小车”的现象。

小　结

1. 变压器是利用电磁感应原理，通过铁芯中的交变主磁通，将电能从一次侧传送到二次侧及负载上。

2. 单相变压器电路如图 7.16 所示，其变电压、变电流、变阻抗的关系式为

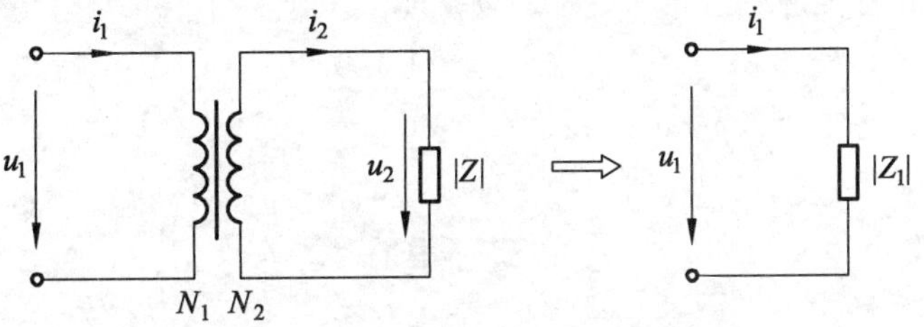

图 7.16　单相变压器电路及等效图

电压变换　$\dfrac{U_1}{U_2}=\dfrac{N_1}{N_2}=k$

电流变换　$\dfrac{I_1}{I_2}=\dfrac{N_2}{N_1}=\dfrac{1}{k}$

阻抗变换　$|Z_1|=k^2|Z|$

3. 为了正确使用变压器，必须了解变压器的工作特性、额定值和绕组的同极性端。

4. 各种变压器的基本结构和工作原理都相同，但是由于不同的使用要求，使用不同用途的变压器，一定要注意各自不同的特点。

选择题

1. 变压器的铁损耗包含（　　），它们与电源的电压和频率有关。

（a）磁滞损耗和磁阻损耗　　（b）磁滞损耗和涡流损耗

（c）涡流损耗和磁化饱和损耗

2. 220 V/110 V 的单相变压器，若将 220 V 绕组接 110 V 电源，变压器的容量（　　）。

（a）不可使用　（b）保持不变　（c）为原来 0.5 倍　（d）为原来 2 倍

3. 负载变化时，变压器能保持输出（　　）不变。

（a）电压　（b）电流　（c）功率　（d）频率

4. 在降压变压器中，和一次侧绕组匝数比，二次侧绕组匝数（　　）。

（a）多　（b）少　（c）相同　（d）随型号而变

5. 对于电阻性和电感性负载，当变压器副边电流增加时，副边电压将（　　）。

（a）上升　（b）下降　（c）保持不变

6. 变压器对（　　）的变换不起作用。

（a）电压　（b）电流　（c）功率　（d）阻抗

7. 变压器是通过（　　）磁通进行能量传递的。

（a）主　（b）一次侧漏　（c）二次侧漏　（d）一次、二次侧漏

8. 一台变比为 2 的单相变压器，二次侧接有 8 Ω 的负载；若从一次侧看，其负载为（　　）Ω。

（a）4　（b）8　（c）16　（d）32

9. 工作时电压互感器的二次侧不能（　　）；电流互感器的二次侧不能（　　）。

（a）短路；短路　（b）短路；开路　（c）开路；短路　（d）开路；开路

10. 自耦变压器的共用绕组导体流过的电流（　　）。

（a）较大　（b）较小

（c）为一次二次边电流之和　（d）等于负载电流

习　题

7.1　从物理意义上说明变压器为什么能变电压，而不能变频率。

7.2　试从物理意义上分析，若减少变压器一次侧线圈匝数（二次线圈匝数不变），二次线圈的电压将如何变化。

7.3　变压器一次线圈若接在直流电源上，二次线圈会有稳定直流电压吗？为什么？

7.4　变压器铁芯的作用是什么，为什么它要用 0.35 mm 厚、表面涂有绝缘漆的硅钢片叠成？

7.5　变压器有哪些主要部件，它们的主要作用是什么？

7.6　变压器一、二次侧和额定电压的含义是什么？

7.7　有一台 D-50/10 单相变压器，$S_N = 50\ \text{kV}\cdot\text{A}$，$U_{1N}/U_{2N} = 10\,500\ \text{V}/230\ \text{V}$，试求变压器一、二次绕组的额定电流。

7.8　为什么要把变压器的磁通分成主磁通和漏磁通？它们之间有哪些主要区别？指出空载和负载时激励各磁通的磁动势。

7.9　变压器的空载电流的性质和作用如何？它与哪些因素有关？

7.10　变压器空载运行时，是否要从电网取得功率？这些功率属于什么性质？起什么作用？为什么小负荷用户使用大容量变压器无论对电网和用户均不利？

7.11　一台 380 V/220 V 的单相变压器，如不慎将 380 V 加在二次绕组上，会产生什么现象？

7.12　一台 220 V/110 V 的变压器，变比 $k = \dfrac{N_1}{N_2} = 2$，能否一次绕组用 2 匝，二次绕组用 1 匝，为什么？

7.13　如果将铭牌为 60 Hz 的变压器，接到 50 Hz 的电网上运行，试分析对主磁通、激磁电流、铁损、漏抗及电压变化率有何影响。

7.14　已知某单相变压器的一次绕组电压为 3 000 V，二次绕组电压为 220 V，负载是一台 220 V、25 kW 的电阻炉，试求一、二次绕组的电流。

7.15　额定容量为 50 kV · A、额定电压为 3 300 V/220 V 的变压器，已知一次侧绕组为 1 000 匝。求：（1）一、二次绕组的额定电流；（2）若一次侧保持额定电压不变，二次侧带有 $P = 39\ \text{kW}$、$\cos\varphi = 0.8$ 的感性负载，求此时的副边端电压。

7.16　电阻 $R_L = 8\ \Omega$的扬声器，通过输出变压器接信号源，设变压器的一次侧绕组 $N_1 =$ 500 匝，二次侧绕组 $N_2 = 100$ 匝。求：（1）扬声器电阻换算到一次侧的等效电阻；（2）若信号源的有效值 $U_S = 10\ \text{V}$，内阻 $R_0 = 250\ \Omega$，求输出给扬声器的功率；（3）若不经过输出变压器，直接把扬声器接到信号源上，求扬声器获得的功率。

7.17　单相变压器一次绕组匝数 $N_1 = 1\,000$ 匝，二次绕组 $N_2 = 500$ 匝，现一次侧加电压 $U_1 = 220$ V，二次侧接电阻性负载，测得二次侧电流 $I_2 = 4$ A，忽略变压器的内阻抗及损耗，试求：（1）一次侧等效阻抗 $|Z'_1|$；（2）负载消耗功率 P_2。

7.18　一电源变压器，一次绕组的匝数为 550 匝，接电源 220 V，它的两个二次绕组，一个电压为 36 V，负载功率为 36 W，另一个电压为 12 V，负载功率为 24 W，不计空载电流，求：

（1）二次侧两个绕组的匝数；

（2）一次绕组的电流；

（3）变压器的容量至少应为多少。

7.19　有一台 10 kV · A，10 000 V/230 V 的单相变压器，如果在一次绕组的两端加额定电压，在额定负载时，测得二次侧电压为 220 V。求：（1）该变压器一、二次侧的额定电流；（2）电压调整率。

7.20　已知某收音机输出变压器的一次侧匝数为 600，二次侧匝数为 30，一次侧原接有 16 Ω的扬声器，现要改接成 4 Ω扬声器，求 N_2 应改为多少。

第八章　电动机

【学习指导】电机是机械能与电能相互转换的机械。将电能转换为机械能的电机称为电动机，将机械能转换为电能的电机称为发电机。三相交流异步电动机与其他类型电动机相比，结构简单、制造容易、价格低廉、坚固耐用、维护简单、工作可靠，并有较高的效率和适用的工作特性。本章重点介绍三相异步电动机的基本结构、工作原理、机械特性以及启动、制动和调速。

1. 学习目标

（1）了解电动机的发展概况，熟悉电动机的分类，了解电动机的发展趋势。

（2）了解三相交流异步电动机的基本构造和转动原理；

（3）理解三相交流异步电动机的机械特性；

（4）掌握启动和反转的基本方法，了解调速和制动的方法；

（5）理解三相交流异步电动机铭牌数据的意义。

2. 学习建议

（1）学习时间：8～10 小时。

第一节建议学习时间：1 小时；

第二节建议学习时间：2 小时；

第三节建议学习时间：2 小时；

第四节建议学习时间：2 小时；

第五节建议学习时间：1 小时。

（2）学习方法：

A. 点播学习网络课程第八章的内容，完成相关内容的“选择题”“习题”。

B. 参加在线导学直播学习。

C. 阅读参考资料：

① 王英主编，西南交通大学出版社《电工技术基础（电工学Ⅰ）》（第 2 版）第八章；

② 王英主编，西南交通大学出版社《电工技术学习指导及习题精解》第八章。

3. 学习重点与难点

A. 重点掌握电动机的转动原理。

B. 重点掌握电动机的启动和反转的基本方法。

C. 重点掌握三相交流异步电动机铭牌数据的意义。

E. 难点是：转动原理，根据参数求解三相异步电动机的电流、功率。

第一节 电动机概述

一、电动机的发展概况

1821 年，英国科学家法拉第证明可以把电力转变为旋转运动。1834 年前后，德国的雅可比制成了一个简易电动机装置，他在两个 U 形电磁铁中间装一六臂轮，每臂带两根棒型磁铁。通电后，棒型磁铁与 U 形磁铁之间产生相互吸引和排斥作用，带动轮轴转动。后来，雅可比做了一具大型的装置安在小艇上，用 320 个丹尼尔电池供电，1838 年小艇在易北河上首次航行，时速只有 2.2 km。与此同时，美国的达文波特也成功地研制出了驱动印刷机的电动机。但这两种电动机都没有多大商业价值，用电池作电源，成本太大、不实用。

直到第一台实用直流发动机问世，电动机才得到广泛应用。1870 年，比利时工程师格拉姆发明了直流发电机。后来，格拉姆证明向直流发动机输入电流，其转子会像电动机一样旋转。与此同时，德国的西门子着手研究由电动机驱动的车辆，并由西门子公司制成了世界上第一辆电车。

在 1879 年柏林工业展览会上，西门子公司研制的电车当时虽然只有 3 马力（1 马力 = 735 瓦），但是不冒烟的电车赢得了观众的一片喝彩。后来美国发明大王爱迪生试验的电车已达 12 ~ 15 马力。当时的电动机全是直流电机，只限于驱动电车。

1888 年，南斯拉夫出生的美国发明家特斯拉发明了交流电动机。交流电动机根据电磁感应原理制成，又称感应电动机，这种电动机结构简单，使用交流电，无需整流，无火花，因此被广泛应用于工业和家庭电器中，交流电动机通常用三相交流供电。

1902 年，瑞典工程师丹尼尔森首先提出同步电动机构想。同步电动机工作原理与感应电动机一样，由定子产生旋转磁场，转子绕组用直流供电，转速固定不变，不受负载影响。因此同步电动机特别适用于钟表、电唱机和磁带录音机。

直流电动机是直流激磁，工作特性按其激磁绕组的接线方式不同而有区别。串激电动机启动转矩大，适用于牵引和起重；并激电动机转速随负载大小而变动较小，且可以调节，可作用定速或调速之用；复激电动机兼有以上两种激磁方式电动机的特性。

交流换向器电动机，即转子具有换向器的交流电动机。因为它既可用于交流又可用于直流，故称作交直流两用电动机或通用电动机，多用于家用电器。

二、电动机的分类

1. 按工作电源分类

电动机按工作电源的不同，可分为直流电动机和交流电动机。其中交流电机又有同步电机和异步电机两种。直流电动机按照励磁方式不同，分为他励、并励、串励和复励四种。

2. 按结构及工作原理分类

电动机按结构及工作原理不同，可分为直流电动机、异步电动机和同步电动机。同步电动机还可分为永磁同步电动机、磁阻同步电动机和磁滞同步电动机。异步电动机可分为感应电动机和交流换向器电动机。感应电动机又分为三相异步电动机、单相异步电动机和罩极异步电动机；交流换向器电动机又分为单相串励电动机、交直流两用电动机和推斥电动机。

3. 按启动与运行方式分类

电动机按启动与运行方式不同，可分为电容启动式单相异步电动机、电容运转式单相异步电动机、电容启动运转式单相异步电动机和分相式单相异步电动机。

4. 按用途分类

电动机按用途不同，可分为驱动用电动机和控制用电动机。驱动用电动机中以交流异步电动机使用最为广泛。控制用微电机体积和输出功率均较小，可作为动力及控制传号的传递和转换用。驱动用电动机又分为电动工具（包括钻孔、抛光、磨光、开槽、切割、扩孔等工具）用电动机、家电（包括洗衣机、电风扇、电冰箱、空调器、录音机、录像机、影碟机、吸尘器、照相机、电吹风、电动剃须刀等）用电动机及其他通用小型机械设备（包括各种小型机床、小型机械、医疗器械、电子仪器等）用电动机。控制用电动机又分为步进电动机和伺服电动机等。

5. 按转子的结构分类

电动机按转子的结构不同，可分为笼型感应电动机（旧标准称为鼠笼型异步电动机）和绕线转子感应电动机（旧标准称为绕线型异步电动机）。

6. 按运转速度分类

电动机按运转速度可分为高速电动机、低速电动机、恒速电动机、调速电动机。

7. 按防护型式分类

电动机按防护类型可分为开启式和封闭式。

8. 按绝缘等级分类

电动机按绝缘等级不同，分为 A 级、E 级、B 级、F 级、H 级、C 级。

三、电动机的发展趋势

伴随着电子器件和材料领域的发展，出现了很多高电压等级的功率电子器件；未来的电机将向高效率、高功率密度、高可靠性、低噪声以及良好的可维修性和可替换性方向发展。下面分别就几个实用领域，谈一下电动机的发展趋势。

1. 直线电机的发展趋势

直线电动机系统具有结构简单、重量轻、惯性小、动态响应快、速度和加速度大、精确度高、振动和噪声小等优点，是各类超高速精密机床的理想传动方式，在各类高速、精密加工设备上具有广泛的应用前景。其发展趋势主要体现在日益成熟的技术、日趋产业化的特征和其越来越广泛的应用。另外，加入新的技术例如高档的数控机床等将会对其发展起明显的推动作用。

2. 风力发电领域

风力发电机的大体趋势是单机容量不断增大。

3. 直接驱动的永磁电机

与传统的驱动方式相比，永磁电机的直接驱动去除了传统的齿轮，降低了驱动系统噪声、减少了维修费用、降低了驱动系统重量、增加了系统可靠性，给用户带来了更多的好处，是未来电机的发展趋势和方向之一。

4. 高温超导领域

高温超导的进展也同样为电机的发展提供了新的可能性，部分研究样机已做到了 3.75 MW。

高温超导电机的转子含有高温的超导线圈，冷却装置使转子绕组保持 25 ~ 30 K 的温度。高温超导电机不仅谐波畸变率较传统电机低，其过载能力和效率也是传统电机所无法企及的。

5. 超声电机

超声电机是 20 世纪末发展起来的一种新型电机，它突破了传统电磁电机的概念，没有电枢绕组和磁路，不依靠电磁相互作用来转换能量，而是利用压电陶瓷的逆压电效应和超声振动，将材料的微观变形通过共振放大和摩擦传动转换成转子或定子的宏观运动。与传统电机相比，超声电机具有惯性小、响应快、控制特性好、噪声小等特点，可广泛应用于微型机械、机器人、精密仪器仪表、日用家电等领域。

6. 磁悬浮电机

它是利用定子和转子励磁磁场之间“同性相斥、异性相吸”的原理使转子悬浮起来，同时产生推进力驱使转子在悬浮状态下运动。因此，定子与转子之间不存在任何机械接触，可以产生较高的加速度。磁悬浮电机机械磨损小，机械与电气保护容易，维护、检修和更换方便，既适用于恶劣环境，又适用于洁净无污染环境。磁悬浮电机的研究越来越受到科技工作者的重视，其发展前景令人鼓舞。

除此之外，电机的控制也在向智能化方向发展。

四、常见问题讨论

（1）电动机按照额定工作制分为哪几类？请分别叙述之。

解答：电动机有连续、断续、短时工作制几种。

连续工作制（SI）：电动机在铭牌规定的额定值条件下，保证长期运行。

短时工作制（S2）：电动机在铭牌规定的额定值条件下，只能在限定的时间内短时运行。短时运行的持续时间标准有四种：10 min、30 min、60 min 及 90 min。

断续工作制（S3）：电动机在铭牌规定的额定值条件下只能断续周期性使用，用每周期 10 min 的百分比表示，如 FC = 25%；其中 S4 ~ S10 都属于几种不同条件的断续运行工作制。

（2）电动机按照通风冷却方式分为哪几类？请分别叙述之。

解答：按通风冷却方式分为七种，分别为：① 自冷式，电动机仅依靠表面的辐射和空气的自然流动而冷却。② 自扇冷式，电动机由本身驱动的风扇，供给冷却空气以冷却电动机表面或其内部。③ 他扇冷式，供给冷却空气的风扇不是由电动机本身驱动，而是独立驱动的。④ 管道通风式，冷却空气不是直接由电动机外部进入电动机或直接由电动机内部排出，而是经过管道引入或排出电动机，管道通风的风机可以是自扇冷式或他扇冷式。⑤ 液体冷却，电动机用液体冷却。⑥ 闭路循环气体冷却，冷却电动机的介质循环在包括电动机和冷却器的封闭回路里，冷却介质经过电动机时吸收热量，经过冷却器时放出热量。⑦ 表面冷却和内部冷却，冷却介质不经过电动机导体内部称为表面冷却，冷却介质经过电动机导体内部称为内部冷却。

（3）请举例说明电机的控制在智能化方面的发展。

解答：电机智能化控制在许多的应用领域都获得应用，并获得良好的控制效果。例如模糊控制、神经网络控制、学习控制和居于专家系统的控制等。这些控制方式最大的优点是：无需被控对象进行精确的数学建模，而且具有很强的鲁棒性，非常适合控制电机这种非线性、变参数对象。比较成熟的有模糊控制，它不需要控制对象精确的数学模型，能克服非线性等因素的影响，对被控对象参数变化具有较强的鲁棒性。目前，模糊控制已经在交直流调速系统中和伺服系统中取得很好的效果。

第二节　三相异步电动机的结构和工作原理

一、三相异步电动机的结构

三相异步电动机主要是由定子、转子两大部分和机座、轴承、端盖、接线盒、风扇和风扇罩壳以及空气间隙等组成，图 8.1 是三相异步电动机外形和拆开的各部分图。

三相异步电动机的结构

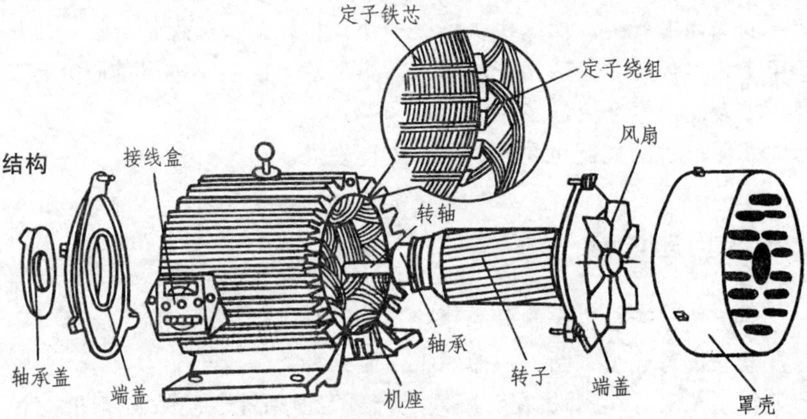

图 8.1　三相鼠笼式电动机的结构

（一）定子组成及各部分元件的作用

定子由定子铁芯、定子绕组、机座、端盖和接线盒等组成（中小型电动机还有风扇罩）。定子铁芯是由 0.5 mm 厚的硅钢片叠压而成，在环状的内圆上均匀地开有许多槽，硅钢片间涂有绝缘漆。定子铁芯的作用是导磁。三相绕组由带有绝缘的铜导线绕成绕组，按一定的规律嵌放在定子槽内。绕组的 6 个出线头，分别固定在机座外壳的接线盒里，线头旁标有各相的始末符号，首、末端分别为 U_1、U_2，V_1、V_2，W_1、W_2，根据电动机额定电压和供电电源电压的不同，定子绕组或连接成三角形，或连接成星形，分别如图 8.2 所示。

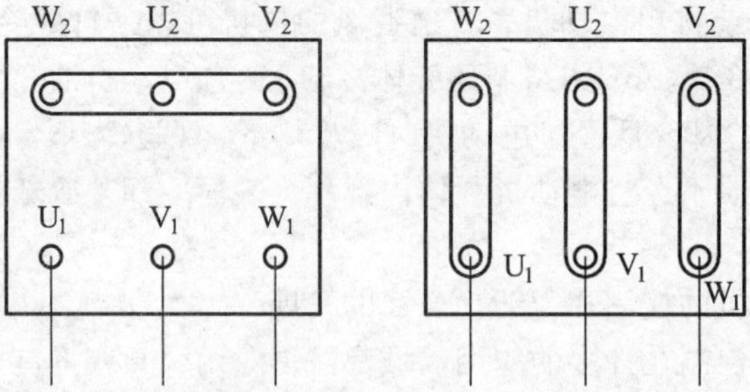

（a）星形连接　　（b）三角形连接

图 8.2　定子绕组在接线盒内的连接

机座是铸铁的，它是用来固定定子铁芯和端盖以及接线盒的，同时起散热作用。中小型异步电动机机座上有散热片，是用来增加散热面的，风扇罩起防护和通风作用，端盖起防护和支持转子轴承的作用。绕线式电机定子有刷架。端盖固定在机座上，端盖中央孔上装有轴承，支撑转子。转子拖动机械负载。

（二）转子组成和各部件的作用

转子由转轴、转子铁芯、转子绕组和风扇组成，中小型电机轴承也安装在转子轴上。转轴由高碳钢制成，用来支持转子铁芯等。转子铁芯也是硅钢片叠压而成的，在其外圆上均匀开有许多槽，槽内嵌放转子绕组。转子绕组有鼠笼式和绕线式两种。绕线式转子有集电环。

（1）鼠笼式转子，如图 8.3 所示。铜条鼠笼转子是在转子槽内放置裸铜条，在铁芯端部用短路环将铜条焊接起来（如鼠笼状），如图 8.3（a）所示。铸铝转子是槽内导体和两端短路环连同风扇叶片一起用铝铸成一个整体，如图 8.3（b）所示。

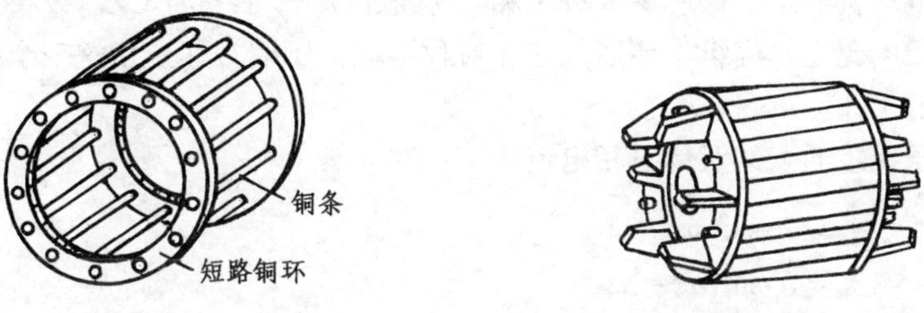

（a）用铜条做绕组的鼠笼转子　　（b）铸铝的鼠笼转子

图 8.3　鼠笼式转子

为了改善电动机的启动特性，小型电动机转子采用斜槽结构，而大中型电动机采用深槽式或双鼠笼式转子。深槽式转子是利用交流集肤效应原理限制启动电流，而双鼠笼式转子是利用不同电阻来限制启动电流的。

（2）绕线式转子，用绝缘导线绕制而成，绕组的相数、磁极对数和定子绕组相同。三相绕组一般接成星形，三根引出线连接在固定于转轴上的三个集电环上（滑环），由一组支持在端盖上的电刷将集电环与外电路接通，如图 8.4 所示。

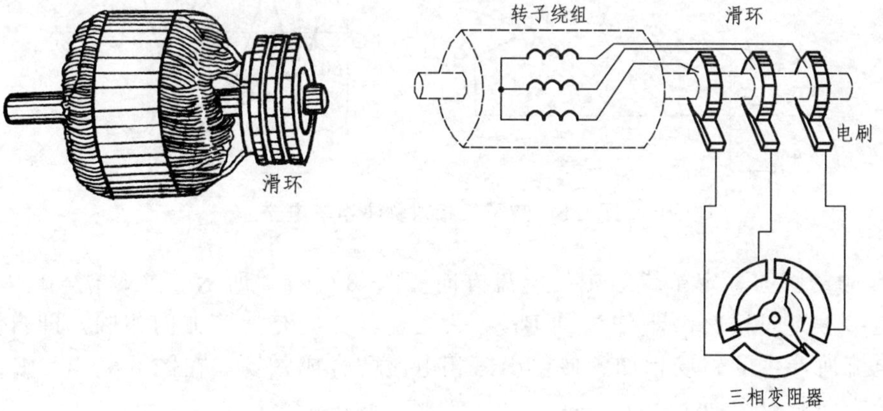

图 8.4　绕线式转子

无论何种形式的转子，均需要轴承来支撑才能旋转。轴承主要分为两大类，滑动轴承和滚动轴承。微型电机和大型电机常用滑动轴承，而中小型电机多用滚动轴承。滚动轴承又分滚珠和滚柱轴承。大中型电机轴伸端用滚柱轴承，电机后端一般采用滚珠轴承。

二、三相异步电动机的工作原理

三相异步电动机又称交流感应式电动机，它是靠旋转着的定子磁场切割转子导体产生感应电流，此旋场磁场又对转子感应电流作用而带动转子转动的，从而实现了机电能量的转换。当异步电动机三相定子绕组中通以三相正弦交流时，便在磁路空间产生旋转磁场。

（一）旋转磁场

1. 旋转磁场的产生

三相异步电动机的定子铁芯中放有三相对称绕组 AX，BY 和 CZ。设将三相绕组连接成星形，接在三相电源上，绕组中便通入三相对称电流。所谓对称是指这三个绕组匝数相同，结构一样，互隔 120°。

设三相定子绕组通入的对称三相电流为

$$
\begin{aligned}
i_A &= I_m \sin(\omega t) \\
i_B &= I_m \sin\left(\omega t - 120^\circ\right) \\
i_C &= I_m \sin\left(\omega t + 120^\circ\right)
\end{aligned}
$$

三相电流的波形如图 8.5 所示。取绕组始端到末端的方向作为电流的参考方向。在电流正半周时，其值为正，其实际方向与参考方向一致；在负半周时，其值为负，其实际方向与参考方向相反。

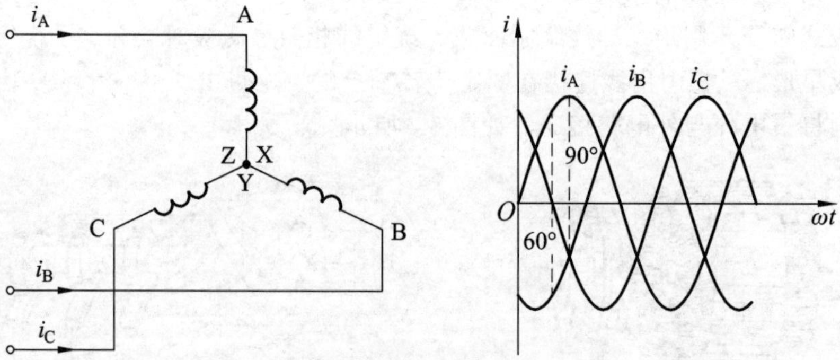

图 8.5　定子三相对称绕组与电流

在 ωt=0 的瞬间，定子绕组中的电流方向如图 8.6（a）所示。这时 $i_A = 0$；i_B 为负，其方向与参考方向相反，即自 Y 到 B；i_C 为正，其方向与参考方向相同，即自 C 到 Z。将每相电流所产生的磁场相加，便得出三相电流的合成磁场。在图 8.6（a）中，合成磁场轴线的方向是自上而下。

图 8.6（b）所示的是 ωt=60° 时定子绕组中电流的方向和三相电流的合成磁场的方向。这

时的合成磁场已在空间转过了 60°。

同理可得在 ωt=90° 时的三相电流的合成磁场，它比 ωt=60° 时的合成磁场在空间又转过了 30°，如图 8.6（c）所示。

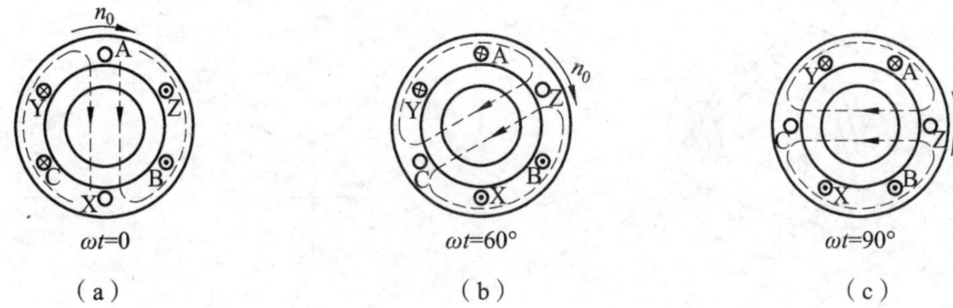

图 8.6　三相电流产生的旋转磁场（p=1）

由上可知，当定子绕组中通入三相电流后，它们共同产生的合成磁场是随电流的交变而在空间不断地旋转着，这就是旋转磁场。

2. 旋转磁场的转向

从上面的分析中还可发现，合成磁场的转动方向是由 A 相绕组平面转向 B 相绕组平面再到 C 相绕组平面，周而复始地继续旋转下去。旋转磁场的转向与三相绕组通入三相电流的相序是一致的。所以将同三相电源连接的三根导线中的任意两根的一端对调位置（例如对调了 B 与 C 两相），则电动机三相绕组的 B 相与 C 相对调（注意：电源三相端子的相序未变），旋转磁场因此反转，如图 8.7 所示。

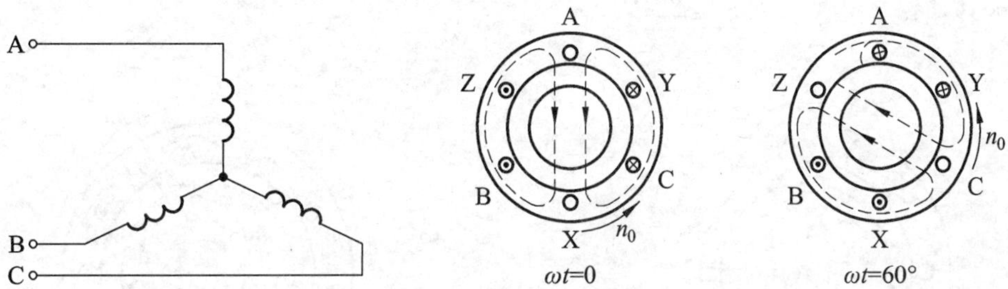

图 8.7　旋转磁场的反转

3. 旋转磁场的极数

三相异步电动机的极数就是旋转磁场的极数。旋转磁场的极数和三相绕组的安排有关。在图 8.6 所示的情况下，每相绕组只有一个线圈，绕组的始端之间相差 120°空间角，则产生的旋转磁场具有一对极，即 p=1（p 是磁极对数）。如果定子绕组安排得如图 8.8 那样，即每相绕组有两个线圈串联，绕组的始端之间相差 60°空间角，则产生的旋转磁场具有两对极，即 $p=2$，如图 8.9 所示。

同理，如果要产生三对极，即 p=3 的旋转磁场，则每相绕组必须有均匀安排在空间的串联的三个线圈，绕组的始端之间相差 $40°\left(=\dfrac{120°}{p}\right)$ 空间角。

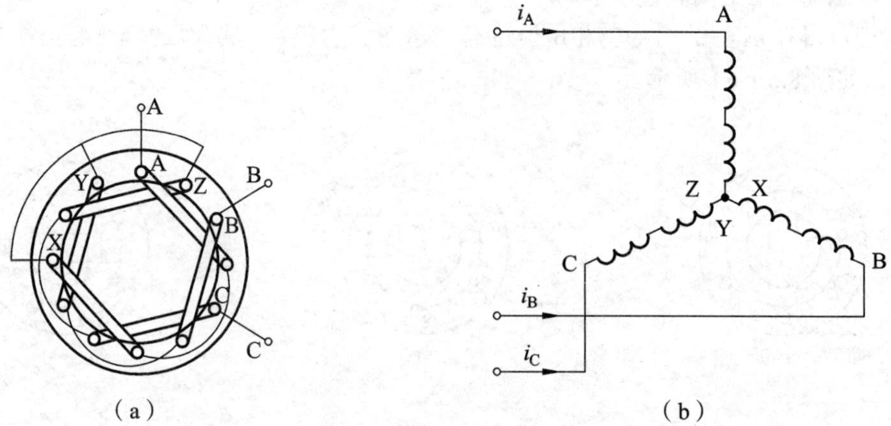

图 8.8　产生四极旋转磁场的定子绕组

4. 旋转磁场的转速

三相异步电动机的转速与旋转磁场的转速有关，而旋转磁场的转速取决于磁场的极数。在一对极的情况下，由图 8.6 可见，当电流从 $\omega t=0$ 到 $\omega t=60°$ 经历了 60°时，磁场在空间也旋转了 60°。当电流交变了一次（一个周期）时，磁场恰好在空间旋转了一圈。设电流的频率为 f_1，即电流每秒钟交变 f_1 次或每分钟交变 $60f_1$ 次，则旋转磁场的转速为 $n_0=60f_1$。转速的单位为转每分（r/min）。

在旋转磁场具有两对极的情况下，由图 8.9 可见，当电流从 $\omega t=0$ 到 $\omega t=60°$ 经历了 60°时，此时磁场在空间仅旋转了 30°。就是说，当电流交变了一次时，磁场仅旋转了半转，比 $p=1$ 情况下的转速慢了一半，即 $n_0=\dfrac{60f_1}{2}$。

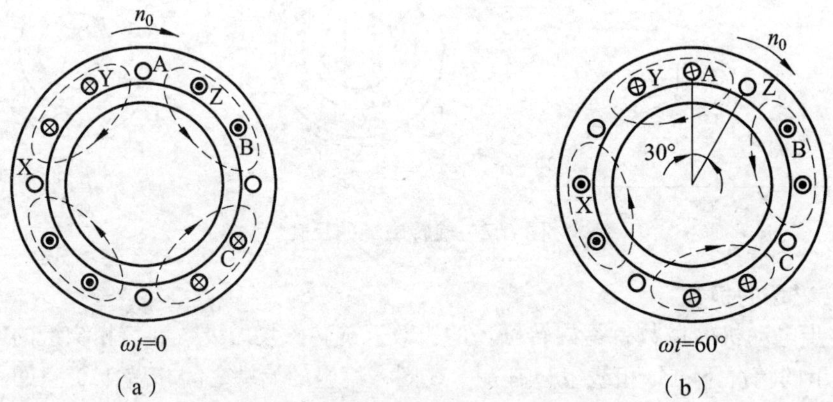

图 8.9　三相电流产生的旋转磁场（ $p=2$ ）

同理，在三对极的情况下，电流交变一次，磁场在空间仅旋转了 $\dfrac{1}{3}$ 转，只是 $p=1$ 情况下的转速的三分之一，即 $n_0=\dfrac{60f_1}{3}$。

由此推知，当旋转磁场具有 p 对极时，磁场的转速为

$$n_0 = \frac{60 f_1}{p} \tag{8.1}$$

因此，旋转磁场的转速 n_0 决定于电流频率 f_1 和磁场的极对数 p，而后者又决定于三相绕组的安排情况。对某一异步电动机讲，f_1 和 p 通常是一定的，所以磁场转速 n_0 是个常数。

在我国，工频 $f_1 = 50\ \text{Hz}$，于是由式（8.1）可得出对应于不同极对数的旋转磁场转速（转/分），如表 8.1 所示。

表 8.1　不同磁极对数时的同步转速

p	1	2	3	4	5	6
n_0（r/min）	3 000	1 500	1 000	750	600	500

（二）电动机的转动原理

电动机是一种把电能转换成机械能的电气设备，如接通电源，其转子便带动生产机械一同旋转。图 8.10 是异步电动机工作原理示意图，当定子绕组通以三相对称电流后，产生的合成磁场是两极旋转磁场，并以 n_1 速度按顺时针方向旋转。静止的转子导体因切割磁力线而产生感应电动势。由于旋转磁场是顺时针旋转，相当于转子导体以逆时针切割磁力线，用右手定则确定转子上半部导体中感应电动势方向是从里向外，用⊙表示，转子下半部导体中感应电动势方向是从外向里，用⊗表示。在电动势的作用下，闭合的导条中就有电流。该电流与旋转磁场相互作用，而使转子导条受到电磁力。电磁力的方向可应用左手定则来确定。由电磁力产生电磁转矩，转子就转动起来。由图 8.10 可见，转子转动的方向和磁极旋转的方向相同。当旋转磁场反转时，电动机也跟着反转。

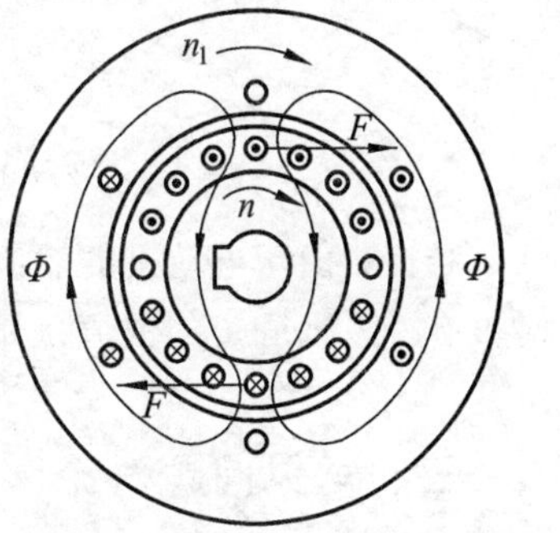

图 8.10　异步电动机工作原理

（三）转差率

电动机转速 n 总是小于旋转磁场的转速 n_0。如果两者相等，则转子与旋转磁场之间就没有相对运动，磁通就不能切割转子导条，转子电动势、转子电流以及转矩也就都不存在。这样，转子就不可能继续以 n_0 的转速转动。因此，转子转速与磁场转速之间必须要有差别，这就是异步电动机名称的由来。而旋转磁场的转速 n_0 常称为同步转速。

我们用转差率 s 来表示转子转速 n 与磁场转速 n_0 相差的程度，即

$$s = \frac{n_0 - n}{n_0} \quad 或 \quad s = \frac{n_0 - n}{n_0} \times 100\% \tag{8.2}$$

式（8.2）也可写为

$$n = (1 - s) n_0 \tag{8.3}$$

转差率 s 是反映异步电动机运行情况的一个重要物理量。转子转速愈接近磁场转速，转差率愈小。当异步电动机接通电源启动瞬间，$n=0$，所以 $s=1$，这时转差率最大。电动机转差率的变化范围为

$$0 < s \leqslant 1$$

中、小型电动机在额定运行时的转差率一般为 $s_N \approx (0.02 \sim 0.06)$。

例 8.1 有一台三相异步电动机，电源频率 $f_1 = 50\ \text{Hz}$，其额定转速 $n = 1\,470\ \text{r/min}$。试求电动机的极对数和额定负载时的转差率。

分析：根据已知额定转速 $n = 1\,470\ \text{r/min}$，得最相近的同步转速 $n_0 = 1\,500\ \text{r/min}$，由表 8.1 得相应的磁极对数 $p=2$，则用式（8.2）计算转差率。

解 同步转速

$$n_0 = 1\,500\ \text{r/min}$$

由表 8.1 得磁极对数

$$p = 2$$

则额定负载时的转差率为

$$s = \frac{n_0 - n}{n_0} \times 100\% = \frac{1\,500 - 1\,470}{1\,500} \times 100\% = 2\%$$

结论：由于电动机的额定转速 n 接近而略小于同步转速 n_0，而同步转速对应于不同的极对数有一系列固定的数值，如表 8.1 所示。

三、常见问题讨论

（1）异步电机转子有哪两种类型？结构上各有什么特点？

解答：异步电机转子有“鼠笼式”和“绕线式”两种。鼠笼式转子铁芯槽内装有铜（或铝）导条，其端部有短路端环短接，构成多相对称绕组。鼠笼式转子的相数等于导条数；转子绕组的极对数自动与定子绕组的极对数相适应。绕线式转子铁芯中则装有与定子相同磁极对数的三相交流绕组，绕组一般接成“星形”，三根引线与滑环相连，可通过电刷引出电机外，连接其他器件或短接成闭合绕组；正常工作时，通常通过“举刷装置”在转子内部短接成闭合绕组。

（2）使异步电动机自己转动起来的基本条件是什么？简述异步电动机的转动原理。

解答：异步电动机自己转起来的基本条件是：① 定子绕组通入三相交流电流，在气隙中产生旋转磁场；② 转子绕组自成回路。异步电动机的转动原理是：定子三相对称绕组通入三相对称交流电流时，在气隙将产生圆形旋转磁场。旋转磁场旋转时，与转子绕组有相对运动，因此将在转子绕组中产生感应电势。由于转子绕组是闭合绕组，在感应电势的作用下将在绕组中流过三相短路电流。此电流与旋转磁场相互作用，产生电磁转矩，从而使转子转动起来。这就是异步电动机的基本转动原理。异步电动机只有当其转子转速低于气隙旋转磁场的转速（称为“同步转速”）时才能产生电磁转矩；也就是说，自己不能达到“同步转速”，所以称为“异步”电动机。

（3）三相异步电机在什么情况下转差率 s 为下列数值：$s=1$ 、$s>1$ 和 $0<s<1$ 。

解答：在三相异步电机启动的瞬间，电动机的转子转速 $n=0$ ，$s=1$ ；当异步电动机正常运行时，转子的转速 n 总要小于同步转速 n_0 ，此时 $0<s<1$ ；当三相异步电动机处在再生制动的情况下时，$n>n_0$ ，这种情况下 $s>1$ ，例如起重机吊重物下降，重物拖动电动机使其加速；多速电动机换速（从高速转到低速）运行时，都产生再生制动。

四、特别提示

在我国工频 $f_1=50\text{ Hz}$ 。

第三节　三相异步电动机的电路分析

三相异步电动机中的电磁关系同变压器类似，定子绕组相当于变压器的一次绕组，转子绕组（一般是短接的）相当于二次绕组。当定子绕组接上三相电源电压（相电压为 u_1 ）时，则有三相电流（相电流为 i_1 ）通过。定子三相电流产生旋转磁场，其磁力线通过定子和转子铁芯而闭合。旋转磁场不仅在转子每相绕组中感应出电动势 e_2 ，而且在定子每相绕组中也要感应出电动势 e_1 。此外，还有漏磁通，在定子绕组和转子绕组中产生漏磁电动势 $e_{\sigma1}$ 和 $e_{\sigma2}$ 。

一、定子电路

旋转磁场以同步转速在空间旋转，同时与定子绕组和转子绕组交链。由于定子绕组是静止的，在定子电路产生的感应电动势频率就是电源频率。与变压器原边电路分析相似，感应电动势的有效值为

$$E_1=K_1\times 4.44 f_1 N_1 \Phi_\text{m} \tag{8.4}$$

式中，K_1 为定子绕组系数，是考虑定子绕组在空间位置不同而引入的系数；Φ_m 是通过每相绕组的磁通最大值，在数值上它等于旋转磁场的每极磁通；N_1 为定子绕组每相的匝数；f_1 为电源频率。

和变压器一样，也可得出

$$\dot{U}_1\approx -\dot{E}_1$$

和

$$E_1=K_1 4.44 f_1 N_1 \Phi_\text{m}\approx U_1 \tag{8.5}$$

由式（8.5）可知，当电源电压、频率不变时，磁通最大值是基本不变的。

因为旋转磁场和定子间的相对转速为 n_0 ，所以

$$f_1=\frac{pn_0}{60} \tag{8.6}$$

即等于电源或定子电流的频率。

二、转子电路

1. 频率 f_2

转子电流的频率 f_2 是因转子导体切割旋转磁场而产生，其切割速度为（$n_1 - n$），所以转子频率为

$$f_2 = \frac{p(n_1 - n)}{60} = \frac{pn_1}{60} \cdot \frac{n_1 - n}{n_1} = sf_1 \tag{8.7}$$

可见转子频率 f_2 与转差率 s 有关，也就是与转速 n 有关。

转子静止时，也就是电动机接通电源瞬间，$n = 0$，$s = 1$ 转子导条被旋转磁通切割得最快。这时 f_2 最高，即 $f_2 = f_1$，与变压器相符。异步电动机在额定负载时，$s = 1\% \sim 9\%$，则 $f_2 = 0.5 \sim 4.5\ \text{Hz}(f_1 = 50\ \text{Hz})$。

2. 转子电动势 E_2

转子电动势 e_2 的有效值为

$$E_2 = 4.44 f_2 N_2 \Phi_\text{m} = 4.44 s f_1 N_2 \Phi_\text{m} \tag{8.8}$$

在 $n = 0$ 即 $s = 1$ 时，转子电动势为

$$E_{20} = 4.44 f_1 N_2 \Phi_\text{m} \tag{8.9}$$

这时，转子电动势最大。

由式（8.8）、式（8.9）可得出

$$E_2 = sE_{20} \tag{8.10}$$

可见转子电动势 E_2 与转差率 s 有关。

3. 转子感抗 X_2

转子感抗 X_2 与转子频率 f_2 有关，即

$$X_2 = 2\pi f_2 L_{\sigma 2} = 2\pi s f_1 L_{\sigma 2} \tag{8.11}$$

在 $n = 0$ 即 $s = 1$ 时，转子感抗为

$$X_{20} = 2\pi f_1 L_{\sigma 2} \tag{8.12}$$

这时 $f_2 = f_1$，转子感抗最大。

由式（8.11）、式（8.12）可得出

$$X_2 = sX_{20} \tag{8.13}$$

可见转子感抗与转差率有关。

4. 转子电流 I_2 和转子电路的功率因数 $\cos\varphi_2$

转子每相电路的电流和转子电路的功率因数可由下列公式得出，即

$$I_2 = \frac{E_2}{\sqrt{R_2^2 + X_2^2}} = \frac{sE_{20}}{\sqrt{R_2^2 + (sX_{20})^2}} \tag{8.14}$$

$$\cos\varphi_2 = \frac{R_2}{\sqrt{R_2^2 + X_2^2}} = \frac{R_2}{\sqrt{R_2^2 + (sX_{20})^2}} \tag{8.15}$$

由上述分析可知，异步电动机在运行过程中，其物理量参数均是转差率 s 的函数。转子电流 I_2 及功率因数 $\cos\varphi_2$ 与转差率 s 的关系曲线如图 8.11 所示。

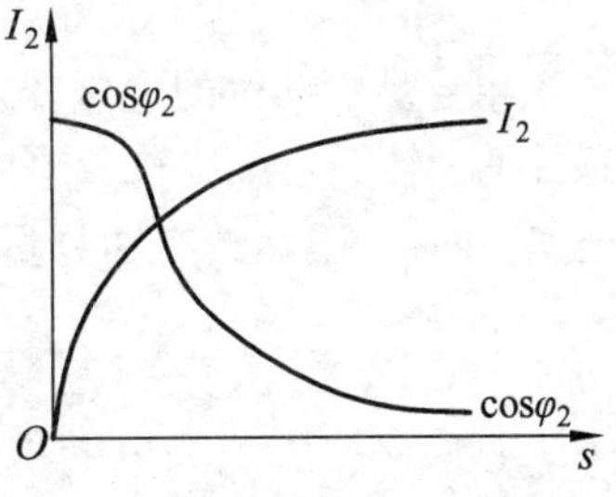

图 8.11　I_2 及 $\cos\varphi_2$ 与 s 的关系曲线

三、常见问题讨论

（1）在稳定运行情况下，当负载增加时，异步电动机的转矩为什么能相应增加？当负载转矩大于电动机的最大电磁转矩时，电动机将发生什么情况？

解答：① 当负载转矩 T_F 增加时，电动机的电磁转矩 T 尚未变化，使 $T < T_F$，引起电动机的转速下降，电动机的转差率增加，由电磁转矩公式 $T = C_T \dfrac{sR_2U_1^2}{R_2^2 + (sX_{20})^2}$，又因为此时 s 很小，有 $R_2 >> sX_{20}$，可以近似地认为电磁转矩 T 与转差率 s 成正比变化关系，所以电磁转矩也增加。当电磁转矩增加到与负载转矩相等时建立新的平衡，保持等速运行。② 当负载转矩大于电动机的最大电磁转矩时，电动机将停转下来，电动机的转子将不能转动，此时 $s = 1$，旋转磁场以同步转速切割转子，在转子绕组中产生很大的电动势和电流，引起与它平衡的定子电流的负载分量也跟着急剧增加，以至定子电流很大，时间长了有可能将变压器烧毁。

（2）为什么说三相异步电动机的主磁通基本保持不变？是否在任何情况下都保持不变？

解答：在正常负载范围内，异步电动机定子绕组的漏阻抗压降较小，绕组感应的电势约等于电源电压；而异步电动机的主磁通与绕组电势成正比，因而也就与电源电压成正比。所以说三相异步电动机的主磁通基本不变。若电动机启动或所带负载超过额定值较多时，由于电动机绕组流过的电流较大，绕组的漏阻抗压降较大，绕组电势就比电源电压小很多，此时的主磁通就不能保持不变。此外，当电动机的电源不为恒定值时，其主磁通也当然不能保持不变。因而并非在任何情况下主磁通都保持不变。

（3）转子电路的频率与转差率有什么关系？转子不动时和空载时转子频率各为多少？

解答：当电源电压频率不变时，转子电路的频率与转差率成正比，即 $f_2 = sf_1$。转子不动时，由于转差率 $s = 1$，转子频率就等于定子（电源）的频率；空载时，因转差率很小（可近似为零），因而转子频率也很小，接近于零。

四、特别提示

异步电动机的转子电流也能产生旋转磁场。

第四节　三相异步电动机的转矩与机械特性

电磁转矩 T（以下简称转矩）是三相异步电动机的最重要的物理量之一，机械特性是它的主要特性。对电动机进行分析往往离不开它们。

一、电磁转矩特性（T-s 曲线）

三相异步电动机的电磁转矩是由旋转磁场与转子电流相互作用而产生的。但因转子电路是感性的，转子电流比转子感应电动势滞后 φ_2 角。故电动机转轴上的电磁转矩应与旋转磁场磁通 Φ_{m} 和转子电流的有功分量 $I_2\cos\varphi_2$ 成正比。所以电磁转矩表达式为

$$T = K_{\mathrm{T}}\Phi_{\mathrm{m}}I_2\cos\varphi_2 \tag{8.16}$$

式（8.16）中，K_{T} 为与电动机结构有关的常数，Φ_m 为旋转磁场每极磁通，I_2 为转子电流有效值，$\cos\varphi_2$ 为转子电路功率因数，T 的单位为牛·米（N·m）。

将式（8.14），式（8.15）代入式（8.16）整理后得

$$T = K_{\mathrm{T}}\Phi_{\mathrm{m}}\frac{sE_{20}}{\sqrt{R_2^2+(sX_{20})^2}}\cdot\frac{R_2}{\sqrt{R_2^2+\left(sX_{20}\right)^2}} \tag{8.17}$$

又因为

$$\Phi_m = \frac{U_1}{4.44f_1N_1}$$

$$E_{20} = 4.44f_1N_2\Phi_m \approx \frac{N_2}{N_1}U_1$$

所以

$$T = C_{\mathrm{T}}U_1^2\frac{sR_2}{R_2^2+(sX_{20})^2} \tag{8.18}$$

可见，三相异步电动机的电磁转矩不仅与转差率 s、转子电路参数 R_2、X_2 有关，而且还与电源电压 U_1 的平方成正比。因此，电源电压的波动对电动机的转矩影响很大。例如电源电压降低至额定电压的 80%时，则转矩只为原来的 64%。过低的电压常使电动机不能启动或被迫停转，此种现象一旦发生就会引起电流剧增，若不及时切断电源，在短时间内就会使电动机烧毁，故在运行中必须注意。

当电源电压 U_1 和频率 f_1 一定，且电机参数不变时，异步电动机转矩 T 与转差率 s 的关系 $T=f(s)$ 称为转矩特性，其曲线如图 8.12 所示。

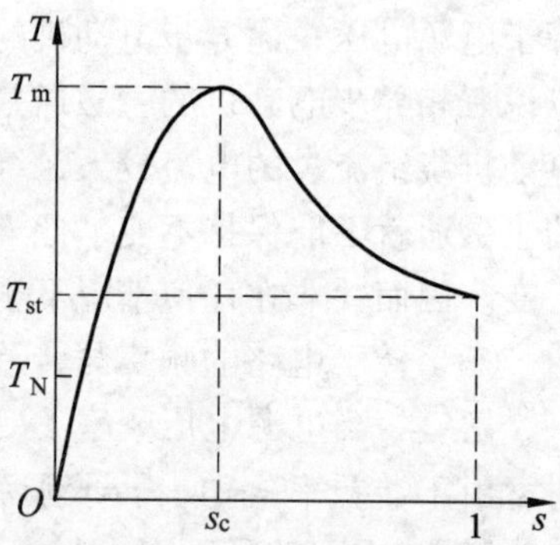

图 8.12　异步电动机特性曲线

二、机械特性（n-T 曲线）

电磁转矩特性曲线 $T=f(s)$ 间接地表示了电磁转矩与转速之间的关系。而人们关心的是

电动机的电磁转矩与转速的关系，称为机械特性。若将 $T = f(s)$ 曲线中的 s 坐标变换成 n 坐标，并顺时针旋转 90°，再将表示 T 的横轴移下，便得到机械特性 $n = f(T)$ 曲线，如图 8.13 所示。

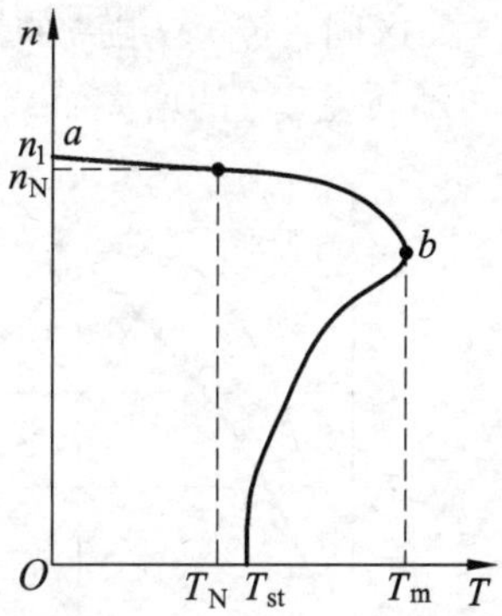

图 8.13　异步电动 $n = f(T)$ 特性曲线

研究机械特性是为了分析电动机的运行性能。现就机械特性曲线讨论三个转矩。

1. 额定转矩 T_N

异步电动机的额定转矩是指其工作在额定状态下产生的电磁转矩。在忽略电动机本身的机械损耗阻力矩时，可认为电磁转矩近似等于电动机轴上的输出机械转矩，即

$$T = \frac{P_2 \times 10^3}{\frac{2\pi n}{60}} = 9\,550 \frac{P_2}{n} \tag{8.19}$$

式（8.19）中，P_2 为电动机输出功率，**单位为 kW**；n 为异步电动机的转速，单位为 r/min；T 为异步电动机的输出转矩，单位为 N · m。

在额定转速 n_N 下输出额定输出功率 P_N，电动机的转矩为额定转矩。应用式（8.19）可得

$$T_N = 9\,550 \frac{P_N}{n} \tag{8.20}$$

式（8.20）中，P_N 为电动机额定输出功率，**单位为 kW**；n_N 为电动机额定转速，单位为 r/min。

通常三相异步电动机都工作在图 8.13 所示特性曲线的 ab 段。若负载转矩 T_L 增大（如起重机的起重量加大）时，在最初瞬间电动机的转矩 $T < T_L$，所以它的转速 n 开始下降。随着转速的下降，由图 8.13 可见，电动机的转矩增加。当转矩增加到 $T = T_L$ 时，电动机在新的稳定状态下运行，这时转速较前为低。由于 ab 段比较平坦，当负载在空载与额定值之间变化时，电动机的转速变化不大。这种特性称为硬的机械特性。

2. 启动转矩 T_{st}

电动机启动瞬间，$n = 0$，$s = 1$，这时产生的电磁转矩为启动转矩 T_{st}。将 $s = 1$ 代入式（8.18）求得

$$T_{st} = C_T U_1^2 \frac{R_2}{R_2^2 + X_{20}^2} \tag{8.21}$$

改变 R_2 和 U_1 都会对 T_{st} 有影响，如图 8.14、图 8.15 所示。在绕线式转子异步电动机中，转子三相绕组通过外接电阻器来适当增加转子电阻，就可提高其启动转矩（见图 8.14），改善电动机的启动性能。

电动机的启动转矩 T_{st} 与额定转矩 T_N 的比值 $K_{st} = \frac{T_{st}}{T_N}$ 表示电动机的启动能力。一般异步电动机的 K_{st} 值在 1.4 ~ 2.2 之间。

3. 最大转矩 T_m

从 $T = f(s)$ 曲线上可以看出，在 $s = 0$ 时 $T = 0$，为理想空载工作状态，实际中不存在。在

$0 < s < s_c$ 区间，转矩 T 随 s 的增大而增大；在 $s = s_c$ 时，转矩达到最大值 T_m；在 $s_c < s < 1$ 区间，转矩 T 随转差率 s 的增大而减小。通常 s_c 称为临界转差率。如图 8.15 所示。

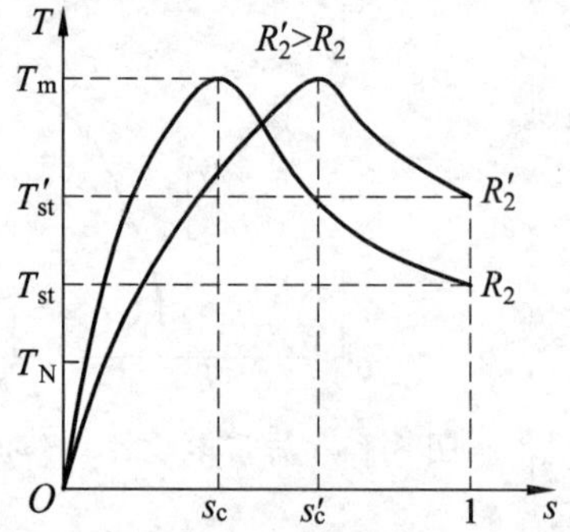

图 8.14　不同转子电阻下的 $T=f(s)$ 曲线

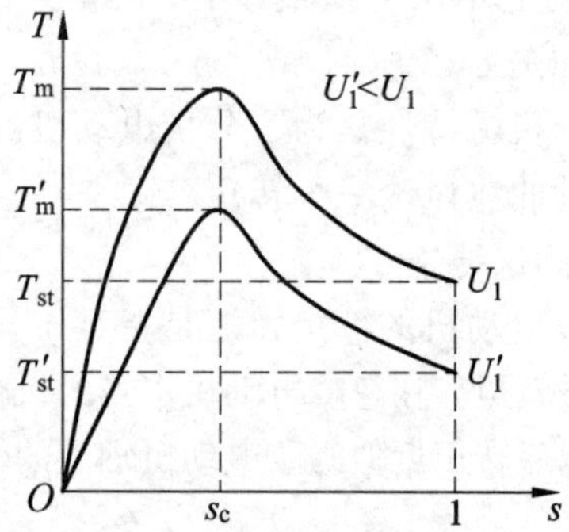

图 8.15　不同电压下的 $T=f(s)$ 曲线

将式（8.18）对 s 求导，并令 $\frac{dT}{ds}=0$，求得临界转差率

$$s_c = \frac{R_2}{X_{20}} \tag{8.22}$$

将式（8.22）代入式（8.18），可得最大转矩

$$T_m = C_T U_1^2 \frac{1}{2X_{20}} \tag{8.23}$$

从式（8.22）、（8.23）可以看出，临界转差率 s_c 与转子电阻 R_2 成正比，但最大转矩 T_m 与 R_2 无关。R_2 增大，T_m 不变，s_c 增大，这就使电动机发生最大转矩时的转速降低，如图 8.14 所示。因此，在绕线型异步电动机转子回路外接变阻器可实现调速的目的。

从式（8.23）可知，异步电动机的最大转矩与电源电压的平方成正比。所以供电电压的波动将影响电动机的运行情况。不同电压下的 $T = f(s)$ 曲线如图 8.15 所示。

电动机的最大转矩与额定转矩之比称为过载系数，用 λ_m 表示，即

$$\lambda_m = \frac{T_m}{T_N} \tag{8.24}$$

式（8.24）中 λ_m 表示电动机短时过载能力。一般三相异步电动机 λ_m 在 1.8 ~ 2.2 之间，而冶金、起重等特殊电动机 λ_m 在 2.2 ~ 3 之间。

应该指出，电动机 $T_N < T_L < T_m$ 运行时，为过载状态。过载状态下，电动机只能短时间内运行，否则电流太大，温升过高，会导致电动机绝缘老化，寿命缩短。因此，中、大容量的电动机均应装配热保护继电器，目的就是避免电动机长时间过载运行。

三、常见问题讨论

（1）什么是电动机的机械特性？为什么说异步电动机是硬特性电机？

解答：电动机的转速（或转差率）与电磁转矩的关系曲线称为电动机的机械特性曲线。

由异步电动机的机械特性曲线可以看到：在额定转矩范围内，机械特性比较平坦，转速随负载的变化不大，因此说异步电动机是硬特性电机。

（2）为什么说异步电动机对电源电压的变化比较敏感？

解答：由于异步电动机的电磁转矩与电源电压的平方成正比，当电源电压有较小的变化时，电动机的电磁转矩将有较大的变化，从而引起转速或转差率的较大变化。因此说异步电动机对电源电压的变化比较敏感。

四、特别提示

三相异步电动机在接近满载运行时，功率因数和效率都较高，在轻载和空载时较低，应尽量避免。

第五节　三相异步电动机的启动、制动和调速

一、三相异步电动机的启动

电动机从接通电源开始加速到稳定运行状态的过程称为启动过程。一般中、小型异步电动机启动过程时间很短，通常是几秒到几十秒钟。电动机的启动性能好坏对生产影响很大。所以在使用电动机时，要考虑电动机的启动性能和启动方法。

电力拖动系统对电动机的启动要求是要有足够大的启动转矩和比较小的启动电流，这样可以减小启动时供电线路的电压降，缩短启动时间，提高生产效率。然而，电动机实际的启动性能却正好与要求相反。

一般中小型笼型三相异步电动机的启动电流很大，为额定电流的 5 ~ 7 倍，通常情况下，电动机的启动时间很短（中小型电动机为 1 ~ 3 s），电流随转速上升而很快下降，因此，只要不是频繁启动的电动机，不会因启动而过热。但是过大的启动电流会在电源线路上产生较大的电压降落，影响同一变压器供电的其他负载的正常工作，例如，电灯突然变暗，电动机的电磁转矩突然下降等。异步电动机正常的启动转矩约为额定转矩的 1.0 ~ 2.2 倍。启动转矩小，会使电动机启动时间过长，有时甚至不能启动。启动时间过长，消耗能量多，对电动机也不利。

综上所述，实际中应根据电动机的启动转矩，启动电流和电网电源的要求，采用适当的启动方法。常用的启动方法有直接启动、降压启动和限流启动三类，现分述如下。

1. 直接启动（全压启动）

直接启动就是采用刀闸或接触器，将电动机直接加上额定电压使之运行，也称为全压启动。这种启动方法的优点是简单、经济和启动快；缺点是由于启动电流很大，启动瞬间会造成电网电压的突然下降。

直接启动必须满足以下的有关规定才能采用：① 如果电动机和照明负载共用一台变压器供电，则规定电动机启动时引起的电网电压降不能超过额定电压的 5%；② 若电动机由独立的变压器供电，如果电动机启动频繁，则其功率不能超过变压器容量 20%；如果电动机不经常启动，则其功率只要不超过变压器容量的 30%即可。如不满足上述规定，则必须采用降压启动的措施以减小启动电流 I_{st}。

2. 降压启动

如果电动机直接启动时所引起的线路压降较大，则应采用降压启动，即启动时降低加在定子绕组上的电压，以减少启动电流；当电动机转速接近同步转速后再加上额定电压运行。常用的降压启动方法有如下几种：

1）星形-三角形转换启动法

星形-三角形转换启动法简记为 Y-△启动法。Y-△转换启动法适用于正常时定子绕组是三角形接法的笼型异步电动机，在启动时先连接成星形，待转速接近额定值时再换成三角形。

Y-△转换启动的优点：在启动时，每相定子绕组所承受的电压降低，为线电压的$1/\sqrt{3}$，而启动电流却减少为原来的 1/3。换言之，星形连接时的线电流只有三角形连接启动时线电流的 1/3。

Y-△转换启动可采用 Y-△启动器来实现，其电路如图 8.16 所示。启动前，先将开关 Q_2 扳到“Y 启动”位置，然后合电源开关 Q_1，于是电动机在 Y 形连接下启动。待转速上升接近额定值时，再将 Q_2 从“Y 启动”位置扳向“△运转”位置，电动机在三角形连接下进入正常运行。

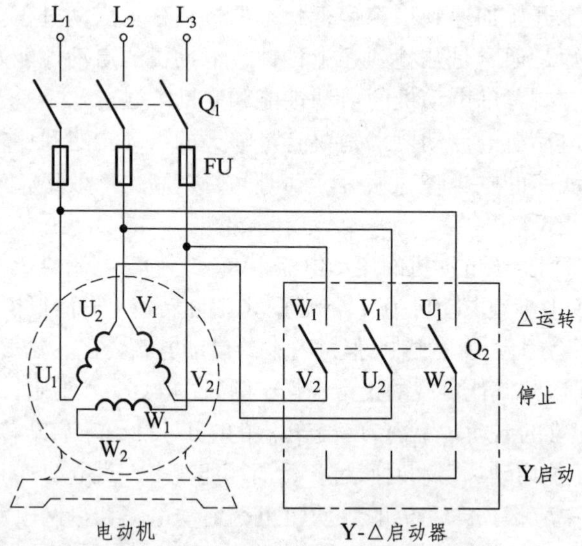

图 8.16　Y-△转换启动控制电路

采用 Y-△转换启动可以使启动电流减小至直接启动值，但由于转矩和电压的平方成正比，所以启动转矩也减小到直接启动时的 1/3。因此，Y-△启动方法只适合于空载或轻载。

2）自耦降压启动

自耦降压启动是利用三相自耦变压器降压启动，自耦变压器上备有 2～3 组抽头，输出不同的电压（例如为电源电压的 80%、60%、40%），供用户选用。这种方法的优点是使用灵活，不受定子绕组接线方式的限制，缺点是设备笨重、投资大。降压启动的专用设备称为启动补偿器。图 8.17 为自耦降压启动电路示意图。

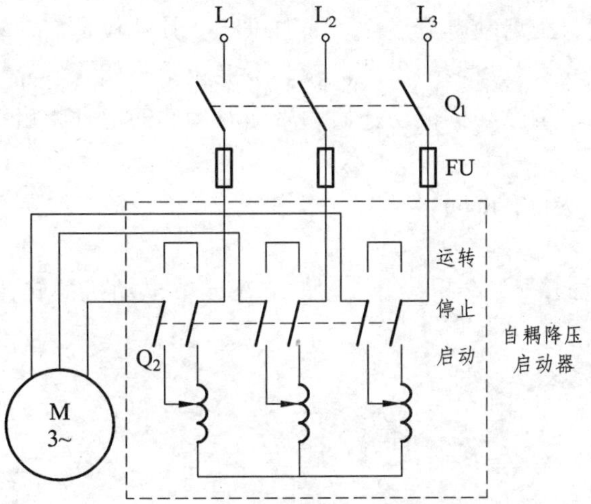

图 8.17　自耦降压启动电路

应该指出，采用自耦变压器降压启动，在减少启动电流的同时，启动转矩也会减小。如果选择的自耦变压器的降压比为 K'（$K'<1$），则启动电流和启动转矩都为直接启动的（K'）^{2}倍。

自耦降压启动，常用来启动容量较大或正常运行时为星形联结的笼型转子电动机。

3）软启动法

前面介绍的几种启动方法，如 Y-△转换启动、自耦降压启动等，较大地缓解了在供电变压器容量相对不够大时电动机启动的矛盾。但它们还存在着明显的不足之处，如没解决电动机启动瞬间电流冲击问题，而且上述启动设备在启动过程中需要进行电压切换，电动机也将有瞬间大电流冲击问题，另外启动设备的触点多，发生故障也多，维护工作量大等。随着电力电子技术和微机控制的发展，目前，一种性能优良的软启动控制器已经问世，并得到迅速推广。这种软启动器使电动机启动平稳，对电网冲击小，并且具有电动机过载、缺相等保护功能，能实现电动机轻载节能运行，同时还可以实现电动机软停车、软启动。

3. 转子回路串电阻启动

在转子回路中串电阻的启动方法，就是在转子回路中串联大小适当的启动电阻，达到减小启动电流的目的，如图 8.18 所示，此种方法只适用于绕线型电动机。三相笼型异步电动机

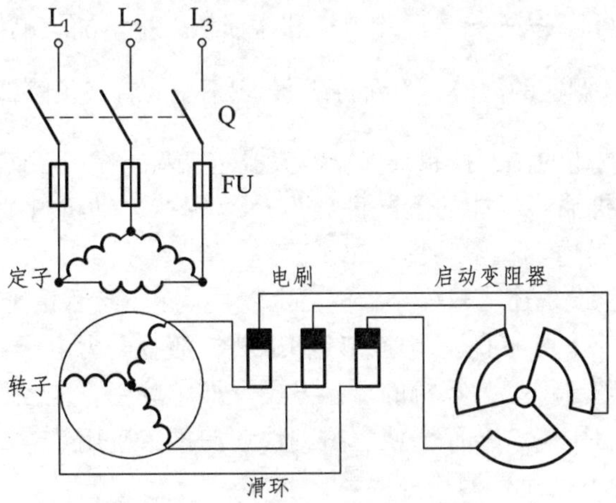

图 8.18　绕线转子回路串电阻启动方法

采用降压启动的方法来限制启动电流过大，简单可行，其缺点是启动转矩也相应大大减小。因此，对要求满载启动或重载启动的生产机械，不能应用三相笼型异步电动机拖动。如起重机、锻压机等常采用绕线型电动机拖动，启动后随着转速的上升将启动电阻逐段切除。

二、三相异步电动机的调速

电动机的调速是指同一负载下，用人为的方法调节电动机的转速，以满足生产过程的需要。

由异步电动机的转速公式

$$n=(1-s)n_1=(1-s)\frac{60f_1}{p} \tag{8.25}$$

可见，可以采用三种方式进行调速，即改变磁极对数 p、改变电源频率 f_1 和改变转差率 s。

1. 变极对数调速

由式（8.25）可知，f_1 一定时，改变电动机定子绕组通电后所形成的磁极对数 p，可达到调速的目的。异步电动机的磁极对数取决于定子绕组的布置和连接方式。能够用改变极对数的方法调节转速的电动机，称为多速电动机。笼型多速异步电动机的定子绕组是特殊设计和制造的，可以通过改变外部连接方式来改变磁极对数，使异步机的同步转速改变，达到调节转速的目的。常见的多速电动机有双速、三速、四速几种。多速电动机目前已普遍应用在机床上，采用多速电动机后，可以使机床的传动机构简化。

改变电动机定子绕组的接线方式，可以改变旋转磁场的磁极对数。因为磁极是成对变化的，所以这种调速是有级的，不能连续调节。这种方式只适用于鼠笼式异步电动机，因为它的转子磁极数能自动随定子磁极数的变化。

2. 变频率调速

为了实现无级调速，可采用频率可调的变频电源。目前，应用较多的是晶闸管交-交变频器和交-直-交变频器。

由 $U_1 \approx E_1 = 4.44 f_1 N_1 \Phi_m$ 可以看出，当降低电源频率 f_1 调速时，若电源电压 U_1 不变，则磁通 Φ_m 将增加，使铁芯饱和，从而导致励磁电流和铁损耗大量增加、电机温升过高等问题，这是不允许的。因此在变频调速的同时，为保持磁通 Φ_m 不变，就必须降低电源电压，使 $\frac{U_1}{f_1}$ 为常数，这就是恒磁通变频调速的协调控制条件。整流器完成调压作用，而逆变器完成变频作用。

变频调速根据电动机输出性能的不同可分为：① 保持电动机过载能力不变；② 保持电动机恒转矩输出；③ 保持电动机恒功率输出。

目前，虽然变频调速设备还比较复杂，价格也较贵，在一定程度上限制了它的推广应用，但是变频调速系统在性能上可与直流调速系统相媲美。随着电力电子器件和大规模集成电路的进一步完善和发展，随着微型计算机的迅猛发展和推广应用，变频调速器的可靠性将得到进一步的提高，价格也将下降，从而会使它得到快速的推广应用。

3. 变转差率调速

只有绕线型电动机才能采用改变转差率调速。绕线型电动机通常采用转子串附加电阻的方法进行调速。转子绕组串入不同的电阻值后，电动机的机械特性曲线发生变化，因此在一定负载转矩下，对应着不同的转速，达到调速的目的。

由于附加电阻消耗许多电能，因此，只适用于小功率的电动机。绕线式电动机除采用转子串电阻调速外，还应用电力电子技术进行双馈调速和串极调速，这些调速方法可减小转子电路能量损耗，提高调速性能。

三、三相异步电动机的制动

电动机在断开电源后，由于惯性会继续转动一段时间后才停转。为了缩短辅助工时，提高生产率，保证安全，有些生产机械要求电动机能准确、迅速停车，这就需要用强制的方法迫使电动机迅速停车，这就叫制动。

异步电动机制动的方法有能耗制动、反接制动和发电回馈制动、机械抱闸四种。现分述如下。

1. 能耗制动（动力制动）

方法：当电动机与交流电源断开后，立即给定子绕组通入直流电流，如图 8.19 所示，用断开 Q_1，闭合 Q_2 来实现。

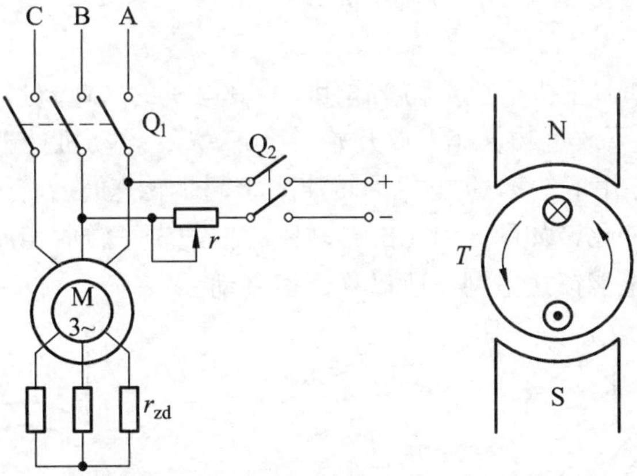

图 8.19　能耗制动原理图

当定子绕组通入直流电源时，在电机中将产生一个恒定磁场。转子因机械惯性继续旋转时，转子导体切割恒定磁场，在转子绕组中产生感应电动势和电流，转子电流和恒定磁场作用产生电磁转矩，根据右手定则可以判定出电磁转矩的方向与转子转动的方向相反，为制动转矩。在制动转矩作用下，转子转速迅速下降，当 $n = 0$ 时制动过程结束。这种方法是将转子的动能转变为电能，消耗在转子回路的电阻上，所以称能耗制动。

调节直流电流的大小，可以控制制动转矩的大小。一般直流电流可调节为额定电流的 0.5 ~ 1 倍。

这种方法准确、平稳、耗能小，但需直流电源。

2. 反接制动

反接制动是在电动机停车时，将其所接的三根电源线中任意两根对调，如图 8.20 所示，断开 Q_1 接通 Q_2 即可。这时电动机产生的旋转磁场改变方向，电动机的转矩方向随之改变，这对由于惯性作用仍沿原方向旋转的电动机起到制动作用。反接制动的制动效果较好，但当电动机转速接近零时，应及时将电源自动切断，否则电动机将反转。

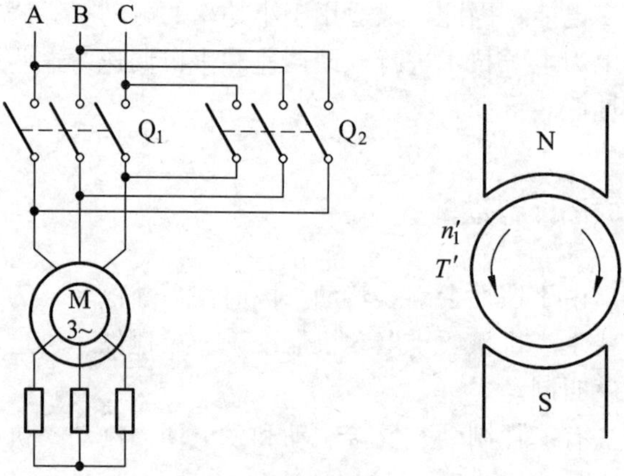

图 8.20　反接制动原理图

由于反接制动时旋转磁场与转子的相对转速（n_1+n）很大，制动电流也就很大，所以通常在制动时要在定子或转子电路中串接电阻以限制制动电流。这种制动方法简单、快速，但准确性较差，耗能大，冲击较强烈，易损坏机械零件。

3. 发电回馈制动

使电动机在外力（如起重机下放重物）作用下，其电机的转速超过旋转磁场的同步转速，如图 8.21 所示。启动机下放重物，在下放开始时，$n<n_1$，电动机处于电动状态，如图 8.21（a）所示。在位能转矩作用下，$n>n_1$ 电机的转速大于同步转速时，转子中感应电动势、电流和转矩的方向都发生了变化，如图 8.21（b），转矩方向与转子转向相反，成制动转矩。此时电动机将机械能转变为电能馈送电网，所以称回馈制动。

（a）$n<n_1$ 电动运行　　　　（b）$n>n_1$ 回馈制动

图 8.21　回馈制动原理图

4. 机械抱闸（机械制动）

上述三种制动方法又称为电气制动。电机制动时，除使用电气制动外有时还需要机械抱闸相配合。机械制动是利用机械摩擦力给电动机施加制动转矩，使电动机停车。常用的方法是采用电磁制动器。

例 8.2　某三相异步电动机的额定功率 $P_N=40\ \text{kW}$，额定电压 $U_N=380\ \text{V}$，额定频率 $f_N=$

50 Hz，额定转速 $n_N = 2\,930$ r/min，额定效率 $\eta_N = 0.9$，功率因数 $\cos\varphi_N = 0.85$，$I_{st}/I_N = 5.5$，$T_{st}/T_N = 1.2$，△接法，采用 Y-△启动。求：（1）启动电流和启动转矩；（2）保证能顺利启动的最大负载转矩是其额定转矩的多少？

分析：首先应清楚上述数据的含义，这要求明白异步电动机内电磁能量向机械能的全部转换过程。功率 10 kW 指电动机轴上的额定输出机械功率，它与额定输出转矩 T_N 对应，它的值就是电动机的额定输入功率 $P_{1N} = \sqrt{3}U_N I_N \cos\varphi_N$ 中去除各种损耗后的净输出，而这些损耗可以用效率 $\eta_N = 0.9$ 表示，即 $P_N = \sqrt{3}U_N I_N \cos\varphi_N \eta_N$。

解：（1）$I_N = \dfrac{P_N}{\sqrt{3}U_N \cos\varphi_N \eta_N} = \dfrac{40\times10^3}{\sqrt{3}\times380\times085\times0.9}\text{ A} = 79.44\ \text{(A)}$

$$T_N = 9\,550\frac{P_N}{n_N} = 9\,550\times\frac{40}{2\,930}\text{ N}\cdot\text{m} = 130.37\ (\text{N}\cdot\text{m})$$

$$I_{st} = 5.5I_N = 5.5\times79.44\text{ A} = 436.92\ \text{(A)}$$

$$T_{st} = 1.2T_N = 1.2\times130.37\text{ N}\cdot\text{m} = 156.44\ (\text{N}\cdot\text{m})$$

（2）能保证顺利启动的最大负载转矩是其额定转矩的 1.2 倍。

四、常见问题讨论

（1）异步电动机在满载启动或者空载启动时，启动电流和启动转矩是否一样大？为什么？

答：异步电动机在满载和空载启动时，启动的瞬间，启动电流和启动转矩都是一样的，由于两种情况，启动瞬间转子的速度为零，定子磁场以同步转速切割转子，在转子中产生较大且相等电流，与其平衡的定子电流也很大并相等，启动转矩也相等。但是满载的异步电动机与轻载的异步电动机相比，其加速达到额定转速的时间更长，长时间的比较大的启动电流，使电动机绕组承受较大的电磁力并发热，时间越长发热越严重，使电动机的绝缘加速老化，缩短使用寿命。

（2）三相异步电动机正常运行时，如果转子突然卡住，电动机电流有何变化？对电动机有何影响？

答：三相异步电动机正常运行时，如果转子突然卡住，转子的转速变为零，转差率为 1，旋转磁场切割转子的速率增加，转子电流增大，与转子电流平衡的定子电流也跟着增大，时间长了有可能会烧毁电动机。

（3）电动机启动时，是否负载越大启动电流越大？负载大小对启动过程有无影响？

答：启动时异步电动机的电流主要与其转速有关，只要负载转矩小于电动机的启动转矩，则负载转矩的大小不影响启动电流。负载的大小对启动过程是有影响的，其影响主要表现在：负载大，启动的加速过程长，电动机启动时总的发热量增加容易造成电动机因过热而烧毁。尤其是自扇式冷却的电动机，因启动时转速较低，自带风扇风力不足，更是容易损坏电机。

（4）三相异步电动机在一定负载转矩下运行时，如果电源电压降低，电动机的转矩、电流及转速有无变化？

答：由公式 $T = C_T\dfrac{sR_2U_1^2}{R_2^2+(sX_{20})^2}$ 可知，异步电动机的电磁转矩与电源电压的平方成正比，可见电源电压降低时，电动机的电磁转矩减小，从而引起电动机的转速下降，转差率增加，旋转磁场切割转子的速率增加，转子电流增大，与转子电流平衡的定子电流也跟着增大。

（5）为什么三相异步电动机不能在最大电磁转矩 T_m 处运行？

答：三相异步电动机的最大电磁转矩必须大于它的额定转矩，即电动机必须有一定的抗过载能力，这样在电动机工作时，机械负载突然冲击或者短时间的过载才不至于损坏电动机。

五、特别提示

异步电动机具有结构简单、运行可靠、维护方便等优点，但在调速性能上比不上直流电动机。近年来，随着电力电子技术和数控技术的不断发展，交流调速技术日益成熟，交流调速装置的容量不断扩大，性能不断提高。交流调速已显示出逐步取代直流调速的趋势。

第六节　三相异步电动机的型号和额定数据

一、型号和额定数据

电动机外壳上都有铭牌，如表 8.2 所示，上面标有电动机的型号、各种额定数据和连接方式，要正确使用电动机，必须看懂铭牌。这里以 Y132S-4 型电动机为例，来说明铭牌上各个数据的意义。

表 8.2　三相异步电动机的铭牌

三相异步电动机					
型号	Y132S-4	功　率	7.5 kW	频　率	50 Hz
电压	380 V	电　流	15.4 A	接　法	△
转速	1440 r/min	绝缘等级	B	工作方式	连续
年　月　编号		××电机厂			

1. 型　号

为了适应不同用途和不同工作环境的需要，电动机制成不同的系列，每种系列用各种型号表示。异步电动机的型号意义如图 8.22 所示。

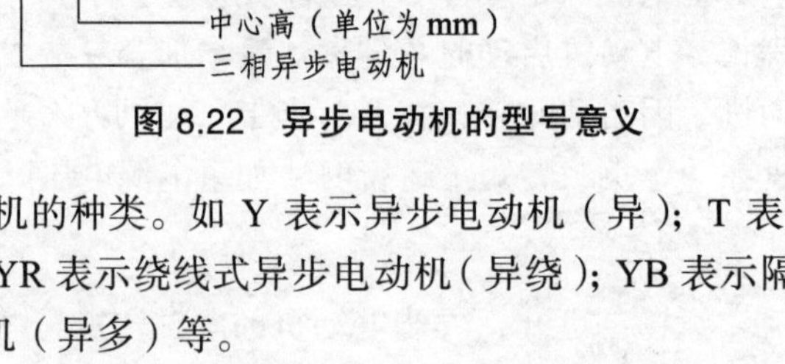

图 8.22　异步电动机的型号意义

产品代号表示电动机的种类。如 Y 表示异步电动机（异）；T 表示同步启动机（同）；Z 表示直流电动机（直）；YR 表示绕线式异步电动机（异绕）；YB 表示隔爆异步电动机（异爆）；YD 表示多速异步电动机（异多）等。

2. 额定数据

（1）额定功率 P_N：电动机在额定状态下运行时，轴上输出的机械功率，单位为 kW。

（2）额定电压 U_N：电动机在规定接法下，定子绕组应加的线电压，单位为 V。有的电动机（一般为 3 kW 以下）额定电压为 380/220 V，接法为 Y/△，表示当线电压为 380 V 时，电动机应接成星形；而当线电压为 220 V 时，应接成三角形。

（3）额定电流 I_N：电动机在额定状态下运行的线电流，单位为 A。当电动机定子绕组有两种接法时，便有两个相对应的额定电流。

（4）额定频率 f_N：电动机定子绕组所接交流电源的频率，单位为 Hz。

（5）额定转速 n_N：电动机在额定状态下运行时的转子转速，单位为 r/mim。

（6）额定功率因数 $\cos\varphi_N$：电动机在额定状态下运行时定子电路的功率因数。异步电动机的额定功率因数为 0.7 ~ 0.9，空载时功率因数只有 0.2 ~ 0.3。

（7）额定效率 η_N：电动机在额定状态下运行时的效率。

（8）绝缘等级：电动机的绝缘等级按电动机所用绝缘材料的容许温升或容许极限温度划分的等级，如表 8.3 所示。

表 8.3　电动机的绝缘等级划分表

绝缘温度	环境温度 40 °C 时的容许温升（°C）	容许极限温升（°C）
A	60	105
E	75	120
B	80	130
F	100	155
H	125	180

除上述额定数据外，对绕线式电动机，铭牌上还标有转子开路电压和转子额定电流等数据。此外，铭牌上的工作方式是指电动机的运行方式，一般分为连续、短时和断续三种。

例 8.3　三角形连接的三相异步电动机的额定数据如下：

功率	转速	电压	效率	功率因数	I_{st}/I_N	T_{st}/T_N	T_{max}/T_N
7.5 kW	1 470 r/min	380 V	86.2%	0.81	7.0	2.0	2.2

试求：（1）额定电流和启动电流；（2）电动机用Y启动时的启动电流；（3）额定转差率；（4）额定转矩、最大转矩和启动转矩；（5）当负载转矩为额定转矩的 40%以及在额定负载情况下，电动机能否采用Y-△启动法启动。

分析：① 电动机的连接方式为△形，则Y-△启动电流、转矩关系为：$I_{stY}=\frac{1}{3}I_{st\Delta}$，$T_{stY}=\frac{1}{3}T_{st\Delta}$；② 启动转矩 T_{st} > 额定转矩 T_N，或启动转矩 T_{st} > 负载转矩 T_L，则电动机可启动。

解：（1）$I_N=\dfrac{P_N}{\sqrt{3}U_N\cos\varphi_N\eta_N}=\dfrac{7.5\times10^3}{\sqrt{3}\times380\times0.81\times0.862}\text{ A}=16.32\ (\text{A})$

$$I_{st} = 7I_N = 7\times 16.32\ \text{A} = 114.24\ \ (\text{A})$$

（2）$I_{sty} = \dfrac{1}{3} I_{st\triangle} = \dfrac{1}{3}\times 7I_N = 38.08\ (\text{A})$

（3）最接近于 1 470 r/min 的同步转速为 1 500 r/min，所以 $p = 2$，$n_1 = 1\,500\ \text{r/min}$。

$$s = \frac{n_1 - n_N}{n_1}\times 100\% = \frac{1\,500 - 1\,470}{1\,500}\times 100\% = 2\%$$

（4）$T_N = 9\,550\dfrac{P_N}{n_N} = 9\,550\times\dfrac{7.5}{1\,470} = 48.7\ \ (\text{N}\cdot\text{m})$

$$T_{st} = 2.0T_N = 2.0\times 48.7 = 97.4\ \ (\text{N}\cdot\text{m})$$

$$T_m = 2.2T_N = 2.2\times 48.7 = 107.14\ \ (\text{N}\cdot\text{m})$$

（5）$T_{stY} = \dfrac{1}{3}\times 2.0T_N = \dfrac{2}{3}T_N$ 小于额定转矩 T_N，所以在额定负载下，电动机不能采用 Y/△启动。

当负载转矩 $T_L = 0.4T_N$，启动转矩 $T_{stY} = \dfrac{2}{3}T_N > T_L$，则可以采用Y-△启动法。

二、常见问题讨论

异步电动机的铭牌电压、电流和功率是指什么电压、电流和功率？

解答：其铭牌电压、电流是指电动机的额定线电压和额定线电流；而铭牌功率则是指电动机的额定输出功率，即轴上输出的额定机械功率。

第七节　电动机的选择

在生产上，三相异步电动机用得最为广泛，正确地选择它的功率、种类、形式，以及正确地选择它的保护电器和控制电器，是极为重要的。本节先讨论电动机的选择问题。

一、功率的选择

要为某一生产机械选配一台电动机，首先要考虑电动机的功率需要多大。合理选择电动机的功率具有重大的经济意义。

如果电动机的功率选大了，虽然能保证正常运行，但是不经济。因为这不仅使设备投资增加、电动机未被充分利用，而且由于电动机经常不是在满载下运行，它的效率和功率因数也都不高。如果电动机的功率选小了，就不能保证电动机和生产机械的正常运行，不能充分发挥生产机械的效能，并使电动机由于过载而过早地损坏，所以所选电动机的功率是由生产机械所需的功率确定的。

1. 连续运行电动机功率的选择

对连续运行的电动机，先算出生产机械的功率，所选电动机的额定功率等于或稍大于生产机械的功率即可。

在很多场合下，电动机所带的负载是经常随时间而变化的，要计算它的等效功率是比较复杂和困难的，此时可采用统计分析法，就是将各国同类型先进的生产机械所选用的电动机功率进行类比和统计分析，寻找出电动机功率与生产机械主要参数间的关系。

2. 短时运行电动机功率的选择

闸门电动机、机床中的夹紧电动机、尾座和横梁移动电动机以及刀架快速移动电动机等都是短时运行的例子。如果没有合适的专为短时运行设计的电动机，可选用连续运行的电动机。由于发热惯性，在短时运行时可以容许过载。工作时间越短，则过载可以越大。但电动机的过载是受到限制的。因此，通常是根据过载系数 λ 来选择短时运行电动机的功率。电动机的额定功率可以是生产机械所要求的功率的 $1/\lambda$。

二、种类和型式的选择

1. 种类的选择

选择电动机的种类是从交流或直流、机械特性、调速与启动性能，维护及价格等方面来考虑的。因为通常生产场所用的是三相交流电源，如果没有特殊要求，一般都采用交流电动机。在交流电动机中，三相笼式异步电动机结构简单，坚固耐用，工作可靠，价格低廉，维护方便；其主要缺点是调速困难，功率因数较低，启动性能较差。因此，要求机械特性较硬而无特殊调速要求的一般生产机械的拖动应尽可能采用笼式电动机。在功率不大的水泵和通风机、运输机、传送带上，在机床的辅助运动机构（如刀架快速移动，横梁升降和夹紧等）上，差不多都采用笼式电动机。一些小型机床上也采用它作为主轴电动机。

绕线式电动机的基本性能与笼式相同。其特点是启动性能较好，并可在不大的范围内平滑调速。但是它的价格较笼式电动机贵，维护也较不方便。因此，对某些起重机、卷扬机、锻压机及重型机床的横梁等不能采用笼式电动机的场合，才采用绕线式电动机。

2. 机构型式的选择

生产机械的种类繁多，它们的工作环境也不尽相同。如果电动机在潮湿或含有酸性气体的环境中工作，则绕组的绝缘会很快受到侵蚀。

如果在灰尘很多的环境中工作，则电动机很容易脏污，致使散热条件恶化。因此，有必要生产各种结构型式的电动机，以保证在不同的工作环境中能安全可靠地运行。按照上述要求，电动机常制成下列几种结构型式：

（1）开启式：在构造上无特殊防护装置，用于干燥无灰尘的场所，通风非常良好。

（2）防护式：在机壳或端盖下面有通风罩，以防止铁屑等杂物掉入。也有的将外壳做成挡板状，以防止在一定角度内有雨水滴溅入其中。

（3）封闭式：封闭式电动机的外壳严密封闭，电动机靠自身风扇或外部风扇冷却，并在外壳带有散热片。在灰尘多、潮湿或含有酸性气体的场所，可采用这种电动机。

（4）防爆式：整个电机严密封闭，用于有爆炸气体的场所，例如在矿井中。

此外，也要根据安装要求，采用不同的安装结构型式。

3. 电压和转速的选择

1）电压的选择

电动机电压等级的选择，要根据电动机类型、功率以及使用地点的电源电压来决定。Y 系列笼式电动机的额定电压只有 380 V 一个等级。只有大功率异步电动机才采用 3 000 V 和 6 000 V。

2）转速的选择

电动机的额定转速是根据生产机械的要求而选定的。但是，通常转速不低于 500 r/min。因为当功率一定时，电动机的转速越低，则其尺寸越大，价格越贵，而且效率也较低。因此就不如购买一台高速电动机，再另配减速器来得合算。

小　结

1. 三相异步电动机按转子结构的不同分为鼠笼式和绕线式

鼠笼式　结构简单、维护方便，应用最为广泛。

绕线式　可外接变阻器，启动、调速性能好，但价格高，常用于对启动性能和调速性能有较高要求的地方。

2. 三相异步电动机的工作原理

定子绕组通入三相正弦交流电产生旋转磁场（称为同步转速），由电磁感应作用，驱使转子沿旋转磁场方向转动。

（1）旋转磁场转速

$$n_1=\frac{60f_1}{p}$$

即 n_1 与电源频率 f_1 成正比，与磁极对数 p 成反比。n_1 的单位为 r/min。

（2）相序与旋转方向

旋转磁场方向与三相定子电流的相序一致。将三根电源线中的任意两根对调可使电动机反转。

（3）转子转速 n

一般转子转速 $n<n_1$，转差率为

$$s=\frac{n_1-n}{n_1}=\frac{\Delta n}{n_1}$$

3. 三相异步电动机的转矩

（1）电磁转矩

$$T=C_T U_1^2\frac{sR_2}{R_2^2+(sX_{20})^2}$$

电磁转矩与电源电压的平方成正比，因此电网电压的波动对电动机的影响很大。

（2）额定转矩

$$T_N=9\,550\frac{P_N}{n_N}$$

注意：P_N 的单位为 kW。

（3）过载能力

$$\lambda_m = \frac{T_m}{T_N}$$

上式中 T_m 为最大转矩。

（4）启动能力

$$K_{st} = \frac{T_{st}}{T_N}$$

上式中 T_{st} 为起动转矩。

（5）Y-△启动

$$I_{stY} = \frac{1}{3} I_{st\Delta}$$

$$T_{stY} = \frac{1}{3} T_{st\Delta}$$

即 Y-△减压起动电流和起动转矩均为直接起动的

4. 三相异步电动机的调速

三相笼型异步电动机常采用变极和变频两种方法调速，绕线型电动机可采用改变转差率 s 的方法调速。变极调速为有级调速，变频和改变转差率为无级调速。

5. 三相异步电动机的制动

三相异步电动机常采用能耗制动和电气制动两种方法制动。

6. 三相异步电动机的功率

三相异步电动机的额定电压 U_N、电流 I_N 都为额定线值，功率 P_N 为满载时轴上输出的机械功率。

额定输入功率 $P_{1N} = \sqrt{3} U_N I_N \cos\varphi_{1N}$

额定效率为 $\eta_N = \dfrac{P_N}{P_{1N}}$

三相异步电动机在接近满载运行时，功率因数和效率都较高，在轻载和空载时较低，应尽量避免。

选 择 题

1. 三相异步电动机的旋转方向决定于（　　）。

（a）电源电压大小　　（b）电源频率高低　　（c）定子电流的相序

2. 三相异步电动机的转速 n 越高，其转子电路的感应电动势 E_2（　　）。

（a）越大　　（b）越小　　（c）不变

3. 频率为 50 Hz，磁极对数为（　　）的三相异步电动机，额定转速为 273 r/min。

（a）8　　（b）9　　（c）10　　（d）11

4. 异步电动机降压启动的目的是（　　）。

（a）减小线路压降　　（b）提高工作效率

（c）加快启动速度　　（d）延长电机寿命

5. 接线固定时，三相异步电动机的旋转方向由（　　）决定。

（a）电源电压　　　　（b）电源频率　　　　（c）电源相序　　　　（d）电源容量

6. 旋转磁场的转速 n_1 与极对数 p 和电源频率 f 的关系是（　）。

（a）$n_1 = 60\dfrac{f}{p}$　　　　（b）$n_1 = 60\dfrac{f}{2p}$　　　　（c）$n_1 = 60\dfrac{p}{f}$

7. 采取适当措施降低三相鼠笼式电动机的启动电流是为了（　　）。

（a）防止烧坏电机　　（b）防止烧断熔断丝

（c）减小启动电流所引起的电网电压波动

8. 三相绕线式异步电动机的转子电路串入外接电阻后，它的机械特性将（　　）。

（a）变得更硬　　　　（b）变得较软　　　　（c）保持不变

习　题

8.1　为什么异步电动机的转速一定小于同步转速？若转子电流和转子电动势之间有相位差，那么所有转子导体上的电磁力的方向是否都和转向相同？

8.2　试述“同步”和“异步”的含义。

8.3　何谓异步电动机的转差率？在什么情况下转差率为正，什么情况为负，什么情况下转差率小于 1 或大于 1？如何根据转差率的不同来区别各种不同运行状态？

8.4　三相异步电动机在正常运行时，它的定子绕组往往可以接成星形或三角形。试问在什么情况下采用这种或那种接法？采用这两种连接方法时，电动机的额定值（功率、相电压、线电压、相电流、线电流、效率、功率因数、转速等）有无改变？

8.5　假如一台星形接法的异步电动机，在运行中突然切断三相电流，并同时将任意两相定子绕组立即接入直流电源，这时异步电动机的工作状况如何？

8.6　普通鼠笼异步电动机在额定电压下启动，为什么启动电流很大，而启动转矩却不大？

8.7　在应用降压启动来限制异步电动机启动电流时，启动转矩受到什么影响？比较各种降压启动方法，着重指出启动电流倍数和启动转矩倍数间的关系。

8.8　绕线式异步电动机在转子回路中串电阻启动时，为什么既能降低启动电流，又能增大启动转矩？

8.9　Y225M-4 型三相异步电动机的技术数据如下：$P_N = 45\ \text{kW}$，$U_N = 380\ \text{V}$，△连接，$n_N = 1\,480\ \text{r/min}$，$\cos\Phi_N = 0.88$，$\eta_N = 93.2\%$，$I_{st}/I_N = T_{st}/T_N = 1.9$，$T_m/T_N = 2.2$。试求：

（1.）额定转差率 s_N；（2）额定电流 I_N；（3）启动电流 I_{st}；（4）额定转矩 T_N；（5）启动转矩 T_{st}；（6）最大转矩 T_m；（7）额定输入功率 P_{IN}。

8.10　一台三相异步电动机，$P_N = 4.5\ \text{kW}$，Y/△接线，380 V/220 V，$\cos\varphi_N = 0.8$，$\eta_N = 0.8$，$n_N = 1450\ \text{r/min}$。试求：（1）接成 Y 形或△形时的定子额定电流；（2）同步转速 n_1 及定子磁极对数 p；（3）带额定负载时转差率 s_N。

8.11　已知一台异步电动机的额定转速为 $n_N = 720\ \text{r/min}$，电源频率 $f = 50\ \text{Hz}$，试问该电机是几极的？额定转差率为多少？

8.12　已知 Y225M-2 型三相异步电动机的有关技术数据如下：$P_N = 45\ \text{kW}$，$f = 50\ \text{Hz}$，$n_N = 2\,970\ \text{r/min}$，$\eta_N = 91.5\%$，启动能力为 2.0，过载系数 $\lambda = 2.2$。求该电动机的额定转差率、

额定转矩、启动转矩、最大转矩和额定输入电功率。

8.13 Y100L_2-4 型三相异步电动机，查得其技术数据如下：$P_N = 3.0$ kW，$U_N = 380$ V，$n_N = 1\,420$ r/min，$\eta_N = 82.5\%$，$\cos\varphi_N = 0.81$，$f_1 = 50$ Hz，$I_{st}/I_N = 7.0$，$T_{st}/T_N = 2.2$，$T_m/T_N = 2.2$。试求

（1）磁极对数 p 和额定转差率 s_N；

（2）当电源线电压为 380 V 时，该电动机作 Y 接法。这时的额定电流为多少？

（3）当电源线电压为 220 V 时，该电动机应作何接法？这时的额定电流为多少？

（4）该电动机的额定转矩、启动转矩和最大转矩。

8.14 Y225M-4 型三相异步电动机的额定数据如下所示。

功率	转速	电压	电流	效率	$\cos\varphi_N$	I_{st}/I_N	T_{st}/T_N	T_m/T_N
45 kW	1 480 r/min	380 V	84.2 A	92.3%	0.88	7.0	1.9	2.2

（1）求额定转矩 T_N、启动转矩 T_{st} 和最大转矩 T_m；

（2）若负载转矩为 500 N·m，问在 $U = U_N$ 和 $U = 0.9U_N$ 两种情况下电动机能否启动？

（3）若采用自耦降压启动，用 64%的抽头时电动机的启动转矩。

第九章　继电–接触器控制电路设计与分析

【学习指导】本章将对常用低压电器进行简要介绍，然后着重介绍继电器控制电路的工作原理、控制方法及简单控制电路的设计。

1. 学习目标

（1）了解常用低压电器的结构、功能和用途。

（2）掌握自锁、联锁的作用和方法。

（3）掌握过载、短路和失压保护的作用及方法。

（4）掌握基本控制环节的组成、作用和工作过程，能读懂简单的控制电路原理图，能设计简单的控制电路。

2. 学习建议

（1）学习时间：5~6 小时。

第一节建议学习时间：1 小时；

第二节建议学习时间：2 小时；

第三节建议学习时间：2 小时。

（2）学习方法：

A. 点播学习网络课程第九章的内容，完成相关内容的“选择题”“习题”。

B. 参加在线导学直播学习。

C. 阅读参考资料：

① 王英主编，西南交通大学出版社《电工技术基础（电工学Ⅰ）》（第 2 版）第九章；

② 王英主编，西南交通大学出版社《电工技术学习指导及习题精解》第九章。

3. 学习重点与难点

A. 熟记常用低压电器的电气符号、功能和用途。

B. 掌握自锁、联锁的作用和方法。

C. 掌握过载、短路和失压保护的作用及方法。

D. 能读懂简单的控制电路原理图，能设计简单的控制电路。

第一节 常用低压控制电器

要弄清一个控制电路的原理，必须了解其中各个电器元件的结构、工作原理以及它们的控制作用。在继电器控制系统中常用的低压电器有两类，一类是手动控制的通断电器，也称为主令电器，如开关、按钮等，是人工操作直接控制的电器；另一类是用于自动控制的通断电器，如接触器、继电器等，这类电器依靠控制电压、电流或其他物理量来改变其工作状态。实际的一些电器兼有保护功能，便于安装和使用。例如，在刀开关中一般都配有熔断器，自动开关则兼有短路、过载、失压等保护功能。因此本节首先对这些常用低压控制电器作简单介绍。

部分常用电机、电器的图形符号见表 9.1。

表 9.1 常用电机、电器的图形符号

名称	符号	名称		符号
电机的一般符号 *必须用字母代替 如：G 发电机 M 电动机 SM 伺服电动机		按钮触点	动合	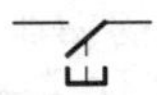
			动断	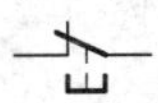
同步电动机		接触器与继电器的线圈		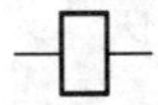
三相鼠笼型异步电动机		接触器的主触点	动合	
			动断	
三相绕线型异步电动机	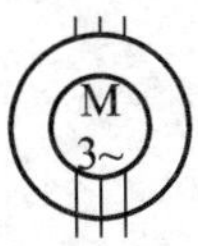	继电器的触点与接触器的辅助触点	动合	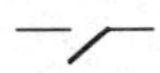
			动断	
双绕组变压器		时间继电器触点	动合延时闭合	
			动断延时断开	
三极开关的一般符号 （多线表示）	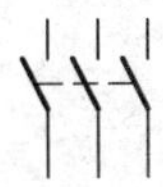		动合延时断开	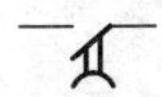
			动断延时闭合	
照明灯 信号灯	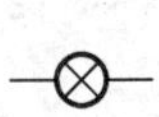	行程开关的触点	动合	
			动断	
熔断器	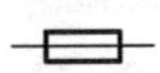	热继电器	动断触点	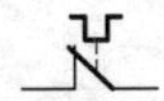
			发热元件	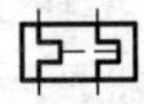

一、手动电器

1. 刀开关

刀开关又叫闸刀开关，它是手动电器中的基本设备，其结构和操作方法较为简单，一般用于不频繁操作的小容量的低压电路中，有时也用来控制小容量电动机的直接启动与停机。

根据闸刀的极数（刀片数）分有单极、双极和三极几种。按结构分为平板式和条架式；按操作方式分有直接手柄操作式、杠杆操作机构式和电动操作机构式；按转换方向分有单投和双投等。

闸刀开关由刀片（动触头）和刀座（静触头）装在瓷质的底板上再配上胶木盖构成。其电路及文字符号如图 9.1 所示。

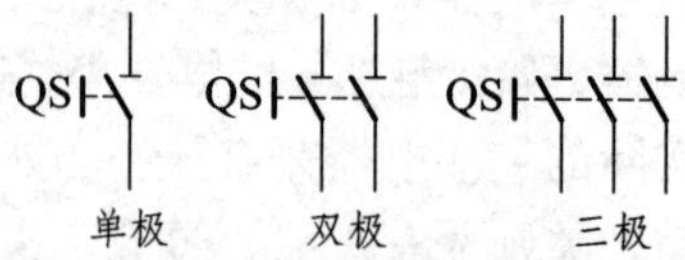

图 9.1 低压闸刀开关

选用闸刀开关时应根据电源的负载情况确定其额定电压和额定电流。两极和三极闸刀开关本身均配有熔断器，以便在短路或过负荷时熔断器熔断而自动切断电路。

用闸刀开关切断电流时，由于电路中电感和空气电离的作用，刀片与刀座分开时会产生电弧，特别当切断较大电流时，电弧持续不易熄灭。因此，为安全起见不允许用无隔弧、灭弧装置的刀闸开关切断大电流。

2. 转换开关

转换开关又称组合开关，是由数层动、静触片组装在绝缘盒内而成的。动触片装在转轴上，用手柄转动转轴使动触片与静触片接通与断开。可实现多条线路、不同连接方式的转换。

转换开关中的弹簧可使动、静触片快速断开，利于熄灭电弧。但转换开关的触片通流能力有限，一般用于交流 380 V、直流 220 V，电流 100 A 以下的电路中作电源开关。转换开关具有体积小，使用方便等特点，广泛用于配电柜和机床控制电路中。转换开关的结构、接线图和图形符号如图 9.2 所示。

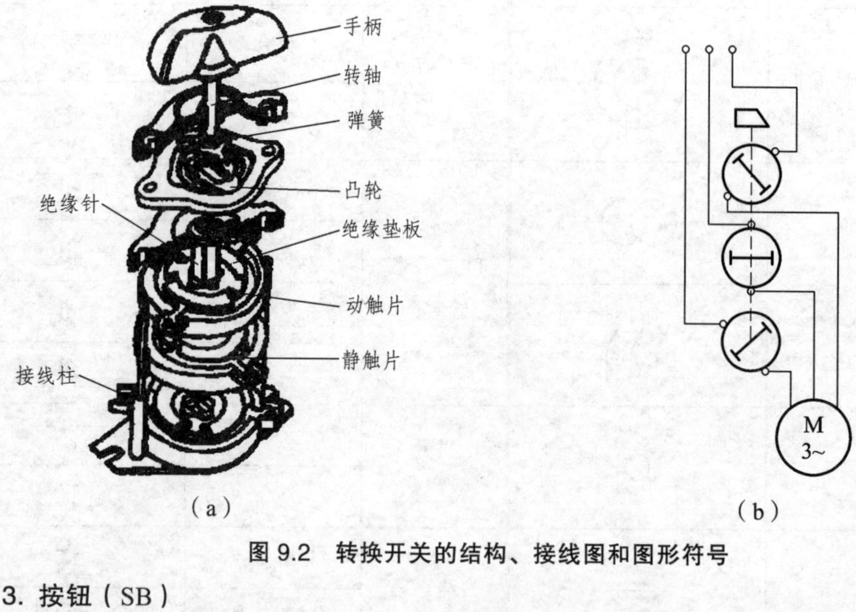

图 9.2 转换开关的结构、接线图和图形符号

3. 按钮（SB）

按钮是一种手动主令电器，是一种结构简单、操作方便的手动开关，额定电流较小，多

用于接通或断开接触器的吸引线圈。但它与闸刀开关不一样，按钮用手按下后接通，松手后靠弹簧力将它恢复到断开的状态，按钮一般不用于分合主电路，负荷电流不通过它的触头，它只起发出“接通”和“断开”信号的作用。最常见的按钮是复合式的，包括一个动合触头和一个动断触头，图 9.3 所示为按钮的结构示意图和符号。

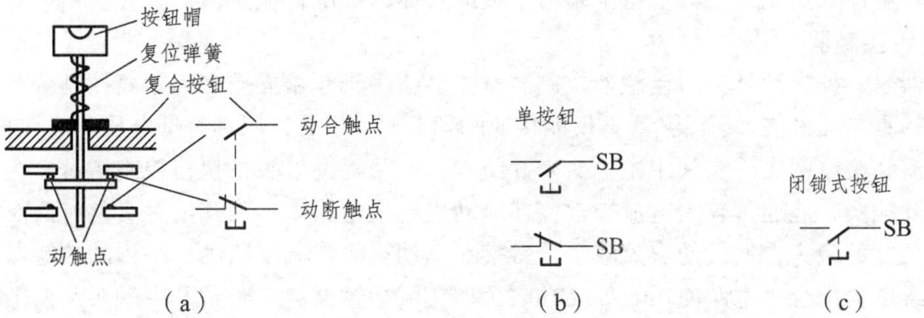

图 9.3　按钮及符号

当用手按压按钮帽时，动触头下移，使动断触头断开，动合触头闭合，当手松开按钮帽时，由于复位弹簧的作用，使动触头复位，动断和动合触头恢复原来的状态。

在电气控制线路中，启动按钮（按钮的触头为动合触头）用来接通电气设备；停止按钮（按钮的触头为动断触头）用于断开电气设备；复合按钮用于联锁控制电路中，其两对触头不能同时用作“启动按钮”和“停止按钮”。为了便于识别各个按钮的作用，通常按钮帽有不同的颜色，一般停车按钮用红色表示，启动按钮用绿色或黑色表示。

还有一种手动闭锁式按钮开关，内部带有自锁机关，将其按钮按下时，自锁机关会将其动合触头锁住，保持在闭合状态，只有再次按动其按钮时，自锁机关才释放。动合触头才打开。这种自锁式按钮开关常用作电子仪器和家用电器的电源开关，其符号如图 9.3（c）所示。

二、自动电器

1. 熔断器

熔断器也被称为保险丝。它是一种安装在电路中，保证电路安全运行的电器元件。即是一种具有短路保护或严重过载保护功能的短路保护器。熔断器按照其结构和用途分有插入式、螺旋式、无填料密封式、有填料密封式、快速式等。图 9.4（a）为熔断器图形及文字符号。熔断器中的熔丝或熔片统称为熔体。熔体一般用电阻率较高的易熔合金制成。熔断器串接在电路中，保护电路和设备不受损坏。

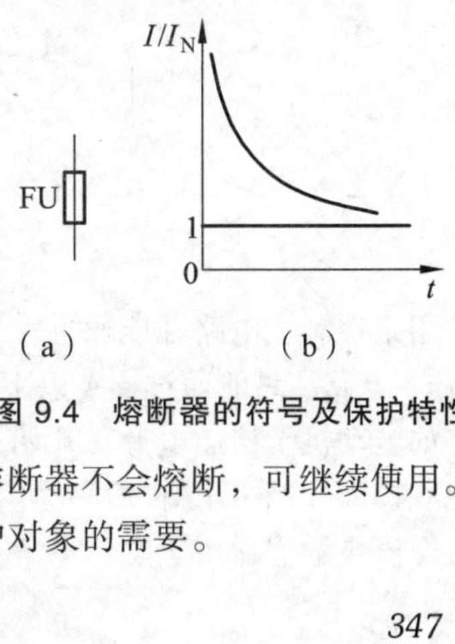

图 9.4　熔断器的符号及保护特性

熔断器具有反时限特性，如图 9.4（b）所示，通过熔体的过载电流倍数 I/I_N 越大，熔断所需时间就越短。所以，在一定过载电流范围内，当电流恢复正常时，熔断器不会熔断，可继续使用。熔断器有各种不同的熔断特性曲线，可以适用于不同类型保护对象的需要。

熔断器额定电流 I_N 选择应依如下原则：对电阻件负载如电灯、电阻炉等，熔体的额定电流 I_N 可按等于或稍大于负载额定电流 I_L 值选择，即 $I_N \geqslant I_L$；对电动机等启动电流 I_{st} 大于工作电流 I_L 的负载，熔断器额定电流 I_N 的选择原则是，既要有短路保护作用，又要在启动瞬间熔断器不能熔断，应依实际情况确定。

注意：熔体额定电流的数值范围是为了适应熔体的标准件额定值。

2. 交流接触器

接触器是一种自动开关，接触器控制容量大，适用于频繁操作和远距离控制，是自动控制系统中的重要元件之一。接触器不仅能接通和切断电路，而且还具有低电压释放保护作用。它分为直流和交流两类。它利用主触头来开闭电路，用辅助触头来执行控制指令。主触点一般只有常开触头，能通过较大电流，常接在电动机的主电路中。而辅助触头常有两对具有常开和常闭功能的触头，通过的电流较小，常接在电动机的控制电路中，小型的接触器也经常作为中间继电器配合主电路使用。如 CJ10-20 型交流接触器有三个常开主触头和四个辅助触头（两个常开、两个常闭）。

图 9.5 是交流接触器的主要结构图。接触器主要由电磁铁和触头两部分组成。交流接触器的工作原理是：当线圈通电后，衔铁带动触头动作，使常闭触头分断，常开触头闭合；当线圈断电时，衔铁在反作用弹簧力的作用下释放，各触头随之复位。

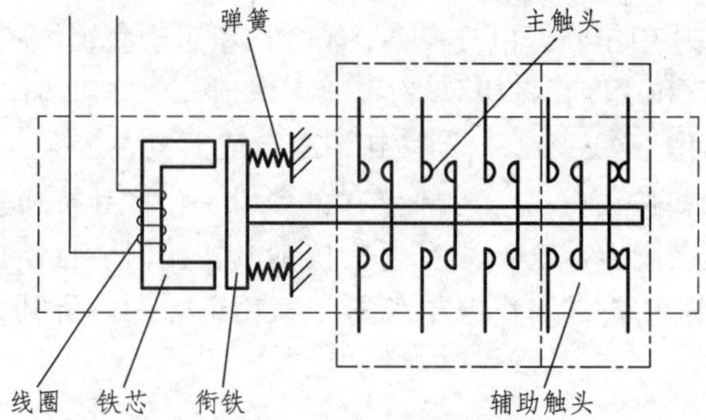

图 9.5 接触器工作原理图

交流接触器的图形及文字符号如图 9.6 所示。

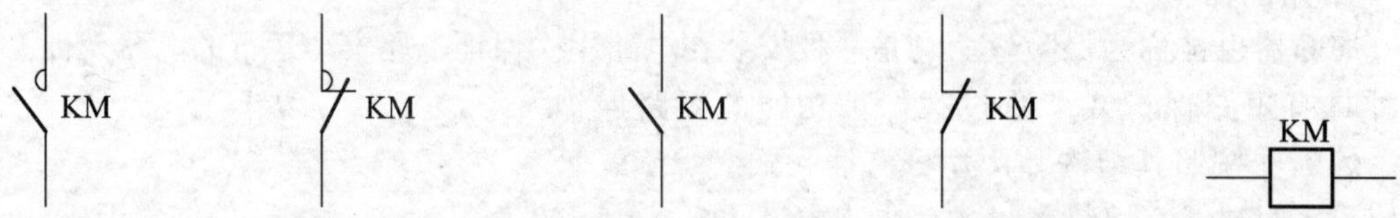

（a）动合主触点　（b）动断主触点　（c）动合辅助触点　（d）动断辅助触点　（e）接触器线圈

图 9.6 交流接触器的图形符号

用来控制主电路并能通过大电流的触点称为主触点，主触点最少有三对；用来控制辅助（操作）电路、只能通过 5 A 以下电流的触点，称为辅助触点。主触点闭合后，由它控制的负载（如电动机）接通电源，开始工作。常开辅助触点闭合或常闭辅助触点断开，使控制电路实现联锁或控制指示灯。

交流接触器适用于交流电压 380 V 以下的电路装置，可以频繁地接通和分断主电路，它主要用于控制电动机、电热设备、电焊机和机床控制电路中。交流接触器不仅具有低压释放保护功能，还适用于远距离控制，但是它不具备短路保护作用。

在选用接触器时，应注意它的额定电流、线圈电压及触头数量等。CJ10 系列接触器的主触头额定电流有 5、10、20、40、75、120 A 等数种。

常用的交流接触器有 CJ20、CJX1、CJX2、CJ12 和引进德国 BBC 公司生产技术的 B 系列，其型号的含义如下：

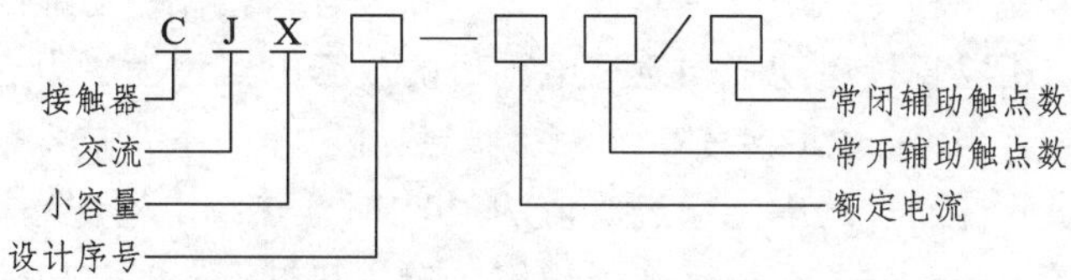

图 9.7 交流接触器型号的意义

3. 中间继电器

中间继电器和交流接触器的基本结构相似，都采用电磁工作原理，属于电磁式低压电器。只是中间继电器体积较小，触点较多，通常用来扩大触点容量和扩展触点数量。当采用其他小容量的继电器控制接触器，继电器的容量或触点数量不足时，可采用中间继电器进行扩展。

中间继电器的图形符号如图 9.8 所示。常用的中间继电器有 JZ7、JZl1、JZ14 及 JZ15 等系列，其触点数量可达 8 对，其触点形式可任意组合，选用时应考虑线圈的电压。

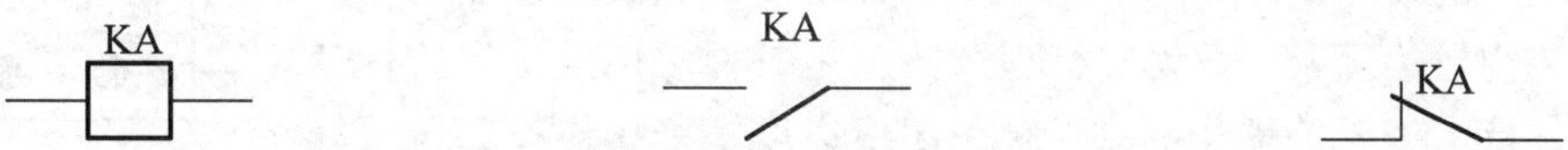

（a）线圈　（b）动合触点　（c）动断触点

图 9.8 中间继电器的图形符号

4. 热继电器（FR）

热继电器是由流入热元件的电流产生热量，使有不同膨胀系数的双金属片发生形变，当形变达到一定距离时，就推动连杆动作，使控制电路断开，从而使接触器失电，主电路断开，实现电动机的过载保护。热继电器作为电动机的过载保护元件，以其体积小、结构简单、成本低等优点在生产中得到了广泛应用。图 9.9 为热继电器的内部结构图和电路符号。

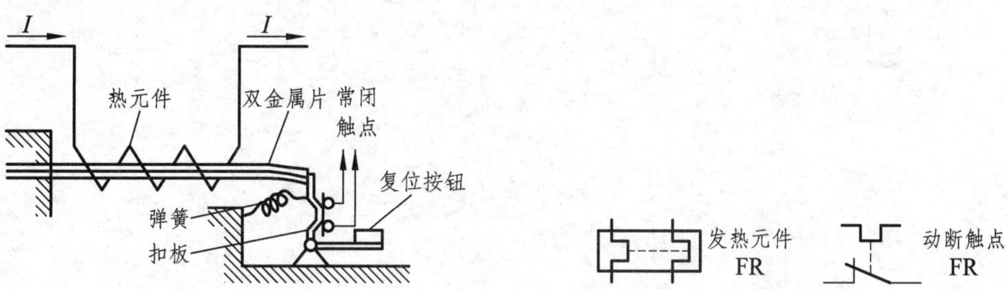

（a）结构图　（b）电路符号

图 9.9 热继电器的结构图和电路符号

热继电器的发热元件串接在电动机的主电路中，常闭触点串接在电动机的控制电路中。正常情况下，双金属片变形不大，但当电动机过载到一定程度时，热继电器将在规定时间内动作，切断电动机的供电电路，使电动机断电停车而受到保护。

鉴于双金属片受热弯曲过程中，热量的传递需要较长的时间，因而热继电器不能作为短路保护只能作为过载保护。这种特性符合电动机等负载的需要，可避免电动机启动时的短时过流而造成不必要的停车。

目前热继电器多为三相（三个发热元件）式，并兼有断相保护功能。将交流接触器和热继电器组装在一起，用以直接启动三相笼型电动机的成套电器称为磁力启动器。

常用的热继电器有 JR0、JRl0 及 JRl6 等系列。热继电器的主要技术数据是整定电流。所谓整定电流，就是热元件通过的电流超过此值的 20%时，热继电器应当在 20 min 内动作。JR0-40 型的整定电流从 0.6 A ~ 40 A 有 9 种规格。选用热继电器时，应使其整定电流与电动机的额定电流基本上一致。

5. 行程开关

行程开关也称为限位开关，行程开关结构与按钮类似，如图 9.10 所示，但其动作要由机械撞击。

行程开关的种类很多，主要分为机械式和电子式两大类。机械式行程开关有直动式、滚轮式和微动式等。直动式行程开关的动作原理与按钮开关相同，但其触头的分合速度取决于生产机械的运行速度。滚轮式行程开关的分合速度不受生产机械运动速度的影响，但其结构较为复杂。微动式行程开关也是一种常用的机械式行程开关，其特点为开关动作灵敏、触头切换速度不受操作按钮压下速度的影响。

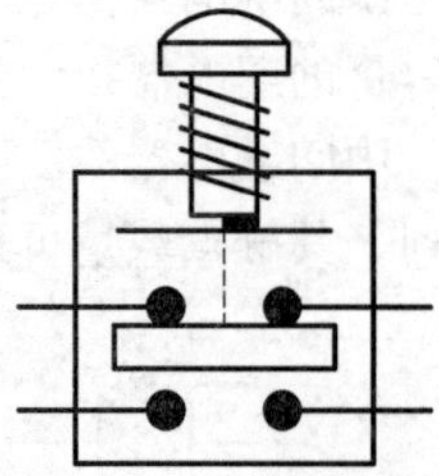

图 9.10 行程开关的结构示意图

6. 时间继电器

时间继电器是一种利用电磁原理或机械原理实现延时控制的控制电器。时间继电器可分为通电延时型和断电延时型两种。它的种类很多，有空气阻尼型、电动型和电子型等。在交流电路中常采用空气阻尼型时间继电器，空气阻尼型时间继电器的延时范围大（有 0.4 ~ 60 s 和 0.4 ~ 180 s 两种），结构简单，但准确度较低。它是利用空气通过小孔节流的原理来获得延时动作的。时间继电器的图形符号如图 9.11 所示。

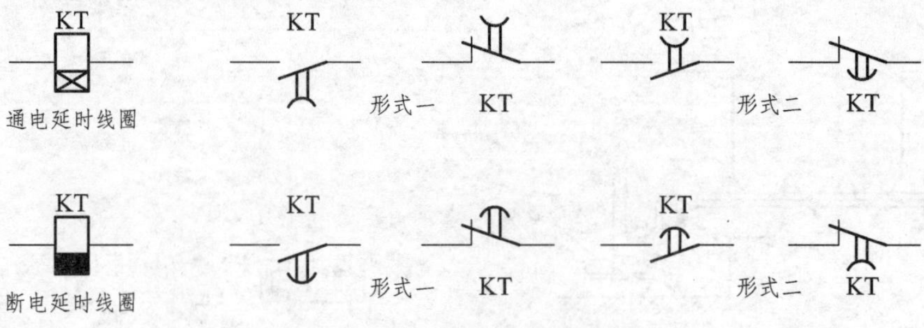

图 9.11 时间继电器的图形符号

7. 低压断路器

低压断路器又称空气自动开关。它是一种既有手动开关作用，又能自动进行失压、欠压、过载和短路保护的电器。在功能上，它相当于闸刀开关、热继电器、过电流继电器和欠电压继电器的组合。一旦电路发生故障，其保护装置立即动作切断电路，当故障排除后，无需更换零件，可迅速恢复供电。

图 9.12 为自动空气断路器的原理图，低压断路器的三副主触头串联在被保护的三相主电路中，由于搭钩钩住弹簧，使主触头保持闭合状态。当线路正常工作时，电磁脱扣器中线圈所产生的吸力不能将它的衔铁吸合。当线路发生短路和产生较大过电流时，电磁脱扣器中线圈所产生的吸力增大，将衔铁吸合，并撞击杠杆，把搭钩顶上去，在弹簧的作用下切断主触头，实现了短路保护。当线路上电压下降或失去电压时，欠电压脱扣器的吸力减小或失去吸力，衔铁被弹簧拉开，撞击杠杆，把搭钩顶开，切断主触头，实现了过载保护。

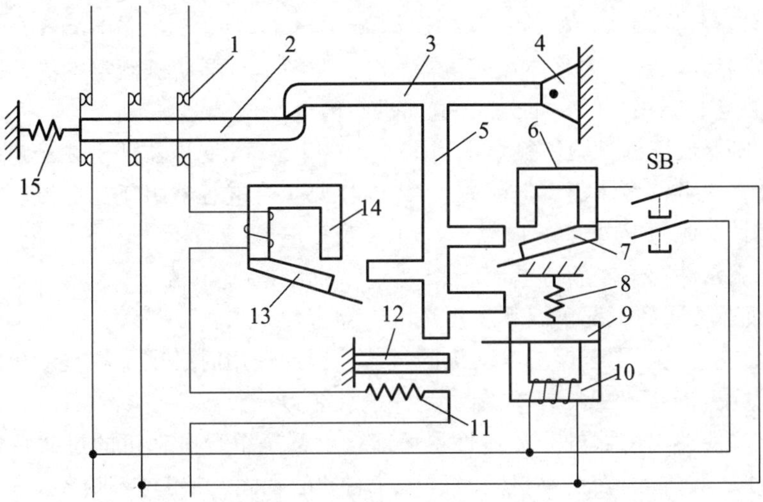

1—主触点；2—锁键；3—搭钩；4—转轴；5—杠杆；6—分励脱扣器；7、9、13—衔铁；8、15—弹簧；10—欠电压脱扣器；11—热元件；12—双金属片；14—过电流脱扣器。

图 9.12　低压断路器结构图

三、常见问题讨论

（1）接触器的触头如何分类？

解答：接触器有交流和直流两类，由电磁铁、吸引线圈和触点系统组成。触点系统包括主触点（常开型）和辅助触点（数对常开和数对常闭）。

（2）热继电器为什么不能作短路保护？

解答：热继电器是利用电流的热效应来工作的，由于热惯性的影响，尽管发生短路时电流很大，也不可能使热继电器立即动作，这样就延长了短路故障的影响时间，对供电系统及用电设备会造成危害。所以不能用热继电器作为短路保护。

（3）保险丝（熔断器）FU 是作短路保护的，为什么不能作过载保护？

解答：这是因为有时电动机的过载电流虽大于额定电流，但熔丝还不至于烧断。这样，电动机长期过载运行，其绝缘材料会因过热而受损甚至烧毁。因此电动机必须增设过载保护环节。最常用的过载保护元件是热继电器。

（4）在实际使用中，熔断器中熔体额定电流是如何选择的？

解答：由于各种电气设备都具有一定的过载能力，允许在一定条件下较长时间运行；而当负载超过允许值时，就要求保护熔体在一定时间内熔断。还有一些设备启动电流很大，但启动时间很短，所以要求这些设备的保护特性要适应设备运行的需要，要求熔断器在电机启动时不熔断，在短路电流作用下和超过允许过负荷电流时，能可靠熔断，起到保护作用。熔体额定电流选择偏大，负载在短路或长期过负荷时不能及时熔断；选择过小，可能在正常负载电流作用下就会熔断，影响正常运行，为保证设备正常运行，必须根据负载性质合理地选择熔体额定电流，具体要求如下：

① 照明电路：熔体额定电流≥被保护电路上所有照明电器工作电流之和。

② 电动机：a. 对于单台直接启动电动机，熔体额定电流 =（1.5 ~ 2.5）× 电动机额定电流；b. 对于多台直接启动电动机，总保护熔体额定电流 =（1.5 ~ 2.5）× 各台电动机电流之和；c. 对于降压启动电动机，熔体额定电流 =（1.5 ~ 2）× 电动机额定电流；d. 对于绕线式电动机，熔体额定电流 =（1.2 ~ 1.5）× 电动机额定电流。

③ 配电变压器低压侧：熔体额定电流 =（1.0 ~ 1.5）× 变压器低压侧额定电流。

④ 并联电容器组：熔体额定电流 =（1.43 ~ 1.55）× 电容器组额定电流。

⑤ 电焊机：熔体额定电流 =（1.5 ~ 2.5）× 负荷电流。

⑥ 电子整流元件：熔体额定电流≥1.57 × 整流元件额定电流。

（5）电动机在不同的工况情况下，对热继电器有何要求？

解答：热继电器主要用于保护电动机的过载，因此选用时必须了解电动机的情况，如工作环境、启动电流、负载性质、工作制、允许过载能力等。

① 原则上应使热继电器的安秒特性尽可能接近甚至重合电动机的过载特性，或者在电动机的过载特性之下，同时在电动机短时过载和启动的瞬间，热继电器应不受影响（不动作）。

② 当热继电器用于保护长期工作制或间断长期工作制的电动机时，一般按电动机的额定电流来选用。例如，热继电器的整定值可等于 0.95 ~ 1.05 倍的电动机的额定电流，或者取热继电器整定电流的中值等于电动机的额定电流，然后进行调整。

③ 当热继电器用于保护反复短时工作制的电动机时，热继电器仅有一定范围的适应性。如果短时间内操作次数很多，就要选用带速饱和电流互感器的热继电器。

④ 对于正/反转和通断频繁的特殊工作制电动机，不宜采用热继电器作为过载保护装置，而应使用埋入电动机绕组的温度继电器或热敏电阻来保护。

四、特别提示

接触器的额定值是指线圈额定电压、主触点额定电流以及辅助触点额定电流。

第二节 继电-接触器控制电路

一、电气控制电路设计规范

电气控制系统是由若干电器元件按照一定要求连接而成，从而实现设备或装置的某种控制目的。为了便于对控制系统进行设计、分析研究、安装调试、使用维护以及技术交流，就需要将控制系统中的各电器元件及其相互连接关系用一个统一的标准来表达，这个统一的标准就是国家标准和国际标准，我国相关的国家标准已经与国际标准统一。用标准符号按照标准规定的方法表示的电气控制系统的控制关系的就称为电气控制系统图。

电气控制系统图包括电气系统图和框图、电气原理图、电气接线图和接线表三种形式。各种图都有其不同的用途和规定的表达方式，电气系统图主要用于表达系统的层次关系，系统内各子系统或功能部件的相互关系，以及系统与外界的联系；电气原理图主要用于表达系统控制原理、参数、功能及逻辑关系，是最详细表达控制规律和参数的工程图；电气接线图主要用于表达各电器元件在设备中的具体位置分布情况，以及连接导线的走向。对于一般的机电装备而言，电气原理图是必需的，而其余两种图则根据需要绘制。绘制电气接线图则需要首先绘制电器位置图,在实际应用中电气接线图一般与电气原理图和电器位置图一起使用。

国家标准局参照国际电工委员会（IEC）颁布的标准，制定了我国电气设备有关国家标准。有关的国家标准有 GB 4728—1984《电气图用图形符号》、GB 6988—1986《电气制图》、GB 5094—1985《电气技术中的项目代号》和 GB 7159—1987《电气技术中的文字符号制定通则》。

二、继电-接触器控制电路图的阅读方法

采用继电器、接触器、操作主令电器等低压电器组成的触头控制系统，称为继电接触控制器。例如对电动机的启动、制动、反转和调速进行控制。

控制电路图是用图形符号和文字符号表示的，为完成一定控制目的各种电器连接的电路图。要读懂一幅控制电路图，除了要具备各种电机、电器的必要知识外，还要注意以下几点：

（1）应了解机械设备和工艺过程，掌握生产过程对控制电路的要求。

（2）要掌握控制电路构成的特点，通常一个系统的总控制电路分为主电路和控制电路两部分。其中主电路的负载是电动机、照明或电加热等设备，通过的电流较大，要用接通和分断能力较大的电器（接触器、自动空气开关等）来操作。此外，在主电路中必须设有各种保护电器如熔断器、热继电器的发热元件等，以保证电源和负载的运行安全。控制电路则为实现生产工艺过程、对负载的运行情况如启动、停车、制动、调速、反转等进行控制，一般是通过按钮、行程开关等主令电器发出指令，控制接触器吸引线圈的工作状态来完成的。需要时，还要配合其他辅助控制电器如中间继电器、时间继电器等。

（3）为表达清楚，识图方便，在一份总电路图中，同一电器的各个部件经常不画在一起，而是分布在不同地方，甚至不在一张图上。例如一个接触器的主触头在主电路图中，而它的吸引线圈和辅助触头在控制电路图中，但同一电器的不同部件都用同一文字符号标明。

（4）电路图中的所有电器的触头状态均为常态，即吸引线圈不带电、按钮没按下的情况等。

（5）一般控制电路，其各条支路的排列常依据生产工艺顺序的先后，由上至下排列。

（6）在电路图中，两条以上导线的电气连接处要打一圆点，且每个接点要标一个编号。编号的原则是：靠近左边电源线的用单数标注，靠近右边电源线的用双数标注，通常都是以电器的线圈或电阻作为单、双数的分界线，故电器的线圈或电阻应尽量放在各行的一边（左边或右边）。

（7）对具有循环运动的机构，应给出工作循环图，万能转换开关和行程开关应绘出动作程序和动作位置。

三、继电-接触器控制的基本电路

控制电路都是用若干个基本电路和一些保护措施组合而成的。因此，掌握常用基本电路，是学习继电接触控制系统的关键，下面介绍几个电动机控制的基本电路。

（一）三相异步电动机点动控制电路

点动控制常用于吊车、机床立柱、横梁的位置移位，刀架、刀具的调整等。图 9.13 所示为一种三相异步电动机的点动控制电路，左边为主电路，主电路由刀闸开关 QS、熔断器 FU、接触器 KM 的主触头和电动机构成。右边点划线框内为控制电路，控制电路由按钮 SB 和接触器 KM 的线圈串联构成。

电动机点动和长动控制

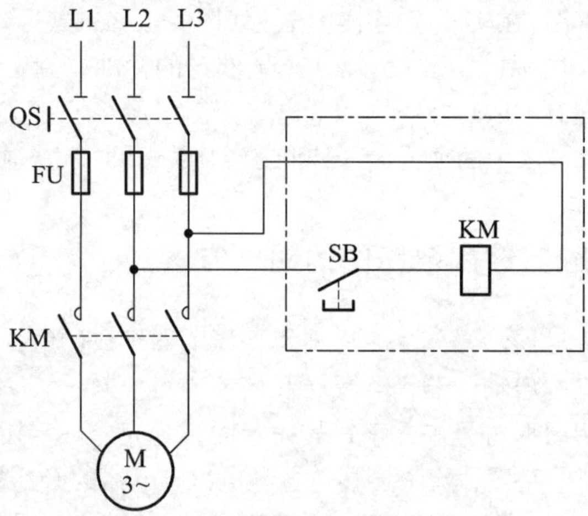

图 9.13　三相异步电动机的点动控制电路

工作时，首先合上刀闸开关 QS，这时电动机不会运转，当按下按钮 SB 时，接触器线圈 KM 通电产生电磁力，KM 的三个动合主触头吸合，使电动机与三相电源接通，启动运转。松开按钮 SB，接触器 KM 的线圈断电失磁，主触头断开恢复常态，电动机断电停止运转。这就实现了电动机的点动控制。熔断器 FU 的作用是电源短路保护。

该电路还具有失压保护。电动机在运转时，若电源电压降低或突然停电，会使接触器 KM 失去应有电磁力而返回常态，切断主电路和控制电路，电动机停车。当电源恢复正常时，由于启动按钮和接触器辅助触头均处于断开状态，电动机不会自行启动，保证了设备和人身安全。

（二）三相异步电动机的直接启、停控制电路

图 9.14 为三相异步电动机的直接启、停控制和过载、断相保护电路。与图 9.13 三相异步电动机点动控制电路比较，该电路增加了接触器 KM 的一个动合（常开）辅助触头，停车按钮 1SB 和热继电器 FR。

控制电路结构的特点是：热继电器 FR 的发热元件接在主电路中，反映负载电流，它的动断（常闭）触点 FR 与接触器 KM 的吸引线圈串联接在控制电路中，控制接触器 KM 的工作。

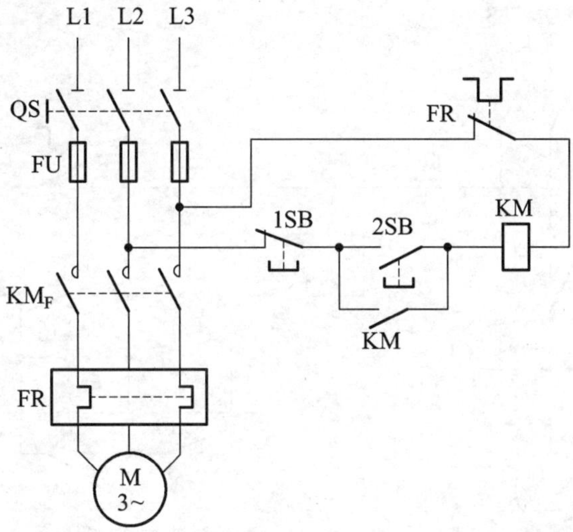

图 9.14　三相异步电动机的启、停控制电路

工作时，首先合上刀开关 QS，按下启动按钮 SB，接触器 KM 吸合，其三个主触头闭合使电动机启动，同时其辅助触头也闭合，旁路启动按钮 2SB。当松开启动按钮 2SB 后，接触器仍能通过自己的辅助触头自保持供电，这种环节为“自锁”环节。

当需要停车时，按下停车按钮 1SB，切断控制回路，使接触器 KM 的吸引线圈断电，KM 的主触头与辅助触头均返回断开状态，电动机断电停车。

电动机过载或断相时，主电路电流增大，当电流增大到热继电器的整定值（动作电流值）时，热继电器动作，它的动断（常闭）触点 FR 切断控制电路，接触器线圈断电，主触头断开主电路，电动机停车，从而得到保护。

上述控制线路还具有短路保护、过载保护和零压保护的功能。当负载侧发生短路时，熔断器 FU 的熔丝立即熔断，起到保护电源电路的作用。当电机过载时，热继电器 FR 的热元件发热变形，将控制回路热继电器 FR 的动断触点断开，使接触器 KM 线圈断电，主触头断开，电动机停止运行。热继电器的两个热元件，分别串接在任意两相线中，当任意一相中的熔丝熔断后作单相运行，仍会有一个或两个热元件中通有过载电流，使热继电器 FR 的动断触点断开，能可靠地保护电动机。也可以采用三相结构的热继电器，将三个热元件分别串接在三相中。当电源突然断电或电压下降到某一值时，接触器线圈的电流减小，使衔铁释放，主触头断开，电动机从电源上切除，这就实现了零压（或失压）保护。零压保护的目的，是当电源电压恢复正常时，电动机不能自行启动，必须重新按下启动按钮才能启动，可避免电机突然自启动造成事故。

（三）三相异步电动机的异地控制

异地控制又称多地控制，即多个地点均可控制一台电机启动或停止。该电路应用较多，例如给水泵的异地水位控制等。现以锅炉房的鼓风机为例来说明两地控制，其电路如图 9.15 所示。

图中控制按钮 $1SB_1$ 和 $1SB_2$ 设于控制箱内，$2SB_1$ 和 $2SB_2$ 设于异地按钮箱。启动按钮 $1SB_2$ 和 $2SB_2$ 相并联，只要其中一只按下，都能启动鼓风机转动。停止按钮 $1SB_1$ 和 $2SB_1$ 相串联，只要将其中一只按下，就能停止鼓风机转动。

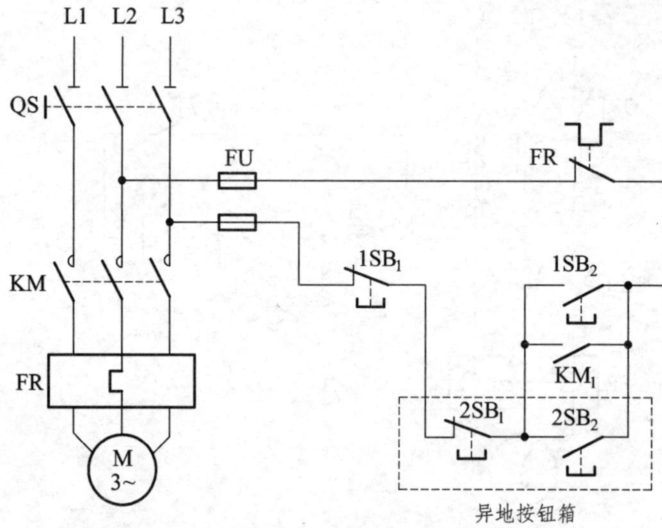

图 9.15　三相异步电动机的异地控制电路

（四）三相异步电动机带联锁的正/反转控制电路

卷扬机的上下运动、车间刨床的反复运动等，都是由电动机来拖动，这就要求电动机做正/反向运转。根据三相异步电动机的工作原理，要改变三相异步电动机的转向，只需将电动机接到电源的三根电源线中的任意两根对调，改变通入电动机的两相电流相序即可。

图 9.16 所示为异步电机带联锁的正/反转控制电路。按钮 SB_F 和接触器 KM_F 等器件控制电动机正转，按钮 SB_R 和接触器 KM_R 等器件控制电动机反转。

从图 9.16 左面的主电路可以看出，如果两个接触器 KM_F、KM_R 同时工作，六个主触头同时闭合，将造成电源短路。为了避免这种事故的发生，控制回路引入正/反转联锁控制，即电动机正转运行时，反转不能工作。

为此，在图 9.16（a）所示控制电路中，引入电气联锁，在正转控制回路串入反转接触器 KM_R 的一个动断辅助触头，在反转控制回路中串入正转接触器 KM_F 的一个动断辅助触头，这两个动断触头称为联锁触头。当正转接触器 KM_F 动作时，它的动断辅助触头将打开，将反转控制回路断开；当反转接触器 KM_R 动作时，它的动断辅助触头将正转控制回路断开。这就保证了两个接触器 KM_F、KM_R 不会同时动作。此种控制电路仍然存在着缺点，即当正转过程中要求反转时，必须先按停止按钮 SB 让联锁触头闭合后，才能按反转启动按钮使电动机工作，操作上不方便。

实际电路中常采用图 9.16（b）所示的正/反转控制电路，该电路是在 9.16（a）的基础上增加了复合式按钮的机械互锁环节。这个电路的优点是：如果要使正转运行的电动机反转，不必先按停止按钮 SB，只要直接按下反转按钮 SB_R 即可。反之亦然。

（五）多台电动机顺序启停控制

在生产中，往往需要多台电动机配合工作，根据工艺流程要求，它们的启动和停车，必须遵照规定顺序。例如某些大型机床，必须先将油泵启动为主轴提供循环润滑油后，才能启动主轴电动机。

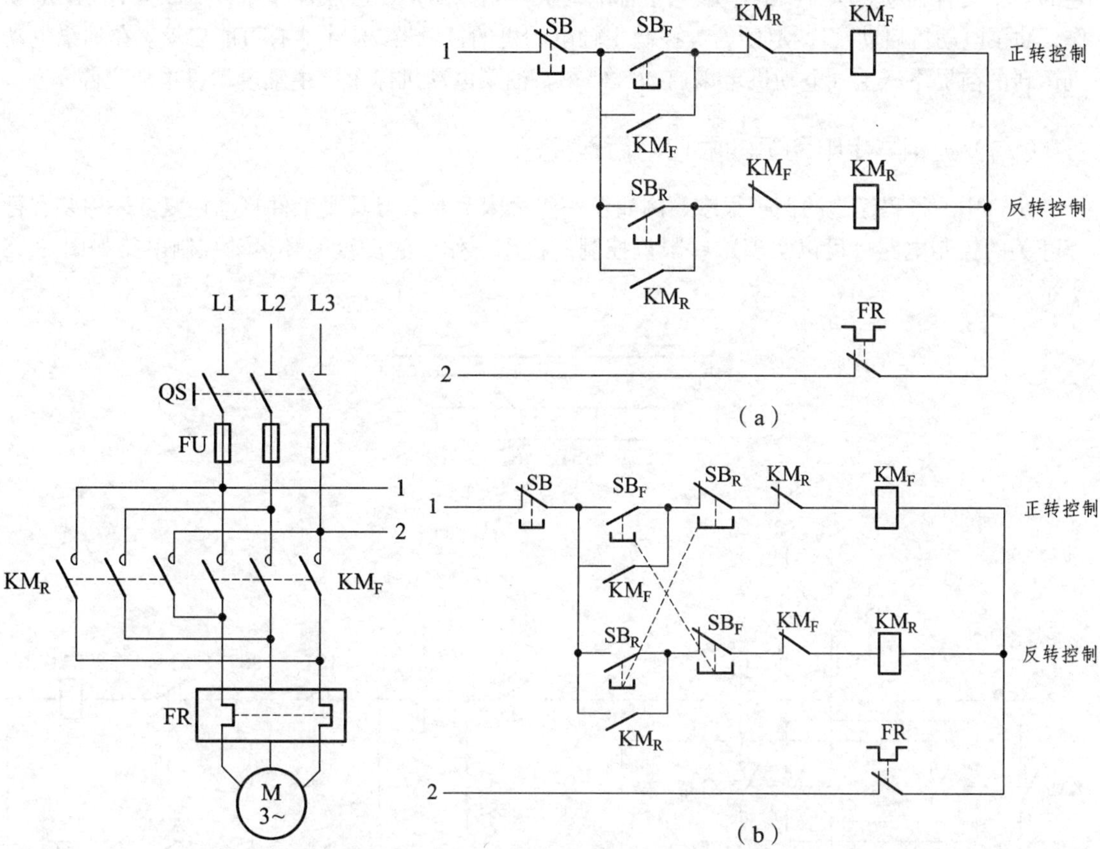

图 9.16　三相异步电动机的正、反转控制电路

图 9.17 所示为主轴电动机和油泵电动机联锁控制电路。接触器 1KM 控制油泵电动机 M_1，

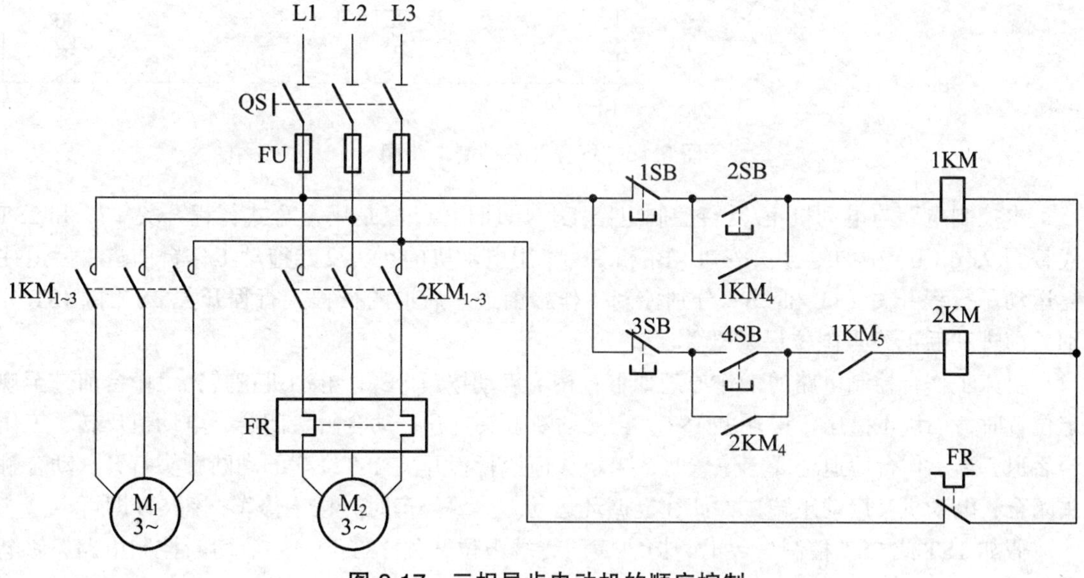

图 9.17　三相异步电动机的顺序控制

它的一个动合辅助触头 $1KM_5$ 串联在主轴电动机控制电路中，起联锁作用，所以只有 $1KM_5$ 动作，油泵电动机启动，$1KM_5$ 闭合，控制主轴电动机的接触器 2KM 才有可能启动。在油泵电动机运转的前提下，主轴电动机可以启动、停车。油泵电动机停车，主轴电动机也随之停车。

（六）三相异步电动机的限位与行程控制

生产中，行程控制的例子很多，例如在一些机床上要求刀具或工件自动往复。采用装有行程开关的控制电路，可以实现这些限位控制。机床工作台的反复循环运动控制电路如图 9.18 所示。

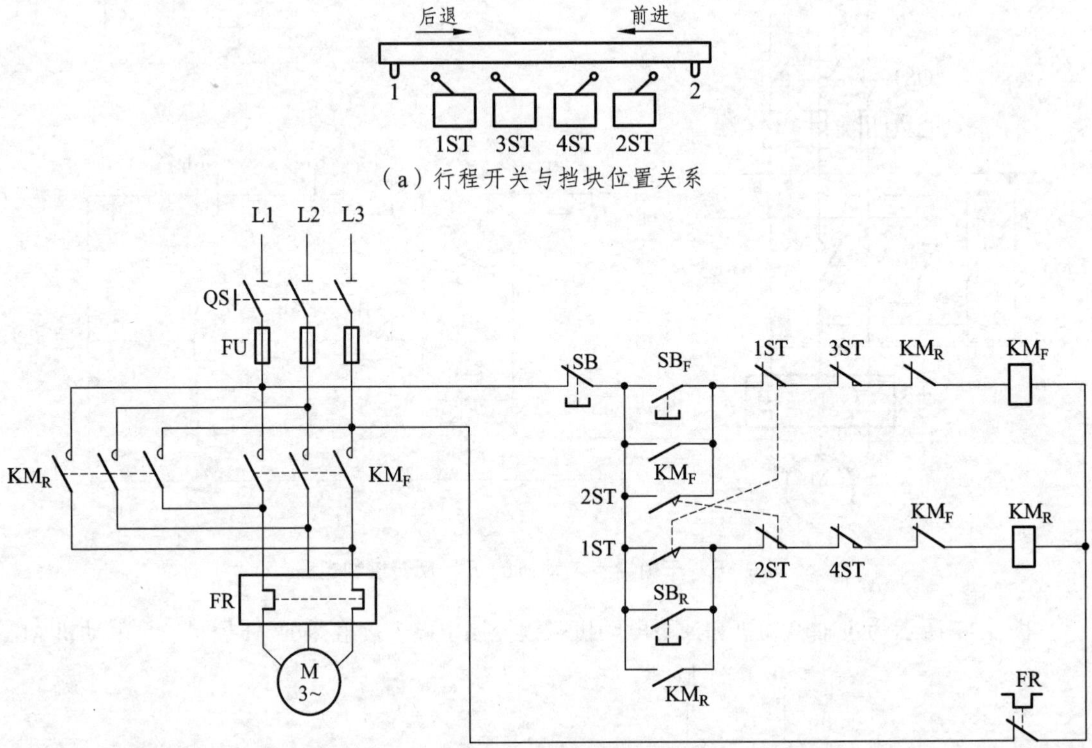

（a）行程开关与挡块位置关系

（b）控制电路

图 9.18　行程开关控制电路图

本控制电路与电动机正/反转控制电路工作原理相似，只是用复合式行程开关 1ST 和 2ST 代替图 9.16（b）中的复合式按钮 SB_F 和 SB_R。用电动机的正、反转拖动工作台前进、后退往复运动。行程开关 1ST 和 2ST 分别控制工作台前进、后退的行程，行程开关 3ST 和 4ST 分别为前进和后退终点限位保护开关。

机床工作台控制电路的工作原理如下：按下启动按钮 SB_F，电动机正转，工作台前进至规定位置时，挡块 1 撞压行程开关 1ST，它的动断触头打开，动合触头闭合，电动机反转，工作台后退。当工作台后退至规定位置时，挡块 2 撞压行程开关 2ST，它的动断触头打开，动合触头闭合，电动机又启动正转，如此往复循环运动。需要停车时，按下停车按钮 SB 即可。

假如 1ST 或 2ST 控制失灵时，挡块撞压终端限位开关 3ST 或 4ST，切断控制电路，使电动机停车，防止工作台滑出床身。

（七）三相异步电动机的顺序与时间控制线路

生产中，很多加工和控制过程是以时间为依据进行控制的。例如：工作加热时间控制，电动机按时间先后顺序启、停控制，电动机 Y-△启动控制等。这类控制都是利用时间继电器实现的。

如图 9.19 所示，按下启动按钮 SB1，时间继电器 KT 和接触器 KM_2 同时通电吸合，KM_2 的常开主触点闭合，把定子绕组连接成星形，其常开辅助触点闭合，接通接触器 KM_1。KM_1 的常开主触点闭合，将定子接入电源，电动机在星形连接下启动。KM_1 的一对常开辅助触点闭合，进行自锁。经一定延时，KT 的常闭触点断开，KM_2 断电复位，接触器 KM_3 通电吸合。KM_3 的常开主触点将定子绕组接成三角形，使电动机在额定电压下正常运行。与按钮 SB_1 串联的 KM_3 的常闭辅助触点的作用是：当电动机正常运行时，该常闭触点断开，切断了 KT、KM_2 的通路，即使误按 SB_1，KT 和 KM_2 也不会通电，以免影响电路正常运行。若要停车，则按下停止按钮 SB_3，接触器 KM_1、KM_2 同时断电释放，电动机脱离电源停止转动。

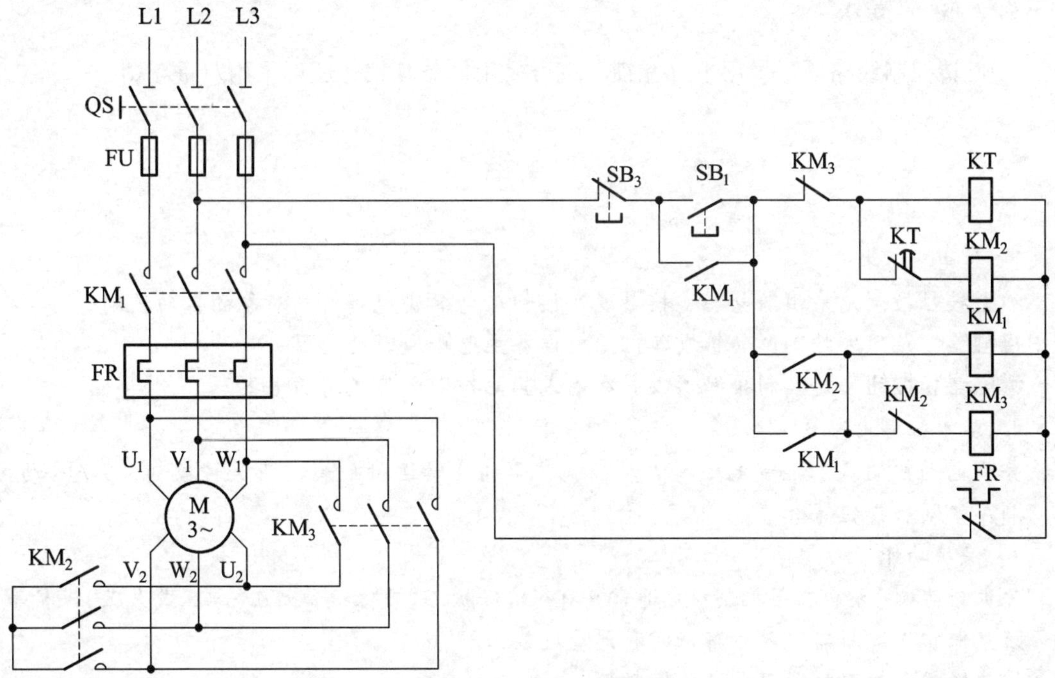

图 9.19　Y-△降压启动控制

四、常见问题讨论

（1）图 9.19 所示控制电路还可实现哪些保护？请详细说明。

解答：① 起短路保护的是串接在主电路中的熔断器 FU。一旦电路发生短路故障，熔体立即熔断，电动机立即停转。

② 起过载保护的是热继电器 FR。当过载时，热继电器的发热元件发热，将其常闭触点断开，使接触器 KM 线圈断电，串联在电动机回路中的 KM 的主触点断开，电动机停转。同时 KM 辅助触点也断开，解除自锁。故障排除后若要重新启动，需按下 FR 的复位按钮，使

FR 的常闭触点复位（闭合）即可。

③ 起零压（或欠压）保护的是接触器 KM 本身。当电源暂时断电或电压严重下降时，接触器 KM 线圈的电磁吸力不足，衔铁自行释放，使主、辅触点自行复位，切断电源，电动机停转，同时解除自锁。

（2）简述如何用两个接触器实现异步电动机的正/反转控制。

解答：要改变三相异步电动机的转向，只需将电动机接到电源的三根电源线中的任意两根对调，改变通入电动机的两相电流的相序即可。所以实现电动机的正/反转控制，需要两个接触器，一个用来接入正序三相电源，一个用来接入负序三相电源。

（3）异步电动机正/反转控制时，是否要求两个接触器线圈按一定顺序先后通电？

解答：不要求。异步电动正/反转控制时要求两个接触器线圈不能同时得电，如果同时得电会造成电源的短路。为了避免这种事故的发生，控制回路引入正/反转联锁控制，即电动机正转运行时，反转不能正常工作。

五、特别提示

正/反转控制线路既可采用电气互锁，也可采用机械互锁，还可采用双重互锁。

小　结

1. 继电器、接触器

继电接触控制是采用继电器、接触器及按钮等电器实现对控制对象的自动控制。

接触器　是用来控制电动机或其他用电设备主电路通断的电器；

继电器和按钮　是控制接触器吸引线圈或其他控制电路通断的电器。

2. 基本控制电路

异步电动机的基本控制电路有点动控制、单向连续运行控制、正反转控制、Y-Δ启动控制、顺序控制和行程等电路。

3. 保护功能

异步电动机的继电接触控制电路通常具有短路保护、过载保护和欠压（零压或失压）保护等。

短路保护　熔断器实现短路保护和严重过载保护；

过载保护　热继电器实现过载保护；

欠压保护　接触器实现欠压保护。

4. 注意事项

（1）主电路、控制电路可分别分析或设计；

（2）控制电路中，根据控制要求和关系，按自上而下、自左而右的顺序进行分析或设计；并且各种控制只能由控制电路实现，不能由主电路实现；

（3）同一个电器的所有线圈、触头不论在什么位置都叫相同的名字；并按国家统一符号标注及未通电状态表示；

（4）明确自锁和互锁的含义和设计方法；

（5）控制电路中，继电器、接触器的线圈只能并联，不能串联。

选择题

1. 在三相异步电动机的正反转控制电路中，互锁环节的主要目的是（　　）。
（a）防止电动机同时正转和反转　　（b）防止误操作时电源短路
（c）实现电动机过载保护

2. 在继电-接触器控制电路中，自锁环节的正确连接方法是（　　）。
（a）接触器的动合辅助触点与启动按钮并联
（b）接触器的动合辅助触点与启动按钮串联
（c）接触器的动断辅助触点与启动按钮并联

3. 电气原理图的主电路通常画在图的（　　）或（　　）部分。
（a）右边；上面　　（b）右边；下面
（c）左边；上面　　（d）左边；下面

4. 多地点控制线路中，两个以上启动按钮应（　），两个以上停止按钮应（　　）。
（a）串联；并联　　（b）并联；并联
（c）串联；串联　　（d）并联；串联

5. 正反转控制线路中，若互锁触头失去互锁作用，将可能发生（　　）。
（a）不能启动　　（b）不能停车
（c）电源短路　　（d）电源开路

6. 异步电动机电源反接制动控制线路中，控制制动的接触器应在（　　）时接通。
（a）按下启动按钮　　（b）按下停止按钮
（c）启动接触器释放　　（d）启动接触器动作

7. 接触器线圈通电，其常闭触头（　　），常开触头（　　）。
（a）闭合；断开　　（b）闭合；闭合
（c）断开；断开　　（d）断开；闭合

8. 热继电器工作时，其发热元件与被保护设备的（　　）电路（　　）联。
（a）主；串　　（b）主；并
（c）控制；串　　（d）控制；并

9. 熔断器（　　）联于被保护的电路中，主要起（　　）保护作用。
（a）串；缺相　　（b）串；短路
（c）并；缺相　　（d）并；短路

10. 异步电动机连续控制线路中，主接触器常开辅触头与启动按钮并联起（　　）保护作用。
（a）短路　　（b）过载
（c）短路和过载　　（d）失压和欠压

习　题

9.1　三相异步电动机过载保护装置为什么至少采用两个发热元件的热继电器？在电力拖动控制电路中，可否用熔断器代替热继电器？为什么？

9.2 什么叫自锁、互锁、连锁控制环节？它们在控制线路中分别起什么作用？

9.3 试画出三相异步电动机既能连续工作，又能点动工作的继电-接触器控制线路。

9.4 什么叫多地点控制环节？它是怎样实现的？试绘图说明之。

9.5 根据图 9.20 接线做实验室，将开关 QS 合上后按下启动按钮 SB_2，发现有下列现象，试分析和处理故障：（1）接触器 KM 不动作；（2）接触器 KM 动作，但是电动机不转动；（3.）电动机转动，但是一松手电机就不转；（4）接触器动作，但是吸合不上；（5）接触器触头有明显的颤动，噪声很大；（6）接触线圈冒烟甚至烧坏；（7）电动机不转动或者转动得极慢，并有"嗡嗡"声。

9.6 请画出三相异步电机带双重互锁的正/反转控制电路图。

9.7 有两台电机 M_1、M_2，试画出控制电路原理图，要求实现以下功能：

（1）开机时先开 M_1，M_1 开机 20 s 之后才允许 M_2 开机。

（2）停机时，先停 M_2，M_2 停机 10 s 后 M_1 自动停机。

（3）如不满足电动机启、停顺序要求，电路中的报警电路应发报警信号（如红灯指示或电铃报警等）。

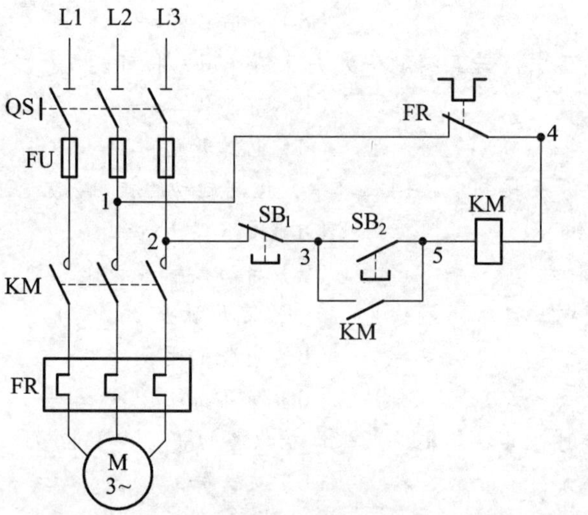

图 9.20 习题 9.5 图

9.8 根据下列五个要求，分别绘出控制线路（M_1 和 M_2 都是三相鼠笼式电动机）：

（1）电动机 M_1 启动后，M_2 才能启动，且 M_2 能独立停车；

（2）电动机 M_1 启动后，M_2 才能启动，且 M_2 能点动；

（3）M_1 先启动，经过一定延时后，M_2 再自行启动；

（4）M_1 先启动，经过一定延时后，M_2 再自行启动，M_2 启动后，M_1 立即停车；

（5）启动时，M_1 启动后 M_2 才能启动；停止时，M_2 停止后 M_1 才能停止。

9.9 图 9.21 为两台鼠笼式三相异步电动机同时启停和单独启停的单向运行控制电路。

（1）说明各文字符号所表示的元器件名称；

（2）说明 QS 在电路中的作用；

（3）简述同时启停的工作过程。

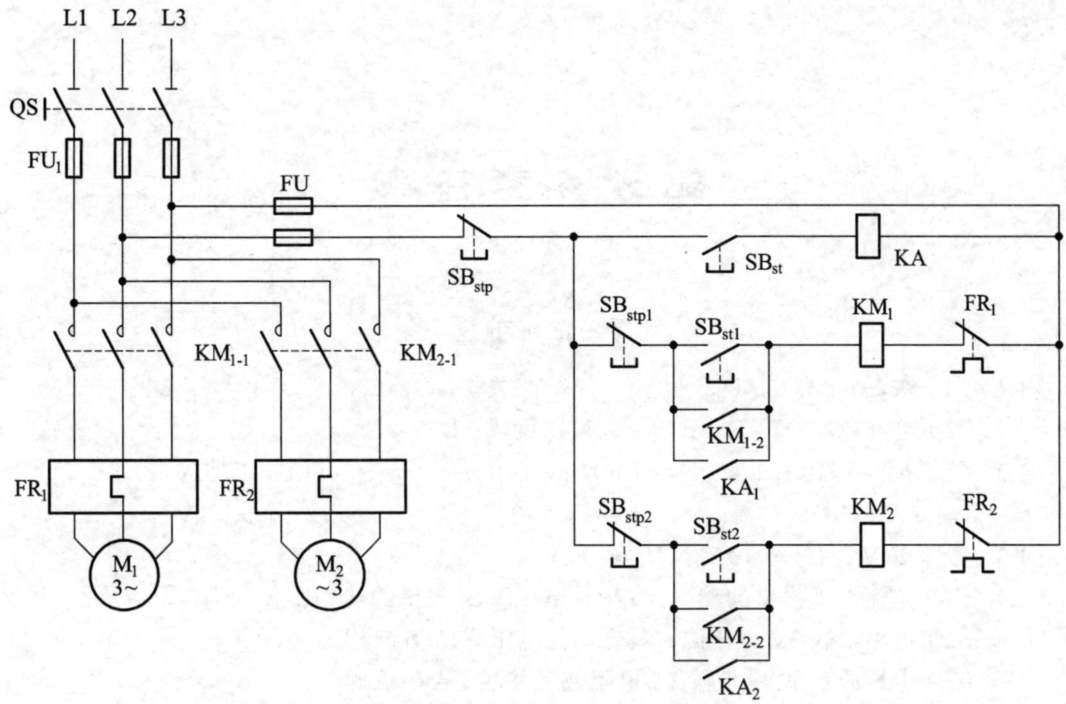

图 9.21　习题 9.9 图

9.10　三相笼型异步电动机在什么前提下可采用 Y-△法启动？这样做的目的是什么？在启动加速过程中，如果始终不能转换为△接法，会有什么后果？故障主要出在哪些元件上？

部分参考答案

第一章 习题

1.1 （1）关联：A，C，D　　非关联：B，E

（2）电源：A，C，D，E　　负载：B

1.2 （a）$u=-5\times10^3 i$　（b）$u=8\times10^3 i$　（c）$i=5\text{ A}$

（d）$i=-8\text{ A}$　（e）$u=-2\text{ V}$　（f）$u=4\text{ V}$

1.3 $U_1=20\text{ V}$；$U_2=-10\text{ V}$；$U_3=-30\text{ V}$

1.4 （1）电流源I_S提供的功率－3 W；电压源U_S提供的功率 2 W

（2）电路串联 3V 电压源，其方向与电压源U_S方向相反

（3）电压源U_S两端并联 2 Ω电阻或者并联 1 A 电流源

1.5 －4 V；1 A　1.6 0.5 A　1.7 －3 A

1.8 2 A；－4 A；1 A　1.9 （a）9 Ω；（b）6 Ω；（c）5 Ω；（d）21.5 Ω

1.11 0 V；0.81 A　1.12 25 V；3.75 A　1.13 18.5 V

1.14 11 V　1.15 1 A；5 V　1.16 －15 V

1.17 约（－5.33 A）；约（－1.33 A）；－67 V　1.18 6 V；8 V；－2 V

1.19 1 A；－4 A；－8 A；－10 A；7 A；－100 V

1.20 －11 A；0 A；4 A；－3 A　1.21 －1.75A；3.75A

1.22 12 V；8 V　1.23 4 V；4 V；0 V

1.24 －30 V；6 V；10 V；－36 V；0 A；1 A

1.25 46 V；提供 92 W　1.26 18 Ω；6 W

1.27 －1 A；2 A；22 V；10 V

第二章 习题

2.1 1.2 A　2.2 1.5 A　2.3 12 V

2.4 4 A　2.5 0.1 A　2.6 －1 A

2.7 3.5 V　2.8 －0.4 A；－9.2 V　2.9 约 1.333 A

2.10 8 V　2.11 约 2.29 A

2.12 约（－0.667）A；约 1.33 A；约（－0.667）A

2.13 约（－4.11）A　2.14 12 V　2.15 0.4 A

2.16 60 V；3 A；－6 A　2.18 1 A；2 A；－1 A；5 A

2.19 约（－10.21）V　2.20 2.2 A　2.21 $I_4=0$；$I=0.5\text{ A}$

2.22 1.25 A　2.23 2 A；0 A；2 A

2.24　21 V，12 Ω；1.75 A，12 Ω

2.25　– 2.5 A　　2.26　12 V　　2.27　9 V

2.28　– 2 V　　2.29　（1）– 24 V;（2）– 3 A

2.30　1.7 A　　2.31　约 2.67 A　　2.32　– 2.5 A

2.33　1.7 A

2.35　27 Ω;　0.23 W　　2.36　4 Ω；2.25 W

第三章　习 题

3.3（1）$u_A = 220\sqrt{2}\sin 314t$ ：振幅为 $220\sqrt{2}$ V，有效值 220 V，初相为 0，角频率 314 rad/s，频率 50 Hz，周期 20 ms

$u_B = 220\sqrt{2}\sin(314t - 120^\circ)$ ：振幅为 $220\sqrt{2}$ V，有效值 220 V，初相为 – 120°，角频率 314 rad/s，频率 50 Hz，周期 20 ms

A 相电压与 B 相电压的相位差为 120°

3.6（a）$A_0 = 14.1$ A（b）$V_0 = 80$ V（c）$A_0 = 2$ A（d）$V_0 = 14.1$ V（e）$A_0 = 10$ A，$V_0 = 141$ V

3.7　$5\sqrt{3}$ A　　3.8　$10\sqrt{2}\angle -45^\circ$ A

3.9　$u(t) = 53.336\sqrt{2}\sin(\omega t - 6.3^\circ)$ V；$i_1(t) = 7.87\sqrt{2}\sin(\omega t - 68.53^\circ)$ A；
$i_2(t) = 11.3\sqrt{2}\sin(\omega t + 51.69^\circ)$ A

3.10　$I = 14.1$ A，$R = X_C = 14.1\ \Omega$，$X_L = 7.07\ \Omega$

3.12（a）$Z = 1.58\angle 71.57^\circ\ \Omega$，$Y = 0.67\angle -71.57^\circ$ S；
（b）$Z = 0.89\angle -26.57^\circ\ \Omega$，$Y = 1.12\angle 26.57^\circ$ S

3.13　$\dot{I} = 4\angle 0^\circ$ A，$\dot{I}_1 = 3.16\angle -18.43^\circ$ A，$\dot{I}_2 = 1.414\angle 45^\circ$ A；2 Ω

3.14　电压表的读数：2V

3.15　$i = 4\sin(\omega t - 53.1^\circ)$ A，$u_C = 160\sin(\omega t - 143.1^\circ)$ V，$u_L(t) = 240\sin(5000t + 37^\circ)$ V

3.16　$i(t) = 1.02\sqrt{2}\sin(206t + 24.4)$ A，$i_2(t) = 0.206\sqrt{2}\sin(206t + 90^\circ)$ A，
$u(t) = 192.3\sqrt{2}\sin(206t + 5.7^\circ)$ V

3.17　$\dot{I} = 6\sqrt{2}\angle 0^\circ$ A，$\dot{I}_1 = 6\angle -45^\circ$ V，$\dot{I}_2 = 6\angle 45^\circ$ V

3.18　$\dot{I}_1 = 1\angle 60^\circ$ A，$\dot{I} = 1.73\angle 30^\circ$ A

3.19　1 A，$\sqrt{2}$ A，1 A

3.22　$i = -\sin 100t$ A　　3.23　$i = -\sin 100t$ A

3.24　$\dot{I}_1 = 3.325\angle -23.72^\circ$ A，$\dot{I}_2 = 0.4589\angle 36.04^\circ$ A，$P_{US} = 1.369$ W；电压源 $\dot{U}_S$ 是负载

3.25　$Z_1 = 19\angle 2.93^\circ\ \Omega$，$P = 1623.98$ W，$Q = 265.94$ var，$S = 1645.6$ V·A

3.26（1）12.5 A，1 650 var，2 750 V·A；（2）60.8 μF；10.53 A，723.36 var，2 316.6 V·A

3.27（1）$i = 10\sqrt{2}\sin(314t - 47^\circ)$，14.96 Ω，0.511 H；（2）61.2 μF

3.28　$P_1 = 1537.6$ W

3.29　600 W，500 W

3.30（1）$Q = 100$；（2）$\dot{I} = 0.62$ μA，$\dot{U}_C = 1000\angle -90^\circ$ μV；（3）$\dot{U}_C = 47.56\angle -176.99$ V

3.31　$\omega_0 = 6.855 \times 10^6$ rad/s，$Z = 93.55\ \Omega$

3.32　0.016 H，0.17 Ω，240

3.33 $(8.3+\text{j}3.45)\,\Omega$， 142.28 W

第四章 习 题

4.2 相电压：$\dot{U}_{\text{A'N}}=214\angle 0.2°\ \text{V}$，$\dot{U}_{\text{B'N}}=214\angle -119.8°\ \text{V}$，$\dot{U}_{\text{C'N}}=214\angle 120.2°\ \text{V}$；

线电压：$U_{\text{A'B'}}=370.66\angle 30.2°\ \text{V}$，$U_{\text{B'C'}}=370.66\angle -89.8°\ \text{V}$，$U_{\text{C'A'}}=370.66\angle 150.2°\ \text{V}$

4.3 $U_{\text{AB}}=226.13\angle 29.8°\ \text{V}$，$U_{\text{BC}}=226.13\angle -90.2°\ \text{V}$，$U_{\text{CA}}=370.66\angle 149.8°\ \text{V}$；$\dot{I}_{\text{N}}=0$

4.4 负载的相电流：$\dot{I}_{\text{A'B'}}=5.08\angle 30°\ \text{A}$，$\dot{I}_{\text{B'C'}}=5.08\angle -90°\ \text{A}$，$\dot{I}_{\text{C'A'}}=5.08\angle 150°\ \text{A}$；负载的线电压：$\dot{U}_{\text{A'B'}}=101.6\angle 30°\ \text{V}$，$\dot{U}_{\text{B'C'}}=101.6\angle -90°\ \text{V}$，$\dot{U}_{\text{C'A'}}=101.6\angle 150°\ \text{V}$

4.5 负载的相电流：$\dot{I}_{\text{A'B'}}=31.24\angle -20.2°\ \text{A}$，$\dot{I}_{\text{B'C'}}=31.24\angle -140.2°\ \text{A}$，$\dot{I}_{\text{C'A'}}=31.24\angle 99.8°\ \text{A}$；

4.6（1）Y 形连接负载 Z_1 的相电流：$\dot{I}_{\text{A1}}=40.6\angle -54.5°\ \text{A}$，相电压：$\dot{U}_{\text{A1}}=202.8\angle -1.5°\ \text{V}$；

（2）△形连接负载 Z_2 的线电流：$\dot{I}_{\text{A2}}=40.6\angle -38.5°\ \text{A}$，相电流：$\dot{I}_{\text{A'B'}}=23.4\angle -8.5°\ \text{A}$，相电压：$\dot{U}_{\text{A'B'}}=315\angle 28.5°\ \text{V}$；

（3）14 820 W，19 760 var，24 701 V·A，$\lambda=0.6$；

（4）19 712 W，14 784 var，24 640.2 V·A，$\lambda=0.8$；

（5）36 481 W，38 443 var，52 998 V·A，$\lambda=0.688$

4.7 1 648.8 W，2 197.3 var，2 747.76 V·A，$\lambda=0.6$

4.8 5 808 W，0 var，5 808 V·A，$\lambda=1$

4.9 （1）$\dot{U}_{\text{AB}}=409.92\angle 31.11°\ \text{V}$，$\dot{U}_{\text{A}}=236.67\angle 1.11°\ \text{V}$，$\dot{I}_{\text{A}}=2.44\angle -29.54°\ \text{A}$；

（2）1 489.87 W，884 var，1 732.35 V·A，$\lambda=0.86$

4.10 （1）$Z=24.28\angle 53°\ \Omega$，$\dot{I}_{\text{A}}=9.06\angle -53°\ \text{A}$；

（2）$C=44.5\ \mu\text{F}$；

（3）6.86 A

4.11（1）$\dot{I}_{\text{A}}=14.55\angle 0°\ \text{A}$，$\dot{I}_{\text{B}}=14.55\angle -120°\ \text{A}$，$\dot{I}_{\text{C}}=14.55\angle 120°\ \text{A}$，$\dot{I}_{\text{N}}=0\ \text{A}$；

（2）$\dot{I}_{\text{A}}=27.3\angle 0°\ \text{A}$，$\dot{I}_{\text{B}}=27.3\angle -120°\ \text{A}$，$\dot{I}_{\text{C}}=18.18\angle 120°\ \text{A}$，$\dot{I}_{\text{N}}=9.12\angle -60°\ \text{A}$；

（3）$\dot{I}_{\text{A}}=27.3\angle 0°\ \text{A}$，$\dot{I}_{\text{B}}=27.3\angle -120°\ \text{A}$，$\dot{I}_{\text{C}}=0\ \text{A}$，$\dot{I}_{\text{N}}=27.3\angle -60°\ \text{A}$；

（4） $\dot{U}_{\text{C}}$变小（C 相变暗），$\dot{U}_{\text{B}}$、$\dot{U}_{\text{A}}$变大（导致 B 相 A 白炽灯损坏）

第五章 习 题

5.1 $i_{\text{L}}(0_+)=2\ \text{A}$，$i(0_+)=-2.375\ \text{A}$，$u(0_+)=2.5\ \text{V}$，$u_{\text{L}}(0_+)=-1\ \text{V}$

5.2 $u_{\text{C}}(0_+)=1.5\ \text{V}$，$i(0_+)=0.9\ \text{A}$，$i_{\text{C}}(0_+)=-0.3\ \text{A}$

5.3 $u_{\text{C}}(0_+)=22.4\ \text{V}$，$i(0_+)=1.2\ \text{A}$，$u(0_+)=27.2\ \text{V}$

5.4 $i(0_+)\approx 3.64\ \text{A}$，$u(0_+)\approx 17.45\ \text{V}$

5.5 （1）$i_1(0_+)=i_2(0_+)=1\ \text{A}$，$u_{\text{L1}}(0_+)=u_{\text{L2}}(0_+)=8\ \text{V}$；

（2）$i_1(\infty)=i_2(\infty)=0\ \text{A}$，$u_{\text{L1}}(\infty)=u_{\text{L2}}(\infty)=0\ \text{V}$

5.6 （1）$i_{\text{L}}(0_+)=0\ \text{A}$，$u_{\text{C}}(0_+)=0\ \text{V}$，$i(0_+)=3\ \text{A}$，$u(0_+)=30\ \text{V}$；

（2）$i(\infty)=i_{\text{L}}(\infty)=1\ \text{A}$，$u(\infty)=4\ \text{V}$，$u_{\text{C}}(\infty)=-26\ \text{V}$

5.7 $i_{\text{L}}(\infty)=1.5\ \text{A}$，$i(\infty)=2.25\ \text{A}$，$u(\infty)=3\ \text{V}$，$u_{\text{L}}(\infty)=0\ \text{V}$

5.8 $i(\infty)=1\ \text{A}$，$i_{\text{C}}(\infty)=0\ \text{A}$，$u_{\text{C}}(\infty)=1\ \text{V}$，$\tau=0.67\ \text{s}$

5.9　$i(\infty)=0\text{ A}$，$u(\infty)=u_C(\infty)=32\text{ V}$

5.10　$i(\infty)=4\text{ A}$，$u(\infty)=16\text{ V}$

5.11　（1）$i_L(0_+)=0\text{ A}$，$u_L(\infty)=20\text{ V}$；

（2）$\tau=0.25\text{ s}$，$u_L(\infty)=0\text{ V}$，$i_L(\infty)=1.67\text{ A}$

5.12　$i_L(t)=3e^{-2t}\text{ A}\ \ t\geqslant 0$，$i(t)=3.75-3.75e^{-2t}\text{ A}\ \ t\geqslant 0$，

$u(t)=9-9e^{-2t}\text{ V}\ \ t\geqslant 0$，$u_L(t)=-6e^{-2t}\text{ V}\ \ t\geqslant 0$

5.13　$i(t)=4-0.25e^{-t}\text{ A}\ \ t\geqslant 0$，$i_C(t)=-1.5e^{-t}\text{ A}\ \ t\geqslant 0$，

$u_C(t)=-2+2e^{-t}\text{ V}\ \ t\geqslant 0$

5.14　$i(t)=1.75e^{-0.22t}\text{ A}\ \ t\geqslant 0$，$u(t)=32-7e^{-0.22t}\text{ V}\ \ t\geqslant 0$，

$u_C(t)=48-15.75e^{-0.22t}\text{ V}\ \ t\geqslant 0$

5.15　$i(t)=1.62+0.57e^{-2t}\text{ A}\ \ t\geqslant 0$，$u_L(t)=-11.97e^{-2t}\text{ V}\ \ t\geqslant 0$，

$u_5(t)=8.1+2.85e^{-2t}\text{ V}\ \ t\geqslant 0$

5.16　$i_L(t)=2-e^{-6.67t}\text{ A}\ \ t\geqslant 0$，$i(t)=-1+0.667e^{-6.67t}\text{ A}\ \ t\geqslant 0$，

$u_L(t)=33.33e^{-6.67t}\text{ V}\ \ t\geqslant 0$

5.17　$u_C(t)=30e^{-10t}\text{ V}\ \ t\geqslant 0$，$i_4(t)=0.5+1.5e^{-10t}\text{ V}\ \ t\geqslant 0$

5.19　$u_C(\infty)=-36\text{ V}\ \ t\geqslant 0$，$u_3(t)=12\text{ V}\ \ t\geqslant 0$

5.20　$i_L(t)=-0.85-0.57e^{-8.85t}\text{ A}\ \ t\geqslant 0$，$i(t)=0.57+0.38e^{-8.85t}\text{ A}\ \ t\geqslant 0$，

$u(t)=36\text{ V}\ \ t\geqslant 0$

5.21　$i_3(t)=-0.453e^{-\frac{t}{35.34}}\text{ A}\ \ t\geqslant 0$，$i(t)=0.6792e^{-\frac{t}{35.34}}\text{ V}\ \ t\geqslant 0$，

$u(t)=36\text{ V}\ \ t\geqslant 0$，$u_C(t)=-15-12e^{-\frac{t}{35.34}}\text{ V}\ \ t\geqslant 0$

5.22　$i_L(t)=1-2e^{-1250t}\text{mA}\ \ t\geqslant 0$，$u_2(t)=10e^{-1250t}\text{ V}\ \ t\geqslant 0$

5.23　$u_C(t)=6-6e^{-2\,000t}\text{ mV}\ \ t\geqslant 0$，$u(t)=3+3e^{-2\,000t}\text{ mV}\ \ t\geqslant 0$

5.24　（1）零输入响应

$u'_C(t)=32.25e^{-\frac{t}{4.5}}\text{ V}\ \ t\geqslant 0$，$u'(t)=14.32e^{-\frac{t}{4.5}}\text{ V}\ \ t\geqslant 0$，$i'(t)=-3.58e^{-\frac{t}{4.5}}\text{ A}\ \ t\geqslant 0$

（2）零状态响应

$u''_C(t)=48(1-e^{-\frac{t}{4.5}})\text{ V}\ \ t\geqslant 0$，$u''(t)=32-21.32e^{-\frac{t}{4.5}}\text{ V}\ \ t\geqslant 0$，

$i''(t)=5.33e^{-\frac{t}{4.5}}\text{ A}\ \ t\geqslant 0$

（3）全响应

$i(t)=1.75e^{-0.22t}\text{ A}\ \ t\geqslant 0$，$u(t)=32-7e^{-0.22t}\text{ V}\ \ t\geqslant 0$，

$u_C(t)=48-15.75e^{-0.22t}\text{ V}\ \ t\geqslant 0$

5.25　（1）零输入响应

$i'(t)=2.19e^{-2t}\text{ A}\ \ t\geqslant 0$，$u'_5(t)=10.95e^{-2t}\text{ V}\ \ t\geqslant 0$，$u'_L(t)=-45.99e^{-2t}\text{ V}\ \ t\geqslant 0$

（2）零状态响应

$i''(t)=1.62-1.62e^{-2t}\text{ A}\ \ t\geqslant 0$，$u''_L(t)=34e^{-2t}\text{ V}$

$t \geqslant 0$，$u_5''(t) = 8.1 - 8.1e^{-2t}$ V　$t \geqslant 0$

（3）全响应

$i(t) = 1.62 + 0.57e^{-2t}$ A　$t \geqslant 0$，$u_L(t) = -11.97e^{-2t}$ V　$t \geqslant 0$，

$u_5(t) = 8.1 + 2.85e^{-2t}$ V　$t \geqslant 0$

第六章　习 题

6.1　电机和变压器的磁路常采用硅钢片制成，它的导磁率高，损耗小，有饱和现象存在。

6.2　磁滞损耗由于 B 交变时铁磁物质磁化不可逆，磁畴之间反复摩擦，消耗能量而产生的。它与交变频率 f 成正比，与磁密的幅值 B_m 的 α 次方成正比。涡流损耗是由于通过铁芯的磁通 Φ 发生变化时，在铁芯中产生感应电势，再由于这个感应电势引起电流（涡流）而产生的电损耗。它与交变频率 f 的平方和 B_m 的平方成正比。

6.3　铁磁材料按其磁滞回线的宽窄可分为两大类:软磁材料和硬磁材料。磁滞回线较宽，即矫顽力大、剩磁也大的铁磁材料称为硬磁材料，也称为永磁材料。这类材料一经磁化就很难退磁，能长期保持磁性。常用的硬磁材料有铁氧体、钕铁硼等，这些材料可用来制造永磁电机。磁滞回线较窄，即矫顽力小、剩磁也小的铁磁材料称为软磁材料。电机铁芯常用的硅钢片、铸钢、铸铁等都是软磁材料。

6.4　起始磁化曲线是将一块从未磁化过的铁磁材料放入磁场中进行磁化，所得的 $B = f(H)$ 曲线；基本磁化曲线是对同一铁磁材料，选择不同的磁场强度进行反复磁化，可得一系列大小不同的磁滞回线，再将各磁滞回线的顶点连接所得的曲线。二者区别不大。磁路计算时用的是基本磁化曲线。

6.5（1）应在绕组中通入 0.5 A 的直流励磁电流；（2）通入绕组的直流励磁电流 $I = 2.092$ A。

6.7　（1）电流 I 不变；铁芯中的磁感应强度 B 不变；线圈的铜损耗 I^2R 也不变。

（2）磁感应强度 B 减小；　I 也减小；线圈的铜损耗 I^2R 也减小。

（3）电流 I 不变；IN 不变，磁感应强度 B 加倍；电流 I 不变，所以线圈的铜损耗 I^2R 也不变。

（4）磁感应强度 B 减小；　I 也减小；线圈的铜损耗 I^2R 也减小。

（5）磁感应强度 B 增大，I 也增大；线圈的铜损耗 I^2R 也增大。

（6）磁感应强度 B 保持不变，I 也不变；线圈的铜损耗 I^2R 也保持不变。

6.8　铁损耗为 63 W，线圈的功率因数为 0.29。

6.9　线圈中电流 $I = 1.61$ A　电磁铁的吸力 1 320 N。

6.10 线圈匝数 6 200 和该时的电流值为 1.5 A

第七章　习 题

7.7　变压器原、副线圈的额定电流分别为 4.76 A 和 217.39 A。

7.14　一、二次绕组的电流各为 8.36 A 和 114 A。

7.15　（1）高压低压绕组的额定电流分别为 15.15A 和 227A；

（2）副边端电压 U_2 仍约为 220 V。

7.16 （1）$R' = K^2 R_L = \left(\frac{N_1}{N_2}\right)^2 R_L = \left(\frac{500}{100}\right)^2 8 = 200\ \Omega$

（2）$P = \left(\frac{U_S}{R_0 + R'}\right)^2 R' = \left(\frac{10}{250+200}\right)^2 \times 200 = 98.8\ \text{mW}$

（3）$P = \left(\frac{U_S}{R_0 + R_L}\right)^2 R_L = \left(\frac{10}{250+8}\right)^2 \times 8 = 12\ \text{mW}$

7.17 （1）一次侧等效阻抗$|Z'_1| = U_1/I_1 = 220/2 = 110\ \Omega$；

（2）负载消耗功率 $P_2 = I_2U_2 = 4 \times 110 = 440$ W。

7.18 （1）二次侧两个绕组的匝数分别为 90 匝和 30 匝；（2）一次绕组的电流为 0.273 A；（3）变压器的容量至少应为 60.06 V · A。

7.19 （1）该变压器原、副边的额定电流分别为 5 A 和 217.4 A；（2）电压调整率 2.6%。

7.20 N_2应改为 15 匝。

第八章 习 题

8.9 （1）额定转差率 1.3%；（2）额定电流 84.2 A；（3）启动电流 589.4 A；（4）额定转矩 290.4 N · m；（5）启动转矩 551.8 N · m；（6）最大转矩 638.9 N · m；（7）额定输入功率 48.75 kW。

8.10 （1）接成 Y 形时的定子额定电流 10.68 A、接成△形时的定子额定电流 18.45 A；（2）同步转速为 1 500 r/min 及定子磁极对数等于 2；（3）带额定负载时转差率为 0.033。

8.11 该电机是 8 极的；额定转差率为 0.04。

8.12 电动机的额定转差率 0.01、额定转矩 144.7 N · m、启动转矩 289.4 N · m、最大转矩 318.3 N · m 和额定输入电功率 49.18 kW。

8.13 （1）磁极对数等于 2 和额定转差率为 0.053；

（2）额定电流为 6.28 A；

（3）应作△连接，这时的额定电流为 11.81 A；

（4）该电动机的额定转矩 20.18 N · m、启动转矩 44.40 N · m 和最大转矩 44.40 N · m。

8.14 （1）额定转矩 209.4 N · m、启动转矩 551.8 N · m 和最大转矩 638.9 N · m；

（2）在 $V = V_N$ 能启动，在 $0.9V_N$ 电动机不能启动；

（3）若采用自耦降压启动，用 64%的抽头时电动机的启动转矩为 226 N · m。

参考文献

[1] 王英. 电工技术基础（电工学 I ）[M]. 北京：机械工业出版社，2016.

[2] http://baike.baidu.com/view/157572.htm.

[3] http://baike.baidu.com/view/485599.htm.

[4] http://res.hersp.com/content/638198.

[5] 曾令琴，赵胜会. 电工学（ I ）[M]. 北京：电子工业出版社，2005.

[6] 姚海彬. 电工技术（电工学 I ）[M]. 北京：高等教育出版社，1999.

[7] 秦曾煌. 电工技术（电工学）[M]. 4 版. 北京：高等教育出版社，1990.

[8] 颜伟中. 电工学. 北京：高等教育出版社，2002.

[9] 王鸿明. 电工技术与电子技术（上册）[M]. 北京：清华大学出版社，2000.

[10] 许实章. 电机学[M]. 3 版. 北京：机械工业出版社，1995.

[11] 周万珍，高鸿斌. PLC 分析与设计[M]. 北京：电子工业出版社，2004.

[12] 张继和，张润敏，梁海峰. 电机控制与供电基础[M]. 成都：西南交通大学出版社，2000.

[13] 李守成. 电工电子技术[M]. 成都：西南交通大学出版社，2000.